中国人力资源和社会保障年鉴
（工作卷）

CHINA HUMAN RESOURCES AND SOCIAL SECURITY YEARBOOK

2014

中国劳动社会保障出版社
中国人事出版社

图书在版编目(CIP)数据

中国人力资源和社会保障年鉴. 2014/人力资源和社会保障部组织编写. —北京：中国劳动社会保障出版社：中国人事出版社，2014

ISBN 978-7-5167-1601-4

Ⅰ.①中… Ⅱ.①人… Ⅲ.①人力资源管理-中国-2014-年鉴②社会保障-中国-2014-年鉴 Ⅳ.①F249.21-54②D632.1-54

中国版本图书馆 CIP 数据核字(2014)第 271444 号

中国劳动社会保障出版社
中国人事出版社 **出版发行**

（北京市惠新东街 1 号 邮政编码：100029）

*

北京新华印刷有限公司印刷装订 新华书店经销

880 毫米×1230 毫米 16 开本 51 印张 1.75 彩色印张 1215 千字

2014 年 12 月第 1 版 2014 年 12 月第 1 次印刷

定价：498.00 元

读者服务部电话：（010）64929211/64921644/84643933

发行部电话：（010）64961894

出版社网址：http://www.class.com.cn

《中国人力资源和社会保障年鉴》
编辑委员会成员

《中国人力资源和社会保障年鉴》编辑部成员

编 辑 说 明

一、《中国人力资源和社会保障年鉴（2014）》是关于人力资源和社会保障工作的专业性史料工具书。全书系统收录了2013年度我国人力资源社会保障工作重要文献、资料和数据，全面记录了2013年我国人力资源社会保障事业发展概况，客观反映了人力资源社会保障工作改革发展成就、经验以及今后需要继续研究解决的问题。它是对党政机关领导干部和各部门工作人员、人力资源社会保障系统工作者、企业领导和人力资源管理者，以及人力资源社会保障科研理论工作者有价值的参考用书和工具书。

二、本年鉴分文献卷、工作卷两卷。文献卷包括人力资源和社会保障重要文献、2013年人力资源和社会保障大事记。工作卷包括人力资源和社会保障工作概览、全国人力资源和社会保障工作、地方人力资源和社会保障工作、人力资源和社会保障统计资料。

三、本年鉴中，全国人力资源和社会保障工作分为28个部分：就业工作、人力资源市场建设与管理、职业能力建设、军转安置、专业技术人才工作、事业单位人事管理、公务员管理、养老保险、失业保险、医疗保险、工伤保险、生育保险、城乡居民社会养老保险、社会保险经办管理、社会保险基金监督、劳动关系、劳动人事争议调解仲裁、机关事业单位工资福利离退休工作、农民工工作和发展家庭服务业促进就业工作、法制建设、劳动保障监察、规划统计、信息化建设、科学研究、干部教育培训和评比表彰、新闻宣传政务信息与出版、国际及港澳台地区交流合作、社团活动；地方人力资源和社会保障工作47篇。

《中国人力资源和社会保障年鉴（2014）》的编辑出版是在全国人力资源社会保障系统的共同努力下完成的。在此，向所有参加编辑出版工作的领导和同志表示衷心的感谢。

《中国人力资源和社会保障年鉴》编辑部

2014 年 10 月

目　　录

工作卷

人力资源和社会保障工作概览

全国人力资源和社会保障工作

地方人力资源和社会保障工作

统 计 资 料

人力资源和
社会保障工作概览

2013 年人力资源和社会保障工作情况

2013 年，人力资源社会保障系统坚决贯彻党中央、国务院的决策部署，坚持稳中求进的总基调，开拓进取，狠抓落实，圆满完成了各项工作目标任务。

一、就业目标任务全面完成，就业局势保持基本稳定

（一）各项就业目标任务超额完成。

通过实施更加积极的就业政策，加强工作调度和督促检查，2013 年就业目标任务完成情况好于预期。全年全国城镇新增就业 1 310 万人，城镇失业人员再就业 566 万人，就业困难人员实现就业 180 万人，城镇登记失业率保持在 4.1%左右。

（二）以高校毕业生为代表的重点群体就业工作积极推进。

坚持将高校毕业生就业工作放在首位，在狠抓已有政策落实的基础上，全力推动落实国务院新出台的高校毕业生就业创业扶持政策。会同有关部门制定出台了高校毕业生求职补贴、离校未就业毕业生实名登记等配套政策，启动实施离校未就业毕业生就业促进计划，加大就业见习和职业培训力度，基本实现了应届高校毕业生就业水平不降低、有提高的目标。继续组织实施高校毕业生“三支一扶”计划，共选派 2.8 万余名毕业生到基层服务，健全服务保障机制，提高工作生活补贴水平。统筹实施高校毕业生基层服务项目，引导和鼓励高校毕业生到基层就业和服务。加大农村转移劳动力就业和就业困难群体就业工作力度，不断加强就业服务和信息引导，就业援助制度进一步健全，重点群体就业保持基本稳定。

（三）职业技能培训力度进一步加大。

积极推动全国百城技能振兴活动，大力开展就业技能培训、岗位技能提升培训和创业培训，加大职业培训补贴政策落实力度，全年开展政府补贴性职业培训 2 049 万人次。进一步完善职业培训政策体系，推动构建覆盖城乡全体劳动者的终身职业培训体系。

（四）公共就业服务不断加强。

会同有关部门组织开展就业援助月、春风行动、民营企业招聘周、高校毕业生就业服务月及季度网络招聘等公共就业和人才服务专项活动，集中为各类群体和用人单位提供政策支持和就业服务。推进公共就业服务体系和制度建设，完善和落实经费保障机制。完善就业失业登记制度，做好实名制管理和服务。加强就业信息监测和全国就业信息公共服务平台建设，完善全国公共招聘网，推进公共就业和人才服务标准化建设，加强就业服务管理人员培训，提升就业服务质量和效率。进一步完善失业动态监测制度，稳步推进失业预警试点，纳入部级的监测城市已达到 333 个。

（五）统一规范灵活的人力资源市场建设加快推进。

加大人力资源市场整合力度，出台了市场整合意见，明确了市场整合目标。在人力资源服务机构中开展诚信服务主题创建活动，深入推进服务机构诚信体系建设。按照转变政府职能和深化行政审批制度改革要求，取消了举办全国性人才交流会审批事项，加强和改进招聘会管理。完善人力资源市场一线观察项目，及

时分析和判断就业形势变化。大力发展人力资源服务业，借助社会平台组织开展了人力资源服务专题展览，启动人力资源服务业领军人才培养计划，加强人力资源服务机构经营管理人员培训，推进人力资源服务产业园建设。

二、统筹推进城乡社会保障体系建设，社会保障制度进一步健全

（一）城乡社会保障制度进一步完善。

积极组织相关部门、国内外研究机构和地方开展养老保险顶层设计研究。全力推进新农保和城居保合并实施，已有15个省份先行建立了统一的城乡居民基本养老保险制度。积极推进城乡居民大病保险试点工作，河北、山西等27个省份印发实施方案，吉林等8省在全省推开；全国已确定130多个试点地市，过半试点城市已正式运行。积极推进医疗保险城乡统筹，已有6个省级区域、45个地市以及部分县（区）开展探索。积极推动落实新修订的工伤保险条例，进一步做好工伤预防试点和工伤康复试点工作，工伤保险政策标准进一步完善。

（二）社会保险各项目标任务全面完成。

2013年末，城镇职工基本养老、城镇基本医疗、失业、工伤、生育五项保险参保人数分别达到32 218万人、57 073万人、16 417万人、19 917万人、16 392万人，比2012年底分别增加1 792万人、3 431万人、1 192万人、907万人、963万人，均超额完成全年目标；城乡居民社会养老保险参保人数达到49 750万人，比2012年底增加1 381万人。全年五项社会保险基金总收入35 253亿元，同比增长14.7%；总支出27 916亿元，同比增长19.7%。

（三）社会保险待遇水平稳步提高。

连续第9年调整企业退休人员基本养老金，调整后月人均基本养老金近1 900元；城乡居民基本养老金月人均达到81元；城镇居民医保补助水平由2012年的人均240元提高到280元；全国失业保险金月人均发放水平由2012年的707元提高到759元。

（四）基金监督管理进一步加强。

积极推进行业企业社会保险纳入地方管理工作，会同财政部、国资委下发通知开展了封闭运行社会保险清理移交工作。开展新农保、城居保基金专项检查，社会保险基金社会监督试点稳步开展。社保基金非现场监管软件联网应用进一步推进，地市级部署实施达到94%。企业年金市场化投资运营监管机制进一步健全，实施企业年金数据交换规范国家标准，提高了规范化服务水平。

（五）社会保险经办管理服务标准化、规范化、信息化建设得到加强。

颁布实施了社会保险费申报缴纳管理规定、社会保险视觉识别系统，开展电子社保示范城市建设，努力为参保对象提供优质、高效、便捷的管理服务。改进医疗保险异地就医费用结算管理服务，已有27个省份建立了省内异地就医结算平台。加大社会保险费征缴力度，确保了各项社会保险待遇按时足额发放和支付。社会保障卡持卡人数超过5亿，完成“十二五”规划目标的62.5%。企业退休人员社区管理率将达到79.1%，比上年提高0.8个百分点。

三、人才队伍建设进一步加强，引智工作取得积极进展

（一）专业技术人才队伍建设进一步推进。

启动了新10年首批国家百千万人才工程国家级人选选拔工作，遴选首批421名国家级人选，并授予有突出贡献中青年专家称号。全面推进万名专家服务基层行动计划，建立健全专家服务基层长效机制。分类推进职称制度改革，全国中小学教师职称制度改革扩大试点进展顺利，基本完成全国近百个地市的改革试点任务，积极推进工程技术人员职称制度改革工作，完善专业技术人员职业资格管理。深入实施海外高层次留学人才引进项目。博士后规模稳步扩大，全年新设644个博士后科研工作

站，招收1.4万名博士后研究人员。专业技术人才知识更新工程全面推进，出台国家级专业技术人员继续教育基地管理办法，完成了20个国家级专业技术人员继续教育基地建设任务，顺利完成了全年1.5万名高层次专业技术人才、105万名急需紧缺和骨干专业技术人才的培养培训任务，全国接受继续教育人员达到4 400万人次。开展了第四批新疆少数民族特培工作和第一批西藏少数民族特培工作。

（二）技能人才队伍建设进一步加强。

继续组织实施国家高技能人才振兴计划，制定了国家级技能大师工作室建设项目实施管理办法（试行）、国家级高技能人才培训基地建设项目实施管理办法（试行）及建设项目考核标准及细则（试行）等。加强技师培训项目资金使用管理，完成了2013年80个国家级高技能人才培训基地和100个国家级技能大师工作室的项目建设任务。创新技能人才培养模式，推进技工院校一体化课程教学改革，组织认定了19家全国技工院校一体化师资培训基地，全年全国技工院校招生129.6万人。组团参加第42届世界技能大赛的22个比赛项目，取得1枚银牌、3枚铜牌以及13项优胜奖的优良成绩。稳步推进职业技能鉴定工作，全年鉴定近1 800万人次。

（三）引进国外智力工作取得新进展。

“外专千人计划”和高端外国专家项目深入实施，349项高端项目通过专家组评审。统筹抓好各项重点引智项目，立足国家经济社会发展需求引进各领域高层次人才和急需紧缺人才，全年执行各类专家项目1.4万项，资助聘请专家近5万人次。认真贯彻落实进一步规范领导干部境外培训工作的意见，全年压缩了20%出国（境）培训项目，出国（境）培训质量和效益进一步提高。成功举办中央领导春节前夕与外国老专家和优秀专家代表座谈活动、邓小平同志“七八”谈话30周年纪念活动、中国政府“友谊奖”颁奖活动等引智重要会议和活动，搭建了高层次交流合作平台。进一步优化引智发展环境，推动建立全国引智资源平台，加大引智成果示范推广力度，全面完成2013年国家引智基地和示范单位评审工作。

四、积极推进干部人事制度改革，制度建设和队伍管理不断加强

（一）公务员制度不断完善。

公务员分类管理深入推进，积极稳妥开展公务员聘任制试点。会同中组部制定了关于加强和完善公务员考试录用工作的若干意见和公务员公开遴选办法（试行）、公务员平时考核办法（试行）等，推动公务员考录工作进一步规范化、中央机关公开遴选工作常态化、公务员平时考核工作制度化。会同中纪委、中组部印发了《关于党政机关、人大机关、政协机关、各民主党派和工商联机关公务员参照执行〈行政机关公务员处分条例〉的通知》，政纪处分制度全部覆盖七类公务员。

（二）公务员队伍建设不断加强。

顺利完成第八届全国“人民满意的公务员”和“人民满意的公务员集体”评选表彰工作，追授兰辉同志全国“人民满意的公务员”荣誉称号，开展了向兰辉同志学习的活动。批复中央国家机关40个单位的年度考核和定期奖励方案。会同21个部门联合表彰先进个人和先进集体。积极开展公务员“四类培训”，继续加大对藏区、革命老区及少数民族地区的培训支持力度。圆满完成2013年公务员招考工作，中央机关及其直属机构共录用1.9万人，地方共录用18.5万人，省级以上党政机关除特殊职位外全部录用具有两年以上基层工作经历人员。依法做好事业单位参照管理审核和日常管理工作。深入开展公开遴选工作。

此外，还积极推进国家表彰奖励的立法工作，完善授予部级荣誉称号工作制度。

（三）事业单位人事制度改革有序推进。

事业单位各项管理制度不断健全，贯彻实施事业单位工作人员处分暂行规定，修改完善事业单位工作人员申诉、奖励、考核、竞聘上岗规定，出台了全科医生特设岗位计划试点工作暂行办法。进一步提升聘用管理的标准化程度，全国事业单位聘用制度推行率达到95%。全国事业单位岗位设置管理工作实现制度入轨，岗位设置完成率超过90%。全面落实和规范公开招聘制度，推动分行业制定公开招聘办法。

五、事业单位工资收入分配制度改革稳步推进，企业工资管理工作不断加强

（一）事业单位实施绩效工资工作进一步推进。

各地事业单位绩效工资基本兑现到位，绩效工资分配激励约束机制不断完善。在清理核查津贴补贴基础上，研究拟定了中央其他事业单位实施绩效工资的意见，开展了中央义务教育学校和中央公共卫生事业单位绩效工资总量核定工作。

（二）企业工资分配宏观指导调控工作进一步加强。

继续以非公有制中小企业为重点，积极稳妥推行工资集体协商制度。完成了最低工资标准评估机制研究，拟定了规范最低工资标准调整的意见，稳慎把握最低工资标准调整力度，全国共有27个地区调整了最低工资标准，平均调增幅度为17%。有17个地区制定了工资指导线，基准线普遍在14%左右。企业薪酬试调查工作顺利进行。开展了国有企业工资内外收入监督检查，制定了关于全面治理农民工工资拖欠问题的意见。

六、着力构建和谐劳动关系，劳动者权益得到切实保障

（一）劳动关系协调工作取得积极进展。

以实施新修订的劳动合同法为重点，制定出台了劳务派遣暂行规定和劳务派遣行政许可实施办法，全面开展了规范劳务派遣专项行动。进一步加强劳动标准管理，加大高温劳动保护工作力度，全国25个省份制定发布了高温（高寒）津贴标准。协调劳动关系三方机制进一步健全，和谐劳动关系创建活动继续深化。天津滨海新区构建和谐劳动关系综合试验区建设工作进展顺利。

（二）劳动人事争议调解仲裁工作不断加强。

深入贯彻落实加强劳动人事争议处理效能建设的意见，研究制定仲裁院建设指导标准。继续推进预防调解示范工作，发挥国有企业示范放大效应，在部分非公有制企业和行业商会（协会）启动示范工作。加强调解仲裁信息化建设，在全国推广使用调解仲裁办案系统统一软件。加强调解仲裁队伍建设，加大培训力度。积极健全调解仲裁组织机构，乡镇街道调解组织组建率超过60%，地市级仲裁院建院率达到81%，县级建院率达到71%。全年处理劳动人事争议149.7万件，涉及劳动者184万人，调解仲裁机构结案案件涉案金额320亿元，仲裁结案率95.6%。

（三）劳动保障监察执法工作得到加强。

组织开展清理整顿人力资源市场秩序、用人单位遵守劳动用工和社会保险法律法规、农民工工资支付情况等专项执法活动，加大对黑职介、拖欠工资、不依法参加社会保险等违法行为的打击力度。稳步推进劳动保障监察“两网化”管理，2013年底“两网化”管理工作覆盖到69%地级城市。建立全国劳动保障监察信息监测制度。完善监察执法与刑事司法衔接机制，配合最高人民法院制定出台了关于审理拒不支付劳动报酬刑事案件适用法律若干问题的解释，严厉打击拒不支付劳动报酬等违法犯罪行为。进一步加强劳动保障监察队伍作风建设，树立监察窗口执法为民的良好形象。全年各级劳动保障监察机构共查处劳动保障违法案件41.9万件，督促用人单位与512万名劳动者补签劳动合同，为471万劳动者追发工资等待遇268.5亿元，督促用人单位为743万人补缴社会保险费34.8亿元。

（四）农民工工作稳步推进。

研究制定了国务院农民工工作领导小组组成方案、工作规则、办公室工作职责等，发挥农民工工作牵头部门作用。研究完善做好农民

工工作的政策措施，组织开展了第七次全国农民工工作督察，研究制定农民工工作考核评估指导意见、加强农民工综合服务平台建设的指导意见并在部分地区试行，农民工在城镇落户、平等享受城镇基本公共服务工作取得新进展。大力推动中心城市家庭服务体系建设，制定家庭服务业职业标准和服务标准，启用和推广“中国家庭服务”标识。

全国人力资源和社会保障工作

就 业 工 作

一、就业目标全面完成

2013 年末，全国城乡从业人员 76 977 万人，比上年末增加 273 万人。其中第一产业 24 171 万人，占 31.4%；第二产业 23 170 万人，占 30.1%；第三产业 29 636 万人，占 38.5%。年末城镇就业人员 38 240 万人，比上年末净增加 1 138 万人。其中单位就业人员 18 108 万人，比上年末增加 2 872 万人；城镇私营和个体就业人员 14 385 万人，比上年末增加 1 185 万人。在城镇单位就业人员中，在岗职工 17 057 万人，比上年末增加 2 654 万人。

2013 年，全国城镇新增就业 1 310 万人，城镇失业人员再就业 566 万人，就业困难人员就业 180 万人。年末城镇登记失业率为 4.05%，比上年末微降 0.04 个百分点，完成年初确定目标（城镇新增就业人员 900 万人以上，城镇失业人员再就业 500 万人，就业困难人员就业 120 万人，城镇登记失业率控制在 4.6%以内）。

二、继续实施更加积极的就业创业政策

（一）多渠道扩大就业岗位。

积极协调有关部门，在研究完善财税、金融、投资、产业、外贸等政策时，充分考虑稳定和扩大就业的需要。积极会同有关部门，研究养老服务产业、健康服务产业等发展的相关意见，努力推动服务业发展，培育新的就业增长点。

（二）加大就业政策落实力度。

进一步加强工作调度和督促检查，通过部领导集中调研督导、开展“十二五”促进就业专项规划评估督查等形式，指导各地加大政策实施力度。结合群众路线教育实践活动，部署各地开展困难地区就业政策落实情况专项调研，并于 8—9 月深入 7 个困难地市开展实地调研，切实推动困难地区就业政策落实。

（三）完善更加积极的就业创业政策。

人力资源社会保障部积极协调财政部、税务总局、人民银行等部门研究完善促进就业创业税收优惠政策，进一步规范小额担保贷款政策，支持劳动者自主创业和企业吸纳就业。围绕小额担保贷款政策实施过程中出现的问题，会同财政部、人民银行下发了《关于加强小额担保贷款财政贴息资金管理的通知》（财金［2013］84 号）和《关于贯彻加强小额担保贷款财政贴息资金管理通知的意见》（人社厅发［2013］105 号）。进一步明确了小额担保贷款政策范围，提出了规范发展小额担保贷款工作的具体措施，并对贯彻落实工作进行了部署安排。配合财政部、税务总局等部门研究出台对月销售额不超过 2 万元的小微企业暂免征收增值税和营业税政策。会同工业和信息化部等 9 部门联合下发了《关于促进劳动密集型中小企业健康发展的指导意见》。

（四）深入推进创业带动就业工作。

加强对各地创业公共服务工作的规范化指导，组织专家在总结地方创业公共服务工作典型经验基础上，开发了《创业公共服务工作手册》和《小额担保贷款工作手册》。认真总结“大学生创业引领计划”（2010—2012 年）实施情况和工作经验，在此基础上，研究提出实

施新一“大学生创业引领计划”的建议。

（五）加强就业专项资金管理。

继续加大中央财政就业专项资金支持力度，中央财政下达就业专项资金413亿元。资金监管进一步加强，2月18日，下发《人力资源社会保障部关于印发就业专项资金管理纪律规定的通知》（人社部发［2013］14号）；11月，部署各地开展就业专项资金专项检查工作。

（六）外国人和港澳台人员就业管理进一步完善。

开发了外国人就业管理信息系统。与有关部门联合在浙江舟山开展远洋捕捞行业引进外籍船员试点。出台了加强外国人就业管理、在内地高校学习的台港澳毕业生享受职业培训补贴、台港澳人员在内地失业登记等若干政策文件，进一步完善相关政策。

三、突出抓好高校毕业生就业工作

（一）完善和落实高校毕业生就业政策。

为推动做好高校毕业生就业工作，5月16日，国务院办公厅印发《关于做好2013年全国普通高等学校毕业生就业工作的通知》（国办发［2013］35号）。5月17日，国务院召开全国普通高校毕业生就业工作电视电话会议，刘延东副总理、马凯副总理出席会议并做重要讲话，部署各地区、各部门做好2013年高校毕业生就业工作。为贯彻落实国办35号文件和国务院电视电话会议精神，经国务院批准，印发《国务院就业工作部际联席会议关于印发贯彻落实〈国务院办公厅关于做好2013年全国普通高等学校毕业生就业工作的通知〉重点工作分工方案的通知》（人社部函［2013］121号），落实各成员单位促进高校毕业生就业工作责任。同时，还印发了《人力资源社会保障部关于做好2013年全国高校毕业生就业工作的通知》（人社部函［2013］1号），部署各地人社部门做好高校毕业生就业工作；印发了《人力资源社会保障部关于实施离校未就业高校毕业生就业促进计划的通知》，部署各地组织开展就业促进计划；印发了《人力资源社会保障部、教育部、财政部关于做好普通高校毕业生求职补贴发放工作的通知》（人社部发［2013］43号），进一步明确求职补贴的发放原则、发放程序等。6月下旬，国务院就业工作部际联席会议组织成员单位和中组部、科技部、公安部、解放军总参谋部，分赴山西、辽宁、内蒙古、江苏、安徽、湖北、四川开展高校毕业生就业工作专项督查，推动各地落实各项政策措施。

（二）实施离校未就业高校毕业生就业促进计划。

为做好离校未就业高校毕业生就业工作，人力资源社会保障部从2013年起实施就业促进计划，目标是将有就业意愿的离校未就业高校毕业生全部纳入公共就业人才服务范围，综合运用实名登记、职业指导、就业见习、职业培训等各项政策措施和服务手段，力争使每一名有就业意愿的离校未就业高校毕业生在毕业半年内实现就业或参加到就业准备活动中。6月3日，召开全国高校毕业生就业工作视频会议，动员各地人力资源社会保障部门启动实施就业促进计划。8月28日，在湖北武汉召开全国高校毕业生就业见习工作推进会，要求各地进一步做好就业见习工作，扩大就业见习规模，进一步推进实施就业促进计划。此外，会同教育部印发《人力资源社会保障部办公厅、教育部办公厅关于做好未就业普通高校毕业生信息衔接工作的通知》（人社厅发［2013］30号），印发了《人力资源社会保障部办公厅关于做好2013届离校未就业高校毕业生实名登记工作的通知》（人社厅发［2013］70号），指导各地人社部门与教育部门做好未就业高校毕业生就业信息衔接工作，扎实开展对未就业高校毕业生的实名登记工作，摸清离校未就业高校毕业生情况。

（三）强化对高校毕业生的就业服务。

为做好高校毕业生就业服务工作，人力资源社会保障部组织开展了一系列全国性的就业服务活动。2月4日，印发了《人力资源社会保障部关于开展2013年全国高校毕业生就业服务月活动的通知》(人社部函〔2013〕167号),组织各地在9月开展全国高校毕业生就业服务月,集中为2013届未就业高校毕业生提供就业服务。10月16日,印发了《人力资源社会保障部关于开展大中城市联合招聘高校毕业生专场活动的通知》(人社部函〔2013〕208号),组织部分大中城市面向高校毕业生在11月开展联合招聘活动。会同国资委、教育部开展第三届中央企业面向青海、西藏、新疆三地高校毕业生招聘活动,12月18日举办现场招聘会,组织45家央企提供2 000多个岗位。4月11日和12月6日,人力资源社会保障部分别在广西民族大学和中央民族大学开展了公共就业人才服务进校园示范性宣讲活动,组织人社部门工作人员、企业人力资源经理、职业指导专家等直接面向高校毕业生宣讲就业政策、送岗位信息等。

(四)加强对少数民族高校毕业生就业工作的指导。

继续指导新疆和对口援疆省市组织实施新疆未就业高校毕业生赴对口援疆省市培养计划,新疆累计选送2.3万名高校毕业生到19个对口援疆省市188所院校培训,已有1万余人完成培养并回疆上岗。指导开展青海省玉树地区高校毕业生就业试点工作,1月30日,经国务院同意,会同中央编办等8部委联合下发《青海省玉树州高校毕业生就业试点工作方案》,指导青海省稳慎推进玉树州高校毕业生就业试点工作。继续指导西藏地区做好高校毕业生就业工作,为西藏地区捐赠部分设备,提高西藏公共就业服务机构的工作能力。

四、大力促进其他各类劳动者实现就业

(一)加强农村劳动力转移就业工作。

1—3月,开展农村劳动力外出务工情况调查及企业春季用工需求调查,共调查58个城市的近8 000户企业,调查外出务工农村劳动力1.6万人,有效掌握就业动态,引导农村劳动力求职就业和指导企业用工。3月,召开农村劳动力转移就业工作座谈会,研究农村劳动力转移就业工作示范县工作推进思路,探索建立示范县工作定期调度制度。10月,召开改进"春风行动"工作座谈会,听取对活动启动仪式、活动主题等内容的意见与建议,研究在新形势下改进2014年春风行动的思路与措施。12月,会同全国总工会和全国妇联下发《关于开展2014年春风行动的通知》,对2014年春风行动进行部署,要求各地全面收集供求信息、集中开展政策宣传、积极促进人岗对接、着力做好政策落实、努力优化就业环境;为了解掌握农村劳动力转移就业工作的新特点、新情况、新问题和新趋势,要求各地上报有关情况,梳理汇总后形成农村劳动力转移就业情况总结材料,为指导今后的工作提供参考。

(二)推进就业援助工作。

3月,会同财政部开展公益性岗位开发管理工作调研,召开劳动就业服务机构工作人员和公益性岗位人员的座谈会,了解情况,听取意见建议。8月,召开部分省份公益性岗位开发管理工作座谈会,了解各地公益性岗位开发管理的基本情况,梳理目前存在的主要问题,明确下一步工作思路和措施。10月,召开改进就业援助月活动工作座谈会,听取对活动的启动仪式、主题等内容的意见与建议,研究改进2014年就业援助月专项活动的思路与措施。11月,参加国务院组织的最低生活保障政策落实情况督查工作,对各地机制建立、完善政策、规范管理、资金筹集使用、工作保障进行督查,对完善就业与低保工作联动机制进行研究。参与社会救助暂行办法就业救助一章条文的起草修改工作,对就业救助的救助对象、政策措施、责任要求、约束机制等内容做出规定,并起草相关背景材料。12月,会同中国残联联合下发《关于开展2014年就业援助月专项活动的通知》,对2014年就业援助月专项活动进行部署,要求各地开展政策宣讲、做实登记认定、广泛收集岗位、集中实施帮扶、强化跟踪问效。在四川省成都市组织召开困难人

员座谈会暨2014年就业援助月活动启动仪式，对就业援助工作形成再推动、再促进。

（三）统筹做好其他群体就业工作。

1月，参与起草《关于加强社区戒毒社区康复工作的意见》，对做好吸毒戒毒人员就业援助工作做出规定，完善相关政策措施。3月，参与全国妇联妇女巾帼建功评选活动，推荐先进单位5个和先进个人1名。6月，会同全国妇联印发《关于支持妇女从事手工编织实现就业创业的意见》，提出加大培育妇女手工编织技能人才支持力度、落实妇女从事手工编织产业相关扶持政策、支持妇女手工编织组织和龙头企业发展等措施，推进妇女居家灵活就业工作。8月，与中组部、中央编办等7部委联合下发《关于促进残疾人按比例就业的意见》，对全面推进残疾人按比例就业提出了具体要求。10月，参与研究起草《军人随军家属就业安置办法》，由国务院、中央军委批转印发，对落实对随军家属的就业扶持政策、鼓励和支持随军家属自主择业和自主创业、将就业困难的随军家属纳入政府就业扶持范围做出规定。11月，参与起草司法部关于加强刑释解教人员衔接安置工作意见，对做好刑释解教人员就业援助工作做出规定，完善相关政策措施。

（四）努力推进公平就业工作。

4月，按照国务院办公厅收入分配制度改革若干意见重点任务分工要求，借鉴推广公务员招考的办法，研究在国有企业全面推行分级分类公开招聘的制度，制定起草相关政策的工作方案。7月，组织召开公平就业问题专家和地方工作人员座谈会，对就业歧视的定义及界定、就业歧视的产生原因、反对就业歧视的措施和途径等问题进行研讨，对下一步工作做出具体安排。8月，针对部分地区部分企业招聘过程中存在不招用少数民族人员的现象，向上海、江苏等地下发通知，对有关问题进行核查，并督促整改。12月，召开平等就业问题座谈会，对当前少数民族就业歧视现象进行梳理，对产生歧视现象的原因进行分析，并与国家民委积极协调，明确下一步工作思路。

五、全面开展公共就业服务专项活动

（一）就业援助月活动。

元旦、春节期间，会同中国残联在全国开展以“就业帮扶、真情相助”为主题的就业援助月专项活动，重点帮助包括残疾登记失业人员、零就业家庭中的登记失业人员和家庭困难未就业高校毕业生在内的各类就业困难人员就业。活动期间，全国共走访60.6万户就业困难人员家庭，组织各类招聘会近1万场，登记认定43.9万名未就业困难人员；帮助约34万名就业困难人员实现就业，其中残疾就业困难人员3.5万人，家庭困难未就业高校毕业生3.7万人；登记认定2万余户零就业家庭，帮助1.7万户零就业家庭中2.2万人实现就业；认定招用就业困难人员企业5.9万户，招用就业困难人员23.7万人；帮助55.9万名就业困难人员落实岗位补贴和社保补贴等政策。

（二）春风行动。

在春节前后农村劳动力进城务工高峰期，会同全国总工会、全国妇联在全国范围内部署开展主题为“搭建供需平台、促进转移就业”的“春风行动”，通过需求调查、政策宣传、专场活动、信息发布、市场整顿等服务项目，为各类有转移就业意愿的农村进城务工人员求职就业提供有针对性的政策支持和就业服务，为有招聘用人需求的用人单位提供招聘服务。活动期间，全国共发放“春风卡”等宣传资料4 333万份，组织专场招聘会2万多场，提供免费咨询等就业服务2 268万人次；实现本地企业吸纳农村劳动者就业802万人，实现跨地区有组织劳务输出749万人，接受创业服务73万人；组织参加职业技能培训202万人，参加创业培训23万人，享受培训补贴的有81万人；提供劳动维权服务和法律援助261万人，推荐用工规范诚信企业近8万家，推荐诚信服务机构1万多家。

（三）民营企业招聘周。

5月下旬，会同教育部、全国总工会、全国工商联以“帮人才就业，促民企发展”为主题，组织全国31个省、自治区、直辖市县级以上城市开展了“2013年全国民营企业招聘周”活动。招聘对象以高校毕业生为重点，同时面向农民工、退役军人以及失业人员、残疾人和零就业家庭等就业困难人员。招聘企业以民营企业为重点，同时鼓励国有大中型企业、中外合资企业、事业和科研单位参加招聘活动。招聘形式采取专场招聘、综合招聘、异地视频和网络招聘，同时，鼓励企业进入高等院校、乡镇、街道和社区招聘，鼓励求职者登录全国招聘信息公共服务网求职。活动期间，对就业困难的高校毕业生、复员转业军人、妇女、少数民族和残疾人设专人提供重点帮扶。招聘现场设立了就业信息发布、就业政策咨询、职业指导、技能培训、创业项目推介等服务平台，并设立维权服务台，对求职者在签订劳动合同、工资支付、社会保障、劳动争议和参加工会组织等方面进行指导和服务。全国有22万户民营企业参加了招聘周活动，提供各类岗位信息近351万条；有102万人次求职者与用人单位达成了就业意向，其中大中专毕业生61万人次，农民工25万人次，其他各类求职者16万人次；招聘现场累计发放政策宣传品764万份，提供维权及法律援助21万人次。

（四）高校毕业生就业服务月。

9月，组织开展以“强化公共就业人才服务　全面实施就业促进计划”为主题的高校毕业生就业服务月专项活动，通过多种形式的就业服务活动，全力促进有就业意愿的2013届及往届未就业毕业生就业。全国共组织各类招聘活动4 349场次，提供就业岗位227.8万个、就业见习岗位26.6万个；组织12.3万名毕业生参加就业见习，17.6万名毕业生参加职业培训。活动期间，全国共为87.7万名未就业毕业生办理了登记，其中2013届毕业生58万名；对12.6万名毕业生开展了就业援助，帮助其中近7.2万人实现就业。

（五）高校毕业生就业服务网络招聘周。

3月、5月、8月、10月，人力资源社会保障部组织各地开展季度高校毕业生就业服务网络招聘活动，依托全国招聘信息公共服务网、中国国家人才网和中国就业网以及各地省级和市级公共就业和人才交流服务机构所属互联网网站，共同为高校毕业生提供招聘信息及相关配套的就业服务。据统计，4次活动共向社会发布就业岗位信息170万条，其中适合高校毕业生的就业岗位信息近67万条。

六、加强完善公共就业和人才服务能力建设

（一）进一步完善就业信息公共服务。

加强全国招聘信息公共服务网建设，初步实现了招聘信息的全国联网和共享发布，为各类求职人员免费提供“信息真实、内容完整、岗位有效、查询便利”的就业信息服务。到2013年底，全国招聘信息公共服务网站已覆盖部本级和29个省、自治区、直辖市的196家公共就业和人才交流服务机构，日均更新发布实时有效招聘岗位信息20万条，招聘岗位超过150万个。同时，加快建设全国就业信息监测平台，就业信息监测制度普遍建立，实现了全国范围内部、省、市三级人社部门对劳动者的个人基本信息和相关信息、就业登记与失业登记信息、享受就业扶持政策信息等进行动态监测和管理。到2013年底，就业信息监测平台已覆盖全国1.7亿劳动者。

（二）进一步健全公共就业和人才服务体系。

落实统一的公共就业和人才服务制度，指导各地强化服务功能，优化服务流程，提高服务的及时性、针对性和有效性。2013年，覆盖部、省、市、区（县）、街道（乡镇）、社区（行政村）五级管理、六级服务的公共就业和人才服务体系进一步完善，通过县（区）以上综合性服务机构（包括政府举办的人才交流服务机构和劳动就业服务机构）、街道（乡镇）和社区（行政村）的基层服务窗口，以及就业训练、小额担保贷款、创业服务等服务实体向求职者和用人单位提供就业服务。到2013年底，4万个街道、乡镇建立了服务窗口，覆盖了98%的街道和97%的乡镇，8万个社区

（占全部社区的93%）和部分行政村聘请了专职或兼职的工作人员。

2013年，各级公共就业和人才服务机构共办理登记求职4 673.5万人次，介绍成功2 040.9万人次，为387.5万户次用人单位提供了登记招聘服务，为2 966.1万人次办理了就业登记，为2 008.8万人次提供了职业指导服务，为349.5万人次提供了创业服务。

七、加强就业形势监测和分析

（一）扎实做好就业数据统计监测工作。

继续做好城镇新增就业、失业人员再就业、困难人员就业数据月度统计汇总和城镇登记失业人员、城镇登记失业率数据季度统计汇总工作，并定期对数据变化情况进行分析，形成数据变化分析报告。开展11省市人力资源市场供求和企业用工情况监测工作，按月对相关情况进行汇总分析。继续做好500个行政村农村劳动力转移就业监测，统计汇总外出、返乡人数，及时掌握变化情况，7月和11月，分两批次向参与监测工作的河北、吉林、安徽等10省市下拨工作经费补助共200万元。探索建立了31个大中城市就业形势分析月报制度，按月将各直辖市和省会（首府）城市就业方面相关数据整合汇总，及时动态掌握就业形势变化情况，已积累了大量数据，形成多份月度报告。

（二）定期开展就业形势分析研判。

按季度定期召开就业形势分析会，部内就业工作相关司局共同对就业形势进行会商研究，通过汇总分析各单位掌握的就业相关数据，结合宏观经济形势，对就业形势进行综合分析，形成季度就业形势分析报告。在进行季度就业形势分析时，还邀请部分宏观经济部门及行业协会介绍经济形势和行业就业情况，探索多角度、多方面对就业形势进行分析研判。对就业形势进行分析判断的同时，对就业形势保持总体稳定的原因进行了深入研究，客观全面地分析了多种因素，为科学判断形势、回应社会关注提供了参考依据。

（三）深入研究一些重大理论和社会关注热点问题。

围绕国务院领导提出的使经济运行处于合理区间，稳增长、保就业的要求，对经济增长与就业的关系进行了研究测算。开展我国老龄化问题研究，预测分析了我国人口老龄化的基本情况、趋势和特征及老龄化对我国就业和社会保障的影响，提出了相关政策建议。同时，对我国劳动力供给变化趋势进行了分析预测并提出了相关政策建议。

人力资源市场建设与管理

2013 年，人力资源市场建设工作紧紧围绕民生为本、人才优先的工作主线，不断加强市场管理，规范市场秩序，大力发展人力资源服务业，完善市场服务体系，稳步推进统一规范灵活的人力资源市场建设。

一、人力资源服务机构建设情况

截至 2013 年底，全国共设立各类人力资源服务机构 26 417 家，从业人员 358 013 人。

从服务机构构成类别上看，县级以上地方政府人力资源社会保障部门（含其他行业管理部门）共设立公共就业和人才服务机构 6 482 家，占人力资源服务机构总量的 24.6%；国有性质人力资源服务企业 1 139 家，占 4.3%；民营性质人力资源服务企业 18 578 家，占 70.3%；外资及港澳台资性质的服务企业 218 家（其中，港资、澳资、台资性质的服务企业分别为 102 家、5 家、3 家），占 0.8%。

从服务机构地区分布来看，东部地区人力资源服务机构 13 027 家，占总量的 49.3%；中部地区 5 226 家，占 19.8%；西部地区 6 031 家，占 22.8%；东北地区 2 133 家，占 8.1%。

从从业人员学历层次分类来看，大专及以下学历 212 470 人，占从业人员总量的 59.4%，与 2012 年同期相比上升了 2.0 个百分点；本科学历 134 749 人，占 37.6%，与 2012 年同期相比下降了 2.3 个百分点；硕士及以上学历 10 794 人，占 3.0%，与 2012 年同期相比上升了 0.3 个百分点。截至 2013 年底，从业人员中取得从业资格证的有 116 184 人，占从业人员总量的 32.5%，与 2012 年同期相比下降了 0.5 个百分点。

从从业人员分布地区来看，东部地区 179 105 人，占总量的 50.0%；中部地区 68 546 人，占 19.2%；西部地区 90 729 人，占 25.3%；东北地区 19 633 人，占 5.5%。

截至 2013 年底，全国各类人力资源服务机构共设立固定招聘（交流）场所 1.8 万个，建立人力资源市场网站 9 283 个。从经营和发展情况看，2013 年全行业营业总收入 6 945 亿元（含服务外包等业务的代收代付部分 5 532 亿元）。

二、人力资源服务业务情况

2013 年，全国各类人力资源服务机构共服务各类人员 43 479 万人次，登记求职和要求提供流动服务的人员达 22 537 万人次。登记求职和要求提供流动服务人员以学历层次分类，大专及以下学历的 13 936 万人次，占总量的 61.9%，与 2012 年同期相比上升了 1.2 个百分点；本科学历的 7 266 万人次，占总量的 32.2%，与 2012 年同期相比下降了 1.7 个百分点；硕士及以上学历的 1 335 万人次，占总量的 5.9%，与 2012 年同期相比上升了 0.5 个百分点。2013 年，全国各类人力资源服务机构共帮助 10 167 万人次找到了工作或转换了工作岗位，比 2012 年增长 6.5%，人力资源流动进一步活跃。

2013 年，全国各类人力资源服务机构共为 2 002 万家次用人单位提供了人力资源服务，比 2012 年增长 6.1%。服务的用人单位中，国有企事业单位 159 万家次，占 8.0%，与 2012 年同期相比上升了 1.0 个百分点；民营企业 1 367 万家次，占 68.3%，与 2012 年同期相比上升了 0.4 个百分点；外资企业 245 万家次，占 12.2%，与 2012 年同期相比下降了 3.0 个百分点；其他用人单位 231 万家次，占 11.5%，与 2012 年同期相比上升了 1.6 个百分点。

2013 年，全国各类人力资源服务机构共举办现场招聘会（交流会）20.7 万场（其中，高校毕业生专场交流会 6.9 万场次，农民工专场交流会 6.5 万场次），比 2012 年减少 856 场；参会求职人员 11 836 万人次，比 2012 年增长 5.8%；参会单位 755 万家次，比 2012 年减少 35 万家次；提供招聘岗位信息 10 831 万条，比 2012 年增长 3.9%。管理流动人员人事档案 4 868 万份，比 2012 年增加 348 万份；依托档案提供工资调整、档案查阅、开具相关证明等服务 3 260 万人次，比 2012 年增长 5.6%。举办培训班 21 万次，比 2012 年增加 2 万次；培训人员 1 039 万人，比 2012 年增长 19.1%。为 33.6 万家用人单位提供了劳务派遣服务，比 2012 年减少 1.3 万家；派遣人员 1 080 万人，比 2012 年减少 264 万人；登记要求派遣人员 633 万人，比 2012 年增加 113 万人。为 499 万人提供了人才测评服务，比 2012 年增加 220 万人。为 167 万家用人单位提供人力资源管理咨询服务，比 2012 年增长 15.1%。为 43 万家用人单位提供人力资源外包服务，与 2012 年相比基本持平。高级人才寻访（猎头）服务成功推荐选聘各类高级人才 80 万人，比 2012 年减少 8 万人。

三、人力资源市场管理情况

2013 年，人力资源市场管理工作进一步加强。按照转变政府职能和深化行政审批制度改革要求，取消了举办全国性人才交流会审批事项，加强和改进招聘会管理，强化后续监管。会同公安、工商等部门组织开展清理整顿人力资源市场秩序专项行动，有效遏制了职业介绍领域的各类违法违规行为，维护了人力资源市场的良好秩序。加快推进人力资源市场条例研究制定工作，系统梳理了人力资源市场立法中的重点难点问题，开展相关课题研究。各地积极研究制定人力资源市场管理地方性法规，贵州省率先出台了《贵州省人力资源市场条例》，2014 年 1 月 1 日起施行。人力资源服务机构诚信体系建设深入推进，制定下发了《关于在人力资源服务机构中开展诚信服务主题创建活动的通知》（人社部发［2013］26 号），通过开展诚信服务主题创建活动，推动人力资源服务机构恪守诚信准则，提升服务水平，创建服务品牌，促进行业发展。召开了视频会议，及时推广各地好的经验做法，确保活动扎实有效开展。加大力度推进人力资源服务标准化建设工作，推动《现场招聘会服务规范》和《人才测评服务规范》两项标准草案通过标委会委员会审，进入报批程序，其他标准也正在积极研究制定过程中。加强人力资源市场管理人员队伍建设，举办了 4 期人力资源市场建设与管理培训班，共培训全国各地省、市、县三级市场管理工作人员 640 余名。

人力资源服务业发展的政策环境进一步优化，山东、天津等地出台扶持发展的专项政策，提出了人力资源服务业发展的目标、原则和具体扶持措施，明确了时间表和路线图。其他省份的人力资源服务业发展政策亦正在研究制定之中。推动人力资源服务产业园区建设，建立“中国苏州人力服务产业园”。参展中国高新技术成果交易会，展示了行业发展成果，加强人力资源服务的市场培育与品牌宣传。

四、人力资源市场监测情况

进一步做好人力资源市场状况监测工作。按季度组织实施人力资源市场“一线观察”项目，通过市场一线人力资源服务机构，在全国范围内同一时间内统一问卷，面向人力资源市场供求主体（用人单位及求职者），就人力资源市场领域的重点、难点和热点问题按季度开展专题调查，及时反映市场供求情况、深度剖析影响市场供求的因素、推断预测市场发展趋势。截至2013年12月底，人力资源市场一线观察项目按季度已组织实施了14期，共调查用人单位81 840家次，求职人员116 598人次（其中，农民工54 088人次，高校毕业生62 510人次）。

进一步完善人力资源市场供求信息季度发布制度，及时向社会发布人才供求信息，引导人才流动和人才培养方向，减少市场机制的盲目性。继续加大对中西部地区和东北地区人才市场建设的支持力度，提升欠发达省份的人才资源开发和配置的服务能力。

职业能力建设

2013 年，职业能力建设工作紧紧围绕贯彻落实党的十八大和“两会”精神，深入落实“民生为本、人才优先”的工作主线，以推进职业培训年活动、加强企业职工技能培训、转变职业资格管理方式、深化技工院校改革以及开展国内国际技能竞赛等为重点，进一步完善职业培训制度，加大政策支持力度，开展大规模职业培训，加快高技能人才队伍建设，通过更高质量的职业培训促进实现更高质量的就业，建设更高水平的技能人才队伍助推经济发展方式转变，各项工作取得明显成效。

全国全年共组织开展政府补贴性职业培训 2 049 万人次；技工院校招生 133.5 万人，应届毕业生就业率达 96.7%；全国共有 1 838.6 万人参加职业技能鉴定，1 536.7 万人获取职业资格证书，其中新增高技能人才 322.8 万人。

一、召开全国职业能力建设工作座谈会

3 月，人力资源社会保障部召开全国职业能力建设工作座谈会，王晓初副部长出席并作重要讲话。会议主要是总结交流人社部成立五年来的工作成绩和经验，分析当前和今后一个时期面临的形势，部署 2013 年职业能力建设工作的总体思路和重点工作。

二、继续组织实施国家高技能人才振兴计划

为深入贯彻国家中长期人才发展规划要求，开展了相应工作。一是人社部会同财政部完成了 2013 年 80 个高技能人才培训基地和 100 个技能大师工作室的项目建设任务。二是人社部印发了《国家级技能大师工作室建设项目实施管理办法（试行）》（人社厅发［2013］51 号）、《国家级高技能人才培训基地建设项目实施管理办法（试行）》（人社厅发［2013］52 号）、《国家级高技能人才培训基地建设项目考核标准及细则（试行）》（人社厅发［2013］89 号）、《人力资源社会保障部办公厅财政部办公厅关于做好 2011 年国家级高技能人才培训基地建设项目检查工作的通知》（人社厅函［2013］471 号）等文件，健全了项目规范管理制度。三是人社部会同财政部印发了《财政部人力资源社会保障部关于技师培训项目补贴资金使用管理有关问题的通知》（财社［2013］141 号），制定了技师、高级技师培训补贴管理办法，明确培训补贴对象、资金来源、补贴程序及具体办法，并启动实施技师培训项目。

三、开展职业培训年活动

为贯彻落实《国务院关于加强职业培训促进就业的意见》（国发［2010］36 号），推动全国职业培训工作不断深入开展，组织了职业培训年活动。一是人社部印发《关于在全国百家城市中开展技能振兴专项活动的通知》（人社部发［2013］16 号），全面部署并组织实施技能振兴专项活动。二是研究制定企业新型学徒制度和相关政策措施。三是启动职业培训包开发工作，创新职业培训模式。四是研究制定加强公共实训基地建设政策和公共实训基地功能定位、运行管理、政策支持和资金渠道。

四、推进技工院校全面发展

抓好技工院校规范发展、一体化课程教学改革和技工院校资助管理工作。一是制定并印发三类重点技工院校评估标准，规范国家级重点技工院校评估。二是制定国家技能人才培养标准和一体化课程开发技术规程、技工院校一体化教师标准，确定 19 家一体化师资培训基地，开展一体化教师培训，共培训教师 900 余名。三是会同国家发改委实施中等职业教育基础能力建设二期规划项目，共有 79 所技工院校纳入项目范围，获得中央财政 6.17 亿元资金。会同财政部、教育部实施“国家中等职业教育改革发展示范学校建设计划”，第三批项目学校有 63 所技工院校纳入项目范围。首次指导技工院校申报教育部和财政部职业教育专业资源库建设项目，常州技师学院申报的电气自动化设备安装与维修专业教学资源库项目获得 400 万元资金支持。四是实施离校未就业高校毕业生技能就业行动，对 23.9 万名有培训意愿的离校未就业高校毕业生开展就业技能培训、企业上岗前培训和创业培训。五是会同财政部印发《关于加强技工院校资助管理工作的通知》，进一步明确技工院校资助政策界限。组织开展技工院校学生资助工作专项检查。六是完成《全国技工院校专业目录》修订工作。七是开展全国技工院校安全大检查。

五、促进职业资格制度规范发展

积极做好技能人才评价和职业技能竞赛工作。一是按照《国务院机构改革和职能转变方案》及任务分工和国务院机构职能转变动员电视电话会议的要求，研究拟定了《技能人员职业资格管理改革工作方案》，明确技能人员职业资格管理改革的目标任务、具体措施和进度安排。起草了技能人员水平评价类职业资格移交行业协会、学会管理办法，明确技能人员水平评价类职业资格移交行业协会、学会的原则、条件和程序等。二是推进国家职业分类大典修订工作，组织召开行业专业委员会会议，对 791 个职业描述信息进行逐一审核，完成由行业部门提交的技能类职业描述信息审核工作；组织专家对中类、小类、职业及工种进行逐一审核调整，编制大典职业分类体系表。三是印发了《人力资源社会保障部关于做好 2013 年职业技能竞赛工作的通知》（人社部函［2013］70 号），组织完成了 2013 年全国职业技能竞赛 41 项国家级一、二类竞赛活动，全国 1 000 多万名企业职工和职业院校学生参加竞赛活动；制定印发《世界技能大赛参赛管理暂行办法（试行）》，对参赛项目确定、选拔集训、奖励政策、保障机制等做出明确规定；印发了《人力资源社会保障部关于确定第 42 届世界技能大赛中国技术指导专家技术翻译和教练名单的通知》（人社部函［2013］36 号），举办第 42 届世界技能大赛技术培训交流活动和技术工作研讨会，组织参加第 42 届世界技能大赛，取得 1 枚银牌、3 枚铜牌以及 13 项优胜奖的优良成绩。组织召开全国职业技能竞赛技术总结会暨技能展示交流活动；组织召开第 42 届世界技能大赛参赛总结大会和举办首届中国青年技能夏令营活动。四是组织开展职业技能鉴定工作，积极为高校毕业生、农村转移劳动者、城镇困难人员、退役士兵等重点人群提供职业技能鉴定服务。规范统一鉴定运行机制和工作流程，做好 2013 年国家职业资格全国统一鉴定工作。指导开展院校鉴定管理平台试点工作，加强职业院校职业技能鉴定规范管理，引导和推动其专业设置、教学内容与国家职业技能标准相衔接。加强行业职业技能鉴定管理，规范行业职业技能鉴定机构设立，做好现有鉴定机构复核换证工作。严格职业资格证书核发管理，加强职业技能鉴定质量监督管理，及时处理纠正违规鉴定行为。

军转安置

2013年，在党中央、国务院、中央军委领导下，经过各级党委、政府和军队各级组织共同努力，圆满完成4.1万名军队转业干部安置任务。在完善自主择业转业干部管理服务、加强转业干部教育培训等方面也取得新的进展。

一、动员部署军队转业干部安置工作

（一）召开国务院军队转业干部安置工作小组会议。

4月16日，国务院军队转业干部安置工作小组会议在京召开。会议总结了2012年军转安置工作，研究提出了2013年军转安置工作任务。国务院军队转业干部安置工作小组组长、人力资源社会保障部部长尹蔚民主持会议并讲话。国务院副秘书长肖亚庆出席会议。国务院军队转业干部安置工作小组副组长、人力资源社会保障部副部长何宪报告工作。国务院军队转业干部安置工作小组副组长、总政治部主任助理崔昌军出席会议并讲话。

（二）部署全国军队转业干部安置工作。

4月25日，全国军队转业干部安置工作电视电话会议在京召开。会议总结回顾了2012年军转安置工作情况，对2013年全国军转安置工作进行了全面部署。中共中央政治局委员、国务院副总理马凯，中央军委委员、总政治部主任张阳出席会议并讲话，国务院军队转业干部安置工作小组组长、人力资源社会保障部部长尹蔚民做工作报告。会议由国务院军队转业干部安置工作小组副组长、人力资源社会保障部副部长何宪主持，国务院军队转业干部安置工作小组副组长、总政治部主任助理崔昌军和国务院军队转业干部安置工作小组成员、成员单位相关部门的负责同志参加会议。

会议指出，要充分认识做好军转安置工作的极端重要性，认真贯彻落实中央关于军转安置工作的一系列方针政策。要突出安置重点，改进安置办法，拓宽安置渠道，挖掘安置潜力，千方百计安排好计划分配军转干部。要完善政策措施，扎实做好自主择业军转干部管理服务和就业促进工作。要不断提高针对性和实效性，切实加强教育培训工作。要积极推进中国特色退役军官安置制度建设，继续重视做好部分企业军转干部解困和稳定工作。

会议强调，要切实增强做好军转安置工作的政治责任感，坚决贯彻中央决策部署，加大工作力度，明确工作责任，严肃工作纪律，改进工作作风。要深入细致做好思想工作，密切军地协调配合，形成工作合力。要坚持透明公开、公平公正，坚持一切安置工作在阳光下运行。要做到执行安置计划不打折扣，落实安置政策不搞变通，完成安置任务不讲条件，确保军转安置任务圆满完成。

国务院军队转业干部安置工作小组成员及成员单位相关司局负责人，军队驻京大单位、武警总部政治部负责人和干部部领导及转业办主任参加主会场会议。各省（自治区、直辖市）党委和人民政府分管军队转业干部安置工作的负责人，军队转业干部安置工作小组成员，党委组织部负责人，人力资源社会保障厅（局）、军转办主要负责人，军队京外大单位政治部负责人及转业办主要负责人，省军区（卫成区、警备区）和武警总队负责人及转业办负责人，副省级市党委和政府分管军队转业干部安置工作的负责人及有关部门负责人在各地分会场参加会议。

会后，各省（自治区、直辖市）按照统一要求，相继召开军转安置工作会议，对本地区的军转安置工作进行了动员部署。5月17日，中央和国家机关各部委，各直属机关、事业单位、人民团体，各中央企业军队转业干部安置工作会议在京召开。会议总结了2012年中央单位军转安置工作情况，部署了2013年接收680名军队转业干部的安置任务。国务院军队转业干部安置工作小组副组长、人力资源社会保障部副部长何宪出席会议并讲话。会议明确，2013年继续在中央机关、事业单位和北京市直单位实行统一笔试的安置办法，中央和国家机关、直属机构、事业单位、人民团体接收安置团职及团职以下和专业技术军转干部，都纳入统一笔试的范围。中央企业继续采取双向选择的办法落实安置任务，也可以自愿报名参加统一考试。同时，进一步完善公开公平公正的安置机制，发挥好中央单位在全国军转安置工作中的示范引领作用。中央和国家机关各部委，各直属机构、事业单位、人民团体，各中央企业干部（人事）部门负责同志和分管军转安置工作的处（室）负责同志参加会议。

二、全面落实军队转业干部安置工作各项任务

（一）计划分配军队转业干部安置工作。

6月9日，国务院军队转业干部安置工作小组、中央组织部、中央机构编制委员会办公室、人力资源社会保障部、财政部、总政治部、总后勤部七部门联合下发《关于下达2013年军队转业干部安置计划的通知》（国转联［2013］2号，以下简称《通知》），对做好2013年度军队转业干部安置工作提出具体要求。《通知》明确，根据国防和军队建设需要，2013年全军（含武警部队）有4万余名干部转业地方工作，其中计划分配3.3万余名，自主择业7 000余名。《通知》强调，要认真落实《军队转业干部安置暂行办法》（中发［2001］3号）和《关于进一步做好军队转业干部安置工作的意见》（中发［2007］8号）及其配套文件的政策规定，切实把军队转业干部安置工作作为重要的政治任务，加强领导，统筹安排。组织、机构编制、人社、军转部门要密切配合，确保安置任务圆满完成。《通知》要求，各省（自治区、直辖市）要按照规定的时间节点推进安置工作，6月底前召开军队转业干部安置工作会议，完成安置工作的动员部署；9月底前落实计划分配转业干部定岗、定位及师团职干部的定职，向部队发出军队转业干部和随调家属报到通知；10月底前报到工作结束，完成年度安置任务。截至12月底，2013年度军队转业干部安置任务顺利落实，3.3万名计划分配军队转业干部得到妥善安置，1万余名师团职干部得到重点安置，功臣模范以及长期在艰苦边远地区和特殊岗位工作的军转干部也得到照顾安置。

（二）自主择业军队转业干部安置工作。

2013年，各省（自治区、直辖市）军转办、自主择业管理服务机构根据安置计划安排，按时间节点完成了自主择业军转干部档案审查、退役金核算、接收安置、待遇保障等任务。截至12月底，7 700余名自主择业军转干部全部到地方报到。至此，全国累计安置自主择业军转干部达13万余名，中央财政全年发放退役金88亿余元，累计发放退役金500亿元。

按照2012年全国自主择业工作座谈会的部署，2013年自主择业工作主要围绕大力推进自主择业军转干部就业创业积极展开。8月21日至9月22日，由国务院军转办、全军转业办联合主办，转业军官培训中心承办的全国自主择业军队转业干部创业培训实验班在天津鑫茂集团举办，来自19个省（自治区、直辖市）的31名自主择业军转干部参加培训。培训期间，国务院军队转业干部安置工作小组副组长、人力资源社会保障部副部长何宪看望参

训学员并进行工作调研。9 月 12 日，全国自主择业军转干部就业创业工作座谈会在天津召开，31 个省（自治区、直辖市）及成都、大连、青岛、深圳、厦门、宁波、海口、兰州军转办（自主择业工作机构）负责人参加座谈会。会议围绕各地区自主择业军转干部就业创业情况、一年来取得的各项成效及下一步工作设想进行了交流，达成了共识。11 月 26 日至 12 月 18 日，全国自主择业军队转业干部就业培训班在山东焦化集团举办，来自 14 个省（自治区、直辖市）的 32 名自主择业军转干部参加培训，先后完成 12 天集中授课、10 天企业实习，并组织专场推介会，21 名学员现场与企业签订了就业意向书。

各省（自治区、直辖市）按照“摸需求、抓培训、推服务、建平台、重宣传”的总体部署，采取出台扶持就业创业政策，改进个性化培训办法，加强就业创业基地建设，搭建就业创业信息交流平台，举办专场招聘会，培养和宣传先进典型等措施，积极促进自主择业军转干部就业创业。全国自主择业军转干部就业创业率稳定在 80%左右。

（三）军队转业干部教育培训工作。

2013 年，坚持需求导向，军地联动，共同推进前移培训，不断优化适应性培训和专业培训，大力加强自主择业培训。全国军转干部适应性培训参训率达到 100%，计划分配军转干部上岗前专业培训参训率达 97%，有 80%的自主择业军转干部通过培训实现了就业创业，军转教育培训服务水平全面提升。

一是深入开展前移培训。各地采取灵活多样的方式宣讲安置政策，帮助转业干部及时了解安置政策，做好安置方式和安置去向选择。5 月至 9 月，国务院军转办会同总政全军转业办，依托“中国转业军官网”开通的军队转业干部前移培训在线学习平台，进一步扩大覆盖面，3 万余名转业未离队的干部报名参加，报名率达到 70%以上。

二是不断推进优质教育培训资源共享。9 月，国务院军转办下发《关于做好 2013 年中央国家机关和中央管理的在京企业事业单位军队转业干部教育培训工作的通知》。10 月 21 日至 11 月 21 日，在清华大学继续教育学院和北京大学继续教育学院，分别开办了中央单位企业管理和行政管理培训班，中央和国家机关各部委、各直属机构、事业单位、人民团体、中央企业和北京市属企业 199 家单位的 525 名转业干部参加培训。携手两大著名学府，为安置在不同行业及岗位的军转干部分类提供培训服务的模式，提升了军转培训的层次，对全国军转教育培训起到了良好的示范作用。

三是继续加强自主择业军转培训。5 月，国务院军转办下发《关于进一步做好自主择业军队转业干部网络培训工作的通知》。截至 2013 年底，全年新增报名人数 3 500 余名，共 1.8 万余名自主择业军队转业干部报名参加网络培训。6 月，举办全国自主择业网络培训管理员业务培训班，对 56 名网络培训管理员进行了报名流程和操作技术培训。各地开展了多元化、多渠道、多形式、内容丰富的自主择业个性化培训和培训基地指定认定工作。截至 2013 年，各地共指定认定军转培训基地 750 余家，共有 7 200 余名自主择业军转干部参加了个性化培训，有效地促进了自主择业军转干部就业创业和能力素质提升。

三、举办军转系统业务培训班

11 月 11 日至 22 日，全国军转系统工作人员业务培训班在京举办，188 名来自全国各地军转部门和自主择业管理服务机构的负责同志分两期参加培训。这次培训，是多年来国务院军转办首次组织相对集中、全国范围的系统业务培训，对军队干部人事制度改革、转业干部移交工作、我国军转安置制度、计划分配安置政策、自主择业待遇保障政策和管理服务工作进行了详细介绍，对于提高军转工作人员的业务素质和管理服务水平起到了积极作用，有效促进了军转系统干部队伍能力建设。国务院军队转业干部安置工作小组副组长、人力资源社会保障部副部长何宪出席培训班并授课。

四、部署开展第六次全国军转表彰活动

10 月 21 日，国务院军队转业干部安置工作小组、中央组织部、人力资源社会保障部联合下发《关于开展第六次全国模范军队转业干部、全国军转安置工作先进单位和先进军转工作者评选表彰活动的通知》（国转联［2013］3 号），对第六次全国军转表彰活动相关工作进行了部署。《通知》明确了此次表彰活动的评选范围、评选条件、评选程序、奖励办法及有关要求，分配了表彰名额，重点向企业、事业、基层一线及西部和边远少数民族地区倾斜。11 月 25 日，下发《关于开展第六次全国军转表彰活动的补充通知》，对表彰对象级别比例、坚持“两审三公示”和增加征求意见环节提出了补充要求。按照通知要求，各省（自治区、直辖市）自下而上有序开展表彰推荐工作，并结合实际，在省（自治区、直辖市）内部署开展军转表彰活动。

专业技术人才工作

2013年，专业技术人才工作认真贯彻党的十八大精神和全国人才工作会议精神，全面推进国家人才规划纲要和专技人才队伍建设规划实施。突出抓好重大政策制定和重大人才工程实施，加强高层次专业技术人才队伍建设；着力推进重大制度改革，破除制约人才发挥作用的体制机制障碍；加强服务平台建设，完善服务措施，建立健全面向全体专业技术人才的公共服务体系。

一、高层次人才队伍建设成果显著

一是高级专家队伍不断壮大。提请国务院常务会议审议通过，新增4 824人享受国务院政府特殊津贴，享受特贴人员已达到16.7万人。新选拔421名国家百千万人才工程国家级人选并授予有突出贡献中青年专家称号，百千万人才工程国家级人选达到4 500多人。选拔了首批96名“国家特支计划”百千万工程领军人才。二是青年创新人才引进培养成绩斐然。留学回国工作力度进一步加大，留学回国人员累计达到144.48万人。稳步扩大博士后规模，全年招收博士后研究人员约1.4万人，累计达11.8万人。三是专业技术人才队伍结构进一步优化。高、中、初级专业技术人才比例达到11∶36∶53。全国973万人报名参加专业技术人员资格考试，近220万人取得各类专业技术人员资格证书。四是专业技术人员继续教育工作深入开展，年度参加继续教育的专业技术人员近5 000万人次。五是顺利完成了专业技术人才队伍建设中长期规划阶段性评估工作，推进重大人才规划、政策贯彻落实。

二、人才政策体系不断健全

一是继续完善国家专家选拔培养政策体系。扎实做好享受政府特殊津贴工作。将有突出贡献中青年专家制度纳入新一轮国家百千万人才工程，进一步加强对工程人选的培养。与中科院、工程院等共同开展改进完善院士制度政策研究。二是实行更加开放的人才引进政策。推动在《外国人出入境管理条例》中明确人才签证和居留的原则表述，研究制定人才签证办法，协调相关部门落实外籍高层次人才永久居留享受相关待遇政策，开展国家重点引才计划备案工作。三是改革完善博士后管理政策。修改完善《关于改革完善博士后制度促进博士后事业发展的意见》。四是进一步完善面向全体专业技术人员的继续教育政策。研究制定《专业技术人员继续教育规定》。

三、重大制度改革稳步推进

一是进一步修改完善关于分类推进职称制度改革的总体意见，稳步实施分类推进职称制度改革。中小学教师职称制度改革扩大试点工作进展顺利，基本完成全国109个地市的改革试点任务，全国共806人获得中小学正高级职称。修改完善《关于改革完善工程技术人员职称制度改革的意见》，完成改革社会稳定风险评估工作，是部内启动重大制度改革前开展风险评估工作的第一例。牵头推进我国顺利成为华盛顿协议预备会员。二是改革完善专业技术人员职业资格管理。贯彻落实国务院减少资格许可和认定并加强监督管理的要求，研究制定改革完善专业技术人员职业资格管理方案，提出第一批拟取消职业资格目录，研究制定行业协会、学会承担职业资格具体认定工作管理办法。三是修改完善《职称评审管理办法》和《中央单位职称评审委员会管理规定》，审核备案55家中央单位高级评委会。四是会同公安部等5部委开展人事考试环境综合治理工作，顺利组织实施47项专业技术人员资格考试，制定下发《人事考试工作人员纪律规定》。

四、重大工程项目实施成效明显

一是专业技术人才知识更新工程发挥龙头作用。举办285期高研班，培养培训高层次专业技术人才1.5万人，顺利完成急需紧缺和岗位培训项目130.8万名中高层次专业技术人才的培训任务，启动公需科目教材体系建设，制定出台《国家级专业技术人员继续教育基地管理办法》，基地在专业技术人员培养培训上的集聚效应逐步显现。二是万名专家服务基层行动计划引导、示范效果显著。投入690万元、资助64个重点活动项目，带动全国上万名专家深入基层一线开展服务活动，两年来各地累计组织2万余名高层次专家深入基层开展服务，有效解决了基层经济社会发展面临的许多突出问题。三是留学人才资助力度不断加大。实施高层次留学人才回国、留学人员科研项目择优资助、留学人才回国创业启动支持计划等重点引才项目，资助494名留学人员回国开展科技活动和启动创业，支持30个“海外赤子为国服务行动计划”项目，有力支撑了海外学子回国创新创业和为国服务。四是博士后国际国内交流成效显著。完成“香江学者”计划第一阶段培养任务，三年共选拔150余名博士后赴港进行博士后研究。全面启动实施博士后国际交流计划，资助280多名博士后参与国际交流。完成博士后国内学术交流活动26项，数千名博士后参加，编辑出版第二批《中国社会科学博士后文库》。五是少数民族科技骨干特殊培养工作深入实施。认真做好第四批新疆特培工作，完成第一批西藏特培任务，协调多部门共同制定第二批西藏特培工作方案，支持青海、内蒙古等地区专业技术人才特殊培养工作。

五、人才服务体系进一步健全

一是服务平台规模进一步扩大。新设博士后科研工作站644家，博士后流动站、工作站总数已达5 476个。新建国家级专业技术人员继续教育基地20家，总数达60家。全国各级留学人员创业园已达260余家。二是推进“千人计划”服务窗口建设。发挥留学人员回国服务联盟和专家指导委员会作用，留学回国人员服务体系进一步健全。三是完善专家联系服务制度。坚持简朴隆重举办院士、专家休假活动。四是加快信息系统平台建设。完成职称评审管理信息系统二期项目验收，启动留学人员信息平台和继续教育网络平台建设。

六、政府人才工作扎实推进

一是加强部内人才工作综合协调。召开2013年部人才工作领导小组会议，制定印发中央人才工作协调小组2013年人才工作要点部内分工方案和部人才工作要点。二是召开全国专业技术人才工作座谈会，印发了2013年专业技术人才工作要点。三是举办第1、2期全国地市级人社局专技工作分管局长培训班。四是编发部《人才工作信息》22期。五是认真落实中央人才工作协调小组交办事项，配合中组部做好先进制造业人才政策、产业相互衔接配套的有关工作，参加进一步规范高校高端人才引进工作调研。六是参加国务院科技体制改革和创新体系建设工作，参加国家科技中长期规划中期评估工作，配合相关部门做好国家知识产权战略、科技特派员农村科技创业行动、全民科学素质纲要、军民结合寓军于民、中国青年科技奖等跨部门人才综合协调工作。

事业单位人事管理

一、政策法规体系建设取得阶段性成果

《事业单位人事管理条例》经国务院法制办主任办公会审议通过，上报国务院常务会议审议。《事业单位工作人员申诉规定》已经通过部务会审议，《事业单位工作人员处分规定》政策解释启动会签程序。事业单位考核、奖励、竞聘上岗等制度的制定，取得了阶段性成果。

二、全面推行聘用制度

评估总结聘用制度推行情况。选取全国范围 1 300 多家不同层次、行业的事业单位约 12.5 万人进行问卷调查，形成《聘用制度推行情况总结报告》，并摘编报国办。截至 2013 年底，全国推行聘用制度的事业单位已占事业单位总数的 90%以上，工作人员合同签订率超过 90%。进一步完善管理制度。

三、岗位设置管理工作全面推进

岗位设置管理制度基本建立。截至 2013 年 10 月底，全国岗位设置管理工作完成率超过 90%。

指导开展聘后管理。各地各部门聘期结束后及时组织竞聘上岗，部分地方出台竞聘上岗规定，明确竞聘条件。在编制调整或事业单位功能职责发生变化的情况下，根据政策及时动态调整岗位结构比例。

研究重点难点问题。制定了专业技术一级岗位实施方案，着手起草规范事业单位特设岗位管理的指导意见，一些地方开展了职员制试点研究工作。

四、全面落实和规范公开招聘制度

开展进人检查。会同中组部组成联合检查组，赴地方就进一步落实和完善公开招聘制度进行调研。2013 年，全国事业单位通过公开招聘约 100 万人。

完善政策措施。从行业、单位、岗位类型等多角度分类研究提出指导性意见，会同教育部研究制定关于进一步加强和改进中小学新任教师公开招聘的指导意见。

加强舆情监测。加大事业单位公开招聘舆情监测力度，截至年底，监测并指导处理河南叶县“吃空饷”等 20 起网络舆情。

五、积极参与事业单位分类改革和行业体制改革

参与事业单位分类改革工作。贯彻落实《中共中央办公厅、国务院办公厅印发〈关于进一步深化事业单位人事制度改革的意见〉的通知》（中办发［2011］28 号），配合中央编办开展中央国家机关所属事业单位分类工作。

配合发展改革委研究制定行业协会商会与行政机关脱钩总体方案和配套文件，继续参与中央国家机关公务用车制度改革，完善司勤人员安置政策。

参与医药卫生体制改革，推进公立医院、基层医疗机构、基本药物制度改革。配合卫计委研究建立住院医师规范化培训制度，参与研究全科医生规范化培训人事管理办法。

公务员管理

2013年，公务员管理部门坚持以邓小平理论、“三个代表”重要思想、科学发展观为指导，认真贯彻落实党的十八大、十八届二中全会和三中全会精神，围绕中心、服务大局，不断改革创新，各项工作得到全面推进。

一、公务员职位管理工作

（一）积极推动分类管理工作。

3月，会同中组部干部一局（公务员管理办公室，下同）召开国务院各部委人事部门座谈会，听取对专业技术类、行政执法类公务员管理规定的意见建议。随后，召开公务员分类管理试点部门座谈会，听取意见建议并对试点工作进行总结。6月、7月，分别在河南郑州、山东济南召开座谈会，听取地方公务员局对上述两个规定的意见建议。随后，在国家公务员局务虚会上，专题听取了地方公务员局局长的意见。在此基础上，会同中组部干部一局召开研讨会，对两个规定及其配套办法进行研究修改。11月、12月，根据党的十八届三中全会审议通过的《中共中央关于全面深化改革若干重大问题的决定》提出的深化公务员分类改革的要求，按照人社部、国家公务员局党组的部署，研究提出深化公务员分类改革的路线图和时间表，配合中组部干部一局召开座谈会，听取地方组织部门对两个规定的意见建议，形成了报批审议的送审稿。

（二）稳步推进公务员聘任制试点工作。

对各地公务员聘任制试点工作进行指导，审核并批准浙江、江西、山东、河南等省聘任制试点工作方案。截至2013年底，共有上海、福建、广东、广西、重庆、北京、四川、辽宁、河南、浙江10个省（区、市）开展了聘任制试点。

（三）深入开展公开遴选工作。

1月，《公务员公开遴选办法（试行）》颁布施行，公开遴选工作进入了常态化开展、制度化推进的阶段。40个中央机关公开遴选了120人，其中处长3人、正处级检察员1人、副处长6人和主任科员110人。此次公开遴选5月发布公告，6月在北京等10个城市进行了笔试。考试采取分级分类的方式，笔试按照正处级职位、副处级职位和主任科员职位分别命制试卷；面试采取“3＋X”模式，基本实现了一职一卷，部分单位还根据需要组织了职位业务水平测试。考察采取差额的方式进行，对考察对象的德、能、勤、绩、廉情况及其政治业务素质与公开遴选职位的适应程度进行全面考察。遴选机关根据考察情况和职位要求，择优确定拟遴选人员。9月，体检、考察、办理相关转任手续等环节基本完成。10月，举办中央机关公开遴选公务员培训班，为公开遴选公务员尽快熟悉新环境、顺利完成角色转变奠定了良好的基础。

（四）继续完善选拔任用机制。

开展完善选拔任用机制专题调研，坚持正确用人导向，坚持“德才兼备、以德为先”，注重德才表现、工作实绩和群众公认相结合，改进选拔任用的内容、方法和程序，努力做到选贤任能、用当其时，知人善任、人尽其才，把优秀公务员及时发现出来、合理使用起来。

（五）积极开展职位管理业务培训。

采取“送教上门”的方式，在河南、福建、天津、甘肃、四川、辽宁等省市举办职位管理业务培训班，对省、市、县三级从事职位管理工作的人员进行培训。培训班重点介绍了公务员职位管理制度与政策、分类管理、聘任制公务员试点、公务员公开遴选、日常登记、辞职辞退等项工作，使参训人员深入了解了公务员职位管理当前的重点工作，交流了工作经验，梳理了工作思路，提高了胜任工作的能力。

（六）编写公务员法配套法规释义。

为配合各级公务员主管部门和各机关公务员管理部门更好学习贯彻《公务员辞去公职规定（试行）》和《公务员辞退规定（试行）》，会同中组部干部一局（公务员管理办公室）共同编印了《公务员法实施工作指导丛书——公务员辞职与辞退》，对两项试行规定逐条进行了解释，介绍了相关理论基础、我国公务员辞职辞退制度、国外公务员辞职辞退制度概况，收录了有关法律法规和文件。

二、公务员考试录用工作

（一）召开全国公务员考试录用工作会议。

8 月，中组部、人社部、国家公务员局在辽宁沈阳召开全国公务员考试录用工作会议，深入贯彻落实党的十八大精神和全国组织工作会议部署，总结交流过去五年全国公务员考试录用工作，分析当前面临的形势和任务，研究部署今后五年的工作。中组部副部长、人社部部长、国家公务员局局长尹蔚民出席会议并讲话，中组部部务委员、干部一局局长（主任）邓声明作总结讲话，人社部副部长、国家公务员局党组书记、副局长杨士秋主持会议。国家公务员局党组成员、副局长陈刚出席会议。

（二）做好基层考录工作。

贯彻落实中央关于优化队伍结构的精神，坚持注重基层导向，扎实做好基层考录工作。省级以上党政机关，除特殊职位外，全部招录具有 2 年以上基层工作经历人员。指导各地结合实际着力解决边远艰苦地区招人难问题，取得了较好效果。指导有关省份顺利实施从优秀村干部中考试录用乡镇公务员工作，积极探索从工人、农民中招录公务员工作。

（三）加强法规制度建设和政策研究。

进一步规范公务员录用面试和考察工作，印发 2014 年度中央国家行政机关及其直属机构考试录用公务员面试工作实施细则和关于做好公务员录用考察工作的通知。会同中组部、中央编办、中国残联等部门出台了关于促进残疾人按比例就业的意见。会同卫计委修订了公务员录用体检操作手册。会同中组部起草关于加强基层公务员考试录用工作的若干意见和公务员录用公示办法。开展基层机关公务员招考情况调研、全国公务员录用体检工作调研，以及四川、云南、甘肃、青海四省藏区公务员考试录用工作情况调研，提出有关工作建议。改进政法干警招录培养体制改革试点有关工作，提高试点工作的针对性和有效性。对政府安排工作的退役士兵和退役大学生士兵报考公务员问题，研究提出有关政策措施。

（四）进一步推进考录科研。

加强考录科研队伍建设，积极指导各地开展考录科研，加强考录基地建设，新增吉林、陕西两个测评基地。开展题库建设工作，完成题库总体框架设计，开始第一阶段课题研究。制定行政职业能力测验试题征题标准，加强常态化试题征集评审的质量控制。加强试题分析评价和申论新题型研究，推进面试分类改革工作。加强面试考官管理制度建设，起草了公务员录用面试考官管理办法，基本完成面试考官培训课程研发工作，开展面试考官管理系统研发工作，加大面试考官培训力度。累计为中央机关各部门举办面试考官培训班 16 期、培训 1 500 余人，指导福建、江西等 8 个省份举办面试考官培训班 14 期、培训 2 500 余人。

（五）加强队伍建设和考试环境治理。

举办地方公务员局局长考录工作培训班、地方考录处长考试测评技术培训班和 3 期中央机关直属机构考录处长培训班以及2期中央机关录用体检工作培训班，累计培训700人。在全国行政机关考录系统开展“警示教育周”活动，部署地方人社系统对举办公务员录用考试培训班和出版辅导教材情况进行自查自纠。会同人社部相关职能机构印发人事考试工作人员纪律规定，进一步明确考录工作人员纪律要求，并协调公安、工信、工商、税务等相关部门，组织开展人事考试环境综合治理专项行动。适时在门户网站发布信息、在主流媒体刊发文章，积极回应媒体关于公务员考录热点问题的报道，主动引导舆论。积极推进依法考录，科学考录，公平考录，安全考录。

（六）平稳顺利完成各项公务员招考工作。

2013年度中央机关及其直属机构计划录用公务员和机关工作人员20 858名，报考人数213.4万人，通过资格审查人数148.7万人，参加公共科目笔试人数100.2万人，笔试人员与计划录用数的比例为52.6∶1，实际录用19 040人，占录用计划数的91.3%。定向招录大学生村官等服务基层项目人员1 588人，其中大学生村官1 037人。中央机关录用服务基层项目人员110人，其中大学生村官87人。2014年度中央机关及其直属机构考试录用公务员工作顺利进行。指导各地完成政法干警招录培养体制改革试点工作。2013年，31个省（区、市）及新疆生产建设兵团共录用公务员18.5万人。

三、公务员考核奖励工作

（一）公务员奖励工作。

会同中组部、中宣部组织开展了第八届全国“人民满意的公务员”和“人民满意的公务员集体”评选表彰活动。12月，在北京召开表彰大会，表彰了99名“人民满意的公务员”和80个“人民满意的公务员集体”，李克强总理亲切接见会议代表并发表重要讲话，刘云山、马凯、刘奇葆、赵乐际、杨晶、郭声琨、王正伟等中央领导同志，60余位中央和国家机关部门主要负责同志参加接见，马凯副总理出席表彰大会并做了重要讲话。中央各主要新闻媒体开设了“人民满意的公务员”专栏，开展了为期一个月的集中宣传。

规范公务员定期奖励工作。指导公安部、国税总局开展了公务员奖励制度建设工作。批复中央国家机关47个单位的年度考核定期奖励方案，其中记三等功1 055人，给予嘉奖5 446人，发放三等功奖章1 357枚，嘉奖证书8 107本。

做好公务员及时奖励工作。追授兰辉同志全国“人民满意的公务员”荣誉称号，人社部、国家公务员局下发《关于开展向兰辉同志学习活动的通知》，在四川召开颁奖会，宣传其先进事迹，弘扬其崇高精神。审核卫计委、审计署、国家海洋局等部门及时奖励方案，对2个集体10名个人记二等功、93个集体68名个人记三等功、219个集体151名个人给予嘉奖。

（二）公务员考核工作。

加强平时考核制度建设。会同中组部干部一局先后召开5个座谈会广泛征求意见，进一步修改完善了《公务员平时考核办法（试行）》，已经国家公务员局局务会和中组部干部一局局务会审议通过。

督促引导各地各部门大力开展平时考核工作。4月，在天津召开行政机关公务员平时考核工作经验交流会，总结交流经验，部署下一步工作。赴福建、山东、重庆等地调研，发掘和推广了广东省公安厅、福建出入境检验检疫局、莱州出入境检验检疫局等单位的平时考核工作典型经验和做法，充分发挥先导示范作用。全国31个省（区、市）和新疆生产建设兵团都不同程度地开展了平时考核工作，天津等省市基本实现平时考核全覆盖，各地各部门建立联系点或试点330多个。

加强理论研究。完成5个公务员考核科研课题的验收工作。对2012年以来征集的231篇考核理论征文组织了评审，评选出一等奖5篇、二等奖10篇、三等奖21篇，下发了《国家公务员局关于公务员考核工作理论征文评审结果的通报》，获奖文章在《中国组织人事报》刊发。

（三）国家表彰奖励工作。

推动国家荣誉制度建设工作。会同全国人大法工委、国务院法制办进一步修改完善《国家勋章和国家荣誉称号法》和《国务院表彰奖励工作条例》，《国家勋章和国家荣誉称号法》已列入全国人大常委会立法规划二类项目。研究起草《国家文化荣誉奖管理办法（试行）》文稿及《首届国家文化荣誉奖授予工作方案（送审稿）》，积极推动国家文化荣誉制度建设。研究起草《部级荣誉称号授予工作管理办法》讨论稿，进一步规范部级荣誉称号授予工作。

认真开展授予部级荣誉称号工作。严格执行部级荣誉称号表彰计划申报审批制度，及时批复 12 个部门申报计划，会同 18 个部门开展 20 次表彰奖励工作，共表彰先进集体 1 743 个、先进个人 2 592 名，会同公安部等部门追授先进个人 5 名。

积极组织开展劳模管理服务情况调研工作。按照李克强总理批示要求，会同全国总工会等六部门和人社部有关司局研究起草调研方案，组织基层调研，对建立统一规范的劳模待遇管理及帮扶制度进行专题研究。

（四）评比达标表彰工作。

积极稳慎开展评比达标表彰评估项目清理规范工作。国务院机构改革和职能转变方案部署，会同有关部门牵头负责清理规范评比达标表彰评估项目工作。经国务院批准，已分 3 批共取消和下放 89 个项目，并向社会公布。

进一步从严从紧审核评比达标表彰项目。深入贯彻落实党中央、国务院有关部署，按照严格审批、总量控制的原则，先后组织 6 批次共计 34 个部门和地方报送的 65 个项目的审核工作。

进一步加强评比达标表彰工作指导和监督检查。按照党中央、国务院有关部署，指导各地明确政策，从严掌握，扎实开展清理规范评比达标表彰项目工作。加强调查研究，及时了解并研究解决工作中存在的困难和问题。积极开展评比达标表彰工作宣传和政策培训工作。指导督促各地区各部门建立健全工作制度，完善工作机制，做好本地区本部门规范管理工作。加大监督检查工作力度，印发《关于评比达标表彰工作情况的通报》（国评组发［2013］2 号），对部分违规开展活动的地区和部门给予通报批评，就规范开展评比达标表彰工作提出明确要求，并督促有关地区和部门认真整改。及时纠正 12 个地区和部门的 14 项违规评比达标表彰活动。

会同有关部门规范开展表彰活动。先后会同发改委、知识产权局、卫计委等 6 部门开展了京津风沙源治理工程表彰、知识产权战略实施工作表彰、援外医疗五十周年工作表彰、防治艾滋病工作表彰等省部级表彰活动，共表彰先进集体 346 个，先进个人 632 名。

（五）综合管理工作。

为体现党和政府对先进人物的关心关爱，组织开展四期省部级以上荣誉称号获得者休假疗养，100 名先进模范参加；首次与地方联合试点开展三期休假疗养，60 名先进模范参加。为贵州、西藏等 10 省（区、市）开展业务培训，培训基层工作人员两千余人次；开展中央国家机关业务培训，加强队伍能力建设。《汶川特大地震抗震救灾志·英雄模范志》完成终审验收和存档资料整理工作。加强基础建设，修改完善劳模数据库管理系统。

四、公务员培训与监督工作

（一）公务员培训工作。

抓好培训纲要和规划的贯彻落实。指导和督促各地各部门贯彻落实好《2011—2015 年行政机关公务员培训纲要》，学习贯彻《2013—2017 年全国干部教育培训规划》。

深化公务员职业道德建设工作。继续贯彻落实《公务员职业道德培训大纲》，深入推进公务员职业道德教育培训。指导各地、各部门开展职业道德主题教育实践活动，研究进一步推进公务员职业道德建设工程。

继续开展重点培训项目。深化中央机关初任培训工作，与中组部联合培训 1 287 人，继续在有关班次开展军训和国防教育。推动中央机关任职培训工作，与中组部联合举办 3 期中央机关处长任职培训班，培训新任职处长 147 人。开展培训管理者培训，全年举办 6 期培训班，此外组织赴澳大利亚公务员培训管理者培训团，共培训 287 人。

深入开展公务员对口培训。围绕党和政府的中心工作，围绕区域协调发展战略，制定印发 2013 年公务员对口培训计划，举办培训班 34 期，培训各地骨干公务员 2 474 人。继续加大对新疆、新疆生产建设兵团、西藏、四省藏区和江西、陕西、甘肃等革命老区，以及湖北、广西、贵州等少数民族地区的培训支持力度，积极组织“送教上门”，培训 570 余人。对培训的公务员主管部门、机构、班次等进行评估并规范培训证书的管理，强化公务员对口培训管理。

抓好培训基础建设。进一步加强公务员培训师资队伍建设，下发关于建立公务员培训兼职教师师资库的通知，筹备师资库建设工作。推进公务员特色实践教育基地建设，新建贵州遵义等 3 个地方（单位）为公务员特色实践教育基地，研究制定全国行政机关公务员特色实践教育基地管理办法。推进培训课题研究有关工作，开展公务员初任、任职培训大纲等 6 项课题研究。

（二）公务员纪律惩戒工作。

认真贯彻实施《行政机关公务员处分条例》。完成了《条例》实施五周年情况报告。研究制定关于公务员处分决定和解除处分决定备案工作制度。开展专项处分规章制定工作，会同监察部等部门制定出台了《档案违法违纪行为处分规定》。开展海洋环保领域专项处分规章的调研起草工作。推进已出台专项处分规章的执行，会同有关部门召开了学习贯彻《机构编制违法违纪行为政纪处分暂行规定》电视电话会议。

进一步加强对公务员的监督管理。会同中纪委、中组部联合印发《关于党的机关、人大机关、政协机关、各民主党派和工商联机关公务员参照执行〈行政机关公务员处分条例〉的通知》。会同监察部研究起草《突发事件应急管理行政责任追究办法（送审稿）》，已经部务会审议通过，拟呈报国务院。积极参与中央经济责任审计等联席会议相关工作，会同审计署等 5 部门向党中央、国务院上报《关于十七大以来经济责任审计工作的情况报告》，研究修改《党政主要领导干部和国有企业领导人员经济责任审计规定实施细则》。开展专项调研，总结十七大以来防逃工作情况并起草调研报告，参与制定《因公出国（境）信息公开办法》，修改《中央反腐败协调小组境外缉捕与防止外逃工作联络办公室工作规则》。

（三）公务员申诉工作。

依法开展公务员申诉工作。积极推进各地各中央垂直管理部门组建公务员申诉公正委员会，天津等 17 个省（区、市）和海关总署等 9 个中央垂直管理部门已成立公务员申诉公正委员会。加强基础资料的分析研究，收集整理各地各中央垂直管理部门近年来办理的申诉案件 68 件，结合公务员申诉制度对案件逐一进行研究分析，形成申诉案例分析材料，以此加强对各地各部门开展申诉工作的指导。

五、公务员综合管理工作

（一）开展公务员工作“让人民满意”专题调研。

结合党的群众路线教育实践活动，国家公务员局组织开展了公务员工作“让人民满意”专题调研，7 月至 11 月，先后对辽宁、黑龙江、福建、江西、湖北、广东、四川、云南、甘肃、新疆 10 个省（区）公务员工作让人民满意情况开展调研，同时，对公务员法律法规执行情况进行检查。调研组深入区县、村镇和一线服务窗口单位，通过听取汇报、召开座谈会、个别访谈等途径，较为全面地了解了公务员工作现状和当地公务员法律法规执行情况，听取了意见建议，并向10个地区政府分管领导反馈了意见。通过调研，更为全面地掌握了各地公务员工作人民满意情况、公务员法实施情况，明晰了工作中存在的突出问题，明确了今后努力的方向。

（二）扎实开展公务员统计工作。

在对各地区各部门上报的2012年公务员统计年报表进行集中审核的基础上，顺利完成2012年度全国公务员统计工作，编印统计资料，为科学决策提供了数据支撑。2013年9月，中组部、人社部和国家公务员局联合下发《关于开展公务员统计直统试点工作的通知》（中组函字［2013］64号），在内蒙古、海南、重庆部署开展了利用公务员信息库开展公务员统计试点工作。

（三）积极推进公务员管理信息系统建设。

3月至5月，顺利完成了中央国家行政机关公务员信息库的接收和初审工作。通过电话沟通、召开部分省市公务员管理信息系统建设座谈会等形式，加强对省级公务员信息库汇总和审核工作的督促和指导。经过多方努力，各地各部门建成了公务员管理信息库。10月至12月，会同中组部干部一局、中组部信息管理中心、人社部信息中心，在北京开展了全国公务员信息库集中会审工作，并将会审结果向各地各部门进行了书面反馈。

9月12日，召开全国公务员管理信息系统建设工作协调小组第一次会议，会议审议通过《全国公务员管理信息系统建设工作任务分工方案》。会同中组部干部一局、中组部信息管理中心、人社部信息中心，推进汇总版软件研发工作，及时提出了汇总版一期软件业务需求，开展了汇总版一期软件技术需求研究。

（四）稳慎做好参照公务员法管理工作。

依法做好事业单位参照管理审批和管理工作。全年共审核12个省（区、市）以及新疆生产建设兵团121个事业单位申请参照公务员法管理的材料，涉及编制3 281名；审核中国气象局县级气象管理机构申请参照公务员法管理的材料，涉及编制8 556名；完成6个中央机关所属事业单位参照管理登记备案工作。

完成了全国31个省（区、市）以及新疆生产建设兵团参照公务员法管理机关（单位）有关数据统计工作，并形成数据分析报告。参照管理单位日常动态管理不断加强。

做好参照公务员法管理工作与事业单位分类改革有机衔接的相关准备。为推动事业单位参照管理工作与事业单位分类改革有效衔接，进一步做好事业单位参照管理工作，积极参加事业单位分类改革部际联席会议，参与中央机关所属事业单位的分类工作，开展事业单位参照管理工作与事业单位分类改革衔接问题课题研究。目前，课题研究工作已经顺利完成，并取得相应成果。

六、重大会议

1月8日至9日，国家公务员局在京召开全国行政机关公务员管理工作会议。会议深入贯彻落实党的十八大精神及全国组织工作会议和全国人力资源社会保障工作会议部署，总结2012年全国行政机关公务员管理工作，研究分析公务员管理面临的新形势新任务，部署2013年工作。中组部副部长、人社部部长、国家公务员局局长尹蔚民出席会议并讲话，人社部副部长、国家公务员局党组书记、副局长杨士秋主持会议并作工作报告。国家公务员局党组成员、副局长杨春光、吴云华、陈刚出席会议。

7月16日至17日，国家公务员局在京召开务虚会。会议的主题是总结上半年工作，部署下半年任务，分析公务员管理工作面临的形势，研究当前公务员管理工作中的重点难点问题，提出对策建议；研究讨论专业技术类和行政执法类公务员管理暂行办法；听取地方对国家公务员局开展群众路线教育实践活动的意见建议。人社部副部长、国家公务员局党组书记、副局长杨士秋出席会议并讲话。国家公务员局党组成员、副局长杨春光、卢雍政、吴云华、陈刚出席会议并发言。

12 月 18 日，国家公务员局召开务虚会，学习贯彻党的十八大、十八届三中全会精神，回顾总结 2013 年公务员管理工作，谋划 2014 年工作思路和任务。人社部副部长、国家公务员局党组书记、副局长杨士秋主持会议。国家公务员局党组成员、副局长杨春光、卢雍政、吴云华、陈刚出席会议。

养老保险

2013年，按照党的十八大和十八届三中全会提出的要求，养老保险制度改革和发展坚持“全覆盖、保基本、多层次、可持续”的基本方针，以养老保险顶层设计研究为中心，进一步完善政策，狠抓工作落实，不断推动养老保险事业的发展。

一、深入研究养老保险领域的重点难点问题，积极开展顶层设计研究

报经国务院同意，成立由人力资源社会保障部、发改委、财政部、社保基金理事会、全总组成的顶层设计部际研究小组，针对机关事业单位养老保险制度改革、基础养老金全国统筹、渐进式延迟退休年龄、基金投资运营等难点问题，制定工作方案，确定目标任务、组织形式、时间进度，并组织开展了集中调研。一方面，委托国务院发展研究中心等7家国内外研究机构开展平行研究；另一方面，充分调动系统内部力量，部署省级人力资源社会保障部门会同地方有关部门结合实际开展研究，31个省（区、市）和新疆生产建设兵团报送了有关研究成果。通过内外联动、多方参与的研究形式，对重点问题的研究不断深化，共识逐渐增多，顶层设计研究工作取得了积极进展，初步形成养老保险顶层设计总报告和16个分报告。

二、覆盖人数稳步增加，基金规模继续扩大

继续以非公有制企业、个体工商户、灵活就业人员和农民工参保为重点，养老保险覆盖人数快速增加。截至2013年底，全国参加城镇职工基本养老保险人数32 218万人，较2012年底增加1 792万人，同比增长5.9%。其中，参保职工24 177万人，参保离退休人员8 041万人，分别比2012年底增加1 196万人和595万人，同比增长5.2%和8.0%。进一步加强基金征缴，基本养老保险基金规模继续扩大。2013年，全国城镇职工基本养老保险基金总收入22 680亿元，比上年增长13.4%。基金总支出18 470.4亿元，比上年增长18.7%。基金累计结余28 269.2亿元。

三、及时下拨中央财政补助资金，确保基本养老金当期发放无拖欠

2013年全年，中央财政对地方养老保险补助资金2 468.45亿元（不含新疆生产建设兵团），确保了全国离退休人员基本养老金按时足额发放。

四、连续第九年调整基本养老金，企业退休人员分享经济社会发展成果

按照国务院统一部署，自2013年1月1日起，继续调整企业退休人员基本养老金水平。全国共6 825万人参加调整，调整水平按企业退休人员月人均基本养老金的10%左右确定，并采取普遍调整与适当倾斜相结合的调整办法，向企业退休高工、高龄退休人员和企业退休军转干部等群体进行适当倾斜，调整后月人均基本养老金近1 900元，使企业退休人员分享到了国家经济社会发展成果。

五、着力研究厂办大集体改革中遇到的问题

针对推进厂办大集体改革工作中存在的问题，在调研基础上，会同有关部门下发了《关于进一步贯彻落实国务院开展厂办大集体改革工作指导意见的通知》（人社厅发〔2013〕35号），就养老保险欠费核销等问题提出政策意见，指导各地正确把握政策口径，促进厂办大集体改革。会同国资委批复同意了10户央企的厂办大集体改革方案。

六、不断完善相关政策，加快企业年金发展

财政部、人力资源社会保障部、国家税务总局联合下发《关于企业年金职业年金个人所得税有关问题的通知》（财税〔2013〕103号），明确从2014年1月1日起实施企业年金、职业年金个人所得税递延纳税优惠政策。人力资源社会保障部、民政部联合下发《关于鼓励社会团体、基金会和民办非企业单位建立企业年金有关问题的通知》（人社部发〔2013〕51号），进一步扩大企业年金覆盖面。指导和规范具备条件的中央企业建立企业年金制度。全年共有38家企业建立企业年金或原年金方案进行调整后在人力资源社会保障部进行了报备。

七、加强社会化管理服务工作，不断提高管理服务水平

截至2013年底，全国纳入社区管理的企业退休人员5 620万人，比上年底增加292万人；企业退休人员纳入社区管理比例达到79.1%，比上年底提高0.8个百分点。

失业保险

2013 年，失业保险工作认真贯彻落实党的十八大和十八届三中全会关于增强失业保险制度预防失业、促进就业功能的精神，立足有效发挥失业保险保障生活、预防失业和促进就业“三位一体”的功能，进一步完善失业保险制度，继续提高失业保险保障水平，大力做好扩面和基金征缴工作，稳步推进失业动态监测和失业预警试点，不断提高失业保险公共服务能力，各项工作取得新进展。

一、探索建立失业保险稳定就业和促进就业长效机制

根据党的十八大和十八届三中全会关于增强失业保险制度预防失业、促进就业的功能的要求，继续探索建立失业保险稳定就业、促进就业的长效机制。一是做好《失业保险条例》修订有关工作。在认真总结 2009 年、2010 年“援企稳岗”政策和东部 7 省（市）扩大失业保险基金支出范围试点经验的基础上，进一步加强与地方及相关部门的沟通协调，深化研究《失业保险条例》修订有关问题，从费率、支出项目、待遇等方面，对失业保险三位一体功能做出制度性安排，构建失业保险预防失业、促进就业创业的长效机制，并积极研究做好修订条例出台后相关配套政策的研究工作。二是继续推进东部 7 省（市）扩大失业保险基金支出范围试点工作，切实抓好《关于东部 7 省（市）扩大失业保险基金支出范围试点有关问题的通知》（人社部发［2012］32 号）的贯彻落实，通过会议、调研等方式加强工作指导，进一步规范试点支出项目，确保基金安全和提高使用效率。为了总结试点工作成效，分析工作中存在的问题，人力资源社会保障部会同财政部选择第三方对东部 7 省（市）试点工作进行全面评估，对下一步发挥失业保险预防失业、促进就业作用及试点政策与条例衔接等问题进行研究，争取将试点中的有效做法制度化、法律化。

二、保障享受失业保险待遇人员基本生活

2013 年，全国共为 416.7 万名失业人员发放了不同期限的失业保险金，年末领取失业保险金人数为 197 万人。进一步完善失业保险金标准与物价上涨挂钩联动机制，科学合理地确定和调整失业保险金标准，实现失业保险保障水平与物价上涨、工资增长等相适应。2013 年，失业人员月人均领取失业保险金 767.3 元，比上年增加 60.3 元，增长 8.5%。进一步落实领取失业保险金人员参加职工基本医疗保险政策，保障领取失业保险金人员按规定参加职工基本医疗保险，确保失业人员按规定享受医疗保险待遇。

三、推进失业保险扩面和基金征缴工作

指导各地继续以农民工、非公经济组织及私营企业从业人员等群体为重点，进一步扩大失业保险覆盖面，努力实现对目标群体的全覆盖。2013 年 12 月末，全国失业保险参保人数 16 417 万人，比上年末增加 1 192 万人，增长 7.8%。其中，参保农民工 3 740 万人，占参保总人数的 22.8%。全部参保人数中，国有企业减少 41.6 万人，城镇集体企业、其他企

业、事业单位和其他单位分别增加 4.3 万人、1 171.7 万人、6.2 万人和 51.6 万人。

2013 年，失业保险基金收入 1 289 亿元，同比增长 13.2%。其中，失业保险费征缴收入 1 202.4 亿元，同比增长 11.2%。随着失业保险稳定就业、促进就业功能得到进一步强化，失业保险基金支出结构进一步优化。全年基金支出 532 亿元，同比增长 18%。其中，保障失业人员基本生活支出 251.8 亿元，占基金总支出的 47.4%；农民合同制工人一次性生活补助支出 14.9 亿元，占基金总支出的 2.8%；预防失业、促进就业支出 264.9 亿元，占 49.8%。2013 年末，全国失业保险基金累计结余 3 686 亿元。

四、加强和完善失业动态监测工作

根据国家“十二五”规划纲要和促进就业、社会保障“十二五”规划有关要求，进一步加强和完善失业动态监测工作。一是进一步改进和加强失业动态监测工作，坚持以地级行政区划为监测单位的原则，鼓励有条件的地方适度扩大监测范围。监测城市由 2012 年的 198 个，增加到 2013 年的 333 个，监测企业数量由 11 626 个增加到 21 736 个，监测行业企业岗位数量由 1 100 万个增加到 1 670 多万个。二是进一步优化样本结构，增强样本的代表性和监测的科学性，监测数据质量进一步提高。三是为了方便各地做好数据分析，逐步更新了市级分析软件，并对软件应用进行了培训，提高了失业动态监测的准确性、时效性。四是指导各地做好监测数据分析应用工作，建立完善监测数据定期通报制度，省、市两级失业动态监测数据分析报告报送政府和有关部门，成为分析研判就业形势的重要依据。

五、稳步推进失业预警试点工作

认真贯彻落实《人力资源和社会保障部关于开展失业预警试点工作的通知》（人社部发[2012] 86 号）精神，召开试点会议，明确目标，交流经验，落实工作责任。指导试点地区制定试点方案，建立工作机制，完善基础数据库，开发失业预警模型，编写失业预警模型构建及数据分析操作手册。指导有条件的地区在综合分析失业动态监测预测类数据以及本地经济、就业等数据的基础上，开展失业预警警情分析，提高预测的科学性、准确性。为推动试点地区探索建立符合当地特点的失业预警指挥体系、预测方法和失业预警机制奠定了基础。

六、切实做好失业保险各项管理服务工作

加强失业保险经办机构公共服务能力建设，提高管理水平和服务质量。加强失业保险基金会计核算和财务管理，健全内控制度，强化基金日常监管。指导各地科学编制和严格执行基金预算，强化基金预算管理，加强失业保险基金运行情况分析。加大对失业保险基金审计检查中发现问题的整改力度，并采取切实有效措施，健全完善基金收、管、支等各环节的规章制度，确保基金安全。继续采取措施提高失业保险基金统筹层次，推动具备条件的地区逐步向省级统筹迈进。指导尚未实行省级统筹的地区进一步完善省级调剂金制度，加大基金调剂力度，确保失业保险基金的正常运行和失业保险待遇的发放。进一步完善失业保险统计指标体系，加强统计分析，提高上报统计数据的及时性、准确性。加强失业保险业务办理信息系统建设，实现失业保险参保、缴费、待遇发放等业务办理的全程信息化，提高失业保险管理的精细化水平。切实做好联网数据上报工作，建立健全失业保险联网数据督报机制以及数据上报情况通报制度，不断提高数据质量。

七、切实做好淘汰落后产能、化解产能过剩和兼并重组企业职工安置工作

继续做好淘汰落后产能、化解产能过剩和兼并重组企业职工安置工作。一是参与淘汰落后产能工作部际协调小组联合对全国淘汰落后产能工作进行检查，从检查情况看，淘汰落后产能企业职工基本得到了妥善安置。二是深入

调研，及时掌握有关情况。对淘汰落后产能、兼并重组、化解产能过剩工作任务比较重，职工安置工作压力比较大的地区进行调研，及时了解情况，研究解决问题。三是抓好相关政策措施的落实，搞好相关法律法规和政策措施的衔接。进一步规范企业操作行为，做好职工劳动关系处理、社会保险关系接续和再就业等工作。

医疗保险

2013年，医疗保险工作坚持稳中求进的总基调，巩固成果，稳量求质，以理顺体制、创新机制为重点，深化改革，攻坚克难，提升制度运行和管理服务质量，各项工作取得新的进展。

一、巩固扩大医疗保险覆盖面

落实各类人员参保政策，巩固扩大医疗保险覆盖面，会同教育部等部门印发了《关于将在内地（大陆）就读的港澳台大学生纳入城镇居民基本医疗保险范围的通知》（教港澳台［2013］69号）。截至2013年12月底，城镇基本医保参保人数57 073万人，比上年底增加3 431万人，其中职工医保参保人数27 443万人，比上年底增加958万人，居民医保参保人数29 629万人，比上年底增加2 474万人。

2013年基本医疗保险基金收入8 248亿元，比上年增长18.9%，支出6 801亿元，比上年增长22.7%，基金运行总体平稳。其中，职工医保基金收入7 062亿元，支出5 830亿元，居民医保基金收入1 187亿元，支出971亿元。

二、稳步提高医疗保险待遇水平

2013年，各级财政对城乡居民医保参保补助水平提高到每人每年280元，同时相应提高城乡居民个人缴费水平。鼓励有条件的地方积极探索建立与经济发展水平相适应的筹资机制。从了解的情况看，职工医保政策范围内住院医疗费用基金支付水平普遍达到80%左右。城镇居民医保二级及以下医疗机构政策范围内住院医疗费用支付水平达到71.3%，参保群众医疗费用负担进一步减轻。建立部省两级居民医保门诊统筹重点联系工作机制，重点围绕基层首诊制、双向转诊制、按人头付费等探索门诊统筹机制建设。

三、推动城乡居民大病保险试点工作

按照《关于开展城乡居民大病保险工作的指导意见》（发改社会［2012］2605号）精神，指导地方积极推进试点。配合财政部研究制定了《关于利用基本医疗保险基金向商业保险机构购买城乡居民大病保险财务列支办法的通知》（财社［2013］36号）。11月，召开全国城乡居民大病保险工作视频会议，传达国务院领导同志指示精神，进一步统一思想，对落实全年工作任务提出要求。截至2013年底，共有28个省份印发实施方案，确定130多个试点地市，半数以上试点城市已正式运行，取得了一定成效。

四、扎实推进医疗保险城乡统筹

指导地方整体规划、分步实施，按照归口管理、整合资源、政策并轨“三步走”的步骤，积极推进医疗保险城乡统筹并取得实效。截至2013年底，共有8个省份全面开展了居民医保城乡统筹工作，比2012年新增浙江、山东两省，共有97个地市（包括上述8省）在全市范围开展了居民医保城乡统筹工作，比上年增加33个。此外，还有41个地市下辖部分区县开展了居民医保城乡统筹试点工作。各地在整合医疗保险管理体制的基础上，探索整合城乡居民基本医疗保险，增强了制度公平性，更加适应流动性，参保人员待遇得到提高，取得了较好的效果。

五、加强医疗保险服务管理

一是推进支付方式改革。按照用两年左右时间全面开展医疗保险付费总额控制的总体目标，加强对地方的指导，制定了总额控制经办规程，指导地方建立经办机构与医疗机构协商机制，保证总额控制程序和结果公开透明，同步推进按病种、按人头等多种付费方式的改革。截至2013年底，全国40.9%的统筹地区启动总额控制工作，覆盖23 408家定点医疗机构。二是加强医疗服务监管。加强沟通和协调，完善加强监管相关文件。推进医保医疗服务监控系统建设试点，从18个地区扩大到45个地区。三是逐步将医疗服务监管从医疗机构延伸到医务人员，在总结地方探索经验的基础上，对医保医生管理办法进行整体研究和规范。

六、深入研究异地就医结算管理

开展专题研究，初步确定了分层次推进异地就医费用结算思路框架和工作重点。继续指导地方完善市级统筹，实现市域内医疗费用直接结算，督促各省建立省内异地就医结算平台，目前已有26个省建立了省级平台，还有一些地方探索建立省际间异地就医协作机制。结合信息惠民工程研究国家级异地就医结算平台的建设方案。推动社保药品分类代码的应用，研究推进疾病、诊疗项目、医疗器械等信息逐步实现标准化。

工伤保险

2013年，工伤保险工作紧紧围绕《社会保险法》和《工伤保险条例》的贯彻实施，各项工作稳步推进。

一、以推进事业单位参保为重点，扩面工作取得新进展

按照年初工作计划确定的基本实现事业单位应保尽保的工作目标，全年着力推进各类事业单位参加工伤保险。实行了按月调度制，三季度末对14个扩面进度较慢的省份下发了督导函。继续大力推进矿山、建筑等高风险企业和各类服务业企业参保工作。结合全国安全生产大检查工作，将企业参加工伤保险情况作为大检查重要内容，进一步推进各地扩大工伤保险覆盖面。截至12月底，参保人数达到19 917万人，较上年底增加907万人。其中事业单位参保人数2 509万人，较上年底增加424万人，占全年新增参保人数的近47%，2013年全国工伤保险基金收入615亿元，同比增长16.7%。全年基金支出482亿元，同比增长18.7%。

二、进一步完善相关政策标准和规范性文件

年初以来，经反复多次协调，先后下发了《关于进一步做好工伤预防试点工作的通知》（人社部发［2013］32号)、《关于贯彻工伤保险条例若干问题的意见》（人社部发［2013］34号）和《关于进一步做好工伤康复试点工作的指导意见》（人社部发［2013］83号）。进一步完善相关管理规范，修订印发了《工伤康复服务项目（试行)》和《工伤康复服务规范（试行)》两项技术规范。与卫生和计生委联合印发了《劳动能力鉴定管理办法》（第21号令）。劳动能力鉴定标准已完成修订工作并已正式报送国家标准委审批。积极参与完成了《职业病分类与目录》的修订工作，卫计委已会同人社部等有关部门印发。工伤保险费率政策拟定工作，在对前期数据汇总分析和研究论证的基础上，已初步确定了费率档次和基准费率，有关工作正在抓紧推进中。

三、积极开展前瞻性政策研究，相关工作有序推进

为提前做好有关政策储备，推进工伤保险事业持续发展，委托有关机构开展的政策研究工作有序推进。其中，工伤保险中长期发展战略研究已完成研究报告，并在全国工伤保险工作座谈会印发各地参阅；工伤保险术语研究工作完成了第一阶段工作，已提交社保标委会征求各地意见；工伤保险职业康复规范已形成初稿，下一步将在广泛征求意见的基础上进一步修改完善；农村地区企业参加工伤保险专题研究工作，已完成前期调研和问卷调查工作，正在抓紧起草研究报告。此外，还委托其他单位开展工伤预防评估和费率标准等研究，相关工作已按计划开展。上述研究工作的开展，将为下一年度及今后一个时期工伤保险相关工作的开展提供支撑。

四、加强工伤保险政策宣传和系统干部培训工作

2013年正值《工伤保险条例》颁布10周

年，组织召开了纪念《条例》颁布10周年的专题座谈会，邀请有关部门专家、学者和媒体等对《条例》颁布以来工伤保险事业取得的成就、存在的主要问题和下一步工作进行座谈。同时，于4月底至5月上旬在全国统一部署开展了工伤保险集中宣传活动。据统计，2013年的全国工伤保险集中宣传各地共印发宣传材料近850万份，举办了3 097次培训班，近38万人接受了培训，开展了形式多样的现场咨询活动，82.6万人接受了现场咨询，取得了良好的社会效果。继续做好并不断完善中国劳动保障报工伤保险专版宣传工作，全年开展了12期针对不同主题的专版宣传。充分利用部工作信息在系统内的影响，以印发工伤保险信息专刊的形式，及时将部分省市的典型经验印发各地参考。利用部政府网站及工伤保险子网站平台，及时更新信息，切实做好面向社会公众的宣传。

为指导各地全面准确把握2013年出台的一系列规章政策并做好相应的贯彻实施工作，对各地和部分国有大中型企业的2 000余名工伤保险干部进行了业务培训。同时，落实人社部与西藏自治区人民政府签署的备忘录精神，在西藏举办了一期工伤保险干部专题培训班，为西藏各地市的100余名工伤保险干部进行了业务培训。

与此同时，认真做好工伤保险其他相关工作。外事工作方面，积极参与了同法国、瑞士、加拿大、捷克、菲律宾、荷兰等13个国家双边社保协定谈判工作。参加了多哈全球社会保障大会及相关专题会议，并代表我国做了大会发言，介绍并宣传我国工伤保险政策和取得的成就。按照中德工伤保险合作交流计划安排，组织了赴德工伤康复培训团，对德国工伤康复法律政策规定、实施情况和效果等进行了全面系统的了解，为进一步推进我国工伤康复工作提供了有益借鉴。

生育保险

2013年，各级人力资源社会保障部门认真贯彻落实《社会保险法》，进一步完善生育保险政策，扩大生育保险覆盖面，不断强化服务管理，提高基金使用效率，各项工作稳步推进。

一、加强生育保险法制建设

围绕贯彻落实《社会保险法》、《女职工劳动保护特别规定》等法律法规，人力资源社会保障部会同有关部门，继续修改完善《生育保险办法》，就政策中的有关重点难点问题，加强与财政部沟通协调，多方面听取意见，争取尽早出台。指导地方完善生育保险制度，上海市、天津市等出台文件调整、规范生育保险政策，江苏、广东省已将生育保险办法上报立法部门待批，辽宁、山东、广东等十多个省份开展生育保险调查研究，进一步修订地方生育保险办法。

二、稳步扩大生育保险覆盖面

目前，全国有30个省份和新疆生产建设兵团生育保险覆盖范围已由企业扩展到事业、机关单位。广东、江苏、浙江等省份还将农民工纳入生育保障范围。截至2013年12月底，全国参加生育保险人数16 392万人，比上年底增加963万人。

三、生育保险制度运行平稳

2013年，全国生育保险基金收入368亿元，同比增长21.1%；基金支出283亿元，同比增长28.9%。享受生育保险待遇人数逐年增加，待遇水平不断提高。截至2013年12月底，全国享受生育保险待遇522万人次，比上年同期增加169万人次，增长率48%。人均生育待遇支出为13 455元，其中人均生育医疗待遇支出3 857元。

四、提高统筹层次，推行生育医疗费直接结算

目前，全国有346个统筹地区实现了地级统筹，其中12个省全部实现了地级统筹，有18个省份地级统筹率达80%以上。开展生育医疗费用由经办机构与医疗机构直接结算的统筹地区有237个，其中9个省全部实现了地市级直接结算。

城乡居民社会养老保险

2013年，按照人力资源社会保障部党组确定的“巩固、完善、提高”的工作方针，经过全系统共同努力，新型农村和城镇居民社会养老保险、被征地农民社会保障等工作取得新的成效。

一、新型农村和城镇居民社会养老保险工作

（一）巩固全覆盖成果。

2013年1月11日，中共中央政治局常委、时任国务院副总理、国务院新型农村和城镇居民社会养老保险试点工作领导小组组长张德江主持召开国务院领导小组第三次会议，学习贯彻党的十八大精神，听取新农保和城居保工作进展情况汇报，审议领导小组办公室2013年工作计划，研究进一步做好新农保和城居保工作。1月10日，胡晓义副部长主持召开国务院新型农村和城镇居民社会养老保险试点工作领导小组办公室第二次会议，总结2012年工作，研究2013年工作计划。1月中旬，人社部联合财政部、发改委、计生委、中国残联等试点办成员单位组成6个督导组，先后对山东等9个省份进行了工作督导。重点对2012年新覆盖地区的制度建设、养老金发放、财政补助资金到位情况以及业务经办和服务进行督查，了解工作中的问题和困难，征求对做好相关工作的意见和建议。截至2013年12月31日，全国新农保和城居保参保人数达到4.98亿人，比上年底增加1 381万人，其中1.38亿名城乡老年居民领取养老金。

（二）推动新农保和城居保制度合并实施。

2月18日，成立新农保和城居保制度合并实施部内专门工作小组，制订工作计划，开展合并实施工作。2月至3月，对各省新农保和城居保制度运行情况进行调查分析，编制印发“各省2012年城乡居民社会养老保险基本情况调查表”，组织填报、汇总分析，形成制度运行分析报告，并上报国务院。3月至4月，实施世界银行TCC5项目，组织部社会保险研究所、劳动科学研究所开展新型农村社会养老保险和城镇居民社会养老保险政策评估调查问卷项目基层调研活动，对6个省的12个县共6 000人进行问卷调查、深度访谈，与当地农保系统基层同志举行座谈，了解掌握各地新农保、城居保工作进展情况和政策标准制定情况，为制度合并实施、调整基础养老金等工作提供基础数据。3月至9月，分别召开各省农保处长座谈会、社保领域部分专家座谈会、县级农保经办机构负责人座谈会、部分省市人社和财政部门相关工作人员座谈会，总结经验，听取意见，经与财政部等部门反复会商，研究起草《国务院关于建立统一的城乡居民基本养老保险制度的意见》。

（三）开展业务培训。

6月和11月下旬，分别在贵州省毕节市、湖南益阳市组织开展城乡居民养老保险政策宣讲及业务培训活动，重点针对业务经办、档案管理、信息系统、金融服务等实际问题，通过政策宣讲、答疑解惑、介绍经验等形式，对两市县、乡两级城乡居保系统500多人进行了培训。8月26日至30日，在南戴河举办全国城乡居民养老保险业务培训班，对各省农保处、部分市县农保机构负责人就政策要点、

经办、金融服务、信息化建设等方面进行了培训。

二、被征地农民社会保障工作

深入贯彻落实社会保险法有关规定，研究完善被征地农民社会保障政策思路，指导各地工作，维护被征地农民的合法权益。

（一）指导各地出台被征地农民社会保障政策文件。

2013年底，全国有30个省、自治区、直辖市出台或转发关于做好被征地农民社会保障工作的政策文件。部分地区还建立了预存征地补偿款制度，制定了被征地农民社会保障工作流程和管理规范、资金管理办法、会计制度等政策文件。

（二）研究完善被征地农民社会保障政策思路。

在深入调研的基础上，总结地方工作经验，研究地方工作中出现的新情况、新问题，重点围绕单列被征地农民社会保障费用、“先保后征”程序等内容，形成将被征地农民纳入相应的社会保险制度的政策思路。

（三）开展相关培训工作。

10月，在部能力建设中心举办了全国被征地农民社会保障业务培训班，指导各地做好被征地农民社会保障工作。

社会保险经办管理

一、制度改革取得新进展

2013年，人力资源社会保障部组织开展了养老保险顶层设计研究，提出了重点领域、重要制度和重大问题的改革思路。大力推进城乡统筹，15个省份建立了统一的城乡居民基本养老保险制度，部分省市整合了城乡居民基本医疗保险制度。着力推进制度创新，27个省份出台了城乡居民大病保险试点方案。出台了一批贯彻工伤保险条例的规章、政策和标准，确定了50个工伤预防试点城市，工伤康复试点工作取得新进展。

二、覆盖面进一步扩大

全面完成各项社会保险扩面计划。到2013年底，基本养老、城镇基本医疗、失业、工伤和生育保险参保人数分别达到8.2亿人、5.7亿人、1.64亿人、1.99亿人和1.64亿人，一年内合计新增近1亿人次纳入各项社会保险。

三、保障水平稳步提高

2013年全国社会保险基金总支出2.8万亿元，同比增长19.9%。再次调整企业退休人员基本养老金，惠及7 485万人，人均每月达到1 856元。对城乡居民医保的财政补助提高到不少于人均280元。一次性工亡补助金提高到49万元，比上年增加5万多元，其他工伤保险待遇也相应提高。失业保险金全国人均每月达到767元。522万人次享受生育保险待遇。人民群众通过社会保险制度更好地分享到经济社会发展成果。

四、社保基金规模进一步扩大

2013年，各项社会保险基金总收入3.52万亿元，同比增长14.5%。基金结余（结存）总计达到45 588亿元，比上年增加7 493亿元；全国社会保障基金战略储备规模接近万亿元。社保基金当期支付能力和抵御长期风险能力进一步增强。

五、风险管控力度不断加大

持续开展稽核、清欠工作，清理收回企业养老保险欠费560亿元，实地稽核查出少缴社保费34亿元，追回32亿元。加强反欺诈工作，稽核医疗定点机构、定点药店违规金额2.9亿元，查出个人冒领社保待遇金额1.2亿元，追回到账率均在97%以上。组织开展城乡居民养老保险个人账户管理专项检查，贯彻落实社会保险工作人员“20个不准”纪律规定，内控制度更加严密规范。

六、经办能力明显提升

标准化建设继续推进，新完成一批社会保险标准的发布、制定工作，实施《社会保险视觉识别系统》，首次规范了全国社保经办系统的服务形象，推动市、县两级社保经办机构业务档案达标验收。信息化建设加快发展，社会保障卡持卡人数超过5.4亿人，开展“电子社保”示范城市建设，推广网上经办。1/3的省份实现异地联网待遇资格协查认证，全年办理城镇职工基本养老保险关系跨省转续156万人次，转移资金 268.1 亿元，基本医疗保险关系跨统筹地区转移 120 万人次。专业化建设不断加强，制定社会保障“百千万人才工程”建设方案，组织了地市以上经办机构负责人综合培训和多项专业培训，首次举办县级经办机构负责人培训班，各地也分层次开展了针对性培训。首次开展社保经办服务满意度调查，84.7%的群众对社保经办服务满意。

社会保险基金监督

2013 年，社会保险基金监督工作坚持稳中求进的总基调，围绕“实时多维纵深监控，确保基金长期安全”的目标，开拓进取，狠抓落实，各项工作成效显著。

一、加强社会保险基金监督

一是会同财政部、国资委印发《关于进一步做好行业企业社会保险纳入地方管理工作的通知》（人社部发［2013］66 号），明确目标任务、基本原则和工作要求，指导各地妥善解决社会保险基金封闭运行历史遗留问题。二是推进监管立法工作，配合全国人大法工委，研究将社会保险欺诈行为纳入刑法处罚；指导吉林、重庆、贵州、广西等地和新疆生产建设兵团出台基金监督检查执法规程和行政处理程序，规范执法程序。三是开展全国新农保和城居保养老保险基金专项检查，组织专家对北京市、甘肃省 6 个区县、12 个乡镇（街道）以及部分村、社区进行了部级直查，督促其他省市按通知要求开展自查并报告情况，对专项检查中发现的问题提出了处理意见。四是印发《人力资源和社会保障部办公厅关于确定社会保险基金社会监督试点地区的通知》（人社厅发［2013］20 号），引导社会各方参与基金监督，部级试点的 6 个省（区）的 17 个地（州）和自行开展试点的 19 个省市的 75 个市（县）创造性地开展工作，积极探索社会监督的有效方式，取得了阶段性成果。五是推进社保基金非现场监管软件联网应用。目前，省级除四川和甘肃外，其他省市均已部署实施，地市级部署实施达到 92%，一些有条件的县（区）也完成了部署实施任务。各地对照部里下发的社保待遇疑点信息进行核查，监管软件的应用有序开展。此外，还组织修改完善社保基金监管软件指标，做好“金保工程”二期建设需求研究。六是严格落实社会保险基金要情报告制度，跟踪侵害社保基金案件进展情况，分析案发原因，指导地方加强整改和防范，并对典型案件进行通报。全年各地上报重大要情和要情共计 61 起，涉案金额约 4 720 万元。组织编写《社会保险工作人员职务犯罪案件警示录》，印送全国社保系统 42 000 册，达到以案释法、以案释纪的效果。七是研究建立社会保险基金安全评估指标体系，探索预测基金风险的有效办法，建立可采集、可量化、可操作的监管标准。

二、规范企业年金市场监管

一是会同银监会、证监会、保监会出台了《关于扩大企业年金基金投资范围的通知》（人社部发［2013］23 号）和《关于企业年金养老金产品有关问题的通知》（人社部发［2013］24 号），拓宽了企业年金基金投资渠道。二是下发了《关于企业年金计划管理合同备案有关问题的通知》（人社监司便函［2013］18 号），指导地方规范企业年金基金合同备案、年金计划转移等工作。截至 2013 年三季度，共备案企业年金单一计划 1 232 个，集合计划 48 个。三是完善企业年金信息披露内容，深入整理和分析有关数据，将计划单列市企业年金基金情况、集合计划及养老金产品数据和组合收益率情况均纳入披露范围，不断提高信息披露的质量和水平。四是完善企业年金管理机构资格延续工作，增加了评价内容和量化数据指标，修订了专家评审打分表，补充、调整了专家库，使评价结果更科学、客观。五是对各地合同备案情况进行全面统计，分析存在的问题，提出改进意见。六是通过与企业年金管理机构广泛协商，达成修改完善自律公约的共识，对行业部分服务内容及收费标准进行了修改，为自律公约的再次签署打下良好基础。七是汇总分析企业年金数据指标，征求信息管理部门和地方基金监督部门意见，探索开发企业年金基金监管软件。

三、做好全国社会保障基金监管工作

审核全国社会保障基金年度财务会计报告，监督投资政策执行情况。按照国务院要求，对广东省 1 000 亿元基本养老保险基金委托社保基金会投资运营情况进行调研，并形成书面意见报国务院领导。做好划拨国有资产充实社保基金课题研究的相关工作。

四、推进从业人员能力建设

一是继续推进持证监督，完善监督检查证管理信息系统，修订社会保险基金监督检查证考试题库，编辑出版《社会保险基金监督业务试题汇编》。二是组织举办和支持地方举办各类社会保险基金监督业务培训班，当年新增社会保险基金监督持证人员 820 人，目前全国持证人员已达 3 420 人。三是组织地方基金监督人员和年金管理机构人员学习培训，解读新的企业年金政策，交流企业年金管理经验和做法。

劳动关系

一、积极贯彻实施新修订的劳动合同法

进一步完善劳动合同法配套法规规章。制定出台《劳务派遣行政许可实施办法》（人社部令第19号），研究起草劳务派遣暂行规定。同时，指导地方修制订本地区劳动合同法规或规章政策，江苏、山东颁布了本省《劳动合同条例》。全面开展规范劳务派遣专项行动，下发《关于做好劳务派遣行政许可工作的通知》（人社部发［2013］66号），依法开展劳务派遣行政许可，规范劳务派遣用工。内蒙古自治区印发了《关于对劳务派遣单位实行行政许可的通知》，并下发了劳务派遣单位设立要求、服务规范办法以及经办许可流程等文件。北京市发布了行政许可办法工作通告和工作规程，已向200余家企业发放《劳务派遣经营许可证》。继续以小企业和农民工为重点，大力推进劳动合同制度实施，不断提高劳动合同签订率和履约质量。北京完善了小型、非公企业劳动合同签订情况调查制度。继续推进劳动用工备案制度建设，用工备案范围不断扩大。辽宁出台了《辽宁省职工劳动权益保障条例》，对劳动用工备案做出明确规定。河北全省11个设区市，已有8个利用软件进行备案。同时，人力资源社会保障部加强厂办大集体改革劳动关系处理政策研究，切实维护职工合法权益。

二、稳妥推进集体协商和集体合同制度

各地进一步完善集体合同法规政策，采取多种措施，增强集体协商的针对性和实效性，不断扩大集体合同覆盖面。江西出台《江西省企业工资集体协商条例》，四川出台《四川省企业工资集体协商办法》，北京会同市总工会、国资委下发《关于进一步深化北京市国有企业工资集体协商工作的意见》。江苏开展第八轮“春季要约行动”，以非公有制企业、中小企业和世界500强在苏投资企业为重点开展工资集体协商，指导丹阳市通过集体协商制定眼镜行业部分工种劳动定额标准。北京市探索业态相近的民营企业签订行业工资协议。云南成立“云南省工资集体协商专家指导委员会”。截至2013年底，经人力资源社会保障部门审核有效集体合同155.5万份，覆盖企业314.6万家，覆盖职工人数1.57亿人。

三、继续推进企业工资分配工作

一是指导各地完成2013年最低工资标准调整工作。全国共有27个省、自治区、直辖市（含深圳市）调整了最低工资标准，平均调增幅度为17%。月最低工资标准最高的是上海的1 620元，小时最低工资标准最高的是北京和新疆的15.2元。各地积极推动最低工资制度的贯彻落实。二是指导各地完成2013年工资指导线发布工作。全国共有20个省份发布了企业工资指导线，基准线多在14%左右。北京、天津、吉林、广东、内蒙古等地探索发布了重点行业工资指导线。三是继续开展企业薪酬调查全国试调查工作。在全国31个省（区、市）、153个城市的18个行业门类、6.5万多户企业开展薪酬试调查。四是加强国有企业工资总额管理工作。指导各地做好工资总额与经济效益挂钩工作，对工资水平过高的国有

企业，实行了工资总额和工资水平双重调控。进一步规范中央企业负责人薪酬管理，严格核定中央企业负责人基本年薪基数，指导薪酬审核部门认真做好2012年中央企业负责人薪酬兑现和备案工作，完成了2011年度备案工作。会同财政部、审计署、国资委开展国有企业工资内外收入监督检查工作，对部分中央企业2009—2012年度工资内外收入分配情况进行了专项审计和行政抽查。五是加强工资支付保障工作。2013年1月11日会同发改委、公安、监察、财政、住房城乡建设、交通运输、铁道、水利、国有资产监督管理、工商行政管理、总工会等部门和单位召开保障2013年“两节”前农民工工资支付工作视频会议，联合赴河北、江苏、湖南、福建、广东、四川、云南等地开展农民工工资支付督查工作。进一步指导和督促地方开展建立健全保障工资支付长效机制。

四、不断加强劳动标准管理工作

一是继续推进《特殊工时管理规定》规章出台进程，进行了相关调研，组织开展了社会稳定风险评估。截至2013年末，经各级人力资源社会保障部门审批且在有效期内实行特殊工时制度的企业6.9万户，涉及职工1 700多万人。2013年，人力资源社会保障部当期审批了中国冶金集团、中国有色集团等中央企业部分岗位实行特殊工时制度，涉及职工7万余人。二是加强高温劳动保护工作，指导省级人社部门依据法规要求制定高温津贴标准。截至2013年末，共有25个省份制定出台了高温津贴标准。三是继续推动劳动定额定员标准化工作。2013年5月28日，全国劳动定额定员标准化技术委员会换届暨第四届委员会第一次会议在京召开，邱小平副部长出席会议并讲话。指导中国财贸轻工烟草行业工会、中国陶瓷工业协会编制完成了《日用陶瓷行业劳动定额指导标准》，已经全国总工会组织评审原则通过。

五、进一步健全协调劳动关系三方机制建设

指导各地进一步加强三方机制组织建设，积极推动工商联参加三方机制工作，各地省级工商联和绝大部分地市级工商联已成为三方机制成员单位。国家协调劳动关系三方会议联合开展了和谐劳动关系创建活动调研，指导各地深入开展创建活动。人力资源社会保障部、全国总工会与交通运输部联合下发了《关于深化开展出租汽车行业和谐劳动关系创建活动的通知》（交运发［2013］546号）。人力资源社会保障部会同全国总工会、全国工商联按照中央综治委要求组织开展了非公有制经济组织构建和谐劳动关系情况考评工作。大力推进构建和谐劳动关系综合试验区建设。积极开展全国构建和谐劳动关系综合试验区规划研究，全国首个综合试验区天津滨海新区的试验工作进展顺利。

劳动人事争议调解仲裁

2013年，全国各级调解仲裁机构以提高争议处理效能为主线，以劳动争议基层调解组织建设和劳动人事争议仲裁院基本建设为重点，通过大力加强组织机构、合理配置人员队伍、健全完善基本制度、不断夯实基础保障，进一步提高调解仲裁服务能力，提升社会公信力，为构建和谐劳动关系和社会稳定做出了积极贡献。全年全国各级仲裁机构共处理劳动人事争议149.7万件，涉及劳动者184万人，结案涉及金额320亿元，仲裁结案率为95.6%。

一、调解仲裁组织机构逐步健全

一是深入贯彻落实三部门《关于加强劳动人事争议处理效能建设的意见》，多数地区出台了实施意见，调解仲裁机构建设、队伍建设、基础保障建设取得了一定成效。全国仲裁院建院率达到72%，比上年提高了19个百分点。其中，地市级建院率81%，比上年提高了7个百分点；县级建院率71%，比上年提高了21个百分点。云南省人社厅与省编办下发《关于州市、县区两级仲裁机构实体化建设的通知》，对州市级和县市区级仲裁院的级别设置做出了明确规定，全省建院率为89%，州市级和县区级建院率分别为100%和87.6%，推进幅度很大。

二是乡镇街道调解组织建设继续推进，基础保障和规范化程度取得新进展。各地乡镇街道劳动就业社会保障服务所（中心）调解组织组建率近60%，天津、内蒙古、江苏、浙江、山东、湖北、海南、贵州等地超过90%。浙江省宁波市在近2 000个行政村（街道、社区）建立了调解小组，基本实现了“调解不出村，仲裁不出镇”的目标。调解组织办公场地、设施等基础保障得到逐步改善，多数地区建立了工作制度流程，工作逐步规范。

三是研究制定仲裁院建设指导标准，加强仲裁院规范化建设。各地在仲裁院建设上凸显了高标准、实基础、严规范的要求，着力通过仲裁院建设来推动仲裁整体力量的提升。江苏省将仲裁院的组建率、示范仲裁院的达标率纳入全省人社系统年度目标考核体系，各市人社局也将此纳入本局乃至市政府考核体系，目前全省已有70%的仲裁院达到示范仲裁院标准。广东省等地实施仲裁庭达标工程，建成一批高标准的星级仲裁庭，并按照信息化的要求配备了仲裁庭的设备。重庆市将全市仲裁院确定为参公管理事业单位，并下发了《劳动人事争议仲裁庭规范化建设标准》，为仲裁院规范化建设提供标准和制度保障。

二、企业自主预防化解劳动争议能力逐步增强

一是继续贯彻落实《企业劳动争议协商调解规定》。会同全国总工会、中国企联联合督查调研，召开调研情况汇报会总结先进经验，分析存在问题。《规定》实施近两年来，各地大中型企业劳动争议调解委员会建设明显加强，内部劳动争议协商解决机制逐步建立。

二是开展第一批国有企业劳动争议预防调解示范工作检查验收并启动第二批示范工作。通过企业自查、当地人社部门检查和部里抽查等方式，从组织建设、预防工作、制度建设、

队伍建设、争议处理等方面对示范工作效果进行全面检验。

三是重点做好非公有制企业劳动争议预防调解工作。与全国工商联联合出台《关于加强非公有制企业劳动争议预防调解工作的意见》，联合调研非公有制企业劳动争议预防调解情况。启动40家非公有制企业和34家行业商会（协会）预防调解示范工作，举办非公有制企业、商会（协会）劳动争议预防调解示范单位负责人培训班。

三、仲裁办案指导力度逐步加大

一是研究劳动人事争议法律适用疑难问题。针对当前仲裁办案过程中存在的一些法律法规理解和适用不一致的问题，专题研讨形成倾向性意见。各地在健全办案机制上结合实际、开拓创新，推行了各具特色的做法，取得了较好成效。广东省东莞市就案件处理中的突出问题在全市统一口径，制定了《近期劳动仲裁突出问题的操作指引》，对欠薪逃逸案件实行“摆摊收案”，促进重大突发事件的快速解决。

二是规范仲裁办案工作。研究制定《劳动人事争议仲裁办案指导》，进一步规范接待立案、举证质证、庭审合议、文书写作和送达等工作。各地进一步优化仲裁办案程序、统一法律适用尺度。海南省印发《劳动人事争议仲裁办案规则》和《劳动人事争议仲裁证据规则》，指导仲裁院规范办案程序，统一证据标准，提升办案效能。安徽省当涂县人社局与法院制定了《仲裁与审判若干问题的操作办法》，规范了裁审衔接若干程序和实体问题，裁审一致率达100%。

三是开展效能建设督查调研。根据《关于开展劳动人事争议处理效能建设督查调研的通知》（人社厅函［2013］173号）要求，借鉴2011年全国仲裁办案质量大检查的成功经验，采取互查、抽查方式开展劳动人事争议处理效能建设督查调研，召开座谈会总结交流督查调研情况，针对存在的问题制定改进措施。

四、调解仲裁基础建设逐步夯实

一是调解仲裁队伍建设进一步加强。全国共有专兼职仲裁员约41 000人，比上年增加约10%。其中专职占66%，兼职占34%，工作满5年人员约占86%。在已发证仲裁员中，具有法律工作背景人员43%，比上年增加约7%。培训力度加大。12月22日，人力资源社会保障部办公厅下发《关于印发劳动人事争议仲裁员任职培训大纲（试行）的通知》（人社厅发［2013］127号），进一步规范培训工作。人力资源社会保障部全年举办7期调解仲裁培训班，参训学员1 400多人，培训的针对性有效性增强。上海市将基层调解员培训纳入年度培训计划，并成立了仲裁员指导小组，对调解员分片进行指导，还创立了调解员轮流赴仲裁机构挂职的全新培训方式。

二是调解仲裁信息化建设有新进展。1月，人力资源社会保障部办公厅下发《关于推广使用调解仲裁办案系统全国统一软件的通知》（人社厅函［2013］9号），大多数地方都将调解仲裁信息化纳入“金保工程”二期建设内容，统筹规划。吉林省人社厅印发《调解仲裁办案系统建设方案》，黑龙江省人社厅下发《关于启动劳动人事争议仲裁办案系统的通知》，上海市、广东省积极实施本地办案系统与全国统一软件的对接。

三是基础设施和办案设备进一步改善。山东省把场所建设作为基础保障的牵头项目，济南市仲裁院办案场所扩建至2 640多平方米；青岛和淄博也拥有不少于1 000平方米的办案场所，同时硬件设施得到极大改善。广东省在全省仲裁庭全覆盖基础上，实施仲裁庭达标工程，建成一批高标准星级仲裁庭，珠海市仲裁院建筑面积有1 100余平方米，中山市仲裁院建筑面积达到1 300余平方米。广西人社厅大力协调财政部门，争取到160万元的专项经费，拟为32个贫困县（市、区）提供办案车辆。

机关事业单位工资福利离退休工作

2013 年，机关事业单位工资福利离退休工作围绕贯彻落实党的十八届三中全会精神和国务院批转的发展改革委等部门关于深化收入分配制度改革的若干意见，按照全国人力资源社会保障工作会议的部署和部年度工作要点的安排，深入研究改革完善机关事业单位工资制度，统筹推进其他各项工作，取得积极进展。

一、研究改革完善机关事业单位工资制度

根据国务院批转的发展改革委等部门关于深化收入分配制度改革的若干意见，会同有关部门成立工作组，集中力量研究改革完善机关事业单位工资制度，以调整优化工资结构、实施地区附加津贴制度、进一步向基层和艰苦边远地区倾斜、建立工资正常调整机制等为重点，提出初步思路，听取地方、部门和部分专家学者意见。组织开展课题研究，总结我国历次工资制度改革经验，研究分析国外有关情况，对涉及的理论问题进行深入探讨，为拟订操作方案提供参考。深入学习领会党的十八届三中全会精神，进一步深化研究改革思路。继续做好公务员和企业相当人员工资试调查工作，完成 2012 年调查数据整理和汇总分析，布置 2013 年、2014 年试调查工作，围绕比较方法、抽样方法和数据处理等重点问题进行研究论证。

二、开展县以下机关建立公务员职务与职级并行制度试点

在前几年工作基础上，进一步修改完善县以下机关建立公务员职务与职级并行制度的办法。报党中央、国务院同意，中央办公厅、国务院办公厅印发《关于开展县以下机关建立公务员职务与职级并行制度试点工作的意见》。会同中央组织部、中央编办、财政部、国家公务员局等部门成立试点工作协调小组，拟订试点工作方案，对试点工作进行布置，审核批复试点省份的试点工作实施方案，指导试点地区做好试点工作。

三、推进事业单位实施绩效工资工作

指导各地贯彻落实《关于深化事业单位工作人员收入分配制度改革的意见》，继续做好事业单位实施绩效工资工作，完善分配激励约束机制。会同财政部研究中央其他事业单位实施绩效工资问题，审核津贴补贴数据，拟订实施办法并多次修改完善。会同财政部研究拟定中央义务教育学校绩效工资总量核定口径，开展绩效工资总量核定试点，研究中央公共卫生事业单位绩效工资实施办法和绩效工资总量意见。

四、完成其他各项工作

配合财政部继续做好规范公务员津贴补贴工作，对部分省直机关和省会城市、计划单列市机关提高津贴补贴水平提出审核意见。配合有关部门以监察部令形式印发《违规发放津贴补贴行为处分规定》，进一步严肃纪律。经国务院批准，调整西藏特殊津贴标准，建立国家计算机网络与信息安全管理中心特殊岗位津贴。会同财政部继续指导相关地区做好高海拔地区折算工龄补贴组织实施工作，批复海南省

提高特区津贴标准的实施办法。会同中央组织部认真研究县处级女干部和具有高级职称的女性专业技术人员退休年龄政策执行中存在的问题，提出政策建议，听取地方和部门意见。分三批下达108家中央单位工资总额计划，研究提出完善中央单位工资总额计划管理办法。完成215家中央单位每月工资统发工作，将15家新增参公单位纳入统发，完成从2014年1月起将规范津贴补贴纳入工资统发的准备。完成2013年机关事业单位工资统计工作。举办机关事业单位工资福利离退休业务培训班和工资统发业务及软件培训班。

农民工工作和发展家庭服务业促进就业工作

一、农民工工作

2013年，党的十八届三中全会和中央经济工作会议、中央城镇化工作会议、中央农村工作会议对农民工工作提出了新要求。新一届政府决定成立国务院农民工工作领导小组，进一步加强对农民工工作的组织领导。马凯副总理主持召开领导小组第一次全体会议，对做好当前和今后一个时期的农民工工作进行了总体部署。党中央、国务院的高度重视，有力地推动了农民工工作。

（一）稳定和扩大农民工就业。

2013年全国农民工总量达2.69亿人，比上年增加633万人（同比少增加350万人），增长2.4%（同比增幅回落1.5个百分点）；其中外出农民工1.66亿人，比上年增加274万人（同比少增加199万人），增长1.7%（同比增幅回落1.3个百分点）。为稳定和扩大农民工就业，各地各部门做了大量工作。一是充分发挥全国招聘信息公共服务网的作用，为农村转移劳动力提供职业指导、职业介绍、就业信息、政策法规咨询等免费公共就业服务。二是人力资源社会保障部会同全国总工会、全国妇联组织开展“春风行动”，以新转移就业劳动力为主，共组织专场招聘会2万多场。商务部门积极促进农民工境外就业，在外各类劳务人员85.3万人。三是大力发展家庭服务业促进农民工就业，有关部门积极推进中心城市家庭服务体系建设，深入实施“千户百强”家庭服务企业创建工程，目前，全国规模以上家庭服务企业达到839家。四是人社、财政、人民银行、农业等部门落实贷款支持等创业扶持政策，积极鼓励“城归”农民工返乡创业，兴办经济实体。

（二）统筹开展农民工培训工作。

2013年，共培训农民工938.4万人次。一是适应以技能促进就业的发展需要，人社、教育、科技、住建、扶贫以及工青妇等单位发挥各自优势，大力开展农民工就业技能培训、岗位技能提升培训和创业培训。二是指导各地技工院校和职业培训机构推广订单式培训、定向培训、定岗培训等培训模式，增强培训的针对性和有效性。对符合条件的农民工，按规定落实好职业培训和职业技能鉴定补贴。三是住建、交通运输等部门积极推进建筑工地农民工业余学校建设，对农民工上岗前进行引导培训。四是安监部门检查督促企业落实先培训后上岗和依法持证上岗制度，加强农民工安全培训。

（三）加强农民工劳动用工管理。

一是人社部印发《关于贯彻实施新修订的劳动合同法严格规范劳务派遣的通知》，施行《劳务派遣行政许可实施办法》，全面开展规范劳务派遣专项行动，重点推动劳务派遣机构与农民工签订劳动合同、缴纳社会保险费和同工同酬。国资委印发《关于规范中央企业劳务派遣用工管理有关问题的通知》，促进中央企业率先规范农民工劳动用工管理。二是以小微企业为重点全面实施劳动合同制度，推动各地提高农民工劳动合同签订率。交通运输部门在公路水运建设领域推行农民工实名制管理，先签合同后进场。三是针对化解产能过剩和部分企业关停并转带来的农民工下岗失业等问题，积极开展涉及农民工的劳动关系矛盾纠纷排查，指导企业依法妥善处理农民工劳动关系。四是促进企业改善农民工劳动条件，贯彻落实《防暑降温措施管理办法》，规范高温津贴政策，加大对农民工高温劳动保护力度。全国已有25个省（区、市）发布高温津贴标准。

（四）维护农民工劳动报酬权益。

2013年外出农民工月平均收入2 609元，比上年增加319元（同比多增加78元），增长13.9%（同比增幅上升2.1个百分点）。一是指导各地稳步提高最低工资标准，2013年底，27个省（区、市）调整了最低工资标准，平均提高幅度为17%，月最低工资标准最高为上海市的1 620元，小时最低工资标准最高为北京和新疆部分地区的15.2元。二是人社部门和工会等积极推进企业工资集体协商三年规划目标的完成，已签订工资专项集体合同133万份，覆盖企业352万家、职工1.6亿人。三是组织开展农民工工资支付情况专项行动。2013年“两节”期间，为167.81万农民工补发被拖欠工资及赔偿金87.51亿元。2013年12月，人社部、公安部、住建部等10部门召开全国视频会议，部署开展2014年春节前保障农民工工资支付工作，对拖欠农民工工资行为进行集中治理。四是国资委实施农民工工资支付动态监控，对中央企业使用农民工的数量和工资清欠情况进行重点管理，截至2013年底，中央企业共实现清欠农民工工资141亿元，基本完成了清欠。

（五）巩固扩大农民工参保覆盖面。

到2013年底，农民工参加职工基本养老保险4 895万人、医疗保险5 018万人、工伤保险7 263万人、失业保险3 740万人，比上年末分别增长7.7%、0.4%、13%、38.4%。一是人社部会同财政部研究城乡养老保险制度衔接暂行办法，从政策层面引导和鼓励农民工参加城镇职工基本养老保险。二是做好以农民工为重点的城镇职工基本养老保险、基本医疗保险关系转移接续和异地就医工作。2013年，全国各级社会保险经办机构共为农民工办理基本养老保险关系跨省转移接续40.1万人次。上海、广州等地积极探索跨省异地就医结算。三是推进农民工参加工伤保险，在建筑、矿山、非煤矿山、危险化学品、易燃易爆等农民工集中的高危行业，基本实现了有较稳定劳动关系的农民工工伤保险全覆盖。四是加强农民工参加失业保险扩面工作，安徽、湖北等地要求企业对农民工与城镇职工一样参保缴费，并平等享受待遇。

（六）依法保障农民工的合法权益。

一是努力提高农民工劳动争议处理效能，建立由人社、工商、监察、司法等多个部门参加的应对突发性、集体性劳动争议应急协调处理机制，畅通农民工劳动争议案件处理绿色通道。2013年，全国各级仲裁机构共立案受理涉及农民工的争议案件29.7万件，涉及农民工39.8万人，追回工资报酬20.1亿元。二是针对农民工就业点多、面广、人员分散的特点，加快实施劳动保障监察“网格化、网络化”管理，已覆盖69%的地级城市，在查处侵害农民工劳动保障权益违法行为方面发挥了重要作用。三是司法部门加大农民工法律援助服务力度，在广东、江苏等地组织开展农民工法治文化示范点建设活动，加强法律援助异地协作机制建设。

（七）推进农民工在城镇落户。

一是发展改革委会同有关部门编制《国家新型城镇化规划》，吸收了农民工市民化的研究成果，把有序推进符合条件的农业转移人口市民化作为国家新型城镇化的首要任务。二是公安部会同有关部门组成工作组，对进一步推进户籍制度改革的政策和未在城镇落户的农民工实行居住证制度等问题进行深入研究。江苏、陕西等18个省（区、市）印发了贯彻落实《国务院办公厅关于积极稳妥推进户籍管理制度改革的通知》（国办发〔2011〕9号）的实施意见，将符合条件的农业转移人口逐步转为城镇居民。三是农业部和国土资源部等有关部门对维护农民工土地承包经营权、宅基地使用权和集体经济收益分配权的政策进行专题研究。农业部在全国选择了105个县（市、区），开展农村土地承包经营权确权登记颁证试点工作，解除农民工的后顾之忧。

（八）推进农民工享受城镇基本公共服务。

一是教育部指导各地落实《国务院关于深入推进义务教育均衡发展的意见》，全国义务教育阶段农民工随迁子女中80%以上在公办学校就读。2013年，浙江、辽宁等12个省开始组织随迁子女在输入地参加高考，共有4 400人报考，2 770人被录取。二是卫生计生委会同有关部门加强农民工医疗卫生服务工作，指导各地根据常住人口配置城镇医疗卫生服务资源。2013年，全国农民工计划生育免费服务综合覆盖率达到84.5%。发布实施新修订的《职业病诊断与鉴定管理办法》、《职业病分类和目录》，方便农民工职业病诊断。三是住房城乡建设部指导各地贯彻落实《国务院办公厅关于继续做好房地产市场调控工作的通知》（国办发［2013］17号）要求，督促地级以上城市将符合条件的、有稳定就业的农民工纳入当地住房保障范围。四是全国妇联等部门（单位）深入开展全国农村留守流动儿童关爱服务工作，在19个省（区、市）确立40个示范、试点市（县、区）。各级团组织广泛开展“共青团关爱农民工子女志愿服务行动”，在农民工子女较集中的5.48万所学校，结对帮扶农民工子女1 482万人。

（九）促进农民工社会融合。

一是宣传部门组织新闻媒体加强对农民工工作的宣传报道。文化部门把农民工纳入城市公共文化服务体系，举办慰问农民工子弟专场演出，大力推动农民工题材文艺作品创作。农民工办在武汉市组织召开专题座谈会，搭建丰富农民工精神文化生活城市交流平台。《中国劳动保障报》每周一期的农民工专版刊登农民工新事新人新政策，受到农民工欢迎。二是国资委、全国总工会开展建设“职工书屋”活动，6万余家职工书屋为农民工就近读书看报提供了方便。北京、广东实施农民工上大学助推计划，有力促进了农民工文化素质和技能水平的双提升。三是民政部积极指导各地开展形式多样的社区活动，帮助农民工及随迁家属更好地融入社区、融入城市。四是交通运输部门组织开展“春运农民工平安返乡（岗）安全优质服务竞赛活动”，推广“农民工之家”等业余文化生活场所和工地医疗点。五是积极引导农民工参加党、团组织和工会组织，团中央积极推动对新生代农民工的团组织建设，农民工参加工会总人数达到1.1亿人，十二届全国人大代表中有31位农民工代表。

（十）提高农民工工作的统筹协调能力。

一是按照国务院第4次常务会议精神，国务院农民工工作联席会议更名为国务院农民工工作领导小组。会同各成员单位，研究起草并修改完善国务院农民工工作领导小组组成方案、领导小组工作规则、领导小组办公室工作职责，申请刻制印章并制定公文办理规则等。二是农民工办会同各成员单位，按照党的十八届三中全会和中央有关会议精神及领导小组第一次全体会议的要求，对进一步做好农民工工作的政策文件稿做了深入修改。三是农民工办及时将习近平总书记11月27日视察济南市农民工综合服务中心，并对为农民工提供综合服务给予充分肯定的情况印发了简报，指导各地加强农民工综合服务工作，为农民工提供便捷、高效、优质的“一站式”服务。四是按照领导小组的工作部署，农民工办组织开展了第七次全国农民工工作督察，在各地自查基础上，分别由教育部、科技部、人社部、住建部、安监总局、团中央领导带队，组成6个督察组，对江西、山东、天津、海南、福建、宁夏进行重点督察，及时总结各地新鲜经验，深入了解重点、难点问题。五是国家统计局进一步完善输出地农民工统计监测调查，研究建立农民工市民化统计监测制度，试点在输入地开展农民工调查，对东、中、西部农民工分布状况进行动态分析。

二、发展家庭服务业促进就业工作

按照党中央、国务院的决策部署，部党组

将发展家庭服务业工作列入2013年和未来五年的九项重点工作之一。发展家庭服务业促进就业部际联席会议第五次全体会议做出安排，深入贯彻《国务院办公厅关于发展家庭服务业的指导意见》（国办发［2010］43号），围绕“开发服务潜力，增加服务供给，加强服务培训，提高服务质量”中心任务，积极推动家庭服务业取得新发展。2013年底，全国约有家庭服务企业和网点50多万家，从业人员约2 000万人。

（一）推进中心城市家庭服务体系建设，提升城市家庭服务供给能力。

召开全国72个联系点城市发展家庭服务业工作经验交流会，推动各地加快中心城市家庭服务体系建设。各地进一步完善工作机制，加大体系建设工作力度，通过扩大和健全家庭服务网点站点，重点提升家庭服务供给能力。商务部在大中城市开展家政服务网络中心建设。上海市政府将建立80家“示范性家政服务站”列为2013年为民办实事项目。江西省以“便利消费进社区、便民服务进家庭”的社区商业“双进工程”为抓手，推进社区家庭服务业发展。福建省印发《关于加快发展社区服务业的意见》。

（二）优化政策环境，加大政策扶持力度。

各地进一步落实《国务院办公厅关于发展家庭服务业的指导意见》（国办发43号），积极研究制定新的促进家庭服务业发展的扶持政策。发展改革委推动将发展家庭服务业统筹写入《国务院关于加快发展养老服务业的若干意见》（国发［2013］35号）和《国务院关于促进健康服务业发展的若干意见》（国发［2013］40号）。财政部、发展改革委、民政部报请国办印发了《关于政府向社会力量购买公共服务的指导意见》。民政部印发了《关于开展公办养老机构改革试点工作的通知》和《关于建立养老服务协作与对口支援机制的意见》。北京市进一步抓好对员工制家庭服务企业社保补贴政策的落实，山东省出台《关于加大小额担保贷款政策支持力度推动家庭服务业发展的通知》。浙江、河北等省制定新的扶持政策，在扶持员工制企业、培训补贴、家政基地建设、信息平台建设等方面进一步加大扶持力度。

（三）推动相关规划落实，加强家庭服务业基础设施建设。

积极推动《服务业发展“十二五”规划》涉及家庭服务业工作及重点工程的落实。发展改革委、民政部加大投入继续支持养老、社区等家庭服务业重点业态发展，推动实施《社会养老服务体系建设规划（2011—2015年）》和《社区服务体系建设规划（2011—2015年）》，安排中央投资15亿元，加强以社区日间照料中心和专业化养老机构为重点的养老服务设施建设；安排中央投资2亿元，主要支持中西部地区社区综合服务设施建设，为发展家政、社区日间照料等服务搭建基层平台；安排中央投资4亿元，统筹推进各地残疾人专业康复和托养设施规范建设，满足失能半失能群体的养护服务需求。不少地方推行信息化管理服务，江苏省建立“96515”全省统一家庭服务电话呼叫号码，山东省启用“12346”为民服务公益性专用号码，福建省建立“968938”海峡家政服务平台。

（四）深化“千户百强”家庭服务企业创建，促进优势企业发展壮大。

指导推动各地开展“千户百强”家庭服务企业创建工作，积极培育家庭服务骨干企业。家庭服务企业经营规模显著扩大、从业人数持续增长、社会影响力日渐提升，涌现出一批品牌意识强、有竞争力的龙头骨干企业。联席会议办公室重点开展家庭服务知名品牌建设，选择拥有自主品牌、具有自主创新能力和一定竞争优势的大中型家庭服务企业，作为家庭服务知名品牌创建对象，努力促进家庭服务企业做大做强。

（五）加强职业培训，提高家庭服务职业化水平。

人社部完成对家政服务员职业标准的修订工作，新的家政服务师职业标准即将颁布。财政部与商务部投入服务业发展扶持资金，用于家政服务员职业培训。全国总工会组织开展行业技能大赛，在2013年全国女职工岗位创新技能大赛中，设置家政服务、临床护理等项目。共青团组织依托青年就业创业见习基地，开展青年农民工职业技能培训，组织家庭服务业青年技能大赛。全国妇联完成建立100个全国巾帼家政培训示范基地任务，妇联系统年培训家政从业妇女约60万人次。联席会议办公室协调财政部、商务部、发展改革委等部门，研究提出对妇联组织开展的家政服务培训给予经费补贴和对妇联组织建立的家政服务龙头企业给予经费扶持的政策措施。各地人社部门积极开展家政服务员职业培训，广东省实施家庭服务人员“三年30万”培训计划，山东省开展“家政培训认证年”活动。重庆市财政每年投入1 500万元用于培训补贴。江西省实施“红杜鹃”家庭服务培训计划，年培训近万名家政服务人员。

（六）组织开展就业创业服务，扩大家庭服务业就业。

各地加强就业服务，做好家政服务员输出输入地对接工作，辽宁省开展“发展家庭服务业促进就业服务周”活动，重庆市开展以“家服人员进万家，真情温暖你我他”为主题的家庭服务对接活动，黑龙江省哈尔滨市、鸡西市和绥化市与北京市研究建立家庭服务人员对接基地。全国总工会利用每年一度的全国工会“就业援助月”活动，以及与人社部、全国妇联、工商联等合作举办的“春风行动”和“民营企业招聘周”活动等就业服务活动，进一步延伸家政培训就业链条。共青团组织通过深化与金融机构的合作，持续推进青年创业小额贷款工作，为家庭服务业从业青年自主创业提供信贷支持。

（七）组织开展家庭服务业立法和服务标准制定，加强行业规范管理。

人社部组织对《家政服务业管理规定（草案）》进行深入论证，广泛征求业内和各方意见。民政部制定颁布了《养老机构设立许可办法》和《养老机构管理办法》。各地加强家庭服务业行业协会建设，进一步扩大协会覆盖率，强化行业自律和管理，开展家庭服务业规范化建设。同时，人社部组织制定多项家庭服务国家标准，《家庭服务业分类》等数项国家标准即将颁布推行；委托中国家庭服务业协会组织有关专家，开展服务标准课题研究。民政部制定发布了《老年人能力评估》行业标准（MZ/T 001—2013）。各地加强家庭服务行业标准化工作，江苏省印发《家庭服务业相关服务规范》，福建省福州市制定《家庭服务合同（暂行）》示范文本。

（八）加强专业人才培养，开展专业理论研究。

组织编写了《高等院校家庭服务专业发展研究》，并免费发送全国普通高等院校和职业院校家庭服务专业院系和教学研究人员。部分地方高等院校开设家政学本科专业。河北光彩集团与石家庄经济学院校企合作，成立石家庄经济学院光彩学院，定向培养家庭服务产业发展和经营管理队伍。浙江省部分技工院校、高等职业院校开设了家政服务（养老护理）专业课程，招收全日制大专生，宁波市还专门建立了家政学院。陕西、辽宁、黑龙江等地开展家庭服务企业经营管理者培训。

（九）发布“中国家庭服务”标识，加强行业宣传。

联席会议办公室组织设计并发布了“中国家庭服务”标识，积极组织中国家庭服务业协会等有关单位，广泛宣传推广行业标识和“把爱心送到家，把服务做到家”服务理念，树立行业形象。商务部指导中国商业联合会开展商贸服务业优质服务活动，加大对家庭服务业、家庭服务网络中心及家庭服务从业人员的宣传。

法制建设

2013年，人力资源社会保障法规工作全面贯彻落实党的十八大精神，坚持以邓小平理论、“三个代表”重要思想、科学发展观为指导，紧紧围绕“民生为本、人才优先”工作主线，稳中求进，开拓创新，加强立法、推进普法、妥善处理行政争议、推动行政执法责任制和行政审批制度改革、抓好自身建设，为推动人力资源社会保障事业科学发展提供有力制度保障和良好法律服务。

一、人力资源社会保障立法工作积极稳妥推进

（一）科学谋划全年立法任务。

按照突出重点、稳中求进的指导思想，制订了部2013年立法工作计划，科学部署全年立法工作。

（二）按计划推进部门规章制定工作。

2013年人力资源社会保障部制定公布了两个规章：一是《劳务派遣行政许可实施办法》，自2013年7月1日起施行；二是《社会保险费申报缴纳管理规定》，自2013年11月1日起施行。

（三）做好有关法律法规的立法协调、审查修改等工作。

配合国务院法制办做好《事业单位人事管理条例（草案）》、《全国社会保障基金管理条例（草案）》的修改审查工作；研究起草了《失业保险条例（修订草案）》、《外国人在中国工作管理条例（草案）》等行政法规草案。完成了《劳务派遣若干规定（草案）》、《工伤职工劳动能力鉴定管理办法（草案）》等规章的公开征求意见以及修改审查工作。做好《生育保险办法（草案）》、《社会保险稽核办法（修订草案）》等规章的修改协调工作。

二、人力资源社会保障普法工作顺利开展

（一）加大对人力资源社会保障系统普法骨干培训力度。

2013年人力资源社会保障部分别举办了西部部分省份及西藏自治区人力资源社会保障“六五”普法骨干培训班，对近300名从事普法工作的同志进行了培训，提高了人社系统法制机构工作人员的普法能力。

（二）着力推进人社系统“六五”普法工作。

一是组织出版了全国人社系统“六五”普法教材，为持续推进人力资源社会保障普法工作打下坚实基础。二是组织开展了人社系统“六五”普法中期检查督导工作。

（三）探索创新普法工作新模式。

组织开展了“律动中国”法律宣讲公益活动，深入基层、深入企业开展法律知识巡讲，面对面倾听基层干部、企业界人士的诉求，对《劳动合同法》、《社会保险法》等法律法规进行宣讲，取得了良好的社会效果。

三、人力资源社会保障执法监督工作及时有效

（一）依法处理行政争议。

各级人力资源社会保障部门积极加强行政争议处理工作制度建设，及时办理行政争议和行政应诉案件。全国各级人社部门共处理行政

复议申请 6 075 件，行政应诉案件 10 197 件，其中部本级处理行政复议 160 件，行政应诉 6 件。通过处理行政复议行政应诉案件，及时消除隐患、化解矛盾，为社会和谐稳定发挥了积极作用。

（二）建立部门案件处理沟通机制。

探索建立疑难案件督办和约谈制度，对有社会影响、疑难问题等案件，探索通过案件处理后跟踪督办和及时约谈地方人社厅局领导的方式，将案件涉及的行政争议妥善化解。建立部与地方之间的沟通协调机制，多种方式履行监督职责，保护当事人合法权益。

（三）继续深化行政审批制度改革。

国务院取消了人力资源社会保障部全国性人才交流会审批和有突出贡献的中青年科学、技术管理专家审定项目。研究起草了《部办公厅报送关于贯彻落实国务院关于第六批取消和调整行政审批项目决定的函》以及相关的推进行政审批制度改革的文件。

四、人力资源社会保障法律实施检查工作扎实推进

（一）认真落实执法检查任务。

研究起草了向全国人大常委会提交的民族区域自治法、义务教育法贯彻实施的汇报；会签和研究起草了落实全国人大关于传染病防治工作和传染病防治法实施情况报告审议意见的文件。

（二）及时办理其他法律事务。

2013 年，协调办理了《食品安全法（修订初稿）》和《外国人出境入境管理条例》、《党政机关厉行节约反对浪费条例》、《注册资本登记制度改革方案》等全国人大有关机构和国务院有关部门征求意见的法律法规草案稿 53 件，多次参加国家立法机构召开的协调会，积极反映人社部门的立法意见建议。

劳动保障监察

2013 年，全国劳动保障监察机构全面学习贯彻党的十八大精神，坚持服务人力资源社会保障工作大局，积极应对经济增长下行压力增大带来用人单位违法行为增多的挑战，围绕劳动保障监察效能建设工作主线，着力整治劳动保障领域突出违法问题，稳步推进“两网化”管理，加快完善制度机制，切实加强队伍建设，稳中求进，开拓创新，劳动保障监察效能逐步提升，为保障劳动者合法权益、构建和谐劳动关系做出了积极贡献。

一、劳动保障监察日常执法工作取得明显效果

2013 年全国劳动保障监察机构坚持预防与查处并重，认真做好巡视检查、书面审查、举报投诉专查等日常执法工作，共巡视检查用人单位 202 万户次，书面审查用人单位 235.7 万户次，共办结劳动保障违法案件 41.9 万件，督促用人单位与 511.7 万名劳动者补签劳动合同，为 471.2 万名劳动者追发工资等待遇 268.5 亿元，督促 9.4 万户用人单位为 742.7 万名劳动者补缴社会保险费 34.8 亿元。各地在做好主动监察工作的同时，畅通劳动者来访、来电、来信等举报投诉渠道，积极开辟网上举报投诉，设立基层网格举报投诉接待服务窗口，探索省市联动举报投诉平台和劳动者权益异地救济建设，落实各项执法服务和便民措施，进一步提高了劳动者举报投诉的接待服务质量和案件查处效率。在日常执法过程中，各地继续深化服务企业和劳动者的各项措施，综合运用法律宣传、政策咨询、诚信评价、行业指导等手段引导企业自觉守法和劳动者依法理性维权。

二、劳动保障监察三项专项整治活动成效显著

针对劳动保障和人力资源市场领域出现的突出违法问题，2013 年在全国范围内组织开展了三项专项整治活动，并联合有关部门组成工作组深入各地开展督查。一是 2 月至 3 月，会同公安部、国家工商行政管理总局在全国联合开展清理整顿人力资源市场秩序专项行动，共检查 14.48 万户用人单位及职业中介机构，查处违法案件 9 839 件，共责令退赔求职费用 566.4 万元，取缔非法职业中介活动 2 815 件。专项行动的开展，打击了非法职业中介侵害求职者权益的违法行为，维护了广大求职者的合法权益，规范了人力资源市场秩序。二是 7 月至 8 月，在全国范围组织开展用人单位遵守劳动用工与社会保险法律法规情况专项行动，共检查各类用人单位 38.96 万户，查处违法案件 39 571 件，责令用人单位支付工资及补偿赔偿 76 263.87 万元，督促 20 269 户用人单位办理了社会保险登记，督促缴纳社会保险费 89 300 万元，各地还对检查中发现的触犯刑法的 113 件违法案件及时移送司法机关，涉及金额 7 224 万元。专项行动的开展，规范了企业特别是小微企业、劳务派遣企业的劳动用工、参保缴费行为，严厉打击了强迫劳动、使用童工等违法犯罪行为。三是 11 月至 2014 年 1 月，会同公安部等七部门在全国联合开展农民工工资支付情况专项检查。元旦春节前夕，

与公安部等十部门召开“两节”期间农民工工资支付工作视频会，对“两节”期间农民工工资支付工作再部署再动员。专项行动期间，人力资源社会保障部加大工作指导力度，各地切实抓好专项整治行动，加大执法力度和媒体宣传力度，完善行政司法联动措施，强化欠薪应急管理，妥善处置群体性事件，共为150.29万名农民工补发被拖欠的工资及补偿金108.87亿元，确保了春节前农民工工资基本无拖欠。专项整治活动中，人力资源社会保障部加强与相关部门的协作与配合，健全了打击严重违法犯罪行为的综合治理机制，切实推动阶段性专项整治向日常管理服务转变。各地还结合本地实际，组织力量适时开展其他针对性强的专项执法检查活动。

三、劳动保障监察“两网化”管理取得积极进展

指导各地积极贯彻落实《关于进一步推进劳动保障监察两网化管理工作的意见》（人社部发［2011］79号），召开劳动保障监察管理信息系统推广座谈会，并举办“两网化”管理工作培训班，进一步落实了“两网化”工作标准，提升了“两网化”管理运行质量。截至12月底，“两网化”管理地级城市覆盖率为69%，其中河北、上海、江苏、浙江、海南、甘肃6省市已基本实现地级城市全覆盖。在全国范围内建立了劳动保障监察信息监测制度，开发了执法监督系统，并下发了文件和标准，对实现监察管理信息数据向上集中，信息网络服务向基层延伸做出部署。

四、劳动保障监察制度建设取得新进展

2013年1月，积极配合最高人民法院制定出台《关于审理拒不支付劳动报酬刑事案件适用法律若干问题的解释》，细化相关内容和标准，为指导和规范此类案件办理提供了法律依据。1月25日，人力资源社会保障部下发《关于转发〈最高人民法院关于审理拒不支付劳动报酬刑事案件适用法律若干问题的解释〉的通知》（人社部发［2013］7号），指导各地切实加强行政执法与刑事司法衔接，结合实际开展涉嫌犯罪案件查处和移送工作，不断提高依法办案、依法移送的能力。2013年共移送涉嫌拒不支付劳动报酬犯罪案件2 215件，人民法院审判183件。与中央综治办联合开展2013年“打击非法用工等违法犯罪活动”综合治理考评工作，部署开展2013年综合治理考评工作，切实发挥综合治理考评对督促指导监察机构依法履责、预防和及时查处严重违法犯罪案件及加强监察基础工作的积极作用。参与修订《社会保险费申报缴纳管理规定》，切实履行对用人单位参保缴费的执法职责。针对2006年海事劳工公约批约工作进行研究论证，制定完善相关履约制度。

五、劳动保障监察机构队伍建设稳步推进

按照《中共中央关于全面深化改革若干重大问题的决定》提出的深化行政执法体制改革、加强劳动保障基层执法力量的要求，协调有关部门对加强劳动保障监察能力建设进行了调研论证。为提高劳动保障监察执法人员专业化水平，于11月26日制定印发《劳动保障监察员资格培训大纲（试用）》和《劳动保障监察员岗位培训大纲（试用）》。组织开展劳动保障监察分级分类培训，举办监察机构负责人培训班和援助新疆、青海监察员培训班，进一步提高了执法人员的法律素养和工作能力。开展劳动保障监察领域国际交流合作，实施中日劳动监察技术合作项目，天津、黑龙江、山东、湖北、云南、陕西6个项目试点省市共举办了12期监察员培训班。为切实解决当前监察队伍作风中存在的突出问题，树立劳动监察为民执法、公正执法、廉洁执法的良好形象，5月9日，人力资源社会保障部下发《关于进一步加强劳动保障监察队伍作风建设的通知》（人社厅发［2013］49号），从强化劳动保障监察执法的责任意识、牢固树立公平正义的法治理念、改进服务劳动者的各项措施、加强业务培训、防范执法岗位廉政风险等方面要求切实加

强劳动保障监察队伍作风建设，并将开展党的群众路线教育实践活动与监察队伍作风建设、全国人力资源社会保障优质服务窗口创建活动紧密结合起来，群众对监察执法工作的满意度进一步提升。3月至6月，组织开展了“劳动保障监察理论与实践创新”主题征文活动，共征集各地劳动保障监察机构和专家学者撰写的论文350篇，对劳动保障监察执法程序的规范与优化、劳动保障法律实施中的难点、劳动保障监察制度体制机制的创新等当前监察执法实践中的重点热点问题进行了分析研究，提升了劳动保障监察理论研究水平。

规划统计

2013年，围绕“实施两大战略、推进两大建设、深化两项改革”，扎实开展党的群众路线教育实践活动，积极转变作风，规划计划、统计调查、信息化等各项工作都取得了突出成效，为人力资源社会保障事业科学发展提供了有力的支撑和服务。

一、规划工作

（一）“十二五”规划中期评估工作全面完成。

完成了人力资源社会保障事业发展“十二五”规划的中期评估工作。印发了《人力资源社会保障部“十二五”规划中期评估工作方案》和《人力资源社会保障部办公厅关于开展人力资源和社会保障事业发展“十二五”规划中期评估工作的通知》，对人力资源社会保障综合性规划和就业、社保、专业技术人才、高技能人才、信息化和标准化6个专项规划的评估工作进行统一部署和安排。评估结果显示，各项工作进展顺利，实现时间过半，完成任务过半；列入国家“十二五”总体规划的2项约束性指标（城镇基本养老保险参保人数达到3.57亿人、城乡3项基本医疗保险参保率提高3个百分点）和3项预期性指标（5年城镇新增就业4 500万人、城镇登记失业率稳定在4.1%、新型农村社会养老保险实现制度全覆盖）均完成规划的中期目标和任务。首次开展了列入国家“十二五”规划的5项重点指标监测评估，在各省自评的基础上进行审核评估，形成综合评估结果，效果良好，为全面评价人力资源社会保障规划政策项目的实施打下基础。

（二）年度事业发展计划顺利实施。

年初下达2013年人力资源和社会保障事业发展总量和分省计划，按季动态监测计划执行，前十名排序，每半年部务虚会全系统分析并印发地方通报，各项计划目标已经全面完成。结合宏观经济发展形势，落实规划目标任务，认真测算、综合平衡，编制2014年事业发展计划草案。加强计划管理基础研究，开展计划管理综合调研，形成了加强和改进计划管理的初步思路。指导地方控制财政供养人员增长。

（三）基本公共服务体系建设工作持续推进。

一是继续开展基层劳动就业和社会保障服务设施建设试点工作。2013年，中央财政预算内资金安排9亿元（比上年增长12.5%），补助中西部地区（含山东、福建革命老区）277个县、1 028个乡镇开展劳动就业和社会保障公共服务设施建设。2010—2013年累计安排资金28亿元，补助中西部地区907个县、3 400多个乡镇开展基层平台建设。试点项目显著改善了基层公共服务条件，产生了广泛的社会效益。东部各省市积极争取地方政府的支持，加大了对基层劳动就业、社会保障基础设施建设的投入。二是开展了基层劳动就业和社会保障公共服务规范化研究。选择山西、黑龙江、山东、湖北、贵州、宁夏6省区的12个县进行了实地调研，对基层公共服务、设施设备配置和信息化互联互通规范化状况和需求进行全面分析，进一步加强基层劳动就业和社会保障公共服务规范化建设。

（四）区域规划实施和部省合作不断加强。

一是参与《国家新型城镇化规划》编制工作，组织对国务院关于促进健康服务业发展、加快发展养老服务业、支持赣南等原中央苏区振兴发展等重大政策落实工作，做好国家有关区域发展规划中人力资源社会保障政策和项目实施工作。出台《人力资源社会保障部办公厅关于支持赣南等原中央苏区人力资源和社会保障事业发展的指导意见》。二是积极推动对口支援西藏、青海、新疆工作。研究制定了2013年支援新疆、西藏和青海工作要点，明确对口支援任务，指导做好支援工作。全面落实第四次全国对口援疆会议精神，杨志明副部长在广东主持召开了全国人力资源社会保障系统援疆工作协调会，组织援疆省市和受援地州（兵团师）对接。三是组织部省合作备忘录签署和落实。2013年人社部与四川、河北省政府签署了备忘录。截至2013年底，共与22个省（区、市）签署了备忘录，建立了部省领导会商机制，探索了部省合作的有效途径。

（五）灾后恢复重建工作及时有效。

一是四川芦山和甘肃岷县漳县地震发生后及时向发展改革委报送四川和甘肃人力资源社会保障系统抗震救灾相关情况，配合民政部完成了四川人力资源社会保障系统灾后资产损失评估工作。二是制定了人力资源社会保障部支持四川芦山和甘肃岷县、漳县地震灾后恢复重建工作方案，配合财政部完成了国务院支持四川、甘肃政策文件拟定工作，指导四川和甘肃人力资源社会保障系统灾后恢复重建规划编制工作。

二、统计工作

（一）统计数据支撑决策能力明显增强。

一是为国家宏观决策提供数据支撑。每月汇总人社部门主要数据向中办、国办、中财办等领导机关报送，同时与发改委、财政部等部门交流，为国家宏观决策提供有力支持。二是积极开展统计决策咨询工作，提供决策咨询分析报告，供政策制定和领导决策参考。三是组织开展对我国就业、社保、收入分配、劳动关系、人才等重点难点问题进行专题调查分析，成为决策的参谋和助手。

（二）统计专项调查扎实推进。

一是社区直报调查工作稳中有进。选择部分省市开展社区直报城乡试调查，为下一步拓展调查范围积累了经验。二是开展了2012年企业薪酬调查。为改进和加强政府对企业工资分配的宏观监测与调控，引导企业合理确定职工工资和劳动力有序流动，建立公务员与企业相当人员工资水平调查比较制度提供参考依据。三是开展人力资源社会保障政策满意度试调查，形成了调查研究报告。四是开展就业、社保、收入分配、人才等专项调查工作取得了数据信息，为判断形势、科学决策提供了支持。

（三）统计服务水平稳步提高。

一是组织编写并发布《2012年度人力资源和社会保障事业发展统计公报》。向全社会发布劳动就业、社会保险、劳动关系与劳动者权益维护、公共人事管理、人才队伍建设、人力资源社会保障法制建设和基础建设七个方面的主要统计数据。配合国家统计局发布《2012年国民经济和社会发展统计公报》。二是根据事业发展需要和政务公开的要求，在部政府网站上，设立统计数据专栏，定期公开主要统计数据，为公众和社会提供数据服务，同时接受社会和公众对统计数据的监督与检验。三是各级统计部门定期编印统计数据资料，参与《中国统计年鉴》、《中国劳动统计年鉴》、《中国人力资源和社会保障年鉴》、《中国科技统计年鉴》、《中国社会统计年鉴》等资料的编印工作，面向全系统以至全社会提供服务。

（四）统计国际视野进一步拓展。

一是建立人力资源社会保障国际统计监测分析制度。每月对美国、英国、日本、澳大利亚、巴西、印度等国家的就业情况开展监测，形成分析报告，供领导决策参考。二是组团参加第19届国际劳工统计大会，参与有关议题的讨论和表决，了解国际劳工统计发展的最新动态。三是组团赴美国学习劳工统计技术，实地考察美国劳工统计局、经济普查局等单位，取得了美国劳工统计的第一手资料，对转变人力资源社会保障统计理念和方法有重要的借鉴作用。

（五）重点难点问题研究取得突破。

一是开展“数字人社”专项课题研究，对数字人社理论和实践中的重点问题进行了系统分析，对未来统计改革发展做了顶层设计。二是根据统计信息化的总体安排，开展了人力资源社会保障统计数据仓库建设专项课题研究，提出了建设目标、框架、思路和技术路线。三是参与国务院有关部门“民生指数”的研究和制定，初步提出了涉及人力资源社会保障职能的重要民生指标。四是利用“六人普”等数据，开展人力资源社会保障事业发展战略问题研究，提出了劳动力供给变化趋势对就业影响、人口老龄化对社保体系挑战等意见和建议。五是积极开展人社统计指标体系和调查体系研究，重点开展改进就业统计工作调研和评估，为全面完善就业数据体系和发布体系打下理论基础。

三、信息化建设

（一）“金保工程”二期立项工作取得重要进展。

一是加快推进全民社会保障信息化工程——“金保工程”二期需求分析及项目建议书编制工作。2013 年 10 月，国家发改委委托国家电子政务工程建设指导专家组对金保二期项目建议书进行评议，专家组一致通过金保二期总体建设方案，建议尽快进入立项审批程序。二是完成国家人口信息资源库、国家法人信息资源库立项相关工作。与公安部等 5 部门完成国家人口信息资源库先导工程——国家人口基础信息库立项工作并启动项目建设。与工商总局等 8 部门共同编制完成国家法人单位信息资源库（一期）项目建议书。三是开展部门间信息共享及合作。与民政部、卫生计生委、国家电子政务外网管理中心明确了信息共享合作的机制和内容，并签订信息共享及合作协议。

（二）新农保信息系统试点工程建设全面启动。

2013 年，“金保工程”新农保信息系统试点工程全面启动建设。该项目将在金保一期工程的基础上，建设覆盖 29 个省（区、市）851 个试点县（区）的新农保信息系统，信息网络进一步延伸到街道、社区和乡镇，确保试点地区新农保的参保、账户、待遇等业务管理和基金财务管理工作实现电子化，对外提供农村参保人员信息查询服务，并实现新农保联网监测数据逐级上报。

（三）信息惠民工程积极推进。

根据《国务院关于印发“十二五”国家战略性新兴产业发展规划的通知》（国发〔2012〕28 号）、《国务院关于促进信息消费扩大内需的若干意见》（国发〔2013〕32 号），会同国家发展改革委等 11 个部门制定了信息惠民工程实施方案，联合印发了《关于加快实施信息惠民工程有关工作的通知》。积极推进社会保障信息惠民行动计划、就业信息服务信息惠民行动计划的实施，配合有关部门推进健康医疗信息惠民行动计划、优质教育信息惠民行动计划、养老服务信息惠民行动计划、家庭服务信息惠民行动计划以及信息惠民国家示范省市创建工作。

信息化建设

2013年，人力资源社会保障信息化建设深入贯彻落实党的十八大精神，坚持“民生为本、人才优先”的工作主线，按照“完整、正确、统一、及时、安全”的总要求，积极落实“十二五”规划确定的各项目标任务。以推动社会保障“一卡通”、省级数据大集中、跨业务信息系统整合、“金保工程”二期立项为重点，增强基础保障能力，提升系统应用水平，扩展服务决策领域，全面推进人力资源和社会保障信息化建设快速、协调、安全、可持续发展。

一、社会保障卡建设持续快速发展

截至2013年12月底，社会保障卡持卡人数达到5.4亿人，完成“十二五”规划目标的67.5%。2013年新发社会保障卡2亿张，超额完成全年计划。发卡地区覆盖全国除青海、西藏外的30个省份（含省级单位新疆生产建设兵团，下同）的334个地级以上城市，占全部地级以上城市的87%；持卡人群向城乡居民快速扩展，城乡居民达到3.3亿人，占持卡总人数的61.3%。社会保障卡已广泛应用于医疗保险即时结算，全国23个省份已在辖区内实现异地就医的持卡即时结算。同时，社会保障卡在工伤保险、生育保险、就业服务、人事人才等人力资源社会保障相关方面也得到应用，部分地区还将社会保障卡应用于公积金、低保等领域。为进一步规范社会保障卡管理工作，开展了社会保障卡发行管理流程、社会保障卡密钥载体管理办法等多项管理制度的制定工作，开展了社会保障卡持卡人员基础信息库建设方案的编制工作，指导各地加快构建跨地区卡应用环境。与人民银行进一步完善社会保障卡加载金融功能的合作机制。指导各地完成社会保障卡质量安全检查整改工作，确保社会保障卡规范化建设。

二、信息化基础设施服务能力稳步增强

部级、省级数据中心的实时业务处理能力显著增强，多数省级数据中心具备省级集中系统和跨地区业务的实时处理能力，市级数据中心业务覆盖面和功能扩展进一步提升。继续推动业务专网扩面工作，31个省份实现了部省市三级网络贯通，已覆盖323个地市节点，地市覆盖率达96.1%。城域网已覆盖90.8%的各类人力资源社会保障管理服务机构，83.5%的街道、社区、乡镇、定点医疗机构和零售药店。已有26个省份建立了DNS系统，部省主干网带宽达4～10 M，各省市主干网带宽普遍达到2 M以上，实时通讯能力显著提高。4省份建立了省级应用级灾备系统，12省份建立了省级数据级灾备系统。

三、人力资源应用系统建设进一步加强

进一步完善就业信息监测指标，完成了数据上报和质量校核等工作，截至2013年12月底，就业监测信息覆盖全国各个省级单位，已超过1.6亿人。加快推进全国招聘信息公共服务平台建设，联网机构已覆盖29个省、154个地区（含省本级）的196家公共就业人才服务机构，累计发布近439万条招聘岗位信息，涉及招聘人数2 723万人，招聘会信息3万条，用人单位信息63.9万条。启动外国人在

华和台港澳人员在内地就业跨地区业务管理系统建设，支持跨地区的就业管理工作。加强人事人才信息化建设，推进职称评审系统、留学回国人员服务系统、军转安置系统、人员调配和高校毕业生进京管理系统的建设和运维工作。稳步推进劳动关系信息化建设，一体化的劳动关系管理信息系统软件已在19个省份实施应用，将逐步实现对各项劳动关系业务的统一管理。印发了《关于建立全国劳动保障监察信息监测制度的通知》（人社厅发［2013］61号），完成了劳动保障监察执法监督系统的开发任务，并已在各地实施。完成了新版仲裁员管理系统的开发工作，正在全国推广应用。会同有关部门，完成了首次全国公务员信息库的集中会审工作，数据范围包括128个中央国家机关、32个省级建库单位的780余万公务员（含参公人员）信息；完成2013年中央机关及其直属机构公开招考公务员网上报名技术支持工作；完成2013年中央机关公开遴选公务员网上报名技术支持工作。

四、社会保障业务信息化水平不断提高

城乡居民社会养老保险系统应用不断深入，截至2013年12月底，新农保业务系统已覆盖全国所有省份的2 696个县（市、区、旗），占全国县（市、区、旗）总数的97%；城镇居民养老保险系统已覆盖全国所有省份及新疆生产建设兵团的2 687个县（市、区、旗），占全国县（市、区、旗）总数的97%。社会保险跨地区系统建设和应用迈出坚实步伐，截至2013年12月底，社会保险关系转移系统中，城镇职工养老保险关系转移已有30个省份的302个地市入网，流动就业人员基本医疗保险关系转移已有14个省份的55个地市入网。通过系统办理的业务量达47.71万人次；借助社保待遇资格协助认证系统，全国13个省份开展协助认证工作，2013年累计认证24.2万名异地居住退休人员；部分省份已实现辖区内跨统筹地区的持卡就医即时结算。基本养老保险待遇状态比对查询服务系统已入网29个省份，累计查询4 862万人次，为重复待遇核查提供了有效手段；外国人参保信息查询系统已有15个省份入网。下发基本医疗保险医疗服务监控系统建设技术方案，系统应用范围扩大到45个重点联系城市。

五、信息资源开发利用继续深入开展

截至2013年12月底，城镇职工养老保险、失业保险、城镇职工医疗保险、工伤保险、生育保险、新农保和城居保等各项联网监测应用继续深入，上传数据量分别达到3.03亿、1.33亿、2.31亿、1.69亿、1.42亿、1.13亿和4.71亿。根据业务部门政策研究需要，加强数据分析工作，为政策制定和宏观决策提供支持。与公安部共同推进国家人口库项目建设，完成项目立项工作，并进入项目实施阶段。继续推进与其他部门的数据交换，分别与公安、民政、卫生计生部门签署了数据交换协议，并下发了《关于印发〈公安部、人力资源社会保障部信息快速查询协作执法、合作协议〉的通知》（公科信［2013］118号）。

六、公共服务体系建设形成规模

12333电话咨询服务实现省级全覆盖，全国319个地市（含省本级）开通了12333电话咨询服务，全国统一的电话咨询服务体系基本成形，全国12333咨询员规模达3 300人，年处理来电近6 000万次。完成了电话咨询服务系统建设和业务开展情况调查；推进人力资源社会保障部部级公共服务信息资源库、部级12333电话咨询服务接转平台建设；组织开展全系统12333咨询员培训；举办了第二届“12333全国统一咨询日”活动，并在全国推广人力资源社会保障电话咨询服务统一标识，着力加强咨询服务品牌建设。开展自助服务一体机的推广工作。完成人力资源社会保障部门户网站平台升级工作，并印发了《关于加强人力资源社会保障部门网站建设和管理工作的通知》（人社厅发［2013］42号）。指导山东省完成了劳动保障基层管理信息系统全省推广

工作。

七、信息安全保障能力进一步提升

大力推进地方重要信息系统的等级保护工作，全国地市级以上人社部门的1 072个重要信息系统的定级备案率达到67%以上，测评完成率为29%。2013年，人力资源社会保障部获得“电子政务电子服务机构”资质，并被列入国家电子认证服务机构目录。与此同时，继续推动人力资源社会保障电子认证系统建设，部本级基于业务专网建成电子认证服务平台，内蒙古、黑龙江、山东、河南、湖北、青海6省区完成了省级电子认证系统建设。积极开展数字证书应用工作，全国跨地区业务系统已普遍使用数字证书进行身份认证，面向各级人力资源社会保障部门累计发放26 091张数字证书，2013年新发证书达8 306张。有效保障网络和信息系统安全稳定运行，在全国范围内开展业务专网安全整治、信息安全检查、等级保护检查等工作。

八、标准化工作取得新进展

《社会保险管理信息系统指标集与代码(LD/T 92—2013)》行业标准通过专家审核，并已颁布实施。进一步完善就业监测指标体系。社会保障卡系列规范现已通过专家论证，拟以行业标准的形式颁布实施。下发了劳动保障监察信息监测标准。开展了人力资源社会保障数据中心应用系统安全管理规范和人力资源社会保障数据中心数据库安全管理规范的编制工作。完成了全国人力资源社会保障信息系统行政区划代码变更管理工作。

九、“金保工程”二期立项等基础性工作稳步推进

大力推进“金保工程”二期立项工作，完成了项目建议书并已报送国家发改委进行审批。按照“金保工程”二期的总体设计思路同步推进建设工作，印发了《关于推进人力资源和社会保障信息系统省级集中的意见》(人社部发［2013］86号)，推动信息系统向省级集中。部本级“金保工程”新型农村社会养老保险信息系统试点工程已进入实施阶段。各省份全部完成人力资源社会保障信息化建设“十二五”规划的中期评估工作。完成了与国家外网中心就金保二期利用国家电子政务外网协议的签订工作。“国家职业资格服务体系关键技术研究开发及示范应用”和“劳动保障公共服务业务与信息技术体系关键技术研究及重大应用”科技支撑项目完成验收。

科学研究

一、人事科学研究

2013 年是全面贯彻落实党的十八大精神的第一年，是人社部“实施两大战略、推进两大建设、深化两项改革”总体布局的开局之年。中国人事科学研究院以服务部中心工作为宗旨，围绕更好地实施人才强国战略这条主线，深入开展课题研究和各项工作，较好地完成了各项工作任务，学科建设、队伍建设和各项事业发展取得了明显成效。全年累计完成科研项目 84 项，公开发表学术论文和理论文章 220 篇，出版专著 8 部。

（一）科研工作。

2013 年科研围绕部中心工作，注重基层调研和实证研究，不断增强人事人才理论对实践的推动作用。全年承担科研课题 84 项，其中国家课题 5 项，重大政策专项课题 4 项，部级课题 8 项，产生了一批创新性较强的科研成果。

一是完成了一批较重大的科研任务，对研究中发现的问题、形成的观点或取得的数据及时凝练，增强了主动服务中心工作的效果。撰写“完善公务员工资制度改革方案研究”的总报告和 4 个分报告，该课题为国务院交办人社部的重点研究项目，课题成果为改革完善公务员工资制度提供了理论支持和参考方案。完成人才学理论研究丛书，即《宏观人才学概论》、《微观人才学概论》、《新编人才学通论》的组织编写与出版任务，该项目为中央人才协调小组办公室交办。《人才学三论》的出版是我国人才研究领域的一件大事，对构建中国特色人才学理论体系、推动人才学科建设、更好地实施人才强国战略具有重要意义。此外，还承担了中组部“中外人才理论比较研究”的组织编写与研究工作，参与了人社部“机关事业单位养老保险制度改革”研究工作，完成了人社部重大政策专项“建立国家荣誉制度研究”、“公务员考试录用公平性研究”、“人才服务体系基本功能与组织流程研究”、“公务员工资结构优化与实施地区附加津贴问题研究”和部级课题“政府人才管理职能转变研究”等 8 项课题研究任务。

二是不断拓展科研服务范围，进一步提高社会影响力。2013 年与党建读物出版社联合，成功申报国家出版基金项目“人才强国研究出版工程”，该项目被列入国家“十二五”重点出版规划，得到了中组部、人社部领导的高度重视，《人民日报》、新华社、《光明日报》等 30 多家媒体对出版工程给予报道。受珠海市人民政府委托研究起草了《珠海经济特区人才开发促进条例（草案）》，并获珠海市人大常委会表决通过，该条例为我国首个人才工作立法，国内外百余家媒体给予高度评价。与东莞市委组织部签订了“人才合作框架协议”。

三是基层调研、实证研究已成为课题研究的重要部分。2013 年中国人事科学研究院科研人员调研足迹遍布 29 个省（区、市），全年调研约 350 次，发出调研函件 85 件，实证分析的数据报告明显增加。走基层，接地气，掌握一手基础信息，为中国人事科学研究院未来几年的课题研究打下了良好的基础。

（二）学术活动。

2013 年中国人事科学研究院本着广泛交

流、开放办院的原则，积极组织、广泛参与人事人才领域的学术交流活动。充分发挥全国人事人才科研合作网的平台效应，改革创新了科研年会组织模式。围绕“政府人才管理综合职能发挥”这一亟待解决的研究主题，委托合作网研究机构立项研究，各项目承担单位结合本地区某一基层县市的情况展开调研、座谈，撰写具有实证性和数据分析的调研报告。组织专家对研究成果进行匿名评审，评审后的优秀研究成果在“政府人才管理职能研究课题成果交流会”上交流。与深圳市人社局合作在第十二届国际人才交流大会上成功举办“全国人事人才科研成果展”，显示了中国人事科学研究院在全国人事人才理论研究领域的龙头地位，获得大会的好评。

2013年中国人事科学研究院科研人员的理论学术成果有了较大提高。有56位同志在公开刊物上发表科研论文220篇，其中有13篇入选核心期刊；完成编译《国际行政科学评论——中文版》4期、编辑出版《第一资源》6期；完成编发《前瞻与思考》25期；10月正式发布了人力资源蓝皮书《中国人力资源发展报告（2013）》。这些成果既提升了中国人事科学研究院的社会影响力，也为人力资源社会保障工作提供了重要的理论支撑。

（三）国际交流合作工作。

对外学术交流活动日益活跃。2013年，接待了来自新加坡、加拿大、芬兰等国及我国台湾、香港地区的33人次来访；参加了加拿大、日本、英国、南非、新加坡等国际学术交流与培训活动；参加了国际行政科学学会（IIAS）、东部地区公共行政组织（EROPA）和亚洲公共行政网络（AGPA）三个国际组织的理事会和年会，圆满完成IIAS领导人换届选举工作；向EROPA申请并获批成立EROPA电子政务中心；参与了天津人力资源服务业国际论坛、AGPA新加坡年会、宁波国际人才高层研讨会和中加人才流动与合作研讨会4个国际会议。

二、劳动保障科学研究

（一）紧紧围绕人社部中心工作开展课题研究。

一是促进就业研究。完成“就业形势季度分析研究”，课题深入分析了当前经济增长速度放缓和结构调整压力下的就业特点和突出问题，并对后一个时期的就业形势做出预测，提出政策建议。课题形成了系列季度报告。完成中财办课题“我国人口老龄化与人口政策研究”，深入分析了我国人口老龄化特征和发展趋势，提出了应对措施，为中央完善有关人口、就业和社会保障等政策提供了决策参考。完成人社部重大政策课题“产业转型升级与梯度转移对就业的影响和对策研究”，分析了产业转型升级的变化趋势，研究了对重点就业群体的影响，以及应对的政策措施。完成人社部重大政策课题“就业质量指标体系研究”，从就业质量评价工作的角度出发，研究适合国情的就业质量指标体系，分年度、行业、地区进行指标测算比较，针对其变化特征提出对策建议。同时，还完成了“绿色就业的创造与促进战略研究”、“国外就业资金管理模式研究”、“国外青年就业研究”等课题研究任务。

二是社会保障制度研究。深入研究城镇职工养老保险完善方略，协助起草“养老保险顶层设计研究”，并承担“未来经济与社会发展对养老保险的影响研究”等4个专题研究，以及“机关事业单位养老保险制度改革方案论证测算研究”。开展城乡居民社会养老保险研究，围绕待遇调整机制、缴费激励机制、各级财政补助等问题进行调研，为有关部门科学制定政策提供参考。开展医疗保险研究，包括城镇居民大病保险政策、基本医疗保险门诊统筹、门诊付费方式、医疗保险谈判机制建设等。开展失业保险经办管理、工伤保险中长期发展战略、工伤保险费率体系调整测算、职业病群体工伤待遇保障等问题研究。同时，开展了社会保障综合研究，包括社会保障制度整合和可持续建设、经济危机期间的积极社会保障、中国社会保险发展评价指标体系与方法，以及城镇职工社会保险费率等问题研究。

三是劳动关系研究。开展了“劳动关系和谐评价指标体系研究”，探索建立评价指标和评价方法体系，为劳动关系和谐程度监测、研判提供技术方法支持。开展了全国构建和谐劳动关系综合试验区规划和试验区跟踪研究，包括构建和谐劳动关系的工作目标、基本原则、主要内容、总体布局、实施步骤，组织领导和运行机制等重点问题。开展了中国特色和谐劳动关系协调体系研究，探索健全符合经济社会发展规律、具有中国特色的劳动关系协调机制，为构建和谐劳动关系工作提供参考。完成了“劳务派遣用工比例和风险评估研究”，提出化解社会风险和矛盾的措施建议。完成“富士康大陆企业劳动关系分析研究”、“劳务派遣行政许可流程设计与电子政务系统开发”等研究。

四是工资收入分配研究。完成人社部重大课题“关于进一步加强和改进中央企业负责人薪酬管理若干问题研究”。完成“国有企业高管人员差异化薪酬分配政策研究”、“企业人工成本宏观监测系统研究”等，为相关部门制定出台政策及时提供参考依据。

五是国际比较研究。完成人社部重大政策研究课题“国际劳工标准与我国劳动保障法规比较研究（初稿）”，分析了国际劳工标准、有关国际立法的最新情况以及对我国劳动保障领域的影响。开展“中美投资协定有关劳工问题的评估研究”，就劳工标准对我国经济社会发展、国际交往等带来的影响和风险进行评估，为下一步中美投资协定劳工条款的谈判提供政策依据。开展“外国人在中国境内工作指导目录研究”，为借鉴国外做法与经验提供参考。

六是综合性研究。完成科技部支撑计划项目“劳动保障模型平台与决策支持系统”年度计划任务。承担部薪酬调查数据分析委托任务，完成企业人工成本分析。承担人社部重点课题“基层劳动就业和社会保障公共服务平台规范化研究”，对全国6省12县开展深入调研。完成“‘十二五’时期劳动定额定员标准化工作规划纲要研究”、“城乡就业和社会保障公共服务均等化研究”，为劳动保障服务规范化、标准化提出建议，研究成果被相关部门制定政策时采纳。

（二）科研组织管理工作得到加强。

一是重点课题申报和研究取得积极进展。院所在申报国家重点课题方面取得重要进展：经全国哲学社会科学规划办公室批准，国际劳动保障研究所、劳动保障科学研究院成功申报2项国家哲学社会科学重点科研课题，即《我国失业预警模型构建及应用研究》和《典型省份经济发展方式转变与产业、人口、教育、就业和迁移政策仿真模型技术平台研究》。同时，劳科院和各研究所还申报成功和组织开展了18项部重大政策课题、部级课题、归国留学人员资助课题研究。劳科院负责组织立项、日常管理和评审验收的基本科研业务费课题44项、与地方人社部门科研机构合作开展课题研究11项。

二是加强了与地方人社部门科研机构和“劳科院科研创新实践基地”的合作。召开了劳动保障科研机构交流座谈会，探讨了下一步科研工作思路和目标任务，交流了各自的做法经验，研究了加强与地方科研机构深入交流和紧密合作的办法，拟订了《关于劳动保障科研机构交流与合作的意见（讨论稿）》。

三是组建了劳科院新一届学术委员会。为了加强学术工作，9月，经充分酝酿，顺利组建了由院所领导、院所学术带头人共10人组成的劳科院新一届学术委员会。委员会成立后开展了资助研究成果出版评审、推选参加高级专业技术职务的评审人选等工作，发挥了重要作用。同时，为加强院机关的学术研究工作，起草了“劳科院机关学术委员会章程”，完成了院机关学术委员会筹备组建工作。

四是首次制定并实施《劳科院查重工作暂行规定》，改进课题评审办法。依据《查重工作暂行规定》，对课题成果和课题申报书进行严格的查重工作，纠正了有的研究报告、申报书重复比例过高的问题，规范了学术行为，鼓励了创新。改变以往粗放式课题检查和评审办法，首次实行专家主审制，规定每位专家重点审查若干项课题成果，同时对其他成果独立发表评审意见。

五是制定《劳科院出版项目管理办法》，规范了资助出版工作。开展了院所专著出版资助评审工作，对于申请出版资助的科研成果由院学术委员会进行认真评审。在参评的 17 项成果中，评选出 14 项给予出版资助，占参评成果的 82%，推动了科研成果质量的提高。

（三）加强劳动保障科研支撑能力。

一是进一步完善劳动保障政策仿真实验系统。2013 年，尹蔚民部长，胡晓义、邱小平副部长分别到院仿真实验室调研，对仿真系统建设给予充分肯定，并提出重要指导意见。同时，调整和完善了院仿真实验系统领导小组和技术组，加强了对仿真工作的组织领导，提出了仿真系统建设的中长期目标、实施步骤和工作安排，仿真实验系统重点由投入建设阶段向实际应用阶段转变。仿真室配合人社部《我国人口老龄化和人口政策》等重大课题研究，运用仿真模型对未来劳动人口的变动趋势进行长期预测，取得了积极成果。

二是“劳动保障信息资源服务平台项目”建设取得明显进展。“信息资源平台”广泛采集和深度整合国内外人力资源社会保障文献资料、统计数据、政策法规、行业动态等信息资源，通过数据仓库、数据挖掘、云计算等先进的信息技术，实现文献资料的深度开发、动态追踪、专业知识管理与辅助决策等功能，为提高劳动保障科研整体水平提供有效支撑。2013 年，组织项目承担单位完成了《专业服务平台专题库系统整合改造》任务的需求分析工作和《专题数据库系统优化升级》的平台优化开发工作。同时，成立了项目领导小组和执行组，加强了对项目的组织领导和规范管理。

三是劳动保障科研网络运行维护得到加强。完成了院内外网改版升级，加快了信息发布更新频率和重要文献信息、办公文件的提供传递速度，劳科院门户网站知名度明显提升。

（四）科研交流取得积极进展。

一是进一步完善科研合作体系。建立了由科研单位、地方人社科研机构、创新实践基地、高等院校、企业、专家学者组成的劳动保障产学研合作体系。

二是对外交流取得积极成果。2013 年，接待了由比利时众议院议长为团长的社会保障代表团等 9 个国外高级访问团，举办了“中国与北欧社会保障体系及青年就业国际研讨会”。11 月，劳科院组团参加了在韩国举办的第 11 届东北亚劳动论坛，取得了丰硕成果。首次参加在澳大利亚召开的“国际劳动与雇佣关系协会年会”。

三是编辑出版了多部著作、图书、文献。编辑出版了《劳科院 2012 年工作年报》、《劳科院青年科研成果论文集》、《劳科院建院 20 周年论文集》等书籍，资助院所科研人员出版了《中国薪酬报告》、《国外就业理论》等 14 部书籍著作。

干部教育培训和评比表彰

2013年，在中央组织部的有力指导下，在人力资源社会保障部党组的正确领导下，人力资源社会保障部机关和系统干部教育培训、评比表彰工作取得积极成效。

一、加大改革创新力度，干部教育培训工作取得明显成绩

全年共举办部内培训班8期，培训干部825人次；举办系统培训班166期，培训系统干部近3万人次，有效提高了系统和部内干部的党性修养和能力素质，为推动人力资源社会保障事业发展提供了有力支持。

（一）以制度建设为抓手，以学风建设为切入点，大力加强培训管理。

一是严格计划管理，进一步规范培训审批。根据中央对培训工作要求及人力资源社会保障事业发展实际需要，在部属各单位提出培训需求的基础上，研究制定了《人力资源社会保障部2013年业务培训班计划》（人社厅发［2013］11号）。在执行中，对计划内班次，严格审核，变更计划要做出书面说明，对不符合规定的班次，坚决不予审批；对计划外班次，加强控制和管理，须报经部领导批准后方予审批。加强培训经费管理与审核，办公厅对未经审批班次的经费不予报销，有力地规范了对部属各单位培训班的管理。

二是完善制度建设，进一步规范培训管理。按照中央组织部《关于在干部教育培训中进一步加强学风建设的若干意见》、《关于在干部教育培训中进一步加强学员管理的规定》等文件要求，研究制定了《人力资源社会保障部关于加强干部教育培训管理的规定》（人社部发［2013］87号）。按照中央组织部《关于明确全国干部教育培训外请师资课酬参考标准的通知》要求，规范了干部教育培训外请师资课酬支付工作。为进一步推进干部在线学习的制度化和规范化，研究起草了《人力资源社会保障部干部在线学习规定（稿）》。

三是狠抓制度落实，进一步改进培训作风。认真落实中央和部关于加强干部教育培训管理的规章制度，严格办班管理和学员管理，不断改进培训作风。坚持厉行节约，勤俭办班，不在超标准宾馆、风景名胜区办班，不超标准安排食宿，不发放高档消费品，不搞公款宴请，杜绝了借培训之名搞公款旅游。坚持质量评估制度，开展了包括培训设计、培训实施、培训管理、培训效果等方面的质量评估，并根据评估情况改进教学和管理。加强学员管理，参加培训的学员，住在宿舍，吃在食堂，学员之间、教员和学员之间不得用公款相互宴请，班级、小组不得以集体活动为名聚餐吃请。同时，严格请销假制度，请假超过1/7的，不再颁发结业证书。通过严格执行制度，改进了培训作风，提高了培训质量。

（二）以党性教育为重点，以能力素质培训为主体，全方位开展部内干部培训。

一是深入贯彻落实十八大精神，开展部内处以上干部集中轮训。2月25日至3月15日，连续举办3期学习贯彻党的十八大精神集中轮训班，组织部内干部学习党的十八大报告、《中国共产党章程》和习近平总书记系列重要讲话，观看中央党史研究室主任欧阳淞同

志等关于"党的十八大精神解读"、"抓住关键问题，更好改善民生"、"十八大报告关于人力资源社会保障工作的重要论述"专题报告的录像，并组织开展专题讨论，进一步深化了干部对党的十八大精神内涵和重要意义的理解和认识。部机关处以上干部和事业单位司级干部、人事处长共488人参加学习，其中司级干部203人，处级干部285人。同时，部属事业单位1 083名处级及以下干部参加了各单位自行组织的培训。

二是围绕加强党性修养和提高综合素质，举办部内各级干部培训班。根据新的形势任务，针对司、处、处以下和新入部不同层级干部的不同需求，设计不同课程，突出相应培训主题，增强了培训效果，全年共培训各级干部284人。其中，司级干部61人、处级干部76人、青年干部58人、新入部人员89人。为贯彻落实马凯副总理到人力资源社会保障部调研指示精神和尹蔚民部长在部属各单位主要负责同志会议上讲话精神，以"把握人力资源社会保障工作规律，提高工作科学化水平"为主题举办了第6期司级干部培训班；以"公共政策制定与执行"为主题举办了第7期处级干部培训班；以"学习大庆精神，提高党性修养"为主题举办了第6期青年干部培训班；以学习基本制度和工作方法为主题举办了新入部人员培训班，并组织新入部人员到燕城监狱现场教学，通过培训，切实提高了学员的党性修养和业务能力。

三是根据工作形势发展和干部成长需求，开展知识更新培训。主要在部内组织举办"人社部讲坛"，组织全体干部参加干部在线学习，选派21名部机关和系统干部到国外学习进修、参加在职学历教育。"人社部讲坛"共举办3期，分别邀请著名专家学者作"群众路线教育与新时期群众工作"、"什么决定中国的未来"、"中央国家机关职工压力调适策略与技巧"专题报告，累计718人次参加学习。此外，还组织1 603名干部参加干部在线学习；推荐7名同志参加新加坡总理奖学金、美国杜克大学奖学金、中日人才奖学金、中美富布莱特奖学金学习；推荐14名同志参加在职学历教育。

四是结合群众路线教育实践活动，组织机关干部基层蹲点学习。按照人力资源社会保障部党的群众路线教育实践活动方案，8月15日至9月15日，组织部内12个单位的12名干部，到河北、辽宁、山西三省基层服务窗口或社区工作平台蹲点，学习具体经办业务，直接服务群众，了解了基层实情，密切了干群关系。活动结束后，召开了总结大会，杨士秋副部长出席总结大会，听取蹲点干部汇报并讲话。同时，按照中央要求，在厅局长班、培训者培训班等班次专门设置反对四风、党性分析活动，切实强化学员宗旨意识。

五是落实调训要求，积极选送干部参加培训。2013年，共选派101名干部到中央党校、国家行政学院、延安、井冈山、浦东干部学院等院校参加调训学习；选派77名司级干部参加中央国家机关司级干部自主选学；组织188名司级干部参加中国干部网络学院在线学习。多管齐下，推动干部积极参加学习，完成规定学习任务，提高自身能力素质。

（三）以培训者培训为重点，以基层局长培训为支撑，大力推进系统干部培训。

一是迅速贯彻全国干部教育培训工作会议精神，举办全国人力资源社会保障系统干部教育培训者培训班。为贯彻落实全国干部教育培训工作座谈会和《2013—2017年全国干部教育培训规划》精神，10月下旬，在广州举办了全国人力资源社会保障系统干部教育培训者培训班，培训省级人力资源社会保障厅（局）分管厅（局）长40人、人事（培训）处长65人。培训班邀请中央组织部干部教育局负责同志作"解读全国干部教育培训工作会议精神及《2013—2017年全国干部教育培训规划》"专题报告，帮助学员更好地理清了思路，为下一步全系统制定执行《规划》打下良好基础。另外，培训班还安排学习全国组工会议精神、专业技术人才工作科学化发展、中国特色公务员培训及人力资源社会保障系统干部教育培训案例等内容，总结交流各地干部教育培训经验做法，进一步加强系统干部教育培训者能力建设，推动了全国干部教育培训工作会议精神的贯彻落实。

二是着眼提升基层执行能力，举办新任市、县人力资源社会保障局长培训班。举办了1期全国市（地、州、盟）人力资源社会保障局长培训班和1期全国县（市、区、旗）新任人力资源社会保障局长培训班，共培训市、县人力资源社会保障局长424人。尹蔚民部长、杨士秋副部长、袁彦鹏纪检组长出席培训班并作专题报告。培训围绕贯彻落实党的十八大精神，学习内容覆盖人力资源社会保障主要业务，并安排了全国宏观经济形势、应急管理、领导能力提升等内容，提高了市、县两级人力资源社会保障局长业务能力素质，推进了人力资源社会保障工作科学发展。

三是着眼加强省级人力资源社会保障厅（局）长领导能力，举办了专题研讨班。厅局级干部领导能力提升专题研讨班于9月上中旬在国家行政学院举办，各地人力资源社会保障厅（局）和部分中央部委、国有企业的54名厅局级干部参加学习。研讨班深入分析当前人力资源社会保障工作形势任务，学习提升领导能力方式方法，还组织学员考察了天津市新社保中心和公共就业实训基地，到国家信访局开展现场教学并实地观摩接待群众来访，深入了解当前群众反映的热点难点问题，引发了学员的深入思考和研究探讨。

四是加大支持西部建设力度，举办西部地区人力资源社会保障系统干部专题培训班。举办了贵州、西藏、青海、新疆等地和新疆生产建设兵团人力资源社会保障系统干部培训班，以“进一步深化干部人事制度改革、加强人才队伍建设”为主题，围绕党的十八大关于人事人才工作的一系列新思想、新观念、新论断，学习公务员管理、人才规划、事业单位人事制度改革、军转干部安置等内容，来自上述各地省、市、县三级人力资源社会保障部门共95名学员参加。举办了四川、青海地震地区人力资源社会保障系统专业技术人员高级研修班，重点围绕事业单位人事制度改革、专业技术人才理论与研究、专业技术人员队伍建设与管理等专题内容进行培训，四川、青海两省共61人参加了研修班学习。

五是围绕重点项目开展培训。举办了第6期全国人力资源社会保障系统专业技术人员高级研修班，围绕人才工作的几个基本问题、当前的宏观经济与金融形势、专技人员职业生涯规划设计及案例等内容开展培训，系统及部属有关单位共63人参加学习。举办了6期事业单位人事制度改革业务培训班，以分类推进事业单位改革、事业单位人事制度改革及聘用管理、岗位管理为主要内容，共培训市、县人力资源社会保障局分管局长和业务骨干730人。举办了春季、秋季社保经办机构负责人培训班，以推动社会保险经办能力建设为主要内容，共培训省级社保经办机构负责人及地市级社保经办机构主要负责人145人。

（四）以在线学习为导向，以师资库建设为助力，大力加强培训基础建设。

一是开展师资库建设。请部属单位、各省（区、市）人力资源社会保障厅（局）、重点大学和有关研究机构推荐师资人选560多人。目前正在组织师资评审委员会对师资人选进行评审，通过评审后将于2014年正式建成，供系统和部内干部培训使用。

二是推进网络课堂建设。正式推开部内干部在线学习工作，973名同志开展在线学习，累计完成24 557学时。在学习过程中加强督促引导，要求每位同志完成每年40学时学习任务。

三是加强培训宣传工作。加大培训宣传力度，基本做到每期培训班刊发一篇侧记，有的培训班还开辟了专栏，宣传培训情况，采访学员心得，扩大了宣传，增强了培训工作影响力。

二、加强清理工作，评比表彰工作不断规范

按照中央要求和部属各单位表彰需求，制定了2013年度评比表彰工作计划。严把评选

表彰审核关口，确保部内和系统评选表彰工作依规有序开展。

（一）按照中央要求认真做好清理规范工作。

按照国家表彰奖励办公室要求，组织部属各单位、外专局、公务员局开展了清理达标评比评估和相关检查活动。在反复征求部属各单位意见的基础上，研究取消了全国农村优秀人才评选表彰、留学人员创业园评估、劳动保障监察“两网化”管理标准执行情况评估3个项目，并对五年规划中期评估、总结评估和博士后科研流动站和工作站评估3个项目进行了更名，进一步精简了我部达标评比评估和相关检查项目，规范了相关工作的开展。

（二）开展表彰学习宣传张杰同志先进事迹活动。

2013年7月4日，四川省雅安市石棉县回隆乡劳动保障员张杰同志在抗洪救灾转移群众时不幸牺牲，中国劳动保障报和四川有关媒体深入报道了张杰同志的先进事迹。部里迅速组成调研组，赴四川详细考察核实了张杰同志的先进事迹。经部党组会研究决定，追授张杰同志全国人力资源社会保障系统先进工作者荣誉称号，并在全国人力资源社会保障系统开展向张杰同志学习活动。12月26日，人力资源社会保障部在四川省雅安市石棉县召开表彰会，会上，宣读了《关于追授张杰同志全国人力资源社会保障系统先进工作者荣誉称号的决定》（人社部发［2013］96号），并向张杰同志妻子陈叶同志颁发了奖章、荣誉证书和奖金。

（三）开展全国人力资源社会保障系统优质服务窗口表彰活动。

2011年以来，按照部里统一部署，各级人力资源社会保障部门窗口单位积极开展“优质服务窗口”创建活动，努力为人民群众提供优质高效便捷的服务，涌现出一大批优质服务窗口单位。为表彰先进，树立典型，人力资源社会保障部决定，授予北京市人力资源社会保障局信访处等389个单位为全国人力资源和社会保障系统2011—2013年度优质服务窗口。12月26日至27日，在北京召开了全国人力资源和社会保障工作会议暨优质服务窗口表彰大会，尹蔚民部长出席会议并作重要讲话，切实起到了表彰先进、凝聚力量、推动事业的积极作用。

（四）开展全国“人民满意的公务员”和“人民满意的公务员集体”表彰活动。

近年来，在党中央、国务院的正确领导下，全国广大公务员认真履行党和人民赋予的职责，努力践行全心全意为人民服务的宗旨，涌现出一大批“人民满意的公务员”和“人民满意的公务员集体”。为表彰先进、树立典型，中央组织部、中央宣传部、人力资源社会保障部、国家公务员局决定，授予陈家顺等97名同志“人民满意的公务员”荣誉称号；追授赵荣凯、吴春忠同志“人民满意的公务员”荣誉称号；授予国家海洋局中国海监东海维权执法支队等80个单位“人民满意的公务员集体”荣誉称号。12月17日，第八届全国“人民满意的公务员”和“人民满意的公务员集体”表彰大会在北京举行。会前，中共中央政治局常委、国务院总理李克强接见了受表彰人员和与会代表。中共中央政治局常委、中央书记处书记刘云山参加接见。李克强代表党中央、国务院向受表彰的个人和集体表示祝贺，并对广大公务员提出希望。马凯、刘奇葆、赵乐际、杨晶、郭声琨、王正伟参加接见。接见结束后，举行了表彰大会，马凯出席会议并讲话。

新闻宣传政务信息与出版

一、新闻宣传工作

2013年，人力资源社会保障宣传工作坚持围绕中心、服务大局，坚持科学筹划、统筹协调，坚持成就宣传、正面引导，为人社工作顺利开展营造了良好舆论氛围。截至12月底，各主要新闻媒体刊（播）发人力资源社会保障工作方面的稿件8 500余篇（条）。其中，《新闻联播》、《焦点访谈》及各类报纸头条110余篇（条），刊发部领导署名或专访文章十余篇，受理各类媒体采访1 300余人次，召开部季度新闻发布会4次。

（一）切实抓好全国宣传思想工作会议精神的贯彻落实。

一是集中传达贯彻习近平总书记“8·19”重要讲话和全国宣传思想工作会议精神。二是起草印发《人力资源社会保障部关于加强和改进人力资源社会保障宣传思想工作的意见》。三是召开全国人力资源社会保障宣传思想工作座谈会，总结交流经验，安排部署工作。

（二）持续深入开展专题宣传。

一是深入持久地开展促进高校毕业生就业宣传。协调中宣部先后2次下发宣传报道通知，刊发部领导关于高校毕业生就业政策解读专访，制作播出“高校毕业生促进就业计划”整点报时公益广告，组织9家媒体赴江苏、山东等地巡回采访报道。二是高技能人才宣传成效明显。首次自带媒体全程报道中国代表团参加第42届世界技能大赛的盛况，在中央电视台播出《技能成就梦想》公益广告，设计制作《技能强国之路——中国的职业能力建设状况》对外宣传册等。三是军转工作宣传取得新进展。重点开展自主择业军队转业干部就业创业宣传，策划制作《职来职往——自主择业军转干部专场》节目，刊发自主择业军转干部就业创业工作综述。四是公务员考录工作宣传有序推进。围绕公务员招考报名、笔试和阅卷等重点环节开展深入报道，制作播出两期关于维护考录公平公正和严肃考试纪律的专题节目。

（三）突出抓好典型宣传。

一是组织协调部属媒体赴四川雅安采访报道因公遇难的基层劳动保障员张杰的感人事迹，刊发长篇通讯《大山的儿子》。二是集中宣传北京市平谷区人社局真诚服务群众的典型事迹。三是在部属媒体开设专栏，持续两个多月报道全国人社系统优质服务窗口和先进个人的典型事迹。四是紧密结合第八届“人民满意的公务员”和“人民满意的公务员集体”评选表彰活动，大力宣传公务员群体的典型事迹。

（四）重点抓好热点问题舆论引导。

一是积极配合中央宣传部等部门组织的中国特色社会主义和中国梦宣传教育活动，尹蔚民部长应邀作《实施就业优先战略　推进社会保障体系建设》专题报告，解答高校毕业生就业难、养老保险“双轨制”等热点问题。二是在央视焦点访谈栏目播出《养老金个人权益有保障》专题节目，及时回应社会关切。三是配合中宣部等单位编写《热点问题面对面》一书，策划制作《热点问题启示录》电视专题片。

（五）加大网络宣传力度。

一是协调中央主要新闻网站开展了依法惩

治恶意欠薪、坚持高端引领选拔培养领军人才、严格规范劳务派遣等十余次政策解读。二是调整优化部门户网站的新闻动态栏目，开通运行《视频点播》栏目，开设《第42届世界技能大赛》、《高校毕业生就业促进计划》等专栏，建立各地信息直报制度，进一步增强和完善了部门户网站的新闻宣传功能。

（六）加强舆情监控引导工作。

继续开展常规舆情每日报告、重点舆情阶段性集中编报，加强舆情分析研判。重点做好高校毕业生就业、农民工讨薪、退休年龄调整、收入分配制度改革、事业单位招聘等热点舆情的监控。全年共编发《舆情快报》252期、热点专题16期、《热点追踪》（专报）3期。

（七）坚持和完善新闻发布制度。

坚持专题新闻发布与例行新闻发布相结合。2013年部领导出席专题新闻发布会2次：3月14日，胡晓义副部长出席十二届全国人大一次会议新闻中心举办的专题记者会，就“医药卫生体制改革”回答记者提问；12月12日，胡晓义副部长、信长星副部长出席国务院新闻办举办的“就业和社会保障”专题新闻发布会，介绍贯彻落实党的十八届三中全会精神，健全促进就业创业体制机制、建立更加公平可持续的社会保障制度相关情况，并答记者问。举办部例行新闻发布会4次，每次参会媒体均在30家以上。中国网现场直播，新华网及部门户网站同步转播。

（八）强化新闻宣传综合管理。

一是印发《2013年人力资源和社会保障宣传工作要点》、《人力资源社会保障部办公厅关于重申新闻宣传纪律的通知》和《关于简化和规范部属媒体宣传报道部党组成员出席会议和活动的实施细则》。二是调整部宣传工作领导小组，进一步规范议事规则和运行秩序。三是先后召开部属报刊和网站参加的注重加强当前意识形态工作和严守宣传纪律的专题会议，促进新闻宣传工作制度化、规范化建设。四是下发《人力资源社会保障部办公厅关于进一步做好重要史料和新闻信息报送工作的通知》，在全系统建立重要史料和新闻信息定期报送和通报制度。

（九）充分发挥部属报刊宣传阵地作用。

《中国组织人事报》认真贯彻中央领导和部领导要求，坚持围绕中心，服务大局，改进办报方式，不断提高办报质量。一是服务大局，突出报道重点。突出报道了组织、人社部门学习贯彻党的十八大、十八届三中全会精神的情况，集中报道了开展党的群众路线教育实践活动推进情况和贯彻全国组织工作会议、全国人社工作会议精神等重大部署。二是推进采编分开，增设理论评论部和美术编辑部，促进办报专业化。三是加强策划，增强报道深度。深化“走转改”，推出培养选拔好干部、干部监督、西部人才发展之路、基层服务型党组织建设、创新流动党员管理等一系列高质量专题采访。四是打造特色栏目、特色版面。推出理论评论、视觉新闻、特别关注等版面，推出最美基层干部、走进特色党支部、公务员手记等反映基层生动实践的栏目，增强了可读性。2013年共出版《中国组织人事报》146期，共计1 168个版。

中国劳动保障报社进一步整合资源，充分发挥“一报”、“三刊”、“一网”在宣传报道人社工作上的积极作用，围绕人社中心工作，坚持正确舆论导向，创新报道形式，丰富宣传内容，报纸质量进一步提高，报刊影响力得到加强，发行稳中有升，“一报”、“三刊”、“一网”的“大报刊社”格局初步形成，为报社进一步发展奠定了良好基础。一是“强基固本”，实施“围绕中心、主题策划”的宣传方针取得新成效。及时准确地开展各项政务报道，报刊影响力增强；全面深入地开展人社重点热点业务宣传，报刊指导性增强；深入开展“走转改”活动，报刊贴近性增强；加强典型宣传和重点报道，报刊可读性、权威性进一步增强。二是“拓展两翼”，新媒体发展取得较大进展。12月1日，报社手机APP新媒体上线运行，“一报”、“三刊”全部实现了电子阅读和移动阅读，报社的新媒体建设向前迈进了一大步。中国劳动保障新闻网全面升级改造，建立了自己的网上商城。机构微博同步推出，“中国劳动保障新闻网——福建频道”上线试运行。三是落实“发采互动，重心下移”的发行策略取得新进展。2013年，《中国劳动保障报》发行量稳中有升，突破20万份。

作为宣传人社工作的重要阵地，《中国人才》、《转业军官》、《中国人力资源社会保障》、《中国社会保障》、《中国劳动》、《中国培训》、《中国就业》、《职业》、《中国医疗保险》、《劳工世界》、《人事政策法规专刊》、《劳动和社会保障法规政策专刊》等刊物在人社新闻宣传工作中继续发挥积极作用。

二、政务信息

2013年，人力资源社会保障政务信息工作紧紧围绕党中央、国务院重大决策部署和人力资源社会保障中心工作，聚焦人力资源社会保障事业发展的难点、焦点、热点问题，挖掘典型经验，及时反映重点工作进展情况，为领导同志了解实际情况和科学判断形势提供服务。通过建立工作机制，拓宽信息渠道，加大信息上报下发力度，提升信息质量，信息工作逐步向制度化、规范化的方向发展。全年共向中办、国办报送信息稿150多篇。编发《人力资源社会保障部简报》52期，内部刊物《每日动态》202期、《人力资源社会保障工作信息》48期、《人力资源社会保障要情快报》24期。各地人社部门共向人社部报送政务信息688篇。

（一）认真贯彻落实中央有关精简简报和做好政务信息工作的新要求。

按照中央党的群众路线教育实践活动要求及中共中央办公厅《关于进一步精简文件和简报的意见》的要求，对部内简报进行清理规范。严格控制简报数量，不再新设简报，报送党中央、国务院的简报只限《人力资源社会保障部简报》，印发全系统的综合性简报只限《人力资源社会保障工作信息》。部内综合司局的简报可报送部领导，印发部内相关单位；专项业务工作简报可报送分管部领导，印发部内相关单位和系统相关处室。根据工作需要，编发部际联席会议简报。部属各单位现有下发类简报或刊物原则上只保留1种。简报注重反映重要动态、典型经验、突出问题和意见建议等内容，减少一般性工作情况汇报。缩减信息篇幅，动态类信息一般不超过200字，综合类信息不超过500字，专题信息不超过1 500字，刊登调研报告不超过4 000字。

（二）及时反映重点工作进展情况。

按照全国人力资源社会保障工作会议确定的“实施就业优先战略和人才强国战略、推进城乡社会保障体系建设和构建和谐劳动关系、深化人事制度改革和工资制度改革”的总体工作布局，以就业、社会保障和劳动关系为重点，进一步强化信息意识，确保重点工作的进展情况及时上报，重要工作部署和安排及时下达。重点对全国人社部门学习宣传贯彻党的十八届三中全会精神情况、各地贯彻落实人力资源社会保障工作会议精神情况等进行通报；定期报送人力资源社会保障工作重要指标、人力资源市场供求情况；及时反映重点工作进展情况，如“两节”期间保障农民工工资支付专项行动、高校毕业生就业、各地最低工资调整、城镇企业职工养老金调标、城乡居民养老保险合并实施进展、公务员招考情况等，为党中央、国务院决策提供支撑。

（三）进一步提升信息编辑质量。

围绕阶段性热点问题和领导同志关心的问题，加大信息调研和约稿力度，采编专题性信息。健全和完善信息收集网络，加强各地人社系统信息部门和信息直报点管理，将信息收集范围向基层和一线延伸。主动挖掘重点信息，注重从文件简报、调研报告、重大活动中发现和收集信息。结合中办、国办定期的信息报送要点和部各个阶段的重点工作，加大约稿工作力度，定期向地方发布信息报送重点。同时，注重发现和提炼带有普遍性、敏感性、苗头性的问题，着重从大量一手信息中归纳提炼具有较大参考价值的深层次信息。举办全国人力资源社会保障督查信息培训班，邀请专家授课，不断提高系统的信息工作能力。

三、出版工作

2013年是中国人力资源社会保障出版集团实施2011—2013年三年规划的收官之年，也是集团公司正式成立的起步年。一年来，出版集团在党的十八大和十八届三中全会精神指导下，紧紧围绕“坚持改革创新，增强责任意识，努力破解更好更快发展难题，在争取圆满完成三年规划总体目标基础上，为进一步发展奠定坚实基础”这一总体工作思路，攻坚克难，同心协力，各项工作取得成效。全年出版各类出版物935种，净资产总额超过10亿元，三年规划主要经营目标圆满完成。中国劳动社会保障出版社连续三年在中央出版单位总体经济规模综合评比中名列第7位。同时，集团转企改制工作也取得了突破性进展。

（一）强化产品开发，编辑业务工作成效显著。

一是选题开发领域进一步拓展。以人事人才、劳动保障、职业教育、职业培训以及科技安全生产五大领域为主线，深挖选题项目，进一步加强专业化的品牌建设。集团16种教材选题通过教育部“十二五”职业教育国家规划教材评审予以立项，7种图书入选《2013年中小学图书馆（室）推荐书目》。二是出版了一系列影响大、销售好的产品。包括重大课题《国外就业理论、实践和启示》、《合理调整工资收入分配关系》等在内的20余本学术专著和课题报告，在业内取得良好反响；《说话写话》丛书入选北京市全市中小学教材目录，征订量十余万册；《新时期群众工作方法读本》和《专业技术人员权益保障（第二版）》入选“2012—2013年度全行业优秀畅销书”，《农药安全使用知识》荣获全国科普优秀作品奖；《教师职业道德》和《班主任工作指导》等新产品当年版销量超5万册，《社保卡使用指南》（新疆版）销售20万册；立体化产品开发取得进一步突破，组织开发的“汽车维修技能实训音像教学片（系列）”入选“北京市出版工程（音像电子网络类）”。三是数字项目、产品开发进度加快。以财政部项目的实施与申报为引领，各部门通力合作，各项工作深入开展。“人力资源和社会保障服务网”和“世界技能大赛数字化智能训练应用系统开发项目”获批财政部中央国有资本经营预算项目，同时获批新闻出版改革发展项目库入库项目；此前入选的新闻出版改革发展入库项目和财政部项目全面启动实施，并取得阶段性成果。四是教材建设管理工作进一步加强。创新推进技工院校学生德育素质测评和“阳光德育校”创建活动，全国5万名学生参加测评，取得阶段性成效；推进部颁教学文件编制工作，144所学校承担编制任务；与地方管理部门、技工院校管理人员和教学一线教师建立联系，推动教材建设工作的开展；召开有关专业委员会会议，积极做好教材推荐和教材实验工作，推动国家级教材使用管理工作。

（二）积极推进渠道建设，营销工作取得成效。

一是加强集团渠道建设，着力于产品推介、广告宣传等工作，重点产品营销工作取得较好业绩。二是编发结合，工作形成新局面。编辑部门与营销部门合作在选题立项和协同促进营销方面取得新成效，面向技工院校教学管理人员和一线教师，精心组织研讨班和培训班，扩大教材影响力，确保职业教育教材使用量稳中有升。三是打击盗版工作成绩突出。调查涉盗单位311家，直接或间接获得赔偿近百万元。四是在零售服务方面，门市和会议零售、团购批发、网络销售三块主体业务齐头并进，销售业绩进一步提高。

（三）深化体制改革，实现公司化突破。

一是进一步深化体制改革，实现公司化突破。通过多方努力、积极推进，完成集团公司工商登记注册，在体制上取得新突破。二是组织制定集团未来三年发展规划和选题规划，在认真总结上一个三年发展的经验基础上，进一步明确当前环境，充分认识机遇与挑战，拓展思路，放宽眼界，提出未来三年发展“实现两个坚持，拓展两个领域，促进一个共享”的总体思路。即坚持发展这一主题，坚持以改革创新为动力，在下大力气拓展传统生产经营领域的同时，努力拓展相关新领域，让全体员工共享集团发展的精神和物质两方面成果。三是进一步加强信息化建设。ERP系统升级改造顺利推进，硬件基础设施改造圆满完成。四是宣传工作得到加强。积极进行集团网站日常宣传工作，加强与部有关宣传机构及社会媒体的联系，进一步树立集团良好形象。

（四）完善管理服务，综合管理水平持续提高。

完善有关制度，加强工作衔接和协调，生产调度和行政运转工作进一步加强，确保集团高效顺畅运行。进一步规范选题和编务管理工作，产品质量管理得到加强。实施竞争上岗，一批优秀干部脱颖而出。积极开展党的群众路线教育实践活动，贯彻落实中央“八项规定”，廉政风险防控机制建设取得成效。

国际及港澳台地区交流合作

2013年，人力资源社会保障对外交流合作紧紧围绕国家整体外交和人社领域改革工作重点，积极推进多双边国际合作及与港澳台的交流，取得了新的进展。

一、积极主动参与国际组织活动

以出席国际劳工大会和接待国际劳工组织总干事、副总干事访华为契机，宣传我国保民生、促就业的成就，阐述我国对国际劳工事务主张，就重大国际劳工事务交换意见。会同相关部门积极研究推进批准海事劳工公约工作。参加第43届世界技能大赛，取得一银三铜的优良成绩。深度参与二十国集团劳工事务，确定我国参与二十国集团的方针和原则，参加二十国集团劳工和就业部长会及财长双部长会。出席国际社会保障协会大会暨世界社会保障峰会，推动金砖国家社会保障合作机制化工作。出席联合国国际公务员制度委员会及联合国公共行政专家委员会会议，扩大在国际行政科学学会、国际继续工程教育协会等公共行政国际组织的影响。

二、扎实开展多双边技术合作项目活动

继续实施亚太经合组织技能开发促进项目，举办技能竞赛与职业发展政策研讨会和师资培训班。与亚洲开发银行开展“绿色就业研究”项目，召开研讨会并形成项目中期成果。邀请国际劳工组织、国际社会保障协会、世界银行等机构参与我国养老保险改革顶层设计研究。启动实施“中日劳动保障监察技术合作项目”，推动劳动保障监察人员培训和能力建设。稳步实施“两高人才”境外培训。与国际劳工组织签署南南合作项目执行协议，并就项目活动开展调研。积极参与东盟合作平台活动，探索开展援外工作新方式。

三、进一步拓展双边合作广度和深度

巩固与美、俄、德、土等国家对口部门的友好合作关系，加强与周边国家、非洲国家在人力资源社会保障领域的交流合作。通过高层互访、落实双边合作协议及参加国际会议等形式，拓展双边合作的广度和深度。接待比利时、瑞士、印度、土耳其、阿塞拜疆、越南、南非等20多个部级代表团。与瑞士经济事务、教育和研究部，土耳其人事委员会，美国联邦仲裁调解局商签或续签合作协议，签署中法社会保障领域合作协议。参与第五轮中美战略与经济对话框架下经济对话成果磋商，开展第四次中美劳工部门对话。

四、稳步推进国际职员工作

加强国际职员工作的战略规划和国际职员队伍建设。配合中组部就进一步做好国际组织人才工作开展调研，参与起草相关文件。我国推荐人选成功当选联合国工业发展组织总干事，成为我在联合国专门机构任职的第一位总干事。协助联合国先后在华举办语言类人员和青年专业人员考试，举办国际职员后备人员培训班，组织相关部门人员报考国际劳工组织空缺职位。协调有关部门积极研究解决部分国际职员退休待遇等问题，努力解决国际职员后顾之忧。

五、协调推动社会保险协定等国际条约谈判工作

与法国、瑞士、丹麦、加拿大、芬兰、瑞典、捷克、菲律宾、土耳其和荷兰10国开展社保协定磋商工作，举行了10轮正式谈判和3次技术磋商会议。与丹麦签署中丹社会保障协定，成为社会保险法颁布以后我与欧盟国家签署的第一个社保协定。与新西兰就中新职业资格互认工作试点项目工作方法达成初步一致。参与中美投资协定、中澳自贸区和中瑞（士）、中冰自贸协定等国际条约的谈判工作。

六、不断深化与港澳台地区交流合作

接待香港劳工及福利局、香港劳工处代表团来访。参与内地与香港、澳门“CEPA补充协议十”的磋商及实施工作。出台一系列政策，允许大陆高校台港澳生参加创业培训并享受相应培训补贴；允许已参加内地社会保险的台港澳居民办理失业登记，享受相应的失业保险待遇；进一步向台湾居民开放通信、出版等10类（项）专业技术人员资格考试。接待台湾中华社会保险学会、台湾技专校院入学测验中心等代表团来访，与台湾相关机构建立交流渠道，为加强相互了解搭建了平台。就港澳台居民在内地就业参加社会保险问题进行调研，为下一步出台相关政策打下基础。

社 团 活 动

一、中国人才研究会

2013年，中国人才研究会认真学习贯彻党的十八大、十八届二中全会、十八届三中全会和习近平总书记系列重要讲话精神，在部党组的领导下，紧紧围绕中心工作，以推动人才学理论创新发展为重点，积极开展学术交流、学术研究、组织建设等工作，较好地完成了各项任务。

（一）调动各方资源，组织学术交流。

开展学术交流活动是中国人才研究会重要工作之一，是提升学术水平的最好途径。2013年中国人才研究会主要开展了三次较大的学术交流活动。

一是举办了第三届女性人才发展论坛——“优秀女性人才成长与社会贡献力论坛”。为贯彻落实十八大精神，实施人才强国战略，3月31日，中国人才研究会与妇女人才专业委员会在北京共同举办了这次论坛。第十一届全国人大常委会副委员长、全国妇联主席陈至立向论坛发来书面贺词。第九届全国人大常委会副委员长、全国妇联名誉主席彭珮云，第十届全国人大常委会副委员长、全国妇联原主席顾秀莲出席论坛，全国妇联副主席、书记处书记陈秀榕出席论坛并致开幕词。中央国家机关、中直机关、民主党派、全国妇联及直属单位、中国人才研究会及各专业委员会、妇联团体会员、高等院校、妇女人才专业委员会理事等200余人出席会议。海军装备部兵器部原部长、海军实验基地副总工程师、海军少将霍玲，我国第一位女航天员、英雄航天员刘洋，中国特级飞行员、功勋飞行员、空军指挥学院原副院长、空军少将刘晓莲，大港油田公司第五产油厂油水井管理五组组长、高级技师、中石油集团公司技能专家尤立红，铁道第三勘察设计院集团有限公司桥梁处副总工程师李凤芹分别结合自身成长、发展经历做了主旨演讲，与大家共同交流、探讨女性人才在科学发展进程中的重大作用。

二是举办了中国人才学发展研讨会。11月15日，中国人才研究会第五届三次理事会暨中国人才学发展研讨会在安徽省马鞍山市召开。马鞍山市市委书记张晓麟等出席会议并致辞，中国人才研究会会长李有慰出席会议并讲话。中国人才研究会领导、常务理事、理事和有关科研院所、大专院校专家学者100余人出席会议。会议听取了中国人才研究会工作报告，并分组讨论了人才学发展新思路。在研讨会上，华东师范大学教授叶忠海介绍了《新编人才学通论》，河海大学教授赵永乐介绍了《宏观人才学概论》，华东石油大学郑其绪教授介绍了《微观人才学概论》，中国人才研究会常务副会长、中国人事科学研究院院长吴江介绍了人才丛书出版工程情况。

三是召开了“2013大学生职业发展研讨会”。11月17日，由中国人才研究会和马鞍山市人社局共同召开。中国人才研究会会长李有慰出席会议，马鞍山市副市长高晓平和中国人才研究会常务副会长、中国人事科学研究院院长吴江等出席会议并致辞。中国政法大学、中国石油大学、河海大学、江西理工大学等高等院校和相关科研院所及有关地方企事业单位负责人约60余人参加了研讨会。与会代表分别就“创新人才培养开发需突破的几个问题”、“加强技术创新，完善服务手段，将创业服务工作做强做实”、“我国高校毕业生创业的发展与特点”、“推动和促进大学生创业对策研究”、“关于大学创业教育定位的再思考”为主题做了发言。

（二）整合科研力量，开展学术研究。

为加强学术研究工作，整合科研力量，完善总会与各分支机构及高等院校、科研机构合作机制，围绕当前我国人才工作重点和社会热点、难点问题，联合开展课题研究。

5月22日，研究会向各分支机构、各位理事及地方人才研究会下发了《中国人才研究会2013年课题指南》和申报课题通知，经过组织申报和学术委员会专家审定后，批准了技能型人才可持续发展培养模式的创新等17个立项课题。

10月20日，中国人才研究会专家学者完成了我国人才学领域“人才强国研究出版工程”首批成果《新编人才学通论》、《宏观人才学概论》、《微观人才学概论》3个课题、3部著作撰写工作，并已正式出版。这项工程系统地总结了改革开放以来我国人才理论与实践发展的成就与经验，吸收借鉴了国际人力资源开发的最新成果，得到了中央人才工作协调小组相关成员单位的大力支持。

（三）做好知识更新，培养高层人才。

5月，中国人才研究会举办了“商业银行业务创新与发展专业人才能力提升高级研修班”。该项目对国家人才知识更新工程在银行业内起到了宣传和推动作用，促进了不同商业银行间的交流学习，促使学员们更新理念，了解当前银行所面临的外部经济和金融环境，在利率市场化、人民币国际化、汇率自由化的形势下，银行必须转型发展，明确市场地位，制定适合本行中短期发展的战略和工作目标与措施。同时，开阔视野和思路，明确转型发展的重点和切入点。高级研修项目是培养造就高素质专业技术人才队伍的重要平台，对于加强专业技术人才队伍建设，推动经济社会发展和科技创新具有重要意义。

（四）扩大研究队伍，重视组织建设。

根据中央领导有关重视国际人才研究与开发的要求，中国人才研究会国际人才专业委员会经民政部批准正式登记注册，2013年5月召开成立大会。会议就中国区域人才竞争作专题研讨，并对《中国区域人才竞争力报告》蓝皮书情况做了介绍和发布。与会代表围绕如何提高中国区域人才竞争力优势、中国区域人才竞争力与高端人才引进等问题进行交流。

1月5日，举办了“中国人才研究会领导人才专业委员会成立大会暨领导人才理论创新论坛”。该专委会主要从事领导人才问题研究，为党和政府在领导人才方面提供决策咨询服务。论坛分设党政领导人才、军事领导人才、企业领导人才、科教领导人才4个专题，与会代表围绕领导人才的开发、培养、选拔、测评等问题进行了深入研讨。会议还对提交的100余篇论文进行了评选，32篇优秀论文获奖。

3月20日，举办了“中国人才研究会青年人才专业委员会成立大会暨中国青年人才发展论坛”。会议就中国特色社会主义与青年人才培养两个专题进行，与会代表围绕大学生村官成长成才的思考、主流意识形态在青年中的传播效用、重视和引进国际化青年人才、创业教育与创新人才培养、青年创新型人才的心理品质、中国青年人才国际化比较优势等问题进行了深入研讨。

6月29日，举办了中国人才研究会出版传媒人才专业委员会成立大会。中国人才研究会会长李有慰等到会并致辞。大会审议通过了《中国人才研究会出版传媒人才专业委员会章程》和理事候选人、常务理事候选人名单，并同意全国人大常委会副委员长张宝文、国家行政学院副院长周文彰、原人事部副部长徐颂陶、中国作家协会党组原副书记王巨才等为顾问。人社部、国家新闻出版广电总局、财政部和部分出版传媒单位及大专院校、科研院所从事出版传媒人才研究的专家学者90余人参加了会议。

（五）加强分支机构管理，规范活动开展。

一是加强分支机构的规范管理。3月21日组织召开了“2013年中国人才研究会分支机构工作会议”，讨论了专业委员会工作开展中存在的问题，并提出了明确解决意见。二是修订了《分支机构管理办法》。根据国务院《社团管理条例》和《中国人才研究会章程》，结合研究会分支机构管理中的现实问题，修订了《中国人才研究会分支机构管理办法》，并经审议通过。三是撤销了烹饪人才专业委员会、机电人才专业委员会。这两个专委会，1993年经原人事部和民政部批准后，多年未开展工作，按照《中国人才研究会章程》规定，以及民政部和人社部的要求，经中国人才研究会第五届理事会常务理事会审议撤销。

（六）加强网络管理，做好宣传工作。

中国人才研究会重视宣传工作，注重发挥网站宣传平台作用，促进研究会和各分支机构健康发展。在网站管理上，做到了信息及时更新，与各分支机构就网站链接建立联系，在宣传总会工作的同时，加大对分支机构的宣传。

二、中国继续工程教育协会

2013年，中国继续工程教育协会以邓小平理论、“三个代表”重要思想、科学发展观为指导，认真贯彻党的十八大和十八届二中、三中全会精神，在人力资源和社会保障部党组的正确领导下，围绕实施科教兴国和人才强国战略，广泛开展继续教育活动，积极参与国际交流与合作，不断完善自身建设，努力推动协会各项工作又好又快开展，为促进专业技术人才队伍建设做出了积极贡献。

（一）发挥专业优势，开展课题研究。

一是完成2011—2012年中国工程院咨询项目“我国工程科技人才成长若干重大问题研究”分课题“工程科技人才继续教育问题研究”的结题工作。形成《工程科技人才继续教育问题研究》课题总报告1份，《工程科技人才继续教育需求研究》、《工程科技人才继续教育现状研究》、《重大工程项目中科技人才的成长机制研究》、《工程科技人才（职业化）评价机制研究》、《工程科技人才继续教育制度建设研究》子课题研究报告5份及有关专家访谈纪要、座谈会纪要、调研报告、调查数据汇总分析报告等多份，累计70多万字。

二是开展2013年中国工程院咨询项目“继续工程教育产学研合作模式研究”的研究工作。课题组在中国继续工程教育协会戴光前理事长和中国工程院朱高峰院士的指导下，整理了国内外文献资料共100多万字，厘清了继续教育、继续工程教育、产学研合作、产学研合作模式、继续工程教育产学研合作模式等概念、内涵及其相互关系等基础性要素；设计开发了课题实施方案、课题大纲、调研大纲、调查问卷（企业版、科研机构版、行业协会版）；先后赴科技部、中国科协、华北电力大学、北京理工大学及浙江省等多家企事业单位进行了实地调研。截至2013年底，课题组共走访23家企业、2所高校、4家行业协会，访谈4位专家，形成访谈记录或撰写调研报告19份，初步了解了我国继续工程教育领域产学研合作的基本情况，为课题的进一步深入研究奠定了扎实的基础。

（二）配合人才工程，组织实施培训活动。

协会积极参与专业技术人才知识更新工程的实施，发挥国家级专业技术人员继续教育基地在培养中高级专业技术人才、提升专业技术人才能力素质、促进专业技术人才队伍建设等方面的重要作用。2013年共举办4期专业技术人才知识更新工程高级研修班，主题分别是“信息化与工业化深度融合”、“炼化企业节能减排新技术及应用”、“绿色低碳高效导向的炼油新技术”、“工业设计创新能力建设”，累计培训学员200多人，促成校企合作多项，起到了示范作用，取得了良好的社会效果。

协会还组织了两批专业技术人才知识更新工程管理骨干赴外培训团。

6月8日至28日，组织实施了赴法国培训团。培训团与法国机械工程委员会、法国工程师职衔委员会等机构负责人进行了座谈，访问考察了法国政府行政与公职总局、法国工程师和科学家学会等机构及大型企业，与法方同行进行了广泛交流。

12月4日至24日，组织实施了赴美国培训团。培训团在美国国家大学、华盛顿大学等高校继续教育学院参加了一系列面授培训和专题讲座，访问考察了美国联邦人事管理局、加州就业局、美国培训与发展协会和硅谷，研讨了美国继续教育的发展情况与发展方向、美国政府对继续教育的管理和政策、继续教育培训的创新和国际化发展趋势等。

（三）积极参与国际交流，提高协会影响力。

中国继续工程教育协会作为国际继续工程教育协会副主席单位和东南亚、东亚及太平洋地区工程教育协会执委成员，积极参与国际继续教育活动，宣传中国继续教育事业成果，扩大协会的国际影响力。

一是5月15日至16日，协会在上海承办国际继续工程教育协会2013年理事会。共有10位理事出席会议，8位理事参加了同步视频会议。与会理事围绕第14次世界继续工程教育大会筹备、国际协会理事会换届选举、国际协会网站建设等8个议题进行了讨论研究，并参观考察了宝钢集团和上海交通大学的继续教育机构。

二是9月19日至23日，赴比利时参加国际继续工程教育协会秋季执委会议。会议围绕国际协会2012—2014年战略发展执行计划情况、第14次世界大会筹备工作以及协会章程部分条款修改等议题进行了讨论研究。

三是11月7日至8日，赴韩国参加第23届东南亚、东亚及太平洋地区工程教育协会执委会暨2013年国际工程教育论坛。会议集中讨论了亚太协会2013年工作报告、财务报告以及与会执委所做的国家报告等事项。并于12月向协会各理事单位和会员单位等，发布2014年亚太地区工程设计国际研讨会征文通知。

四是配合第14次世界继续工程教育大会的召开，面向各理事单位和会员单位，组织开展国内的征文活动。本次世界大会的主题是“加强和促进满足工程师需要的21世纪教育”，征文分为未来全球劳动力、教育创新、校企合作三个专题。各企业、高校、科研机构及继续教育管理部门的广大继续教育工作者积极参与，截至12月底，共征集来自清华大学、北京大学、中石化、河北省继续教育协会等单位的相关论文共60多篇。

（四）广泛开展会员单位继续教育活动。

协会大力支持各会员单位开展形式多样的继续教育活动。

1月，北京继续教育协会面向理事、团体会员单位及其他有关教育培训管理人员，组织开展第六届继续教育论文征集评选活动，征文主题是：“继续教育的创新与发展”，以研究探讨新形势下专业技术人员继续教育工作的特点和规律，不断创新培训内容和方式，切实提高继续教育的质量和水平，有效增强专业技术人员素质和能力，促进北京市专业技术人才队伍建设，征文活动收到论文近200篇。

4月，为不断提高专业技术人员的专业水平、科学素质和创新能力，黑龙江省人社厅对2013年度全省专业技术人员继续教育知识更新培训工作做出安排部署。培训采取网络函授与网上面授相结合的方式，实行单科结业制，每5年为一个培训周期，累计管理。

5月，上海交通大学接待了国际继续工程教育协会理事访问，向来宾介绍了交大的悠久历史和近年来继续工程教育的发展，交流探讨了在线学习技术在继续教育中的应用，希望与国际工程继续教育协会建立合作关系，培养具有国际视野、专业能力的一流人才。

8月，重庆市专业技术人员继续教育基地联席会第一次会议召开，重庆市人力资源开发培训中心、万州区人力资源培训中心等23家继续教育基地共40余人参加会议，旨在开创“1＋22”继教基地布局模式，打造资源共享、信息交流、共同发展平台。

10月，由中国科协继续教育中心、清华大学继续教育学院、总装备部继续教育中心、联合国教科文组织继续工程教育中国教席共同主办，清华大学继续教育学院具体承办的“第十三届21世纪继续教育论坛”在江苏省常州市举办。来自科协系统、高校系统、军队系统、军转办系统以及政府机关、企事业单位继续教育培训机构的157名代表齐聚一堂，共同研究探讨了新形势下继续教育的改革创新与发展思路，分享了继续教育领域的最新成果。论坛秉承“高层次、高品质、前瞻性”的宗旨，以“从数量规模型向质量效益型转变——新时期我国继续教育的改革与创新”为主题，与会代表就我国继续教育发展的最新理念、趋势分享了各自开展继续教育工作的经验，交流和讨论了当前新形势下继续教育发展的热点和难点问题。

11月，中国高等教育学会继续教育分会2013年学术交流年会于11月10日至12日在重庆召开。年会主题为“继续教育的综合改革——跨界、融合、创新”，来自清华大学、北京大学等97个会员单位的179人参加了本次会议。本届年会共收到论文102篇，经咨询专家组评审，共评出优秀论文奖一等奖4篇，二等奖14篇，三等奖24篇。

12月，经专家评议，上海市人力资源社会保障局决定在上海电机学院、上海汽车集团股份有限公司、上海电气（集团）总公司、上海华谊（集团）公司、上海张江创新学院5家单位设立第一批上海市专业技术人员继续教育基地。

三、中国人才交流协会

2013年，中国人才交流协会认真贯彻落实党的十八大和十八届二中、三中全会精神，按照全国人力资源社会保障工作会议和协会三届二次会员大会安排部署，围绕实施人才强国战略和就业优先战略，突出“民生为本、人才优先”的工作主线，努力为人才就业、创业和择业服务，全力做好高校毕业生就业服务工作，充分发挥桥梁纽带作用、做好会员服务工作，着力推进人力资源服务标准化建设和统一规范灵活的人力资源市场建设，发挥市场在人力资源配置中的决定性作用，促进我国人力资源服务业又好又快发展。

（一）积极推进人才服务，高校毕业生就业服务工作成效显著。

高校毕业生就业服务工作与时俱进，取得明显效果。根据人社部《关于举办2013年全国人力资源市场高校毕业生就业服务周活动的通知》精神，协会与全国人才流动中心于11月23日至29日，承办了“2013年全国人力资源市场高校毕业生就业服务周”活动。这项活动从2003年开始已成功举办了11届，形成了品牌效应。参加本届服务周活动的全国各地公共就业和人才服务机构、其他各类人力资源服务机构171家。服务周活动以“落实政策促就业，强化服务助成功”为主题，通过举办现场和网络招聘大会、开展就业政策宣传、就业信息服务、就业创业指导、就业困难援助、提供规范服务等活动，为2014届高校毕业生、往届离校未就业高校毕业生提供多样化的就业服务。活动期间，共组织现场招聘会1 620多场，参会单位7.1万多家，提供就业岗位约122.8万个，参会毕业生约157.8万人次，达成初步意向约45.8万人；网络招聘会提供职位信息1.9万条，拟招聘人数20.8万人，达成初步意向约11.9万人。现场、网络招聘会共达成就业意向57.7万人。发放就业政策等宣传资料约197.1万份。开展职业指导1 098场，为31万名高校毕业生提供了就业指导服务。举办基层就业先进事迹报告会260场，约8.1万名高校毕业生参加报告会。一年来，广大会员单位结合本地区、本单位实际，开展了高校毕业生就业指导、就业见习、创业培训、校园招聘、现场招聘和网络招聘等一系列就业服务活动，促进毕业生与用人单位有效对接，对促进高校毕业生就业发挥了重要作用。

举办人力资源服务业发展高级研修班，发挥高层次人才的引领推动作用。7月中旬，协会汽车人力资源分会在天津举办了“汽车行业高级管理人才创新发展”高级研修班，来自全国汽车行业产学研商等单位的高级管理人员、高级专业技术人员58人参训。培训按照国家人才战略要求，紧紧围绕汽车行业高级管理人才创新发展主题，吸收了该领域的最新研究成果，有很强的实用性和前瞻性，提高了学员们运用理论解决实际问题的能力。11月上旬，协会航天人才分会在河北省廊坊市举办了“航天青年科技领军人才培养”高级研修班，来自航天系统人力资源服务部门主管领导及中层干部60多人参加了培训。培训旨在全面解读国家科技领军人才引进与培养最新政策、掌握航天科技青年领军人才成长规律与培养方法，为我国航天事业更好更快发展打下良好的人才基础。11月下旬，协会在贵州省毕节市举办了第三期“全国人力资源服务业发展高级研修班”，聘请人力资源服务业知名专家学者系统讲授人力资源市场建设、领导力发展和人力资源服务外包等，提升了学员的业务能力、管理能力和全局思维能力，培养了行业高级管理人才。来自全国30个省（区、市）人力资源服务机构负责人、协会会员单位和分支机构高级管理人员60多人参加了培训。

加强对区域人才合作的指导，推进区域人才服务一体化进程。2月下旬，协助人社部相关司局，在京举办了“全国部分区域人才合作组织2013年工作座谈会”。会议交流了区域人才合作组织建设的经验和做法，探讨了新形势下进一步发展的对策措施。支持指导京津冀、东三省、环渤海、长三角、中部六省、泛珠三角、珠三角、西北五省、西南地区等区域人才合作组织开展交流合作活动，不断提升区域合作水平。来自全国各地的区域人才合作组织牵头单位负责同志30多人参加会议。8月中旬，在贵州省毕节市举办促进中国人才交流协会发展研讨会。会议围绕人力资源服务产业化发展与业务合作、协会创新发展与整合资源、为毕节市人力资源服务业提供支持等问题进行探讨。此外，协会还参加了全国部分大中城市人才中心主任联席会第二十次会议、全国省级人力资源（人才）服务行业协会联席会第十次会议、东北（内蒙古）四省区人才交流与合作服务工作座谈会和环渤海区域人才协作联盟2013年常务理事会等，促进了区域人才合作平台建设。

（二）发挥桥梁纽带作用，为会员搭建交流服务平台。

成功召开协会三届二次会员大会，进一步明确了发展思路和今后任务。6月中旬，在江苏省苏州市召开了中国人才交流协会第三届二次会员大会。人力资源社会保障部副部长、中国人才交流协会会长信长星出席会议并讲话。信长星副部长充分肯定了两年来协会所取得的成绩，深入分析了协会发展面临的机遇和挑战，并就下一步工作提出要求。协会副会长、秘书长和副秘书长，理事、常务理事单位和会员单位代表、全国各省（区、市）人力资源服务机构及相关科研院所、社会团体负责人300多人参加了会议。会议聘请人社部原副部长孙宝树为协会顾问，并选举副会长。会议审议通过了协会工作报告、协会章程修正案、财务收支报告，发出了《中国人力资源服务行业诚信自律倡议书》，为协会在新的起点上又好又快发展奠定了基础。

举办了“全国社会组织人才培训班”。10月下旬，经民政部批准，在京举办了“全国社会组织人才培训班”。全国各省（区、市）人力资源（人才）服务行业协会负责人和高级管理人员、协会会员单位及分支机构负责人200多人参加了培训。培训班聘请民政部、人社部相关部门负责人、人力资源服务著名专家学者担任主讲老师，围绕现代社会组织改革与发展、人力资源社会组织发展与创新、行业协会领导人胜任力模型测评分析及人才选拔、互联网与人力资源云服务等内容进行深入研讨，使参训人员开阔了视野，提升了专业能力。

参与人社部相关政策研究，推动行业健康发展。参与了《加快推进人力资源市场整合的意见》、《劳务派遣行政许可管理办法》、《劳务派遣若干规定》等政策法规的修改，提出了建设性意见，部分建议被采纳。3月中旬，与人社部相关行政司局联合举办了“经营劳务派遣业务座谈会”，围绕《劳动合同法（修正案）》实施后劳务派遣规范发展问题进行了深入研讨，对劳务派遣“三性”、用工比例、同工同酬、异地派遣和行政许可等广大会员单位关心的问题进行深入沟通，提出了有关政策建议。

承办中国贵州人才博览会等大型活动，促进人力资源市场化配置。3月28日至29日，协会联合贵州省委组织部、贵州省人社厅和贵阳市人民政府，成功举办了“首届中国贵州省人才博览会”。博览会吸引600余家企业参会，提供1万余个人才需求岗位。全国各地300余名博士、6 500余名高层次人才、高技能人才进场交流洽谈，为助推贵州经济社会发展发挥了重要作用。中国人才交流协会名誉会长侯建良，贵州省委常委、常务副省长谌贻琴出席开幕式并讲话。5月10日，协会联合天津市人社局、中国北方人才市场，成功举办了“中国天津人力资源服务业对接展示会暨人力资源供应商大会”。来自美国、英国、俄罗斯、新加坡、韩国等19个国家的30多家境外培训机构，北京大学、清华大学等著名高校300余名博士、博士后，以及天津100多家大型国企、科研单位和重大项目单位，协会会员单位，天津市各区县人力资源服务机构负责人400多人参会。2 300多名高层次人才进场洽谈，达成项目合作意向近百项。传递了人力资源服务业发展的新思维、新理念，展示了人力资源服务新产品、新技术和新业态。人社部副部长王晓初和相关司局负责人参会。6月17日，协会与全国台湾同胞投资企业联谊会、福建省公务员局和中国海峡人才市场等单位，联合举办了第十一届“6·18”海峡两岸人才交流合作大会。50余名台湾专业机构人士和专业人才携带项目与福建省120多家企事业单位对接，为促进海峡两岸人力资源服务交流合作搭建了平台。11月16日至21日，在深圳市举办了第十五届中国高新技术成果交易会。人社部首次在主会场设置展区，协会承接了人社部展区的宣传片、展板设计和布置工作。全国人才流动中心设立的展板，展示宣传了近年来在公共就业和人才服务、人力资源市场化配置方面取得的成就，提升了人力资源服务业的知名度和社会影响力。人社部副部长信长星及相关司局和协会负责同志出席活动。

积极参与人力资源服务机构诚信体系建设活动。贯彻人社部《关于加强人力资源服务机构诚信体系建设的通知》精神，6月19日向全行业发出《中国人力资源服务行业诚信自律倡议书》，号召会员单位和广大人力资源服务机构积极开展诚信服务，弘扬社会主义核心价值观。9月下旬，协会高级人才寻访专委会印发了《高级人才寻访职业道德准则》和《高级人才寻访服务合同（推荐文本）》，倡导恪守职业道德、诚信合法经营，推动形成公平竞争环境。《中国组织人事报》、《中国劳动保障报》、中国国家人才网和《中国人才资讯》会刊进行了广泛宣传，较好地推动了行业诚信体系建设。

（三）积极推进人力资源服务标准化建设，行业规范化水平有了新进展。

一是加强了人力资源服务标准化建设的宣传贯彻和指导。启动了人力资源服务标准培训教材编写工作，组织了专项调研和专题培训，进行《人才测评服务规范》标准教材的编写。开展了《高级人才寻访服务规范》国家标准实施情况及我国高级人才寻访行业状况调研，分别对北京、上海、广州、深圳、成都、西安和宁波等12个城市进行抽样调查，完成了调研报告。9月下旬，协会高级人才寻访专业委员会在京举办了全国第二期高级人才寻访服务技能培训班，来自全国20个省市的60多名学员参加了培训。培训班面向具有2年以上从业经历人员，聘请《高级人才寻访服务规范》国家标准主要起草人、资深寻访顾问进行解读，提高了行业标准贯标意识。在济南市人力资源市场建设和管理培训班上，对该市人力资源市场管理人员进行了标准化培训。积极参与和指导北京、上海等地人力资源服务标准化建设。

二是努力推进人力资源服务国家标准的修改完善和报批工作。组织专家学者和标准起草人员，对《人力资源服务机构等级划分与评定》、《流动人员人事档案管理服务规范》等国家标准进一步修改完善，形成了较为完善的征求意见稿。《现场招聘会服务规范》、《人才测评服务规范》国家标准（草案）通过了全国人力资源服务标准化技术委员审查，已按程序报人社部审批。

三是加快人力资源服务国家标准的研究制定工作。按照全国人力资源服务标准化技术委员会工作安排，召开了两次标准化工作会议，积极推进《人力资源培训服务规范》、《人力资源管理咨询服务规范》、《人力资源社会保障事务代理服务规范》、《职业心理咨询服务规范》和《职业生涯规划服务规范》5 项国家标准的起草工作，目前已完成初稿。

四是做好人力资源服务标准化技术委员会换届相关筹备工作。按照人社部领导批示精神，全国人力资源服务标准化技术委员会换届大会筹备工作稳步推进，完成了《章程》修改、《人力资源服务标准体系》和标准化近期工作计划等文件起草工作，征集了新一届标准化技术委员会委员。

（四）注重加强自身建设，行业发展基础不断增强。

认真贯彻中央八项规定和人社部相关规定，工作作风显著改进。围绕人力资源服务业发展的难点热点问题进行调查研究，反映行业诉求。精简会议文件，举办高校毕业生就业服务周等大型活动不搞启动仪式，以通讯方式召开协会理事会，减少参会人员，节约了成本。严格执行住房、就餐、会务等相关规定，对参会人员不搞接送，会场不摆鲜花、不合影留念，房间不摆水果，就餐一律采用自助餐等，得到会员单位理解和支持。

召开协会会长、秘书长办公会，理事和常务理事会。年初以通讯方式召开协会三届三次理事会，增选协会副会长。6 月中旬，在苏州召开第三届二次会长、秘书长办公会议，审议通过了协会第三届理事会工作报告、财务收支情况报告、协会《章程》修改草案，研究协会部分领导人员调整等，并邀请民政部相关司局负责同志做了“新形势下社会组织发展的思路和对策”辅导报告。人力资源社会保障部副部长、协会会长信长星主持会议并讲话。同日在苏州召开三届四次理事会暨常务理事会，会议根据《中国人才交流协会章程》规定，审议通过了提交“中国人才交流协会第三届二次会员大会”审议的各项议案。

参加了民政部 2013 年度社会组织评估工作。9 月下旬，根据民政部通知，协会参加了对社会组织的评估工作，按规定程序进行了自评，民政部考评专家组实地考察等，专家组对协会工作予以充分肯定。

发挥分支机构作用，积极推动分支机构建设。3 月下旬，国家机关人才交流机构分会召开年会，总结了一年来工作、对年度工作进行安排部署，通过了分会财务收支情况报告，授予中国科学院人才交流开发中心、卫生部人才交流服务中心等 8 家会员单位“2012 年度通讯报道组织奖”。32 家会员单位 60 余名代表参会。6 月 20 日，高级人才寻访专业委员会召开年会，总结了专委会一年来工作，研究了近期重点工作，并就相关文件进行了讨论。7 月上旬，汽车人力资源分会召开年会，总结了一年来分会工作，部署了今后工作任务，授予 10 家单位“汽车人才培训、实训、教育基地”。全国汽车行业、人力资源服务机构及相关单位负责人 230 余人与会。协会航天人才分会成立已获得民政部批准，成立大会相关筹备文件已准备就绪。

加强行业和会员宣传报道工作。努力创新形式、调整内容、改进文风，坚持办好《中国人才资讯》会刊，提高办刊质量。一年来发行 6 期 6 000 多册，为贯彻落实党和国家有关政策，宣传推广行业先进典型，营造良好舆论氛围发挥了积极作用。

四、中国博士后科学基金会

2013年是贯彻落实十八大会议精神的开局之年，也是全面深入开展党的群众路线教育实践活动之年。一年来，中国博士后科学基金会在部党组的领导下，在部有关司局的指导和支持下，与各省（市、区）人社部门及设站单位密切合作，本着以人为本的理念，深入实施人才强国战略，全面落实全国人力资源和社会保障工作会议精神及部里对全年工作的部署安排，进一步推动高层次人才服务工作的健康发展。

（一）中国博士后科学基金资助工作。

针对博士后基金资助规模较小、不能适应博士后进站人数快速增长需要的实际，中国博士后科学基金会组织专家开展专项课题研究，大力争取国家财政支持。博士后基金经费总额达4.3亿元，较上年增加0.8亿元。其中，特别资助人数较上年增加100人；面上资助比例达到34%，比上年提高了7个百分点，基本实现了《中国博士后科学基金资助规定》所要求的“面上资助比例为当年进站人数的1/3左右”。

完善基金资助申报组织工作。2012年底发布了《2013年度中国博士后科学基金资助指南》，提前布置全年的资助工作，明确三批次资助工作的具体时间安排，增加了博士后研究人员和设站单位基金申报工作的主动性和灵活性。完成第53批、第54批面上资助工作。申报总人数14 174人，资助总人数4 820人，总资助金额为28 045万元，资助比例为34%。其中，一等资助1 315人，资助金额10 520万元；二等资助3 505人，资助金额17 525万元。专家通讯评议共分761个评审学科组，聘请专家5 327名。完成第6批特别资助工作。申报总人数2 271人，资助1 016人（含“香江学者计划”50人），总资助金额14 990万元。专家通讯评议共分152个评审学科组，聘请760名评审专家；专家会议评议共分为19个学科组，聘请101名专家。

对获基金资助博士后研究人员的优秀科研成果出版试点开展资助工作。出版资助工作旨在通过后资助方式，激励博士后研究人员在站期间潜心科研、扎实治学，同时固化和留存基金资助的优秀学术成果，供社会利用、大众分享，进一步扩大基金资助效益。

开展老专家的信息更新和新专家增补工作，尤其是加大了对专家数量少、较冷僻二级学科专家的征集，新增专家4 300余人，更新了620多位专家信息，专家总数达到近2.1万人，基本满足了2013年三批次评审间隔时间短、专家不能多次重选的要求。

加强基金绩效问效工作。开发信息系统，要求获资助博士后研究人员出站时网上提交《中国博士后科学基金资助总结报告》，设站单位网上提交本单位的《中国博士后科学基金使用效益情况报告》。

（二）博士后日常管理服务工作。

全国博士后进出站服务窗口投入使用。为博士后人员办理进出站手续设置专属区域，改善博士后人员及博士后工作管理人员办事环境。“在线预审、一次办结”博士后进出站服务平台进一步完善并在北京地区全面使用。开发并使用网上收集《博士后研究报告》系统。设计完成分级管理省（区、市）博士后工作主管部门发放博士后证书信息网络运行、监管和分级打印程序。指导北京市人力资源社会保障局、江西省人力资源社会保障厅启动博士后日常管理工作。编制、开发分级管理程序，培训工作人员。

全年审核备案博士后人员进出站手续。全年现场办理及审核进站手续13 718人、出站手续8 504人。编制博士后日常经费拨款计划35 500万元。收集2 771份出站博士后研究报告。

编制《博士后进出站服务指南》、《博士后网上办公系统使用说明》，出版发行《博士后工作实用手册》，向各级博士后管理部门和博士后工作管理人员全面准确地介绍我国博士后制度、政策及具体办事流程和规范。

针对全国政协会议郑兰荪院士和田中群院士的提案，与人社部相关司局共同走访两位院士，现场听取意见。结合提案反映出的问题，在厦门大学组织了博士后研究人员和博士后合作导师座谈会，并在北京召开博士后工作管理人员座谈会。

承办“博士后科研工作站设站评审会”会务工作，批准新设立博士后科研工作站644家。

在成都、九江、北京组织召开了“全国博士后工作管理人员培训班”、“中国博士后科学基金业务培训班”、“博士后管理工作创新与服务能力建设培训班”，全国博士后科研流动站单位、工作站设站单位近650位博士后工作管理人员参会。

全年编辑《中国博士后》杂志6期。召开一次《中国博士后》杂志理事单位年会。积极利用中国博士后网站进行政策、工作动态发布，为设站单位发布信息。优化博士后网上办公系统，扩充数据库容量和系统带宽，更新网络硬件设备、改善服务器托管环境，完成系统安全检查并实施改进措施。

（三）博士后流动站、工作站评估和评审工作。

完成2010年博士后工作评估不合格单位的检查验收。对参加2010年评估中评估等级为不合格的79家工作站开展了整改验收工作。

在内蒙古组织召开了评估工作座谈会。通过座谈会检查当地博士后工作的开展情况，了解招收博士后人员中的困难并给予多方面的政策指导，促进当地主管部门和设站单位博士后工作的开展。

（四）博士后国际交流工作。

配合人社部相关司局组织“香江学者计划”、“博士后国际交流计划”申报和专家评审工作。“香江学者计划”有130个单位的553人进行申请，50人获资助。“博士后国际交流计划”有73个单位的277人申请派出项目，84个单位的238人申请学术交流项目，确定资助派出项目人选100名和学术交流项目人选87名。完成接收非洲来华人员做博士后项目收尾工作。完成2012年度项目来华人员经费拨付和项目执行情况总结工作。按照人社部相关司局要求，就“中德博士后交流项目”积极与德方项目执行部门联系，协商时间进度，完成了项目启动的前期准备工作。

与全国博士后管委会办公室共同召开“博士后国际交流计划实施情况讨论会”，认真征求清华大学、中国科学院、中国社会科学院等10家单位意见，协助起草《博士后国际交流计划实施细则》。

（五）博士后学术、科技及人才交流活动。

5月，与天津市人社局在中国·天津第十九届投资贸易洽谈会期间，共同举办“2013年天津博士后人才与项目引荐会”。天津市近100个博士后科研流动站、工作站、创新实践基地参展招聘，提供800多个专业方向和需求岗位，北京博士后联谊会组织北京大学、清华大学、中国科学院、中国社科院等30余所高校、科研院所近200余名博士后参会。

6月、9月和11月与全国博管办共同开展第四批、第五批和第六批“博士后西部服务团”活动，组织博士后分批赴宁夏、内蒙古和广西开展科技服务，3批共派出博士后53人，对接项目61个。

7月，与全国博管办、北京市人社局共同在京举办中国（北京）博士后人才交流与科技项目洽谈会。来自北方地区的230家高校、研究机构、科技型企业和1 000余名博士、博士后参加了洽谈会。开发完成“人才与项目交流信息系统”，用于采集和汇总需求信息以及博士、博士后的报名信息。

9月，与山东省潍坊市人才工作领导小组在潍坊市开展中国（潍坊）创新创业峰会暨“双创”人才潍坊行活动。北京博士后联谊会组织北京大学、清华大学、中国科学院、中国社科院等单位的20多名博士后参会。

“中国博士后人才科技信息交流网络服务平台建设”在财政部立项。该平台旨在搭建为高层次人才服务的长效机制，全面提升为高层次人才服务的能力和效率。

（六）博士后科学基金会理事会日常工作。

完成民政部对基金会2012年度的年检工作。

召开中国博士后科学基金会第五届理事会第三次、第四次工作会议，审议通过博士后基金申报条件的修改意见和《中国博士后科学基金面上资助地区倾斜资助实施办法》。

（七）博士后联谊会活动。

指导北京博士后联谊会理事会换届及开展联谊会日常工作。

1月，“2013博士后迎春晚会”在北京大学百周年纪念讲堂隆重举行。晚会由全国博士后管委会办公室、总政治部干部部科技文职干部局和中国博士后科学基金会主办，北京大学、北京博士后联谊会承办。在京高校和科研院所的博士后及家属约2 000人观看了晚会。

5月，举办“2013年北京博士后趣味运动会”。来自北京大学、清华大学、中国科学院、中国社会科学院和军队系统等北京地区37家设站单位的1 400余位博士后及家属参加运动会。

协助全国博管办组织首届“交通杯”全国博士后网球大赛。来自华北、东北、华东、华中、华南、西南、西北、解放军8大赛区的16支代表队近200名选手参加了本次比赛。

五、中国劳动学会

2013年，中国劳动学会认真学习贯彻党的十八大精神，坚持“围绕中心、服务大局”的办会宗旨，在学会换届后的开局之年，团结广大会员，努力调动各方面积极因素，通过广泛开展理论研究和学术交流活动，扩大内外交流，加强学会自身建设，使学会各项事业在不断创新中取得了新的发展。

（一）围绕中心、服务大局工作扩展了新的内容。

针对当前人力资源社会保障部的重点工作，学会在开展活动中更加注重社会关切和企业需要。一是开展了新修订《劳动合同法》的研讨交流。在湖南省永州市、山东省烟台市召开专题研讨会。来自一些“劳务派遣工”用工量较大的国有企业积极参加研讨，邀请人社部相关司局的负责同志作政策解读，使参会企业进一步加深了对新修订的《劳动合同法》内容和要求的理解，为企业制定相应预案，合理调整用工政策以及完善有关措施，起到了积极作用。二是受人社部政策研究司的委托，学会承担了“农民工市民化若干重大政策研究”部级重点课题。为此，学会分别在北京、福建永定县召开专题研讨会。同时，学会秘书处还组织赴吉林、辽宁、四川、江苏等地进行专题调研，有力地推动相关省市学术研究活动的深入开展。

（二）学术、企业两个工作委员会整合了新的资源。

中国劳动学会学术委员会和中国劳动学会企业工作委员会分别召开了学会换届以后的第一次全体委员工作会议。会议对两个委员会下一阶段的工作进行了全面规划和精心设计，很多新委员加入并参与学会工作，强化了学会“一体两翼”的组织建设，对于聚集学会力量，整合优质资源，提高学术研究水平以及加强企业人力资源管理服务能力，起到了重要作用。

（三）联合各方面力量，共同举办活动搭建了新的平台。

一是中国劳动学会与中国人口学会在北京共同主办了第二届“人口、就业和社会保障”学术研讨会。会议重点围绕“我国当前就业形势”等相关议题进行研讨和交流。来自政府有关部门、研究机构、高等院校的近200名代表参加了会议。会议由首都经济贸易大学劳动经济学院承办。二是中国劳动学会与青岛市人力资源管理协会在青岛市共同主办了“2013年中国人力资源管理高峰会”。会议重点围绕“中国人力资源管理——新趋势、新挑战、新策略”进行演讲和交流。中国社会科学研究院人口与劳动经济研究所所长蔡昉、清华大学社会学系教授孙立平等专家学者在会上做了专题演讲。来自部分省市劳动学会的代表及青岛市各类型企业人力资源管理人员 300 多人参加了会议。这次会议由青岛市人力资源管理协会承办。三是首次开办了《中国劳动讲堂》广州分讲堂。这期讲堂的题目是“在大趋势下提升人力资源效能的新思维”。人社部法规司有关领导、企业家以及著名人力资源管理专家、学者与大家共同讨论和分享了他们的观点与经验。讲堂内容贴近企业实际，讲授与参会者互动对话，深受来自广东省内外各类型企业共 200 多位人力资源管理者的欢迎。这期讲堂的成功举办，为《中国劳动讲堂》走向省市、走向地方、走向企业，扩大了社会影响力，起到了积极作用。这次《分讲堂》由广州红海人力集团承办。

（四）学会分支机构工作各展所长办出了新的特色。

冶金分会紧密结合钢铁行业扭亏增盈和转型升级的中心任务，深入企业调查研究，通过学组年会，大力推广典型企业“绿色转型”和管理创新经验。机械、化工分会在企业会员中重点开展了人工成本分析指标调查，通过对行业重点企业人工成本统计数据汇总分析，分别完成了《加强企业人工成本管理研究》、《全国大型化肥企业人工成本分析报告》。劳动科学教育分会通过将中国人民大学劳动人事学院建院三十周年院庆与理论研讨活动结合起来，有效地吸引了高等院校专家学者的广泛参与，推动了学术交流活动的深入开展。劳务经济与境内劳务派遣专业委员会通过组织多种形式座谈会，广泛听取劳务派遣企业以及用工企业意见，为完善国家劳务派遣法律法规，制定相应行业标准，规范企业用工发挥了重要作用。薪酬专业委员会通过举办“（第十届）中国薪酬管理高层论坛”，积极为“深化收入分配和薪酬制度改革”建言献策。信息化专业委员会通过开展移动互联网技术在人力资源社会保障领域应用实施活动，大力推动了地方公共服务系统化建设和发展。

（五）国际及地区间交流日益巩固取得了新的发展。

一是 2013 年 4 月协会组团参加在澳大利亚召开的“国际劳动与雇佣关系协会年会”。这是中国首次以会员身份参加此类国际间专业领域学术活动，为加强中国劳动保障界与国际上专门从事劳动关系理论研究的学术组织进行交流与合作开辟了新的领域。二是 2013 年 12 月初由中国劳动学会会长华福周率团随同中国东盟民间友好组织大会会长顾秀莲赴菲律宾出席第八届东盟民间友好组织大会，并在大会期间举办了“人力资源开发和劳动就业论坛”。会上，由我国人力资源管理专家针对当前中国及世界共同面临的“青年就业”难题，发表了专题演讲，为积极宣传我国开展青年就业、鼓励青年创业的政策措施，交流东盟有关国家开展青年就业的有益经验，发挥了积极作用。三是组织有关省市学会部分企业参加在澳门举办的两岸四地专题学术研讨会。经过几年的探索和实践，目前已经形成了中国劳动学会与港澳台相关学术组织优势互补、合作共赢模式，研讨内容不断丰富，参与人员不断扩展，社会影响力不断提高。这样的合作机制，为提升地区间企业人力资源管理水平，提供了有益的借鉴。

（六）地方学会工作不断开拓创新取得了新的成绩。

2013 年，地方各级劳动学会（协会）本着围绕中心、服务大局的办会宗旨，坚持服务会员、服务企业、服务社会的工作准则，牢牢把握人力资源和社会保障工作大局，深入基层、深入企业、深入实际，联合社会各方力量，广泛开展调查研究和学术交流活动。同时，结合工作实际，不断增强服务意识，创新活动内容，改进服务方式，提高服务工作水平，使地方劳动学会（协会）工作既具有各地特色，更做得扎扎实实。比如，有的地方学会与科研机构、基层人社部门合作共建科研基地；有的地方学会与省人社厅职能部门合作共建“创业培训服务中心实训基地”，发挥了学会社会化服务功能作用；有的地方学会以市场需要和政府需求为导向，开展了“人力资源需求预报”课题研究等。地方学会（协会）各项事业发展都取得了新成绩，为推动人力资源社会保障事业的科学发展做出了积极贡献。

六、中国社会保险学会

2013年，中国社会保险学会深入贯彻落实科学发展观，严格遵守社团管理法规，围绕社会保险中心工作，服务大局，突出重点，积极开展学术交流与课题研究，努力做好中国社会保障论坛各项工作，为繁荣和发展社会保险研究事业做出了一定贡献。

（一）学术交流。

进一步加强与港澳台社会保险社会团体的交流与合作，共同举办养老保险研讨会。10月下旬，应台湾退休基金协会的邀请，王建伦会长率中国社会保险学会代表团赴台北参加了“第五届两岸四地养老保险研讨会”。本届研讨会的主要议题是：两岸四地养老保险可携性政策研究。围绕该议题还探讨了两岸四地养老保险制度现状与发展趋势、养老保险基金投资运营与管理等方面的内容。研讨会延续了往届会议的形式，即“公开会议”和“闭门会议”。“公开会议”指四地学（协）会会员及其他有关方面代表均可参加并参与讨论的会议，“闭门会议”指仅限四地学（协）会会员代表参加的会议。来自中国社会保险学会、香港退休计划协会、香港社会保障学会、澳门社会保障学会、台湾退休基金协会和中华社会保险学会的会员代表及港澳台有关方面代表共80余人参加了会议。

（二）课题研究。

在《两岸四地养老保险制度比较研究报告（2010）》、《两岸四地养老保障资源比较研究报告（2011）》和《两岸四地养老保险可携性研究报告（2012）》基础上，2013年继续与香港退休计划协会、澳门社会保障学会、台湾退休基金协会和中华社会保险学会合作，组织四地学（协）会的专家学者共同开展“两岸四地养老保险可携性政策研究”。该课题围绕两岸四地养老保险可携性政策，通过对内地与港澳台有关养老保险跨境转移的政策梳理，运用科学化和规范化的研究方法，从养老保险可携性研究的政策网络分析视角出发，详细梳理了两岸四地养老保险跨境转移的政策目标、主体、内容、保障机制及工作流程，系统研究了两岸四地养老保险跨境转移的适用范围、参保条件、待遇支付条件、转移条件、管理条件等政策要素，阐述了两岸四地劳动者流动时社会保障权益携带的思路，提出了两岸四地养老保险转移的政策要点及工作流程，以期为两岸四地间劳动力的合理流动和经济的互通发展提供制度保障，促进两岸四地经济社会的持续发展。课题研究报告于10月初完成，并提交到第五届两岸四地养老保险研讨会进行了讨论。

（三）中国社会保障论坛工作。

根据工作安排，2013年举办第五届中国社会保障论坛，自年初便开始各项筹备工作。

一是确定论坛主题。根据党的十八大会议精神和《社会保障“十二五”规划（纲要）》，论坛组委会秘书处提出了三个论坛主题备选方案，后经广泛征求论坛专家、组委会成员单位、部内委员和网民的意见，确定第五届中国社会保障论坛的主题为“全覆盖、保基本、多层次、可持续”。

二是组织开展主题征文与评比。在全国范围内开展以“全覆盖、保基本、多层次、可持续”为主题的“中国银行杯”第五届中国社会保障论坛征文活动，共收到社会各界应征论文328篇。聘请社会保障领域的专家学者组成论文评选委员会，并邀请中国医疗保险研究会王东进会长担任评委会主任。确定《第五届中国社会保障论坛主题征文论文评选办法》，并根据该评选办法对论文进行了初评、复核、终评和票选，评出一等奖2名、二等奖5名、三等奖17名、优秀奖36名，评选结果在中国社会保障网进行了公示。为展示本届主题征文的成果，编辑制作了获奖论文集光盘。

三是筹备召开论坛。11月上旬，第五届中国社会保障论坛在北京国谊宾馆举行。人力资源社会保障部部长尹蔚民发表了《坚持基本方针，明确目标任务，为全面建成覆盖城乡居民的社会保障体系建言献策》的主旨演讲，中国医疗保险研究会会长王东进宣读了第五届论坛主题征文获奖论文名单，胡晓义副部长主持了论坛大会。会上，向论文获奖作者代表颁发了证书。本届论坛设社会保险法、养老保障和医疗保障三个专题论坛，来自国务院有关部委负责人、社会保障领域专家学者、社会保险实际工作者及社会有关方面人士250余人围绕《社会保险法》立法意义、养老保障顶层设计、医疗保障全民覆盖等问题进行了交流与研讨。

（四）分支机构工作。

召开社会保险管理服务专业委员会成立大会。2月下旬，社会保险管理服务专业委员会在重庆召开成立大会。胡晓义副部长和王建伦会长做了重要讲话。会议选举产生了社会保险管理服务专业委员会主任委员、副主任委员、常务理事、理事、秘书长和顾问。

组织开展学术研究活动。2013年，学会分支机构与有关单位合作开展了一些课题研究和学术交流。企业年金分会举办了“中国投资与养老金论坛”，组织会员召开了“投资管理人自律公约会议”、“合同备案及信息披露工作座谈会”和“企业年金管理机构评价指标体系研讨会”等学术研讨活动。农村社会保险委员会与浙江大学人口与发展研究所联合开展了《新农保缴费档次、缴费补助与城乡居民收入变化的联动模式研究》和《国家新农保个人账户资金均衡发展问题研究》课题，与浙江大学、南京财经大学联合举办了“海峡两岸农村社会保险学术研讨会”，与中国工合国际委员会、合作社专家沙龙秘书处共同主办了“充分发挥合作社的作用推动城乡社会养老体系建设研讨会”。社会保险管理服务专业委员会启动了《中国社会保险管理服务发展报告2013》课题研究，并与人社部医疗保险司、社保中心、信息中心联合开展了《异地安置退休人员基本医疗保险社会化管理服务》研究工作。

七、中国职工教育和职业培训协会

2013年，职协紧密围绕部职业能力建设中心任务，大力服务技校和企业会员单位，推动开展了以下工作：

（一）面向会员，推动开展社团工作。

先后召开厦门技工院校工作会、上海技能大师工作室建设座谈会以及洛阳理论研究座谈会，向职协的技校、企业和理论研究会员系统，传达贯彻全国职业能力建设工作会议精神，宣传相关政策，研究安排全年社团活动。

接受社团年审和行业性社团评估，完善组织建设。上半年参加并通过了民政部常规社团年审，下半年接受全国性行业协会商会评估工作。经过对长期积累的历史资料进行梳理，对工作开展情况进行自查，完成了民政部组织的评估专家组的实地查看和评估。

（二）广泛调动科研积极性，推动科研教研能力提升。

做好中国职协优秀科研成果评选和相关理论研究工作。一是完成年度科研成果评选的发动、征集及评选工作。组织第十二届全国技工院校教学教研技术开发优秀成果评选活动，参评数量进一步扩大。二是完成年度课题立项的征集、评审和公布工作。中国水利教育协会职工教育分会等25家单位的82个课题研究在职协立项，吉林省人社厅职业技能教研室、北京一轻高级技术学校等单位的十余项课题结题。三是完成4项研究2本书1项课题投标。完成了人社部2013年度部级重大政策性课题《现代职业培训模式研究》、人科院《高技能人才战略国际观察》、国家开放大学《高技能人才培养与开放教育本专科学历教育成果转换的实践探索》，以及世界银行《企业技能大师工作室开展农民工培训实践研究》项目，受到广泛好评。开发编辑出版《技工院校学生国家资助成才录》和《技能大师工作室建设指南》，宣传国家政策，服务基层工作。参与投标中标，承担联合国环保署《提高制冷设备维修人员职业技能鉴定中环境保护要求的可行性研究》项目。

（三）广泛组织开展各类培训活动。

主要面向三大类群体开展培训。第一类是

面向技工院校会员的培训形式更加多样。面向管理人员、专业教师、班主任等，开展国内国外、面授远程，定向定制、能力提升工作经验交流等丰富多彩的培训活动。第二类是面向企业的培训发展更加平稳。培训项目有企业培训师和班组长培训。服务的企业有中国北车、中国航天、首钢、成都铁路局、广西柳工、中原油田、河南电力公司等。为浙江省温州市和中国兵器西安庆安公司、郑州铁路局提供班组长师资及骨干班组长岗位培训。在全国建立了11家企业培训示范基地。第三类是面向社会的培训管理更加规范。这类培训是协会基于社团工作职能和章程，适应经济社会快速发展，新职业不断产生和促进劳动者就业、岗位能力提升而开发的新项目新课程。为了加强管理、规范工作，编制了《中国职协培训项目工作手册》。

（四）认真组织实施技工院校学生助学管理工作。

2007年，国务院出台中职国家助学金政策，此后于2009年、2010年、2012年3次调整。从2013年秋季学期开始，免学费政策范围为中职学校所有农村学生、城市涉农专业学生和家庭经济困难学生，国家助学金政策范围为一、二年级在校涉农专业学生和非涉农专业家庭经济困难学生。全国技工院校学生资助工作线长面广，情况复杂，工作难度很大。职协受人社部相关司局委托，建立了资助办，全面做好组织实施工作，推动政策落地，应用“全国技工院校电子注册和统计信息管理系统”开展工作，配合进行助学资金预算，进行学籍管理，资格申报审核审批。经估算，到2013年底，7年来全国累计有近2 500万人次的技校学生享受到免学费和助学金政策。

助学政策稳定实施几年后，工作中的一些问题开始暴露出来，管理压力进一步增大，更具挑战性。为加强管理，2013年3月，职协配合人社部相关司局研究起草并由人社部、财政部办公厅联合印发了《关于加强技工院校资助管理有关工作的通知》。4月，在南宁与人社部相关司局共同组织召开了全国会，制订全年工作计划。5月，针对个别省份出现套取助学金的个案，配合司里督促查处、印发特急明电、召集全国各省（区、市）人社厅局主管厅局长及相关责任人员来京召开会议、组织开展全国专项检查。下半年，重点组织了全国专项检查排查隐患，推动各地清理重复学籍、系统升级和使用、人员培训等工作。

此外，做好全国技工院校华育奖助学金管理、发放的组织实施工作，资助金额为200万元，涉及18个省份，1 985名学生受益。

（五）积极发挥参谋助手作用。

配合人社部相关司局参与教育部职业教育规划政策的论证、企业培训学徒培训政策文件起草调研等工作，派员做好国家高技能人才培养示范基地、技能大师工作室、国家中职发展改革示范校的技术服务和咨询指导工作。配合部相关单位承担企业培训师职业资格鉴定的技术服务工作。

总体上看，协会各项工作进展顺利，专业能力得到提升，智力劳动得到有关方面认可，职协社团凝聚力大幅增强，社会影响力进一步提高。

八、中国就业促进会

2013年，中国就业促进会在人力资源社会保障部的指导下，在社会各界的大力支持下，深入贯彻落实党的十八大精神，以推动实现更高质量就业为重点，多元化、多渠道地组织开展了各项就业促进活动。

（一）开展政策理论研究。

一是围绕就业中心工作，组织召开一系列专家研讨会。主要有：就业形势分析会，就业专题研讨会，智力密集型产业、解决就业结构性矛盾、就业质量评估等课题研讨会。会议邀请各方专家，紧密围绕当前就业形势，对就业工作中的热点、难点问题进行研究论证，为政府部门制定政策提供参考。

二是围绕就业热点问题，组织开展课题研究。完成部委托课题“发展智力密集型产业和开发相关职业岗位的研究初探”、“解决就业结构矛盾与增强就业稳定性研究”。与国际劳工组织北京局合作，组织完成“就业质量评估指标体系框架研究”。与阿里巴巴集团合作，开展“网络创业就业统计和社保研究”。课题研究成果得到部领导的充分肯定，引起国务院有关部门的重视，受到国际劳工组织的好评。

三是围绕研究成果的转换和运用，举办课题报告会。向部内有关业务司局介绍“网络创业促进就业”和“发展智力密集型产业和开发相关职业岗位的研究初探”两个课题研究报告，宣传研究成果，服务行政决策。在国务院办公厅印发的关于做好2013年全国普通高等学校毕业生就业工作的通知中，采纳了课题政策建议，明确提出发挥智力密集型产业对高校毕业生就业的拉动作用和支持通过网络创业促进就业。

（二）开展就业促进项目活动。

一是完成部机关行政司局委托项目。组织实施“推进劳务品牌创新发展”世行项目，举办“推进劳务品牌创新发展研讨会”，完成《关于推进劳务品牌创新发展的研究报告》。组织编写《创业型城市创建工作指导手册》，明确创建工作的基本思路、工作方法和目标任务，更好地推动创业型城市创建工作深入开展。

二是依托各方力量，组织开展就业促进活动。继续推进大学生就业促进项目，组织开展“高校毕业生就业创业论文征集评选”活动。与吉林省政府、长春市政府共同举办“第四届中国·长春创业就业博览会”。与陕西省人社厅共同举办“2013中国·宝鸡人才招聘洽谈会暨第三届创业大赛”等。

三是依托专业委员会，开展专项就业服务活动。创业专委会举办第一届全国创业专项大赛，开发《创业公共服务工作手册》等。公共就业服务专委会举办全国高级职业指导师年会，开展公共就业服务场所功能建设创新示范试点工作。失业保险专委会围绕修订《失业保险条例》有关问题召开研讨会等。

四是与中国就业培训技术指导中心合作，开展CETTIC职业培训项目。成立素质就业办公室，进一步健全项目管理制度，强化监督服务，提升培训质量。

五是积极开拓交流合作新渠道。首次组团参加“中华职教社赴台职业教育与劳动就业学术交流团”，前往台湾地区出席“2013年劳动与就业关系学术研讨会”。通过两岸就业工作者面对面的交流，加强了相互了解和学习借鉴，开创了两岸就业工作者在社团平台的交流渠道，为进一步深化两岸交流奠定了基础。

（三）大力开展就业宣传。

一是组织参加联合国千年发展目标奖评选活动。荣获经社理事会和类似组织国际协会授予的“2013年度千年发展目标奖”，成为中国唯一获此殊荣的非政府组织，向国际社会宣传了中国近年来就业事业发展的成果和经验，展示了就促会在配合政府部门、联合社会有关方面共促就业的积极作用。

二是组织开展“实现更高质量就业大讨论”暨“推动中国就业向更高质量迈进征文”活动。积极贯彻落实党的十八大提出的推动实现更高质量就业的目标要求，引导全国就业战线的同志对什么是更高质量就业，怎样实现更高质量就业进行深入研究与探讨，共同为推动实现更高质量就业献计献策。

三是召开全国就业宣传工作座谈会。进一步明确了宣传工作的5个重点，即宣传好就业国情和就业转型，宣传好就业工作的理念和指导方针，宣传好积极的就业政策和相关措施，宣传好就业创业的典型人物和感人事迹，宣传好就业工作的新鲜经验和成功做法。

四是开展多种形式就业宣传。组织开展2013年中国就业十件大事和地方创新事件征集评选活动；组织编写《聚焦2013—2014中国就业》；配合“春风行动”，组织发行进城务工须知扑克牌。通过这些活动，宣传就业工作新亮点和新举措。

五是加强“三位一体”宣传平台建设。继续办好《中国就业》杂志、《就业工作通讯》和就促会网站，围绕重要政策活动、前沿就业理论、基层实践典型等方面，传递新信息，交流新经验。

（四）加强组织建设和会员服务管理。

一是加强对地方就促会的指导。编印《中国就业促进会社团组织工作指导手册》，总结实践经验，把握工作规律，指导地方就促会开展工作。指导安徽省、山东省就业促进会完成换届，指导内蒙古自治区和湖北省洪湖市成立就促会，支持山东省和宝鸡市等就促会开展就业促进活动。

二是进一步加强就促会的领导力量。为更好地汇聚社会各方资源，根据工作需要，增补有关副会长单位，对部分副会长、常务理事进行了调整，专家委员会增补两位同志为执行副主任。

三是加强会员管理和服务。研究制定《会费收缴管理办法》，进一步规范和加强会费的收缴管理工作；举办会员学习交流活动，围绕新形势下做好就业工作应把握的关键问题进行交流讨论，拓宽工作视野，启发工作思路，增强会员凝聚力；为会员单位提供项目对接服务、协调沟通服务，指导其开展促进就业活动。

四是加强信息交流，有序推动各项工作。组织召开全国就业促进会年会和二届四次理事会，开展专题研讨，总结工作经验，交流工作体会。定期召开工作联席会、会长办公会和秘书处工作会，及时沟通情况，推动工作开展。

九、中国医疗保险研究会

2013 年里，中国医疗保险研究会在新一届领导机构的带领下，以党的十八大精神为统领，结合党的群众路线教育实践活动，以健全全民医保体系、让人民得到更可靠的医疗保障为主题主线，以增强公平性、适应流动性、保证可持续性为中心环节，主要抓了以下四个方面的工作：

（一）进一步深入开展医疗保险理论研究和制度评估。

一是组织专家完成了 2012 年评估报告的撰写工作，并在 2013 年“两会”前报送国务院领导，李克强总理做出重要批示并转送有关部门参阅。制定了 2013 年基本医疗保险评估工作方案，确定了评估调研的重点、调研省市，完善了评估的方式方法。先后组织专家组成员赴内蒙古、吉林、辽宁、四川、陕西、天津、江西、上海、福建 9 个省（市、区）评估调研。起草了 2013 年评估报告。

二是着重对医疗保险管理体制进行深入理论研究。在国内重要媒体发表文章，编印《统筹与整合是健全全民医保的必由之路》，通过对我国医疗保险制度改革发展历史、制度的本质属性及运行规律、各地实践经验以及国际发展趋势等方面的研究，论证了基本医疗保险由社会保障部门统一管理的客观规律性和现实必要性。

三是根据人力资源社会保障部工作部署和中编办的要求，对世界各国医疗保险管理体制的现状和发展趋势进行了研究，并重点对德国等 15 个国家的医保管理体制进行了比较分析。着重从医保制度模式与管理体制、医疗保险运行规律对管理体制的要求、各国管理体制的历史变迁及发展趋势等方面，系统研究了各国在确定医保管理部门及其管理职能设置的背景和前提，并根据我国现实情况提出了建议，分别向人力资源社会保障部、中编办提交了研究报告。同时，在相关部门对医保管理体制的地方调研、征求专家意见等工作中做了相应的配合工作。

四是对建立重特大疾病保障和救助机制进行深度研究。对基本医疗保险的功能定位、基本制度与重特大病保障和救助机制的关系、基本医保制度和商业医疗保险的关系、灾难性风险及其多途径化解方式等问题进行了系统研究。针对所谓用基本医疗保险购买商业再保险解决重特大病的观点，组织专家进行了专题研究，论证了这种观点的逻辑错误，完成了研究报告。

五是分别以“重特大疾病保障机制”、“整合城乡医保”、“基本医疗保险功能定位再认识”为主题，召开2013年年会、第二届一次会长工作会和第二届一次常务理事会，对当前医疗保险涉及的重大问题和认识进行研讨。同时以“重特大疾病保障机制”为主题，开展了2013年优秀论文征集活动，共征集论文1 077篇，比2012年多104篇，增幅10.7%。

六是汇总历年研究成果，集中印发了《2007—2012年基本医疗保险评估报告汇编》、《中国医疗保险研究会研究报告汇编（2007—2012年）》、《各地医疗保险研究（学、协）会研究报告（摘要）汇编》，供广大会员学习。

（二）深入开展医疗保险技术标准的编制和实施工作。

一是进一步完善、推广实施社会保险药品分类与代码行业标准。建立了标准配套数据库及更新维护机制，按规定进行标准修订和数据库日常更新维护。启动了完善药品分类与代码行业标准及配套数据库项目。建立了与地方的信息发布和交互平台，可通过登录研究会网站定期下载更新数据、实时反馈意见。为促进标准实施，受人力资源社会保障部委托牵头开展促进社会保险药品分类与代码行业标准实施项目，召开了推广项目启动会，开展了行业标准实施情况调查，面向各地相关工作人员和技术人员进行了系统培训。

二是进一步提升全国城镇基本医疗保险参保住院患者医疗服务利用情况分析的权威性与影响力。经国家统计局批准，本项目调查内容已列入人力资源社会保障统计报表制度，成为人力资源社会保障部3个专项调查之一。数据上传实现了专网上报，安全性、规范性、稳定性有了大幅提升。完成2012年度数据统计分析，撰写了总报告和相关专题报告，提交人力资源社会保障部领导及相关司局，并送国务院医改小组成员单位参阅。完成了2013年数据抽样工作。

三是社会保险术语国家标准起草工作取得阶段性成果。医疗保险部分经进一步修改完善，召开了标准审查会，全票通过技术审查，报送至人力资源社会保障部标委会，下一步拟报送国家标准委。工伤保险部分已完成术语标准起草工作，已报经人力资源社会保障部标委会在全国范围内征求意见。生育保险部分已经启动，完成基础资料的收集、整理工作，形成了术语条目初稿。

四是启动医疗保险医疗服务自动监测体系研究项目。为全面支持医疗保险监控和管理工作，根据人力资源社会保障部医疗服务监控系统实施情况、相关标准和要求，启动了医疗保险医疗服务自动监测体系研究项目，对部监控工作进行评估，对部分重点联系城市开展实证研究，为优化监控体系，提高监控效率，完善配套政策制度提出具体意见建议。

（三）有序开展中长期研究项目。

一是受人力资源社会保障部委托，牵头完成了历时3年的完善中国特色医疗保障体系研究项目总报告以及8项子课题报告，召开了项目结题会。

二是开展职工基本医疗保险个人账户功能转化研究。完成了基本理论和国际经验研究部分，撰写了医疗保险个人账户的理论和国际经验分报告；组织赴广州、青岛进行调研；召开了职工医保个人账户功能转化地方实践研讨会。现正起草城镇职工基本医疗保险个人账户功能转化的地方经验探索分报告和不同模式的个人账户功能和基金测算分报告。

三是开展人力资源社会保障部2013年度重点研究课题——职工基本医疗保险个人账户政策完善研究，在实地调研、召开研讨会的基础上起草课题报告并报送部相关司局。

四是对中国基本医疗保险发展宏观分析的合作方案和研究构架进行了调整，组建了新的研究团队，撰写2013年医疗保险宏观分析研究报告并修改完善。

五是开展多层次解决重特大疾病医疗保障待遇政策研究，就基本医疗保险再保险问题进行专项研究，形成研究报告，并送相关部门。

六是与人力资源社会保障部国际劳动保障研究所合作开展世界主要国家和地区医疗保险改革追踪研究。通过对英、加、澳、德、美、日、新、俄、波等国家和我国台湾地区的医保改革研究，完成了相应的医疗保险改革追踪研究（2012 年度）报告。召开了典型国家最新医疗保障改革研讨会。2013 年主要研究国家为：美国、韩国、意大利、希腊、南非。

七是开展中国医疗保险支付制度政策与标准体系研究。完成项目实施方案；确定项目参与城市名单，建立项目联系人机制；召开了课题参与单位及专家组协调会；组织各项目城市的活动性研究，组织对东莞的调研和评估。

八是完成了精神分裂症患者医疗保险就医管理与支付方式研究项目和慢性肾病保障范围及医疗服务利用状况研究，分别召开了结题会。完成了社会保险管理服务标准研究——医疗和生育保险管理服务标准部分的研究报告。

九是召开了职工基本医疗保险门诊统筹政策研究项目启动会，确定了项目三年实施方案和全年工作计划，明确了课题分工与职责；分析相关文献资料，对职工医保门诊保障现状及存在的问题进行了研究。

十是受人力资源社会保障部相关司局委托，承担基本医疗保险缴费年限政策研究、基本医疗保险评估、基本医疗保险运行分析研究、城乡居民基本医疗保险参保及医疗服务利用情况调查、医疗保险城乡用药差异化研究、医疗保险药品谈判研究、医疗保险用药基础数据库建设、基本医疗保险对医疗机构准入管理政策研究、基本医疗保险对零售药店准入管理政策研究 9 个研究项目，完成了研究报告初稿。

十一是制定了海峡两岸和国际学术交流计划。完成了 ISPOR 及 HTAi 会议的投稿，其中 ISPOR 的 2 篇文章获得大会展示资格，HTAi 文章获得大会演讲资格。召开了海峡两岸医疗保险支付制度研讨会，进一步巩固了海峡两岸医疗保险学术交流平台，与台湾健康保险学会签署合作备忘录。协助人力资源社会保障部组织了两岸医疗保险管理人员交互研修班。

十二是《中国医疗保险》杂志发行量超过 8 万册，并召开了在京编委会，确定了全年重点选题和扩大发行计划。《医疗保险研究动态资讯》按期编发 24 期，召开了医疗保险信息交流专题研讨会，确定各地资讯联络员，加强各地医疗保险内部刊物协作。“中国医疗保险信息网”已完成后台开发、代码整合及综合测试，新版网站投入使用。

（四）谋划开发重大研究课题和活动项目。

一是着手启动 5 个中长期重大研究项目，与相关单位签订了合作协议，制订了项目计划并着手实施。包括医疗保险筹资调整机制研究、基本医疗保险付费总额控制办法评估、长期照护保险制度研究、城乡居民基本医疗保险制度融合研究、医疗保险慢性病门诊保障政策研究项目。

二是在前 3 年成果基础上，启动了新一阶段的促进 HTA 在医疗保险决策中的应用项目，并着手开展医疗服务评价体系研究项目。

三是受国家发改委相关司局委托，承担了全科医生试点专家指导和制定社区“服务包”清单的任务，制订了研究工作计划，对武汉、成都试点工作进行了指导。

地方人力资源和社会保障工作

北 京 市

2013年，北京市人力资源社会保障系统坚决贯彻党中央、国务院和北京市委、市政府的决策部署，以“民生为本、人才优先”为主线，以深入开展党的群众路线教育实践活动为契机，坚持稳中求进，加快制度创新，加大惠民力度，各项人社工作取得了新进展，为首都经济社会发展做出了重要贡献。

一、城乡统一的促进就业格局初步建立

坚持扩大就业规模与提升就业质量并重，统筹促进城乡各类群体就业。全市城镇新增就业42.9万人，失业人员和农村劳动力就业25.3万人，城镇登记失业率为1.21%，就业局势基本稳定。

（一）加快形成城乡统一的促进就业政策体系。

统一城乡用人单位招用岗位补贴和社保补贴政策，将全部登记失业人员和农村就业困难人员纳入享受政策范围。研究制定社会（绿色）公益性就业组织安置政策，在全市范围内推广建立就业“托底”安置制度。

（二）健全城乡均等的公共就业创业服务体系。

进一步完善人力资源市场体系，发布人力资源服务地方标准，规范公共职业介绍、职业指导和档案管理服务，推进人力资源服务机构诚信建设和区县人力资源市场整合，开展档案数字化建设。举办就业援助月、“春风行动”、民营企业招聘月、随军家属就业服务月等活动，为30万人次提供服务。全年职业指导61.6万人次，推荐19.2万人次就业。完善创业联席会议制度，推进高校毕业生创业孵化基地建设，组织创新创业成果展、青年创新创业大赛等活动，帮扶9 318人创业，带动3.5万人就业。研究制定了加强社保所建设的意见，11个区县的社保所纳入工资规范管理。

（三）强化重点群体就业帮扶。

一是全力推进高校毕业生就业。深入实施25条促进高校毕业生就业意见，继续推进大学生村官等基层就业项目，开展进校园送服务、研究生专场招聘会等活动。实施“离校未就业高校毕业生就业促进计划”，建立生源信息库和岗位需求库，开展实名制就业帮扶，重点加大对困难家庭高校毕业生就业援助力度。北京生源高校毕业生就业率达97.1%。二是完善就业困难群体长效帮扶机制。将生态涵养发展区纳入农村就业困难地区，对房山“7·21”受灾地区实施特殊帮扶，全年帮助15.8万名困难人员就业，就业特困人员全部“托底”安置。三是大力促进农村劳动力转移就业。将一产员工制企业纳入用人单位招用补贴政策范围，促进农民就近就地、稳定就业。开发绿色岗位，帮助2.1万人绿色就业，促进6.2万名农村劳动力转移就业。

（四）创新职业技能培训工作。

出台拓展失业保险功能支持企业培训的政策，在北京公交、地铁等7家企业启动试点。大力推进企业在职职工、失业人员、农村劳动力等各类人员培训，全年培训41万人。深化鉴定体系改革，出台指导意见，指导区县鉴定机构完成“退所转职”任务，职业技能鉴定24.3万人次。举办中德职业教育、中英技能

大赛项目交流，推进技工院校一体化课程改革，加强师资队伍建设，构建了市、区两级培训质量监管体制。

二、覆盖城乡全体居民的社会保障体系日益完善

加快社会保障制度城乡一体化建设，进一步增强公平性、适应流动性、保证可持续性。全市养老、医疗、失业、工伤和生育保险参保人数分别达到 1 311.3 万人、1 354.8 万人、1 025.1 万人、920.3 万人和 883.2 万人，同比平均增幅达到 4.7%以上，其中稳定就业农民工参加职工养老、医疗保险人数均达到 200 万人以上。城乡居民养老保险和城镇居民医疗保险参保人数分别达到 180.1 万人和 160.1 万人。

（一）加强统筹衔接，养老保险制度进一步健全。

将灵活就业的本市农村劳动力纳入城镇职工社会保险制度，制定外埠户籍人员延期缴费政策，建立了城乡居民养老保险与城乡低保、农村五保和优抚制度的衔接机制。

（二）坚持改革与监管并重，医保基金实现收支平衡。

深化付费制度改革，将总额预付试点医院由 33 家扩大到全市 196 家二级以上定点医疗机构，并完善资金测算、拨付和年终清算机制，提高精细化管理水平，其他 1 600 家一级及以下定点医疗机构实行总量控制管理。强化医保基金监管，加大费用审核、数据分析和监督处罚力度，控制费用不合理支出。

（三）继续加大惠民力度，社会保障水平进一步提高。

调整社保相关待遇标准，企业退休职工基本养老金、最低工资、失业保险金、工伤职工伤残津贴及城乡居民基础养老金、福利养老金标准平均增长 10%左右。制定城镇居民大病医疗保险制度，将心脏、肺移植术后抗排异治疗纳入门诊特病报销范围，对重特大疾病个人负担重的参保职工给予一次性医疗救助，提高尘肺、截瘫工伤职工住院报销标准，减轻群众医疗负担。

（四）创新服务管理机制，群众关心的突出问题得到破解。

结合开展教育实践活动，努力创造条件为群众排忧解难。针对长期以来社区医保药品报销品种较少、群众社区用药不方便的问题，深入基层调研，主动协调卫生、财政、药监等部门，扩大社区用药报销范围，新增 224 种治疗常见病、慢性病、老年病药品，全市社区可报销药品达到 1 435 种。针对养老金代发银行网点少、领取养老金排队现象普遍等问题，与银行通力协作，重新设计支付流程、改造信息系统、开展试点测试，将代发银行从 4 家增加到 14 家，服务网点增加到 3 300 多个。针对社保缴费方式单一、不够便捷等问题，将缴费网点由社保经办机构，扩大到 13 家银行的 1 000 多个对公业务网点，并开通银行批量扣款、柜台缴费和网银缴费三种方式，方便参保单位就近办理缴费手续。

（五）经办效能稳步提升，基金安全平稳运行。

在全国率先实现失业保险待遇市级统一发放。网上办理社保业务种类和数量均达到总数的 70%以上。区县社保经办机构基本完成整合升格，163 个社保所实现了经办业务下沉。进一步加强生存认证、社保稽核和社会化管理服务等工作。开展上门、异地劳动能力鉴定服务，实现鉴定结果 12333 电话和网上查询。在全国率先出台社会保险工作人员纪律规定实施细则，健全常态化监督机制，充实预警指标、完善信息系统、开展专项审计、加强业务培训，维护了社保基金安全。同时，积极研究推进做实养老保险个人账户和医保个人账户规范管理工作。

三、人才队伍建设取得积极进展

深入实施人才优先发展战略，加快创新工作机制，人才队伍不断发展壮大。目前，全市专业技术人才、高技能人才总量分别达到 187

万人和79.2万人。

（一）高层次人才培养选拔工作实现重大突破。

成功增选3名两院院士，增选人数居全国地方省市首位。启动“北京学者计划”，选拔出首批14名北京学者。发布“院市人才服务与合作计划”，建立了本市与两院的人才战略合作机制。实行博士后分级管理，出台博士后落户、档案管理等政策，增设23家博士后工作站和3家创新实践基地。启动实施知识更新工程，培训高层次、急需紧缺和骨干专业技术人才3万余人，建立首批5家市级继续教育基地。

（二）人才引进力度持续加大。

完善人才引进公开招聘制度，建立专家评审论证机制。探索整合留学人员创业政策，加大对留学人员、留创企业的资助力度。全年引进高端、紧缺、急需人才2 650人。

（三）职称制度改革深入推进。

将高端领军人才职称评审直通车制度扩大到中关村“一区十六园”，目前已有180人获得高级职称。完成中小学教师职称制度改革试点，768人晋升高级教师。建立民营医院医务人员职称评审制度，覆盖3 000余家医院4万余人。稳步推进人事考试公共服务体系建设，实现人事考试和技能鉴定信息系统上线试运行，圆满组织完成247项92万人次的各类考试。

（四）外国专家政策服务体系初步形成。

制定引进和服务外国专家办法、外籍人员分类办法等制度，探索为外国专家提供医疗保障、子女就学等便捷服务。拓展国际交流平台，启动中美工程技术研讨会、中德合作项目、跨国技术转移大会筹备工作，执行引智项目163个，投入经费近3 200万元。落实“外专千人计划”，入选专家22人。严格控制因公出国（境）培训规模，开展高端外国专家“请进来”培训试点，大力促进成果转化应用。

（五）高技能人才队伍建设取得新成绩。

进一步提高技师、高级技师培训补贴标准，将补贴范围扩大到98个职业（工种）。对192名新获准享受政府特殊津贴人员以及有突出贡献的高技能人才进行表彰。新增3家国家高技能人才培训基地、6家公共实训示范基地和29家首席技师工作室，职业培训支撑体系进一步完善。

四、人事制度改革迈出新步伐

（一）公务员制度和队伍建设扎实推进。

全年新录用公务员6 369人，提前启动2014年公务员考录工作，扩大区县机关招录应届毕业生比例，适当放宽生态涵养区部分职位招考条件，吸引更多优秀人才报考。进一步完善公开遴选制度，开展聘任制公务员和岗位职责规范试点。出台加强公务员职业道德建设的意见。通过从严审批、开展专项检查等措施，规范全市评比达标表彰活动。抓好公务员“四类培训”，实现在线学习全覆盖，培训11.4万人次。顺义区人力社保局荣获了全国“人民满意的公务员集体”称号。

（二）事业单位人事制度改革进一步深化。

稳步开展事业单位公开招聘工作，4 806家单位招聘3万人。出台事业单位工作人员分类考核办法并开展首批试点。

五、劳动关系保持和谐稳定

（一）完善劳动关系协调机制。

新建丰台、通州区等6家实体化仲裁机构，90%的街乡、16家商会和行业协会建立劳动争议调解组织。323个街乡实现监察“网格化”，9个区县实现“网络化”管理。12333热线外包服务运行管理新体制基本建立，实现每天24小时人工服务，接通率达到80%以上。完善“五位一体”企业工资宏观调控体系，扩大工资集体协商覆盖范围。平稳推进劳务派遣行政许可，开展和谐劳动关系创建活动，强化对裁员企业的监控指导，加大信访维稳力度，营造了和谐稳定的社会环境。

（二）畅通群众维权和诉求表达渠道。

各类企业劳动合同签订率达到95%，城

镇职工劳动合同续订率达到 89.2%。全年查处违法案件 1.4 万件，与住建委首次对重点在建项目开展联合执法检查，处置农民工群体讨薪事件 5 665 起，为农民工追发工资 3.2 亿元，实现“无拖欠工资”目标。受理争议案件 6.5 万件、信访 3.7 万件、电话咨询 102.5 万件。

六、作风建设取得积极成效

北京市人力资源社会保障局严格落实中央和北京市委要求，聚焦“四风”，深入开展党的群众路线教育实践活动。尤其是突出民生部门特点，解决了一批群众反映的突出问题，密切了与群众的血肉联系，有力地带动全系统推进党风廉政建设和“两规范一提高”试点活动，促进了作风转变和干部队伍素质提升。通过开展“先进事迹巡回报告”和“行风建设成果展”等活动，在全系统形成了“学有榜样，赶有目标”的良好氛围。同时，人社法制、政务运转、规划统计、信息系统建设、宣传、调研科研、财务管理、后勤服务、老干部等工作保障有力。退休职工及干部休养、劳动保障职业学院建设、对口支援等工作，取得了新成效。

北京市人力资源和社会保障局

天　津　市

2013年，天津市人力资源社会保障工作全面落实习近平总书记考察天津、特别是考察中国（天津）人力资源发展促进中心和职业技能公共实训中心时的讲话精神，按照市委、市政府的决策部署和人力资源社会保障部的要求，坚持“民生为本、人才优先”工作主线，服务大局谋发展，联系群众惠民生，创新管理促和谐，各项目标任务圆满完成。

一、稳定和扩大就业取得新成效

全年新增就业48.6万人，城镇登记失业率保持在3.6%以内。在新增就业人员中，单位就业占89.7%，第三产业占53.8%，就业结构进一步优化，稳定性显著增强。

（一）积极推进全民创业。

完善优化鼓励创业的体制机制，大力促进全民创业。完善小额担保贷款政策，将所有城乡创业者全部纳入小额担保贷款范围；最高贷款限额由原来的10万元调整到30万元；优化小额担保贷款管理机制，将担保基金和担保机构全部纳入人社部门管理。积极开展创业能力测评和创业培训，在30多所高校为1.8万名毕业生开展创业能力测评，组织4.3万人参加创业培训。

（二）缓解高校毕业生就业压力。

制定实施一系列帮扶高校毕业生特别是困难家庭毕业生就业政策措施，应届高校毕业生就业率达92%。大力开展就业见习，见习基地发展到1 860家，4.5万名高校毕业生参加见习，见习就业率达95.6%。鼓励小微企业吸纳高校毕业生就业，给予岗位、社保、培训补贴。组织开展网络招聘月、民营企业招聘周、就业服务月等系列服务活动，举办招聘会318场。对困难家庭高校毕业生实施就业援助活动，向193名困难家庭高校毕业生发放求职补贴57.9万元。

（三）扎实推进职业技能培训。

实施百万技能人才培训计划，全年开展各类职业培训109.7万人次。24.3万人参加职业技能鉴定，23.5万人取得国家职业资格证书，其中高技能人才7万人。加快职业培训包开发和推广应用，累计开发145个职业，622个培训包。对农村富余劳动力参加培训给予培训费和鉴定费补贴，共培训农村劳动力12万人。积极鼓励高校毕业生参加技能培训，对高校毕业生参加培训的，给予定额培训费补贴和100%的技能鉴定费补贴。

（四）有效缓解企业用工难题。

针对部分企业缺工难题，坚持盯大户、保重点，积极服务企业用工，促进经济发展。加强企业用工动态监测，对重点企业、用工大户实行每月双报制度，组织全市中介机构举办100多场定向招聘会，促进供需对接。加强劳务对接和校企对接，赴山东、河北、内蒙古等7省市开展劳务对接活动。累计为32户缺工企业提供人力资源7.2万人，招工难问题得到有效缓解。

（五）困难群体就业得到有效帮扶。

按照制度化、精细化、长效化的要求，帮扶困难群体就业。通过开发公益岗位托底安置，鼓励灵活就业，落实岗位补贴、社保补贴，帮扶3.9万名就业困难人员实现就业。继续保持“零就业”家庭动态为零，其他困难群体安置率达到86%以上。就业局势保持基本稳定。

二、社会保障能力显著提升

截至2013年末，基本养老保险参保627.1万人（城乡居民养老保障106.4万人，城镇职工养老保险520.7万人），医疗保险参保1 001.5万人（城乡居民基本医疗保险508.4万人，城镇企业职工基本医疗保险493.1万人），工伤、失业、生育保险参保人数分别达到335.1万人、278.7万人、757.6万人。职工5项社会保险基金总收入696.3亿元，增长11.4%；其中养老保险基金收入466亿元，增长10.8%。

（一）积极完善统筹城乡的社会保险制度。

出台促进农籍职工参加社会保险政策措施，推动广大农籍职工参保缴费。完善居民养老保险制度，建立个人缴费与政府补贴挂钩激励机制，按照居民所选缴费档次分别给予补贴。出台调整完善医疗保险政策减轻困难家庭医疗负担的意见，提高居民医保报销水平，提高困难居民参保报销档次，解决困难群体因病致贫、因病返贫问题。建立实施城乡居民生育保险制度，个人缴费由政府全额补助，参保人员可以享受产前检查费、生育医疗费和计划生育手术费。

（二）社会保险待遇水平进一步提高。

连续第9年提高企业退休人员养老金，月人均养老金达到2 085元；城乡居民基础养老金由每人每月180元调整为200元。居民医保政府补助标准由每人每年300元提高到420元。提高了1～4级职工伤残津贴、一次性工亡补助金、供养亲属抚恤金、生活护理费等8项工伤保险待遇。落实医疗救助政策，会同民政部门扩大了医疗救助范围，提高了医疗救助对象和优抚对象的保障水平。

（三）社会保险管理服务水平不断提升。

深化医保付费方式改革，在南开区三潭医院试行糖尿病门特按人头付费。调整糖尿病门特登记政策，取消鉴定登记后两年期满重新登记的程序；开展糖尿病门特患者用药便民服务试点。建立工伤认定及医疗费用结算快速办理机制，启动工伤医疗实时监控系统，管理服务更加高效便捷。社会保障卡办卡周期由45天缩短到即时发卡。简化城镇企业职工退休办理程序。实现急诊就医24小时刷卡结算。

三、高层次人才队伍建设深入推进

深入落实中长期人才发展规划，充分发挥政府人才工作综合管理部门职能，抓好人才引进、培养和服务，切实为建设美丽天津聚集高层次人才。

（一）高层次人才聚集成效显著。

全面完成用3年时间引进千名以上高层次人才计划，成功举办第九届“津洽会”人才智力引进活动和海外人才网上交流洽谈会，积极开展借重首都人才资源工作。全年引进海内外高层次人才5 700人，留学回国人员达到2.2万人，新增留学回国人员企业120家。实施引智项目589项，外国专家来津开展项目合作达到1.9万人次。

（二）自主培养力度进一步加大。

深入实施“131”创新型人才培养工程等人才培养项目，选拔确定115名第一层次人选、12名“国家特支计划”百千万人才工程推荐人选，新增享受国务院特殊津贴专家74名。大力发展博士后事业，新增博士后工作站26家，流动站、工作站总数达到254家。选派30名优秀博士后赴外培训或开展合作研究，遴选32个项目予以重点资助。实施引智项目589项，其中出国（境）培训项目91项，派遣1 658位管理和技术骨干赴国（境）外培训。新入选国家“千人计划”8人，总数达88人，新入选天津“千人计划”57人，总数达289人。

（三）人才服务水平进一步提高。

连续第6年开展人才服务月活动，全系统广泛参与，面向各类人才和广大企业，提供全方位人才服务。调整优化引进人才“一站式”

服务中心职能，实现面向全体人才、全部服务事项的集中办理。加强服务专员队伍建设，队伍规模扩大到3 000人。积极开展专家服务基层活动，组织开展技术咨询70余场，破解关键难题30多个。推广引智成果127项。推动引智成果申报自主知识产权201项。

四、机关事业单位人事管理进一步加强

出台公务员录用监督工作实施细则，公务员考录管理工作进一步强化。加大从具有农村和社区工作经历大学生中录用公务员、事业单位工作人员的力度，全年招录公务员2 318名，事业单位招聘工作人员11 337名，组织17个市级机关面向基层公开遴选公务员56名。公务员平时考核制度在行政机关全面实施，竞争上岗在各区县和75%的市级机关深入开展。出台改进行政机关和公务员作风八项措施，完成公务员职业道德轮训，开展四类规范化培训，全市组织公务员培训10万人次。组织“第四届天津市人民满意公务员”个人及集体评选活动，表彰了30名个人和15个集体；2名个人和2个单位荣获第八届全国人民满意的公务员和公务员集体。新聘请30名人大代表、政协委员担任公务员依法行政特邀监督员。印发进一步深化事业单位人事制度改革的实施意见，完善了分类推进事业单位改革的配套措施。全面实施事业单位绩效工资制度。加快事业单位职称制度改革，在滨海新区开展深化中小学教师职称制度改革试点。

五、职工群众收入保持较快增长

全面落实市委、市政府增加群众收入的19条措施，千方百计增加群众收入。最低工资标准由每月1 310元提高到1 500元；防暑降温费、中夜班津贴等福利待遇与社平工资联动调整，增幅10%；试行企业高温补贴制度；颁布企业工资指导线，在建筑业等6个行业发布行业工资指导线。大力推进工资集体协商，发布2013年工资集体协商指导信息手册，全市建立工资集体协商制度企业达到6.1万多户，覆盖职工200万人。开展企业薪酬调查工作，引导企业合理确定工资水平；深入1 019户收入水平较低的企业进行调研督导，促进一线职工增收。2013年，城市居民人均可支配收入达32 658元，同比增长10.2%。

六、劳动关系保持和谐稳定

出台贯彻落实劳动合同法若干问题的规定，深入开展“春暖行动”和劳动合同签订专项行动，劳动合同管理更加规范。滨海新区构建和谐劳动关系综合试验区建设取得阶段性进展，在责任激励、劳动用工、监测预警、权益保障和应急处置五大机制上实现突破。继续开展劳动关系和谐企业创建活动，劳动关系和谐企业达到8 186家。建立242名的基层劳动关系协调员队伍，形成了市、区、街三级劳动关系协调网络。各区县普遍建立劳动人事争议仲裁院。劳动人事仲裁立案12 352件，时效内结案率100%。劳动监察查处违法案件5 074件，补签劳动合同47 309件，补发拖欠劳动者工资1.25亿元，有效维护了劳动者合法权益。

天津市人力资源和社会保障局

河　北　省

2013年，河北省人力资源社会保障厅认真落实省委、省政府的决策部署，深入开展党的群众路线教育实践活动和“解放思想、改革开放、创新驱动、科学发展”大讨论活动；坚持着眼大局服务发展，心系群众服务民生，创新工作组织推动方式，谋划实施就业质量提升、社保扩面提质、两高人才建设、人事考评录聘阳光、工资收入助增、劳动关系和谐创争“六项工程”，强化改革发展系统性、协调性；在全系统开展“效能提升年”活动，规范审批流程，完善体制机制，推动提质提效，推动全省人社事业新进展，圆满完成各项年度目标任务。

一、突出重点统筹推进，就业局势保持总体稳定

以实施就业质量提升工程为重点，加强就业政策和服务体系建设，不断扩大就业规模，提升就业质量。

（一）积极的就业政策进一步完善。

出台《关于进一步做好普通高等学校毕业生就业创业工作的实施意见》等配套文件，在鼓励企业吸纳就业、引导自主创业、技能培训、提高补贴标准等方面，提出了12条力度很大的新政策，对促进以高校毕业生为主体的青年群体就业发挥了积极作用。

（二）就业服务实现新突破。

拓展和延伸高校毕业生就业服务链条，“就业创业服务进校园”、“高校毕业生就业服务月”以及“河北省毕业生就业市场”、“高校毕业生就业招聘攻坚行动”等各类促进高校毕业生就业的活动形成了批次效应。优化高校毕业生就业工作流程，开发启动高校毕业生就业服务系统，高校毕业生就业报到证实现了网上统一审核、学校自主核发、一次性办结。实施离校未就业高校毕业生就业促进计划，将有就业意愿的应届高校未就业毕业生全部纳入扶持范围，实行省市联动、实名管理，给予“一对一”跟踪服务。组织开展就业援助月、春风行动等活动，促进农村劳动力转移就业，城镇零就业家庭始终保持动态为零。与联通公司合作，开发建成114电话求职通系统，劳动者可通过电话或短信方式，随时随地获取与自己需求相匹配的岗位信息。

（三）就业局势总体稳定。

全年新增城镇就业72.3万人，完成目标任务的103.3%。三大重点群体就业态势良好，高校毕业生就业率达到87.5%。农村劳动力转移就业人数达到1 689.9万人，全年新增53万人，完成目标任务的106%。城镇失业人员再就业26.5万人，其中就业困难人员实现就业9.8万人，分别完成目标任务的120.5%和122.9%。城镇登记失业率3.7%，继续保持在较低水平。全省共消除零就业家庭725户，零就业家庭继续保持动态为零。

二、加快社会保险制度建设，保障能力和管理服务水平大幅提升

着力完善社保政策，规范经办管理服务，大力实施社保扩面提质工程，促进了各项社会保障扩面和基金稳定增长。

（一）政策制度更加完善。

积极解决历史遗留问题人员参加职工养老

保险问题，对参保补费政策进行规范，将农村老放映员纳入居民养老保险。将医疗保险扩面、调待等工作列入地方政府医改考核指标，明确了地方政府责任。职工医疗保险设区市统筹全部实质性运转。出台促进小微企业优先参加工伤保险的办法，对小微企业在参保登记、缴纳保费和欠费补缴等方面给予政策扶持。《河北省工伤保险省级统筹实施意见（试行）》经省政府批准印发，从2014年1月1日起工伤保险基金省统筹开始运转。

（二）待遇水平稳步提高。

企业退休人员基本养老金达到月人均1 916元，继续保持略高于全国平均水平。失业保险金月人均720元。城镇基本医疗保险政策范围内统筹基金最高支付限额分别达到当地职工年均工资和当地居民人均可支配收入的6倍以上，且均不低于6万元，政策范围内住院报销比例分别达到80%和70%左右。在石家庄、唐山两市实施城镇居民大病保险试点工作，其中石家庄市已开始运行。

（三）基金监管和经办服务明显加强。

对城乡居民社会养老保险基金进行专项检查。组织开展了养老、工伤和失业保险费征缴稽核工作。研究制定了企业职工基本养老保险、失业保险经办规程，明确了城乡居民社会养老保险经办管理服务的标准。工伤康复费用实现了联网直接结算，医疗保险特殊检查、特殊治疗审批由参保人到省医保中心审批调整为就近到定点医疗机构审批，省本级参保人员就医，不再使用统一的《省直医保门诊病历本》。全省首批标准化社会保障卡服务网点建成运行，全年发放社会保障卡1 100万张，全省持卡人数达到3 060万人。

全年全省城镇职工基本养老、城镇基本医疗、工伤、失业、生育保险参保人数分别达到1 194.6万人、1 674.5万人、737万人、503.9万人、667.6万人，分别比年初增加69万人、30.1万人、42.2万人、2.2万人、32.8万人，分别完成目标任务的138.1%、301.4%、105%、110%、364.8%。五项社保基金征缴收入达到1 019.3亿元，同比增长10.8%。城乡居民社会养老保险参保率达到97.4%，高于既定目标7.4个百分点。

三、创新人才开发机制，“两高”人才队伍建设取得新突破

以实施“两高”人才建设工程为重点，统筹推进各类人才队伍建设，提升人才智力支撑能力。

（一）人才选拔培养工作进一步加强。

新选拔省“三三三人才工程”人选151名，第四批“百人计划”人选15名，4人入选“国家千人计划”，10人入围“国家特支计划”，84名优秀专家出国培训。6个国家级专业技术人才高级研修项目、3个高技能人才培训基地项目和6个技能大师工作室建设项目获国家批准，10个博士后科研工作站和2个博士后科研工作站分站经批准设立。新增22家博士后创新实践基地，评选产生了14个省级高技能人才培训基地和16个省级技能大师工作室。

（二）人才评价激励机制进一步完善。

修订河北省中青年专家选拔管理办法。完善职称评审制度，做到了申报、评审、聘用“三公开”，实行封闭式资格审查，普遍推行了面试答辩，确保了公平公正。对非公有制企业专业技术人员职称申报给予政策倾斜，符合相应等次条件的可“一步到位”申报。在全省推广使用了职业技能鉴定智能化考务平台，统一了考务管理。组织2013年职业技能大赛，集中开展了23项竞赛活动，涉及工种185个，参赛人数达到10万多人，选拔出1 200多名高技能人才。从2013年起每两年评选一次“突出贡献技师”，在工作津贴、医疗保险等方面享受“省突出贡献专家”待遇。

（三）人才智力引进取得新进展。

深入开展引智项目征集活动，引进外国专家1万余人次，其中引进高层次外国专家150名，1名入围国家“外专千人计划”。举办第三届河北省沿海经济隆起带高级人才洽谈会和

第四届中国河北海内外高层次人才洽谈会，达成合作意向3 500多个。建立紧缺人才需求信息登记发布制度，首次在北京大学召开河北省高层次人才需求信息发布会，组织56家重点企业与1 500多名硕士、博士等高层次人才对接，达成人才引进意向620个。开发建成紧缺专门人才需求信息统计系统和信息发布平台，建立了省紧缺专门人才动态目录管理制度。

四、着力打造阳光品牌，人事管理规范化程度进一步提高

以实施考试录聘阳光工程为重点，统筹做好职位设置、公开遴选、培训监督、岗位管理等工作，加强干部人事制度改革，提升科学管理水平。

（一）公务员考试录用工作取得新突破。

提高国家级、省级扶贫开发工作重点县和民族自治县乡镇机关从本地户籍人员招录比例，允许生源少的接壤周边县户籍人员报考，同时合理制定职位设置规范，在一定程度上解决了基层机关"招得来、留不住"的问题。坚持公务员招录政策、程序、结果"三公开"，面试过程全程视频监控，邀请纪检部门、新闻媒体和人大代表、政协委员全面监督，有效提升了公务员考录的公信力。在曹妃甸区和渤海新区启动公务员聘任制试点工作。

（二）事业单位公开招聘进一步规范。

招聘方案、岗位条件实现了网上核准备案，招聘政策、招聘公告、拟聘名单全部在网上进行公示，事业单位公开招聘的透明度进一步增强。建成河北省事业单位人事信息管理系统，省直事业单位岗位管理、年度考核和岗位统计全部实现了信息化。全面推行事业单位聘用合同管理，全省43 665个事业单位全部实行了聘用制度，签订聘用合同的工作人员比例达到91.1%。

（三）军转干部安置各项工作圆满完成。

进一步完善军转安置政策，1 706名军转干部得到妥善安置。会同省财政制定出台调整提高企业退休军转干部生活补助标准的意见。积极搭建自主择业军转干部就业创业服务平台，筹划建立104家自主择业军队转业干部就业基地。

五、积极推进工资收入分配制度改革，工资增长机制逐步健全

以实施收入助增工程为重点，加强引导调控和统筹协调，加快建立工资正常增长机制，引导提高职工工资收入水平。

（一）推进企业工资共决机制建设。

扩大工资集体协商覆盖面，全省签订工资专项集体合同的企业达到13.8万家，覆盖职工804万人。积极引导企业按工资指导线为职工增加工资，对落实好的企业给予政策支持。在全省普遍建立了企业薪酬调查制度，发布了2013年全省劳动力市场价位和企业职工工资参考标准。

（二）推动出台规范市县津补贴和提标工作意见。

鼓励经济状况好的市县适当提高公务员津补贴水平和事业单位绩效工资总量，修订事业单位绩效工资实施办法。

（三）加大防范处置拖欠工资力度。

以清理拖欠农民工工资为重点，推动清欠机制完善。全省共查处欠薪案件5 872件，为20.2万名劳动者追加工资5.1亿元。

六、主动维护劳动者合法权益，和谐劳动关系深入发展

以实施劳动关系和谐创争工程为重点，加大劳动关系协调工作力度，努力营造职工争先进、企业创和谐的浓厚氛围。

（一）劳动关系基础工作得到加强。

配合省总工会推动的《河北省农民工权益保障条例》，已经省人大常委会审议通过并正式施行。联合开展劳动合同和集体合同签订工作专项行动，全省劳动合同签订率和集体合同签订率分别达到96%和80%。深入开展和谐劳动关系"六项"创建活动，拓展和谐劳动关系创建的覆盖面。

（二）争议仲裁调解工作机制进一步完善。

健全快立快审快裁机制，妥善处理劳动人事争议案件，全省劳动人事争议处理机构共受理劳动人事争议调解仲裁案件2.3万件，结案率达到93%。

（三）劳动保障监察制度建设取得新突破。

配合有关部门出台《关于建立解决建设领域拖欠农民工工资问题长效机制的意见》，进一步明确欠薪主体责任，加强行政执法和公检法等部门联动。规范劳动保障监察执法，制定行政处罚自由裁量权细化标准和适用规则、重大案件督办查处办法。集中开展农民工工资支付、清理整顿人力资源市场秩序和遵守劳动用工和社会保障法律法规专项执法检查活动，全省各级劳动监察机构主动检查用人单位6.4万户，督促补签劳动合同40.8万人，督促用人单位为33.9万名劳动者缴纳社会保险费1.9亿元。

七、转变管理方式，工作效能全面提升

着眼于工作提质提效，从群众的需求出发，以“效能提升年”活动为抓手，清理规范审批事项，优化再造业务流程，改进提升窗口服务，健全夯实基层基础，服务效能明显提升。

（一）行政审批制度改革进一步深化。

大力推进简政放权，对全厅“三类事项”进行全面清理，集中取消了一批行政审批事项。全面清理规范优化服务事项工作流程。对实施的行政审批和管理服务事项逐项列表对照，组织服务对象、基层经办人员、人大代表、政协委员、专家学者五方面代表，对所有审批服务事项的合法性、必要性、办理依据、流程标准等逐一论证质询，合并取消25项，减少前置条件和优化流程39项，30项办理时限平均减半。调整近600平方米办公场所，建设厅政务服务中心，将94项行政审批和管理服务事项纳入政务服务中心运行，实现了“一门受理、充分授权、集中办理、限时办结”，即时办结率达到95%以上。落实省直管县体制改革试点对接工作，将法律法规由设区市人社部门行使的行政管理权全部下放到定州和辛集两个省直管县，确保了上下衔接、高效运转。

（二）机关建设进一步加强。

完善厅党组工作规则和厅工作规则，健全落实党组中心组理论学习制度、民主生活会和谈心谈话制度。进一步完善调查研究制度，集中开展专题调研，广泛征求基层和服务对象意见建议，狠抓整改提高，各级领导班子决策水平和执政能力明显提升。着力深化标准化管理，修订机关标准化质量体系文件，完善和优化管理制度和工作流程，顺利通过第三方年度审核。开通OA自动化办公系统，公文批办、流转、办理、通知等业务全部网上运转。

（三）基层基础工作进一步夯实。

进一步规范基层服务平台建设标准，开展县级标准化服务中心和乡镇平台以奖代补工作，基层服务平台信息化程度和综合服务能力明显提升，基本实现了省县乡服务平台互联互通。争取15个县（市、区）列入国家基层公共服务试点，省财政首次安排专项资金2 000万元，对33个县191个乡镇服务平台建设给予补贴。信息化建设全面推进，编制完成了金保二期工程建设规划，明确系统信息化建设的总体框架和布局。开发推行统一的就业失业登记、企业职工养老保险省级统筹、人事管理等业务系统，网上人事、网上社保等公共服务信息系统。积极开展创建优质服务窗口活动，有13个优质服务窗口推荐上报人社部，46个被评为省级优质服务窗口。建立健全层级负责、承诺践诺、听证质询、督查督办等制度，组织开展阳光热线、阳光理政、下基层送服务等活动，群众满意度明显提升。

河北省人力资源和社会保障厅

山 西 省

2013年，山西省人力资源社会保障系统按照年初确定的在提高就业质量、提高社会保障水平、提高收入水平上要有新举措，在人事制度改革和人才体制机制创新上要有新进展，在构建和谐劳动关系上要有新成效的部署，开拓进取，扎实工作，各项任务圆满完成。

一、实施三大民生若干新举措，就业质量、社保水平、收入水平均有新提高

一是实施“就业16条”，着力提高就业水平。突出抓高校毕业生就业，发挥市场就业决定性作用，积极开发就业岗位，密集组织举办针对高校毕业生的公共就业服务进校园、就业服务月、网络招聘周、中小微企业金秋招聘会、山西太原人才智力交流大会等活动，推进国有企业公开招聘工作，加大就业见习规模，落实实名制跟踪服务，17.6万名应届高校毕业生实现就业，就业率91%，超过2012年水平。创业型城市创建活动深入开展，推广晋城创建经验，创业孵化基地覆盖80%的县，新增个体工商户10.3万户，带动就业30余万人，全省创业就业12.9万人，完成计划的129%。30个农村劳动力转移就业示范县创建工作扎实有效，转移农村劳动力37万人。大力开展就业技能培训、岗位技能提升培训和创业培训，各类职业培训93万人次，就业质量有新提升。各级公共就业服务机构组织各类招聘活动1 190场次，提供岗位90余万个。坚持开展“就业援助月”专项活动，帮助4.1万名就业困难人员实现就业。全年城镇新增就业51.5万人，完成计划的103%，城镇登记失业率3.3%，控制在4.2%的计划目标内。

二是实施“增收15条”，着力提高居民收入。加强部门协调、实地督查和劳动监察执法，对11个市城乡居民增收情况进行排名通报，多措并举促进居民增收。提高最低工资标准、发布企业工资指导线、提高一线工人高温津贴和煤矿井下艰苦岗位津贴、督促县区兑现机关津补贴和事业单位绩效工资、提高各项社保待遇水平、落实全省机关事业单位带薪年休假制度、提高全省机关企事业单位冬季取暖补贴标准以及为企业退休志愿军老战士和新中国成立前参加革命工作老工人增发生活和医疗补助等增收措施基本上得到落实，全年城镇居民人均可支配收入达到22 453元，增长10%。

三是创新社保管理服务方式，着力提高服务水平。推行五项社会保险费一票征缴、一站式服务，大同、朔州、晋中、晋城、临汾、运城等市已经取得实质性进展。全年城镇职工基本养老、城镇基本医疗、失业、工伤、生育保险参保人数分别达667万人、1 079万人、400万人、541万人、443万人，分别完成全年任务的100.1%、101.3%、100%、101.2%、100%，五项社会保险参保率分别为99%、98.1%、98.2%、96.2%、95.7%，全部超额完成目标任务。全省城镇基本养老保险、新型农村社会养老保险、城镇职工基本医疗保险、失业保险、工伤保险、生育保险基金征缴收入分别达到491.21亿元、16.18亿元、157.08亿元、31.23亿元、28.2亿元、7.85亿元，总额比2012年度增长12%。积极推进新农保和城居保合并实施工作，46个市县实行了统

一的城乡居民养老保险制度。太原、大同、朔州、忻州、晋中、晋城、临汾、运城8个市实现了医保异地就医和即时结算。社保卡应用工作全面展开，省市两级数据中心和覆盖城乡的社保信息专网启动运行，制发社保卡达到2 100万张，服务终端覆盖了80%的县，晋城市实现了城乡居民养老保险数字化管理，朔州市实现了社保卡服务网点全覆盖。推行社保基金非现场监督，基金安全完整。

二、推进两项改革，人才人事体制机制创新有新进展

积极实施四大人才工程，坚持高端引领，国家“百千万人才工程”人选、三晋学者、省级学术技术带头人、新兴产业领军人才、三晋技术能手、省特贴高级技师等两高人才选拔培养工作成效显著。柔性引进院士15人，引进博士300人、外国专家700人。新建院士工作站14个，新设博士后科研工作站4个。实施“千人百县”高层次人才服务基层计划，1 145名专家走向基层，为县域经济发展助力。7所高级技校晋升为技师学院，高技能人才培训基地和技能大师工作室建设有新发展。开展“引智工作三晋行”活动，入选“外专百人计划”9人，建立国家级、省级引智示范推广基地18个。2013年新增高层次专技人才8 228人、高技能人才6.4万人。全省创业培训人数4.08万人，城镇失业人员再就业培训18.69万人，技能人才培养（技能鉴定）33.66万人，农村劳动力技能就业培训23.82万人，新成长劳动力培训12.68万人，新增高技能人才人数6.41万人。积极推进人事制度改革，开展贫困地区基层公务员定向招录工作，推进公开遴选和聘用制公务员试点工作，公务员分类管理、考核奖励、教育培训等工作都取得新成效，3名个人、2个集体被授予全国“人民满意的公务员（集体）”称号。全面推行各级各类事业单位新进人员公开招聘制度，修订了专业技术岗位结构比例控制标准，事业单位公开招聘、人员聘用、岗位管理、绩效工资等四项制度全面入轨，事业单位聘用合同签订率达到99.3%。落实“四公开两统一监督”办法，顺利完成651名军转干部安置任务，安置工作公平公正。坚持源头治理、动态管理，企业军转干部保持稳定。

三、开展党的群众路线教育实践活动，作风改进和服务能力取得新成效

坚决落实中央八项规定和省委四个实施办法，切实转变工作作风，密切联系群众，积极开展治理吃喝不正之风、清理办公用房、清理违规用车、清理会员卡四项工作，坚持依法行政，规范权力运行监督。着力优化窗口服务，创新活动载体，在全系统部署开展“服务提升年”活动，突出“转作风、强服务、办实事、惠民生”特色主题，规范建设和服务标准，10类优质服务窗口创建活动深入开展。编印《应知应会600题》，分级培训人社干部。省社会保险局和省医疗保险管理服务中心启用了电子叫号排队等候系统、自助查询服务和电子信息显示屏，实行综合柜员制，服务质量和效率明显提升。切实维护劳动者合法权益，劳动用工实现动态监管，劳务派遣用工管理进一步加强，企业集体合同覆盖率、劳动合同签订率保持较高水平，全省企业劳动合同签订率达到98.6%，企业集体合同签订率达到94.7%。劳动保障监察“两网化”管理地级城市覆盖率达到81.8%，“两网化”建设更趋规范。治理欠薪工作机制进一步健全，专项执法检查常态化，为劳动者追发工资、督缴社保费等7.6亿元，劳动保障监察投诉案件结案率达到99.82%。积极开展矛盾排查，化解信访积案，劳动人事争议调解仲裁扎实有效，结案率达到90.56%。

山西省人力资源和社会保障厅

内蒙古自治区

2013年，内蒙古自治区人力资源和社会保障系统在人力资源社会保障部及自治区党委、政府的领导下，认真落实自治区“8337”发展思路，坚持“民生为本、人才优先”的工作主线，开拓进取、改革创新，人力资源和社会保障工作取得了明显成效。

一、就业局势保持总体稳定

全区强化统筹协调，认真落实“六个结合”的要求，创业就业工程取得明显成效，实现新增就业27.1万人，失业人员再就业8.6万人，城镇登记失业率为3.66%，低于4%的控制目标。一是着力完善落实就业创业政策。自治区出台了实施创业就业工程意见，制定了促进高校毕业生就业的意见，出台了促进就业三年行动计划等一系列配套政策措施，构建了比较完备的政策体系。“六个结合”的工作模式，被中国就业促进会评为2013年地方就业创新十大事件之一。二是重点群体就业成效明显。坚持把促进高校毕业生就业作为就业工作的重中之重，大力实施离校未就业高校毕业生就业促进计划，开展了大学生创业宣讲活动，举办了全区首届大学生创业大赛，鼓励引导高校毕业生面向基层就业创业，全区共有14万名高校毕业生实现就业或落实就业去向。多渠道促进农村牧区富余劳动力转移就业，农村牧区劳动力转移就业259.3万人。安置就业困难人员6.7万人，帮助1 233户零就业家庭中的1 277人就业，保持了“动态归零”。三是职业技能培训得到加强。围绕自治区“五大基地”建设和发展特色产业，培育和打造出一批特色技能培训品牌，全区城乡技能培训28.8万人，职业技能鉴定23.3万人。推进职业技能公共实训基地建设，落实奖补资金5 550万元，各地申报自治区级、盟市级标准化和示范性公共实训基地45个。四是创业带动就业成效显著。强化创业服务，加强创业园区、创业孵化基地建设，落实奖补资金4 950万元，各盟市申报自治区级、盟市级标准化和示范性创业园区、孵化基地44个。全区投入创业发展资金4.1亿元，累计发放小额担保贷款31.4亿元，创业培训5.8万人，培训后创业成功4.4万人，带动就业15.4万人。五是积极推动家庭服务业发展促进就业。扶持家庭服务企业发展，落实奖补资金800万元，推进区域性公益信息服务平台建设，对包头瑞洁、乌兰察布乌兰美、呼和浩特仁和等带动就业成效明显的典型企业进行了重点支持，打造了兴安月嫂等一批家政服务品牌。实施家庭服务特别培训计划，培训家政服务业从业人员2.8万人。六是公共就业服务能力得到明显提升。推进基层公共服务平台建设，全区已有51个旗县、204个苏木乡镇纳入全国试点范围。全面实施就业服务实名制管理，内蒙古自治区就业信息监测工作连续10个月位居全国第一。打造公共就业服务示范平台，创建了6个充分就业旗县区和5个自治区级充分就业星级社区。启动了“万人培训项目”，培训基层公共就业服务平台工作人员3 010人。建成了高校毕业生创业就业服务网，打造了“六位一体”的大学生就业创业综合服务平台，组织开展了一系列就业服务专项活动。

二、社会保障体系进一步完善

社会保险覆盖面进一步扩大，全区参加城镇职工基本养老、城镇基本医疗、失业、工伤和生育保险人数分别达到 496.5 万人、986.2 万人、233.4 万人、277.4 万人和 284.8 万人，均超额完成了年度扩面任务。全区城乡居民参加社会养老保险达到 780.3 万人，189.6 万人领取养老金，发放率 100%。进一步提高了企业退休人员养老金水平，月人均增加 177 元。城镇居民医保财政补贴标准提高到 280 元，城镇居民大病保险试点工作进展顺利，全区城镇职工、居民医保政策内住院费用基金支付比例达到了 83%和 71%以上。社会保障卡持卡人数达到 1 521 万人。集中式社保基金财务信息系统全面应用，实现了基金财务的统一规范管理。开展了“经办服务示范单位”创建活动，自治区本级全面推进柜员制标准化建设。开通了网上服务大厅、12333 手机服务大厅和公共短信服务平台，经办服务水平明显提高。

三、人才工作不断加强

积极推进人才强区工程，认真落实“草原英才”工程任务，深入实施“院士柔性引进计划”和“院士援助计划”，推进“111 企业经营管理人才选拔培养”、“511 人才培养”等人才建设工程，引进 83 名院士开展科研学术指导，组织了“中国博士后西部服务团”和“万名专家基层服务行”等活动。围绕促进自治区重点产业发展，实施了专业技术人才知识更新工程和少数民族专业技术人才特培计划。实施百名高技能人才培养计划，建成国家级、自治区级高技能人才培训基地 7 个、技能大师工作室 13 个，举办了职业技能大赛系列活动，全年新增高技能人才 5.7 万人。组织实施国外智力引进项目 54 项，完成出国（境）培训项目 29 个，1 名外国专家荣获国家“友谊奖”，12 名外国专家荣获自治区“骏马奖”。深化区域人才交流合作，与广东省人社厅签订了人才合作框架协议，开通了蒙粤远程职业培训服务平台。

四、人事制度改革进一步深化

加强公务员考录遴选工作，组织了全区公务员四级联考，出台了自治区公务员公开遴选细则。公安、森林公安、司法监狱劳教系统人民警察警员职务套改工作基本完成。开展了“公务员素质建设年”活动，不断扩大公务员在线培训覆盖面，继续组织公务员东西部对口培训和京蒙合作培训。进一步规范评比达标表彰活动，开展了“人民满意的公务员”评选表彰活动。事业单位公开招聘制度进一步规范，聘用工作和岗位设置工作基本完成，事业单位专业技术二级岗位聘用工作有序开展。年度军转安置任务基本完成，自主择业军转干部管理服务工作进一步加强，困难企业军转干部总体保持和谐稳定。

五、收入分配制度改革稳步推进

配合财政部门审核批复了盟市第三阶段规范公务员津贴补贴方案，开展了建立地区附加津贴制度前期调研工作，完成了 2013 年公务员工资试调查工作。会同有关部门对盟市事业单位绩效工资实施情况进行了督查，进一步加强了区直事业单位工资总量管理。认真落实自治区企业工资集体协商条例，开展了工资集体协商“互查互评互学”活动，工资集体协商覆盖范围进一步扩大。调整了最低工资标准，平均增长率为 14.5%。发布了 2013 年企业工资指导线及 13 个行业工资指导线的意见，下发了职工高温高寒补贴支付标准。完成全区国有企业工资内外收入大检查，对部分区直国有企业负责人薪酬进行了审计核算。推动开展工资集体协商等工作走在了全国前列，得到了人社部的肯定。

六、劳动关系总体保持和谐稳定

认真贯彻落实新修订的《劳动合同法》，将构建和谐劳动关系工作纳入盟市党政领导班子的考核内容，协调劳动关系三方会议制度取得明显成效。开展了规范劳务派遣和劳动用工备案专项行动，深入推进劳动关系进社区工作，2 610 名大学生民生志愿者充实到社区平台担任劳动关系协调员。基层调解组织建设取得明显成效，全区大中型企业和基层公共服务平台调解组织建设，均达到 70%以上。仲裁机构实体化有序推进，累计立案受理劳动人事争议案件 6 551 件，审结 6 400 件，结案率达到 95.3%。劳动保障监察力度不断加大，8 个盟市实现了“两网化”管理全覆盖。开展了农牧民工工资支付等专项检查活动，全区劳动保障监察案件结案 7 938 件，结案率为 95.6%。督促缴纳社会保险费 0.44 亿元，补签劳动合同 19.2 万人。

七、自身建设得到进一步加强

深入开展党的群众路线教育实践活动，围绕“为民、务实、清廉”，狠抓作风建设。严格落实中央八项规定和自治区 28 条配套规定，厅系统“三公”经费明显下降。厅领导班子广泛征求基层和群众的意见，深入查摆“四风”方面存在的问题，有针对性地提出 23 个方面的整改措施，积极推动服务窗口转变作风，建立观察员制度，在全系统开展“门难进、脸难看、事难办”专项整治行动。实施人社系统干部素质提升工程，加强干部职工在线全员培训，深入开展法制宣传教育，努力提升依法行政能力和服务群众的水平。强化机关党建工作和党风廉政建设工作，健全廉政风险防控机制，梳理查找廉政风险点，重点领域和关键环节的监督工作得到加强。完善信访重点案件排查、厅领导牵头办案和排查调处矛盾纠纷等工作制度，开展人社系统信访问题百日攻坚活动，着力解决了一批突出信访问题。

内蒙古自治区人力资源和社会保障厅

辽 宁 省

2013年，全省各级人力资源社会保障部门坚决贯彻省委、省政府的决策部署，深入贯彻落实党的十八大精神，紧紧围绕全面振兴大局，坚持民生为本、人才优先，以就业、社会保障、人才队伍建设为重点，全面推进人力资源社会保障各项工作，取得了明显的成效。

一、就业工作

一是主要工作目标全面完成。全省实现实名制就业102.2万人，完成年度计划102.2%；新增就业72.9万人，完成年度计划104.2%。全省城镇登记失业人员39.6万人，城镇登记失业率3.4%，比年度计划4.3%的控制目标低0.9个百分点，就业局势保持总体稳定。二是突出做好高校毕业生就业工作。出台了《关于促进高校毕业生就业有关政策的通知》（辽政办发［2013］38号），集中时间、集中人力组织开展了促进高校毕业生就业专项行动。全省征集适合高校毕业生就业岗位28.6万个，举办百场招聘促就业活动。通过就业联盟信息平台发布人才供求信息35 900万条、注册会员1 375家。全省高校毕业生总体就业率达到94.8%，实现了国务院提出的“不降低、有提高”的要求。实现困难家庭和就业困难的高校毕业生就业率100%。三是大力推动创业带动就业工作。启动全民创业三年行动计划，开展了省级创业型县区创建活动和省级示范创业孵化基地评审工作。全省扶持创业带头人17 598人，完成年度计划176%。全省累计发放小额担保贷款11.7亿元，完成年度计划166.4%。四是加大城乡劳动力培训力度。落实面向全体劳动者的职业培训政策，深入开展普惠制就业技能培训、劳动预备制培训、大学生专业转换及技能提升培训、产业园区特色培训、农村劳动力远程培训和企业新招用人员培训，全省培训城乡劳动者37.5万人，完成年度计划107%，培训后就业率达到67%。五是深化就业援助。落实“两项援助政策”，发放公益性岗位补贴和社保补贴51.1亿元，实现86万名就业困难人员稳定就业，零就业家庭保持动态为零。组织全省120.6万名农村劳动力实现就近就地就业或跨区域劳务输出，其中就地就近就业42.9万人，自主创业7 806人，跨地区劳务输出76.9万人。六是全面加强公共就业服务。全省各级公共就业服务机构开展就业援助周（月）、春风行动、农民工服务月、民营企业招聘周、就业网校园行等系列活动，集中为高校毕业生、就业困难人员、农村劳动力等各类群体和用人单位送政策、送岗位、送技能、送信息、送服务。七是大力发展家庭服务业促进就业。全省组织开展送家政服务岗位下乡、第二届发展家庭服务业促进就业服务周、万名家庭服务业从业人员招聘、万名家庭服务业从业人员培训、万名家庭服务业从业人员走进社区公益服务、发展家庭服务业促进就业宣传等系列活动。深入开展服务业技能人才培训，建立了服务业从业人员实训基地，开展了高层次的家庭服务从业人员、家庭服务业师资和家庭服务企业管理人员培训，为服务业从业人员和有从事服务业愿望的失业人员提供免费技能培训。

二、社会保障工作

一是开展企业养老保险扩面征缴百日行动。通过参保资源排查、缴费基数核查、拖欠保费清缴、加大执法力度、健全考核奖惩机制等措施，全力推进养老保险扩面征缴。全省企业养老保险参保人数1 634万人，完成年度计划100.6%；新增参保职工人数119万人，完成年度计划108.2%。二是提高参保人员待遇水平。为524.6万名企业退休人员当期支付养老金1 128.9亿元，连续14年实现企业退休人员基本养老金当期发放无拖欠。按照月人均166元标准提高企业退休人员基本养老金，全省月人均基本养老金达到1 849元。在普调基础上，为担任正、副高级专业技术职务的退休科技人员每人每月最高再增加550元、400元。此外，参保“五七家属工”按月人均享受基本养老金待遇10%的标准同步调整。三是继续扩大覆盖面。全省企业养老、医疗、失业、工伤和生育保险参保人数分别达到1 634万人、2 333万人、661.5万人、856.7万人和752万人。五项社保基金总收入达到1 707.5亿元，总支出达到1 508.7亿元，分别比上年增长15.7%和18%。全省新型农村和城镇居民养老保险参保人数1 046.8万人，其中农村居民995.3万人，城镇居民51.5万人。全省新型农村养老保险参保率、缴费率分别达到94.4%、90.7%。60周岁以上领取待遇的城乡老年居民达到360.4万人，其中农村居民319.4万人，城镇居民41万人。四是加强社会保险经办和监督。企业养老保险关系转移接续顺畅平稳，全省为3.5万名参保人员办理了养老保险关系跨省转移接续手续，涉及转移资金7.3亿元。推进实施非现场监督，社保基金监管软件正式投入使用并联网运行，14个市均完成了软件安装应用工作。

三、人才队伍建设工作

一是加大海外研发团队引进力度。围绕科技创新战略的实施和加快调整经济结构的步伐，加大海外研发团队引进力度。省政府批准实施海外研发团队立项项目203项，完成年度计划101.5%，引进海外研发人员600余人，海外研发团队项目结项53项。二是围绕重大项目开展国外引智工作。统筹抓好各项重点引智项目，全省向国家申报“外专千人计划”人选16名，获国家批复立项引智项目237个，资助经费2 410万元，其中高端外国专家项目27个，居全国首位。全省引进国外技术管理专家1 462人次，完成年度计划122%；引进国外文教专家1 865名，完成年度计划124%。三是实施重大人才工程。实施院士后备人选培养工程，遴选院士后备人选20人，辽宁省有5人新当选两院院士。实施百千万人才工程，选拔工程第七批人选595人，其中百层次人选50人、千层次100人，择优对76名人选的科技活动予以资助。实施万名专家服务基层行动计划，组织全省314名专家深入基层，开展服务活动286场次，惠及企业超千家、农户近万人。四是加强高技能人才培养。实施辽宁高技能人才振兴计划，全省培养高技能人才80.3万人，完成年度计划100.4%；其中技师、高级技师2.2万人，完成年度计划167%；新增紧缺高技能人才2 490人，完成年度计划124.5%。建成国家级高技能人才培训基地3个、省级技能培训示范基地17个、国家级技能大师工作室6个，省级技能大师工作站18个。五是完善人才评价工作情况。完善专业技术职务任职资格评价标准，各高级评委会针对本行业发展需要和人才成长特点修改完善了评价标准和条件，修改完善率100%。加强评审委员会队伍建设，新增入库专家1 200人，总数达到6 400人。组织各类职称考试52项，完成年度计划100%，共有34.5万人次参加考试。全省共有73 202人参加职称评审，通过42 953人。深入实施职业资格证书制度，全省全年职业技能鉴定总量32.4万人次，核发职业资格证书26.7万册，通过率82.4%。六是加强人力资源市场建设和人力资源服务业发展工作。推进人力资源市场整合，落实人力资源服务业“倍增计划”，实施人力资源服务业“四大工程”，全省人力资源服务业实现产值156亿元，较上年增加24%；新增人力资源服务企业136家，从业人员近千人，人力资源服务企业在人力资源配置中的贡献率接近70%，市场成为人才开发配置和大学生就业的主渠道。

四、行政机关公务员管理工作

一是加强公务员职位管理。完善竞争性选拔工作，改进省级机关中层干部选任管理，指导36个省直行政机关和16个参照管理单位开展竞争上岗选拔中层干部77人。启动沈阳市沈北新区聘任制公务员试点，为沈北新区招聘聘任制公务员5名，填补了省内空白。二是完善公务员考试录用制度。制定了《考试录用公务员操作规范（试行）》，将考录工作全程设计为110个操作流程，在全国率先建成了标准化的考录“生产流水线”。承办全国公务员考试录用工作会议，辽宁省考录工作经验在全国推广。全省各级机关考试录用公务员6 981人，实现平安考录。三是加强公务员考核奖励工作。制定全省公务员考核实施办法，平时考核评价体系建设进一步加强。向国家推荐先进集体72个、先进个人128名；国家表彰我省第八届全国“人民满意的公务员”3名和“人民满意的公务员集体”2个。定期组织开展了省级荣誉获得者休假疗养。四是实施大规模培训公务员。全省培训公务员39.3万人次。深入开展公务员“四类培训”，其中初任培训6 981人，任职培训3 220人，专业培训155 797人，在职培训214 438人。强化职业道德建设，组织开展职业道德主题实践教育活动，确定10家职业道德基地，实行职业道德骨干轮训计划，培训14.9万人。五是完善军转安置工作办法。进一步改进和完善安置办法，安置质量和满意度位居全国前列。全省接收军转干部2 427名，其中计划安置1 935名，自主择业492名，安置到党政机关占91%、参公事业单位占5.1%、事业单位占3.3%、企业占0.6%，安置率达到100%。六是加强政府绩效管理工作。加强政府绩效管理体系建设，创新与国家部委、国内专家智力支持的“省部绩效联动”和“省校协同合作”机制，科学优化绩效考评指标体系设计，采用千分制模式和“5+2”顶层设计架构，指标体系共设计七大维度、15个考评类别、45项考评内容、124个具体考评指标，强化了对科技创新、幸福人生、生态文明建设的考评，实行了半年、第三季度、年终过程管理与考核。

五、事业单位人事制度改革和工资收入分配制度改革工作

一是加强事业单位人事管理。事业单位各项管理制度不断健全。岗位管理制度全面入轨，全省事业单位岗位设置完成率达到98%以上，以岗位设置为基础的人员进入和晋升动态调控机制基本确立。人员聘用制度实现全覆盖，全省聘用合同签订率达到100%。二是规范公务员津贴补贴。省直驻沈以外公务员津贴补贴按属地化标准执行，市以下公务员第三步规范津贴补贴工作全部结束，各地公务员津贴补贴水平均有不同幅度提高，地区间津贴补贴水平差距问题得到有效调控，省内最高水平与最低水平由规范初的6.5∶1调整到3.5∶1。三是全面推开事业单位绩效工资制度。省直驻沈以外及市以下事业单位按照与机关“大体平衡”的原则，与所在地公务员同步、同幅度提高了津贴补贴水平，最低增资108元。多数地区制定了统一的基础性绩效工资指导标准，义务教育学校、公共卫生与基层医疗卫生事业单位实施绩效工资成果得到巩固。引导事业单位建立健全内部考核制度，考核结果与职工收入挂钩，事业单位收入分配激励机制进一步完善。四是加强企业工资收入分配宏观管理。落实企业工资集体协商制度，全省签订各类工资专项集体合同6.5万份，覆盖企业14.8万户。发布了工资指导线、人力资源市场工资指导价位和行业人工成本信息。提高了最低工资标准，全省一、二、三类地区最低工资标准分别为 1 300 元、1 050 元和 900 元，增幅均在 15%以上。小时最低工资标准相应调整为 13 元、9.8 元、8.6 元，增幅均在 14%以上。

六、劳动关系调整和权益保障工作

一是进一步扩大劳动合同覆盖面。加强劳动合同管理，全省规模以上企业劳动合同签订率 98%。9.8 万户企业进行劳动用工备案，涉及职工 420 万人，其中网上备案 2 万户，涉及职工 89 万人。全省签订集体合同 6.8 万份，覆盖企业 13.7 万户，涉及职工 624 万人次。全省签订各类专项集体合同 6.7 万份，覆盖企业 15.1 万户。建立健全劳动关系基层协调机制，全省有 5 236 个街道社区开展了协调劳动关系工作，配备劳动关系协调员 8 257 人。二是加大劳动保障监察执法力度。“两网化”管理工作全面推进，劳动保障监察执法力度进一步加强。集中开展农民工工资支付、清理整顿人力资源市场秩序、用人单位劳动用工和社会保险参保缴费等专项执法检查。全省主动巡查用人单位 9.9 万户，书面审查用人单位 9.5 万户，查处各类违法案件 1.4 万件，结案率 98.3%。督促用人单位补签劳动合同 30.21 万份，督促 4 705 户用人单位办理社会保险参保登记，督促用人单位缴纳社会保险费 4.5 亿元，为劳动者追偿工资等待遇 12.4 亿元。三是加强人事劳动争议调解。实施劳动人事争议预防调解和谐使命行动计划，坚持绩效仲裁、和谐仲裁、阳光仲裁，注重提高劳动人事争议调解仲裁处理效能。着力加强劳动人事争议调解基层组织建设和仲裁院基本建设，市级仲裁院建院率 100%，县级建院率 88%。全省劳动人事争议案件共 3.7 万件，涉及劳动者 4.2 万人，涉案金额 6 亿元，结案率 98.9%。四是积极做好信访工作。全省加大矛盾纠纷排查调处、集中整治进京到部上访问题、全面优化信访窗口服务等工作力度，全系统接待来信来访 75 936 人（件）次，同比下降 22.7%，其中集体访 17 203 人次，同比下降 20.6%。排查并交办进京到部重复上访案件 264 件，办结 165 件，信访事项复查复核结案率 100%。全省信访总量呈现逐年下降态势，信访形势总体稳定。五是大力推进依法行政。推动立法工作，起草《辽宁省行政执法奖励办法》，开展《辽宁省工伤保险实施办法》、《辽宁省生育保险实施办法》修订工作。全省人力资源社会保障系统办理行政应诉案件 191 件，办理行政复议案件 193 件，结案率 100%。推进简政放权工作，对现有行政职权和法规、规范性文件开展了新一轮确权和清理工作。

辽宁省人力资源和社会保障厅

沈　阳　市

2013年，在沈阳市委、市政府的正确领导下，全市人力资源和社会保障工作紧紧围绕“稳增长、办全运、惠民生、抓党建”四项重点工作，秉持“科学打造民生链，着力形成大循环”理念，紧紧围绕民生为本、人才优先两条主线，深入实施就业优先和人才强市两大战略、着力推进社保体系与和谐劳动关系两大建设、全面深化干部人事制度和工资制度两项改革，努力推动人力资源和社会保障工作再上新台阶。

截至2013年末，全市实现实名制就业21.7万人，完成省计划的108%。城镇登记失业率控制在3.03%，比省指标低0.97%，零就业家庭保持动态为零。扶持创业带头人3 472人，带动就业21 016人，分别完成省计划的190%和191%。返回生源地离校未就业高校毕业生就业率为96%，高于省政府下达的75%目标21个百分点，全市220名困难家庭高校毕业生实现100%就业。参加省千企万岗就业见习计划730人，完成省计划的112%。城镇普惠制培训17 441人，完成省计划的103%；农村劳动力转移技能培训7 756人，完成省计划的109%；进城务工农民工培训14 700人，完成省计划的121%；创业培训2 526人，完成省计划的115%。

全市企业养老保险参保人数332.5万人，同比增长8.2%；企业养老保险统筹基金收入133.3亿元，同比增长16.0%。工伤保险参保人数177.8万人，同比增长2.9%。全市参加基本医疗保险人数为480.75万人，完成全年计划的101%，其中参加职工医疗保险人数为357.9万人，参加居民医疗保险人数为122.8万人。参加失业保险人数为134.3万人，完成全年计划的100%。参加生育保险人数为284.3万人，完成全年计划的102.75%。

全市监察各类用人单位13 168户，涉及职工81.9万人。依法责令用人单位与0.5万名职工补签了劳动合同。纠正违法单位2 862户，结案率100%。书面审查用人单位25 256户。责令用人单位补缴社会保险费6 765万元。清欠拖欠农民工工资9 461万元，涉及农民工0.89万人，农民工工资清欠率100%。全市劳动合同综合签订率98.9%，国有及国有控股企业劳动合同签订率始终保持100%，集体合同覆盖面达到97.81%，集体合同备案率达到100%。全市共受理劳动人事争议仲裁案件6 067件，审结6 039件，结案率99.5%、案件调撤率57.1%、立案准确率100%、案卷归档率100%、统计报送准确率100%。12333受理咨询电话31.5万个，平均每人每天受理咨询电话107个。

一、就业工作

（一）以高校毕业生就业工作为龙头，切实履行政府责任。

进一步提高了实名制基础数据库的质量和覆盖范围，全市高校毕业生实名制就业管理水平继续排在全国前列。市区两级人社部门党员干部对全市220名困难家庭高校毕业生采取了“一对一”的帮扶方式，在离校后3个月内提供了至少两次岗位对接援助，市人社和财政部门联合出台了困难家庭高校毕业生公益性岗位兜底安置的实施意见，全市困难家庭高校毕业生实现100%就业。进一步加大“就业工作进校园”的工作力度，2013年5月，抢在高校毕业生离校前，全市人社系统集中开展了“送岗位、送技能、送项目、送政策”进校园的“四送”活动，并通过高校毕业生就业创业“百日攻坚”系列活动，营造了良好的氛围。进一步强化政策促进就业的作用，出台并实施了《沈阳市人力资源和社会保障局等七部门关于进一步促进高校毕业生就业工作的意见》（沈人社发［2013］93号），在企业吸纳高校毕业生社保补贴、自主创业、求职补贴、灵活就业社保补贴、企业招聘信息“三公开”等方面实现政策创新。

（二）以困难群体就业为重点，努力做好就业援助工作。

沈阳市连续几年把就业困难人员专项普查列为年度重点工作，初步建立了沈阳市就业困难人员管理数据库。“4050”人员社保补贴政策兑现工作平稳有序，确保了资金安全，全年未出现任何责任事故。人社和财政部门配合先后下发了3个规范性文件，提高了公益性岗位人员补贴标准，公益性岗位管理不断强化。通过开展“就业援助月”、“春风行动”、“民营企业服务周”、“就业困难人员援助专场招聘会”及“送岗位进社区”等多种方式，初步形成了对就业困难人员的日常服务机制，有效地促进了困难群体的就业。

（三）以创业带动就业为亮点，积极开创创业工作新局面。

沈阳市以创建国家级创业型城市为契机，全面推进创业工作。市政府办公厅出台了《沈阳市全民创业援助行动三年计划实施方案》，进一步完善了创业政策体系。集中开展了“创业文化周”系列活动，全市上下联手开展了创业项目推介会、创业大讲堂、创业明星巡讲和“送政策、送项目”进社区等创业服务活动。加大了创业工作宣传力度，协助中央电视台《致富经》栏目，挖掘《创业中国——辽宁人物》，沈阳创业典型夏岩的创业事迹在《致富经》栏目中播出。沈阳电视台围绕创业服务连续开展了四期创业系列活动报道，华商晨报也以专版的形式对沈阳市创业工作进行了集中宣传。

（四）以高级人才服务为制高点，突出人才工作服务经济的支撑作用。

贴近企业需求对全市55家重点企业高层次人才需求开展了一次集中调查，普遍建立了高级人才服务联络点。加强基础建设，全面建立了市级高级人才数据库，开通网络服务平台，并实现了省市高级人才数据库的对接。与18个国家级人才服务机构建立了高级人才交流合作机制。举办了2013年中国沈阳装备制造业招才引智系列活动，在国内引起了普遍关注。推动与高校的人才合作，在东北大学、沈阳工业大学、沈阳理工大学、沈阳航空航天大学等4所大学联合建立了“两化融合人才培养基地”。

（五）以基层服务平台建设为保障，深入开展公共就业服务。

加快就业服务信息化建设，市人社和财政部门联合下发《关于对沈阳市就业失业管理信息系统基层网络进行改造的通知》（沈人社发［2013］119号），对就业失业管理信息系统基层网络进行升级改造，整体提升了四级服务平台的网络服务水平。同时，依托金保二期工程，对就业软件系统进行升级。针对区县行政管理体制调整，对街道（乡镇）、社区（村）基层就业服务平台的工作职能和基本状况进行普查，提供了一系列的政策及建议。进一步发挥人力资源市场的公共服务效能，全市各级人力资源市场全年共举办招聘会668场，为38 942家次单位和23.4万人次求职者提供了服务。全市开展了失地农民就业情况大调查，对全市105 830名失地农民逐一进行状况普查，形成调查报告，提出了一系列促进失地农民就业的工作措施，并被市科联作为2013年度科研成果。

二、社会保障工作

（一）养老保险制度不断完善。

一是事业单位养老保险工作扎实推进。积极配合事业单位养老保险制度改革，进一步推进事业单位离退休职工加发个人账户养老金及已死亡的离退休职工个人账户退付工作。认真做好已停保全额拨款事业单位退休人员个人账户的退付工作。继续做好事业单位转制清理后职工养老保险关系的接续工作。二是新型农村和城镇居民社会养老保险工作平稳运行。坚持做好基金征缴工作，确保养老金按时足额发放。着重加强社会宣传，吸引群众主动参保、自觉缴费。全面做好待遇资格认证工作，确保认证率达到100%，同时开展专项核查，做好追冒工作。三是圆满完成2013年企业退休人员基本养老金调整工作。为符合条件的94.5万名退休人员进行了待遇调整，人均增加160.7元，月人均养老金达到1 788元，同时完成了离休及符合《劳动人事部关于建国前参加工作的老工人退休待遇的通知》（劳人险[1983] 3号）文件人员加发生活费、离休人员调整护理费、盲残人员和高级职称人员调整待遇、参战（参试）人员提高生活补助标准、企业退休军转干部调整生活补贴等工作。四是启用社保卡发放养老金工作有序推进，全年社保卡发放人数达到13.4万人。确保参保人员个人账户做实率保持100%。养老保险个人权益记录单寄送工作稳步推进，全年为2万户企业的50万名职工发放了个人权益记录单。

（二）医疗保险工作全面推进。

一是加强信息化管理医疗待遇新系统平稳运行，保证了信息交互的准确性和及时性。稳步推进社会保障卡发放工作，全年制作225.4万张，发放201.16万张，实现退休人员持工行社保卡领取养老退休金和灵活就业人员社保卡缴费方式。初步建成运维系统，监控全市三级及以上医院线路。搭建业务需求管理平台，实现业务需求电子化，提高程序开发应用的效率。二是推进职工门诊统筹参保人员定点医院选定工作，选定人数达到66万人。正式启用门诊统筹标准化病历，实现门诊病例及时上传。积极探索居民门诊统筹转诊、转院办法。全年全市城镇居民门诊统筹定点医疗机构接诊患者6万人次，发生医疗费总额512万元，人均医疗费85.3元；统筹基金使用162万元，人均统筹使用基金27元。城镇职工门诊统筹定点医疗机构接诊患者48万人次，发生医疗费总额6 484万元，人均医疗费135.1元；统筹基金使用2 805万元，人均统筹使用基金58.4元。三是提高了10种医用材料的医保基金支付限额，其中心脏起搏器提高的幅度最大，为3.8万元；降低了医用材料个人先行自付比例5～15个百分点。2013年，职工医疗保险住院医保范围内报销比例为78.46%，居民医疗保险住院医保范围内报销比例68.16%（二级以下医院达到76.27%）。职工险、居民险均完成省里下达指标。四是面向全市所有单位提供核定单预约打印服务，凡无人员变动的参保单位只需在网上提出预约申请就可以完成核定单打印。积极进行个人权益记录调研及信息采集工作，成功邮寄第一批“个人权益记录单”。增设非工作时间自助语音咨询服务功能，实现咨询热线24小时无间断服务。医保语音电话正式更改为96856，由原来同时接入30路电话提高到同时接入60路电话。

（三）失业保险工作有序展开。

一是继续加大参保工作力度。联合地税等部门，共同开展失业保险参保扩面宣传活动，在年初清理参保数据库3万多条冗余数据的基础上，新增扩面人数近5万人。二是失业预警监测工作取得显著成效。监测规模保持在2 550样本企业，分布于20个行业和11个经济类型。同时，完成国家级失业动态监测100户企业和省级重点监测40户企业的数据上报工作。三是调整了失业保险金标准。失业人员最高月增加失业保险金150元，平均增幅17.9%，失业金最高标准首次突破千元。四是下调失业保险费费率。从2013年11月起，将全市企业失业保险征收费率由2%下调为1%，失业人员待遇不变，此项政策执行期为两年，预计将减轻企业社会保险费负担10亿元。

（四）工伤保险工作不断加强。

一是事业单位参加工伤保险工作顺利推进，参保人数达到12.5万人。成功举办了以“依法参加工伤保险，保障职工工伤权益”为主题的《工伤保险条例》颁布十周年宣传咨询活动。二是按照省政府减轻企业负担的要求，配合地税部门做好工伤保险费减半征收工作。三是不断创新供养亲属认证方式，对工伤人员与户籍库生存状况进行实时监控，有效避免冒领现象发生，防止了工伤保险基金的流失。四是修订完善了协议医疗机构管理办法和考评细则，工伤医疗服务协议管理工作进一步加强。

三、人才队伍建设

（一）人才队伍建设不断优化。

一是以紧密围绕本市先进装备制造、航空、信息、生物医药、新材料、新能源、节能环保七大战略新兴产业发展，先后组织2个博士、博士后团组到沈阳对接，赴5个城市8个院校召开了5场博士对接会和8场大型招聘会。共发布了66家单位、359个岗位、1 968个人才需求信息；邀请哈尔滨工业大学15名博士、博士后和清华大学16名博士后来沈考察对接；高层次人才对接会吸引166名博士到会，意向录用67人。赴外埠招才引智活动收到各类人才简历5 673份，其中博士449份、硕士3 330份、本科1 894份，满足沈阳市博士人才需求的217%、硕士人才需求的629%、本科人才需求的154%，为沈阳市企事业单位建立了有效优选人才的平台。二是加强专业技术人才队伍建设，继续推进国务院政府特殊津贴、百千万人才工程、辽宁省院士后备人选培养工程等重大人才工程的实施，做好留学回国人员和博士后科研站的管理服务工作，营造尊重人才的社会环境、平等公开和竞争择优的制度环境。三是加强高技能人才队伍建设，组织开展“百千万技能人才培育工程”和技能大赛系列活动，创建国家级技能大师工作室1个，省级技能大师工作室2个，依托高技能人才培训基地培养紧缺高技能人才高级工2 060人、技师455人、高级技师265人。

（二）引进海外人才工作巩固提升。

一是引进海外研发团队工作项目达到50个，获批立项数量位居全省前列，支持和推动沈阳市企业成建制成规模地引进了海外高端人才近170人。二是认真做好国家计划项目的执行工作，组织好国外技术、管理人才引进项目申报和执行工作，积极参与国家外国专家局引进高端外国专家工作，国家计划项目已经执行45项，执行率达到94%，实际聘请美国、德国、日本、俄罗斯等国专家300余人次。三是组织开展2013年“沈阳玫瑰奖”评选活动，通过《沈阳日报》等新闻媒体对10名荣获沈阳市2013年度“沈阳玫瑰奖”外国专家的典型事迹进行宣传报道。四是加强全市因公出国（境）培训工作计划管理和组织执行力度，确保项目执行率。狠抓培训成果探索，建立评估机制。全年共举办PMP考试4次，通过率36%；BFT外语考试3次，通过率85%。

四、人事制度改革

一是深入推进事业单位岗位设置及聘任管理工作。截至2013年底，市属单位完成岗位设置方案实现100%，人员竞聘上岗达到90%；区县（市）属单位完成岗位设置方案80%，人员竞聘上岗60%。二是不断加大事业单位人员合同管理力度。截至2013年底，全市事业单位合同管理推聘面实现了全覆盖，事业单位人员签订聘用合同率达到100%。

五、工资收入分配

（一）机关事业单位工资收入分配制度改革不断深化。

按照国家全面深化改革的部署要求和政策导向，扎实推进沈阳市机关事业单位工资收入分配制度改革。一是通过开展全市公务员与企业人员工资水平对比调查及相关基础数据统计分析等基础性工作，为贯彻落实国家完善公务员工资制度和深化事业单位收入分配制度改革的具体举措做好了各项准备工作。二是着力加强工作指导，巩固扩大了义务教育学校和公共卫生与基层医疗卫生事业单位实施绩效工资工作成果。以市属高校为试点，分行业、分系统深入推进了其他事业单位实施绩效工资工作。三是以贯彻落实监察部、人社部、财政部、审计署联合公布实施的《违规发放津贴补贴行为处分规定》为契机，对全市机关事业单位执行工资政策和津贴补贴情况进行有针对性的检查指导，切实维护工资政策的严肃性。四是推动工资管理工作的信息化建设，以办公自动化提高办事效率和公信度，减少办事环节，进一步提高了工作效能。

（二）企业工资基金宏观管理不断加强。

2013 年沈阳市人力资源市场发布了工资指导价位、沈阳市企业人工成本状况等信息，指导企业依据“指导线”进行工资集体协商，签订工资专项集体合同。根据经济发展、居民消费水平以及职工赡养水平和社会保险个人缴费等情况，调整了全市最低工资标准。月最低工资标准：和平区、沈河区、铁西区、皇姑区、大东区、东陵区（浑南新区）、于洪区、沈北新区、苏家屯区、沈阳经济技术开发区、棋盘山开发区由 1 100 元调整为 1 300 元；新民市、辽中县、法库县、康平县由 900 元调整为 1 050 元。小时最低工资标准相应做了调整，前者由 11 元调整到 13 元，后者由 8.5 元调整为 9.8 元。沈阳市人社局、人民银行、国税局、地税局联合下发《关于核发 2013 年工资总额使用手册的通知》，发放企业《工资总额使用手册》4 万册，强化企业工资基金宏观管理工作。

六、劳动关系

（一）落实劳动合同制度工作。

市人社局与市中小企业局联合开展了“沈阳市中小企业维权宣传月活动”，给企业老板、管理者开班授课，宣传法律规定，警示违法成本，提高用人单位的懂法和守法意识。针对取消劳动合同鉴证工作的客观情况，开发了《沈阳市劳动关系信息管理系统》，对企业用工备案及劳动合同的签订、续订、变更、终止和解除等全过程进行动态监控管理，规范企业用工行为，促进了劳动合同制度的全面落实。

（二）推进集体合同制度工作。

以工资集体协商为重点内容，以行业性、区域性集体协商为重要方式，充分发挥各级三方协调机制作用。下发了集体合同示范文本，工资集体协商指导员队伍建设和集体合同审核工作不断加强。在餐饮、公交、建筑等行业进行市级集体协商，签订工资专项集体合同的基础上，2013 年，又组织机械装备制造、服装行业和民办学校进行了市级集体协商，签订了工资专项集体合同。截至 2013 年末，全市累计审查备案有效集体合同 10 218 份，覆盖企业达到 43 149 户，其中区域性、行业性集体合同 1 666 份，覆盖企业 35 252 户。市协调劳动关系三方组成检查组，对各区县及行业、企业集体合同工作进行了年度检查，有效推进了集体合同制度的落实。截至 2013 年末，全市集体合同覆盖面达到 97.81%，集体合同备案率 100%。

（三）开展创建劳动关系和谐企业与工业园区（社区）活动情况。

结合实际制定了包括企业人力资源管理、民主管理、企业文化建设方面的 10 大项 49 条标准的评价体系。经过严格评审，2013 年全市有 108 户企业、1 个工业园区、6 个社区达到了沈阳市模范劳动关系和谐企业、工业园区、社区的标准并获得称号。三年累计有 309 户企业被评为沈阳市模范劳动关系和谐企业，完成创建活动三年计划的 103%。截至 2013 年末，全市累计获国家级模范和谐劳动关系企业称号 5 个，工业园区 1 个；获辽宁省模范劳动关系和谐企业称号 66 个，工业园区 2 个；获市级模范劳动关系和谐企业 409 个，工业园区 8 个，另有 22 个社区荣获市级模范劳动关系和谐社区荣誉称号。

（四）国有企业改制工作及企业经济裁员备案工作。

帮助指导1户国有企业完成改制操作，妥善安置职工200余人。根据相关法律法规政策规定，帮助指导16户企业完成经济性裁减人员，妥善安置职工1 989人。

沈阳市人力资源和社会保障局

大 连 市

2013年，大连市按照“实施两大战略、推进两大建设、深化两项改革”的总体布局，坚持“民生为本、人才优先”的工作主线，统筹兼顾、突出重点，稳中求进、狠抓落实，各项工作都取得显著成效。

一、就业工作

大连市始终把就业作为民生领域的重大问题，积极应对严峻复杂的就业形势，及时制定实施一系列稳定和扩大就业的政策措施，努力扩大就业数量，提升就业质量，就业局势总体保持稳定。全市实现城镇新增就业23.3万人，其中稳定就业15.7万人，城镇登记失业率为2.61%。为150户履行社会责任困难企业发放社会保险补贴4 378万元。全市全年开展职业培训7.3万人，发放社保补贴3.9亿元，支付岗位工资和社保补贴4.7亿元。

（一）各项就业扶持政策全面落实。

认真落实市政府《关于进一步做好就业工作的意见》，相继出台了困难企业认定、失业保险费减半征收等就业扶持政策及实施办法，有效减轻企业负担，促进劳动者多渠道、多形式就业。发布第二批市政府补贴培训职业（工种）目录，扩大政府补贴职业培训范围，对企业一线职工和在校大学生等重点人群开展技能培训，进一步提升劳动者就业技能。

（二）新型高校毕业生就业工作模式基本形成。

按照“对接一批、储备一批、培训一批、创业一批、促进一批、援助一批”的工作思路，实施高校离校未就业毕业生就业工作专项行动，新增高校毕业生储备计划1 000名，本地生源高校毕业生就业率达到99.6%。

（三）全国创业先进城市工作成果进一步巩固。

出台《大连市市级创业孵化基地认定管理办法》，明确认定标准和条件，并对孵化成果给予资金奖励。成立市创业指导志愿者服务团，开通“大连就业”微信发布就业信息。举办第十一届创业就业博览会，签约数量再创新高。大连市人社系统建立创业孵化基地47个，在孵企业881户、带动就业8 808人。全年扶持创业带头人2 837名，带动就业1.9万人。

（四）重点群体就业援助工作统筹推进。

转变失地失海人员就业观念，引导其参加订单培训、接受协约式服务实现稳定就业。积极开展就业援助活动，帮助就业困难人员实现就业，零就业家庭继续保持动态为零。

（五）城乡公共就业服务水平不断提升。

就业管理系统网络平台升级改造项目启动实施，人力资源社会保障档案中心建设顺利推进，AAA级街道（乡镇）劳动就业社会保障所考核评估积极落实。广泛开展人力资源服务诚信体系建设，劳动者平等就业市场环境不断优化。

二、社会保障工作

（一）覆盖城乡的社保制度建设加快推进。

出台《关于建立城乡居民社会养老保险制度的实施意见》，率先在辽宁省将新农保和城居保合并为城乡居民社会养老保险制度。进一步完善职工基本养老保险政策，将符合政策的农村灵活就业人员和外来务工人员纳入城镇职工基本养老保险。建立职工基本医疗保险门诊统筹制度和基本医疗保险基金先行支付制度，开展城镇居民大病保险工作，进一步减轻参保人员负担，努力解决参保群众因病致贫和及时救治问题。推进机关事业单位失业、工伤和生育保险市级统筹。制定《大连市劳动能力鉴定补充标准》，实施工伤保险浮动费率管理办法，大连市被国家人社部确定为工伤保险费率研究试点城市。

（二）扩面征缴任务全面完成。

扎实开展企业职工基本养老保险扩面征缴“百日行动”，征收统筹基金 142.85 亿元，同比增长 25.3%。大连市基本养老、医疗、失业、工伤、生育保险参保人数分别达到 274.3 万人、484.8 万人、142.7 万人、240 万人、141.4 万人，比上年增加 24.3 万人、31.7 万人、11.3 万人、7 万人、6.9 万人，超额完成省下达的指标任务。征缴 5 项社会保险基金 349.5 亿元，比上年增长 19.7%。征缴采暖费补贴专项资金 6.4 亿元。

（三）社保待遇水平稳步提升。

连续第 9 年提高企业退休人员基本养老金，月人均养老金达到 1 917 元。城乡居民社会养老保险基础养老金统一提高到每人每月 150 元。扩大职工医保门诊规定病种范围，普病结算标准平均提高 6%。提高失业保险待遇标准，每月最高可领取 1 040 元失业金。进一步上调企业工伤人员伤残津贴、生活护理费及供养亲属抚恤金待遇。

（四）经办管理水平不断增强。

大连市积极开展社会保险便民快捷服务体系建设，启动社保卡承载社会保险代发代扣业务试点，当年完成制发社会保障卡 310 万张。进一步完善医疗保险诚信管理机制，严格履行失业保险内控工作规程，推行劳动能力鉴定网上便民服务，调整生育津贴待遇发放方式。大连市社保中心被人社部评为“2011—2013 年度优质服务窗口”单位。大连市荣获首批“全国电子社保示范城市”称号。76 万名企业退休人员实现社会化管理，社会化管理率达到 99.5%，大连市退管中心荣获全国“敬老文明号”称号。

三、人才队伍建设

（一）专业技术人才培养工作创新发展。

认真贯彻实施《大连市引进人才若干规定》，全年新增 3 家博士后科研工作站、8 家博士后创新实践基地，7 个留学归国人员创新创业项目获人社部资助，13 名高端人才获 425 万元安家补贴。印发《大连市企业博士后人才集聚工程实施方案》，创新企业博士后工作扶持政策。启动实施第二批领军人才选拔工作，新遴选 105 名领军人才培养工程人选。大力实施“百千万人才工程”，121 名中青年专业技术人员入选省第七批“百千万人才工程”。深入推进专业技术人才知识更新工程，举办 20 期专业技术人才高级研修班 1 080 人参加培训，专业技术人员公需科目培训 2.5 万人。

（二）技能人才队伍建设大力推进。

加快推进职业培训公共实训基地、职业院校和职业培训机构师资队伍建设，不断提高技工学校的管理水平，大连市技师学院等再次被认定为省职业技能培训示范基地。加快推进职业标准体系和职业技能鉴定专家委员会建设，开展优秀高技能人才评选表彰活动，大连市技能人才初、中、高级结构比例优化为 43∶36∶21。

（三）引进国外智力工作取得新进展。

积极引进海外研发团队，有 50 个海外研发团队项目获批。完成引进各类引智项目 88 个，聘请各类外国专家 615 人次，21 名外国专家被授予“星海友谊奖”，8 名外国专家获得“辽宁友谊奖”。认真开展出国（境）培训工作，加强与日韩政府间互派公务员交流研修，举办首届“中国梦——中华文化走出去”和“中国梦——中国企业走出去”外交官论坛。

（四）人才服务工作水平进一步提升。

积极拓宽人才服务领域，搭建中高端人才

网络服务平台，开展专项人才公共服务，举办高层次（紧缺）人才专场招聘会，组织部分重点企业赴外地开展人才招聘活动，引进紧缺急需人才 5 000 余人。组织开展考试环境治理专项行动，完成 38 项 13.5 万人参考的人事考试任务。加强职称工作综合管理，全年评审和考核确定专业技术资格 1.4 万人。启动流动人员档案管理电子化工程，当年为流动人员提供服务近百万人次。

四、人事制度和收入分配工作

（一）公务员队伍建设不断加强。

全面完成 2013 年公务员考录工作，新录用公务员 712 人，面向基层公开遴选公务员 16 名，优化了公务员队伍结构。启动公务员平时考核工作，组织开展行政机关公务员法律法规执行情况检查，评比达标表彰活动管理更加规范。开展评选学习郭明义精神带头创先争优争做人民满意公务员“身边好典型”活动，庄河市人民检察院检察员郭有利荣获第八届全国“人民满意的公务员”称号。举办各类公务员培训班 33 期，在线学习网注册人数达到 4.2 万人。

（二）事业单位人事制度改革加快进行。

修订了《大连市事业单位公开招聘人员办法》，出台了部分行业招聘专业人才办法，形成了“1+4”公开招聘政策体系。组织开展全市事业单位公开招聘，共为 280 家事业单位招聘 857 人。

（三）工资收入分配制度改革稳步推进。

启动规范先导区机关公务员津贴补贴工作，同步调整北三市和长海县公务员津贴补贴标准，进一步缩小地区间收入差距。推进北三市、长海县及先导区事业单位实施绩效工资制度，对未休假机关事业单位工作人员给予补贴。组织开展 2013 年企业薪酬调查工作，发布了 2012 年企业人工成本信息和 2013 年 370 个职业（工种）工资指导价位。调整大连市最低工资标准，平均增幅为 19%。

（四）政府绩效考评再创佳绩。

完成辽宁省政府对大连市政府、大连市政府对各区市县政府和先导区管委会、大连市政府对政府各部门的绩效综合考评工作，大连市连续第 11 次夺得省政府绩效综合考评第一名，就业及社会保障等 12 项重点工作获得了省优胜奖。

（五）军转安置办法更趋合理。

首次对三类军转干部实行带编分配，采取核分安置为主、单位选要、专业对口安置和指令性保底安置的方式，接收军转干部 724 人。深入开展自主择业军转干部适应性培训和个性化培训，积极做好退役军官管理和企业军转干部解困维稳工作，企业军转干部待遇进一步提高。

五、和谐劳动关系工作

（一）劳动关系协调机制更加完善。

深入贯彻《劳动合同法》，充分发挥劳动关系三方协调机制联动作用，督促和引导用人单位与劳动者签订劳动合同，各类企业劳动合同签订率达 98.8%，建立工会企业集体合同签订率达 88%。积极开展劳动用工备案系统升级和数据维护工作，对 5 万户用人单位 154 万名劳动者进行用工备案。全面加强劳务派遣管理工作，深入开展模范劳动关系和谐企业评选。

（二）劳动人事争议调解仲裁效能建设不断提升。

劳动人事争议案件受理和仲裁庭审逐步规范，首次对劳动争议案件实行当庭裁决，建立了仲裁与诉讼定期协调机制。实施劳动人事争议预防调解“和谐使命”行动计划，全市劳动人事仲裁机构效能建设不断加强，2013 年受理劳动人事争议案件 9 319 件，受理率达到 100%，结案率达到 99.9%。

（三）劳动保障监察执法力度不断加大。

深入开展打击非法用工、清理拖欠农民工工资、整治人力资源市场秩序和用人单位社会保险参保缴费执法检查等专项行动，各类侵害劳动者权益违法行为得到有效遏制，为9 007名农民工追回工资1.4亿元。创新开展用人单位诚信评价工作。启动实施网格工作“可视化”建设。

六、基础工作

（一）教育实践活动效果明显。

牢牢把握教育实践活动的指导思想、目标任务和基本原则，加强组织领导，突出自身特色，创新活动形式，注重实际效果，不折不扣地落实各阶段工作任务，确保了教育实践活动高标准启动、严要求推进、高质量落实。

（二）“一号提案”办理任务圆满完成。

按照大连市政府工作部署，认真履行主办单位职责，积极沟通协调，统筹组织各项提案办理活动，促进了重点民生工作落实。

（三）依法行政和规划财务工作成效明显。

依法完善各项工作制度，大力开展法律法规宣传培训，行政执法和监督工作全面落实。规划财务管理水平进一步提高，统计指标体系不断完善。

（四）基金监督管理和基础服务建设全面加强。

社保基金监管系统上线运行，企业年金监管工作规范有序。新农保和人力资源社会保障信息资源整合项目全面完成、运行平稳，局门户网站改进建设更加利民便民。12333政策咨询服务软硬件建设得到改善，当年提供电话咨询服务74.9万人次。

（五）干部队伍和党风廉政建设深入推进。

“八项规定”得到认真落实，党员干部作风明显改善，领导班子建设切实加强，干部队伍精神面貌良好。反腐倡廉教育和惩防体系建设不断深化，干事创业激情蔚然成风。

大连市人力资源和社会保障局

吉 林 省

2013年，吉林省人社系统坚持民生为本、人才优先的工作主线，坚持围绕中心、服务大局的思想理念，坚持突出重点、统筹兼顾的科学方法，坚持求真务实、攻坚克难的优良作风，坚持解放思想、改革创新的永恒主题，围绕实施“就业优先”和“人才兴业”两大战略，推进“社会保障体系”和“和谐劳动关系”两大建设，深化“干部人事制度”和“工资分配制度”两大改革的总体工作思路，确定了“10个十”创新计划，细化了178项重点工作，明确责任，狠抓落实，扎实工作，圆满完成了年初确定的目标任务。

一、创业就业取得良好成效

制定下发了《吉林省人民政府办公厅关于做好全省普通高等学校毕业生就业工作的通知》和扶持民营经济发展意见等一系列促进创业就业的优惠政策，完成了300名“三支一扶”大学生招募任务。2013年，全省城镇新增就业57万人，完成年计划的103.6%；城镇登记失业率为3.7%，低于计划控制线0.8个百分点；劳动者素质培训85.8万人，完成年计划的107%；开发公益性岗位13.04万个，城镇“零就业”家庭保持动态为零；全省转移农村劳动力399.5万人，完成年计划105%；全省农民人均劳务收入2 950元，比年计划高出250元；全省新建就业困难人员创业市场、农民工返乡创业基地、大学生创业园区115个，扶持创业12 789人，带动就业55 611人；创建高质量就业示范社区（行政村）100个；高校毕业生登记就业率达到91.8%。

二、统筹城乡社保体系建设取得重要进展

国企改制社保并轨试点失业保险问题、早期关闭改制困难国企退休人员纳入职工医保问题、“老工伤”人员纳入统筹管理问题得到稳妥解决。全部启动城镇居民大病医保救治制度。2014年1月1日在全省范围内实现异地就医即时结算。制定了《关于在城镇就业农村居民参加基本养老保险有关问题的通知》，在全国率先出台了有利于农民转为市民的参保政策。提高企业退休人员基本养老金标准，全省人均月养老金达到1 543元；提高城镇居民医保补助标准，由每人每年240元提高到280元；提出了提高工伤保险伤残津贴、生活护理费和供养亲属抚恤金的指导意见，各统筹地区基本完成了待遇调整工作。积极配合有关部门，推进厂办大集体改革、国有林场改革和县级公立医院改革。各项社会保险覆盖范围达到3 695万人次，完成年计划的104.7%。

三、人才队伍建设进一步加强

会同省科技厅制定出台了《关于科研人员科技成果省内转化的认定及职称评聘工作实施细则》，有61人认定为相应等级成果并在专业技术职务认定方面予以政策倾斜。经推荐，吉林省共有7人入选“国家特支计划”和国家“百千万人才工程”。围绕为长吉图开发开放先导区建设提供人才支撑，启动了长春高新区、吉林市高新区、延边州高新区等7个引智示范园区建设。依托大型中省直企业，建设了10个技能大师工作室。举行2013年吉林省首席

技师竞赛，评选了300名首席技师。新建2个国家级高技能人才培训基地，有8名企业一线高技能人才获国务院特贴。集中资助高层次创新创业人才58名，资助金额1 300万元。引进国外智力工作扎实开展，1名外国专家经推荐获得“国家友谊奖”，全年执行出国（境）培训项目128项，派出培训522人次；执行引智项目120项，聘请外国专家300人。

四、人事制度改革扎实推进

认真开展公务员法律法规贯彻实施情况检查，圆满完成公务员考录工作任务，“行政职业能力测验”常态化命题工作取得新进展。加强对事业单位岗位设置实施工作的管理指导，省属高校、部分县（市）等重点、难点领域事业单位岗位分级聘用工作取得突破进展。积极探索建立事业单位竞聘上岗机制，在10个试点事业单位稳步推进。在全省实行了中小学教师职称制度扩面改革工作，最终评审确定正高级教师59名。为引导和鼓励更多人才向民营企业聚集，制定出台了“下放一级”、“实行双免”、“认定三创”的民营企业职称评聘激励政策。计划分配军转干部安置工作圆满结束，受到总政治部和国务院军转办联合调研组的高度评价。

五、工资分配宏观调控力度增强

积极推动落实公务员第三步规范津贴补贴和事业单位实施绩效工资工作。继续落实职工未休年假加倍补偿工资政策。积极推进在桦甸市开展的县以下机关公务员职务与职级并行制度试点，已在2013年底前兑现完毕。全面上调了企业最低工资标准，平均增幅16.29%，各档标准分别由原来的1 150元、950元和830元，调整到1 320元、1 220元和1 120元，调整后最低工资标准平均值占在岗职工平均工资的37%，比调整前增加4个百分点。

六、劳动关系保持和谐稳定

为从源头上治理和解决拖欠农民工工资问题，研究成立了农民工工资保障管理服务公司，派员深入工地对农民工实行实名制管理，将工资直接发放到农民工实名工资卡，这项管理办法在全国还是首创，已在长春和吉林两市试点。加强劳动保障监察“两网化”管理系统建设，完成“两网化”管理覆盖80%地级市的目标。开展了清理整顿人力资源市场秩序专项行动、用人单位遵守劳动法律法规和社会保险法专项检查，制定了《吉林省拒不支付劳动报酬案件移送和查处工作实施办法》。进一步推进劳动人事争议“大调解”体系建设，确定100户非公有制企业作为劳动争议预防调解示范单位，开展了第二批国有企业劳动争议预防调解示范工作，吉林省“大调解”体系建设得到国家人社部充分肯定，承担全国劳动人事争议调解仲裁员培训教材的有关内容的编写任务。全面落实劳动合同制度，全省劳动用工备案率97.17%、备案企业劳动合同签订率98.95%，超额完成年初计划。

七、依法行政能力得到提升

全系统干部依法行政意识和能力普遍增强，省人社厅全年受理行政审批9.5万件，按时办结率100%；办理答复人大、政协建议提案质量进一步提升，面复率、满意率达到100%；社保基金监督工作的行政执法和社会监督方式走在全国前列，三次在全国会议上介绍经验；组织实施了“行政程序规范年”活动，并对2000年以来制定的1 003件政策文件进行了集中清理。进一步减少行政审批项目，上半年将原有的14项调整为9项，下半年又对行政审批项目进行清理下放，最终保留5项。

八、基础能力建设进一步加强

扎实开展教育实践活动，采取一系列具体举措解决突出问题，取得初步成效，有关情况被中央电视台《新闻联播》、新华社《高管专供信息》、《中国组织人事报》和人民网等新闻媒体予以宣传报道。加强基层人社服务平台建设，计划用2～3年时间，使用社会保障“一卡通”建设合作银行资金，加强市、县、街道（乡镇）三级人社服务平台建设，第一批已经启动。研究使用公益性岗位充实基层人社服务平台的有关办法，以解决人员编制不足、服务力量薄弱的问题。为提高经办服务能力和提升信息化应用水平，提出用2年左右时间建设10个信息系统，目前各项系统建设正按计划稳步推进，部分系统已经建成投入使用。深入开展廉政风险防控工作，扎实推进窗口建设和政风行风建设，进一步规范权力运行。“三帮扶”工作深入开展，创先争优活动、机关党的建设全面加强。实行机关和事业单位交流任职，拓宽了选人用人视野。

吉林省人力资源和社会保障厅

长 春 市

2013 年，长春市人力资源和社会保障工作紧紧围绕全市经济社会发展大局，牢牢把握“民生为本、人才优先”的工作主线，注重工作研究与创新，敢于啃“硬骨头”，统筹推进创业就业工作，进一步夯实人才队伍建设，主动为民营经济发展提供人才支撑和优质服务，努力扩大社会保险覆盖面，提高保障水平，积极构建和谐稳定的劳动关系，全面加强机关自身建设，圆满完成了预期目标和工作任务。

一、就业创业工作

全市实现城镇新增就业 12.3 万人，城镇失业人员实现再就业 5.9 万人，新发放小额担保贷款 9 008 万元，推介创业成功项目 1 285 个，实现农村劳动力转移就业 110.2 万人，零就业家庭保持动态为零，城镇登记失业率为 3.53%。在 2013 年的就业创业工作中，长春市重点强化载体建设，成功打造了 5 个平台。

（一）成功打造长春创业就业博览会平台。

第四届中国长春创业就业博览会成功举办，共吸引招聘单位 2 231 家，提供招聘岗位 3.5 万个，提供创业项目 3 789 个，与 27 个外国专家组织和海外华人团体签署了人才培训协议及合作框架协议。“创博会”闭幕后，专门制定了“创博会”后续服务的 16 条具体措施，达到了会上与会下、会中与会后紧密结合、有效对接的服务效果，体现了永不落幕的办展理念。人力资源市场和人才市场共举办各类招聘洽谈会 328 场，其中“民营企业招聘周”、“高校毕业生招聘会”、“就业援助”等专场招聘洽谈会 67 场，接待用人单位近 3 万家次，求职者近百万人次。

（二）成功打造长春创业服务平台。

长春市创业服务中心正式启动，通过建立系统化、专业化、集约化、日常化创业服务体系，全力打造了“创业实训、孵化、服务”一体化工作平台并提供“创业项目、资金、场地”一站式服务，成为人社部门助力“民营经济发展”、推动“幸福长春”建设的全新切入点和突破点。

（三）成功打造“千名科技专家服务民营企业”专项对接平台。

为充分发挥人社部门服务民营经济发展和扶持创业的人才支撑作用，专门开展了“千名科技专家服务民营企业”行动，累计收集整理科技难题 278 项，科研成果 168 个，联系科技专家 225 人，为 62 位来自各高校和科研院所的科技专家颁发了聘书，确定 10 家民营企业为长春市首批科技专家服务基地，组织 456 家民营企业与专家开展了洽谈对接，达成意向合作协议 53 项。通过积极促进科技人才、技术成果与民营企业的有效对接，达到了选培一批专家、破解一批难题、转化一批成果、培养一批人才的目的。

（四）成功打造就业创业文化平台。

为不断开辟长春的创业就业文化空间，提高市民参与创业、关注就业的积极性，与长春广播电视台联合推出了一档专题民生类公益服务栏目——《创业梦想》，栏目以服务就业创业，建设幸福长春为宗旨，自 2013 年 8 月 24 日开播以来，收视率和观众反响良好，已经逐步成为全市宣传就业政策、服务求职人员、展示创业项目、实现创业梦想的重要平台。

（五）成功打造“政校企”联动平台。

出台了《进一步加强和完善高校毕业生创业就业的意见》，制定了做好高校毕业生就业创业服务的18条措施。启动了“政校企”联合体，在全市38所高校建立了创业就业工作站。为3 000名毕业学年高校毕业生提供了创业培训，新建大学生创业园12个，创业实训基地10个，发放大学生小额担保贷款1 680万元。

二、社会保障工作

全市城镇职工基本医疗保险参保160.8万人，城镇居民医疗保险参保245.8万人，医疗保险参保率达到95%；工伤保险参保118.4万人，生育保险参保112.6万人，两项保险参保率均达到98%以上。

（一）社会保险制度不断健全完善。

启动了城镇居民大病医疗保险，首批推出了儿童急性白血病、肺癌等40种多发、对家庭构成灾难负担的病种，平均补偿比例不低于80%，年度内最高支付限额为10万元。儿童白血病、血友病等21个病种实行低自付治疗。医疗、工伤、生育保险市级统筹制度全部实现，全市参保人员在长春市行政区域内定点医疗机构和定点零售药店发生的合规医药费用，均可持社会保障卡即时结算。

（二）保障待遇水平进一步提高。

在个人缴费不增加的情况下，2013年居民医保政府补助标准由每人每年240元提高到280元。职工医保门诊统筹报销额度由1 200元提高到2 000元，居民医保门诊统筹报销额度由800元提高到1 200元。冠状动脉支架植入术后抗血小板治疗等20个病种纳入职工医保门诊慢性病范围，慢性病总数达到44种。残疾人运动疗法等9个康复项目纳入了中医特色门诊试点范围。361种骨科耗材开展了政府团购招标，整体价格实现大幅度下降，最高降幅达90%。完成了2013年城镇企业职工退休养老金的调待工作。进一步提高了工伤职工伤残津贴、生活护理费、工亡人员供养亲属抚恤金和按月领取伤残补助金人员待遇标准。

（三）城乡社会保险难题妥善解决。

对被征地农民参加养老保险工作进行了全面梳理和完善，特别是对过渡基金账户中尚未参保的63 115名被征地农民进行了准确核实。完成厂办大集体企业改革142户，发放经济补偿金9 820万元，帮助33户厂办大集体企业职工补缴养老保险欠费6 612万元。争取到省政府补助资金2 037万元，解决了10 186名2005年底前退休的具有国企身份退休人员一次性参加医保的问题。启动改制国企按“两项”政策退休人员参加医疗保险工作，解决了近3 000人的医保问题。稳慎推进老工伤人员纳入保险统筹工作，完成了562人的身份鉴定工作。

（四）管理经办能力持续提升。

组织开展了医保“两定”单位专项检查活动月，对59家定点医院和48家定点药店的14类违规行为做出了取消资格、停网整顿、限期整改、行政罚款等处理决定。全面启动了长春医保“电子社保”服务工程，医保卡制发工作由过去的期限发卡改为即时发卡。开展了工伤、医疗保险扩面专项行动，新增参保企业380户，涉及职工36 141人。

三、工资收入分配

机关事业单位工资管理进一步规范，完成了不休假补贴标准核定，组织市直机关公务员开展了健康体检和异地疗养，全年新调入核定工资1 410人，对提职的5 083人晋升了工资，对正常晋升的31 494人履行了工资手续。企业工资管理工作进一步加强，针对不同类型的企业，按行业和隶属关系分类，进行了较大规模的抽样调查，下发“企业工资信息调查报表”3 159份，问卷调查1 700份，涉及职工10.3万余人，共生成1 365个职位（工种），其中单独形成41个外商投资企业职位（工种）、6个学历等级、10个年龄段、8个工龄段、9个专业技术等级、14个国民经济行业、4个隶属关系、10个登记注册类型、35个家政（社区）服务业岗位，面向社会发布企业工资指导价位5 519个。及时发布部分行业人工成本情况及预警线，对2 566户企业、10.7万名职工的人工成本进行了抽样调查，形成了2013年长春市人工成本参考水平和人工成本预警线并面向社会发布。认真落实国家薪酬调查工作，将调查企业由941户增加到1 613户，为深化收入分配制度改革提供了数据支撑。督促市属9户国有企业及国有控股企业认真执行国家关于国有企业工资总额和负责人薪酬管理的有关政策，及时调整最低工资标准，全市最低工资标准由1 150元提高到1 320元。

四、人事制度改革

（一）加强公务员队伍建设。

组织完成了2013年度全市各级机关考试录用公务员计划申报和笔试、面试、体检组织工作，新录用公务员520名。对1 119名符合晋升非领导职务条件人员进行审批备案，为104名符合条件的人员办理了调转任手续，面向基层遴选公务员13人，公务员日常管理基本实现信息化。公务员更新知识培训创新推出了自选专题培训，组织培训市直机关公务员及参照公务员法管理事业单位人员1.53万人；组织副处长任职培训班和进修培训班各一期，培训副处长208人；组织初任培训班2期，培训666人。完成了政府机关公务员和事业单位工作人员2012年度考核备案工作，制定下发了市政府工作部门2013年绩效评估《实施方案》，对评比达标表彰情况进行了全面清理规范。

（二）深化事业单位人事制度改革。

对市属事业单位高层次和短缺人才需求情况开展了全面调查，组织完成了2013年事业单位招聘工作人员的计划、报名、笔试和面试、体检工作，共招聘工作人员977人。不断创新事业单位工作人员招聘形式，以充分适应长春经济发展转型升级、城市建设管理及社会管理创新对人才的新要求为主线，探索制定了事业单位工作人员招聘制度改革方案。

（三）军转干部安置任务圆满完成。

完成了2012年计划分配军转干部及随军随调家属的报到和收尾总结工作，新接收2013年军队转业干部299人，其中计划分配军转干部241人，自主择业军转干部58人。完成了1 545名自主择业军转干部退役金调整、医保基数调整、冬季采暖费、独生子女费发放等工作。积极打造具有长春特色的“创业就业拥军”工程，组织开展了以“送岗位、送技能、送健康”为主题的进军营系列活动。

五、人才队伍建设

（一）专业技术人才队伍建设进一步加强。

为推进长春汽车、农产品深加工等重点产业发展，积极扩大人才引进渠道，对驻长441家中省直单位开展了调查，发布了2013年企业人才需求目录，争取省人才开发资金215万元。突出海外高层次人才这条主线，积极组织参加深圳国际人才交流大会和广州留学归国人员交流大会，对接留学人员创业项目和科技难题招贤项目8项。坚持以高层次创新型科技人才为重点，有计划、分领域、分类别、分层次开展大规模的继续教育活动，共培训专业技术人员3.1万人。

（二）深化职称制度改革。

组织召开了长春市深化中小学教师职称制度改革动员部署会，市本级中小学教师职称过渡工作基本完成。完成了吉林省第四批拔尖创新人才推荐选拔工作，组织了享受长春市政府特殊津贴人员申报工作。全市共初审专业技术人员材料5 722份，评委会通过3 003份，特别是对参评机械专业高级职称的增加了答辩环节，进一步完善了专业技术人员职称评审机制。

（三）引进国外智力和外国专家管理工作取得明显成效。

全力加大引智工作力度，全年共组织实施30个国家和地区引进技术和管理人才项目，完成引进人才130人次，争取国家专项经费资助373万元。全年办理外国专家来华工作许可122件，办理外国专家证312个。完成了长春友谊奖的组织申报和评审表彰工作，10位外国专家获得长春友谊奖，11位外国专家获得长春市优秀外国专家荣誉称号。在国家外专局组织的“我与外教”全国征文大赛中，长春市外国专家局获“优秀组织奖”。

（四）扎实推进技能人才队伍建设。

专门制定了技能人才发展规划，开展了全国百家城市技能振兴专项行动，应用全国职业培训信息统计系统，通过采取高端带动、全员技能培训、创业培训和多元化评价等措施，搭建了技能人才快速成长平台，全年共组织培训各类人员16.5万人。落实优秀青年人才选拔培养计划，组织开展了2013年职业技能竞赛系列活动。全市职业技能鉴定工种达到21个，完成技能鉴定15个批次，鉴定考核26 008人，其中高技能人才2 207人。开展了技工学校助学金专项检查行动，局属技工学校新生注册5 374人，安置毕业生6 619人，就业率达到97.5%。

六、劳动关系和劳动者权益维护

（一）劳动关系协调机制进一步健全。

在全市范围内组织开展了劳动关系促和谐系列活动，探索建立了部门联合、上下联动、全社会共同发展的和谐劳动关系新局面。对劳务派遣企业开展了专项检查，针对“创建和谐劳动关系园区”开展了深度调研，制定了《长春市建设施工领域建立农民工欠薪处理责任制的通知》，通过将农民工欠薪处理责任落实到源头，全面构建了权责统一、齐抓共管、综合治理的工作机制，确保了农民工工资清欠长效机制的建立，共为3.1万名农民工追讨拖欠工资3.3亿元。

（二）积极稳妥参与处理“德惠宝源丰禽业公司6·3特大事故”。

“德惠宝源丰禽业公司6·3特大事故”发生后，市人社局快速反应，连夜起草了各项政策赔付方案，对工亡人员费用支出情况、重伤人员待遇情况做出了准确测算。特别是为从速解决工伤认定及遗属丧失能力鉴定工作，专门开辟了工亡认定快速通道，对完全丧失劳动能力人员组织专家到德惠现场鉴定。在补偿标准上，坚持政策从优，得到121名工亡职工家属和76名工伤职工的普遍理解和认同。

（三）劳动人事争议调解仲裁工作取得积极进展。

坚持以妥善处理劳动人事争议为手段，以保障企业和职工的合法权益为重点，以构建和谐稳定的劳动关系为目标，共处理劳动人事争议1 243件，结案1 197件，结案率达到96%，为劳动者维权涉及金额1 900余万元。组织全市169个街、镇、乡，395个社区，就近就地调解各类劳动争议2 016件，有2 838起劳资纠纷在基层得到有效化解。制定了《信访维稳工作实施意见》，初步构建了长春市人社系统“大信访”工作格局，有效防范和杜绝了影响社会稳定的群体性事件发生。

（四）劳动保障执法效能得到全面提升。

劳动保障监察“两网化”管理试点进展顺利，组织开展了维护农民工合法权益“春暖行动”，连续开展了两轮建筑工地专项检查，对可能发生欠薪的工地进行了全面排查。共立案处理违法案件212件，检查用人单位1 200户，建筑工地256个，督促用人单位补签劳动合同3 600份，办理社会保险12 700人。

七、机关和自身建设

深入组织开展党的群众路线教育实践活动，对征集汇总上来的50条意见和问题进行了深入剖析、立查立改，公益岗位管理等整改落实措施作为先进典型在吉林省得到宣传推广。制定印发了全局加强机关自身建设的意见、日常工作的督办意见、宣传工作的整合意见、防腐倡廉意见，确定了党委理财制度、重大问题集体研究制度，形成了具有部门特色的机关管理和建设标准。召开了县（市）区、开发区问题研究会和局系统重点工作研讨会，编撰刊印了《动态研判》、《读书大家谈》。通过强化学习力、服务力、执行力、约束力和文化力，全面树立了“倾心服务，实干为民”的工作理念。

长春市人力资源和社会保障局

黑龙江省

2013年，在人力资源社会保障部和省委、省政府的正确领导下，黑龙江省人力资源社会保障厅全面贯彻落实党的十八大精神，坚持民生为本、人才优先工作主线，深入实施更加积极的就业政策，加快完善城乡社会保障制度，切实加强人才队伍建设，全面深化人事制度改革，稳步推进工资制度改革，积极构建和谐劳动关系，稳中求进，开拓创新，扎实推进人力资源和社会保障各项工作有效落实，为全省经济社会发展和社会和谐稳定做出了积极贡献。

一、就业创业工作成效显著

全省实现新就业89.92万人，完成年计划的128.5%；新增就业78.83万人，完成年计划的131.4%；失业人员再就业61.46万人，完成年计划的122.9%；城镇登记失业率为4.43%，比计划控制目标低0.17个百分点，高校毕业生就业率达90.65%。

一是深挖十大重点产业、国有企业及小微等非公有企业的就业潜能，积极开发就业岗位，组织650余次专项招聘活动，实现就业11.69万人。二是进一步完善创业政策体系，加大高校毕业生和农民创业扶持力度。大力推广鸡西市政校联合体服务大学生创业工作新模式，开展创业培训10.9万人，为4.3万名创业者发放小额担保贷款23亿元。三是做好高校毕业生等重点群体就业。联合多个职能部门报省政府办公厅下发了《关于进一步促进普通高等学校毕业生就业工作的通知》（黑政办发［2013］42号），从落实就业政策、拓宽就业渠道、鼓励自主创业等8个方面明确了22条新举措。制定下发了《关于做好我省2013年高校毕业生“三支一扶”计划实施工作的通知》（黑人社发［2013］29号）和《黑龙江省高校毕业生就业见习管理办法》（黑人社发［2013］30号），认真实施高校毕业生“三支一扶”计划，招募470名大学生到乡镇服务；强化就业见习，完成就业见习8 001人，留用4 854人，留用率达59%；开发适合高校毕业生就业的公益性岗位3 000个。四是扎实开展春风行动、民营企业招聘周、高校毕业生就业服务月等就业服务专项活动。23.25万名就业困难人员通过就业援助实现了就业，消除零就业家庭3 424户，保持了零就业家庭月动态管理为零的目标。五是继续开展高技能人才培养项目建设。创新培训形式，提高培训质量，开展就业技能培训54.4万人，岗位技能提升培训28.9万人。打造“蓝领”阶层，加大校企合作力度，开展订单式培养，全省技工院校招生每年都在10万人左右，一些紧俏专业的技工院校毕业生十分受欢迎，就业率保持在98%以上。六是加强全省基层服务平台建设。在全省基层服务平台开展“五统一”工作，即统一基础台账、统一服务内容、统一工作流程、统一规章制度、统一服务标准。制发了《2013年全省创建省级充分就业社区工作计划》，35%以上的社区达到了省级充分就业社区标准。

二、社会保障体系不断完善

全省基本养老、基本医疗、失业、工伤和生育保险参保人数分别达1 062.1万人、1 592.88万人、477.35万人、493.13万人和

355.06 万人，分别完成年计划的 104.5%、100.49%、100.08%、100.02%和 100.02%。

一是经省政府批准，实施了 2013 年企业退休人员养老金调整工作。在普惠原则的基础上兼顾各个群体的实际情况，对新中国成立前参加工作退休的老工人、年满 70 周岁和年满 80 周岁等群体进行了倾斜，全省企业退休人员基本养老金月人均提高 246 元，月平均水平达 1 676 元。二是制定政策，为抗美援朝老兵月人均发放 260 元生活补贴，资金由所在企业支出，企业不存在或没有能力发放的，由地方财政负责。三是依据《黑龙江省人民政府办公厅转发省人社厅省财政厅省地税局关于进一步加强基本养老保险征缴工作实施意见的通知》（黑政办发［2013］45 号）的精神，把全省城镇企业职工基本养老保险单位缴费比例从 22%下降为 20%，与地税、财政一起在全省范围内开展了企业基本养老保险征缴工作，同时放宽了灵活就业人员参保条件，允许农村户籍、外省户籍人员凭相关证明可参加城镇企业职工基本养老保险，鼓励企业化管理事业单位参加城镇企业职工基本养老保险，完善了机关事业单位编制外人员参保政策。四是稳步推进城乡居民养老保险参保缴费工作，参保人数达 815 万人，平均参保率达 88%，244 万名 60 周岁以上城乡老年居民享受待遇。五是不断提高全省城镇职工基本医疗保险和城镇居民基本医疗保险住院政策范围内统筹支付比例，分别达到 80.6%和 70.8%，城镇居民财政补助金额提高至 280 元/人，基本医疗保险水平进一步提高。同时，制定了《黑龙江省流动就业人员基本医疗保障关系转移接续暂行办法》（黑人社发［2013］61 号），对个人账户处理、缴费年限认定、跨制度转移账户处理等关键问题进行了明确，还制定下发了《关于省直机关事业单位职工医疗保险参保人员转诊转院政策调整的通知》（黑人社发［2013］59 号），明确规定了省直机关、事业单位参加基本医疗保险职工患病可自主选择医疗机构就医。六是进一步提高统筹层次，失业和工伤保险全面实现了市级统筹。连续 9 年同步提高工伤职工伤残津贴待遇标准，提高工伤人员护理费和供养亲属抚恤金及老工伤人员待遇。

三、人才队伍建设取得新进展

一是按照省委、省政府促进中小企业发展的总体部署，与瑞士签署五年中小企业人才培养协议，举办 5 期省重点产业园区经营管理人才培训班，并将培训转化为技术、项目合作。推动并协助瑞士在黑龙江建立“中小企业中国研发中心”，双方签署合作协议 6 项，达成合作意向 60 多项，目前研发中心已入驻哈尔滨科技创新城。二是深入实施领军人才梯队“535”工程。印发《省级领军人才梯队建设资金管理办法》（黑人社发［2013］27 号），设立专项建设资金，共有 21 个省级梯队获得 5 万元至 20 万元不等的专项资助。三是加快黑龙江省中小企业的产品、技术和品牌的国际交流与合作。推动并协助瑞士在黑龙江建立“瑞士中小企业中国研发中心”，有效提高黑龙江省中小企业的国际化水平，双方签署合作协议 6 项，合作意向 20 项。四是深入开展经济技术专家引智项目实施工作。全年共实施引进国外技术、管理专家项目 159 项，引进国外专家 356 人次。五是大力拓展以对俄为重点的国际人才交流合作。核电发电机设计技术、蓝宝石制备加工、耐高温绝热层材料、超导技术等一批高端项目启动实施。哈工大“外专千人计划”获批国家 500 万元的专项资金支持。组织和邀请来自俄罗斯、美国、日本、韩国等 20 个国家和地区 200 多名高层次专家参加第 24 届“哈洽会”，为省内外科技项目交流合作牵线搭桥。六是依托 6 所重点高等院校的专业技术人员继续教育培训基地，完成了 15.4 万专业技术人员知识更新继续教育及改职培训工作；承办了 6 期国家级高级研修班，高质量地完成了全国各地 300 多人次高级职称人员培训任务。七是落实国家高技能人才振兴计划。大兴安岭技师学院等 3 个单位被确定为国家级高技能人才培训基地建设项目实施单位，每个单位获得国家专项补助资金500万元。加快高技能人才培养步伐，共计培养高技能人才6.4万人，其中技师、高级技师2.1万人。继续同步实施省“55139”高技能人才培养工程，2013年共建立10个省级技能大师工作室，每个工作室省级财政给予专项补助资金5万元。

四、人事制度改革不断深化

一是认真组织公务员招考工作。全省共计17.6万名考生参加考试。全面做好全省政法干警及“选调优秀高校毕业生到基层”招考工作，圆满完成了中央机关及直属机构在黑龙江省的面试工作。进一步加强公务员面试考官队伍建设，对全省6 000名考官进行了专项培训。二是组织开展省市行政机关公开遴选工作。省直15家单位41个职位、5个地市56个职位面向全省公务员和参照公务员法管理的事业单位工作人员进行公开遴选，最终遴选了118名优秀年轻公务员。三是立足“四类培训”，进一步加大公务员培训力度。在全省印制编发了《公务员作风建设读本》，全面提升公务员知识素养和能力水平。四是加强评比表彰综合管理工作。制定下发《进一步做好处置突发事件有功集体和个人表彰奖励工作的通知》（黑评组办函［2013］1号），切实规范临时性表彰奖励管理工作。五是健全完善事业单位公开招聘工作。共组织61个省直部门的183个单位开展公开招聘工作，新聘用人员3 307人。建立省直事业单位公开招聘面试考官库，开展了第四期省直事业单位面试考官培训，省直有关单位、高校近千名考官参训，考官的能力和水平得到进一步提升。六是稳步推进事业单位改革。加强事业单位岗位设置管理工作，全省岗位设置方案批复率达到97%以上。起草了《关于进一步深化黑龙江省事业单位人事制度改革的意见》和《黑龙江省事业单位工作人员养老保险制度改革试点方案》，为下一步改革奠定基础。七是创新职称评价方式。在考评结合的基础上，探索试行评审分值制，提高了评价质量。开展中小学教师职称改革试点，首批评审的16名正高级职称人员全部通过国家审核。卫计、科技、质监、文化、国土、住建等部门在人事制度改革方面进行了行之有效的探索。八是完成805名军转干部安置任务。其中，计划分配军转干部515人，自主择业军转干部290人。加强企业军转干部解困和维稳工作，企业军转干部总体稳定。

五、收入分配制度改革稳步推进

一是充分考虑不同类型事业单位的特点和复杂性，研究制定了《黑龙江省人民政府办公厅关于印发黑龙江省分类推进事业单位改革有关配套文件的通知》（黑政办发［2013］59号），进一步明确了黑龙江省关于事业单位实施绩效工资的有关意见。二是继续深化企业收入分配改革。开展企业薪酬调查和中小企业职工工资情况调研工作，提出多项提高黑龙江省企业职工工资收入刺激性政策。加强工资总额管理，稳步推行工资集体协商制度，及时测算并发布工资指导线、劳动力市场工资指导价位。三是全面推进工资集体协商制度，落实经集体协商确定的工资总额可税前列支制度。以非公有制企业为重点积极稳妥地推进行业性和区域性工资集体协商，研究起草了全面推进工资集体协商办法。四是加强国有企业薪酬管理，开展了国有企业工资内外收入监督检查。

六、劳动关系保持和谐稳定

一是推进劳动合同、集体合同制度实施。继续开展小企业劳动合同制度实施专项行动和农民工劳动合同签订“春暖行动”，着力提高小企业和农民工劳动合同签订率。全省各类企业劳动合同签订率达96.2%，继续推进集体合同制度及《黑龙江省集体合同条例》贯彻实施，集体合同覆盖面不断扩大，全省集体合同签订率达76%。二是认真开展农民工工资支付、清理整顿人力资源市场秩序、劳动保障诚信建设暨年检专项执法活动。共主动监察各类用人单位46 646户，为62万名劳动者追发工资等待遇5.92亿余元。三是加强企业劳动争议预防调解工作。全省受理劳动人事调解仲裁案件 9 017 件，结案率 95.2%；全省仲裁办案实现网络管理；省、市、县三级仲裁机构实体化率达 100%，提前两年完成任务目标；全国效能建设评估位列第四。四是抓好农民工综合服务工作。组织开展农民工培训调研工作，积极推进农民工综合服务平台建设，已建农民工综合服务中心 36 个，农民工综合服务（站）所 600 余个。

七、民生服务平台建设迈出新步伐

一是编制了数据民生手册，涵盖人社工作 10 年来 2 000 多项指标，为深入推进改善民生提供有力支撑。二是进一步拓展服务渠道，着手开通 12333 咨询服务热线和政务微博，为老百姓提供政策解答、业务咨询、办事指南等服务。三是开展“诚信服务树品牌，规范管理促发展”主题创建活动，全省人力资源服务机构发展到 535 个。积极争取国家基层服务平台建设试点项目，已覆盖 49 个县市和 196 个乡镇；全省建立基层服务平台 14 396 个，实现了基层人社服务的城乡全覆盖。四是抓好农民工综合服务工作，积极推进农民工综合服务平台建设，已建农民工综合服务中心 36 个，农民工综合服务（站）所 600 余个。

八、党的群众路线教育实践活动取得实效

一是在规范行政审批事项方面，按照陆昊省长在省政府常务会议上提出的“把所有审批项目从头捋，只要有审批痕迹，都不能简单地作为内部工作程序”的要求，坚持对行政审批“瘦身”，该取消的取消，该下放的下放。二是在提高窗口服务质量方面，开通了为全省参加基本养老保险人员退休审批提供“一站式”服务，退休审批经办程序从原有的 12 个环节 30 个步骤缩减为 3 个环节 7 个步骤，办理周期由原来的至少 60 天缩短到不足 20 分钟。在全省社保系统经办服务窗口开展“三不计较、六个到位”创建活动，并轮流值班延长窗口服务时间。三是在加强资金（基金）监管方面，出台了《关于加强资金（基金）安全管理的措施》和《社会保险工作人员纪律规定》，要求社会保险工作人员严格遵守 20 个“不准”，加强内控管理，积极开展网上监督，规范审批核准流程，确定了流程中 6 个控制风险点，堵塞财务管理漏洞，确保各类专项资金使用安全。四是在开展专项整治方面，全年大型会议同比减少 50%，各类文件同比减少 27%；“三公”经费和会议费支出同比减少 27%；对厅领导干部超标准 13 间办公房，处级以下干部超标准 41 间办公房，按要求在规定时间内进行了整改；对全厅 99 家预算单位公务用车进行了认真清理，并按相关规定整改到位。

黑龙江省人力资源和社会保障厅

哈尔滨市

2013年，在哈尔滨市委、市政府正确领导下，全市人力资源和社会保障工作坚持“民生为本、人才优先”的工作理念，面对经济复苏放缓和下行压力加大给人社战线带来的严峻形势，全局干部职工团结协作，攻坚克难，奋力开拓，务实创新，圆满完成了全年各项工作任务。

一、落实积极的就业创业政策，稳步推进重点群体创业就业

全年城镇新增就业13.8万人，失业人员再就业9.23万人，就业困难人员实现就业3.95万人，城镇登记失业率3.62%，低于控制目标0.68个百分点。制定印发《关于进一步加强技能和创业培训有关问题的通知》、《哈尔滨市离校未就业高校毕业生就业促进计划》等政策文件，对1.2万名离校未就业高校毕业生进行实名制动态管理，并提供了0.8万个见习岗位。开展《哈尔滨高校毕业生就业形势分析》课题研究，举办创业服务进校园和就业援助月活动，直接促进1.27万名大学生实现就业。为1.24万人发放小额贷款12.22亿元，为5.7万人发放灵活就业补贴1.3亿元。组织各类创业培训1.2万人、发放补贴933.4万元。成功举办哈尔滨创业（就业）博览会，8.7万人入场交流、提供就业岗位3.1万个、签约5 387人、引进国外项目36个。第四届哈尔滨大学生创业大赛，吸引43所高校432支创业团队参赛，有7个创业项目在哈落地。依托江南江北两所技师学院，对1.3万名年度内高校毕业生进行了创业和技能培训，并高质量抓了大学生孵化园项目建设工作，全年已有30个项目入园，带动120余名大学生就业。开展就业系列援助服务，先后举办了“春风行动”、“第五届农民工求职大集”、“民营企业招聘周”、“新春招聘大篷车”、“送岗位进灾区”等招聘活动163场，登记招聘27.5万人次，签订意向性协议16万人次。组织全市98家人力资源服务机构开展了“诚信评价体系建设”活动，有力规范了人力资源市场经营行为。

二、社会保险覆盖范围进一步扩大，社保待遇和机构服务水平不断提高

全市养老、医疗、工伤、失业和生育保险参保人数分别新增7.8万人、3万人、2万人、11.3万人和2万人，总数分别达到122.3万人、365.1万人、121.13万人、125.81万人和86.1万人，全市新农保参保202万人，参保率达99.7%。在全面扩面的同时，破解了8.3万名被征地农民养老保险遗留问题，解决了后顾之忧，受到群众好评，得到政府及社会各界的充分肯定。为75.9万名企业退休人员调整待遇，人均提高228元。启动了城镇居民医保大病保险制度、报销比例将不低于50%，将0～28天新生儿纳入城镇居民医保范围。进一步提高居民医保住院和门诊统筹待遇标准。进一步减轻困难群体参保缴费负担，对低收入家庭60周岁以上老年人参加城镇居民基本医疗保险个人缴费部分，由政府给予全额补助。将符合规定的社区卫生服务机构纳入医疗保险定点管理范围。探索建立城镇居民大病保险制度。起草《2013年调整失业保险金标准意见》，

拟由市区 735 元、县（市）518 元，提高到市区 986 元、县（市）765 元。通过提高信息化建设水平，强化服务意识，改进工作作风，简化办事程序等措施，提高了工作效率，方便了群众办事。

三、人事人才工作取得新突破，公务员队伍管理不断加强

面对全市经济社会发展对人事人才支持保障作用的需求，各级人社部门加大了人事人才工作的落实和创新力度，取得了显著成效。全年共计引进人才 2 410 名，其中制定和实施“一事一议”引才办法，投入近 2 000 万元人才发展资金，为重点领域引进高层次和急需紧缺人才 50 名（含一个专家团队）。深入调查研究，制定人才配套政策，打开了人才引进和人才培养开发政策环境改善的大门。争取 225 套公寓住房，用于人才无偿周转使用，并研究制定了分配方案和管理使用办法。完成引智项目 40 项，引进外国专家 165 人，派出培训 102 人。形成了 95 支覆盖全市经济社会发展领域的纵向人才梯队，有 5 个省级梯队被列为省“535 工程”重点梯队，有 4 个梯队被省厅评为优秀梯队，市人社局被评为全省梯队建设先进单位。成功组织了第三届市长特别奖表彰。完成高技能人才培训 2.3 万人，为重点领域企业输送了大批技能人才。制定印发《哈尔滨市公务员考核实施办法（试行）》，牵头开展了全市公务员队伍履职尽责专项整治，组织开展了“争做人民满意公务员”和“学业务、提技能、长本领”活动，完成了年度公务员考核奖惩，全市共招录公务员 781 名，为 16 个市直机关及参公单位遴选录用公务员 34 人，规范了全市评比表彰工作，完成了公务员“四种”培训。基本完成了全市 5 193 个事业单位的岗位设置工作，完成高级职称申报签转 2 250 余人次、中级职称审核 560 余人次，完成专业技术人员继续教育 21.5 万人，进一步推进了事业单位工作人员公开招聘制，新招聘事业单位工作人员 259 名，在部分领域实行了事业单位绩效管理。平稳完成了各项人事考试。全年共组织各类人事考试 11.8 万人，其中公务员录用考试 31 435 人；事业单位工作人员招聘考试 1 893 人；各类职称考试 34 414 人；各类职业资格鉴定考试 50 698 人，确保了考试安全。圆满完成了 174 名军转干部和 100 名随军家属安置任务，为 4 035 名失业、退休的企业军转干部发放解困资金 4 000 余万元，为自主择业转业军官发放医保费 547.7 万元、住房补贴 939.5 万元，为驻哈部队未就业随军家属 1 081 人发放生活补贴 465 万余元。

四、劳动关系总体保持和谐，依法行政能力不断提高

针对劳动者合法权益日益面临挑战的严峻形势，立足从源头预防上入手，创新化解劳动关系矛盾机制，积极构建和谐劳动关系。开展了小企业劳动合同及集体合同签订专项行动，劳动合同签订率达 98.5%。加强三方机制建设，完善非公小企业劳动合同制度。稳步推进工资收入分配制度改革。对公益性岗位、政府雇员和临时用工工资标准进行了调整。初步建立完善了工资调查机制，适时发布企业工资指导线，确定 207 个职位工资指导价位。加大劳动保障监察力度，全市各类企业劳动合同签订率达到 98.8%。全市受理劳动争议案件 2 005 件，终局裁决 237 件，为当事人挽回经济损失 5 873 余万元。劳动保障监察机构处理投诉举报案件 1 076 起，涉及劳动者 2.3 万人，金额 2.4 亿元，全市农民工工资保障金收缴 5.5 亿元，收缴率达 98%。全年处理行政应议案件 27 件、行政应诉案件 28 件，行政应诉应议答复率和重大处罚报备率均达到 100%。全市共接待处理群众信访 3 152 人次，一次性处理率 96.3%。

五、群众路线教育全面开展，全员作风明显改善

局党委按照市委开展群众路线教育实践活动总体部署，紧密联系自身实际，深入查摆问题，积极抓好整改，班子建设得到了进一步加强。坚持把加强党的建设作为推动人社工作发展的重要政治保障，全系统紧紧围绕年度目标任务，以“创先争优”为切入点，通过组织各类工作演讲、观看专题片、专题辅导、编辑《人社工作服务指南手册》、到廉政基地接受教育等形式，使机关全体人员思想和作风有了明显转变。以开展共产党员先锋岗活动为抓手，进一步改进作风，缩短流程、减少要件、压缩时限，提高了工作效率，群众满意度不断提升。对外服务电话12333共接听各类咨询服务电话82.9万个。群众满意率达99.9%以上。

哈尔滨市人力资源和社会保障局

上　海　市

2013年，上海市各级人力资源社会保障部门坚决贯彻落实党的十八大、十八届三中全会决定和中央的一系列方针政策精神，按照“稳中求进”的总基调，在人力资源和社会保障部的指导下，在上海市委、市政府的领导下，通过全市各级人力资源社会保障部门和各方面的共同努力，全面完成了各项工作任务。

一、实施更加积极的就业政策，就业形势保持基本稳定

（一）全面完成全年就业工作目标。

2013年，上海市新增就业岗位60.05万个（其中非农就业岗位11.15万个），完成全年50万个目标任务的120.1%。年底，全市城镇登记失业人数控制在26.37万人（全年控制目标为28.5万人），城镇登记失业率为4.2%，就业形势总体平稳。

（二）创业带动就业计划深入实施。

继续推进“鼓励创业带动就业三年行动计划”，开展市级创业孵化示范基地评选，提高小额贷款担保额度和创业经营场地房租补贴标准，拓宽贷款贴息对象范围，全市帮助成功创业10 788人，圆满完成了市政府“帮助1万人创业”的实事项目目标，进一步增强了创业氛围。

（三）对重点群体的就业工作有效推进。

实施“三支一扶”、社区服务计划、“离校未就业高校毕业生就业促进计划”等项目，加强上海户籍未就业高校毕业生实名登记并开展专项服务，高校毕业生总体就业率达到96%。推进扶持失业青年就业的“启航计划”，全年共帮助7 051名青年实现就业。延长了用人单位吸纳临近退休年龄就业困难人员的补贴期限，制定了促进上海就业困难人员在市容环卫、物业管理、涉老服务等行业以及农业领域就业的政策并开始试点。

（四）对在职职工的培训进一步强化。

认真落实地方教育费附加用于在职职工培训的政策，制定了上海市《关于区县建立中小企业职业技能培训公共服务平台的实施意见》及其配套办法，全年培训59.67万人。实施第二轮农民工技能提升三年行动计划，共培训农民工29.5万人。

（五）就业管理和服务进一步加强。

全面启动对协管队伍的调整转制，年底前已全部完成整合转制，退出非正规就业劳动组织。出台实施了对医院外来护工等四类来沪人员灵活就业登记的试行办法。开展了上海市就业创业先进集体、先进个人的评选表彰及2012—2013年上海市优秀农民工、上海市农民工先进个人评选表彰。

二、坚持城乡统筹，社会保障体系进一步健全

（一）社会保障待遇进一步提高。

调整了“职保”、“镇保”、“新农保”、“城居保”的养老金待遇和失业保险、工伤保险等待遇标准。城镇职工和小城镇职工医保统筹基金最高支付限额从28万元提高到34万元，居民医保参保人员住院医疗费的平均报销比例从61%左右提高到70%左右。

（二）社会保障制度进一步完善。

完善了灵活就业人员参保办法，将实施

范围扩大到上海市农村户籍人员。调整了“土地换保障”的政策。实施了非因工死亡职工遗属、精减退职回乡老职工配偶和被征地人员参加城居保、新农保的政策。修订了上海市职工医保办法。开展了上海市高龄老人医疗护理计划试点。延长了中医药抗肿瘤治疗享受门诊大病医保待遇的期限。制定了《上海市工伤保险实施办法》的配套文件，贯彻实施《女职工劳动保护特别规定》。经过细致测算和多方论证，上海市职工基本社会保险总费率从48%下调到45.5%，费率结构进一步优化。

（三）加强社会保险的基金管理和经办服务。

加强了社会保险基金征收和监管，试行了对欠费单位实施银行查账、划扣等法定措施。基本建成了社会保险自助经办平台，开展将社会保险个人业务延伸至社区的试点。通过药品招标，实行部分基本药物“大包装、简包装”，降低了药品价格，使部分常用基本药物回到了社区卫生服务中心。有序推行了定点医药机构协议与分级管理，促进医保业务经办下沉。

三、优化人才发展环境，人才高地建设取得新进展

（一）居住证积分管理工作稳妥推进。

出台了上海市居住证积分管理试行办法，制定了相关实施细则和经办操作流程，做好居住证就业信息审核和积分管理工作。截至2013年底，上海各区县审核通过居住证就业信息25.89万条，申请居住证积分核准通过的累计1.91万人。

（二）海外智力资源广泛聚集。

组织申报第四批国家“外专千人计划”，认真做好中央和本市海外高层次人才“千人计划”的政策落地和服务工作。发布《上海市海外人才居住证管理办法》。第9批浦江人才计划资助292人，进一步鼓励留学人员在沪就业创业，年末在沪留学人员达到11万余人。全年完成出国（境）培训108批次，共培训2 072人。

（三）专业技术人才队伍建设扎实推进。

组织评选推荐“百千万人才工程”国家级人选15名，“国家特支计划”百千万工程领军人才10名，选拔年度上海领军人才124人，新设立了20家企业博士后科研工作站和2家国家级继续教育基地。

（四）高技能人才队伍建设进一步加强。

新建市级高技能人才培养基地9家，建立25个上海市技能大师工作室，评定183名首席技师，组织开展了数控车工、汽车维修等各类技能大赛。年末高技能人才占技能劳动者的比重提高到28.06%。

完善重点领域人才开发机制，落实临港、张江、自由贸易试验区人才配套政策，进一步促进人力资源服务产业园区建设。

四、有序推进事业单位管理和军转安置工作，进一步加强公务员制度建设和管理

（一）事业单位人事管理工作不断加强。

组织开展了上海全市事业单位公开招聘。开展了对正高级中小学教师和正高级会计师的评审试点，完成了中小学教师职称并轨的试点。

（二）军转安置和解困工作稳步推进。

完成了中央下达的年度安置计划，试行了“考试考核、积分优先、双选定岗”军转安置办法。调整了企业退休军转干部生活补助标准，会同相关主管部门和区县加大了对困难人员的帮困力度。

（三）以制度建设为抓手，公务员管理进一步加强。

平稳实施了2013年公务员招录工作，除部分特殊职位外，市级机关全部招录了具有两年以上基层工作经历人员。制定出台了《上海市公务员录用考察工作实施办法（试行）》和《上海市公务员选调交流规定（试行）》。稳妥推进公务员聘任制试点，积极扩大试点覆盖面。稳慎推进了事业单位参照公务员法管理工作。实施了2013年公务员培训计划，分层分类组织培训，开办了“推进旧区改造”、“政府职能转变”等重点专题研讨班。全年初任培训4 377人，处级干部任职培训280人，专门业务培训800人，在职培训6 000人次，依法行政全员培训65 929人。积极研究建设公务员信用体系，启动编写《上海市公务员诚信体系建设知识读本》，努力探索公务员考录诚信管理和政府表彰奖励诚信管理制度。公务员考核和表彰进一步规范，制定了《关于进一步加强本市公务员考核工作的意见》，突出“四考五记”，完善公务员日常考核。深入开展了争做人民满意公务员活动，组织开展了全国和上海市“人民满意的公务员”和“人民满意的公务员集体”评选推荐。

五、完善工资收入分配制度，推进收入分配改革

（一）事业单位实施绩效工资相关工作稳妥推进。

针对事业单位实施绩效工资相关工作中面临的突出问题，会同上海市财政局及相关主管部门进行了认真梳理研究，出台具体操作办法。市属其他事业单位绩效工资已全部完成，区县属其他事业单位也已基本完成。同时，稳妥调整了事业单位退休人员补贴。

（二）促进企业职工工资进一步提高。

从4月1日起，企业职工月最低工资标准从1 450元提高到1 620元，小时最低工资从12.5元提高到14元。发布了2013年上海市企业工资增长指导线，上海市集体合同和工资专项集体合同覆盖具备条件企业的比例分别达到90%和80%左右。

六、加强劳动关系协调，劳动关系保持和谐稳定

（一）稳妥做好贯彻实施《劳动合同法（修正案）》工作。

按照“三个不能”的总体要求（即不能产生规模性清退，造成失业问题；不能产生新的社会矛盾，影响社会稳定；不能阻碍企业的正常生产经营），依法规范劳务派遣。改革了相关行政审批办法，平稳实施了对劳务派遣机构的行政许可。自7月1日修正案实施以来，本市依法规范劳务派遣工作平稳有序。

（二）劳动关系调处力度进一步加大。

发挥工会、企业组织和政府三方机制的作用，推进了新一轮和谐劳动关系示范单位评选。开展了农民工工资支付、人力资源市场清理整顿、女职工劳动权益保护、劳务派遣规范等专项检查。畅通劳动报酬争议处理的绿色通道，确保了劳动人事争议案件及时结案。本市各级劳动保障监察机构全年共受理举报投诉1.68万件，检查用人单位2.67万户，为劳动者追缴工资、社保费3.87亿元；各级调解仲裁机构共受理争议案件10.68万件，结案10.26万件，为劳动者追索金额13.12亿元。积极发挥欠薪保障金的作用，及时处置欠薪矛盾。同时，适度下调了企业欠薪保障金缴费标准。全年欠薪保障金共垫付3 406.02万元，涉及劳动者4 547人。加强劳动保障监察和仲裁等力量的整合，稳妥处理群体性突发事件，各级劳动保障监察机构共上报劳资关系群体性突发事件330件，均得到及时妥善处理。

上海市人力资源和社会保障局

江　苏　省

2013年，江苏省人力资源社会保障系统认真贯彻中央和部、省工作部署，牢牢把握民生为本、人才优先工作主线，坚持统筹兼顾、量质并重，切实改进作风、真抓实干，圆满完成全年各项目标任务，整体工作保持稳中有进。

一、就业目标任务全面完成，就业形势保持总体平稳

坚持量质并重，狠抓政策落实、技能提升和服务优化，全力促进就业创业，各项就业目标任务超额完成。全年城镇新增就业136.91万人，年末城镇登记失业率控制在3.03%，新增转移农村劳动力26.85万人，高校毕业生年末总体就业率96.48%。

一是更加积极的就业政策得到全面落实。提请省政府办公厅下发《关于进一步加强普通高等学校毕业生就业工作的通知》，会同相关部门研究制定高校毕业生求职地失业登记、一次性求职补贴等新政策的具体操作办法，出台小微企业招用高校毕业生就业扶持政策，进一步充实完善了高校毕业生就业政策体系。会同省财政厅下发《关于扩大失业保险基金支出范围试点有关问题的通知》，并阶段性降低了失业保险费率，强化了失业保险制度促进就业、预防失业的功能。

二是重点群体就业推进有力。组织开发江苏省高校毕业生实名制管理信息系统，大力实施离校未就业高校毕业生就业促进计划，开发5 073个基层公益性岗位和2.29万个高校毕业生就业见习岗位，招录“三支一扶”高校毕业生500名，开展“高校毕业生就业服务月”、“江苏人才服务进校园”等系列活动，全力做好就业援助、技能培训、实名登记等工作，确保了应届高校毕业生就业水平不降低、有提高。继续拓展就地转移、自主创业和异地输出渠道，全面落实农村公共就业服务四项制度，全省农村劳动力转移就业总量超过1 843.89万人、转移比重达69.6%。全力帮扶就业困难人员就业，促进失业人员再就业81.61万人，其中就业困难人员就业15.43万人，城镇零就业家庭和农村零转移家庭持续保持动态为零。

三是创业带动就业成效明显。全面启动省级创业型城市创建工作，首批确认的25个创建市、县和2个重点联系县，新增各类创业实体11.3万个，累计带动50.2万人次就业。深入开展创业培训“进高校、进社区、进乡村”活动，及时落实创业培训补贴，全省开展创业培训28.39万人，培训后成功创业10.42万人。完善覆盖城乡、从省到村、五级贯通的公共就业创业服务体系，新确定省级创业示范基地15个，其中大学生创业园7个。初步建成集创业项目申报、审核、发布、查询等功能为一体的省级创业项目库，目前入库创业项目已达1 588个。

四是劳动者就业能力不断提升。不断完善职业培训补贴政策，抓住政策引导、实名制管理和师资培养三个关键环节，充分调动劳动者和企业积极性，引导城乡劳动者按需培训，鼓励企业大力开展岗位技能提升培训。全年完成城乡劳动者就业技能培训71.75万人，实施岗

位技能提升培训152.83万人，共有15.1万人次农村劳动力享受获证奖补政策。

五是公共就业服务进一步加强。大力开展省级充分就业示范社区和充分转移就业乡镇创建活动，初步认定109个充分就业示范社区和110个充分转移就业乡镇，有力促进了公共就业服务质量的提升。精心组织开展就业援助月、春风行动、民营企业招聘周、高校毕业生就业服务月和高校毕业生就业服务周等“五大品牌”活动，形成覆盖城乡、贯穿全年的制度化安排。深入开展以“送政策、送培训、送人才、送服务”为重点的“援企稳岗”活动，共帮助607户困难企业落实社保和岗位补贴4 032万元，核减失业保险费6.05亿元，发放小额担保贷款11.33亿元。

二、扩面待遇实现双提升，社会保障体系不断完善

坚持统筹城乡，注重完善制度与创新管理并举、持续扩面与提高水平并重，覆盖城乡的社会保障体系更趋完善，城乡基本养老、城乡基本医疗、失业保险覆盖率稳定在95%以上，各项社会保险待遇稳步提高。

一是制度体系更趋完善。省政府出台《江苏征地补偿和被征地农民社会保障办法》和《江苏省城乡居民社会养老保险实施办法》。启动大病保险试点，率先建立与城镇居民收入增长相适应的居民医保筹资机制和财政补助增长机制。出台工伤预防指导意见和工伤康复管理办法，初步构建了工伤保险三位一体制度体系。下发《关于解决参加职工基本医疗保险灵活就业人员生育的医疗费用的通知》，将参加职工医保灵活就业人员发生的符合规定的生育医疗费用纳入职工医保基金支付范围。

二是扩面征缴成效显著。大力推进私营个体经济组织从业人员、灵活就业人员和农民工参保，加强社会保险关系转续服务，巩固提升各项社会保险覆盖率。年末全省企业职工养老、城镇职工医疗、失业、工伤和生育保险参保人数分别达到1 901.82万人、2 274.73万人、1 389.34万人、1 487.27万人和1 355.62万人，分别比上年增加105.08万人、119.26万人、57.16万人、66.53万人和79.37万人，城乡居保、城镇居民医保参保人数分别达2 378.55万人（含待遇领取人数）和1 152.86万人，被征地农民参加社会保障人数达520.82万人。

三是保障水平稳步提高。企业退休人员月养老金平均上调11.7%，全省月人均养老金水平达2 027元；新农保和城居保基础养老金最低标准同步提高到每人每月80元；城镇居民医保人均财政补贴达到302元，城镇职工医保和居民医保政策范围内住院医疗费用报销比例分别达到83%和71%左右；逐步提高失业保险待遇水平，年末全省失业保险金人均水平达到875元；工伤职工及工亡职工供养亲属生活待遇水平增长10%以上。

四是统筹衔接不断加强。从2013年1月1日起全省企业缴费比例全部统一到20%，着力完善省级预算管理和基金调剂补助办法，及时预拨困难市县养老保险省级补助资金和下拨省级调剂金，进一步提升了企业职工基本养老保险省级统筹运行水平。积极深化医疗、失业、工伤、生育保险市级统筹，各项社会保险基金保障能力得到显著增强。着力优化经办流程，切实做好企业职工基本养老、医疗保险参保人员跨地区流动就业时的社会保险关系转移接续工作，全年分别办理企业职工基本养老保险、基本医疗保险关系转移接续35.44万人、25.4万人。

五是经办服务持续优化。以推动省级企业退休人员社会化服务示范点建设为抓手，提升企业退休人员社会化服务水平，省级企业退休人员社会化服务示范点覆盖所有县（区、市），企业退休人员第三轮免费健康体检工作按序时进度推进。集中开展全省医疗保险异地就医“暖流行动”，省内异地就医联网即时结算基本实现，全年惠及44万人，发生费用53亿元。加快推进城乡居保便民快捷服务体系建设，60%以上的涉农县实现城乡居保参保农民“四个不出村”便民服务。

三、人才队伍建设扎实推进，整体工作水平明显提升

坚持引培并举，重点推进资源整合、政策创新和服务优化，突出抓好“两高”人才队伍建设，人才整体工作水平明显提升。全年新增专业技术人才40.45万人、高技能人才29.6万人。累计入选国家“外专千人计划”12人、居全国第三，入选国家“特支计划”4人，分别选拔国家和省有突出贡献中青年专家26名、200名。昆山被批准为全国两岸人才合作试验区。

一是重点人才工程顺利实施。重点实施十项人才工程和五项人才活动，成功举办江苏国际人才交流周暨第七届长三角地区外国专家供需见面会，启动实施“江苏外专百人计划”和“高技能人才引进计划”，全年引进海外留学人员6 166名，组织实施国家、省级引智项目353项。完成专业技术人员知识更新培训136.67万人，“六大人才高峰”高层次人才培养选择计划资助577个项目、4 887人，选送521名服务业领域管理人才和专业人才赴港培训，组织115名现代服务业人才出国培训。

二是人才政策创新力度加大。加强新兴产业人才需求分析预测，研究建立我省十大战略性新兴产业人才动态监测分析体系。加强苏中、苏北人才队伍建设调研，制定苏北全面小康建设人才支撑工程方案和三年实施计划，完成省政府“苏北人才队伍建设”课题研究，探索研究促进区域协调发展的差别化人才支持政策。完成加强高技能人才队伍建设促进产业转型升级的意见，更大力度推进高技能人才队伍建设。

三是人才载体建设全面加强。新建58个国家级博士后工作站、70个省级博士后创新实践基地和4个省级留学人员创业园，在全国率先开展博士后科研成果转化基地试点，新建1家省部共建留学人员创业园，新增3个国家级高技能人才培训基地、6个省级专项公共实训基地、15个国家和省技能大师工作室，确定13所技工院校为省级职业教育实训基地。组织开展各类职业技能竞赛活动，我省选手在全国数控技能大赛五轴加工中心项目决赛中获得高职组全国第一、中职组第四、职工组第三的好成绩。

四是人才发展环境不断优化。加快推进人力资源服务业发展，成功创建国家级中国苏州人力资源服务产业园。加快培育和发展区域性、专业性、行业性人力资源市场，评选表彰了94家“全省诚信人力资源服务机构”。成立中国国际人才市场医药专业人才市场，新命名19个省级引智示范基地、示范单位。指导各地开展技能英才周、技能人才博览会等活动，在全社会营造了尊重技能的良好氛围。全面落实人才激励保障政策，2名外国专家获得年度中国政府“友谊奖”，省政府表彰了16名外国专家“江苏友谊奖”。切实加强和改进人才服务，全省发放海外人才居住证600张，“千人计划”特聘专家窗口服务措施不断完善。

四、制度机制建设不断加强，公务员管理科学化水平进一步提升

深入实施公务员法，不断完善制度、健全机制，公务员管理工作科学化水平进一步提升。

一是公务员管理配套制度不断完善。继续加大公务员法及其配套政策法规的贯彻实施力度，形成公务员法执行情况常态化检查工作机制。组织起草公务员录用实施办法、公开遴选实施办法、平时考核意见、培训积分制办法等一批规范性文件。深入开展考试环境综合治理专项行动，有力净化了公务员考录工作环境。在全省行政机关开展考录“警示教育周”活动，增强了系统人员的法纪意识。

二是公务员管理机制建设扎实推进。坚持“凡进必考”，为全省各级机关和参照管理单位考录工作人员7 660多名。全面完成监狱劳教机关执法勤务机构警员职务套改，指导有关单位深入开展职位职责规范试点工作。稳慎推进参照管理单位审批和人员登记工作。完成全省

创建达标清理规范工作，起草《江苏省创建达标活动管理办法》，进一步完善考核评价机制，推进考核信息化和联系点建设。

三是公务员队伍建设进一步加强。部署开展“向兰辉同志学习，争做人民满意公务员”活动，全面开展公务员法治理念主题教育培训活动，进一步增强公务员宗旨意识和法治观念。江苏省4名个人、2个单位分别被评选表彰为全国人民满意的公务员和公务员集体，对全省20个公务员职业道德模范集体和20名个人进行了表彰。制定和完善公务员职业道德规范，大力实施新一轮“5＋X”公务员能力培训工程，全年完成公务员培训43.9万人次。

五、人事制度改革逐步深化，工资制度改革稳步推进

坚持积极稳妥，着力把握好不同群体利益的平衡点，积极深化人事和工资制度改革。

一是事业单位人事制度改革稳步实施。认真贯彻中央和省关于分类推进事业单位改革的意见，推进事业单位岗位管理、公开招聘、人员聘用三项制度全面入轨，初步实现了事业单位由固定用人向合同用人、由身份管理向岗位管理的转变。制定中小学教师、幼儿园教师专业技术资格条件和人员过渡办法，相关试点工作有序推进。进一步提升职称评审质量，全年评审具有高级专业技术资格人员3.3万人。

二是机关事业单位和企业工资工作有序推进。进一步规范公务员津贴补贴，加强对市县调整公务员津贴补贴水平的管理调控。全面推进事业单位绩效工资兑现落实到位。从2013年7月1日起全省最低工资标准平均上调15％以上。会同省综治委、住建厅、公安厅等部门印发《关于进一步规范建筑施工企业工资支付行为的通知》，推动企业建立健全职工工资定期支付、“一卡通”实名制用工管理、建筑施工企业劳动考勤、工资支付责任落实、联动处置和信用评价考核5项制度。

三是军转安置和人事考试工作推进有力。进一步创新军转安置办法，顺利完成年度军转安置任务。切实加强自主择业军转干部管理服务工作，扎实做好部分企业军转干部解困稳定工作。推进人事考试制度化、信息化和队伍专业化建设，组织开展考试环境综合治理专项行动，安全完成98项、299.3万人次人事考试任务。

六、劳动关系保持总体稳定，劳动者权益得到有力维护

坚持多措并举，积极创新管理方式，加大执法维权力度，全省规模以上企业劳动合同签订率、已建工会企业集体合同签订率分别保持在98％和92％以上，劳动关系保持总体和谐稳定。

一是劳动合同制度进一步扩面提质。大力宣传新修订的《劳动合同法》和《江苏省劳动合同条例》，组织开展劳务派遣用工专项调研和规范劳务派遣专项行动，加强劳务派遣行政许可。深入开展和谐劳动关系创建活动，组织开展第四次省级模范劳动关系和谐企业和工业园区的申报评选工作。

二是争议调处效能建设进一步加强。省政府出台《江苏省劳动人事争议调解仲裁办法》，在全国率先整合劳动争议处理和人事争议处理制度，为全省劳动人事争议仲裁院的机构和队伍建设奠定了法制保障基础。突出抓好示范仲裁院创建工作和仲裁案件质量管理，全年各级劳动人事争议仲裁机构共接处劳动人事争议9.96万件，其中立案受理6.26万件，结案率达97.54％；各类调解组织共调处案件14.8万件，占案件总数的60％。

三是监察执法力度进一步加大。在全国率先建成全省劳动保障监察联动举报投诉平台，得到人社部高度肯定并在全国予以推广。深入开展省级劳动保障监察示范网格创建活动，积极推进“百千万”劳动保障诚信工程建设，大力开展重点领域重点行业专项执法，加大对欠薪逃匿等拒不支付劳动报酬案件的查处力度，全年各级劳动保障监察机构共主动监察用人单位11.61万户，立案查处违法案件2.51万件，追发劳动者工资等待遇金额9.13亿元。

四是农民工工作进一步推进。省农民工领导小组表彰了100名优秀农民工、30个农民工工作先进单位、50名农民工工作先进个人。大力推进农民工综合服务示范中心建设，全省首批确定了16家服务功能全、社会影响好、充分发挥实际效能的示范农民工服务中心。协助有关部门做好优秀农民工落户城镇工作，全省累计有400多名优秀农民工及家属办理了落户城镇手续。会同有关部门制定了《江苏省家庭服务业相关服务规范》，积极推进96515家庭服务信息平台建设，着力促进家政服务业健康、规范发展，全省新增家庭服务业从业人员12.5万人。

七、基层基础建设全面加强，公共服务水平不断提升

坚持城乡一体，以信息化手段为支撑，以标准化建设为抓手，大力加强人社公共服务体系建设。

一是覆盖城乡的五级服务网络不断健全。组织开展基层平台标准化建设试点，将基层平台建设纳入制度化、规范化轨道，全省所有街道、乡镇、社区、村平台建成率达100%，共配备专兼职工作人员3.47万人。深入开展示范服务窗口创建，大力推进县以上公共就业、人才服务、社会保险经办、劳动监察等示范服务窗口建设，全省有13家窗口单位被评为全国人社系统优质服务窗口。全省覆盖城乡、直达到村的五级人社基本公共服务网络运行质量进一步提升，“15分钟人力资源社会保障服务圈”服务效能进一步彰显。

二是信息化公共服务取得明显成效。在全省范围内统一推进社会保障“一卡通”体系建设，建成全省集中的人员基础信息库和卡管系统，实现了全省范围内“同人、同省、同库”、“一人、一号、一卡”。全省共有5 086万人纳入省人员基础信息库管理，入库率达84%，全年新发卡1 255万张，持卡总人数超3 240万人，完成目标任务的108%。全面提升12333整体服务水平，12333年度呼入量达1 010万人次，首次突破千万，人工接通率达85.9%，为广大城乡民众搭建了“民情直通车”。

三是网上办事效能进一步提升。积极打造统一的公共服务信息化平台，整合推进门户网站在线办事服务建设，梳理标准化网上服务六大类共303项，推动全省提供“一网式、一站式”标准规范的“网上人社”服务，省厅门户网站年度访问量达1 732万人次。全面推进行政权力网上公开透明运行，省厅全年共产生权力办件量4.44万件，办结率达100%。

江苏省人力资源和社会保障厅

南 京 市

2013年，南京市人力资源社会保障局按照市委、市政府的部署要求，牢牢抓住“民生为本、人才优先”工作主线，围绕市政府下达的年度目标任务，统筹推进各项工作，人力资源和社会保障事业呈现良好发展态势。

一、积极应对经济下行压力，努力保持全市就业局势稳定

把提高就业质量作为全年就业工作的重点，基本建立推动实现更高质量就业的政策体系，经济转型、结构调整和重大项目对稳定就业、拉动就业的效应明显增强，产业层次的提升带动了就业质量的提高。全市新增就业连续第三年超过20万人，城镇登记失业率2.67%，基本实现就业水平不降低、有提高的目标。一是完善和落实更加积极的就业政策。市委、市政府出台了《关于实现更高质量就业的意见》（宁委发［2013］41号），从稳定就业、创业就业、平等就业、素质就业、体面就业五个方面提出明确规定，建立了比较完善的全市就业工作的政策体系。二是充分发挥创业带动就业倍增效应。鼓励创业带动就业，以大学生为重点的各类群体自主创业再创历史新高，全年培育自主创业者1.5万人，创业带动就业12.19万人，其中大学生创业人数近3 000人，全市新建成大学生创业园（基地）共33家，总面积超过10万平方米。三是有效帮扶重点群体就业。加大就业援助政策执行力度，平稳度过高校毕业生“最难就业季”，高校毕业生年终就业率达95.6%。全年10.21万人实现再就业，全市援助困难人员再就业1.35万人。农村劳动力转移就业7.3万人次。四是切实提升职业培训质量。全员培训平台建设初具规模。大学生创业培训不分户籍面向在宁高校所有大学生，失业人员再就业培训向企业职工培训延伸，农村劳动力培训扩展到在宁就业的外来务工人员，全年开展各类培训达到38万人次。

二、继续完善社会保障体系，着力提高社会保障水平

建立完善覆盖城乡的社会保障体系，进一步发挥“稳定器”、“安全网”的作用。一是制度建设继续完善。推进公费医疗改革，将全市机关事业单位职工纳入城镇职工基本医疗保险，实现医疗保险制度对各类人群的全覆盖。完善被征地人员社会保障政策，解决老年生活困难补助人员参保问题。推进社会保险市级统筹，医疗保险实现同城联网结算，溧水、高淳两区失业保险纳入市级统筹。二是保障能力继续增强。全市城镇职工社会保险五项险种累计参保人数达到1 361万人次，比上年底净增65万人次，城乡基本养老保险、城乡基本医疗保险和失业保险覆盖率达98%以上，全年征收五项社会保险基金429亿元，五项基金累计结余474亿元。三是待遇水平继续提高。企业退休人员养老金调整继续向低收入者倾斜，南京市月人均养老金达到2 285元，城乡居民、被征地人员、“老军工”和“老知青”等群体养老待遇水平持续合理增长。医疗保险扩大用药范围、下调自付比例、提高退休人员个人账户划账保底数，在加强医疗消费监管的前提下，把医疗消费个人负担控制在合理的水平，城镇

职工医保和居民医保制度规定范围内住院费用报销比例提高到 83.1%和 73.1%。

三、深入实施重点人才计划，全力推进人才队伍建设

一是人才引进工程得到有效实施。落实“321 人才计划”，引进领军型科技创业人才累计 1 780 人。启动“高端人才团队引进计划”，实现政策由个人向团队的延伸覆盖，2013 年度有 63 家企业申报。举办第六届中国留学人员南京国际交际与合作大会，更好地促进人才向南京集聚。会议期间共有 595 个对接项目达成合作意向，签订项目落户协议 305 个。二是“两高”人才队伍规模不断扩大。国家新批准博士后工作站 10 家，24 名专家获选江苏省有突出贡献中青年专家。专业技术人才知识更新工程取得明显成效，职称制度改革稳步推进；高技能人才培养环境得到不断优化，培训平台、评价体系不断健全，职业技能鉴定覆盖范围不断扩大，16 家公共实训基地等高技能人才项目建设基本完成。全市专业技术人才和技能人才总量双双超过百万，每万名劳动力中高技能人员达到 570 人。三是人才发展环境不断改善。加强人才综合服务，推出“掌上才市”，进一步加强校府企三方合作，针对高校大学生等各类群体举办专场招聘会，完善南京“蓝卡”综合服务功能，提升人才档案管理与人事代理服务信息化水平，市区人才中心逐步实现互联互通。

四、公务员管理日益规范，事业单位人事制度改革与军转安置工作稳步推进

一是加强公务员管理。加强公务员法配套政策法规建设，研究提出进一步加强本市公务员考核奖惩工作的意见等。做好全市清理规范创建达标工作。稳步推进公务员分类管理工作。强化干部培训绩效考核，将全市公务员和事业单位干部纳入干部培训绩效考核范畴。二是推进事业单位人事制度改革与分类管理。规范事业单位人事管理“三项制度”，重点加强教育、卫生、文化系统人事改革指导。三是稳妥做好军转安置工作。落实军转安置政策，按时完成年度军转安置任务，研究实施自主择业军转干部参加医保政策。

五、重视加强劳动关系协调，切实维护劳动者合法权益

努力探索发展和谐劳动关系的有效途径，着力化解民生矛盾。一是收入分配制度不断完善。发布南京市企业工资指导价位及企业人工成本信息，最低工资标准由 1 320 元/月调整为 1 480 元/月。扩大企业工资集体协商覆盖面，以工资集体协商为主要形式的企业工资决定机制和正常增长机制逐步建立。二是劳动关系协调机制更加健全。贯彻新修订的《劳动合同法》和《江苏省劳动合同条例》，健全协调劳动关系三方机制组织建设，劳动关系协调网络逐步健全，劳动合同制度进一步完善并得到普遍实行。三是劳动者合法权益充分保障。全市共查处各类违法案件 12 387 件，为 4.19 万名劳动者追回工资 2.28 亿元，全市各级劳动争议仲裁机构立案受理各类劳动争议案件序时结案率达到 97.48%。

六、公共服务效能进一步提升

以实现基本公共服务均等化为目标，大力推进市人力资源和社会保障服务窗口规范化、标准化、信息化、制度化建设。一是建立窗口信息化监督管理系统。将服务窗口的排队叫号、服务评价、电子监控、考评管理等功能集于一身，并实现与南京市政务办的数据对接，提升全局服务窗口统一管理的智能化和规范化水平。二是扩大“一窗式”服务。推进窗口服务流程再造，整合简化 30 多项办事手续。将所有就业服务窗口改为就业服务综合窗口，“一窗式”提供招聘登记、录用备案、求职登记、岗位推荐等就业服务。社保综合窗口数量增至 15 个，开设 5 人以下业务的快速通道，为业务量大或诚信单位提供社保预约服务。三是加快推进网上办事。加强网上办事平台的建

设，增加办事服务项目，推行CA认证管理，2013年新增网上办事项目由公开承诺的7项增加到26项，网上办事项目总数达126个。四是加强咨询服务平台建设。把12333政策咨询知识库连通到区、街道、社区平台，并对基层工作人员开展专项培训，老百姓在家门口就可以得到更方便、更详细的政策解答和咨询服务。2013年南京12333电话呼入总量338.93万个，比上年的312.13万个增长8.59%，人工服务接通率为79.01%。办理市12345政府服务呼叫中心交办诉求18 786件，比上年的12 895件增长45.68%。南京市人力资源和社会保障网全年访问量1 311.38万次，比上年的915.57万次增长43.23%。

南京市人力资源和社会保障局

浙 江 省

2013年，浙江省人社部门坚持为经济转型升级服务、为人民生活幸福服务、为维护公平正义服务，认真落实省委、省政府和人社部决策部署，稳中求进、狠抓落实，圆满完成各项目标任务，人力资源社会保障事业发展迈上新台阶。

一、就业工作成效显著

全年城镇新增就业104.3万人，失业人员再就业44.45万人，“零就业家庭”发现一户、帮扶一户，城镇登记失业率3.01%。一是突出抓好高校毕业生就业工作。由省政府办公厅出台《关于促进普通高等学校毕业生就业创业的实施意见》，制定求职补贴、省级大学生创业示范基地认定、到村（社区）从事就业和社会保障工作等7个配套政策，落实见习期间基本生活费补助政策，全力促进高校毕业生就业，高校毕业生初次就业率95.8%。浙江省高校毕业生就业工作得到国务院领导批示肯定。二是积极促进创业带动就业。推进创业型城市创建。率先出台网络创业认定办法。开展“青年创业圆梦行动”，鼓励高校毕业生、农村青年创业。建立大学生创业园182家，创业型城市创建工作持续深化。三是规范提升公共就业服务。组织公共就业服务机构开展优质服务活动，村（社区）公共就业服务平台与村级便民服务中心实现整合发展。组织开展就业援助月、民营企业招聘周等专项就业服务活动。四是夯实就业工作基础。深入推进“就业政策落实年”活动。完善就业信息网络，就业信息化服务体系和统计分析制度更加健全，就业局势监测分析明显增强。完善农民工工作目标管理评估指标体系，发展家庭服务业促就业工作取得新成效。

二、社会保障制度不断完善

全年新增养老保险参保人数270万人、医疗保险162万人、失业保险79万人、生育保险88万人、工伤保险94万人。一是及时调整待遇水平。按月人均230元标准普遍调整基本养老金，企业退休人员基本养老金月人均水平超过2 300元。从2014年1月1日开始，城乡居民社会养老保险基础养老金最低标准提高至100元。精减退职人员、计划外长期临时工与死亡职工供养直系亲属生活困难补助费同步调整到位。二是积极完善政策制度。启动新一轮基本养老保险省级调剂补助工作。出台支持“个转企”、“小升规”社保扶持政策。50个统筹区实施医保支付方式改革，9个市完成城乡医疗保险管理体制整合，大病保险试点工作进展有序。率先建立高值药品医保谈判机制，通过谈判将肺癌靶向药品“凯美纳”纳入浙江省医保支付范围。三是强化社保基金监管。开展社保经办机构内控建设和城乡居保基金专项检查。推进社保基金阳光监管，推行分段把关、分人负责、相互制衡的“柜员制”经办模式，基本实现省市县三级联网监管。坚持“规范医疗、控费控药”，制定60种门诊常见病诊疗规范；组织开展中药饮片专项检查，省直及杭州市直减少医保基金不合理支出3.6亿元，“阳光医保”工程取得阶段性成效。四是加快社保卡推广应用。增发社会保障卡1 174.8万张，探索实行诊间结算模式，方便了广大参保群众。

三、人才工作扎实有效

一是深入推进企业人才工作，全面推进企业技术创新团队“121”工程建设，完成首批35个省级重点技术创新团队考评工作。实施“海外工程师”计划，对列入浙江省技术创新综合试点的省级重点企业研究院聘请“海外工程师”进行资助，全年引进符合资助条件的“海外工程师”76名。成立浙江省人力资源服务行业协会，举办首届人力资源服务业博览会，新建杭州、宁波省级人力资源服务业产业园。二是抓好高层次人才培养引进。新选拔省有突出贡献中青年专家50名、省“151人才工程”第三层次培养人员400名，新建博士后科研工作站39家。建立专业技术人才知识更新工程工作协调机制。赴我国台湾、香港地区和欧美开展高层次人才交流，成功举办北京、上海高层次人才洽谈会。帮助舟山群岛新区引进紧缺高端人才开局良好。三是推进高技能人才队伍建设。出台加强企业技能人才队伍建设实施意见，技能人才自主评价扩大到2 260家规模以上企业，全年完成技能鉴定96万人，新增高技能人才27万余名。组织1 000家企业、52个职业（工种）开展技能大赛，开发青瓷、石雕国家职业标准。新建省级技能大师工作室59家，评选表彰钱江技能大奖10名、省首席技师60名。建立高技能人才培养协作联盟，组织高技能人才服务企业活动。技工院校办学水平进一步提升。

四、和谐劳动关系深入发展

全面打响“双爱”品牌，统筹推进合同签订、工资清欠、权益维护、人文关怀等工作，得到广大企业和职工的积极响应和广泛参与。优化指标和权重设置，劳动关系和谐指数评价体系更加科学完整。出台拒不支付劳动报酬罪行政司法衔接意见，加大监察执法力度，全省共查处各类拖欠工资案件2.92万件，为劳动者追讨工资13.84亿元。开展清理整顿人力资源市场秩序、技术工种就业准入等专项行动，企业用工行为得到有效规范。最低工资标准最高档提高到1 470元，继续居全国前列。累计签订工资集体协议13.22万份，覆盖28.18万家企业1 420万职工，职工工资民主共决机制进一步健全。全省共立案受理劳动争议案件50 374件，结案率94%，76%的案件以调解方式结案。劳动争议预防调解示范工作进展顺利，调解组织在规模以上已建工会企业普遍建立。

五、人事制度和工资收入分配制度改革持续深化

一是深化事业单位人事制度改革。在全国率先出台加强事业单位岗位聘期考核管理指导意见，打破了聘任终身制。加强事业单位公开招聘规范管理，对新进人员的学历、年龄等条件做了进一步明确。二是搞活事业单位绩效工资。按照“总量控制、自主分配、优绩优酬、保住底线”的思路，对事业单位绩效工资政策做了完善，建立向突出贡献人才倾斜的分配机制。试点开展基层卫生院完善绩效工资改革工作，制定出台提高护士待遇政策。三是加强公务员队伍建设。顺利完成各类公务员考录工作，全省共录用各类公务员10 188名。公务员聘任制和平时考核试点工作稳步推进。在第八届全国“人民满意的公务员”和“人民满意的公务员集体”评选表彰活动中，浙江省共有3名个人、2个集体荣获表彰；在第三届全省“人民满意的公务员”和“人民满意的公务员集体”评选表彰活动中，对21名个人、19个集体予以了表彰奖励。评比达标表彰活动有效规范。各类培训公务员任务圆满完成。四是认真做好军转安置工作。完善考核赋分和省直安置办法，顺利完成1 516名计划分配军转干部安置任务。适度调整生活补贴，全省企业军转干部总体稳定。

六、“阳光政务”建设强力推进

全面深化权力公开，优化办事流程，缩短办理时限，在此基础上，省市县全面建成网上办事大厅并投入运行，省本级首批127项权力和服务事项实现网上办理。人社部在浙江召开的政务公开座谈会，重点推广浙江省经验做法。12333咨询服务网络实现全覆盖，年服务量达到570万个。

浙江省人力资源和社会保障厅

杭　州　市

2013年，杭州市人力资源社会保障系统围绕中心，服务大局，紧抓“民生为本、人才优先、城乡统筹”工作主线，开拓进取，狠抓落实，各项工作取得明显成效，为经济发展、民生改善和社会稳定做出了积极贡献。

一、就业创业工作成效明显

（一）就业目标任务全面完成。

全市城镇新增就业23.19万人，帮助城镇失业人员实现再就业13.13万人，其中就业困难人员6.47万人，分别完成目标任务数的124.23%、138.60%、228.61%，城镇登记失业率为1.85%，就业局势总体稳定。

（二）创业带动就业工作扎实推进。

制订实施第三轮大学生创业行动计划（2014—2016年）和促进高校毕业生就业创业政策。全年对213个大学生创业项目给予资助1 199万元。全市新注册成立大学生创业企业1 381家，带动就业5 789人，较2012年同期分别增长13.48%和15.20%。设立规模为2亿元的“海大基金”扶持项目。联合上海科技大学共同举办“杭州市科技创业班”。启动实施“大学生就业创业师友计划”，204名导师与553名大学生实现洽谈对接。成功举办第三届中国杭州大学生创业大赛，52个参赛项目在杭州落地转化。举办首届“沃土杯”大学生网上创业大赛（淘宝专场）和杭州市2013年创业信息交流洽谈会。建成运行杭州市网尚创业园。开展百名人社干部百家大创企业行活动，“一对一”为156家大学生创业企业送服务，解决难题42个。赛博（杭州）创业工场有限公司、杭州市大学生创业园（拱墅）、杭州市大学生创业园（西湖・浙大科技园）、杭州市大学生创业园（高新）、杭州市大学生创业园（桐庐）5家大学生创业园被评为首批浙江省大学生创业示范基地，占全省认定数的29.4%。

（三）培训促进就业工作深入开展。

以“技能让我更精彩”为主题，开展杭州市职工岗位大练兵技能大比武暨技能竞赛年活动。全年全市举办技能竞赛项目205项，项目数量创历史新高，全市参与赛前训练的劳动者达10.3万人次，带动参加岗位练兵76.4万人次。推进杭州市公共实训基地体系建设，新建10家实训基地分基地。对企业、培训机构、个人和行业主管部门实行培训补贴，鼓励个人参加岗前培训，企业开展在岗转岗培训。全年全市组织大学生创业实训53 003人、见习训练11 691人、再就业技能培训25 903人、创业培训3 677人、进城务工人员培训35 095人，有力推动了素质就业。

（四）帮扶援助就业工作有效落实。

出台进一步落实城镇就业困难人员积极就业政策、小额担保贷款政策和扩大失业保险基金支出范围的试点政策。实施未就业高校毕业生实名登记和跟踪帮扶，登记6 039人，其中4 097人实现就业。开展城镇就业困难人员重新认定，全市1 743个行政村开发公益性服务岗位，达到60%以上行政村开发农村公益性岗位安置困难人员上岗要求。建立市区社区、农村公益性服务岗位综合补贴标准与最低工资标准挂钩的联动机制。开发运行杭州人才网

"助残爱心岗位"信息平台，先后有各类用人单位推出 220 多个助残"爱心岗位"，招聘 2 900 余人。开展再就业援助月专项服务活动，组织"送政策、送岗位、送培训、送服务"等就业援助活动，确保有就业愿望和就业能力的城镇就业困难人员不挑不拣 72 小时实现再就业。

（五）公共就业服务不断加强。

制定下发新的充分就业社区（村）考核标准和评估办法，建立实施离校未就业高校毕业生实名制动态管理机制和失业预警机制。加强人才市场、劳动力市场建设，进一步提升服务水平，不断加大供需对接力度。组织"西博会人才交流大会"、"'九校联盟'高学历人才招聘会"和"高校毕业生就业服务月（周）"等就业服务活动。全市共举办各类招聘会 1 293 场，提供就业岗位 71.82 万个，接收高校毕业生 67 698 人。

二、人才工作创新发展

深入推进人才强市战略，加快集聚高层次、创新型人才，全市人才工作不断创新发展。杭州市第 4 年入选外籍人才眼中最具吸引力十大城市。浙江省委书记夏宝龙对杭州市集聚人才助推创新驱动战略做法予以充分肯定，批示"杭州经验要推广"，省里专门在杭召开现场会，学习推广杭州市人才工作先进经验。

（一）高层次人才选拔培养力度加大。

率先在浙江省内出台中长期人力资源发展规划，制定出台推进杭州市十大产业创新团队建设意见，正式启动首批杭州市十大产业创新团队遴选。实施市"131"中青年人才培养计划（2011—2015 年），2013 年共选拔培养人选 785 名，认真落实培养人选导师配备、出国中长期培训、BFT 培训等培养措施。推进"万千百"长三角紧缺人才培养工程，培养长三角紧缺人才 2 562 人。面向全市推开专业技术人员继续教育学分制管理工作，完成专业技术人员知识更新工程专项培训项目 48 个、高级研修班项目 22 个，组织高层次专家分别赴黔东南州和桐庐县开展人才帮扶结对活动。

（二）海内外高层次人才智力引进结出硕果。

11 月 6 日至 8 日，成功举办 2013 浙江·杭州国际人才交流与合作大会，458 名海外代表和 22 个海外社团组织携 527 个创业创新项目参会，杭州市正式签约项目 140 个，金额 13.8 亿元，项目签约数比上届大会增加 53.8%。开展市全球引才"521"计划第三批人选遴选工作，30 名海外人才、2 个创新创业团队入围。组团赴欧美开展高层次人才智力对接活动，现场签约项目 28 个，总金额 5.63 亿元。实施市"115"引进国外智力计划，确定引进高端外国专家项目 24 项、引智项目 206 项。首次开展杭州市外国专家"钱江友谊奖"评选，10 位外国专家入选。做好"国家千人计划"、"省千人计划"人选的推荐申报工作，入选"国家千人计划"11 人，"省千人计划" 57 人。实施钱江特聘专家计划，新聘专家 30 名。

（三）高技能人才培养取得明显成效。

深入实施高技能人才"815"培训倍增工程。推进 2013 杭州市技能竞赛年（月）活动，开展 205 项技能竞赛，参赛选手达 1.25 万人，带动岗位练兵 76.4 万人次。全市共有 1 813 人通过竞赛获得三级（高级）职业资格证书，51 人获得二级（技师）职业资格证书。评选产生"杭州市首席技师"20 人、"杭州市技术能手"54 人。认定杭州市第二批技能大师工作室 15 家。杭州市选手在 10 个全省性竞赛项目和 30 个行业性技能竞赛中，分获 2 个和 5 个第一名，参赛成绩位居全省首位，其中 2 人被授予"浙江省首席技师"称号，35 人被授予"浙江省技术能手"称号。积极开展技能人才自主评价工作，完善高技能人才多元评价体系。全年培养高技能人才 41 814 人，完成年度目标任务的 139.4%，全市高技能人才累计达 28 万人，年培养数和总量稳居全省第一。

（四）人才创新创业平台不断壮大。

在杭州职业技术学院和建德市新建 2 家市

级大学生创业园，实现了大学生创业园建设向高校拓展。全市大学生创业园累计达14家，提供创业场地28万平方米，入园大学生创业企业达2 400家。新设国家级博士后科研工作站14家，引进博士后研究人员50名，其中萧山区新设立工作站7家，增量在全国县（市、区）中名列第一。积极推进人力资源服务业发展，新建下城区、江干区两家人力资源服务产业园，其中下城区人力资源服务产业园被评为省级人力资源服务产业园。

三、社会保障体系建设工作深化完善

（一）社会保障政策体系进一步健全。

修订出台《杭州市基本医疗保障办法》（杭政〔2013〕68号）、《杭州市基本养老保障办法》（杭政〔2013〕104号）和《杭州市基本医疗保障办法主城区实施细则》（杭政办〔2013〕8号），“2+2”社保杭州模式进一步健全。出台行政机关（含参公单位）及其职工参加工伤保险政策，制定工伤保险市级风险调剂基金管理实施办法，主城区职工生育保险缴费比例由0.8%调整至1.2%，提高企业退休人员养老金水平和城乡居民医保补助标准，各项社保政策进一步完善，待遇进一步提高。

（二）城乡居民社会保障扩面工作稳步推进。

深化城乡居民社会保障参保情况信息登记和动态管理制度，采取目标考核制、定期通报制和督促指导制等措施大力推进扩面工作，取得明显成效。截至年底，全市企业职工养老保险参保459.49万人，新增32.31万人；基本医疗保险参保822.28万人，新增17.48万人；失业保险参保316.36万人，新增16.58万人；工伤保险参保403.79万人，新增21.58万人；生育保险参保292.01万人，新增14.90万人，五大保险均已超额完成全年扩面任务。城乡居民参加各类养老保障、医疗保障的参保率达93.65%和98.86%，实现基本全覆盖。

（三）社会保险基金监管切实加强。

建立健全基金预决算制度，制定《关于进一步加强社会保险基金业务经办管理的通知》、《杭州市社会保险内部审计规程》，进一步完善社保基金业务管理审核机制。正式运行“阳光医保”智能审核系统，加强对医保“两定”机构的监管，维护医保基金安全。其工作经验被人力资源社会保障部向全国推广。

（四）社会保险经办服务有效优化。

推动医保经办机构下沉，督促指导杭州市主城区于2013年6月底前全面建成医保服务大厅并正式运营，截至2013年底建有6个服务大厅、11个服务窗口，基本实现全市覆盖。建设便捷的“杭州市社会保险网上办事大厅”，拓展网上办事和短信服务功能，完善电子档案信息化应用，实现了ATM机、数字电视等设备查询社保的功能。2013年杭州市被人力资源社会保障部评为首批“全国电子社保示范城市”。

四、人事制度改革不断深化

（一）积极创新公务员管理机制。

贯彻实施公务员法及配套法规，加强公务员制度管理。首次试行“两代表一委员”旁听面试制度，并采取“一承诺、双抽签、三回避、四隔离、五严禁”等措施，加强公务员面试工作，进一步提高公务员考录内容，将公务员交通违法行为以及培训情况纳入年度考核。创新公务员考核办法，在部分地区和部门开展公务员平时考核试点。深化完善以公务员培训学分制管理为核心，以“干部学习新干线”、“公务员知识大讲堂”和公务员“四类培训”为载体的公务员培训“杭州模式”，全面提升公务员能力素质。

（二）深化事业单位人事制度改革和行政审批制度改革。

出台杭州市属事业单位五、六级普通职员管理办法，事业单位岗位管理制度实施后有关问题的处理意见和事业单位工勤技能一、二级岗位管理办法等政策，基本完善杭州市事业单位岗位管理政策。首次将高层次人才引进纳入公开招聘范畴，制定实施医疗卫生事业单位公开招聘人员实施办法，事业单位公开招聘工作进一步规范、科学。完善事业单位绩效工资政策，制定市本级事业单位绩效工资专项奖励办法，举办全市事业单位实施奖励性绩效工资搞活内部分配经验交流会，编印事业单位奖励性绩效工资分配方案典型材料选编。推行行政审批制度改革，开展行政审批事项清理削减工作，保留行政许可事项 8 项、非行政许可事项 14 项，转为行政服务事项 41 项，行政许可和非行政许可事项比清理前减少 83 项。

（三）圆满完成军转安置任务。

全市共接收安置军转干部 329 人，其中师职干部 9 人、团职干部 112 人、营以下干部 195 人、自主择业 13 人，实现当年接收、当年安置、当年培训。加强自主择业军转干部管理服务，2013 年起，落实自主择业军转干部体检制度。承办第十次全国大城市军转安置工作联席会议。切实做好企业军转干部解困稳定工作。

五、劳动关系总体保持和谐稳定

以健全完善“三项机制”为抓手，努力打造“劳动关系和谐城市”，杭州市连续第三年位居全省劳动关系和谐指数首位，杭州市人力社保局劳动关系和谐指数评价项目被确定为杭州市综合配套改革创新奖。

（一）强化源头治理机制。

杭州市协调劳动关系三方四家深入推进“企业关爱职工、职工热爱企业”活动，精心组织各类劳动关系业务培训和首届“双爱”宣传周大型宣传咨询活动、专题征文摄影书画比赛活动，切实抓好市级创建和谐劳动关系达标企业共同约定书签订工作，着力提高企业职工的参与度，从源头上发展和谐劳动关系。目前，全市“双爱”活动企业参与率达 85%以上，共同约定书签订率达 100%。全面实施经营劳务派遣业务许可，大力推进区域性、行业性工资集体协商工作，会同有关部门加快推进《杭州市企业工资集体协商条例》立法进程，着力保障职工合法权益。

（二）加大监察督查机制。

加大监察执法力度，全市各级劳动保障监察机构共监察检查用人单位 11.7 万家，立案查处劳动者举报投诉案 5 756 件，结案率 100%，为 5 436 名劳动者追回拖欠工资 2 107.35 万元。实施劳动监察季度督查，落实劳动监察网格职责，着力夯实和谐劳动关系创建工作基础。

（三）建立防欠薪联动机制。

成立防欠薪协调小组办公室及 5 个专项工作组。与杭州市公安局联合制定拒不支付劳动报酬刑事案件移送和查处工作实施办法，促进监察执法与刑事侦查有效衔接。联合杭州市中级人民法院创新实施定期召开联席会议、定期信息通报、重大事项沟通、裁审结果抄送四项制度，促进劳动争议裁审衔接。在主城区 771 个在建筑施工项目建立工资专管员制度，力求破解建筑行业欠薪难题。着力提升防欠薪应急处置能力，全市共筹集工资支付保证金 15.53 亿元，落实政府欠薪应急周转金 1.53 亿元。

六、15 项惠民工程全面完成

为更好地便民惠民，突出抓好局系统“修订出台养老医疗保障办法”、实现城区医保服务大厅全覆盖、建设“智慧医保”信息系统、创建全国“电子社保”示范城市、建立杭州退休大学拱墅分校和江干分校、建成运行网尚创业园、新建 10 家实训基地分基地等 15 项重点惠民工程，实施项目化管理，一把手牵头抓总，组织召开两次媒体恳谈会进行督查宣传，分管领导加强督查指导，每月一督查、一通报，抓好工作进度，各责任部门狠抓工作落实，配合部门积极协助。15 项惠民工程的全面完成，更好地服务了群众、惠及了民生，受到各方广泛好评。

杭州市人力资源和社会保障局

宁 波 市

2013 年，全市人力资源社会保障部门认真贯彻落实市委、市政府一系列重要决策部署和市局十项重点工作，开拓进取、真抓实干，圆满完成全年各项目标任务。

一、就业目标任务全面完成，就业局势保持总体稳定

（一）各项就业目标任务超额完成。

全市新增城镇就业 16.13 万人，实现城镇失业人员再就业 7.6 万人，帮助就业困难人员就业 2.23 万人，分别完成年度目标的 128.56%、146.81%和 190.48%；年末城镇登记失业率 2.16%，同比下降 0.39 个百分点。

（二）全面落实促进就业鼓励创业政策。

牵头完成新一轮失业保险基金预防失业促进就业试点政策组织实施工作。完成城镇公益性岗位使用管理情况调研和员工制家政服务企业社会保险补贴政策绩效评估，在全省联合开展的就业政策落实和就业资金使用情况督查中，宁波得 95 分，位居全省前列。

（三）积极推进高校毕业生等重点群体就业。

坚持将促进高校毕业生就业放在工作首位，围绕升级激活就业、创业带动就业、实践促进就业，出台新一轮促进高校毕业生就业创业的实施意见，积极引导毕业生到基层、企业就业。大力推进大学生创业引领计划，组织开展 KAB 创业教育和全球职业规划师（GCDF）培训，健全创业培训后续服务体系，引入法律咨询机构 5 家、人力资源服务机构 2 家，积极为大学生提供专业化创业咨询服务。启动实施高校毕业生“百千万”工程，国内知名高校与宁波市企业共同建立大学生实习基地 103 家，新增市级大学生创业园 2 家、市级实践基地 11 家、市级就业见习示范基地 10 家，提供实习见习岗位 22 326 个，18 866 名大学生参加了实习见习。开展离校未就业高校毕业生和家庭经济困难毕业生就业帮扶行动，帮助 3 041 名未就业毕业生顺利就业，高校毕业生就业率达到 98%。深化充分就业县（市）区创建活动，扎实开展困难家庭就业帮扶活动，开发公益性岗位 8 981 个。2013 年宁波金田铜业（集团）股份有限公司先后被评为省级、国家级高校毕业生就业见习示范基地。镇海区大学生创业园、北仑区大学生创业园、鄞州区大学生（老年）创业园 3 家园区被评为省级大学生创业示范基地。

（四）国家级创业型城市创建不断深化。

完善创业者社会保险补贴政策，推进创业服务提升行动，“小微创业实体走访帮扶”等活动，新增小额担保贷款信用社区 5 个，发放小额担保贷款 5.55 亿元，同比增长 5.3 倍，新增创业实体 10.35 万家，创业带动就业 40.39 万人。余姚市、慈溪市和镇海区通过省级创业型城市创建考核评估，镇海区进入省级创业型城市创建行列。

（五）减轻企业负担稳定就业。

积极应对洪灾的不利影响，及时出台社保费减征政策，为 8.9 万家企业、236 万职工集中减征 30 亿元；发放各类就业补贴 9.27 亿元（市本级 5.28 亿元），同比增长 12.23%，惠及企业 13 723 家、劳动者 59.67 万人（市本

级33.78万人），为保增长、保就业、保稳定发挥了重要作用。

（六）公共就业服务不断加强。

深化服务企业联系人制度，配合“腾笼换鸟”、“机器换人”和“提高劳动生产率”行动，开展人力资源余缺调剂工作。开展失业预警试点，健全就业失业登记、人力资源调查和企业用工监测制度，覆盖全市20个行业、1 340家企业、51万名职工。加强基层服务平台指导，做好各县（市）区人社基层工作平台与社区（村）便民服务中心对接工作，目前，152个街道（乡镇）已实现对接，对接率达到100％。

二、城乡统筹社保体系不断完善

（一）城乡社保制度进一步完善。

按照省统一规定，将基本养老保险用人单位缴费比例由12％调整为14％，组织实施《宁波市社会保险费征缴管理（暂行）办法》，推动社保费“五险合征”和按工资总额征缴等政策的平稳实施。完善养老保险政策，推动制度整合。制定下发《关于宁波市非事业单位人员参加事业单位养老保险的若干意见》，进一步规范非事业单位人员参加事业单位养老保险条件。完善医疗保险政策，制定出台城乡居民大病保险办法，全面实施总额控制的混合结算办法，规范统一全市医疗保险参保缴费办法，启动实施外来务工人员医疗保险向基本医疗保险制度并轨过渡期政策。完成市级新农合管理职能由卫生部门划转归并至人社部6项工作，实现离休干部市内就医结算“一卡通”。会同市有关部门实施民营医院参加公立医院综合改革有关工作。完善工伤保险政策，将公务员及参公事业单位工作人员纳入工伤保险范围。预计工伤事故率1.33％，比上年下降0.3个百分点。

（二）社保覆盖面进一步扩大。

全市已完成未参加养老保险人员登记93.7万人，占未参保人员总数的93.72％。截至2013年底，新增基本养老保险、医疗保险、失业保险、工伤保险和生育保险参保人员34.64万人、19.71万人、15.52万人、13.16万人和12.45万人，分别完成年度目标的173.19％、219.04％、129.33％、146.26％和138.3％。全市城乡居民社会养老保险参保人员132.87万人，被征地人员养老保障参保人员51.2万人，城镇居民医疗保险参保人员104.23万人。本市户籍居民养老保险（障）参保率达到87.5％；城镇职工和城镇居民医疗保险参保率在98.86％。平稳完成事业单位养老保险征缴和拨付工作，全市参保事业单位3 019家，参保人员19.51万人。新发放社保卡130万张，完成年度目标的130％。医保零星报销、职工医保历年账户返还个人缴费、医保历年账户返还近亲属居民缴费、综合减负4项资金均已通过社保卡金融账户支付。

（三）社保待遇水平进一步提高。

企业退休人员月养老金人均增加233元。市辖各区城乡居保基础养老金提高到170元/月，同比增长21.4％。被征地人员养老保障待遇标准分别达到650元/月、600元/月和550元/月，较上年增加50元。60周岁以上人员在叠加享受基础养老金后，每月最低享受额达到720元。政策范围内城镇职工和居民住院及特殊病种报销比例达到86.8％、72.3％；为5.51万名医保参保人员综合减负1.18亿元。

（四）社保基金监管及经办管理进一步加强。

加大社保基金使用监管，先后开展经办机构内控制度和城乡居保两项检查。推行社保基金监管软件，实现非现场实时监督。加强定点医疗机构和定点零售药店管理，整理校对9 800条浙江省医疗服务项目目录；建立医保专家库，建立医疗费用网上审核情况定期通报制度。

三、人才开发工作成效显著

（一）人才开发目标圆满完成。

新增各类人才11.21万人，全市人才总量达到141.28万人。其中博士、博士后人才总数近 3 800 人，增长 17.2%以上；硕士学位人才总数近 3.05 万人，增长 17.1%；海外留学人才 4 400 人，增长 25.7%；高技能人才增长 2.4 万人，增长 11.4%。

（二）专业技术人才队伍建设进一步推进。

深化实施领军和拔尖人才培养工程，建立人选动态管理和培养导师制度，首批聘请 10 位高级专家（其中 5 位院士）对 14 位第一层次培养人选开展结对指导培养，组织 48 位培养人选分别赴美国斯坦福大学和清华大学进行创新能力提升研修。制定出台《宁波市专业技术人才知识更新工程实施方案》，深入推进“5113”创新人才培养工程，全年培养各类紧缺人才 1.5 万名。启动实施“千名专家服务基层三年行动计划”，确定首批专家产业服务基地 3 家，组织 82 名市内外专家承接企业技术攻关难题 197 项。扩大企业自主评审职称试点改革范围，新授予 13 家企业工程系列中级资格评审试点权限。实施博士后新一轮“三年倍增”计划，新建国家级工作站 5 家、市级扶持站 25 家，有 53 个项目获得国家和省资助，同比增长 33%。全年招收博士后研究人员 92 名，出站留甬工作 35 名。评选市级技术创新团队 40 家，总数达到 120 家。深入开展高层次人才储备计划，全面完成 3 年储备 1 万名中高端人才目标。培养高级职称人才 5 000 人，入选国家首批“特支计划”专家 3 名，入选国家“百千万人才工程”人选 1 名，省 151 人才工程第三层次人选 31 名。5 名专家获“浙江省有突出贡献中青年专家”称号，32 名专家获“宁波市有突出贡献专家”称号。

（三）高技能人才队伍建设进一步加强。

扎实开展企业优秀青工培训计划、紧缺高技能人才培训计划和技师、高级技师培训计划。健全完善职业培训补贴制度，制定出台紧缺高技能人才岗位补贴政策，明确对紧缺岗位技师、高级技师每月分别给予 500 元、1 000 元的政府岗位津贴。探索推进职业培训市场化发展，以市场招投标方式，完成 16 个紧缺工种培训项目（共 2 500 个名额）的招标工作。抓好高技能人才培养平台建设，新建市级技能大师工作室 12 家、高技能人才公共实训基地 3 个。加强技能鉴定质量规范化管理，推进企业技能人才评价标准化体系建设，全市共有 317 家企业列入企业自主评价试点单位。加强技工院校建设，加大一体化课程教学改革力度，新招收学生 4 558 名。精心筹划“技能振兴”、“技能宣传月”和“百企万人技能竞赛”三项活动。全年共开展技能培训 21.5 万人次，完成技能鉴定 13 万人次，培养高技能人才 2.4 万名，2 人获“钱江技能大奖”，8 人被评为省首席技师。

（四）海外引智引才工作取得新进展。

大力推进海外高层次人才“3315 计划”，新建江北区牙科人才创业园，镇海区留创园升格为省级留创园。引进海外留学人才 901 名，新增省级“千人计划”人选 34 名、市“3315”人选 47 名、市“3315”高端团队 21 个。加快实施“千名海外工程师计划”，执行外国专家项目 118 项，引进各类外国专家 1 568 人次，引进海外工程师 225 人，5 位入选国家高端外国专家，4 位外国专家荣获浙江省“西湖友谊奖”，12 位外国专家荣获宁波市政府茶花荣誉奖和纪念奖。批准出国（境）培训项目 37 项，培训人员 656 人次。

（五）重点产业人才开发成效明显。

2013 年，市人社局与江东、北仑、余姚、慈溪、宁海、象山 6 个县（市）区联动实施重点产业人才开发工程，指导江东建成首家省级人力资源产业园。邀请外国专家为宁海塑料模具和北仑铸造产业提供技术诊断。联合国家高新区开展上海交通大学等高校百名材料学博士宁波行活动，取得阶段性成效。

（六）加快发展人力资源服务产业。

启动实施人力资源服务产业三年行动计划，组织实施“七个一”工程，启动建设人才大厦高端人才服务机构孵化基地，指导北仑和江东做大做强两个人力资源服务产业园区。全面推进行业诚信体系建设，建立在册机构诚信档案，开展人力资源诚信服务示范机构评选活动。成功举办第九届中国人力资源服务业高峰论坛和人力资源服务机构校企见面会。新增人力资源（人才中介）服务机构47家，机构总数达到238家，同比增长4%；从业人员新增1 000人，同比增长20%；服务单位约3万家/次，服务人数约55万人/次。

（七）人才公共服务体系更加完善。

贯彻落实高层次人才家属就业子女入学政策，发放《重点高层次人才优惠证》263张，企业人才比例超过50%。安排高层次人才易地安家补助、领军拔尖人才购房补助等近700万元，会同市委组织部、市住建委统筹推出人才住房579套，努力解决人才住房困难问题。认真做好台湾大学生和新疆库车学生来甬实习有关活动。创新举办“高洽会”及其延伸拓展活动，首次打破“高端创新人才封闭式洽谈会”纯政府举办模式，与国内6家知名中介机构合作，邀约全国各地人才到会洽谈；首次设立“高洽会”异地分会场，赴青岛、西安开展延伸招聘活动，取得良好效果。进一步拓展市校合作平台，借助“百校千企”、“甬港经济合作论坛”、“台湾—宁波周”等人才培养平台，与长江商学院、台湾大学签订合作培养协议；拓展南开大学、武汉大学、苏州大学等委托培养合作基地。打造人才资源配置中心，探索开展“管家式”服务，为2.2万家企业提供招聘服务21.5万人次。加强宏观人才信息引导，发布第七轮《宁波市人才紧缺指数报告》，首次发布《紧缺人才培训导向目录》。

四、人事制度及工资收入分配改革稳步推进

（一）公务员队伍建设有新突破。

加强公务员平时考核，制定出台公务员“岗位对责、绩效对账”考核办法，坚持分类考核与分级考核、平时考核与年度考核、定性考核与定量考核、领导评价与群众评议、激励鞭策与教育引导相结合。建立全市公务员考核信息平台，全面推行考勤制度。组织开展公务员法规及政策落实情况专项检查，加强重点环节、敏感领域的监督检查，确保各项公务员政策制度依法落实。优化市级机关中层跨部门竞争上岗和公开遴选办法，不断提高竞争性选拔的规范化水平。坚持凡进必考，进一步扩大面试旁听制度，完善面试考官管理办法，圆满完成2013年度1 103名公务员考录任务。加强人事考试安全管理，建成全省首家标准化面试基地，安全组织各类人事考试40项、12.45万人次。认真做好参公事业单位集中申报工作，共申报“模块内”单位167家、“模块外”单位156家，顺利完成旅游、交通等系统22家事业单位、219名人员参公过渡。继续贯彻落实好公务员学分制管理制度，抓好公务员“四类培训”。完善政府评比达标表彰活动管理体系，全面规范和严控活动项目审核。完善公务员申诉受理程序，依法保护公务员合法权利。

（二）事业单位人事制度管理规范有序。

进一步完善事业单位岗位设置管理制度，重点调研县（市）区属无机构规格事业单位管理岗位晋升通道、乡镇（街道）事业单位高等级专业技术岗位设置等问题，妥善解决岗位设置后续管理出现的突出问题。进一步规范事业单位工作人员公开招聘制度，研究制定公开招聘岗位适用专业、通用性岗位面试、考核（政治审查）等配套办法，提高公开招聘的规范化和科学化水平，全市共完成1 183家事业单位、6 252名工作人员公开招聘工作。实施中小学教师职称制度改革试点，1 045所中小学校（幼儿园）、4.8万名教师实现资格过渡。

（三）事业单位绩效工资改革稳步推进。

完善事业单位绩效工资分配政策，研究出台加强绩效考核和搞活分配的实施意见，规范部门奖励基金使用条件，明确各类假期和处分期间待遇。加强制度监管，加大对各地各部门落实绩效工资政策的督查力度。继续完善基层医疗事业单位绩效工资政策，深入研究地区附加津贴和事业单位工资收入正常增长机制。积极做好退休干部管理服务工作，妥善处理政转企、事转企退休人员有关问题。

（四）认真做好军转干部安置和目标管理考核工作。

把军转安置作为一项重要政治任务，严格按照军转安置政策、纪律和工作进度要求，妥善安置了317名军转干部，其中师职干部9名，团职116名，营以下及技术干部192名，另外还接收安置了11名随调家属。从安置结果看，进行政机关（含参公单位）安置的占85.67%，团级干部平职或低一职安排的达到85.3%，担任领导职务的占39.7%，营以下及技术干部也得到相应安置。

调整完善全市目标管理考核体系和办法，将县（市）区、市级机关两大类考核调整为县（市）区、重点开发区域、市级机关三大类，考核范围覆盖了11个县（市）区、10个重点开发园区和99家市级机关和部分省部属单位，调整后考核体系更加科学，内容更加全面，办法更加合理。

五、和谐劳动关系深入发展

（一）积极构建和谐劳动关系。

贯彻落实新修订的《劳动合同法》，规范劳务派遣用工制度，劳动合同签订率达97.43%，开展“小微企业劳动合同签订专项行动”，小微企业劳动合同签订率达到91.98%。扎实开展“双爱”专题活动。组织开展全市劳动关系和谐指数测评，宁波市劳动关系和谐指数测评列全省第三。协调处理企业关停并转过程中劳动关系相关工作。发布12个行业、225家企业全日制岗位指导价位和人工成本信息，及时调整企业职工最低工资标准，本市职工最低月工资标准调整为1 470元、1 310元、1 200元三档，非全日制工作的最低小时工资标准调整为12元、10.7元、9.7元三档。健全协调劳动关系三方机制，配合制订《宁波市企业工资集体协商条例》，协同市总工会推进企业工资集体协商三年行动提升计划，企业工资集体合同签订率达到90.9%。

（二）扎实推进“无欠薪宁波”活动。

强化劳动监察“两网化”建设投入，加强网格监察员业务培训，全市劳动监察基层网格化管理达到省定标准。健全防范处置欠薪工作机制，加强企业工资支付保障管理制度建设，完善应急周转金垫付和依法追偿办法，建立租用场地等特殊领域工资支付保障金制度，推进“无欠薪企业”、“无欠薪工业园区”、“无欠薪街道”创建活动，全市已筹集工资支付保证金14亿元、欠薪应急周转金1.46亿元。加强企业群体性劳资纠纷预警预报，开展各类劳动保障监察专项活动6次，依法查处各类劳动用工违法行为，处理劳动违法案件3 175件，欠薪案件3 315件，为2.36万名职工追回被拖欠工资1.79亿元。

（三）建立健全劳动争议调处机制。

加强基层调解网络建设，全市157个乡镇（街道、园区）劳动争议调解组织全部实现有效运作，并已基本完成向村级单位延伸。93%规模以上、已建工会企业建立了企业劳动争议调解委员会，同比提高了11个百分点。15个劳动争议处理机构均建立法律援助工作站，实现全覆盖。全年受理劳动争议案件3.06万件，仲裁案件结案率93%，调解率74%，重大集体劳动争议案件法定期限内结案率达到100%。

六、“阳光政务”建设取得阶段性成果

深化行政审批制度改革，取消、调整、下放行政审批事项17项，窗口受理率达到100%。按照市县联动、共建共享原则，开发标准统一的网上办事大厅系统，减少建设成本近400万元。目前，网上办事大厅已实现全市人社系统全覆盖，上网公开事项达到2 259项，在全省人社系统“阳光政务”网上办事大厅建设工作推进会上作为经验进行推广。以全国全省人社系统2011—2013年度优质服务窗口评选活动为契机，深入开展优质服务窗口评选活动，办理各类行政审批和服务事项119.61万人次、12333咨询服务106.8万人次，网上在线咨询9 158件，群众满意度达98.5%。

宁波市人力资源和社会保障局

安 徽 省

2013年，安徽省各级人力资源社会保障部门认真贯彻人力资源社会保障部和安徽省委、省政府的决策部署，紧紧围绕建设美好安徽的奋斗目标，坚持民生为本、人才优先，锐意进取，扎实工作，城乡就业局势持续稳定，社会保障水平稳步提高，才智支撑作用更加彰显，劳动关系总体和谐稳定，公共服务能力有效提升，人力资源社会保障各项工作取得了显著成绩，为全省经济平稳较快发展做出了积极贡献。

一、就业创业工作

（一）更加积极的就业政策得到有效落实。

全面落实更加积极的就业政策，全年城镇新增就业67.54万人，城镇失业人员再就业25.87万人，就业困难人员实现就业10.66万人，全部超额完成年度任务。城镇登记失业率3.41%。全面推行就业失业动态监测，建立1 390个监测点，加强就业形势研判。研究制定服务民营经济发展若干意见、促进就业创业服务民营经济发展等政策文件，首次提出给予民营中介机构摊位补贴、给予高校毕业生创业补助等措施。出台新一轮援企稳岗政策，累计为包括民营企业在内的各类企业发放就业岗位、技能培训、职业介绍等补贴11.15亿元。

（二）以高校毕业生为代表的重点群体就业工作成效明显。

实施离校未就业高校毕业生就业促进计划，加大实名制登记和跟踪帮扶工作力度。加强与教育部门、高等院校工作衔接，提前1个月分解下达离校未就业毕业生帮扶任务。首次建立高校毕业生就业服务信息平台，发送就业创业政策和招聘信息近30万条。为9 366名困难家庭毕业生发放求职补贴468.3万元。开发基层公益性岗位，招聘4 345名高校毕业生到基层就业和服务。继续实施高校毕业生“三支一扶”计划，全年招募1 000名高校毕业生到基层从事支农、支教、支医和扶贫工作。出台高校毕业生就业见习管理办法，组织1.37万名高校毕业生参加就业见习，高校毕业生总体就业率达95.5%，实现了“不降低有提高”目标要求。《人民日报》、《光明日报》等中央媒体集中宣传报道了我省高校毕业生就业工作先进经验。加大农村转移劳动力和就业困难群体就业工作力度，加强就业服务和信息引导，落实就业援助制度，深化皖北皖江劳务对接，重点群体就业保持基本稳定。

（三）职业技能培训力度进一步加大。

实施就业技能培训民生工程，大力开展就业技能培训、岗位技能提升培训和创业培训，加大职业培训补贴政策落实力度，全年累计培训城乡劳动者36.6万人，12.5万名高校毕业生接受技能培训，发放企业培训补贴1.25亿元。

（四）创业带动就业工作全面推进。

开展省级创业型城市创建工作，全年组织创业培训10.2万人次。深入实施“皖籍在京高校毕业生回乡创业计划”，着力培养具有较高综合素质、较强实践能力的创业人才。出台高校毕业生、退役士兵创业引导资金管理办法，为高校毕业生、退役士兵提供1.3亿元信用贷款和担保贷款资金支持。全面推行“整贷直发”模式，全年新发放小额担保贷款61亿元，完成全年任务的203%。制定民营企业创业孵化基地认定管理办法，新认定民营创业孵化基地10个、省级农民工创业园50个、省级大学生创业孵化基地18个。

（五）公共就业服务不断加强。

推进公共就业服务体系和制度建设，组织开展全省公共就业服务专业化试点，建立购买基层公共就业服务新机制。为各类群众提供有针对性的就业服务，组织开展就业援助月、春风行动、民营企业招聘周、退役士兵招聘周等专项招聘活动1 371场，达成就业意向10.38万人。评比表彰49家信用等级人力资源服务机构。开发就业资金管理使用信息系统模块，审核审批资金68万条、11.82亿元。全面实现新增就业和失业人员、就业困难人员和高校毕业生就业实名制。全省农村劳动力资源数据库初步建成，入库劳动者信息2 213万人。

二、社会保障工作

（一）城乡社会保障制度建设加快推进。

《安徽省实施〈工伤保险条例〉办法》经修订完善后，于2013年9月1日起在全省范围内实施。医疗保险异地就医结算系统联网工作进展有序，16个市实现与省厅系统对接，合肥地区18家三级定点医疗机构联网，异地就医患者实现网上即时结算。城乡居民大病保险试点取得初步成效。工伤预防和工伤康复试点工作稳步推进，全省已确立39家工伤康复机构。失业保险职业培训和职业介绍两项补贴资金使用范围进一步扩大，补贴支付标准大幅提高。

（二）社会保障覆盖范围持续扩大。

加大宣传力度，引导适龄居民积极参保，城乡居民社会养老保险制度全覆盖成果进一步巩固。坚持以矿山、建筑等高风险行业和事业单位为重点，不断扩大工伤保险覆盖面，事业单位基本实现应保尽保。生育保险扩面工作稳步推进，已扩大到各类用人单位。截至2013年底，全省城镇职工基本养老、城镇基本医疗、失业、工伤和生育保险参保人数分别达到811.3万人、1 665.89万人、409万人、473.22万人和458.88万人，分别比上年增加27.6万人、6.07万人、6.85万人、18.26万人和28.69万人，全部超额完成年度任务。全省城乡居民社会养老保险参保人数达到3 308.71万人，符合条件的840.05万人领取养老金。全省七项社会保险基金总收入947.97亿元，总支出702.89亿元，当期结余245.08亿元，累计总结余1 184.56亿元。

（三）社会保险待遇水平稳步提高。

顺利完成198.85万名企业退休人员基本养老金调整工作，月人均增加养老金153元。城乡居民医保财政补助标准每人每年提高到280元，城镇职工政策范围内住院报销比例达到82.9%。失业保险金标准、1～4级工伤人员伤残津贴分别提高30%、12%，全年为11.3万名失业人员发放失业保险金约4亿元。新农保参保人员缴费激励机制进一步完善，缴费补贴标准和基础养老金待遇水平大幅提高，59个县增设缴费档次，54个县提高基础养老金标准。

（四）基金监督管理进一步加强。

开展城乡居民社会养老保险基金管理使用情况检查，对发现的问题及时提出整改意见。启动实施第二批社保基金监管软件联网应用工作。积极探索创新基金监管机制，在淮北、滁州、马鞍山等市开展社保基金社会监督试点工作，实施城乡居民社会养老保险、城镇职工基本医疗保险基金支付管理检查。

（五）社保经办管理服务水平不断提升。

深入推进社会保险经办机构“基础管理提升年”活动，优化服务流程，推进标准化管理。企业退休人员社区管理服务率保持在85%以上，高于全国平均水平近7个百分点。全年共有59个市、县（市、区）城镇职工养老保险经办机构业务档案实现省级达标管理。省本级医疗、工伤、生育保险业务档案达标管理工作顺利通过国家验收，省医保中心被评为全国社保业务档案管理优秀单位。

三、人才队伍建设工作

（一）专业技术人才队伍建设有序推进。

组织实施专业技术人才知识更新工程和高端领军人才选拔培养工程，新增高端人才1.8万人，2人入选“国家特支计划”，新增“百千万人才工程”国家级人选5人，选拔认定战略性新兴产业技术领军人才214人，博士后规模不断扩大，全年新设18家国家级博士后工作站、35家省级博士后工作站。专业技术人才知识更新工程全面推进，实施开展120期高级研修项目，培训高级专业技术人才6 000余人、重点领域急需紧缺专业技术人才2.7万余人，培训企业高级职业经理人和科研院所高级科技人才400余人。组织8.6万名专业技术人员开展网络远程教育学习。创新人才评价机制，修订完善林业、审计等12项专业技术资格评审标准条件，开展正高级会计师评审试点工作。

（二）技能人才队伍建设持续加强。

深入实施高技能人才培养工程，全年培养技师6 591人，培训高级工7.5万人，超额完成年度目标任务。加快高技能人才培养平台建设，新增淮南矿业技师学院等3个国家级高技能人才培训基地，新设铜陵有色公司等3个国家级技能大师工作室，新认定10家省级技能大师工作室，会同省直有关部门组织开展省级行业技能竞赛6项，23所技工院校获得省财政实训设备购置补助2 674万元。稳步推进职业技能鉴定工作，全年鉴定64万人次。合肥、淮南、马鞍山等市被确定为全国百城技能振兴专项活动重点城市。

（三）引智工作成效明显。

在澳大利亚设立海外人才工作联络站，在新安人才网设立市场化引才试点工作室。在《人民日报》、《中国组织人事报》、《安徽日报》等主流媒体刊登安徽省引进高层次创新创业人才公告。奇瑞汽车公司和华东光电研究所被授予“全国引进国外智力示范单位”荣誉称号。2名外国专家荣获中国政府“友谊奖”，15名外国专家荣获省政府“黄山友谊奖”，16名专家入选外专百人计划。全年共组织实施引智项目304个，引进各类外国专家2 000余人次，选派出国（境）培训711人次。组织实施专家服务基层活动，举办培训讲座146场次，培训基层人才16 683人次，义诊病患2 496人次，现场技术指导343场次，解决基层一线技术难题271项，达成各类合作项目7个。

（四）重大才智交流活动有序开展。

深入推进人才特区建设，不断深化高层次战略合作。成功组织皖港经贸活动才智交流，为皖港双方才智合作提供对接洽谈平台。组织实施“外国专家江淮行”、“千人赴港”培训计划，选送388人次赴港培训。深入推进省校战略合作，促成清华大学与合肥市联合共建公共安全研究院。圆满完成四批次268名新疆未就业普通高校毕业生来皖培训任务，完成人才援藏、援疆各项任务。

四、人事制度改革工作

（一）公务员队伍建设不断加强。

进一步完善公务员制度，加强公务员管理制度建设，切实规范职位管理。坚持凡进必考和面向基层导向，完善考试录用工作机制，笔试实行分级分类考试和“2＋X”模式，共录用7 147人。组织开展省市机关公开遴选公务员工作。全面开展公务员初任培训、任职培训、专门业务培训、在职培训和职业道德培训，实施美好安徽建设、生态文明城镇建设等12个专题培训计划，省、市联动举办公务员培训示范班20个，全年培训各级公务员15万人次。加强公务员考核工作联系点建设，推进平时考核工作开展。出台安徽省表彰奖励活动管理办法。深入开展争先创优活动，组织开展第六届人民满意的公务员评选活动，在全国第八届人民满意的公务员评选表彰中，安徽省3位个人、2个集体被授予“人民满意的公务员”和“人民满意的公务员集体”荣誉称号。

（二）事业单位人事制度改革进一步深化。

研究制定关于进一步深化全省事业单位人

事制度改革的实施意见，参与事业单位分类改革，配合做好县级公立医院综合改革和文化体制改革工作。全省聘用管理标准化程度进一步提升，事业单位岗位设置方案核准率、岗位聘用认定率、聘用合同签订率均达到95%以上。开展全省事业单位专业技术二级岗位申报核准工作。出台规范公开招聘人员体检、中小学新任教师公开招聘、省直事业单位公开招聘人员专业测试等政策，组织省直事业单位公开招聘2 189人。首次搭建事业单位公开招聘考试服务平台，5个市29个县（市、区）通过平台进行公开招聘，5.5万人参加了笔试。开展《事业单位工作人员处分暂行条例》宣传活动，开展事业单位人事管理信息系统应用试点及在编不在岗和违规领取财政资金人员专项清理工作。

（三）工资收入分配制度改革稳步推进。

进一步完善公务员工资制度，认真做好规范公务员津补贴工作，顺利完成5个市公务员与企业相当人员工资调查比较工作。深入推进事业单位工资收入分配制度改革，其他事业单位职工实施绩效工资工作得到有效落实，绩效工资分配约束激励机制更加完善。加强企业工资收入分配宏观指导，开展薪酬调查和国有企业工资内外收入监督检查，自2013年7月1日起，上调了全省最低工资标准，平均涨幅达24.7%。

（四）军转安置任务顺利完成。

加强军转干部安置制度建设，顺利完成925名军转干部安置任务，随调随迁家属得到妥善安排。切实做好企业军转干部解困稳定工作，出台鼓励自主择业军转干部创业政策，完善自主择业军转干部数据库。推进企业军转干部工作机制建设，与部分省份建立了企业军转干部解困稳定区域协调机制。认真落实“双社平”政策，企业军转干部生活困难补贴标准得到提高。

五、劳动关系工作

（一）劳动关系协调工作取得积极进展。

认真贯彻新修订的《劳动合同法》，组织开展劳务派遣专项行动。加强劳动用工备案管理，引导企业规范用工，目前全省系统备案职工达340万人。完善劳动关系协调机制，组织开展“和谐劳动关系创建年”活动，深入推进劳动关系和谐企业与工业园区创建活动向街道、乡镇及社区延伸。加强劳动标准管理，加强高温期间劳动者权益保护工作，规范特殊工时工作制审批管理，指导企业落实休息休假制度。开展农民工劳动合同签订“春暖行动”，实施小企业劳动合同制度实施专项行动计划，企业劳动合同签订率达98%。

（二）劳动人事争议调解仲裁工作扎实开展。

加强劳动人事争议调解仲裁，制定加强非公有制企业劳动争议预防调解工作意见，在安徽省商会成立劳动争议预防调解中心。出台全省仲裁机构办案质量检查评分细则，加强办案质量管理。推进仲裁院实体化建设，建立市级仲裁院13个，县级68个，建立乡镇（街道）基层调解组织1 229个，市、县、乡三级仲裁调解组织组建率分别达到81%、69.4%、74.4%，全部超额完成人社部下达的目标任务。各级仲裁机构共立案13 882件，结案率达到95.3%，涉及劳动者1.8万人，涉及金额3.3亿元。

（三）劳动保障监察执法工作得到加强。

大力推进劳动保障监察“两网化”建设，建立基层劳动监察网格9 338个，“两网化”管理覆盖率达70%。建立健全农民工工资支付保障金、工资应急周转金等制度，保障农民工工资按时足额发放。人力资源市场秩序清理整顿、农民工工资支付等专项执法行动成效明显，主动检查用人单位2.93万户，查处各类劳动保障违法案件11 646件，追发劳动者工资15.8亿元。

（四）农民工工作稳步推进。

加强农民工基本公共服务，完善统筹城乡的公共就业、创业、培训、维权政策体系和工作机制。认真落实居住证登记办法，推动城镇基本公共服务向农民工群体覆盖。加强家庭服务业服务体系建设，努力拓展农民工就业创业渠道。制定员工制家庭服务企业认定办法，深入开展全国“千户百强”、全省“十强百佳”家庭服务业创建活动。

六、公共服务能力提升工作

（一）公共服务体系建设加快推进。

深化“服务能力提升年”活动，全面落实加强公共服务体系建设指导意见，促进公共服务标准化和均等化。推进基层工作平台建设，积极做好基层劳动就业和社会保障服务设施建设试点工作，开展前三批基层公共服务设施建设试点情况督查，深入实施强化基层、夯实基础、练好基本功“三基”工程，组织开展基层平台工作人员培训，各项公共服务不断向基层和农村延伸。加强考试安全管理，圆满完成482项人事和技能鉴定考试任务，参考人数达160万人次。

（二）信息化建设水平不断提高。

就业一体化项目稳步推进，省市就业与社保业务联动程序改造及联调进入地市实施阶段，已在蚌埠等9市上线。推进加载金融功能的社会保障卡建设，出台社会保障卡建设项目资金筹集使用管理办法，全省社会保障卡持卡人数突破2 000万人。城乡居保信息系统和城镇职工医疗保险异地结算系统建设取得突破，12333电话咨询服务管理系统顺利扩容升级。

（三）干部队伍建设得到加强。

深入开展党的群众路线教育实践活动，严格落实中央八项规定，狠抓作风建设，开展走访调研、组织年轻干部到基层锻炼、群众路线大家谈、“服务之星”评选等专项活动，建立健全反对“四风”、改进作风的各项规章制度，形成领导干部公开承诺制度、深入基层联系群众制度、崇尚勤俭厉行节约制度等7类26项制度。加强学习型机关建设，做好干部教育培训工作。加强廉洁从政教育，加大廉政风险防控和效能建设力度。规范行政审批，取消、冻结、下放管理6项行政职权，开展依法行政示范单位创建工作。本省13个单位被评为全国优质服务窗口单位，87个单位被评为全省优质服务窗口单位。

2013年，安徽省人力资源社会保障各项任务圆满完成，各项工作取得新的进步。特别是在服务全省经济平稳较快发展大局、全面超额完成各项目标任务、保持全省就业局势总体稳定、加强高层次高技能人才队伍建设、稳步提高养老医疗保险待遇水平、城乡居民养老保险实现全覆盖、完善防止拖欠农民工工资长效机制、公务员管理、其他事业单位实施绩效工资、军转干部安置等工作，得到了人力资源社会保障部和安徽省委、省政府的充分肯定与社会各方面的广泛认同。

安徽省人力资源和社会保障厅

福　建　省

2013 年，在福建省委、省政府的高度重视和正确领导下，全省各级人社部门真抓实干，圆满完成各项工作任务。全年城镇新增就业 65.87 万人，完成年度任务的 109.78%；新增农村劳动力转移就业 44.53 万人，完成任务的 111.33%；期末城镇登记失业率 3.55%，控制在 4.2%以内。截至年底，城镇基本养老保险、城镇基本医疗保险、失业保险、工伤保险、生育保险参保人数分别达 812.81 万人、1 283.78 万人、496.66 万人、607.55 万人、539.55 万人，全面超额完成目标任务。

一、就业局势继续保持稳定

2013 年，福建省人社系统积极适应国内外经济形势变化，围绕促进和稳定就业工作主线，着力夯实工作基础，着眼长效机制建设，全省就业局势保持基本稳定。

一是做好大中专毕业生就业创业工作。2013 年，福建省省内高校和省外高校福建生源高校毕业生总量 24.2 万人。截至 12 月 31 日，全省非师范类高校毕业生就业率为 92.8%，师范类毕业生就业率 92.5%。省政府出台《关于做好 2013 年高校毕业生就业工作的通知》（闽政〔2013〕24 号）。统筹实施“三支一扶”计划等服务基层项目，共招募 2 393 名毕业生到农村基层服务。安排 400 个公务员专门职位面向服务基层毕业生定向招考。做好毕业生创业服务、求职服务、见习服务、援助服务工作。开展万名大学生创业培训、支持建设 10 个高校毕业生创业孵化基地，扶持 60 个高校毕业生创业省级资助项目。举办第五届海峡两岸大学生创业项目对接洽谈会，共 127 个项目参展，其中台湾项目 19 个。全省举办综合性、区域性、行业性招聘会和大型校园招聘会 72 场，1.5 万多家（次）用人单位提供 29.9 万个岗位信息。各类小型招聘活动超过百场，提供 30 万多个就业岗位信息。实施万名高校毕业生就业见习计划，其中省级就业见习计划 1 000 名。出台享受城乡居民最低生活保障家庭的高校毕业生求职补贴办法，发放一次性求职补贴 71.7 万元。

二是强化劳务协作机制。积极搭建省际劳务合作、省内公共就业服务和山海劳务协作三类平台。将省际劳务合作平台延伸覆盖到 16 个省（市），与云南、贵州等省建立省际用工求职信息交流平台，实现在省外发布信息实时化、省外招聘常态化。省内公共就业服务平台服务对象覆盖城乡各类群体，为求职者提供常态化、贯穿全年的招聘服务。山海劳务协作平台探索了政和与石狮、晋江与长汀等 6 种劳务协作模式，推动山区富余劳动力有序转移就业。

三是积极推进重点群体就业。全面落实就业困难人员社会保险补贴政策，全年实现城镇就业困难人员再就业 3.7 万人。推动“三支一扶”等服务基层项目，加强毕业生就业指导、援助、创业和见习等服务，全省非师范类高校毕业生就业率达 92.8%，师范类高校毕业生就业率达 92.5%。

四是不断强化公共就业服务。出台《关于转发人社部财政部关于进一步完善公共就业服务体系有关问题的通知》，明确公共就业服务的基本原则、范围和服务内容，健全公共就业服务经费保障机制。公共就业服务信息系统已逐步向乡镇（街道）平台延伸，基本完成省、市、县、乡镇四级联网，同时向12333服务平台、12580海西求职平台、116114沃就业等社会力量就业服务平台延伸。推广福州求职“摇工作”平台，为求职者提供通过无线终端获得就业信息服务的便捷途径。

五是支持创业带动就业。在全国率先探索开展闽台合作创业培训，接受创业培训2.75万人，实现创业7 899人。发放小额（担保）贷款14亿元，扶持2.29万人创业，带动就业5.23万人。加大创业服务体系建设力度，举办全省首届创业计划大赛，指导各地开展创业项目库开发、创业孵化基地建设。

六是广泛开展职业技能培训。新建50个省级“技能大师工作室”，制定管理办法加强管理。组织“福建省技能大师”遴选以及国家级技术能手、中华技能大奖评选活动，推出一批优秀高技能人才领军人物。继续开展紧缺工种免费技能培训，全年培训3.2万人次，实施培训经费直补企业政策，劳动者就业能力得到提高。组织省级职业技能竞赛18场，共有近10万名职工参加各级各类职业技能竞赛。全年职业技能鉴定人数55.01万人，新增高级工9.07万人，技师（含高级技师）9 564人。

二、社会保障制度体系进一步健全

按照“全覆盖、保基本、多层次、可持续”的原则，健全完善城乡社会保障制度，不断扩大社会保险覆盖面，稳步提高社会保障水平。

一是养老、医疗两项社会保险从制度全覆盖向人员全覆盖推进。在全国率先实现城乡居民社会养老保险制度一体化，统一缴费标准、提高政府缴费补贴标准、扩大缴费困难群体并加大部分群体优惠力度，鼓励有条件的地区先行建立丧葬补助制度和长缴多得机制。至2013年底，全省已有76个县（市、区）出台了一体化实施办法，城乡居民社会养老保险参保1 467.16万人，参保率达96.8%。被征地农民社会保障政策进一步落实。机关事业单位养老保险工作有序推进。

二是社会保障历史遗留问题基本得到解决。继全面解决医疗保险历史遗留问题之后，在养老保险方面，继续做好县以上无力参保集体企业退休人员老年生活保障金审核发放工作，已审核批准为2万多名退休人员发放老年生活保障金；解决企业职工基本养老保险政策覆盖范围内未参保以及困难国有企业在职人员未参保遗留问题；配合省侨办等部门，进一步解决华侨农场超龄未参保人员以及归难侨人员养老保险问题；配合省国资委等部门，进一步解决厂办大集体企业职工养老保险待遇问题。

三是社会保障水平稳步提高。巩固完善基本养老保险省级统筹机制，继续调整企业退休人员基本养老金，月人均养老金达1 917元，增幅16.39%，企业离退休人员养老金100%按时足额社会化发放。率先开展城乡居民大病补充保险试点；率先建立全省医保关系转移接续平台；城镇居民参保补助标准提高到每人每年不低于280元；8个设区市开展城镇居民普通门诊统筹，4个统筹区开展职工普通门诊统筹；职工、城镇居民政策范围内支付比例分别达到75%以上和70%左右，最高支付限额通过多种方式分别达到当地职工年平均工资、当地居民可支配收入的6倍。

四是做好失业保险工作。落实失业保险金标准与物价上涨挂钩联动政策，发放失业保险金临时价格补贴477.63万元。落实失业人员参加职工医保政策，为领取失业保险金人员缴纳基本医疗保险费10 560.83万元。做好失业动态监测工作，不断扩大监测企业数量，提高监测质量，全省监测企业数已达848家，监测岗位数约60万个。

五是工伤、生育保险工作不断加强。工伤保险配套政策进一步完善，“老工伤”人员全部纳入工伤保险，其待遇得到进一步落实，工伤认定和劳动能力鉴定不断规范。生育保险工作取得新进展，省本级、福州、宁德、莆田、龙岩、平潭6个统筹区，将机关事业单位生育医疗费统筹与企业生育保险整合，由医疗保险管理中心负责经办，实现业务经办管理职能整合。

六是社保基金监管得到加强。组织开展城乡居民社会养老保险基金专项检查，积极开展社保基金社会监督试点工作，全面铺开监管软件联网应用工作。2013年以来，通过社保基金监管软件开展非现场监督，共收回基金118.88万元。严格审查企业年金方案和基金管理合同，加强对企业年金基金管理运营机构的源头监管。

三、人才队伍建设不断加强

深入实施人才强省战略，进一步完善引进人才政策，加大人才培养力度，为福建省经济社会发展提供人才支撑和智力保障。

一是积极推进人才引进工作。制定实施2013年度紧缺急需人才引进指导目录，广泛征集高层次人才岗位需求信息，共征求岗位信息1 405个，需求2 395人。积极推进人才限价房项目。组织开展“留学人员来闽创业启动支持计划”和留学人员科技活动择优资助项目的申报和评审工作，资助19个创业项目530万元。举办2013年“中国·福建海外人才创业周”活动，邀请122名海外人才来闽洽谈对接，促成项目合作意向223项、人才智力引进意向78项。举办“海外留学博士海西行”，达成人才项目合作协议6项、意向61项，落地创业意向4项。配合省委组织部落实省政府与人民大学人才合作协议，积极推进从人大等名校引进人才相关工作。

二是扎实推进人才选拔培养工作。新增中国科学院院士1名。推荐“国家特支计划”百千万工程领军人才13人、产生百千万人才工程国家级、省级人选7人、52人，经国务院批准享受2012年政府特殊津贴60人，其中专业技术人才52人、高技能人才8人。实施“海纳百川”高端人才聚集计划，牵头拟定《福建省青年拔尖人才遴选暂行办法》、《福建省百千万工程领军人才遴选暂行办法》等文稿。加大博士后资助力度，资助计划由每年20人提高至50人，举办全省博士后工作管理人员业务培训班，开展全国经济学博士后学术论坛系列活动，2013年全省博士后人员进站187人，出站108人。

三是海外引智工作成果丰硕。举办“6·18”国（境）外专家项目成果展和海外大师海西行活动，面向国（境）外征集1 000多个高端人才与项目信息，促成63个高端外国团队与50多家企事业单位项目对接，组织实施国家和省重点引智项目计划216项、资助引智经费3 000多万元，引进国（境）外高端人才1 800多人次；启动实施福建省“外专百人计划”、“高端外国专家团队引进计划”、“服务革命老区、苏区发展引智项目计划”三大引智计划，共支持项目50个，筹集专项经费750万元；1 001名人才获准出国（境）培训。有效推进中国福州海西引智试验区建设，启动实施五项引智计划和四大引智工程。

四是不断加强人才服务工作。推进专家服务基层活动，分12批组织126位专家深入基层一线，开展咨询指导、人才及技术培训、项目合作等活动，帮助基层解决各类技术难题100多个，开展技术培训7场，听众达1 000多人，达成合作协议11项。做好高层次人才服务需求征集和待遇落实工作，广泛征集高层次人才优秀项目，筹备建设人才网上服务专区，做好留学回国人员登记统计，初步建立以福建“百人计划”和国家“千人计划”入选者为主的高层次人才信息库和留学回国人员信息库。加强人才市场建设管理，继续扶持农村使用人才服务站建设。

四、人事和职称制度改革有效推进

积极探索人事和职称制度改革，进一步提高服务福建科学发展的能力和水平。

一是出台支持23个省级扶贫开发工作重点县人事人才工作的八条措施。在引进高层次紧缺急需人才、提高人才待遇等方面对省级扶贫开发重点县以政策倾斜和重点扶持。

二是稳步推进高校教师等专业技术聘任制改革。出台《福建省属公立医院卫生专业技术职务聘任制改革实施办法（试行）》和《福建省属科研机构科技人员专业技术职务聘任制实施办法（试行）》，下放高级职称评审权限，实行评聘合一。

三是做好事业单位招聘的审核和指导工作。出台有关文件加强对公开招聘面试工作的指导，完善事业单位招考专业指导目录，进一步规范专业条件设置和审核。全省已实施岗位设置管理制度的单位达95%，签订聘用合同的人员达96%。

四是完成中小学教师职称制度改革试点工作。指导监督20多个系列（专业）高级职务任职资格评审工作，批准确认各类高级职务任职资格9 000多人。

五是充分发挥职称评审“绿色通道”在高层次人才队伍建设中的作用。探索符合区域特色的茶叶、雕刻等行业人才职称评审办法。

五、工资收入分配制度逐步完善

加强制度建设，注重统筹协调，工资收入分配工作取得新进展。

一是推进规范公务员津贴补贴，落实和完善“三类五档”标准体系，稳妥推进事业单位绩效工资制度改革，基层工作人员工资待遇进一步提高。

二是企业工资分配宏观指导和调控得到加强。调整最低工资标准，平均增幅达12.0%；及时发布2013年企业工资增长指导线，首次发布了全省建筑业、住宿餐饮业和批发零售业3个行业的工资指导线；在全省6个行业、81家企业设立人工成本监测点，在4 060家企业开展薪酬试调查。

六、推动劳动关系和谐稳定取得新进展

以落实劳动合同制度、完善企业工资分配制度为重点，积极构建和谐劳动关系，切实维护劳动者合法权益。

一是深入实施劳动合同制度。全面推动企业劳动用工备案，开展“彩虹计划”、“要约行动”等活动，提高各类企业劳动合同签订率和履约率。全省各类企业劳动合同签订率达96.58%；劳动用工备案企业10.02万户、职工336.83万人；集体合同覆盖13.72万户企业、593.49万名职工。贯彻落实新修订的《劳动合同法》，开展规范劳务派遣专项行动和劳务派遣行政许可工作。全省审批劳务派遣行政许可119家，备案分公司19家，未予许可14家。

二是劳动争议调处机制进一步完善。积极推进仲裁机构实体化建设，继续开展企业劳动争议预防调解示范工作，推动乡镇街道调解组织建设，组建率达89.9%，全年仲裁结案率达94.3%。

三是劳动保障监察有力有效。会同有关部门开展解决企业工资拖欠、劳动用工等专项检查，涉及用人单位3.08万户、劳动者175.98万人，督促补签劳动合同44.54万份，为9.79万名劳动者追回工资7.54亿元。出台《关于预防和治理建设施工领域农民工工资问题的工作意见》，进一步明确政府、人力资源社会保障部门、行业主管部门、建设单位和施工企业责任，从源头预防和治理建设施工领域欠薪问题。完善劳动保障监察行政司法联动机制，劳动保障监察“两网化”工作也取得新成效。全面建立欠薪应急保障金制度，共筹措欠薪应急保障金1.21亿元，工资保证金制度覆盖到三年来拖欠、克扣劳动者工资行为的各类企业，账户余额10.79亿元，涉及企业3 158家。

四是推进协调劳动关系三方机制建设。积极推动劳动关系三方机制建设向有条件的乡镇、街道、社区延伸，9个市级、88个县级、533个街道（乡镇）建立协调劳动关系三方机制。建立各级人社、工会、企联、工商联挂钩联系企业制度，全省建立挂钩联系企业3 000余家。

七、人力资源社会保障公共服务能力得到提升

一是加快推进“金保工程”二期建设，着力推动“五险合一”的社会保险网上办事服务大厅建设，为群众提供便捷高效的服务。

二是召开福建12333公共服务工作交流会，开展“12333全国统一咨询日”活动，进一步拓展12333公共服务平台功能，增加省本级医保和社保卡制卡进度相关信息的查询，通过12333网站实现了全省（除厦门外）社会保障卡的自助挂失。

三是加强基层公共服务平台建设，全省系统业务专网继续向乡镇（街道）延伸，推广使用就业失业登记、用工备案、劳动监察三位一体信息系统。

四是不断健全社保卡管理制度，累计制发3 397万张，开展了新农保、新农合、社保卡3个建设项目的系统测试和安全风险评估工作。

五是组织开展“十二五”中期评估，推进基层就业和社会保障服务设施重点项目建设，全省已建成或列入计划的县级综合服务平台共7个。

六是全省共设置1.31万个村级金融服务便民点，金融服务“不出村”达98.5%；医保定点医疗服务机构延伸到乡镇、社区，方便了参保人员。

同时，全系统认真落实党风廉政建设责任制，推进廉政风险防控机制建设工作，反腐倡廉工作得到进一步加强。公务员考录和管理工作、机关党的工作、法制工作、军转安置工作、农民工工作、信访维稳、离退休干部管理、人力资源理论研究、宣传、统计等也取得新进展。

福建省人力资源和社会保障厅

厦　门　市

一、促进就业工作

2013 年，城镇新增就业 18.35 万人，完成任务数的 101.94%。失业人员再就业 6.56 万人，城镇困难对象实现就业 1.5 万人，农村富余劳动力实现转移就业 1.94 万人，分别完成任务数的 164%、150%和 129.33%。12 月末城镇登记失业率为 3.23%，在年度控制目标 4%以内。再就业培训 0.53 万人，本市农村富余劳动力转移培训 0.51 万人，农村劳动力技能提升培训 2.54 万人，分别完成任务数的 176%、161%和 127%。开展职业技能鉴定 4.59 万人，完成任务数的 139%。核发职业资格证书 3.05 万人，其中高级工 9 424 人、技师 1 178 人、高级技师 363 人。

（一）主动服务企业用工。

一是强力推进“百家校企对接深度合作职业院校”工程。组织厦漳泉近 800 家企业参加厦门市第十届暨厦漳泉第二届校企合作对接会，促成了 98 项专业工种 1.29 万名技术类学生与企业用工对接，极大缓解企业技能人才紧缺和用工结构性矛盾突出的情况。在厦漳泉（闽南）人力资源网推出百家重点职业技术院校信息，指导全市 60 家定点培训机构与企业以共建基地的方式，合作培养适应企业需求的技能人才。加强和江西、四川、云南、贵州、湖北及省内龙岩、南平、三明等地职业技术院校沟通联系，组织 56 家次企业赴外省市与 29 所职业技术院校开展现场招聘或校企对接活动，签订校企协议 68 份，有意向来厦就业的技校生达 3 000 多人。二是积极组织劳务协作活动。2013 年共组织 12 批次 130 家次企业 4.34 万个岗位赴河南、云南、四川、江西等省份和龙岩、南平等地区，举办 23 场现场招聘会，达成意向 4 032 人次。通过组织缺工企业专场招聘会、提升区级人力资源市场知名度和增设点对点临时市场的方式，缓解部分企业招工难。2013 年全市公共职业介绍机构共受理用人单位登记岗位需求 316.5 万个次，比上年同期增加 60.52 万个次；同期进入人力资源市场的劳动力资源数为 214.36 万人次，比上年同期增加 33.66 万人次，人力资源市场总体呈现供需两旺、结构矛盾突出的状况。三是引导企业充分用好用足现有优惠政策。2013 年对 6 515 家企业招收的 9.86 万名农村劳动力给予社保补差 1.95 亿元，对 1 532 家用人单位招收的 0.89 万名就业困难人员给予社保补贴 2 980 万元。全市共审核发放劳务协作奖励金 2.53 万人 432.91 万元。2013 年 6 月 28 日，中共福建省委刊物以“厦门市健全长效机制缓解用工难”为题进行专门报道。

（二）统筹做好重点群体就业。

一是出台就业新政力促高校毕业生就业。率先在全省为招聘应届毕业生的企业提供社保补贴，延长就业困难人员社保补贴期限，提高劳务协作奖励标准，扩大公益性岗位补贴范围，劳务派遣人员各项补贴（助）和奖励资金直补企业。二是落实重点群体帮扶政策。2013 年共对 325 家企业招用应届毕业生 1 321 人给予社保补贴 136.58 万元。2013 年 6 月 6 日，《人民日报》对此进行专门报道，认为这是解决应届毕业生就业的有效举措。促进就业困难人员实现灵活就业6.13万人，共计发放社保补贴2.72亿元。开发社区公共保洁、环境绿化以及托老、托幼、托残服务等公益性岗位2 150个，用于安置城乡就业困难人员，让特困群体得到实实在在的实惠。三是深化充分就业社区创建工作。完善信息平台建设，丰富信息服务手段，8家社区成为省级充分就业星级社区。四是大力推进创业带动就业。举办2013年度创业项目推介会，推出70个优质创业项目，756人与51家参展商实现了对接。积极协助创业者解决创业初始阶段自有资金不足的难题，2013年发放小额（担保）贷款286笔7 142万元。

（三）加大职业培训力度。

一是评选表彰“海纳百川”第一批优秀高技能人才。组织实施《厦门市高技能人才集聚暂行办法》，全市共有108人申报有突出贡献的技师、高级技师，100人申报本市优秀技术能手，经过评选，表彰了有突出贡献的技师高级技师和优秀技术能手各16名。二是拓展实施企业优秀青年高技能人才培训工程。确定紧缺（急需）工种目录88个、高技能人才培训工种目录65个以及16个职业对优秀青年开展高技能人才免费培训，进一步推动高技能人才培养培训工作。落实培训经费直补企业政策，全年拨付100家企业23个工种2 501人156.25万元。三是完善企业技能人才多元评价工作试点。充分发挥行业企业鉴定主体作用，指导厦船重工、路达公司开展高技能人才考核认定，全年认定高级工5名、技师50名、高级技师42名。四是加强职业技能鉴定基础建设。继续完善和优化鉴定考务管理系统，完成考评员派遣与日常管理、电子公章、鉴定对象信息采集、智能短信平台等模块的设计改造。加强题库开发和管理，组织审核、修订有害生物防制员等15个职业工种的理论、技能试卷38套80份，开发船舶电工等3个职业题库6套23份。

（四）加快厦门技师学院发展。

一是建设国家中等职业教育改革发展示范校。稳步推进教育教学工作，新开设旅游管理、电子商务两个专业，2013年秋季招生1 832人，在校总数为4 580人，比上年增加195人。成立专业建设指导委员会，开展人才培养模式及课程体系改革、校企合作、师资培养、信息化建设等方面工作。二是重点专业开办冠名班。各系部均已实现每个专业至少3个实质性合作企业，与金龙汽车等50家企业建立合作关系。其中，新增模具工程系与厦门唯科模塑、车辆工程系与厦门建发汽车的校企合作项目。三是联合办学获新进展。与漳州长泰职专、龙岩连城职专、云南玉溪第二职业高级中学等学校对接，与华侨大学继续教育学院达成“高起本”联合办学协议。四是各级技能竞赛取得较好成绩。2013年共获国家级奖项3个、省级奖项9个、市级奖项31个。

二、社会保障工作

2013年末，基本养老、基本医疗、工伤、失业和生育保险参保人数分别达到222.30万人、296.69万人、170.03万人、169.64万人和159.11万人，分别比上年末增长5.63%、5.71%、6.10%、5.73%和6.27%。其中，外来员工参加基本养老、基本医疗、工伤、失业和生育保险的人数分别达到106.58万人、103.00万人、110.99万人、106.45万人和106.25万人，分别比上年末增长6.84%、5.42%、6.56%、6.80%和6.83%。全年各类社会保险基金收入204.15亿元、支出101.81亿元，分别比上年增长25.94%、22.90%。

（一）加快推进基本养老保险制度建设。

一是企业退休人员基本养老金继续调整。人均月增基本养老金310元，增量全国第一。目前本市企业退休人员基本养老金月人均已达2 485元，整体水平居全国前五名。二是妥善处理有关养老保险问题。做好未安置就业上山下乡人员参加基本养老保险工作，将现为港澳台地区或外国人的原本市户籍人员纳入基本养老保险覆盖范围，允许符合条件的2012年

6月底前缴费满10年的超龄外来员工选择在厦门办理退休。三是进一步完善城乡居民养老保险政策。规范城乡居民养老保险个人账户管理，进一步提高政府补贴标准，城乡居民养老保险基础养老金与最低生活保障待遇实现相叠加，扩大政府补贴人员范围。2013年末城乡居民养老保险参保人数26.96万人，参保率98.09%，其中享受养老保险待遇人数为6.70万人，月人均养老金200.80元。四是切实抓好老农保参保人员和被征地农民的养老保障工作。基本完成16.15万人参加老农保的清理工作。2013年末全市有9.04万名被征地人员办理了养老保险，其中7.68万人办理退养手续，月均退养金达到1 053元。五是做好城镇职工养老保险关系转移接续工作。实现与人社部社保中心转移接续信息平台对接，2013年共转出1.99万人1.66亿元，转入1.32万人2.38亿元。

（二）深化城乡一体化基本医疗保险制度建设。

一是进一步提高参保人员医疗保险待遇。城乡居民基本医疗保险政府补助标准提高到每人每年390元。城乡居民基本医疗保险和补充医疗保险报销比例各提高5个百分点，城镇职工和城乡居民补充医疗保险最高支付限额各提高14万元，减轻参保人员医疗费负担6 200多万元。2013年末，城乡居民医疗保险参保人数104.44万人。二是厦门医保实现全省同城结算。在2012年厦漳泉医保同城化的基础上，取消前置报备，2013年12月实现参保人员持厦门市的社保卡在福州等省内地市看病直接刷卡结算，极大方便了外出就医市民，深受广大群众的欢迎。中央人民广播电台、《福建日报》、福建电视台、广东南方电视台等媒体均进行了广泛报道。三是村卫生所纳入医保服务体系。从2013年10月起，分两批将实现了镇村卫生服务一体化管理的143家村卫生所通过宽带与社保信息系统的实时连接，纳入医保服务体系，解决农民就近就地看病刷卡难问题。四是完成本市第四轮医疗保险政府采购招标工作。与平安养老保险股份有限公司厦门分公司签订新一轮补充保险协议。五是做好流动就业人员基本医疗保险关系转移接续工作。2013年转出1.2万人1 908.76万元，转入7 976人824.18万元。

（三）稳步推进工伤保险制度建设。

一是不断完善工伤保险政策。完善工伤保险费用补缴确认管理制度，研究补充工伤保险、公务员和参照公务员法管理事业单位工作人员参加工伤保险等办法。二是规范工伤认定工作。2013年共做出工伤认定结论8 355例，发放各项工伤保险待遇2.24亿元，先行支付工伤保险基金95起242.86万元，充分保障了工伤职工的合法权益。三是继续提高工伤保险待遇。调整2013年度工伤保险定期待遇，提高工伤职工的伤残津贴、生活护理费以及供养亲属抚恤金等定期待遇水平。

（四）提升劳动能力鉴定工作水平。

一是实施劳动能力鉴定结论书“双送达”便民项目。通过领取、邮寄和公告等方式，送达劳动能力鉴定结论书9 300多份，送达率100%，深受鉴定单位和个人好评。二是加快信息化建设。《劳动能力鉴定受理通知书》、《劳动能力鉴定结论领取通知书》、《劳动能力鉴定结论书》由过去的人工加盖印章改为直接套打电子印章，《劳动能力鉴定结论书》由过去的人工填写邮寄信息改为共享信息套打。三是压缩鉴定时效。10项鉴定均压至法定时限的30%以内，个别项目压缩至15%以内。2013年共完成鉴定（确认）4 460例，其中因病鉴定380例，工伤鉴定3 499例，其他鉴定（确认）581例。

（五）继续推进失业保险和生育保险制度。

一是做好失业保险相关经办工作。相应提高2013年度失业保险金各档次标准。从2013年8月1日起，最高领取额从上年的1 140元提高到1 254元。2013年共发放本市失业人员失业保险金4.74万人2.63亿元、丧葬抚恤金68万元，生育补助金11万元、失业保险价格补贴3.76万人311万元。按月为领取失业保险金的失业人员缴纳职工医疗保险费5 873万元。发放2.06万名外来失业人员一次性生活补助991万元。二是按时足额发放生育保险金。2013年共发放生育保险待遇3.50万人2.69亿元，其中外来务工人员2.03万人1.51亿元。

（六）持续推进社会化服务。

一是继续推进企业退休人员移交管理工作。2013年11月起对城乡低保、零就业家庭等五类困难人员免交600元离退休活动费，已为146名困难退休人员办理免费手续。加入人社部异地退管认证系统，开展养老金领取资格网上认证。2013年新增1.37万名退休人员移交社会化管理，12月末退休人员移交社会化管理人数12.92万人，社会化管理率为99.35%，社区管理率达到100%。二是较好地满足了参保群众基本的就医购药需求。2013年新增基本医疗保险定点机构16家，定点零售药店121家，全市现有基本医疗保险定点机构194家，定点零售药店674家。三是12333电话咨询服务社会效益良好。2013年举办15场专家咨询和在线接听，受理市民咨询电话235.62万人次，其中人工服务共受理81.88万人次，占总量的34.75%。社会保险方面是咨询的热点，约占总咨询量的88.51%。人工服务平均接通率为73.8%。四是持续做好社会保障卡制发卡工作。在完成厦门市社会保障卡全省通用改造工作基础上，2013年共制作社会保障卡55.61万张，其中新增制卡44.17万张。五是提供智能化公共服务。2013年9月开通全国首家社保微信和客户端平台，2013年12月起开通网上申领失业保险、生育保险等经办功能，让参保人员多走网路、少走马路。

（七）持续加强社会保险基金管理和稽核。

一是推进社保基金社会监督试点工作。通过行政监管、协议管理、实名申报、网络预警、基金专项审计、部门联动、社会监督等手段，强化对医保定点机构的服务监管，有效提升了医疗质量监督水平。2013年5月6日，人社部向全国转发厦门的经验做法。2013年取消1家定点医疗机构的定点服务资格，查处19家医保定点服务机构违规不合理金额143.68万元。对142家（次）定点医疗机构进行不同形式网上预警，根据医保年度协议规定不予结算61.24万元。社会保险基金管理情况接受市第十四届人大常委会第十一次会议审议。二是加大养老保险待遇稽核力度。社会保险信息系统正式与人社部养老保险待遇状态比对查询服务系统实现联网，增加民政系统提供死亡人员数据，完善稽核监控数据库。2013年停发享受养老待遇死亡人员4 728人632.82万元，其中已追回冒领养老保险待遇24.77万元。开展集中清理在厦门和异地重复享受社会保险待遇专项工作，追回其在厦领取的养老保险待遇5.47万元。追回冒领城乡居民养老金820人44.66万元。

三、劳动关系调整和权益保障工作

2013年，全市劳动保障监察机构共主动检查用人单位5 983户次，书面审查3 644户，受理群众举报投诉案件8 003件，处理突发劳资纠纷7起，督促用人单位补签、续签劳动合同1万多人次，处理工资纠纷案件补发金额达11 843.38万元，清退押金9.02万元，清退童工4人，取缔非法职业中介机构75户。处罚用人单位及个人69户（人），处罚金额48.37万元。全市劳动争议仲裁机构共受理各类劳动争议案件4 722件，审限结案率100%。

（一）进一步做好企业工资宏观调控工作。

一是调整企业最低工资标准。从2013年8月1日起，全市企业最低工资标准调整为每人每月1 320元，非全日制用工小时最低工资标准调整为每小时14元。发布2012年全市城镇单位职工平均工资，2012年全市城镇单位职工平均工资52 526元，月平均工资为4 377元，比2011年增长14%。二是加强企业工资指导。发布劳动力市场工资指导价位和人工成本信息，当年发布的工种（职位）增加到360个，并对其中72个工种按不同专业（技术）

等级发布相应的工资指导价位。首次发布制造业、金融业、交通运输和仓储邮政业3个行业工资指导线，进一步完善丰富工资指导线制度，更好地为企业、行业开展工资集体协商提供参考依据。三是稳步实施“彩虹计划”。通过企业协商、区域协商、行业协商多形式扩大集体协商覆盖范围。2013年，共签订工资专项集体合同7 710份，覆盖企业4.87万家，覆盖率达97％。

（二）继续推动劳动关系协调机制建设。

一是深入开展和谐劳动关系先进单位创建活动。积极推动区域性创建活动由工业园区向企业比较集中的街（镇）、社区推进，开展劳动关系和谐街（镇）活动。二是全面开展规范劳务派遣用工管理专项行动。2013年，共对90家单位做出劳务派遣经营许可，办理7家劳务派遣分公司备案。三是做好劳动标准工作和劳动工资日常工作。2013年，市人社局共审核33家企业的《女职工权益保护专项集体合同》，全市共办理《未成年工登记证》1.22万本。

（三）加大劳动保障监察执法力度。

一是开展保障企业工资支付专项检查行动。建立劳动监察预警信息报告制度，将建筑领域隐患排查工作纳入建设部门的日常工作当中。出台措施由街道综治办负责欠薪企业的诉前财产保全工作，加强与公安部门协作查处恶意欠薪案件，保障职工权益。二是妥善处理突发劳资纠纷。在处置卡斯卡特、法蓝瓷、科维彤创等加工贸易企业因用工管理不善引发的劳资纠纷事件时，劳动保障监察机构主动预警、积极介入，成功化解纠纷，应急处置工作获得上级领导部门肯定。

（四）加强劳动争议调解仲裁工作。

一是加强办案管理。制定仲裁标准指导意见，统一工伤管辖认定、合同履行地认定、特殊情况的仲裁时效等实践中常见问题的处理办法。二是建立劳动争议处理调裁诉三位一体对接的劳动争议处理工作机制。与市中级人民法院、市总工会联合成立了市劳动争议调裁诉对接协调委员会，在市总工会设置市劳动争议仲裁委员会派驻工会仲裁庭，适时开展劳动争议案件巡回审判、仲裁工作。三是进一步加强案前调解工作。制定调解协议仲裁审查办法和加强企业劳动争议调解工作意见，构建多层次、广覆盖的调解工作网格化管理新格局。

厦门市人力资源和社会保障局

厦　门　市

人事人才工作

2013年，厦门市公务员局坚持“民生为本、人才优先”工作主线，积极推进人事制度改革，全面提升人事人才工作科学化水平。强化高层次人才队伍建设，选拔推荐国家级、省级“百千万工程”人选，其中厦门水务集团谢小青入选“百千万人才工程”国家级人选，成为该项工程实施以来福建省设区市推荐人选中首位入选的高层次人才。重视引进海外智力工作，举办“情结厦门梦圆特区——我与外专外教”征文活动，推荐厦门钨业股份有限公司日籍专家永田浩获评2013年中国政府“友谊奖”，厦门市连续第四年获评“魅力城市——外籍人才眼中最具吸引力的十大中国城市”。深入开展群众路线教育实践活动，市留学人员管理中心获评全国人力资源社会保障系统2011—2013年度优质服务窗口，市政务服务中心人事服务窗口获评全省人事系统2011—2013年度优质服务窗口，市人才服务中心非公党建“红色驿站”被授予“厦门市十大党建优秀品牌”。

一、人才服务保障

（一）人才引进。

2013年，厦门市公务员局办理引进人才4 000人（高级职称132人、硕士以上学历363人），其中包括从外地调入或外地来厦重新录用的各类专业技术人才和管理人员2 248人、留学归国人员990人、柔性人才引进181人、招考录用378人、营职以下及专业技术军转干部203人，核发各类专家津贴157.9万元、引进人才经济补贴535.3万元。落实人才住房优惠政策，组织第二批创新创业人才住房优惠评审。促进人才向岛外流动，确认岛外引进高层次人才身份22人。

成功举办“第八届台湾专业人才与项目对接会暨第九届高层次人才交流大会”，2 000多名海内外英才和150多家单位及相关产业园区到场交流。举办“第三届厦漳泉人才交流大会”，吸引周边人才1.3万人到场求职。举办2013年海外留学博士海峡西岸行海洋经济人才与项目对接洽谈会、第十七届投洽会留学人员项目路演专场对接洽谈会、福建（厦门）海外留学人才与项目对接洽谈会等海外留学人才交流活动，近300名优秀海外留学人才携项目与厦门及周边地区150多家企事业单位、园区对接洽谈，达成对接意向近180个。

实施《厦门市经济特区鼓励留学人员来厦创业工作规定》，制定出台留学人员身份认定、留学人员科研项目与交流活动经费资助管理、高层次留学人员生活津贴发放等配套实施细则。组织开展2013年度厦门市高层次留学人员评审，118人入选。组织留学人才申报国家“千人计划”、申报人社部留学人员科技活动项目择优资助及创业启动支持计划，6人入选国家第九批“千人计划”创新人才，4人获得人社部资助36万元。创新留学人员服务方式，开通“厦门市留学人员家园”微信公众服务平台，全年留学人员新创办企业28家。

挖掘高端外国专家项目和"外专千人计划"项目，全年实施国家外国专家局批准的引进国外技术、管理人才19项，其中高端外国专家项目1项。在信息技术、光电、新材料、生物、环保、医疗等领域引进欧美、日本等国家和台湾地区高层次外籍人才112人次，获得国家外国专家局引智专项经费128万元，市政府配套经费支持173万元。选派专业技术和管理人才赴国（境）外学习先进技术和管理经验，全年执行培训项目8项128人。

开发"厦门市博士后工作管理信息系统"，加强对博士后的全程跟踪管理。补助新设博士后创新实践基地50万元经费，基地计划内招收的博士后两年可获补助经费10万元。新增博士后工作站3个，全市设站总数达24个，占全省27.9%。

截至2013年底，全市从业人才总量66.2万人，其中两院院士13人、国家有突出贡献中青年专家37人、国家"千人计划"专家54人、省级优秀专家50人、享受国务院特殊津贴600多人、留学回国人员10 000多人。

（二）毕业生就业服务。

2013年，市公务员局审批大学生就业24 081人，其中博士研究生222人、硕士研究生2 412人、本科生18 727人；厦门生源毕业生4 863人，非厦门生源毕业生19 218人。

完善大学生就业政策体系，制定出台《关于进一步做好普通高等院校毕业生就业工作的意见》。加大毕业生职业见习和技能培训力度，提高厦门生源毕业生职业见习补贴标准至每月1 980元。全年共征集384家单位提供2 669个见习职位，培训毕业生1 276人，推荐毕业生上岗2 823人，核拨见习补贴907.3万元、技能培训资金133.4万元。

举办人才交流会166场（其中公益性专场47场），参会单位达28 161家次，场均企业数保持在169家次高位。其中厦门市2013年高校毕业生人才网络交流大会，有244家单位在线发布招聘职位逾千个，总访问量达25万人次；"公益性人才服务月"活动，有1 502家企业提供4.2万余个岗位，3.7万人次参加，约4 500人当场达成就业协议；人才网个人求职简历新增或刷新71万人次；累计主页访问量达7 100万次；发布职位信息75万次；发布各类招聘广告6 850家次，每天在线存量职位24万个。

（三）人才中介机构管理和服务。

制定《厦门市建设区域性人才市场暂行办法实施细则》，明确优秀人才服务机构和先进个人奖励、中介服务从业人员职称奖励等扶持鼓励政策的兑现标准和申报程序。进一步开放外资人才中介服务，福建省首家中外合资人才中介机构"厦门安亦盛人力资源服务有限公司"获批落户厦门。加强虚拟人才市场建设，开通厦门人才网微信求职平台。开展清理整顿人力资源市场秩序专项行动，完成人才中介机构年度验证。举办人才中介机构从业人员资格培训，强化人才市场和从业人员监管。深化人才中介机构诚信体系建设，评选确定市人才服务中心等15家单位为2013年厦门市市级人才中介诚信服务示范机构。2013年，核准举办人才交流会153场，审批新设人才中介机构4家。

（四）培训教育。

2013年，市公务员局组织公务员和各类人才培训49 563人次。办理专业技术人员继续教育学时验证6 587人次，更改、认证机关工作人员学历（学位）109人次，办理企事业单位人员国内学历认证12 111例，开办专业技术人员高级研修项目34个（国家级研修项目2个）。厦门市企业经营管理人才评价推荐中心为47家单位5 800多人实施竞聘测验、上岗测评和心理素质及经营能力测试。

二、军转干部管理

2013年，市公务员局完成营职以下及专业技术军转干部206名、自主择业军转干部28名的审核接档和安置工作。开展军转干部岗前培训，优化课程设置、师资配备，提升军转干部综合素质和岗位适应能力。帮助自主择业军转干部推荐就业岗位，组织关爱企业军转干部行动，走访困难企业军转干部 2 372 人次，发放解困资金 250 万元。强化企业军转干部维稳工作，热情认真接待企业军转干部来访。

三、专业技术人员管理

完成中小学教师职称制度改革试点工作，重新审核全市 247 家学校的岗位设置方案，办理 17 286 名中小学教师职称过渡手续。采取量化考核评价办法提高评审质量，完成教师课堂测试 1 014 人次、论文鉴定评审 910 人次。探索完善专业技术人才评价方式，改变以往单纯看材料的“平面评审”模式，在高级工程师评审工作中实行“全员面试”，实现了参评人员现场接受专家组面试的“立体评审”。2013 年，审核确认或评审取得中、高级专业技术职称任职资格 5 024 人，比增 84.8%。

出台《台湾特聘专家制度实施细则》，明确台湾地区特聘专家的分类、招聘流程、资格认定、薪酬补贴及考核办法等，正式启动首批评审岗位征集工作。市人才服务中心与台湾泛亚人力资源集团共建在厦“台湾人才之家”，通过经常性开展各种形式的研讨、交流、参访等活动，为在厦台湾中高端人才打造优质服务平台。与中华海峡两岸医疗暨健康产业发展协会等 3 家台湾同业公会签订合作协议，共同推进两岸同业人才交流。支持台湾人才服务提供者在厦设立办事处、分支机构，现有台湾 1111 人力银行、台湾中小企业经营管理专家协会等多家人力资源机构在厦开展服务。

2013 年，审核通过人事资格考试报名 27 场 48 081 人；组织人事考务工作 28 场，应考 285 791 人次；完成社会化考试试卷的命题、组卷、改卷 64 套。

四、事业单位人事管理

正式启用厦门市事业单位招聘公共服务平台，完成 2013 年春季政府系统市、区属事业单位统一公开招聘编内人员，审核各区、各单位自主招聘方案 36 批次 918 个岗位，拟聘人员 1 602 人。优化完善招聘政策，招聘岗位原则上不再限定非普通全日制教育学历人员报考。与市委组织部、市委编办共同印发《关于事业单位招聘、聘用非干部身份人员到管理岗位和专业技术岗位工作有关问题的纪要》，破除事业单位人事管理身份壁垒。强化事业单位管理岗设置与聘任审核，完成管理岗设置 439 批次，办理管理人员聘任或解聘手续 814 人次。

2013 年，厦门市事业单位公开招聘共推出岗位 179 个，计划招聘 223 人，报名 45 017 人次，缴费 18 433 人，参加考试 16 581 人，实际录用 216 人。报名人数和缴费人数分别是 2012 年的 4 倍和 2.5 倍，均创历史新高。

五、工资福利与退休管理

2013 年，机关单位人员晋升级别工资档次、事业单位人员晋升薪级工资 23 440 人次，机关事业单位工作人员退休 566 人。会同市委老干部局、市财政局调整机关事业单位退休干部公用经费标准，提高离休干部公务费。完成 2012 年度全市机关事业单位工资统计，清理全市、区机关事业单位的津贴补贴发放情况。

六、公务员管理和事业单位干部管理

“厦门市机关事业单位人事管理系统”全面升级改版，建立起涵盖全市机关事业单位 5 万多名人员基础信息的数据库和公务员任免、登记、考核、工资、岗位聘任等业务信息数据，实现全市机关事业单位人事业务的流程化管理以及部门的信息共享和业务协同。完善公务员数据库，成功对接中组部公务员信息系统。

完善考录机制，优化设置条件，拓宽选人视野，规定除公安、劳教和个别一线执法单位外，原则上不作性别限制。除专业性较强岗位设具体专业外，综合性岗位均按专业类别设置。加强面试组织管理，改变主考官主持本单位面试的做法，采用随机抽签确定主考官组别。2013年，全市政府系统招考录用公务员319名。完成首批聘任制公务员试点工作，正式办理聘任制公务员入职5名，月薪均在万元以上。

强化公务员队伍管理，开展竞争上岗、公开遴选和干部交流，审核机关单位职数870批3 844人次。批复市工商局等26家单位的竞争上岗实施方案，计划竞岗职位144个。指导23家市直机关单位向下一级机关或基层一线遴选优秀公务员26名。办理跨单位处科级干部交流1 050人，本单位内部轮岗交流1 005人。重新审核下达厦门市行政机关、参照公务员法管理事业单位非领导职务职数。

开展全国“人民满意的公务员”和“人民满意的公务员集体”评选推荐和厦门市级评选工作。联合14个部门评选推荐省（部）级、市级先进集体89个、先进工作者（含劳动模范）710人。机关事业单位工作人员受撤职处分2人、开除处分1人，处分后工资处理11人。

七、依法行政

审理人事争议仲裁案件3起，应诉2起行政复议和3起行政诉讼，均获得胜诉。研究制定加强服务窗口建设实施办法，规范服务行为，优化办事程序，10个审批项目办理时限平均压缩到法定时限的35%以内。2012年，受理行政审批事项44 832件，办结率达100%。办理人大代表建议5件、政协委员提案15件。接待上访人员335批次798人次，答复群众来信692件。

厦门市公务员局

江　西　省

2013年是江西省人力资源社会保障事业取得新成效、开创新局面的一年。全省人力资源社会保障部门紧紧抓住“民生为本、人才优先”的工作主线，围绕打造“责任人社、服务人社、阳光人社、数字人社、廉洁人社”的新要求，开拓创新，扎实工作，锐意进取，攻坚克难，圆满完成各项目标任务，各项工作保持了平稳较快发展。

一、就业促进工作稳中向好

（一）全省就业规模持续扩大。

大力实施更加积极的就业政策，全省城镇新增就业54.1万人，完成年计划的120%，同比增长1.28%；城镇登记失业率控制在3.17%以内，低于全国0.93个百分点。

（二）统筹推进城乡群体就业。

加快农村富余劳动力转移就业，新增转移农村劳动力57.25万人，完成年计划114.5%，同比增长1.9%；其中省内转移39.24万人，完成年计划112.11%，同比增长4.08%。出台支持企业发展稳定就业的若干措施，全面开展春风行动、就业援助月、民营企业招聘周等专项活动，帮助一大批就业困难人员和零就业家庭实现就业，就业困难人员就业6.8万人，完成年计划的170%，同比增长1.62%，零就业家庭实现动态清零。

（三）全力以赴帮促大学生就业。

坚持把高校毕业生就业放在就业工作的首位，实施离校未就业高校毕业生“1151”工程（1项活动：离校未就业高校毕业生技能就业专项活动。1个计划：离校未就业高校毕业生就业促进计划。5个1：为离校高校毕业生提供1万个就业岗位、1万个见习岗位、1万个公益性岗位、千人创业带动万人就业、培训1万名高校毕业生。1个目标：到年底高校毕业生总体就业率不降低、有提高），开展高校毕业生就业援助月和技能就业专项活动，安排离校未就业高校毕业生从事基层社会管理和公共服务。累计帮助21 491名离校未就业高校毕业生就业，占离校未就业高校毕业生的69.84%。高校毕业生总体就业率达94.3%，实现了“不降低、有提高”的目标。

（四）大力推动创业带动就业。

持续推进创建创业型城市工作，全面规范创业孵化基地建设，健全创业实训制度机制，完善小额担保贷款政策。新增发放小额担保贷款98.47亿元，同比增长7%；扶持个人创业8.86万人次，带动就业40.47万人次；争取中央贴息资金7.1亿元，同比增长55.7%，位居全国前列。

（五）切实推行素质就业。

加强就业服务和职业培训，开展“转作风、进园区、强服务”主题实践活动，促进园区企业养老保险参保率提高了5.76个百分点、员工流失率下降了5.4个百分点。推广实名制管理和远程监控模式，为工业园区定向培训34.27万人，完成年计划122.39%；创业培训9.01万人，完成年计划112.63%，同比增长27.80%。推进发展家庭服务业促进就业，首次将“新增家庭服务业从业人员”和“家庭服务业从业人员培训”纳入省政府民生工程考核指标。

二、社会保障体系日趋完善

（一）社会保障制度建设持续推进。

出台新老农保制度衔接指导意见，建立职工养老保险补缴长效机制，调整灵活就业人员参保缴费政策，将在职职工因病或非因工死亡丧葬金、抚恤金列入统筹基金支付。全面建立居民大病保险制度，落实困难企业职工医保政策。修订《江西省实施〈工伤保险条例〉办法》，理顺工伤保险体制机制。健全社保基金预算管理和基金监督机制，强化社会保险内控监督管理和各项待遇支付稽核，开展医疗保险待遇支付稽核联合专项行动，深化医疗保险付费方式改革。

（二）社会保险覆盖面进一步扩大。

全省基本养老、医疗、失业、工伤和生育保险参保人数分别达到 754.18 万人、1 476.62 万人、271.10 万人、431.49 万人和 217.79 万人，同比分别增加 46.81 万人、38.06 万人、3.60 万人、20.59 万人和 13.64 万人。五项保险基金总收入 424.6 亿元。城乡居民社会养老保险参保人数 1 773 万人，同比增加 118 万人。

（三）社会保障待遇稳步提高。

连续第九年提高城镇企业退休人员养老金，月人均增加 158 元，达到 1 672 元。提高城镇职工和居民医保政策范围内住院报销比例，分别达到 81.77％和 72.19％。工伤人员月人均增加 170 元伤残津贴，大幅提高一次性工亡补助金标准。失业保险金发放标准由月人均 440 元提高到 670 元，增幅达 52.3％。

（四）经办管理服务能力不断提升。

加强“多险合一”信息系统建设，实现社会保险参保人员“同人、同城、同库”管理，大力推行“五险统一征缴、分险种支付”的经办模式和医保异地就医即时结算，5 个设区市实现“五险统征”，9 个设区市实现到异地就医即时结算，5 个设区市实现异地就医双向互通。深入推进优质服务窗口创建工作，省社保中心经办大厅等 12 个窗口单位被评为全国人社系统优质服务窗口。巩固扩大养老金直发成果，直发率达到 97％。

三、人才队伍建设取得新进展

（一）专业技术人才队伍建设进一步加强。

实施急需紧缺高层次人才引进计划，引进 400 多名博士以上高层次人才。启动新一轮百千万人才工程，选拔 100 名省级人选，5 人入选国家百千万人才工程、1 人入选“国家特支计划”百千万工程领军人才。制定《江西省博士后管理工作实施办法》，实现博士后工作省级管理，新增 20 个博士后科研工作站。

（二）技能人才队伍建设进一步推进。

继续推进高技能人才振兴工程，出台完善技工院校管理“5＋1”制度，组织全省技工院校助学金、免学费全面检查。开展“技兴赣鄱”五一高技能人才专题宣传活动，举办全省“振兴杯”职业技能系列竞赛，组织 11 万人参加 221 项职业（工种）竞赛，带动 30 万人岗位练兵，5 000 多人取得相应的职业资格证书。

（三）引进国外智力工作力度加大。

实施各类引智项目，引进海外高层次人才近 300 人次，选派紧缺急需人才出国（境）培训 370 人次。培养“一村一品”带头人 6 000 人次，培训农民 20 万人次，“一村一品”特色村达到 4 200 个、带动农户 260 万户。实施“海外赤子江西行”项目，专家服务基层工作力度不断加大。

（四）职称制度改革迈出新步伐。

全面深化中小学教师职称制度改革试点，进一步调整完善职称政策，加强专业技术人员职称诚信体系建设，在中等职业学校教师系列设置正高级专业技术资格，在中小学教师增设少先队辅导员专业，将注册消防工程师、招标师纳入专业技术人员职业资格制度。加强职称管理，试行卫生和高校教师系列学历论证和论文检索审验制度，实行非国有企业职称评审报备制，规范各系列（单位）中级评委会和专业技术资格评审结果审批权限。

（五）人事考试和职业技能鉴定工作平稳有序。

全年组织各类人事考试78项，参考人数52万余人。加强鉴定信息化建设，强化鉴定质量管理，开展各级各类职业技能鉴定23.7万人次，完成高技能人才考核鉴定7.3万人次，组织参加国家职业资格全国统一鉴定2.3万人。

四、人事制度改革迈出新步伐

（一）公务员管理稳中有新。

坚持凡进必考，依法、公平、科学考录，组织全省公务员四级联考、政法干警培养体制改革试点考录、人民警察考录、从优秀村干部中考录乡镇公务员，全省考录公务员6 411人，录用大学生村官、三支一扶、西部志愿者、农村特岗教师等基层项目人员占总人数的10.4%。开展“人民满意的公务员”、“人民满意的公务员集体”评选表彰。全面完成评比达标表彰活动专项治理，重点清理了经国家批准的123个项目，取消77项，精简率达62.6%。加大面向基层遴选公务员力度，选拔291名基层公务员到上级机关工作；启动聘任制公务员试点工作；扎实开展“四类培训”，完成培训任务12万人次。

（二）事业单位人事制度改革不断深化。

平稳实施事业单位公开招聘工作，全省事业单位共招聘16 795人。稳步推进事业单位岗位设置工作，完成98.3%的事业单位岗位设置方案核准和90%的人员首次岗位聘用备案。配合县级公立医院综合改革试点工作，做好县级试点公立医院的岗位设置管理工作。

（三）圆满完成军转干部安置任务。

全省共接收安置计划分配军转干部591名，自主择业军转干部93名，安置进度快于往年，安置质量得到巩固。适度提高企业退休军转干部解困标准和生活补助，开展企业军转干部关爱行动，企业军转干部总体稳定。

五、工资制度改革不断深化

进一步规范公务员津补贴，稳妥开展县以下机关建立公务员职务与职级并行制度试点。完善事业单位绩效工资实施工作。提高艰苦边远地区农村中小学教师特殊津贴标准，增幅达100%。出台《江西省企业工资集体协商条例》，推进企业工资集体协商；出台《关于进一步规范国有企业负责人薪酬管理的意见》（赣人社发［2013］54号），国有企业负责人薪酬管理进一步规范。发布年度企业工资指导线，开展了工资内外收入监督检查和企业薪酬调查，及时调整最低工资标准，首次将个人应缴纳的社保费纳入，平均增幅达45.1%。

六、构建和谐劳动关系有新发展

（一）健全劳动关系协调机制。

以实施新修订的《劳动合同法》为重点，开展规范劳务派遣专项整治行动，实施劳务派遣行政许可工作，加强对劳动关系形势的研判，建立“集体停工”信息报告制度，和谐劳动关系综合试验区建设走在全国前列。

（二）有效保障改制企业职工和农民工权益。

加强农民工综合服务中心建设和驻外劳务管理，积极推进农民工签订劳动合同“春暖行动”，健全保障农民工工资支付工作责任制，建立农民工工资应急周转金和工资保障金制度，将《江西省农民工权益保障条例》纳入省人大立法库。

（三）不断加大劳动保障监察执法力度。

加大劳动保障监察执法力度，开展农民工工资支付、清理整顿人力资源市场秩序、劳动用工等专项执法检查，严厉查处违反劳动保障法律法规的案件，为8.6万名劳动者追回工资1.8亿元，接受群众举报投诉案件3.4万件，结案率为98%。

（四）加快推进争议调解仲裁工作。

以“两基”建设为抓手，全面推进争议调解仲裁工作，各级调解仲裁机构立案1.33万件，结案率、调解率分别为95.3%、64.1%。

七、基础性综合性工作整体推进

（一）不断加强信息化建设。

加快“金保工程”二期建设步伐，坚持以社保卡系统建设为主线，基础建设与系统建设统筹推进，大力推进省级行政事业单位医保信息系统、全省异地就医结算系统、全省城乡居民养老保险信息系统建设。全省发放社会保障卡1 432万张。

（二）夯实基层公共服务平台发展基础。

持续推进人社系统公共服务体系建设，继续开展江西省基层就业和社会保障服务设施建设试点工作，积极争取国家支持，46个县、184个乡镇纳入基层就业和社会保障服务设施建设试点。

（三）加强干部队伍建设。

大力开展系统干部教育培训，组织年度干部考核和评选表彰。深入开展党的群众路线教育实践活动，开展66项重点整改和7项专项整治，制定24项规章制度，集中解决了一批事关群众切身利益的重点难点问题。省厅先后获得第十届省直机关文明单位、全省党的工作特别优秀奖、江西省十佳新闻发布单位、省级部门预算编制先进单位等荣誉称号，《现代人力资源社会保障》杂志荣获全省优秀连续性内部资料一等奖。

江西省人力资源和社会保障厅

山 东 省

2013年，山东省人力资源社会保障系统认真贯彻省委、省政府的决策部署，改革创新，狠抓落实，各项事业取得了新突破、新进展，为推动转型发展、改善民生、促进和谐、维护稳定发挥了重要作用。

一、就业局势保持稳定

（一）各项就业目标任务超额完成。

全省实现城镇新增就业119.98万人，完成年度计划的119.98%；失业人员实现再就业55.5万人，完成年度计划的123.3%；农村劳动力转移就业133.3万人，完成年度计划的111.08%；就业困难人员就业11.7万人，完成年度计划的146.3%；年末城镇登记失业率3.24%。

（二）农民工就业创业政策进一步完善。

省人民政府印发《关于进一步做好新形势下农民工工作的意见》，在支持农民工就业创业、保障农民工同工同酬、解决拖欠农民工工资、推动农民工融入城市等方面实施18项措施，为农民工就业、融入城市生产生活创造了基础性条件。农民工就业规模不断扩大，大力发展以现代服务业、家庭服务业为重点的服务产业，建立226个返乡农民工创业孵化基地和创业园区。农民工培训力度不断加大，就业创业能力不断提高。加强农民工就业综合服务，形成农村富余劳动力就近就地就业和劳务输出并重的转移就业格局。

（三）高校毕业生就业工作积极推进。

加大就业服务和政策扶持力度，基本实现应届高校毕业生就业水平不降低、有提高目标，总体就业率达到90.2%。将高校毕业生享受创业培训、职业技能培训和参加职业技能鉴定的政策期限调整为毕业学年，大型校园招聘活动列入财政专项扶持，特困家庭毕业生求职补贴由每人500元提高到每人1 000元。加强高校毕业生离校未就业实名制管理，提高就业服务针对性。统筹实施高校毕业生服务基层项目，招募“三支一扶”高校毕业生2 274人，服务社区高校毕业生1 500余人。积极营造高校毕业生公平就业环境，开展国有企业公开招聘试点。支持高校毕业生参加就业见习和职业培训，建成5家国家级毕业生就业见习基地，组织1万名未就业高校毕业生参加见习。

（四）重点群体就业援助制度进一步健全。

加大就业困难群体就业工作力度，不断加强就业服务和信息引导。深入开展充分就业社区创建活动，大力开发公益性岗位安置就业困难人员，城乡“双零”家庭全部实现动态消零。

（五）创业带动就业工作深入开展。

省人民政府办公厅印发《关于促进创业带动就业的意见》，在建立创业带动就业扶持资金、提高创业补贴标准、扩大小额贷款担保基金规模、建设创业载体、提升创业能力等11个方面有重大突破，有力推动了创业带动就业工作向纵深发展。认真贯彻全省创新创业会议精神，大力推进创业型城市创建活动向乡镇（街道）、社区拓展延伸。加快创业载体建设，推进“一站式”创业服务，认定24家省级大学生创业孵化示范基地和示范园，全省建成创业孵化基地528个、创业园266个。创新“快易贷”服务模式，加强小额担保贷款支持，全年发放小额担保贷款突破 70 亿元。全省实现创业 42.8 万人，同比增长 5.16%，带动就业 105.4 万人。

（六）公共就业服务不断加强。

各级财政累计投入 7.6 亿元，建成省、市、县、街道（乡镇）、社区（村）五级公共就业创业服务网络。大力推进数字化就业社区试点工作，加快建设“山东半小时就业服务圈”。积极开展民营企业招聘周、创业助推“1＋3”活动、春风行动、就业援助月等活动，为各类就业群体提供及时有效的公共就业服务。进一步完善失业动态监测，全省监测企业由 1 680 家增加到 1 800 家，失业预警试点工作稳步推进。

（七）人力资源市场建设积极推进。

人力资源服务业被省政府列为十一大重点服务业之一，人力资源服务产业园建设试点进展顺利。推动全省人力资源市场整合，建立人力资源市场管理信息系统，人力资源市场管理服务水平进一步提升。

二、社会保障制度进一步健全

（一）城乡社会保障制度进一步完善。

城乡居民社会养老保险制度合并实施，参加企业职工基本养老保险人员因病或非因工死亡有关待遇纳入统筹，部分养老保险基金委托投资运营工作取得积极进展，被征地农民纳入居民养老保险体系。省属驻济机关事业单位参加职工医疗保险工作顺利实施。城镇居民基本医疗保险和新型农村合作医疗制度整合工作进展顺利。不断完善工伤保险政策体系，印发工伤保险辅助器具配置目录和费用限额标准，工伤预防、康复、公务员参加工伤保险等三项试点工作稳步推进。

（二）社会保险参保人数和基金收入同步增长。

在社会保障制度基本实现全覆盖的情况下，将应保尽保作为重要目标，着力做好参保缴费工作。全省城镇职工基本养老、城镇基本医疗、失业、工伤、生育保险参保人数分别达到 2 258 万人、3 644 万人、1 089.6 万人、1 371.9 万人、974.4 万人，居民基本养老保险参保人数达到 4 512 万人。五项社会保险基金总收入 2 102.2 亿元，总支出 1 781 亿元。加强基金监督，推进企业自行管理的社会保险纳入地方统筹管理，开展居民养老保险基金专项检查和医疗机构侵占套取社保基金、劳务派遣机构缴纳社保费情况专项检查，综合运用各种监督手段和监督力量，形成了内控与行政监督、社会监督相结合的监督体系。

（三）社会保险待遇水平稳步提高。

坚持略高于全国平均水平原则，连续 9 年调整企业退休人员基本养老金水平，月人均养老金达到 2 078 元（含补缴参保人员）。企业退休人员取暖补贴由每人每年 1 100 元提高到 1 700 元。城乡居民基本养老金月人均达到 82.4 元。城镇居民医保财政补助标准提高到每人每年 280 元，职工、城镇居民医保政策范围内住院费用支付比例分别达到 75%以上和 70%，最高支付限额达到职工年平均工资和居民可支配收入的 6 倍以上。建立失业保险金标准与物价上涨挂钩联动机制，连续 7 年调整失业保险金标准，达到月人均 780 元。连续 9 年提高 1～4 级工伤职工伤残津贴、生活护理费和工亡职工供养亲属抚恤金，三项待遇月人均水平分别达到 2 008 元、1 286 元和 867 元。

（四）社会保险经办能力建设进一步加强。

加强社保经办机构网络建设，初步建立起覆盖城乡的五级社保经办管理服务体系。大力推进社保经办业务信息化建设，加强“网上社保”经办窗口建设，网上业务范围不断拓展，全省“五险合一”数据库和信息系统建设加快推进。社会保障卡持卡人数达到 2 965 万人。17 市全部实现异地就医联网结算，异地就医定点医疗机构达到 98 家。实现与人社部社保中心转移接续平台联网运行，社保关系转移接续机制不断完善。加大社会保险费征缴力度，确保了各项社会保险待遇按时足额发放和支付。离退休人员养老金社会化发放率 100%，企业退休人员社区管理率达99%以上。

三、人才队伍建设进一步加强

（一）专业技术人才队伍建设进一步推进。

省委办公厅、省人民政府办公厅印发《关于支持留学人员来鲁创业的意见》和《关于加强博士后工作提升企业创新能力的意见》，为提高人才培养质量、用好和吸引优秀人才来鲁创业提供政策支持。新增两院院士3人，住鲁院士总数增至40人，12人入选“百千万人才工程”国家级人选，115人享受国务院政府特殊津贴，确定省有突出贡献的中青年专家人选100人。新设博士后科研工作站66个，招收博士后研究人员700名。印发全省专业技术人才知识更新工程实施意见，组织国家级高级研修项目4个，省级高级研修项目21个。深化中小学教师职称制度改革工作全面推进，完成全省中小学教师人员过渡、竞争推荐和高级职称评审工作，评审正高级教师146人、高级教师3 974人。积极引进海外高层次留学人才，4人入选国家“千人计划”，12人入选省“泰山学者海外特聘专家”。支持留学人员开展科技创新活动，加快留学人员创业园建设，积极做好公派出国留学工作。成功举办“山东半岛蓝色经济区海外博士科技行”、“万名专家服务基层行动计划”等专家服务活动，清华大学首场招聘会暨山东省高层次人才招聘会取得丰硕成果。开展专业技术人员继续教育，进一步提高专业技术人员整体素质。人才工作协调机制进一步完善，人才工作目标责任制不断强化。

（二）技能人才队伍建设进一步加强。

深入实施全省高技能人才中长期发展规划，新增高技能人才26.5万人，其中技师、高级技师52 979人。积极推进全国百家城市技能振兴专项活动，加强高技能人才平台建设，新增国家级高技能人才培训基地3家、技能大师工作室4家，省级高技能人才培训基地6家、省技师工作站11个。省教育厅、省人力资源社会保障厅联合印发《关于进一步扩大中等职业教育“双证互通”试点规模的通知》、《关于印发高等职业教育与技师教育合作培养试点实施方案的通知》，扩大中等职业教育“双证互通”试点规模，试行高等职业教育与技师教育合作培养。积极推进技工院校一体化课程教学改革试点，新增省级试点院校28个。完成“金蓝领”技师、高级技师培训项目1.4万人，完成百强专业师资培训项目200人。大力推行国家职业资格制度，近100万人参加职业技能鉴定，鉴定合格92.24万人。全省技工院校招生14.4万人，毕业生12.1万人，就业率97%。举办省级职业技能竞赛活动28项，参赛职工、学生超过150万人。

（三）引进国外智力工作取得新进展。

围绕全省重点区域发展规划和重点项目、重点单位的引智需求，深入实施外专千人计划和高端外国专家项目，6名“外专千人计划”专家受聘为“国家特聘专家”，8名外国专家入选国家“外专千人计划”。实施国家资助的外国专家项目200项、省级重点引智项目20项、省级高端外国专家项目30项、省级其他项目100项。2名外国专家荣获中国政府“友谊奖”，24名外国专家获“齐鲁友谊奖”。加强引智试验（示范）区建设，5家单位被命名为国家级引智示范基地，新批准命名省级引智示范推广基地15家。调整出国（境）培训项目评审办法，大幅度压缩党政类出国（境）培训规模，实施出国（境）培训项目127项。深化国际交流合作，举办“高层次外国专家蓝区行活动”，设立首批10家国际人才海外联络处。

（四）区域人才开发合作不断深化。

大力推进人才资源有序流动，加强山东半岛蓝色经济区人才开发一体化建设，建立中国海洋人才市场（山东）潍坊分市场和烟台分市场，启动建设全国首家海洋人才云中心，着力打造人才流动的公共服务平台。组织实施山东半岛蓝色经济区人才发展和黄河三角洲地区引进急需人才项目，引进和聘请两院院士等高层次专家8人。

四、公务员管理和人事制度建设不断加强

（一）公务员队伍建设进一步加强。

公务员分类管理深入推进，行政执法类公务员管理试点进展顺利。积极稳妥开展公务员聘任制试点。制定表彰奖励事项办理程序，进一步加强评比达标表彰事项的规范管理。积极推进公务员公开遴选、平时考核办法制定工作。深入开展争创人民满意公务员活动，4 人获全国人民满意的公务员称号，49 人获全省人民满意的公务员称号。严把公务员入口关，增强考录工作的科学性、公平性、安全性，全省共考录 8 999 人。大力推进公务员教育培训，全省公务员参加初任、任职、业务和知识更新等“四类培训”达 20 余万人次，积极开展服务业千人培训工程、东西对口培训。依法做好事业单位参照管理审核和日常管理工作。继续开展公开遴选工作，省直机关共遴选 117 人。

（二）事业单位人事制度改革迈出新步伐。

省委组织部、省人力资源社会保障厅印发《关于加强事业单位人事管理的意见》，对事业单位人员岗位设置、竞聘上岗、考核奖惩等做出明确规定。省人社厅、省教育厅印发《山东省中小学岗位设置结构比例指导标准》，加强专业技术二级岗位设置管理，全省 97%的事业单位核准了岗位设置方案，92%的事业单位完成了岗位聘用，95%的事业单位与工作人员签订了聘用合同。省人力资源社会保障厅、省教育厅印发《山东省中等职业学校教师公开招聘实施办法（试行）》、《山东省高等职业学校教师公开招聘实施办法（试行）》，规定：中等职业学校、高等职业学校新进教师，除国家政策性安置、按干部人事管理权限由上级任命等确需使用其他方法选拔任用人员外，一律实行公开招聘。其他事业单位新进人员除国家政策性安置、按干部人事管理权限由上级任命及涉密岗位外，全部实行公开招聘。积极做好事业单位工作人员考核奖惩工作，激励、约束作用进一步加强。

（三）军转干部安置工作圆满完成。

实施“阳光安置”，不断完善考试考核选用办法，健全公平、公正、公开安置机制，圆满完成 2 765 名军转干部安置任务。抓好管理服务工作，自主择业军转干部各项保障待遇落实到位。改进培训方式和办法，军转干部培训取得良好效果。认真落实企业军转干部解困政策，企业军转干部保持总体稳定。

五、工资收入分配制度改革稳步推进

（一）机关事业单位收入分配制度改革进一步推进。

加强机关事业单位工资管理，积极调控地区工资差距。提高驻济省直机关公务员津贴补贴水平，完成 27 市次、180 县次津补贴调整，市级公务员津补贴水平增长 19%、县级增长 41%，区域分配日趋均衡。加快推进事业单位实施绩效工资制度，启动省属事业单位实施绩效工资，完成除财政拨款外无收入事业单位绩效工资总量核定办法。机关事业单位工资福利政策体系进一步完善。

（二）企业工资收入分配宏观调控不断加强。

积极推动企业工资集体协商制度。调整提高最低工资标准，平均增长 12%，低收入职工工资收入水平有较大幅度提高。加强企业工资调控，发布企业工资指导线。开展企业薪酬调查，完成 6 100 余家企业薪酬数据采集与分析任务。开展国有企业工资内外收入监督检查。

六、劳动者合法权益得到切实保障

（一）劳动关系协调取得积极进展。

贯彻新修订的《劳动合同法》，加强企业劳动关系的指导和服务，依法做好经济转型条件下的劳动关系工作。修订并颁布实施《山东省劳动合同条例》。深入开展规范劳务派遣用工专项行动，严格劳务派遣行政许可，积极推进落实同工同酬分配原则。劳动合同制度在全省各类企业、个体经济组织、民办非企业单位

全面实施，规模以上企业劳动合同签订率达到99%。和谐劳动关系创建活动继续深化。加强对企业劳动标准、特殊工时以及女职工、未成年工劳动保护工作的日常监管，推动落实企业职工带薪年休假制度。

（二）调解仲裁效能不断提高。

扎实推进劳动人事仲裁实体化建设，全省县以上仲裁机构实体化建设率98.8%，省本级成立劳动人事争议仲裁院。完善劳动人事争议预防调解工作机制，推动机关事业单位劳动人事争议调解组织建设，加强非公有制企业争议预防调解工作。全省建立各类劳动人事争议调解组织75 796个，配备调解员14万余人。加强调解仲裁队伍建设，加大培训力度，培训仲裁员1 000余人次、调解员1.9万人次。仲裁办案信息系统建设取得新进展。加强办案规范化建设，依法及时处理劳动人事争议仲裁案件，全省调解仲裁机构受理争议案件57 703件，涉及劳动者7.66万人，仲裁当期结案率95.8%以上。各类基层调解组织受理争议11 231件，涉案金额13.44亿元。

（三）劳动监察执法力度不断加大。

组织开展农民工工资支付、清理整顿人力资源市场秩序、用人单位遵守劳动用工和社会保险法律法规等专项整治行动，解决拖欠农民工工资18 992万元，责令补签劳动合同10.67万人，为劳动者补发工资和经济补偿金3 585万元，督促缴纳社会保险费27 011万元，向公安机关移送涉嫌拒不支付劳动报酬罪案件57件，严厉打击恶意欠薪、黑中介等严重违法行为。各市及131个县（市、区）实行了“两网化”管理，覆盖到90.9%的乡镇（街道），预防监控和动态监管范围不断扩大。积极推进一体执法，建立解决农民工工资拖欠问题的长效机制。加强劳动监察“机构标准化、人员专业化、执法规范化”建设，3个市、25个县（市、区）成立劳动监察局。劳动监察员培训模式不断创新，监察执法队伍执行力和公信力不断提高，行政执法效能得到有效提升。

（四）农民工权益维护工作稳步推进。

农民工工作协调机制进一步完善，形成上下贯通、相互配合、配套联动的工作机制。全面实施“一书两金一卡”工资支付保障制度，大力推行劳动合同制度、维权服务制度和农民工关爱制度。农民工公共服务水平不断提升，农民工在就业、社会保障、医疗卫生、公共教育、住房保障、文化服务等方面享受到越来越公平的公共服务。

七、基础建设支撑能力进一步提高

（一）公共服务体系建设进一步加强。

人力资源社会保障基本公共服务标准化、机制一体化建设试点扎实开展。基层公共服务平台建设积极推进，基层服务管理制度不断健全，建成县级综合服务中心69个，街道（乡镇）公共服务平台1 876个，社区（行政村）公共服务平台54 897个，近万人在乡镇（街道）从事人力资源社会保障服务工作，全省基层服务平台提供相关服务约1.6亿人次。

（二）信息化建设步伐加快。

完成金保二期立项测算工作，制定项目建设方案。推进省本级信息系统升级改造，完成社会保障卡发放，社会保障卡应用范围不断扩大。居民医疗保险信息系统整合、省本级社会保险数据库整合等工作扎实开展，社会保险、人力资源管理、人事管理、劳动关系等领域信息系统应用和推广工作不断深化。

（三）法制建设积极推进。

修订后的《山东省劳动合同条例》公布施行，为推进劳动关系和谐稳定提供了法制保障。《山东省人力资源市场条例》立法工作进展顺利。公开行政职责217项，摸底清理行政审批事项54项。全省人力资源社会保障系统行政处罚裁量基准制定工作基本完成，规范性文件制定办法制定实施。执法监督工作不断加强，办理行政复议案件121件。

（四）其他综合性工作扎实开展。

党的群众路线教育实践活动和行政程序年、基层基础年、作风建设年“三项活动”深入开展，严格落实密切联系群众的各项规定，集中解决了一批群众反映强烈的突出问题，作风建设和队伍管理不断加强，有效促进了机关、系统作风转变和服务水平提升。政务公开、规划统计、新闻宣传、调查研究、信访维稳、干部培训、科学研究等工作整体推进。

山东省人力资源和社会保障厅

济　南　市

2013年，济南市人力资源和社会保障局认真贯彻落实全国人社工作会议精神，坚持以服务民生为根本、以群众满意为标准，以建设“温暖人社”为主题，以“标准化、信息化和人社文化”建设为抓手，开拓创新，攻坚克难，转变作风，狠抓落实，各项工作提升到了新的水平。11月27日，中共中央总书记、国家主席、中央军委主席习近平视察了济南市农民工综合服务中心，对济南市农民工工作给予了充分肯定。

一、就业再就业工作

坚持把就业工作作为保障和改善民生的头等大事，不断完善政策、培训、服务三位一体的工作机制，全面落实促进就业、激励创业政策措施，就业局势呈现稳中向好态势。全市全年城镇新增就业18.55万人，新增农业富余劳动力转移就业7.38万人，超额完成目标任务。援助就业困难人员2.1万人，年末城镇登记失业率2.4%，低于控制目标1.6个百分点。

一是突出抓好重点群体就业。大力实施三支一扶、岗位拓展、创业引领、就业见习、就业服务、就业培训“六大计划”，着力促进高校毕业生就业。建立国家级就业见习示范基地2家，市级就业见习基地211家，高校毕业生的留用率达到70%。共招募“三支一扶”岗位131个。指导帮助3.03万名济南市生源高校毕业生实现就业，总体就业率达到91.8%。历下区投入近2 000万元用于开发大学生社区基层服务岗位，天桥区实施“八大工程”促进高校毕业生就业，为破解大学生就业难问题进行了有益探索。扎实开展“春风行动”活动，举办专场招聘会52场，为农业富余劳动力提供就业岗位10.7万个。上调就业困难人员岗位补贴和社会保险补贴标准，确保了零就业家庭动态消零。

二是加大创业带动就业力度。大力加强创业载体建设，积极推进济南市大学生创业孵化中心标准化建设，入驻企业达到72家，培育创业带头人156人。市县两级创业孵化基地增至106家，面积346万平方米，基地创业人员达到3.75万人，带动就业11.3万人。发放小额担保贷款3.13亿元，同比增长23%。举办了首届全民创业大赛，400多个创业项目和初创企业参加了大赛，政府鼓励创业、社会支持创业、人人争相创业的氛围日益浓厚。

三是加大就业培训力度。进一步完善统筹城乡的就业培训体系，就业培训实现了城乡普惠，累计培训9.7万人，培训后就业率达到85%。

四是加强就业服务。组织开展“主动服务年”活动，大力发展精细化服务，主动为失业人员“送政策、送岗位、送培训、送就业指导”，认真落实“一次告知、二次办结、三次上门服务”的承诺。对重点帮扶对象实行“一对一”跟踪服务。就业失业实名登记制全面推行，失业预警试点工作有序展开。

二、社会保障工作

按照适应流动性、增强公平性、确保可持续性的要求，突出抓好扩面征缴、待遇提高、经办服务、基金监管四个关键环节，统筹推进城乡社会保障体系建设。

一是社会保障能力水平明显提升。以非公有制企业、灵活就业人员和进城务工人员为重点，加大稽核力度，深挖扩面潜力，全市城镇职工基本养老、城乡居民社会养老、城镇基本医疗、失业、工伤和生育保险参保人数分别达到190.2万人、223.5万人、294.3万人、120万人、135.7万人和107.8万人，各项社会保险基金总收入达到209亿元，参保人数和基金收入均创历史新高。

二是社保待遇水平稳步提高。企业退休人员月人均养老金、城乡居民社会养老保险月基础养老金分别达到2 171.5元、70元，城镇居民基本医疗保险财政补助标准提高到每人每年280元，市内五区和其他县（市）区月失业保险金标准分别上调至每人每月830元和780元。

三是经办服务水平明显增强。城镇居民基本医疗保险实现门诊统筹，工伤、生育保险实现市级统筹，对35种门规病种实行了分类管理，对医保医用耗材实行了限价管理，定额弹性结算病种增加到50个。经办服务更加便民，城镇职工基本医疗保险实现省内异地联网结算，工伤保险住院费用试行医院端直接结算，新农保“村村通”工程实现全覆盖，社保个人权益记录实现了定期寄送，社会保障卡全面推广使用。

四是完善内控制度。加强基金预决算管理，强化网络监管和监督检查。加强对定点医疗机构的监管，组织开展“反冒领”、“反欺诈”专项整治活动，章丘市建立了医保举报奖励制度，有效确保了基金安全。

三、人才队伍工作

紧扣转方式调结构急需，坚持高端引领、项目带动、载体培育，着力提高人才对经济社会发展的贡献率。着力实施“5150”引才倍增计划和“百千万人才引进工程”，新引进高层次创新创业人才84名，累计达到353人。济阳县建成山东省首家台湾人才智力试验区，一批关键技术工艺取得突破。组织实施国家“外专千人计划”和高端外国专家项目，新引进外国专家项目37项，专家528人次。1名专家荣获中国政府“友谊奖”，1名专家获山东省“齐鲁友谊奖”，10名专家获济南市“泉城友谊奖”。执行出国（境）培训项目18项，派出培训人员169人。济南市连续两年入选“魅力中国——外籍人才最关注的八大城市”，被评为政策环境最受关注的城市。留学人员创业园区建设取得新进展，入驻企业达到417家，高新区作为国家级海外高层次人才创新创业基地的聚才作用更加凸显。专业技术人才队伍建设有新突破，总量达到39万人，获得国务院颁发政府特殊津贴累计达152人，省有突出贡献的中青年专家27人。新增国家级博士后科研工作站6家，总数达到15家。积极开展院士专家服务基层活动，新建5家院士专家基层服务工作站。高技能人才队伍进一步壮大，新增高技能人才2.7万人，新建成国家级技能大师工作室1家、山东省技师工作站1家，“金蓝领”培训项目培训人数较上年增加了17.4%。建立了技工院校招生网络服务平台，招生数量较上年增加了20.6%。市技师学院新校区建设进展顺利，济南铁路高级技工学校与泰国达成轨道交通专业技能人才培养意向，济南职业技能教育迈出国门。

四、人事管理工作

加快建立权责清晰、分类科学、机制灵活、监管有力的人事管理制度，推动人事管理向科学化发展。创新机关事业单位考录招聘办法，科学设置考试内容，优化考官结构，创新考试方式，新招录公务员702名，公开招聘事业单位工作人员1 546人，首次组织了全市公务员集中公开遴选，积极推动科级职务晋升竞争性选拔。加强公务员能力建设，专项联合业务培训模式在全省推广。扎实推进以“周记实、月小结、季考评”为主要内容的公务员平时考核，对机关工作人员的监督管理进一步加强。新评选出“泉城优秀公务员标兵”10名，其中1人荣获全国“人民满意的公务员”称号。事业单位岗位管理全面入轨，人员聘用制深入推进，已实行岗位聘用的事业单位和人员占应实行的95%和96%。机关公务员津补贴进一步规范，事业单位绩效工资结构框架基本建立。全面推行人事考试项目管理，安全顺利完成100多类30万人次的考试任务，做到了“零失误”。改革完善军转干部安置办法，对专业技术军转干部实行分类安置，共接收安置军转干部437名；积极创新探索自主择业工作，军地双方联合开展自主择业军转干部就业创业培训的模式被列为全省试点；健全完善企业军转干部解困工作长效机制，有力确保了企业军转干部总体稳定。

五、劳动关系

针对当前劳动关系领域存在的突出矛盾和问题，以“签合同、上保险、保工资”为重点，坚持劳动监察、调解仲裁和信访维稳多措并举，形成了执法服务促发展、维护和谐保稳定的工作合力，劳动关系日趋和谐稳定。加强劳动合同管理，重点推进中小企业、私营企业和农民工劳动合同制度实施工作，全市已建工会企业集体合同签订率达98%以上。扎实开展企业薪酬调查，强化工资宏观调控，市内五区和其他县（市）区月最低工资标准分别上调至1 380元和1 220元。加强经营性人力资源服务机构诚信建设，依法取缔9家年检不合格单位的经营资质。启动劳务派遣行政许可工作，积极推进同工同酬。扎实推进“两网化”管理、“一体化”执法，积极开展农民工工资支付等专项检查活动，全市劳动保障监察机构共受理投诉举报7 967件，督促补签劳动合同6.5万份，清欠社会保险费7 980万元。积极推进仲裁机构实体化建设和劳动人事争议调解组织建设，各县（市）区仲裁机构、街道乡镇基层平台调解组织实现了全覆盖，大中型企业调解组织组建率达到95%以上。全市共受理劳动争议案件5 535件，当期结案率97.7%，为劳动者挽回经济损失8 835万元。着力提高12333热线咨询服务能力，共受理咨询电话37.6万个，同比增长66%。加强信访维稳工作，共受理群众来信来访7 663件，办结率达98%，一批信访积案得到有效化解。

六、农民工工作

围绕构建新型工农城乡关系，改革体制机制，整合各方资源，健全服务网络，推动农民工实现更高质量就业，推进基本公共服务均等化，为农民工有序融入城市创造良好环境。研究制定了《关于进一步做好新形势下农民工工作的意见》，召开了全市农民工工作会议，制定了“深化十项改革，解决十难问题”的政策措施。为了变多头管理为统一管理、变分散服务为集中服务，建成了济南市农民工综合服务中心。按照布局合理、功能齐全、设施配套、方便快捷的原则，综合服务中心设立了农民工服务专线、综合服务大厅、职业介绍大厅，开设了15个服务窗口，为农民工提供教育指导、培训咨询、社会保障等“一揽子”服务。累计接听咨询电话3 100多个，接待办事群众1 200多人，进场招聘单位566家，入场求职4 300多人，达成就业意向2 000多人。加快推进济南市五级农民工综合服务网络平台建设，市中区在全市率先建成区级农民工综合服务中心，平阴、长清、章丘服务中心先后启动运行，槐荫区在各乡镇（街道）设立了农民工维权服务窗口，其他各县区农民工综合服务平台建设有序推进。充分发挥部门职能作用，督促抓好农民工工作各项政策落实，积极开展送温暖活动，着力解决工资清欠、返乡交通、文化娱乐等春节前农民工现实困难问题，受到广大农民工好评。

七、行政服务标准化建设

坚持把行政服务标准化作为建设“温暖人社”的有效抓手，以市级经办大厅、县（市）区级服务中心和基层人社服务窗口为重点，着力推进形象外观、环境设施、服务行为、业务流程、管理制度和岗位职责“六个规范”。通过对服务全过程的有效控制，进一步增强服务意识，确保服务质量，提高服务水平。通过试点先行、以点带面，绝大部分人社服务平台统一了牌匾名称、识别灯箱、外观颜色，推广应用了“温暖人社”标识，各级人社服务窗口发生了巨大变化，服务质量和服务效能明显提升。大幅提高办事效率，对 46 项业务进行提速，平均压缩办事时限近 40%，部分业务实现了即时办结。济南市申报的 6 个县（区）基层平台规范化建设有 5 个通过了省人社厅考核验收，通过数量和得到的资金奖励全省最多。济南市被国家标准化委员会、国家人社部确定为全国人社基本公共服务综合标准化试点。市人才服务局被评为全国人社系统优质服务窗口。坚持把信息化建设作为行政服务标准化的重要支撑，积极推进各项业务网上查询办理，努力打造“网上人社”。在济南市人力资源社会保障网站开通“济南人社在线”栏目，每周五组织业务骨干分专题在线解答群众咨询。坚持以文化建设引领标准化建设，大力倡导人社干部荣辱观，深入开展“双务标兵”评选活动，槐荫区、商河县还构筑了各具特色的文化体系，系统上下形成了团结和谐、温暖向上的浓厚氛围。

济南市人力资源和社会保障局

青 岛 市

2013年，青岛市人力资源和社会保障局围绕中心，服务大局，扎实开展群众路线教育活动，转变作风，开拓创新，求真务实，制度建设、公共服务、基础管理取得新进展，圆满完成了各项工作任务。

一、就业总量和就业质量实现双提升

全市新增城乡就业43.8万人，同比增长5%，其中本市城镇就业23万人，农村转移就业20.8万人；签订一年以上劳动合同人员同比提高3.2%，就业稳定性进一步增强；期末城镇登记失业率2.98%，控制在4%的目标以内。

（一）出台城乡一体化就业政策。

市政府出台了《关于进一步完善城乡就业政策体系推动实现更高质量就业的通知》，将有就业愿望和需求的高校毕业生、城乡新成长劳动力、失业人员、农业富余劳动力、复退军人、残疾人、失地农民等全部纳入政策扶持范围，在全市建立起城乡一体的就业政策体系。首次将发改委、经信委、公安局、教育局等24个部门就业职责纳入年终考核范围，强化政府部门就业责任。

（二）加强公共就业服务体系建设。

出台了加强基层人力资源社会保障服务平台建设的办法，提升平台建设数量和质量，全市区（市）、街道（镇）、社区（行政村）人力资源和社会保障服务平台建成率分别达到100%、100%、83.6%。建立重点项目就业对接制度，组织各级人力资源社会保障部门与重点建设项目进行对接，提供政策落实、人才引进、用工招聘、技能培训等一条龙服务。启动区市级灵活务工综合服务中心（零工市场）建设工作，完成网上便民服务系统一期建设，出台人力资源中介机构星级评定办法、公共就业人才服务机构人事档案管理办法，公共就业一体化信息系统成功上线，帮助各类群体实现就业。全年举办各类招聘会1 468场，提供岗位46.3万个。

（三）健全职业技能培训体系。

在技工院校推进高等学历教育试点工作，出台深化技工教育集团化发展意见，组建技工教育集团9家，组建区域型、专业型培训联盟5个，吸纳成员单位310余家，涵盖专业（工种）139余个，年培训能力6万人。完善政府购买培训成果机制，通过公开竞争方式，认定123家就业技能培训机构、19家劳动预备制培训基地、21家创业培训基地，形成覆盖城乡的职业培训网络，组织培训8.7万人。

（四）强化创业扶持力度。

启动了市创业就业实训基地建设，实施万人创业计划，市级小额贷款担保基金扩大到1.2亿元，各区市设立了不少于1 000万元的小额贷款担保基金，发放小额担保贷款5.8亿元。在全国率先建成创业大学，建成全市首个市级大学生农业创业园，成立湛山创意工厂，实现了大学生“零成本”创业。全年发放创业补贴3 128.1万元，扶持创业2.14万人。

（五）把家庭服务业作为新的就业增长点加以培育。

组建青岛颐养护理职业技术学院，在全省率先组建家庭服务业培训就业联盟，彻底改善市场标准不统一、信息不对称、服务不规范的状况。全市家庭服务业从业人员达到 1.5 万人，吸纳就业同比提高 4.5%。

（六）加大特殊群体就业帮扶力度。

为全市 3.74 万名大中专毕业生发放一次性就业求职补贴 1 868.35 万元，圆满完成了 29 名省“三支一扶”计划工作人员和 105 名社区工作者、80 名劳动保障监察协管员的招募工作，青岛籍非师范类高校毕业生就业率达到 95.2%。调整社会公益性岗位从业人员和协保人员补贴标准，对就业困难群体推行“跟进式”服务，实现就业 23 328 人，就业率达 96.7%。

二、社会保障层次和保障水平都有新提高

全市征缴企业社会保险基金 264 亿元，同比增长 9.9%，养老、医疗、工伤、生育和失业缴费人数分别净增 12.1 万人、14.6 万人、6.1 万人、7.7 万人和 6.7 万人。各项社会保障待遇按时足额发放。

（一）创新政策。

建立城镇居民大额医疗补助金制度，在不增加参保居民负担前提下，将超过基本医疗最高支付限额 17.2 万元以上的医疗费按 90%比例支付，最高报销 20 万元，加上重大疾病和罕见病医疗救助制度报销数额，城镇参保居民最高报销数额可以达到 77.2 万元以上。启动了失业保险为企业和职工减负工作，将全市失业保险缴费比例降低 1.5 个百分点，为企业和职工减负 7 亿元。率先在全国启动城乡居民和新型农村养老保险向城镇职工基本养老保险转移接续工作，办理转移接续 11.7 万人。开展工伤康复早期介入试点，在全国率先建立工伤康复评定、治疗、费用支付有机衔接的工作模式，工伤康复介入时间平均提前 35 天，工伤康复疗程缩短 65 天。建立定点医疗机构会诊业务医保支持机制，整合多方医疗资源，确定了第一批 11 家会诊业务试点医院，让广大参保患者享受更高级别专家的诊断和治疗指导。

（二）提高待遇水平。

第 9 次调整企业退休人员基本养老金，提高至月均养老金 2 268 元，增幅 12.1%；将城镇居民参加基本医疗保险财政补贴标准提高至 300 元，增幅 25%；将一次性工亡补助金标准提高至 49.13 万元，增幅 12.6%；将企业 1～4 级伤残职工月伤残津贴增加 224 元，增幅 11.9%；将月失业金标准提高至 830 元，增幅 13.7%；参保女职工分娩医疗费实现了统筹范围内“零负担”。

（三）完善经办服务。

在全市深入推进重大疾病和罕见病医疗救助制度，累计救助 5 万人次，救助金额 1.5 亿元。深入实施长期医疗护理保险制度，共有 4.3 万人次享受长期医疗护理保险待遇，支付护理保险基金 2 亿元。建成社会保险柜台经办、网上经办、自助服务“三位一体”全方位服务平台，出台新老社会保障卡衔接过渡办法，社会保障卡实现规模发卡。进一步完善城乡居民基本养老保险制度，加强被征地农民养老保险经办管理服务，城乡居民养老保险参保达到 302.2 万人。

（四）加强基金监管。

研发社保基金网络监督系统，在省内率先采取业务审批、银行划转、财务报表“三对账”方式，将全市社保基金银行账户全部纳入监控范围。建立对定点医疗机构监管联动机制，进一步加大社保稽核力度，稽核参保单位 2.19 万户，涉及职工 63.8 万人，增收基金 9 600 余万元。

三、人才引进和人才培育实现新突破

全年引进培养各类人才 11.5 万人，同比增长 22.7%，其中引进博士和正高职以上人才 1 174 人，引进硕士、副高职称和高技能人才 11 513 人。

（一）加强政策扶持。

出台了事业单位公开招聘高层次和紧缺人才通知、海外高层次人才工作居住证签发办法、人才公寓建设和使用管理规定、海外高层次人才社会保险工作暂行办法，优秀人才无障碍办理落户制度等多项引才政策，优化引才引

智环境。深入实施高校毕业生“留青行动”，为 7 373 名来青就业研究生发放住房补贴 1 648.02 万元。

（二）全面实施“111 引才工程”。

将年度引才工作目标按属地原则分解到各区市和重点功能区，并纳入全市人才工作目标责任制考核体系。建立人才引进实名制信息系统，开发人才信息需求预测调查系统，收集岗位需求 21 285 个。首次将“高校行”活动扩展到省内外，组织用人单位先后到广州、深圳、大连、北京等地举办高层次人才招聘会，与清华大学、北京大学等 72 所高校签订引才协议，为毕业生提供就业及见习岗位 1 万余个，吸引 10 625 名硕士以上人才参加见习。

（三）搭建人才服务平台。

揭牌运营中国海洋人才市场（山东），启动建设中国海洋人才云中心和博士创业园，筹建“中国海洋人才市场（山东）海外引才工作站”、青岛海洋人才港和国家级留学人员创业园，建立青岛蓝色经济引智成果示范基地。以节俭务实高效为原则，成功举办 2013 年中国蓝色经济国际人才暨产学研合作洽谈会，达成海外人才项目合作意向 100 余项，其中正式签约 60 个，涉及金额 2.8 亿元。

（四）加大人才培养力度。

出台博士后培养留青计划实施意见，调动设站单位积极性，招收博士后 238 人，同比增长 2.12 倍。修订高层次人才创业中心管理办法，引进创业人才团队 34 个，年技工贸总收入 6.9 亿元，利税 1 900 多万元。实施“青岛市专家激励计划”和“专家工作站计划”，选拔表彰 38 名青岛市特殊津贴专家、10 名青岛市特聘专家突出贡献奖获奖专家。

（五）加大高技能人才培养力度。

启动建设高技能人才管理系统，组织开展高技能人才服务发展对接活动，高技能人才管理水平进一步提升。出台青岛市首席技师选拔管理办法，深入实施“金蓝领”培育计划，扩大金蓝领培育规模，全年培养高技能人才 1.5 万人。

四、机关事业单位管理更加规范有序

（一）完善机关事业单位聘用机制。

启动第一批聘任制公务员试点工作，实施公务员考录“五抽签一换号”制度，启用公务员面试评分系统，严格事业单位招聘纪律，确保公务员考录、事业单位招聘公平公正，顺利完成 4 554 名事业单位工作人员招聘、710 名公务员考录工作和 527 名军转干部安置工作。

（二）健全公务员管理制度。

启动市直机关工作人员军训工作，成功举办 1 期实验班和 11 期军训班，共完成军训 1 200 人。完善新录用公务员导师制，带动新录用公务员尽快适应岗位。建成青岛干部网络学院，开设 400 多门课程，努力解决干部工学矛盾、培训层次不高问题。在全市开展公务员考核工作示范点创建活动，完善公务员日常考核制度。

（三）完善事业单位管理制度。

出台了事业单位专业技术三级岗位聘用管理工作实施意见、机关事业单位工人技师评聘工作实施意见，推进事业单位人事管理工作规范化建设。完成了交通、工商、法院、检察院等系统所属事业单位职员制实施工作。在全国 15 个副省级城市中率先启动新一轮深化事业单位人事制度改革相关研究，初步拟订了深化改革的相关指导意见，为推进事业单位改革做好准备。

（四）完善机关事业单位收入分配制度。

研究制定聘任制公务员协议工资实施办法，创新公务员薪酬待遇管理模式。出台了全市中小学校长职级工资实施意见，吸引高层次人才专家办学，为其他事业单位完善收入分配机制积累了丰富的经验。创新基层医疗卫生事业单位绩效工资总量管理模式，促进基层医疗体制改革深化发展。

五、劳动关系保持和谐稳定

全市共审结劳动人事争议案件 8 311 件，立案查处各类违法案件 6 024 件，按期结案率分别达到了99%、100%。

（一）全面推进劳动关系信息化建设。

初步建成了劳动关系网，劳动工资备案、工资指导线备案、劳务派遣业务等全部实现网上办理，备案企业突破3万户，备案职工达到143万人。完成了劳动监察“两网化”、劳动人事争议仲裁信息系统建设并成功上线运行。

（二）加强劳动关系协调。

规范劳动关系和谐状况审查制度，将劳动合同签订、工资网上备案和落实工资指导线实施方案情况与先进评选、公司上市挂钩。贯彻新修订的劳动合同法，对全市经工商登记注册经营的1 821户劳务派遣单位进行专项调研，并开展劳务派遣行政许可专题培训。

（三）完善宏观收入分配制度。

调整最低工资标准，六区、四市月最低工资标准分别调整提高到1 380元、1 220元。推行工资应急周转金制度。发布2013年企业工资指导线，指导企业建立正常的工资增长机制。

（四）加强维权执法。

建立企业工资支付预警监控处置机制，开展农民工工资支付专项检查、清理整顿人力资源市场秩序专项行动等专项执法活动，完善劳动人事争议处理、劳动保障监察、司法部门联动机制。探索建立“多方共管”的大信访工作格局，求决类信访案件同比下降16.7%。

青岛市人力资源和社会保障局

河　南　省

2013年，河南省人力资源社会保障部门坚持围绕中心、服务大局，以服务全省“三大国家战略规划”实施为重点，以助推新型城镇化、助力产业集聚区建设为目标，以实施“四个专项行动计划”为抓手，聚全厅之智，集全系统之力，抓重点、破瓶颈，促发展、惠民生，统筹推动各项工作取得新进展，各项年度目标任务圆满完成。

一、着力实施“四个专项行动计划”，就业和人力资源开发工作全面上水平

着眼于服务全省大局与加快自身发展的有机统一，着眼于提升就业质量与做好人力资源开发的有机统一，精心谋划、推动实施了“四个专项行动计划”，即河南省全民技能振兴工程2013年度专项行动计划、促进更高质量就业2013年度专项行动计划、产业集聚区暨郑州航空港经济综合试验区人力资源保障2013年度专项行动计划、招才引智2013年度专项行动计划。通过“四个专项行动计划”的实施，就业和人力资源开发工作水平和工作效能显著提升，就业局势总体稳定，人力资源要素对经济社会发展的支撑作用得到进一步增强，实现了提升技能、促进就业和支撑发展的良性互动。

把就业和全民技能振兴工程工作纳入省委、省政府的重大决策部署，高层面推进。提请省政府召开了“全省实施全民技能振兴工程暨促进更高质量就业电视电话会议”，谢伏瞻省长、王艳玲副省长出席并讲话。各地积极抓好贯彻落实，强化就业创业服务，发挥职业技能培训“调蓄”作用，规范人力资源市场秩序。通过努力，保持了就业局势总体稳定。全省城镇新增就业143.13万人，失业人员再就业46.82万人，就业困难人员实现就业20.22万人，新增农村劳动力转移就业90万人，完成各类职业技能培训382.01万人，均超额完成年度目标任务。城镇登记失业率控制在3.1%。新增发放小额担保贷款132.2亿元，帮助18万人实现创业，带动就业60万人。实施2013年高校毕业生“三支一扶”计划，期满合格人员全部落实就业岗位。

把招才与引智有机结合，促进人力资源开发与人力资源作用发挥的有机统一，为经济社会发展提供了智力支撑。创新人才开发机制，与民航大学签订合作协议，建立了“中国民航大学河南教育中心”。为郑州航空港区量身打造两场人才招聘会，4 500多人达成就业意向。为重点产业项目提供人力资源保障，帮助富士康招工30万人次。在郑州航空港经济综合试验区开展人才技术项目对接洽谈活动。全年为产业集聚区组织人才招聘和企业招工320多场，开展人才招聘和职业介绍服务116万人次。高层次人才选拔培养机制进一步完善，专业技术人才知识更新工程取得明显成效，全年培训110万人，设立省、市（厅）、县继续教育基地200家。新培养高技能人才22.26万人，培训考核机关事业单位工勤技能人员14.5万余人，全省参加职业技能鉴定考评人数达71.8万人。全年引进高层次外国专家1 475人次，派出培训1 046人次，“外专千人计划”实现零突破，三级引智示范基地体系日

臻完善，高层人才国际化培养成为全省人才工作政策的创新点。新组建博士后科研创新团队10个，引进博士后290人，开展研发项目600多个。海外高层次留学人才引进力度进一步加大，引进硕士以上学历1 108人，新建留学人员创业园2所。职称改革不断深化，职称的激励导向作用进一步显现，全省19 571人通过评审取得高级职称，5万余人取得中级职称。各项人事考试任务圆满完成，13万多人通过考试取得了各类专业技术资格。

二、着力抓好“两个建设”，社会保障和劳动关系工作取得新进展

加快健全覆盖城乡的社会保障体系建设，研究制定了企业职工基本养老保险参保人员因病或非因工死亡丧葬抚恤待遇政策，探索开展了统筹城乡医疗保险工作试点，稳步推进了工伤预防和工伤康复试点工作，进一步强化社会保险基金监管和经办管理。全省城镇基本养老、基本医疗、失业、工伤和生育保险参保人数分别达到1 350万人、2 297.2万人、741.3万人、773.1万人和569.6万人，分别比上年增长79.4万人、75.6万人、5.8万人、52.6万人和50.6万人。全省城乡居民社会养老保险参保人数4 842万人，比上年增长123万人。五项社会保险基金总收入1 292.92亿元，总支出1 044.91亿元。社会保障卡持卡人数达到2 520.8万人。连续第9次调整企业退休人员养老金和工伤保险待遇，月人均养老金水平和月人均工伤待遇标准分别达到1 764元、2 312元，分别比上年增加171元、180元。失业保险金标准调整为992元、880元、768元，平均增长15.7%。城镇职工医保政策范围内住院费报销比例超过80%，城镇居民报销比例达到70%以上。

加强和谐劳动关系建设，劳动者权益得到有效维护。强化劳动合同法落实工作，全省企业劳动合同签订率96.6%，集体合同覆盖率93%。加强劳动保障监察执法工作，检查各类用人单位10万户，受理举报投诉案件14 737件，结案率97.8%。加强劳动人事争议调解仲裁工作，全省共受理调解仲裁案件3.65万件，其中仲裁案件2.17万件，比上年增长15%，结案率93.7%。加强信访维稳工作，全系统未发生重大群体性事件。着力抓好农民工欠薪治理工作，为农民工追讨工资7.4亿元。

三、稳妥推进“两项改革”，人事制度和工资制度改革工作取得新突破

积极推进机关事业单位人事制度改革，不断增强公务员和事业单位人员队伍活力。持续加强公务员队伍建设，公务员综合管理、考试录用、公开遴选、平时考核工作不断深化，公务员聘任制试点工作取得明显成效，公务员能力素质提升工程扎实开展，争创人民满意公务员活动持续推进，认真清理评比达标项目，表彰奖励工作进一步规范，河南省公务员队伍建设的做法在全国公务员管理工作会上做了典型发言。不断深化事业单位人事制度改革，聘用制度和岗位管理制度全面推行，公开招聘制度得到进一步落实和规范。认真做好军转安置工作，圆满完成1 991名军转干部接收安置任务，自主择业军队转业干部管理服务水平进一步提升，企业军转干部解困维稳工作机制进一步健全。

稳步推进工资收入分配制度改革，企事业工资收入分配秩序更加规范。积极做好省直事业单位绩效工资标准调整工作，配合完成省直机关津补贴标准调整实施工作。全省事业单位实施绩效工资工作基本完成，分配激励约束机制不断完善。建立了覆盖全省的企业薪酬调查制度，调整了企业最低工资标准，企业工资支付行为进一步规范。

河南省人力资源和社会保障厅

湖　北　省

2013年，湖北省人力资源社会保障厅紧紧围绕“建成支点、走在前列”发展战略，坚持“民生为本、人才优先”工作主线，围绕中心、服务大局，在推进“五个湖北”建设、服务经济转型升级中积极作为，履行好基本民生部门、政府人才综合管理部门的职责，圆满完成全年各项目标任务，为全省经济社会发展做出了积极贡献。

一、就业局势保持总体稳定

截至2013年12月底，全省城镇新增就业80.7万人，完成任务的124%；组织城乡劳动者就业创业培训65.16万人，完成任务的260.6%；城镇登记失业率控制在3.49%以内。

一是健全完善就业创业政策体系。提请省政府印发了《关于进一步推进就业创业工作的若干意见的通知》（鄂政就领办［2013］4号），提出促进就业创业的“二十条”政策措施，会同省教育厅、省财政厅等部门出台了稳岗补贴、小额担保贷款、一次性求职补贴、孵化基地认定扶持办法等13项政策文件。

二是大力促进高校毕业生就业。提请省政府出台《关于做好2013年湖北省普通高等学校毕业生就业工作的通知》（鄂政办发［2013］37号），从孵化基地扶持资金、创业扶持项目、就业促进计划等方面出台“十大举措”。在全省统一开展“就业创业服务荆楚校园行”活动，推进离校未就业毕业生实名制管理，举办“创业湖北”首届大学生创业大赛。会同省财政厅、省教育厅、团省委对495个高校毕业生创业项目分别给予2万～20万元的无偿资金扶持，总扶持资金达1 999万元。

三是积极推进创业带动就业工作。坚持开展“春风行动”、“就业援助月”等专项活动，促进城乡劳动者有序转移就业。在全国率先探索运用失业保险基金支持企业开展稳岗培训，累计发放稳岗补贴2.6亿元。会同省残联、省妇联开展“双百工程”、“巾帼创业”等创业扶持项目。2013年安排3 000万元农家乐创业扶持资金，给予每户1万元创业扶持补贴。完善小额担保贷款政策，新增放贷41.8亿元，扶持4.84万人实现创业，带动15.27万人就业。

四是不断提高公共就业服务水平。湖北公共招聘网正式运行，就业失业登记信息实现全省共享，就业资金审核管理、就业培训管理系统上线使用。加强与企业、开发区等紧密对接，积极调动社会资源，大力开展订单、定向、定岗培训，先后与省民政厅、省供销社开展专项培训。组织开展了“第三批十大劳务品牌”和“台湾周”校企对接、富士康专场招聘等活动，有效地带动了城乡劳动者转移就业，缓解了企业用工难题。

二、社会保障工作不断推进

截至2013年12月底，五项社会保险参保人数达到4 713.2万人次，超过目标任务37.2万人次。累计征收社会保险费869亿元，完成目标任务的112.3%。累计发放社会保险基金983.5亿元，各项待遇按时足额发放。

一是充分发挥社会保障调节功能。面对经济下行压力，妥善应对公共政策危机，研究提出降低费率、缓缴保险、落实补贴、加大投入、扩大引智、加强培训、帮助重点、增加收入等8项18条措施，减轻企业负担，支持企业发展，保持了覆盖面和基金的稳步增长，五大险种参保人数和基金征缴收入比上年分别增长1.5%和13%。

二是不断提高社会保障水平。做好第9次上调企业退休人员基本养老金工作，调整后人均达到1 827元/月，缩小了与全国平均水平的差距。巩固城乡居民社会养老保险制度成果，全年城乡居民养老保险参保2 224.3万人，综合参保率达到98.97%。改革城镇职工医保个人账户管理办法，加快推进异地就医联网结算，分类推进医保以总额控制为基础的付费方式改革，医保住院报销比例提高到70%以上。在全国率先建立城乡居民大病保险制度，全年累计受益人数2.3万人，赔付1.5亿元，缓解了患大病居民的医疗负担。

三是经办服务能力不断提升。在全省推进社会保险经办大厅标准化建设，优化经办服务流程，规范了业务操作，提升了经办能力。加快社会保障卡发放和管理，全年全省累计持卡人数2 187万人，超额完成2 100万人的任务。全面建成12333电话咨询服务体系，全年累计话务量达146万人次。加快推进城乡居民社会养老保险信息系统、异地就医和医疗服务监控系统等应用系统建设，实现数据向上集中和服务向下延伸，有效地提供了信息支撑。

三、人才队伍建设取得新成绩

一是稳步推进重大人才工程。印发了《关于湖北省紧缺技能人才振兴计划责任分工通知》(鄂人社办发〔2013〕37号)，成立了组织机构，明确了责任分工，全年培训紧缺技能人才10万人。启动实施省“急需紧缺专业技术人才特聘岗位计划”、省“贫困地区专业技术人才奉献岗位计划”等项目，设立100个急需紧缺专业技术人才特聘岗位，评选30名企业高端研发人才和68名奉献岗位人选。

二是不断加强高层次人才队伍建设。完成推荐“国家特支计划”领军人才10人，6人入选国家级百千万人才工程。启动了外籍高层次人才签证及居留手续办理工作，全年共办理海外高层次人才确认150人。博士后创业孵化基地全面启动，武汉地铁集团公司等33家企业成功申报博士后科研工作站，超额完成目标任务。

三是不断加强技能人才队伍建设。截至2013年12月底，全省共组织鉴定49.5万人，圆满完成了全年新增高技能人才12万人目标任务。启动了职业技能鉴定进企业、进校园活动。初步实现鉴定机构对接、鉴定需求对接和专业对接，以“一证多本”助推高质量就业。实施“金蓝领”开发工程，新增3个国家级高技能人才培训基地、6个大师工作室，评选产生5个省级技能大师工作室和5个省级高技能人才工作站。成功评选100名大师级民间工艺技能传承人才。

四是不断完善职称制度评审。出台了《关于进一步规范湖北省职称评审管理工作的意见》(鄂职改办〔2013〕78号)等4个规范性文件，重新修订高校教师、高职高专等23个专业的申报条件和评价标准，畅通非公经济组织专技人员申报渠道，为东湖高新等十多家单位80名专业技术人员进行了特殊评审，受到企业一致好评。

四、人事制度改革不断深化

一是公务员管理有新成效。起草了《湖北省公务员履职问责暂行办法》，会同中南财经政法大学完成《能力席位标准下公务员绩效考核研究》课题，印发《探索与实践——基层窗口单位公务员考核指标汇编》，在市州县乡全面推进公务员能力席位标准，责任体系建设取得明显成效。不断完善公务员考录、遴选制度，在全国考录工作会议上湖北省做了交流发言，2013年全省共考录公务员4 480人。加强公务员培训管理，对全省32个省直单位213个培训班进行跟踪服务，全省新录用公务员初任培训率达100%。组织第八届全国“人民满意的公务员”和“人民满意的公务员集体”评选推荐工作，许奎、续辉、张吉来等3人被授予“人民满意的公务员”荣誉称号，大冶市灵乡镇政府、仙桃市人社局被授予“人民满意的公务员集体”荣誉称号。

二是积极推进事业单位人事制度改革。研究起草了《关于湖北省进一步深化事业单位人事制度改革的实施意见（代拟稿）》。加大全省县级公立医院人事制度改革力度，配合完成文化、科技、教育、卫生等行业体制中的人事制度改革工作。全省事业单位岗位公开招聘、设置管理、聘用管理等三项基础制度基本建立。在全省所有县（市、区）全部实施新进人员公开招聘，2013年全省公开招聘工作人员20 320人。

三是做好军转安置工作。推行统一考试、网上双选、竞岗面试等阳光军转安置办法，完成1 175名计划分配军转干部安置任务和134名自主择业军转干部安置，安置率均达100%。落实企业军转干部生活补助政策，企业军转干部保持总体稳定。

五、稳慎推进收入分配制度改革

一是完善事业单位收入分配。结合事业单位分类改革进程，对不同类型事业单位绩效工资政策衔接、管理、调节金征收等问题进行了研究，起草了《深化事业单位工作人员收入分配制度改革实施意见》和《事业单位绩效工资调节基金征收管理暂行办法》，分配激励约束机制不断完善。

二是健全公务员工资制度。为进一步优化公务员工资结构、建立工资正常增长机制，制定了提高县乡基层津补贴标准、解决同城不同待遇、缩小地区差距的方案。

三是加强企业工资收入调控。上调全省最低工资和高温津贴标准，调整后的最低工资标准最高档（1 300元/月）居中部六省之首。以非公有制中小企业为重点，注重在产业集群区、高新技术工业园区、乡镇（街道）开展区域性工资集体协商。积极开展全省工资集体协商“百日行动”、“要约行动月”等活动，指导培育一批示范典型。

六、构建和谐劳动关系取得新突破

以开展“和谐劳动关系企业行”活动为载体，加快创建劳动关系和谐企业和工业园区，健全三方协商机制，维护劳动者权益，全省企业劳动合同签订率达到88%，企业集体合同签订率达到76%，均超额完成目标。完善重大案件、疑难案件研讨制度，统一办案尺度。制定了仲裁案件处理质量管理制度，提高了办案质量，截至2013年12月底，全省各级仲裁机构全年共立案受理争议案件20 639件，当期结案20 920件（含上期未结案件），结案率达到95.3%。开展农民工工资支付、用人单位遵守劳动用工与社会保障法律法规等专项执法检查活动，强化行政司法联动，全年劳动保障监察执法案件结案率达到96%以上。“两网化”管理工作覆盖率71%，其中地市级城市覆盖率达到75%，劳动关系保持了和谐稳定。

湖北省人力资源和社会保障厅

武 汉 市

2013年，武汉市人力资源社会保障局围绕建设国家中心城市和复兴大武汉的目标，以全面贯彻党的十八大和十八届三中全会精神为牵引，围绕“民生为本、人才优先”工作主线，以绩效管理为抓手，克难奋进，真抓实干，各项工作取得显著成绩。就业创业更加活跃，社会保障体系不断健全，人才队伍建设取得新成效，人事制度改革逐步深化，劳动关系保持和谐稳定。

一、就业创业更加活跃

坚持实施就业优先战略和积极的就业政策，2013年全年城镇新增就业17.6万人，城镇登记失业率为3.5%。创业带动就业成效明显，评选表彰了26名自主创业明星，全年累计发放小额担保贷款4.9亿元，扶持创业2.5万人，直接带动就业10.8万人。坚持把帮扶高校毕业生就业创业放在首位，出台鼓励高校毕业生在汉创新创业的意见，设立1 000万元的大学生创业专项资金和1 000万元的大学生创业小额担保贷款基金，建立大学生创业基地46家，见习基地55家，留汉高校毕业生达10万人。积极帮助农民工和城镇困难群体就业，连续九年组织开展了“春风行动”，实现就业或达成就业意向8.8万人。承办全国丰富农民工精神文化生活座谈会，开展“就业服务企业年”活动，为联想、富士康等企业建立了服务专员制度。实施社会保险“三稳一补一缓”政策，为企业及职工减负约32亿元。出台关于加强职业培训促进就业的意见，全年培训劳动者31.3万人次。推进基层就业平台建设，“网上就业办事大厅”正式上线，新增就业人数实行实名制管理。

二、社会保障体系不断健全

启动城乡居民大病保险工作，积极开展医疗保险付费方式改革，制订建筑施工企业农民工参加工伤保险办法及操作规程。2013年全年净增参保83万人次，参保总人数达1 780万人次，社会保险覆盖率达到98%。落实2013年企业退休人员基本养老金调整工作，全市平均水平达1 880元/月。对4.1万名被征地农民每人每月增发补助养老金200元。将城乡居民社会养老保险基础养老金提高20%，向全市37.3万名享受对象增发基础养老金8 900万元。提高失业保险金标准，中心城区提高到910元/月，新城区提高到714元/月。社会保险网上办事大厅功能凸显，全年共完成各项业务144万笔，12333咨询投诉服务平台全年累计为104万人次提供信息查询咨询服务，办理各类投诉5 100多件。社会保险制度之间的转移衔接工作稳步推进。数字人社建设进展顺利，武汉市被评为全国电子社保先进城市。加大“两定”机构的监管力度，追回违规医保基金860万元。

三、人才队伍建设取得新成效

组织“3551人才计划”第六批评审，完成“创新岗位特聘专家计划”设岗聘任工作，全年引进高层次人才250人，29个创新团队、46位领军人才和58名来汉创业归国留学人员分别获得20万元、10万元、5万元资金支持。在全国率先出台并实施《武汉海外高层次人才社会保险工作暂行办法》，制定《武汉市高层次人才居住证管理暂行办法》，52位海外高层次人才获得居住证。评选86名市政府专项津贴专家，推荐12人为享受省政府专项津贴专家。出台市紧缺技能人才振兴计划实施意见，开展全市技能振兴专项活动，组织完成市首席技师和技能大师评审选拔活动。开展了全省大师级民间工艺传承人才选拔推荐工作。武汉知名企业高校行共吸引196名清华学子来汉就业创业。职称评价和人事考试服务企业、服务基层有了新突破。

四、人事制度改革逐步深化

深入推进公务员配套法规政策建设和岗位责任制建设，完成全市公务员信息管理系统的更新与审核工作。首次组织公务员录用集中面试，全市新录用公务员443人，在武汉市直机关集中公开遴选公务员58名。积极清理规范全市评比达标表彰项目，开展第三届人民满意的公务员个人和集体评选活动。组织公务员“四类培训”和专业技术人员继续教育，培训公务员3.2万人次、专业技术人员15万人次。调整378家事业单位岗位设置方案，新增专技二级岗位人选27名、三级岗位人选78名，岗位结构得到优化。面向社会公开招聘遴选1 535名优秀专业人才。完善“考试考核、积分选岗”办法，接收安置603名军转干部和随调家属，自主择业军转干部各项待遇得到落实，军转干部适应性培训突出实效，企业军转干部总体保持稳定。

五、劳动关系保持和谐稳定

以实施《劳动合同法修正案》为重点，推进企业劳动合同制建设，劳动合同签订率达到88%。稳慎推进收入分配制度改革，出台带薪休假管理规定，健全了事业单位绩效工资考核体系。提高企业职工最低工资标准，中心城区提高到1 300元/月，新城区提高到1 020元/月。积极推进全武汉市8.3万家企业开展了工资集体协商工作，促进企业职工收入分配公平。劳动关系三方机制向街道延伸工作有了突破性进展。基层劳动人事争议预防调解工作体系不断健全，仲裁办案体制机制不断完善，全武汉市处理劳动人事争议案件1.2万件，法定期限内结案率达98%。劳动保障监察“网络化”建设瓶颈有所突破，武汉市被人社部评为首批劳动监察“两网化”管理示范城市。开展农民工工资支付等专项检查活动，追发劳动者工资4.5亿元，劳动保障监察案件法定期限内结案率100%，武汉市人力资源社会保障局被评为全国清理整顿人力资源市场秩序专项行动先进单位。

在全面做好各项业务工作的同时，武汉市人力资源社会保障局扎实开展党的群众路线教育实践活动，严格落实中央八项规定，有效带动了机关、行业作风转变，依法行政工作有序推进，行政审批受理申请1 148件，武汉市人力资源社会保障局行政审批窗口被评为武汉市文明示范窗口，“十二五”规划重大项目的实施取得突破性进展，信访维稳工作扎实有效，办公自动化系统上线平稳运行等，这些工作较好地服务和保障了人力资源社会保障事业的健康发展。

武汉市人力资源和社会保障局

湖 南 省

2013年，湖南省各级人力资源社会保障部门深入贯彻落实党的十八大、十八届三中全会精神，牢牢把握“稳中求进”的工作总基调，坚持“民生为本、人才优先”工作主线，按照“保持连续性，争取新发展；创先争优，争当一流；狠抓落实，一抓到底”的工作总要求，创新工作举措，强化工作职责，圆满完成了各项工作目标任务。

一、稳定和扩大就业

继续将稳定和扩大就业纳入省政府为民办实事、目标管理和绩效评估范畴，各项目标任务全面完成。全年新增城镇就业80.09万人，失业人员再就业34.6万人，就业困难人员实现就业12.3万人，城镇登记失业率控制在4.2%。新增农村劳动力转移就业73.7万人，转移就业总规模达1 379.4万人。发放小额担保贷款23.89亿元，直接扶持2.8万人自主创业。城镇零就业家庭保持动态清零，就业形势总体保持稳定。

完善和落实更加积极的就业政策。省政府办公厅出台了《关于鼓励支持劳动密集型企业和中小微企业吸纳就业的若干措施的通知》（湘政办发［2013］41号），提出6条鼓励劳动密集型企业和中小微型企业吸纳就业的措施。加大技能培训力度，尤其是加强农业人口转移就业培训，制定实施《湖南省就业技能培训补贴办法》（湘人社发［2013］26号），明确了可以享受培训补贴的四类人员，并将补贴标准由1 000元、600元、300元相应提高到1 200元、800元、500元。制定出台了进一步完善公共就业服务体系的意见，加强公共就业服务体系建设，重点强化经费保障，全面提升服务能力。

坚持把高校毕业生就业放在就业工作首位。省政府办公厅印发了《关于做好2013年全省普通高等学校毕业生就业工作的通知》（湘政办发［2013］40号），从落实就业政策、拓宽就业渠道、鼓励自主创业、加强就业服务、开展就业帮扶、增强高等教育适应性、促进就业公平、加强组织领导8个方面促进高校毕业生就业。省政府继续安排5 000万元专项资金扶持高校毕业生创新创业。组织开发离校未就业高校毕业生实名制登记信息系统，扎实开展实名制登记工作。开展“职业培训万人计划”和“就业见习万人计划”活动，衡阳特变电、永州市中心医院、山河智能、湘能华磊4个单位被评为第二批高校毕业生就业见习国家级示范单位。启动离校未就业高校毕业生就业促进计划，“一对一”援助8 059名纯农户家庭离校未就业高校毕业生，对城乡低保家庭、孤儿、残疾高校毕业生给予一次性求职补贴。

推进其他重点群体就业。开展“强技能培训、助产业升级、促经济发展”湖南省2013职业培训年技能振兴专项活动，有效助推技能人才就业和产业结构调整升级对接。针对春节后部分企业招工难，组织开展了就业援助月、民营企业招聘周、春风行动等大型公共就业服务专项活动，为就业困难人员、农民工及高校毕业生等群体提供了有效的就业服务和就业援助，共印发宣传资料209万份，张贴宣传标语2.24万条，接受政策咨询、投诉和援助4.6

万人次。其中，全省组织面向农村劳动者的免费专场招聘会879余场，提供就业岗位信息85万个，达成求职意向者36万余人。

加强各类职业技能培训。发挥培训促就业作用，全省就业培训113.9万人，其中创业培训19.7万人，企业职工培训45.8万人（含企业高技能人才培训2.5万人）。失业人员培训16.7万人，高校毕业未就业人员培训3.9万人，农村劳动力转移技能培训27.8万人。共组织61.44万人参加职业技能鉴定，51.25万人取得国家职业资格证书。全省技工院校招生4.06万人，其中高级技工班1.93万人。2013年毕业人数4万人，总体就业率达98%。

二、社会保障体系建设

进一步巩固养老保险制度全覆盖。率先出台企业职工因病或非因工死亡待遇文件，将原仅部分参保职工供养对象享受的待遇政策，调整为全部参保职工遗属都能享受的“普惠制”，惠及全省875.8万名参保企业在职职工和退休人员。认真落实国有困难企业组织欠费清偿的政策规定，明确参保人员跨年度断档补缴、集体职工统筹补缴的政策办法。全省企业养老保险在职参保605.6万人，同比增加14.4万人；实际缴费人数478万人，占在职参保人员比例的78.9%；基金征缴全年收入总额420.5亿元，增幅22.88%；待遇水平进一步提高，经过连续9年调待，企业退休人员养老金月人均达到1 648元。全省城乡居民养老保险登记参保3 315万人，其中缴费人数为2 239万人，缴费收入26.5亿元；60周岁及以上发放待遇人数为888万人，发放养老金58.9亿元。全省机关事业单位养老保险参保215.8万人，同比增加2.4万人，其中在职参保156.6万人，离退休59.2万人；基金征缴89.8亿元，同比增加5.9亿元；支付基本养老金95.6亿元，同比增加6.7亿元。

稳步推进医疗、工伤、生育、失业保险。稳妥推进医疗保险城乡统筹、市级统筹，完善深化医疗保险门诊统筹。积极推行医疗保险付费总额控制，同步推进按病种、按疾病单元、按人头付费的医保支付方式改革。在郴州、常德、湘西、永州等地稳妥开展居民大病保险试点。调整居民医保筹资标准，各级财政对城镇居民医疗保险的补助标准提高到280元/人，个人筹资标准不低于60元/人。着力强化医疗服务监管，打击过度医疗和违规骗保等欺诈行为，遏制医疗费用的过快增长。大力推进事业单位和各类高风险企业、服务业企业参加工伤保险，将老工伤人员纳入统筹管理。完善生育保险政策项目内分娩医疗费全额支付管理办法，将居民住院分娩和产前检查医疗费用按规定纳入居民医保支付范围。实现失业保险信息系统全覆盖，省级管理平台功能充分发挥。全省城镇基本医疗保险参保人数为2 308.5万人，参保率巩固在95%以上，职工医保征缴基金156.2亿元，居民医保征缴基金45.9亿元。工伤保险参保人数为731.2万人，征缴基金26.1亿元。生育保险参保人数为535.9万人，征缴基金8.4亿元。失业保险参保人数为461.7万人，征缴基金24.9亿元。职工和居民医保政策范围内统筹支付比例分别为80%和70%左右；生育保险政策范围内分娩医疗费报销率达100%。

加强基金监管和提高经办服务能力。开展社保基金专项检查，推进社保基金监管软件的应用。积极推进“大医保”系统建设，改进异地就医费用报销和工伤待遇支付方式，省本级与13个市州125个统筹区实现了省内异地就医联网结算。企业养老保险实行“社保补贴”与缴费“同缴同补”，开发面部识别生存认证系统，实现养老保险关系省内无障碍转移接续。建立养老保险省市两级数据中心，实现全省经办联网，数据向上集中，报表自动生成，实时预警评估。积极推广应用网上业务经办大厅，已具备承办参保登记、缴费工资申报、退休审批等38项业务功能，推动了社保经办从粗放式管理向精细化服务的全面转变。加快社会保障卡发行，全省累计发行加载金融功能的社会保障卡410万张。

三、人才队伍建设

加强高层次高技能人才队伍建设。组织开展第四届“湖南省优秀专家”评选，累计表彰雷宜锌等 74 名“湖南省优秀专家”。完成 2013 年百千万人才工程国家级人选推荐。做好 2 054 名享受国务院政府特殊津贴专家服务工作。启动实施“湖南省政府特殊津贴”制度，对有真才实学、为湖南经济社会建设做出突出贡献的专业技术人员发放省政府特殊津贴。大力推进博士后工作，新增 14 个博士后流动站点，全省博士后站及协作研发中心达到 205 个。深入开展战略性新兴产业人才开发和诚信人力资源服务机构创建系列活动。制订实施高技能人才振兴计划，新增 10 名技能大师、30 名技术能手和 7.5 万名高技能人才，新增事业单位二级专业技术岗位人员 163 人，机关事业单位高级技师 469 名。开展 2013 年湖南省技能大师“三湘行”活动，帮助中小企业培养技能人才。目前全省共建设 9 个国家级和 24 个省级高技能人才培训基地、12 个国家级和 20 个省级技能大师工作室。

深化职称制度改革。加强高级职称评审管理，稳步推进高校职称评审权下放，积极开展深化中小学教师职称制度改革试点。完善高级职称评委库，对高级职称评委库进行了清理补充和完善。指导全省 30 个系列（专业）、67 个高评会完成高级职称评审任务，共有 20 600 人申报评审高级职称，其中正高 2 081 人，副高 18 519 人，评审通过 10 433 人，其中正高 827 人，副高 9 606 人。

加大引智工作力度。2013 年共执行国家及省级引智项目 470 个，投入引智资金 3 200 多万元。新建国家和省级引智成果示范推广基地 17 个。在湘工作外国高层次专家达到 177 人，其中国家“千人计划”73 人（含“外专千人计划”7 人）、省“百人计划”104 人、“外专千人计划”4 人。引进外国专家来湘 5 318 人次，其中引进外国经济技术专家 2 885 人次，聘请外国文教专家 2 433 人次。申报执行出国（境）培训项目 34 个，选送 601 人出国（境）培训。服务全省欠发达地区经济发展，启动了“2013 湖南省海外高层次专家潇湘行”活动。

四、人事制度改革

加强公务员制度和队伍建设。深入实施公务员法，坚持“凡进必考”和省市县乡四级联考，全省行政机关考录公务员 6 565 名。创新完善公务员集中面试工作机制，在统一面试时间、缩减面试考点、委托省外命题、强化考官管理、明晰工作责任、加强面试监督等六个方面改革创新，首次召开了全省面试工作新闻发布会，市州考官 100%实行异地交流，普遍实行“四抽签、三隔离”制度和全方位、无盲区监督，进一步提高选人用人公信度。大力推进公务员信息系统建设，全省共审核入库公务员 33.8 万人。精心组织开展了第八届全国“人民满意的公务员”和“人民满意的公务员集体”评选推荐工作，有 4 名公务员、2 个单位分别获评全国“人民满意的公务员”、“人民满意的公务员集体”荣誉称号。严格控制和规范评比达标表彰活动，下大力气解决评比达标表彰活动过多过滥的问题，经过清理全省只保留 59 个评比达标表彰项目，精简数量达 50%以上。

深化事业单位人事制度改革。制定出台了《关于进一步深化事业单位人事制度改革的实施意见》（湘办发［2013］24 号）。规范事业单位公开招聘，下发了《关于进一步加强和规范事业单位公开招聘工作的通知》（湘人社函［2013］314 号），进一步严肃政策纪律，确保招聘过程的公开、公平、公正，全省绝大多数事业单位推行了人员聘用制，并完成了首次岗位设置。建立了事业单位岗位动态管理机制和岗位聘用情况年度备案制度。组织实施了 47 项 60 万人参加的人事考试。

严肃人事工作纪律。参与全省干部人事和机构编制领域突出问题专项治理，开展了事业单位“吃空饷”、超编进人、编外用人情况调查统计和专项处理。规范人员流动调配工作，修订了《省直单位调配工作办事指南》。圆满完成1 621名计划分配军转干部安置任务，其中计划分配军转干部1 499名，自主择业军转干部122名。认真做好企业军转干部解困稳定工作。

五、工资收入分配改革

完善机关事业单位工资制度。大力推进其他事业单位绩效工资实施，全省其他事业单位实施绩效工资主要任务基本完成。制定出台了《关于深化事业单位工作人员收入分配制度改革的实施意见》（湘办［2013］53号）。继续规范公务员津贴补贴，加快推进公务员规范津贴补贴，制定了省直公务员规范津贴补贴第三步标准预发方案。完成了全省123个县市区公务员规范津贴补贴第二步标准审核备案。按照与省直公务员规范津贴补贴第三步预发标准同步同水平调整的原则，制定了省属驻长沙地区事业单位绩效工资水平调整方案，将水平调整与首次制度入轨有机结合进行。率先建立武陵山、罗霄山集中连片特困地区农村基层教卫人才津贴制度。

强化企业工资分配宏观调控。研究起草实施《企业工资内外收入监督检查工作的通知》办法，加强对企业工资分配宏观调控。全省工资集体协商制度覆盖企业达5.6万户，涉及职工超过251万人，已建工会企业工资集体协商建制率达85%左右。推动职工工资增长，全省在岗职工平均工资提高到40 028元，增长12.7%；最低工资标准调整提高到945元/月至1 265元/月，各档次分别提高85元至105元，增幅为9%左右。组织开展企业薪酬和公务员工资水平比较试调查，如期完成国家布置的试调查各项任务。

六、和谐劳动关系构建

深入贯彻实施劳动合同法。全省规模企业动态劳动合同签订率稳定在95%以上，省、市、县三级劳动关系组织工作体系不断健全。建筑领域农民工工资保障金制度进一步扩大；目前累计开户9 537户，共为101万农民工支付工资58.8亿元。开展了规范劳务派遣专项行动，积极落实劳动用工备案制度。启动了创建和谐劳动关系试验区。

大力加强劳动人事争议仲裁实体化建设。市县两级仲裁院组建率达96%，乡镇街道调解组织组建率为90%。开展了农民工工资支付情况专项检查和清理整顿人力资源市场秩序专项执法行动。共处理劳动人事争议案件3.9万件，其中立案受理1.5万件，仲裁受理案件结案率在95%以上。各级劳动保障监察机构查处违法案件1.86万件，责令用人单位补签劳动合同38万份，补缴社会保险费1.1亿元，补发拖欠工资2.35亿元，其中农民工工资1.8亿元，有效维护了劳动者的合法权益。

七、绩效评估和为民办实事考核工作

创新完善绩效评估体制机制。指标设置的科学性、导向性进一步增强，“抓工作、促发展、保民生”的重要抓手作用进一步显现。在2012年实现绩效评估全覆盖的基础上，进行四个方面的创新：调整市州分类，将14个市州按工业化水平分两类评估，增加市州之间的可比性；优化指标体系，大幅度精简指标数量，突出考核重点，调整分值权重；创新考评方式，探索建立第三方评估机制，将公众评估委托给国家统计局湖南调查总队实施；强化结果运用，增设“优良”等次，进一步细化区分单位之间的绩效差别。加大日常督查与年中督查，特别是对省委省政府重点工程、民生建设、优化发展环境及重金属污染治理等四个方面进行专项督查，对发现的问题，跟踪督办，确保落实。2013年全省21项30个为民办实事指标均圆满完成，其中有26个指标提前完成或超额完成。

湖南省人力资源和社会保障厅

广　东　省

2013 年，广东省人力资源社会保障部门认真贯彻党的十八大和习近平总书记视察广东重要讲话精神，一手抓业务工作，坚持民生为本、人才优先工作主线，全力推进人社强省建设；一手抓作风建设，深入开展党的群众路线教育实践活动，加强机关党的建设、作风建设和廉政建设，树立为民务实清廉的部门形象。全省 34 项事业发展计划全部超额完成，其中 21 项指标全国领先；50 项人社强省建设量化指标完成进度总体超过预期。

一、就业

坚持实施就业优先战略和更加积极的就业政策，既立足当前解决突出问题，又着眼长远谋划发展思路。全年城镇新增就业 164.5 万人，城镇登记失业率 2.43%。

（一）较好解决大学生就业难问题。

省政府出台专门文件，明确税费减免、创业扶持等 20 项政策措施，促进大学生就业。全年发放各项补贴 4 076.1 万元，惠及高校毕业生 17 704 人次。实施离校未就业高校毕业生就业促进计划，举办“一企一岗”等各类招聘服务活动，组织举办 2 590 场专场招聘会，提供适合高校毕业生就业岗位 100 多万个。2013 年新招募“三支一扶”大学生 1 400 人。截至 2013 年底，大学生就业率达 98%，居全国前列。

（二）有效化解找工难和招工难。

建立覆盖全省的用工监测网络体系，就业监测覆盖 10 000 家企业，失业监测覆盖 21 个市。开展“南粤春暖”等就业服务活动，春节后密集举办专场招聘活动 2 684 场，约 66 万人与企业现场达成就业意向。组织开展粤桂、粤湘等人力资源对接交流合作活动，签订系列合作协议共 18 份。节后异地务工人员返岗率超过 90%，人力资源市场求人倍率稳定在 1.03～1.09 正常区间。

（三）推进创业带动就业。

实施扶创业带就业计划，实现全年促进创业 17.6 万人，带动就业 57.2 万人。新发放小额担保贷款 3.4 亿元，占历年累计发放总额的 26.6%。全省认定创业带动就业孵化基地累计达到 394 家。举办“邮储银行杯”广东省创业创富大赛，共吸引了 1.6 万名创业个人（团队、企业）报名参赛。组织研究制定创业扶持政策措施。

（四）探索建立就业专项资金支出使用新机制。

改革完善就业专项资金使用管理办法，并大力推进政策落实，在体现总体普惠的基础上，增加对创业、高校毕业生和政策落实的资金扶持力度，增设创业补贴、载体建设补贴、求职补贴和公共服务补贴等支出项目，真正发挥就业专项资金促进就业的功能，全年发放补贴 24 亿元，惠及 380 万人。

（五）建立劳动者全员培训和终身培训制度。

出台加快提升劳动者技能水平服务产业转型升级的意见，打破户籍限制，劳动者每提升一次技能都可获得政府补贴。出台关于加快推进以企业为主体技能人才培养工作的意见，加快推进以企业为主体的技能人才培养工作。全年组织培训678万人次，其中培训农村劳动力70.6万人次。完善远程职业培训公共服务，全年参加远程培训41.8万人次。

（六）规范人力资源市场秩序。

开展广东省诚信人力资源服务机构创建活动，评选出63家诚信人力资源服务示范机构。加强对人力资源市场招聘活动监管，规范招聘信息发布，消除就业歧视行为，促进就业公平。联合公安、工商等部门开展清理整顿人力资源市场秩序专项行动，检查职业中介机构、用人单位11 512户。

二、社会保障

坚持提升社保运行质量，提高保障水平。截至2013年底，全省城镇基本养老、基本医疗、失业、工伤、生育五大险种参保人数分别达3 715.8万人、9 182.4万人、2 705.1万人、3 057.3万人、2 711.6万人，同比分别增长3.3%、9.1%、34.6%、3.2%、9.1%，城乡居民养老保险参保人数达2 488万人。基金总收入2 807亿元，增长14.6%；基金总支出1 928亿元，增长15.8%。

（一）完善扩面征缴机制。

完善职工养老保险参保率及缴费率计算办法，科学合理确定扩面征缴指标。截至2013年底，职工养老保险参保率87.1%，同比提高5个百分点，缴费率76.2%，同比提高1.3个百分点；城乡居民养老保险参保率99%、缴费率90.2%；基本医疗保险参保率达96%以上，基本实现了人人享有养老和医疗保险的目标。

（二）提高城乡保险待遇水平。

落实国家调待政策，连续第9年调整提高企业退休人员基本养老金，月人均增长10.4%，从2013年10月起实施参保缴费年限津贴制度，月人均增长6.1%，2013年全省企业退休人员月人均养老金达到2 066元。城乡居民养老保险基础养老金提高到65元，增长18.2%。全省职工医保、居民医保政策范围内住院费用支付比例分别平均提高到87%和75%，最高支付限额分别平均提高到37万元和29万元。开展城乡居民大病保险试点，个人自付医疗费用二次报销不低于50%，总体报销比例提高10个百分点以上，16个市启动试点，占全国近1/4。工伤、失业、生育保险待遇进一步提高。

（三）建立社保制度运行新机制。

在全国率先实现城乡居民养老和医疗保险制度一体化，具有里程碑意义。完成修订失业保险条例，统一异地务工人员与城镇职工制度，首创浮动费率制度。率先编印《广东省医疗保险诊疗常规》。修订生育保险规定。完善工伤保险浮动费率制度。创新社保基金监管机制，全面启用基金监管软件系统，推进社保基金非现场监督，开展社会监督试点，开展职工养老保险一次性缴费和城乡居民养老保险基金专项检查。养老保险基金委托投资运营年化收益率达6.73%。退休人员社区管理服务率达80.3%。

（四）推进社保卡"一卡通"。

全省社保卡持卡人数达8 899万人，新增发卡5 534万张，基本实现社保卡户籍人口全覆盖，初步实现社保卡在就业、社保、医疗卫生、金融等领域的应用，推动将社保卡上升为政府卡、民生卡、金融卡。

三、人才队伍建设

创新人才工作体制机制，努力形成人才百花齐放、百舸争流新局面。新增专技人才21万人、高技能人才21.2万人，引进海外高层次人才5 000多名，新增两院院士4名、百千万工程国家级人选8名、领军人才20名、南粤百杰15名。9名选手参加第42届世界技能大赛，获得2枚铜牌、6个优胜奖，实现广东选手在世界技能竞技舞台上奖牌零突破。

（一）加快建设广州南沙、深圳前海、珠海横琴人才特区。

在不违反法律、不涉及国家安全的领域先行先试人才政策。加快建设粤港澳人才合作示范区。珠海市出台国家中长期人才规划实施以来全国首部人才地方性法规——《珠海经济特区人才开发促进条例》。省人力资源社会保障厅与深圳市人社局、深圳前海管理局签订共建人才工作改革创新窗口单位备忘录。

（二）支持大型骨干企业引进培养人才。

出台支持我省大型骨干企业引进培养高层次和高技能人才的办法，提出引进各类高层次人才智力、实施人才培养工程等13项举措。全年共为大型骨干企业引进68名海外人才，38所技工院校与113家大型骨干企业深化合作，建立校企联盟，输送优质毕业生3.4万人，培训在岗职工8万人。

（三）加快打造人才培养平台。

新增博士后工作站85家，居全国首位。加快留创园建设。坚持控制规模、调整结构、提升质量、特色发展，创新技工教育发展模式。从2013年起，共计投入3亿元，用3年时间扶持3所技师学院创建全国一流技师学院。深入推进校企双制建设，30所首批校企双制示范院校创建工作试点全面启动。大力推进校园对接产业园工程。新增4个国家级技能大师工作室、3个国家级高技能人才培训基地和6所国家中职示范学校。制作高技能人才电视宣传节目《技行天下——2013职业技能电视大赛》，宣传技能成才典型。

（四）开展人才评价改革试点。

推进中小学和技工院校教师、社会工作员等职称制度改革试点。选择38家企业开展技能人才自主评价试点，已评价696名企业技能人才。在美容师、美发师等职业开展“一试三证”，粤港两地首批44名考生通过考核，获得国家职业资格证书、香港专业能力评估证书和国际专业标准联盟（IPSN）证书。全省参加职业技能鉴定174.7万人次，获得国家职业资格证书135.2万人次。

四、人事制度改革

探索建立现代人事管理制度，公务员管理制度和事业单位人事管理制度改革进一步深化。

（一）全面建立公务员阳光考录制度。

公务员考录报名、审核、缴费、结果公布、信息查询全部实现网上阳光操作。进一步加大考官考生全员异地交流面试力度，广州、深圳、珠海、汕头等12个市进行考官异地全员交流。在2012年惠州、汕尾、揭阳、阳江、湛江、茂名6市试点的基础上，新增中山、江门、云浮3市推行考生异地面试，并将面试“双抽签”制度改进为“多抽签”。全年招录公务员14 115人。

（二）改革完善公务员日常管理和培训制度。

稳慎推进公务员分类管理、聘任制改革试点。开展参公单位清理，建立动态管理机制。探索完善公务员平时考核、权利救济和评比表彰办法。深化公务员初任、任职、专门业务和知识更新“四类培训”，探索公务员心理素质培训，全面实施为民务实清廉公务员全员培训，新增美国、加拿大等公务员境外培训项目。

（三）探索破解乡镇基层人才招不进、留不住难题。

公务员实行部分职位面向本市户籍定向招录，放宽学历、年龄、专业、身份限制，设定5年服务年限，扩大基层乡镇公务员招录计划，着力解决基层乡镇公务员招不进、留不住等问题。对粤东西北地区乡镇卫生院急需紧缺人才实行直接聘用。

（四）圆满完成军转安置任务。

创新军转安置办法，对团职和专业技术9级以上军转干部实行“8+X”填报志愿，按照机关和事业、企业单位分两个阶段选调安置，营以下干部考试考核安置办法增加担任职级加分等考核项目内容，全年安置军转干部2 549名。做好自主择业军转干部服务和企业军转干部解困工作。率先成立军转干部就业创业促进会。

（五）完善事业单位人员聘用、岗位管理和考试面试制度。

首创事业单位“计算机无纸化”考试。印

发事业单位公开招聘人员笔试、面试工作规范，形成了包括公开招聘人员办法、体检和考察实施细则在内的“1+4”的公开招聘政策体系。

五、工资收入分配

坚持“托低”和“稳增”同步推进，基本建立合理有序的收入分配机制。

（一）提高企业职工工资收入。

5月1日起调整提高企业职工最低工资标准，平均增长19.1%，深圳3月1日起最低工作标准调整为1 600元/月。完善企业工资指导线，新增制造业、批发和零售业等两个行业工资指导线。首次在全省全面开展企业薪酬调查，在21个地市对18个行业的5 885户样本企业开展薪酬调查，探索建立企业薪酬调查和信息发布制度。

（二）规范机关事业单位工资制度。

实现欠发达地区基层公职人员津贴补贴年人均不低于3万元的“托低”目标，规范市县公务员津贴补贴。全面实施事业单位绩效工资制度。在南海区成功开展职务与职级并行、职级与待遇挂钩制度试点。

六、劳动关系

全力应对劳资纠纷新挑战，保持劳动关系总体和谐稳定。企业劳动合同签订率达92.5%，已建工会企业集体协商建制率83.4%，仲裁累计结案率94%。

（一）探索建立劳资纠纷预防化解新机制。

由省委、省政府出台关于做好预防化解我省劳资纠纷工作的意见，建立劳资纠纷调处企业主体责任，基层属地管理，部门各负其责，工会和行业组织协同处理的新机制，重点解决企业转型升级劳资纠纷新问题和工程建设领域欠薪问题。

（二）开展和谐劳动关系创建活动。

创建和谐劳动关系示范区工程示范点911个，覆盖面达50.2%。推动省部共建顺德、省市共建花都和谐劳动关系综合试验区。贯彻实施新修订《劳动合同法》，率先出台劳务派遣行政许可工作指引。

（三）加大欠薪整治力度。

16个市建立工资保证金制度，9个市建立应急周转金制度。先后开展农民工工资支付、人力资源市场、整治非法用工、社会保险等专项检查，累计为41.7万名劳动者追回工资等待遇22.8亿元。

（四）加强劳动保障监察“两网化”和仲裁机构实体化建设。

“两网化”覆盖率达76.1%，仲裁院建院率和仲裁委组建率均达100%。在非公企业开展劳资纠纷调解试点，建成各类调解组织5.6万多个。

（五）强化信访维稳工作。

全省信访业务管理信息系统软件正式运行。处理信访事项30.8万宗，初信初访办结率达95%。圆满完成中央巡视组交办信访案件。全省12333电话咨询总量达1 273万人次。

七、机关作风建设

深入开展党的群众路线教育实践活动，聚焦“四风”，严格执行中央八项规定，狠抓机关党的建设、作风建设和廉政建设，促进机关作风转变。全系统有1人和1个集体分别获得全国人民满意公务员和公务员集体称号，15个窗口获人社部优质服务窗口表彰。

（一）深入开展党的群众路线教育实践活动。

认真落实中央和省委部署安排，早认识、早部署、早启动，聚焦“四风”深入开展党的群众路线教育实践活动，取得良好成效，机关作风明显转变。全厅共开展学习教育活动1 086次、专题调研232次，解决群众反映突出问题126个，建立完善制度59个。得到中央第十督导组和省委教育实践活动领导小组充分肯定和表扬，有关做法1次专报中央实践办，《人民日报》、《南方日报》等报道230多条次。

（二）建立五项抓落实工作机制。

出台定向指导双向考评、强化监察提高效能、典型引路推动发展、注重实绩选贤任能、转变作风强化纪律等5个抓落实的制度文件。厅机关处室单位与粤东西北15个市“一对一”结对子，研究工作方案，促进人社事业发展“一年初见成效，三年改变面貌”。

（三）加快转变政府职能。

全面推进依法行政。深化行政审批制度改革。建设网上办事大厅，34个行政审批和社会服务事项全部实现网上办理，其中93%实现三级办理，群众办事到现场不超过1次。推进“一站式”窗口服务。

（四）加强机关党的建设、作风建设和廉政建设。

成立厅首届直属机关党委，建立健全全厅干部学习制度，召开党组中心组学习会10次，举办学习论坛8次。实行厅属单位一把手每月廉政汇报制度，建立完善财务管理、基本建设、行政审批等管理制度，推进岗位廉政风险防控机制建设。认真开展政风行风评议活动，上线“民声热线”，面对面接受群众评议。

八、基础能力建设

注重基础能力建设，提高服务水平，加快重大项目和基层平台建设，加强干部培训。

（一）全面建成基层公共服务平台。

全省累计投入5.1亿元，全省1 649个镇街服务平台完成建设，新增建筑面积33万平方米，新增编制1 184个。

（二）重大项目建设取得新成效。

利用世界银行贷款推进人社信息化建设，启动集中式人力资源社会保障信息系统建设。加快推进省人力资源市场项目。广东省技工教育示范基地已开工建设。

（三）加强就业和社保公共服务能力建设。

完善公共就业服务体系，加强公共就业服务机构建设。提高社保经办服务机构标准化、信息化、规范化水平，大力推行“网上社保”。

（四）加强干部培训。

全省培训公务员128万人次，其中培训系统内干部近万人次。举办第6期市县局长培训班。

广东省人力资源和社会保障厅

广　州　市

2013年，在人社部的关心指导下，广州市人社局认真贯彻市委、市政府的决策部署，紧紧围绕新型城市化发展战略和“率先转型升级、建设幸福广州”的核心任务，在就业形势非常严峻、社保深层次问题不断显现、劳资纠纷比较复杂的情况下，坚持以稳增长、促转型、惠民生、增后劲为总要求，积极推进广州各项人社工作落实。年底，在市人大常委会对市直有关部门落实《政府工作报告》情况满意度测评中，广州市人社局综合得分第一。

一、统筹城乡，主动作为，就业形势总体保持稳定

2013年，广州市新增就业27.75万人，完成年度任务的115.63%；帮助22.09万名城镇登记失业人员实现再就业，完成年度任务的122.72%；城镇登记失业率为2.15%，控制在3.5%的目标以内。

（一）大力实施积极就业政策。

印发了《广州市促进困难群体就业补贴办法》、《广州市就业专项资金补贴公示办法》、《广州市创业带动就业（孵化）基地认定管理办法》、《广州市就业失业登记办法》、《广州市创业（孵化）基地场租补贴试行办法》，进一步完善鼓励创业就业和用好就业专项资金的各项政策。

（二）着力化解高校毕业生就业难突出矛盾。

率先在全省开展实名制就业登记并提供多项免费服务。建立完善了与广州地区所有高校的重点座谈和定期沟通机制。组织1 300多个大学生创业团队参加第二届大学生创业大赛。加强大学生创业培训指导，建立223家高校毕业生就业见习基地，大力拓宽就业渠道。每月定期举办公益性招聘会，组织7 232家单位招聘总人数56 550人。2013届广州生源高校毕业生就业率为93.22%。

（三）加大就业创业扶持力度。

落实就业专项资金4.6亿元，加强对就业困难人员的职业介绍、技能培训、社会保险和岗位补贴等，共培训农村劳动力6.26万人，发放培训券8.13万张。深化“双到双零”就业援助模式，举办再就业援助月活动，召开零距离招聘会358场，完成全年目标的119.33%，推荐困难就业人员1.13万人次。全市建立各类创业（孵化）基地238个，创业带动就业12.79万人，发放小额担保贷款6 185.5万元。

（四）加强公共就业服务。

加强对就业形势的科学研判，强化就业形势动态分析和监测体系建设。以就业统计数据为主要依托，宏观经济数据和重点企业监控数据、调查数据为补充，做好全市就业情况分析。召开“广州市就业景气指数”新闻发布会，向社会公开发布就业景气指数，并对2013年就业形势进行预测。根据全省企业用工定点监测工作的要求，按期提交45家失业动态监测企业的数据分析报告，定期对企业人员波动情况进行跟踪，并草拟本市企业用工定点监测范围扩面工作方案，提交相关数据需求。

二、完善制度，开拓创新，社会保险体系不断完善

截至2013年底，广州市五险参保人数合计2 913.36万人次，完成计划数的103.09%，其中参加基本养老保险749.6万人，完成计划数的103.25%；参加城乡基本医疗保险1 015.72万人，完成计划数的103.43%；参加失业保险413.23万人，完成计划数的102.03%；参加生育保险319.42万人，完成计划数的106.47%。

（一）坚持顶层设计。

制订广州市完善和创新社会保障体系“1+4”工作方案，内容涵盖社会保险、社会救助与社会福利、管理体制与基层经办服务三大部分，提出了68项任务和对策。在全省率先出台《广州市社会医疗保险条例》，为创新社保体系、实现可持续发展奠定了坚实基础。

（二）坚持普惠共享。

社保扩面成效显著，城乡统筹深入推进，新颁发的《广州市社会医疗保险条例》将原城镇居民医保和新农合整合为城乡居民社会医疗保险制度，城镇居民医保和新型农村合作医疗政府资助标准统一调整为320元/人年以上，并明确建立包括大病医疗保险在内的补充医疗保险制度。新农合2014年筹资标准、报销范围和待遇标准实现各区（县级市）统一。

（三）坚持保障民生。

适时提高企业离退休人员基本养老保险金水平，月人均达2 833元，增幅为8.38%。城乡居保基础养老金标准达150元/月，增幅为15%。工伤伤残退休金月人均3 147元，增幅为1.8%；一次性工亡补助金达49.13万元，同比增长12.68%。生育保险适龄人口人均待遇水平达1.73万元，居于全国前列。

（四）坚持为民便民。

全面开展社会监督试点工作，“智慧社保”信息系统成功上线运行，启动与云南等省市异地就医即时结算合作，目前已扩展到11个省市，大力推进公共服务平台建设，草拟了《广州市完善和创新社会保障管理体制与基层经办服务平台建设工作方案》、《关于建立基层综合保障服务机构的通知（征求意见稿）》等。

三、高端引领，服务转型，人才支撑作用不断凸显

（一）注重完善政策。

印发《广州市民营企业人才队伍建设试行办法》、《广州市外国专家局关于进一步规范因公出国（境）培训管理工作的通知》、《广州市高中级专业技术资格评审委员会办公室管理暂行办法》等文件材料，牵头起草《广州市引进人才入户办法》。

（二）注重高端引领。

获批准新设立21个博士后科研工作站，新增数量首次位列全省第一。成功推荐市刑科所刘超入选国家百千万人才工程并获“有突出贡献中青年专家”称号。目前，博士后工作站（分站）、流动站达78个，创新实践基地43个，在站博士后研究人员近200人，博士后培养规模创历史之最。广州地区共有两院院士77人，“新世纪百千万人才工程”国家级人选36人，国家“千人计划”入选人数105人，享受政府特殊津贴人员3 834人（市属384人）。先行先试职称制度改革，经国家批准我市为省中小学教师职称制度改革三个试点城市之一。全年完成职称制度考试16.3万人次，职业技能鉴定36.3万人次。

（三）注重海外引智。

全年共审批《外国专家来华工作许可》544份，新办《外国专家证》647个。执行引进国外技术、管理人才项目20个，引智项目共引进外国专家106人次，资助引智专项资金112万元。打造“外籍人才招聘会”、“外国人汉语文化讲座”、“赴海外招聘高层次人才”等引智品牌项目，获国家“2013魅力中国——外籍人才眼中最具吸引力的中国城市”称号。

（四）注重技能提升。

全面深化“273”工程，加快发展现代技工教育。积极推进高技能人才精工项目，大力

加强高技能人才公共实训基地、高技能人才培养示范基地和技能大师工作室“三大基地”的建设。目前，全市技能人才总量为 199.2 万人，高技能人才总量达到 59.4 万人。组织局属技校 6 名选手参加世界技能大赛，取得了 1 铜 4 优胜的历史性好成绩，实现了我省奖牌零的突破。

（五）注重对接名校。

深入推进历史名城与顶尖高校对接的引才项目，从 2011 年至今已有 755 名清华、北大、人大学生落户广州。截至 2013 年底，全市大专以上人才资源总量达到 275 万人。

（六）注重人力资源服务业发展。

人才资源服务产业园建设取得新突破，地区人力资源服务机构达 981 家（其中市属 925 家，省属 56 家），从业人员超过 1 万人。

四、深化改革，激发活力，人事体制机制不断完善

（一）公务员管理方面。

从外来务工人员中选拔 17 名公务员，从优秀社区干部中选拔 31 名基层公务员。开展了新型城市化建设系列培训，严格控制和规范评比达标表彰项目申报。落实干部健康保健工作和干部带薪年休假制度。

（二）事业单位管理方面。

制定了基层医疗卫生体制改革、县级公立医院试点改革、幼儿园管理体制改革、促进义务教育均衡发展和公共资源交易体制改革等人事管理政策。加大事业单位公开招聘监管力度，查处了两起典型公招违纪违规案件，取消 77 名考生成绩。

（三）收入分配方面。

完善机关事业单位收入分配制度，规范特殊岗位津贴管理。全面推进事业单位实施绩效工资，开展 2014 年度市属事业单位绩效工资总量核定工作，出台增加（扣减）奖励性绩效工资办法。合理调整企业最低工资标准至 1 550 元/月。大力推进企业工资集体协商，加强国有企业工资收入分配的监督管理。

（四）军转安置工作方面。

全年接收安置军转干部 805 名（不含师职干部），安置随军家属 326 人，实现首次安置工作不跨年度、首期培训不跨年度“双不跨”目标。完善随军家属安置配套政策，探索自谋职业随军家属发放生活补助和参加社会保险办法。重点抓好涉军转干部群体稳定工作，调升我市企业退休军转干部生活补贴标准。加强和改进自主择业军转干部党员教育管理服务工作，确保该群体总体稳定。

五、加强劳动监察，提升效能，劳动关系保持和谐稳定。深入推进和谐劳动关系创建工作

（一）扎实推进和谐劳动关系创建工作。

进一步规范劳动合同签订行为，企业劳动合同签订率达 98%，已建工会的企业集体合同签订率达 84%。依法依规扎实推进劳务派遣行政许可工作，截至目前，全市共准予劳务派遣经营许可 110 家。创新创建劳动关系和谐企业、工业园区和示范区活动制度，和谐示范区比例均达到省的指标要求。

（二）加强劳动人事争议仲裁效能建设。

实现全市仲裁委组建、仲裁院建设全覆盖。仲裁办案实现重大突破，2013 年全市处理受理案件 1.61 万宗，法定审限内结案率及结案率分别达 99.23%和 96.25%，同比分别上升 4.35%和 3.83%。

（三）不断加大劳动监察执法力度。

有 2 570 家建筑施工企业（或工程）交付工资支付保证金 12.13 亿元，对 7.33 万户企业实施主动监察，为 5.45 万名职工追还工资、押金等 4.21 亿元，组织开展了包括农民工工资支付情况等全市范围专项检查活动 3 次。

（四）继续创新异地务工人员融入广州工作。

创新完善异地务工人员工作先进集体评选机制，圆满完成 2013 年 3 000 个积分制入户指标。制定异地务工人员服务管理工作实施意见，积极推进异地务工人员综合服务中心平台建设和中国农民工博物馆筹建工作。

六、改进作风，服务民生，教育实践活动成果显现

以党的群众路线教育实践活动为契机，严格落实中央“八项规定”，狠抓作风建设和廉政建设。坚持开门纳谏，共收集意见建议204条。围绕公共政策、内部管理、公共服务、密切联系群众等方面，做出了75项建章立制安排。减少文山会海，广州市人社局局系统较上年精简会议186个、文件409个。活动得到市委领导、市委实践办、督导组的充分肯定，《南方日报》、《广州日报》、南方电视台、广州电台等媒体累计报道达30余篇（次）。市局就业处被中组部、中宣部和人社部评为“人民满意的公务员集体”，局农保处获“全省新型农村和城镇居民社会养老保险工作先进单位”荣誉称号，局办公室获省级“巾帼文明岗”称号。

在全面做好各项业务工作的同时，我们还扎实推进全系统的法制建设、规划统计、政务公开、新闻宣传、信访维稳、财务管理等基础性工作。全年完成16个规范性文件制定工作，政策体系日臻完善。开展“十二五”规划中期评估，实现了时间过半、目标任务完成过半。全年公开政务信息、对外发布新闻和信息共4万余条，策划宣传医保新政、民生实事、技能大赛及“技能强国梦”等取得良好效果。加快转变政府职能，行政审批事项一级网上办事深度及服务事项发布完成率达100%。完善信访工作机制，初信初访化解率高达95.2%。

2013年，广州市人社局各项工作推进顺利，成效显著，但依然存在着不容忽视的矛盾和问题。主要是：就业结构性矛盾依然突出，社会保障深层次矛盾日渐显现，劳动领域不稳定因素仍然较多，人才工作机制还有待完善，基层公共服务与群众期盼还存在一定差距等。下一步，广州市人社局将进一步增强做好工作的责任感和紧迫感，以更加奋发有为的精神状态，推动广州人力资源社会保障工作创新发展。

广州市人力资源和社会保障局

深　圳　市

2013年，深圳市人力资源和社会保障部门认真贯彻党的十八大、十八届三中全会精神，全面落实国家、省、市工作部署，深入开展党的群众路线教育实践活动，各项任务顺利完成，工作取得明显成效。

一、促进就业创业

（一）完成就业工作目标任务。

2013年，全市新增就业84 342人。促进43 271名失业人员再就业，帮扶就业困难人员26 190人实现就业，扶持自主创业10 448人。城镇登记失业率控制在2.35％的较低水平，“零就业家庭”动态归零。

（二）完善就业援助政策。

发布《关于进一步完善就业援助政策的通知》，侧重于促进就业、扶持就业，调整就业援助政策福利化倾向，实现了新旧就业援助政策平稳过渡。结合就业援助政策的完善，规范了就业困难人员认定事项，发布了灵活就业补贴办法。

（三）推进服务系统建设。

大力加强基层公共就业服务能力建设，市、区协同做好《深圳经济特区失业保险若干规定》的贯彻实施。失业登记和失业保险金申领融入基层公共就业服务平台，实现“全覆盖”、“一站式”办理。

（四）统筹各类群体就业。

组织开展市属高校毕业生问卷调查、召开毕业生就业工作座谈会、校园招聘会等系列活动，促进高校毕业生就业。全市高校毕业生就业率达92.3％。组织开展全市就业援助月专项活动、开展就业困难人员摸底调查、举办户籍居民专场招聘会，确保就业援助到位。开展“南粤春暖·春风行动”，全年共举办679场免费招聘会活动，进场企业总计超过38 000余家，提供岗位89.9万个。

全市各区积极提升公共就业服务品质。罗湖区开展“助飞罗湖创业梦”系列活动，营造鼓励创业的社会环境。龙岗区推进创新创业“龙翔”工程，认定了7家创新创业孵化基地。光明新区积极开发就业岗位，为社区就业困难人员提供职业指导等服务。南山区开通“南山就业通”系统，盐田区完善“就业e通”信息服务平台，坪山新区推动公共就业服务网站对接社区家园网，搭建全覆盖、信息化的就业服务体系。

二、社会保险

（一）健全社会保险法规体系。

出台《〈深圳经济特区社会养老保险条例〉实施细则》、《深圳市社会医疗保险办法》、《深圳市失业保险浮动费率管理暂行办法》3个政府规章。制定了《深圳市社会医疗保险定点医药机构费用结算办法》，拟定了《深圳市工伤保险浮动费率管理办法》。

（二）提升社会保险待遇。

2013年，全市各项社保基金收入738.69亿元，同比增长22.70％。社会保险基金总支出245.95亿元，同比增长21.65％。全市各险种参保总人数达到4 470.42万人次，同比增长17.70％，养老、医疗、工伤、失业、生育保险参保人数分别为813.90万人、

1 157.65 万人、987.96 万人、930.45 万人、580.46 万人。提高参保补助，减轻参保人就医负担，城镇居民参加医疗保险，财政补贴由 240 元提高至 282 元。劳动能力鉴定 24 969 人次。

（三）创新社保服务模式。

引入第三方监督机制，优化人员考核制度，促进服务质量提升。积极探索社保经办新模式，参保人可到邮政储蓄银行等多家银行的 500 多个网点办理失业保险金申领业务。全市增设 200 台自助服务终端机，方便了自助办理社保业务。福田区将社保服务窗口开设到街道公共服务平台，罗湖区率先实现社保自助服务终端进社区。

（四）确保社保基金安全。

成立市社会保险监督委员会，加大社会监督力度。配合全口径预决算编制，提高社保基金预决算工作的科学性。制定基金存放评分操作细则，提升社保基金资金管理效率。缩短社保基金转存定期的办理时间，提高基金定存收益。加大对欺诈骗保行为的打击力度。开展定点医药机构信用等级评定，定点医疗机构医务人员实行协议管理。

三、人才队伍建设

（一）创新人才评价方式。

强化人才评价的市场导向，出台了《深圳市人才引进实施办法》及评价分值表，对市外在职人才统一采用综合评价和量化积分的方式引进。扩大企业评定的技术技能人才积分入户试点范围，70 家试点企业的 75 个技术技能岗位取得试点资格。实行人才引进属地化办理，简化引进流程，缩短办理时限。全年引进人才 150 889 人，其中接收毕业生 56 774 人，引进在职人才 94 115 人。制定行业组织承担职称工作管理办法，18 家行业组织承担 41 类 7 个系列的职称评审。重点推进以企业为主体的技能人才培养评价工作。

（二）加强高层次人才队伍建设。

突出“创新人才”导向，完成第二轮高层次专业人才认定标准修改工作。全年共认定高层次人才 595 人，其中杰出人才 2 人，国家级领军人才 26 人，地方级领军人才 181 人，后备级人才 386 人。开展第二届鹏城杰出人才奖评选工作，10 人获得鹏城杰出人才奖。组织香港高校百名博士深圳行活动，打造以光启理工研究院为代表的四大博士后创新平台。全年新增博士后科研工作站 15 家、博士后创新实践基地 27 家。

（三）推进海外引智工作。

2013 年，共认定海外高层次人才 270 人，其中 A 类 25 人、B 类 189 人、C 类 56 人。全年引进留学人员 3 020 人，同比增长 34.82%。驻海外高层次人才联络处工作有序推进，推荐了 11 个海外高层次人才团队来深创业。成功举办第 12 届中国国际人才交流大会。全年新办《外国专家来华工作许可》1 112 人次，办理外国专家证 3 117 人次。受理境外人员就业申请 19 687 人次，其中外籍 13 240 人次，台港澳 6 447 人次。

（四）促进技能人才工作。

2013 年，全市技能人才总计 256.7 万人，其中高技能人才 52.9 万人。出台《深圳市从业人员职业培训和技能鉴定补贴办法》。加强民办技工学校服务，推动技校教研教改工作。实施技能振兴行动计划重点建设工程。建成 33 家高技能人才培训基地，25 家技师工作站，4 家技能大师工作室。全年职业技能鉴定 14.6 万人次。落实安全培训培考分离，考核 5.9 万人次。

（五）规范人力资源市场管理。

积极推进人力资源市场立法工作，调研起草促进深圳市人力资源服务业发展的指导意见。推进人力资源市场诚信体系建设，整顿和规范代理服务收费行为。联合公安、市场监管、城管部门，整顿违规开展人事代理的人力资源中介机构。进一步简化和规范人力资源市场审批。

全市各区多措并举助力引才。福田区开展“优才中国行”校园招聘、福田杰出人才评选、福田国际友谊奖评选等活动。宝安区实施“凤凰工程”，积极为涉及民生事业发展的教育、卫生系统引进高层次人才。

四、人事制度改革

（一）深化公务员职位分类和聘任制改革。

出台公务员分类管理改革套转人员转任领导职务、行政执法类军转干部首次转任综合管理类职务、公务员纪律惩戒等规定。启动街道办事处、审计、人事争议仲裁职组职系划分工作，并将市动物卫生监督所纳入行政执法类公务员制度实施范围。修订深圳市行政机关聘任制公务员管理办法，制定聘任合同续签工作指导意见，完善聘任制公务员聘期考核及续聘有关条件和程序。创新公务员招考方法。进一步扩大聘任制公务员队伍规模，公开招考 510 名聘任制公务员。实施分级分类培训，全年共组织 32 个赴港项目 100 期班次，培训 2 500 人次。

（二）推进事业单位人事制度综合配套改革。

印发《关于开展事业单位人事制度综合配套改革试点工作的通知》，确定首批 32 家试点单位。成立事业单位人事制度综合配套改革试点工作小组，正式启动改革试点工作。调研机关事业单位雇员制度实施情况，提出改革思路。调研全市医疗系统招聘难问题，改进医疗卫生事业单位招聘工作。利用信息化手段优化招聘流程，加强事业单位公开招聘的监督管理。

（三）完善机关事业单位工资福利制度。

完善公务员薪级工资制度。出台完善事业单位绩效工资制度的意见。研究南方科技大学、香港大学深圳医院、国家超级计算深圳中心、市公积金管理中心等新设机构和法定机构的工资管理制度。

（四）做好军转干部安置工作。

2013 年，全市“阳光安置”军转干部 328 名，促进随军家属就业安置 94 名；核发自主择业军转干部退役金和差额补贴 2 142 万元，企业军转干部生活困难补助和职务补贴 9 318 万元。

五、劳动关系协调

（一）加强基层调解工作。

2013 年，全市受理群众来信来访 66 880 宗（件），涉及 121 457 人次，同比分别减少 5.5%和 9.2%；12333 系统受理来电 472 万人次，其中人工接听 226 万人次。

（二）加强劳动者权益保护。

落实新修订的《劳动合同法》，切实做好劳务派遣行政许可实施工作。自 2013 年 3 月 1 日起，全日制就业劳动者最低工资标准调整为 1 600 元/月；非全日制就业劳动者小时最低工资标准调整为 14.5 元/小时。发布 2013 年深圳市人力资源市场工资指导价位。规模以上企业劳动合同签订率为 98.9%。欠薪保障基金全年为 61 家单位 3 599 人垫付欠薪 2 116 万元。

（三）提高社会保障监察执法水平。

组织开展用人单位工资支付情况大检查等专项行动，维护劳动者合法权益。修订《深圳市劳动监察办案规则》，加强业务规范化建设。开展劳务派遣用工情况专题调研，加强劳动监察执法工作的计划性和预见性。完善与公安部门的联动机制，加大打击拒不支付劳动报酬犯罪行为的力度。强化基层组织化解处置群体性劳资纠纷的能力。全年共检查各类用人单位 27 455 家次，接受处理各类投诉举报 5 334 件；追缴社会保险欠费 9 502 万元，涉及单位 6 583 家次，劳动者 142.58 万人次。龙华新区全面实行企业分类监控管理，加强对隐患企业的重点监控，事前预防劳资隐患。大鹏新区以劳动监察“两网化”建设为抓手，探索建立隐患排查信息共享机制。

（四）提升调解仲裁效能。

建立劳动争议调解长效机制，全面搭建“区—街道—社区—企业”四级大调解平台，积极推动非公有制企业劳动争议预防调解工作。全面推行仲裁要素式办案改革，提高裁决质量。全年各级仲裁机构共立案处理劳动人事争议案件 26 276 件，涉及劳动者 54 621 人，立案后共审结案件 27 507 件，涉及劳动者 52 146 人；全市劳动人事争议仲裁累计结案率 92.22%，法定审限内结案率为 99.30%。指导各类调解组织处理劳动争议 40 528 件，涉及劳动者 83 171 人。

深圳市人力资源和社会保障局

广西壮族自治区

2013年，全区人力资源社会保障系统深入学习贯彻党的十八大精神，认真按照全国人力资源社会保障工作会议及全区经济工作会议部署，紧密围绕“民生为本、人才优先”的工作主线，牢牢把握稳中求进的总基调，开拓创新，狠抓落实，圆满完成各项工作目标任务。

一、就业目标任务全面完成，就业局势保持总体稳定

（一）各项就业目标任务超额完成。

2013年全区城镇新增就业51.05万人，完成全年目标任务45万人的113.44%；失业人员实现再就业9.71万人，完成全年目标任务8万人的121.38%；就业困难人员实现就业3.08万人，完成全年目标任务2万人的154%；年末城镇登记失业率为3.3%，低于控制目标1.2个百分点。

（二）更加积极的就业政策全面落实。

加大积极就业政策落实力度，深入贯彻落实国家新一轮积极的就业政策，结合我区实际，强化、扩展并完善以高校毕业生、农村转移劳动力、城镇困难人员为重点的政策体系。重点落实职业培训补贴、高校毕业生求职补贴、社会保险补贴、公益性岗位安置就业、小额担保贷款贴息等政策措施，促进城乡劳动者实现充分就业，不断提高就业质量。

（三）以高校毕业生为代表的重点群体就业工作积极推进。

坚持将高校毕业生就业工作放在首位，认真贯彻落实《国务院办公厅关于做好2013年全国普通高等学校毕业生就业工作的通知》（国办发［2013］35号）精神，重点做好高校毕业生就业工作，组织开展了民营企业招聘周、高校毕业生就业服务月、高校毕业生就业服务周、高校毕业生就业服务网络招聘月等一系列专项活动，为毕业生提供针对性强的就业服务。组织实施公共就业人才服务进校园活动，组织人社厅（局）长、企业人力资源经理、就业创业典型进校园宣讲，介绍就业形势和政策，引导毕业生转变就业观念。提供免费就业指导服务，开展系列就业指导讲座和就业师资培训，免费为毕业生提供职业测评。组织开展离校未就业高校毕业生实名登记和跟踪服务。组织各类公益性招聘活动，为用人单位和高校毕业生搭建无缝对接平台。

（四）创业促进就业工作得到大力扶持。

认真落实国家小额担保贷款有关政策，进一步规范贷款覆盖范围和财政贴息对象，强化贴息贷款审核发放和担保基金管理，明确财政贴息政策和资金来源，采取“小额担保贷款＋信用社区建设＋创业培训”的联动方式，重点扶持登记失业人员、就业困难人员、高校毕业生、复员退役军人、刑释解教人员等困难群体创业。开展创业服务，树立和宣传创业典型，积极营造崇尚创业的良好社会舆论氛围。

（五）农村劳动力转移就业工作稳步推进。

积极开展“春风行动”，为农村进城务工人员求职就业和企业招聘用人提供政策支持与就业服务。2013年“春风行动”期间，共组织专场招聘会624场，为107.81万人提供免费就业服务。积极推进农村劳动力转移就业工作，全区农村劳动力转移就业新增人数82.68

万人次，完成全年目标任务70万人次的118.11%，其中区内跨县转移就业新增32.47万人次，跨省（区）转移就业新增50.21万人次。

（六）技能培训力度进一步加大。

认真组织实施边境地区农村劳动力、水库移民、被征地农民、农村计划生育家庭、部分复退军人、零就业家庭等专项培训工程。全区技能培训34.76万人，其中农村劳动力转移就业培训18.66万人，创业培训4.3万人，劳动预备制培训0.9万人。

（七）公共就业服务能力不断加强。

加快推进基层公共就业服务平台和信息网络建设，公共就业服务进一步向基层延伸，服务能力不断提高。会同自治区有关部门在全区范围内组织开展了就业援助月、春风行动、民营企业招聘周、高校毕业生就业服务月及季度网络招聘等一系列公共就业和人才服务专项活动。推进公共就业服务体系和制度建设，完善和落实经费保障机制。完善就业失业登记制度，做好实名制管理和服务。加强就业信息监测，完善全区公共招聘网络，推进全区公共就业和人才服务标准化建设，加强就业服务管理人员培训，提升服务质量和效率。进一步做好失业动态监测工作，纳入全区监测的企业已达到641家，包括19个行业门类、73个细分行业。

（八）人力资源市场建设加快推进。

加大人力资源市场整合力度，印发了《统筹整合全区人力资源市场实施方案》，明确了市场整合的目标和任务。在全区经营性人力资源服务机构中开展诚信服务主题创建活动，深入推进服务机构诚信体系建设。按照转变政府职能和深化行政审批制度改革的要求，取消了人才交流会审批事项，加强和改进招聘会管理。做好全区人力资源市场服务机构统计工作。继续组织赴区外招聘重点领域急需紧缺高层次人才活动。积极推进建立粤桂两地人力资源市场发展合作交流机制建设，签订了《粤桂人力资源社会保障工作合作框架协议》。加强人力资源服务机构经营管理人员培训，选派6人到天津中国北方人才市场进行跟班学习。

二、统筹推进社会保障体系建设，社会保障制度进一步健全，待遇水平进一步提高

（一）社会保险各项目标任务全面完成。

2013年全区城镇企业职工基本养老保险、基本医疗保险、失业保险、工伤保险、生育保险参保人数分别达到538.46万人、1 031万人、253.36万人、325.62万人、270.2万人，分别完成全年任务的101.05%、106.3%、104.26%、104.37%、104.7%。全区城乡居民参保人数达到1 680.68万人（农村居民1 640.47万人，城镇居民40.21万人），其中有511.27万名60周岁以上城乡老年人按月领取养老金，累计发放养老金47.78亿元，滚存结余53.47亿元。

（二）城乡社会保障制度建设进一步完善。

巩固完善全区企业职工基本养老保险自治区级统筹制度，制定出台了全区《企业职工基本养老保险自治区级统筹政府责任分担暂行办法》和《企业职工基本养老保险奖补资金管理办法》，进一步明确了自治区重点工业园区企业基本养老保险费征收管理和财政补助资金筹集、划拨等问题。进一步加大企业职工基本养老保险费征缴力度，不断扩大基本养老保险覆盖面，着力解决社会保险关系跨省（区）转移接续问题。积极推进城镇居民大病保险试点和第二批县级公立医院改革试点，制定出台了《中区直驻邕单位职工基本医疗保险费用实行付费总额控制办法》，扎实做好大学生参加城镇居民基本医疗保险工作，进一步扩大医疗和生育保险参保覆盖面。进一步提高工伤认定时效，扎实做好全国第二批工伤预防试点工作，着力解决那龙矿务局等政策性关闭破产企业的“老工伤”人员工伤保险待遇问题。进一步扩大失业动态监测范围，切实做好淘汰落后产能企业职工安置相关工作。进一步巩固城乡居民社会养老保险制度全覆盖成果，着力做好贫困残疾人参加城乡居民社会养老保险工作。加快

“五险合一”的社保数据大集中信息系统建设，年内率先在北部湾经济区4市实现社会保障卡“一卡通”。

（三）社会保险待遇水平稳步提高。

连续第9年调整提高企业退休人员基本养老金，由2012年月人均1 526元调增至1 717元。城镇居民医保财政补助由原来240元提高到280元。全区职工医保、城镇居民医保政策范围内统筹基金最高支付限额分别提高到当地职工年平均工资和居民年可支配收入的6倍以上，且不低于6万元。城镇居民基本医疗保险在基层医疗机构政策范围内住院费用支付比例达到70%左右。参保失业人员每月领取的保险金每档在原来基础上提高20%，月人均领取失业保险金水平达到825.63元。对14个地市工伤保险待遇进行了调整，自治区本级伤残津贴每人每月增资190元，生活护理费每人每月增资90元，供养亲属抚恤金每人每月增资70元。城乡居民社会养老保险基础养老金由原来每人每月55元提高到每人每月75元。

（四）社会保险基金监管进一步加强。

健全完善社保基金监督制度，制定出台了《社会保险基金执法检查工作规程》、《阳光社保验收办法》、《阳光社保工程建设指导意见》等制度。对第二批14个“阳光社保”试点地区工作进行了验收评估。开展了新农保、城居保基金专项检查，进一步推进社保基金非现场监管软件的联网应用。历年挤占挪用社会保险基金清理工作取得突破性进展，已完成应回收总任务的89.10%，部分市、县（区）已全面完成清收任务。

（五）社会保险经办管理服务标准化、规范化、信息化建设得到切实加强。

进一步优化社保经办服务流程，在全国率先制定出台全区统一的《社会保险“五险合一”业务经办规程》，加大资源整合力度，14个市40个县（市、区）完成“五险合一”社保局组建工作，努力为参保对象提供优质、高效、便捷的管理服务。加大社会保险费征缴力度，失业、医疗、生育保险费征缴提前1个月完成全年任务，养老、工伤保险顺利完成全年任务，基金支撑能力进一步增强，确保了各项社会保险待遇按时足额发放和支付。

三、人才队伍建设进一步加强，引智工作取得积极进展

（一）专业技术人才队伍建设进一步加强。

做好国家百千万人才工程国家级人选选拔推荐工作，全区有3人入选2013年国家百千万人才工程，并授予有突出贡献中青年专家称号。积极开展专家服务基层活动，组织环保专家到柳东新区、浦北县开展“美丽广西，清洁乡村”活动和区内外专家梧州行、贺州行、桂林行、巴马行等为基层服务活动。认真落实自治区特聘专家制度。创新评审方式，采取初评异地委托评审、终评本地评审的方式，评审出20个第三批特聘专家岗位、20名拟聘特聘专家人选。继续实施新世纪十百千人才工程。组织遴选30名第十六批广西新世纪十百千人选。评审新增8个第五批自治区级人才小高地，使自治区级人才小高地增至50个，出台了《自治区人才小高地专项资金使用管理办法》。组织推荐17个企事业单位申报博士后科研工作站，7个单位获批。

（二）职称制度改革进一步深化。

进一步加强评委会评审管理，规范各系列的专业设置和专业名称，做好评审条件的修改工作和非公有制经济组织和社会组织专业技术资格评审工作。开展乡镇卫生院职称制度改革，研究制定了广西卫生系列乡镇卫生服务机构副高级专业技术资格评审条件及其管理办法，组建乡镇卫生服务机构高级专业技术资格评委会，切实解决基层医疗卫生人才队伍建设的“引不进、评不出、留不住”的问题。通过修改完善相关系列职称评审专业设置，积极扩展职称评审服务范围，合理引导新兴产业专技人员参评职称。继续做好钦州、防城港中小学教师职称制度改革工作的试点工作。完成2013年高级专业技术资格评审工作，全年共有22 962名专业技术人员申报高级职称，评

审通过10 337人，评审通过率总体控制在45%。

（三）技能人才队伍建设进一步加强。

组织实施国家高技能人才振兴计划，建成国家级高技能人才基地1个，自治区级高技能人才基地2个，国家级技能大师工作室5个，自治区级技能大师工作室5个。加强技师培训项目资金使用管理。创新技能人才培养模式，推进全区技工院校一体化课程教学改革。首次进行专业技术人员公需科目网上培训考核，有74万专业技术人员参加“低碳”科目培训考核。

（四）引进国外智力工作取得新进展。

积极引进和用好国外高层次紧缺急需人才。共引进国外智力人才项目122项，资助引进国（境）外专家和高层次人才135人。组织评选出2013年度广西“金绣球奖”获奖外国专家10名，推荐1名外国专家获得2013年度国家“友谊奖”，成功举办12次大型专题引智活动。统筹做好出国（境）培训工作，坚决清理压缩针对性不强、实效性不高的出国（境）培训项目，共审核因公出国（境）培训项目48个，派出培训人数846人次，取消因公出国（境）培训项目11个，减少派出人数226人。进一步优化外国专家管理和服务，办理外国专家来华工作许可811件，审核批准聘请外国专家资格单位申请17件，全区聘请外国专家资格单位达139家。引进国外智力行政许可窗口办理进一步向下延伸。

四、积极推进干部人事制度改革，制度建设和队伍管理不断加强

（一）公务员制度逐步完善。

会同组织部门制定了《关于组织设区市以上新录用公务员到基层服务锻炼的意见》，引导自治区、市两级机关公务员服务基层、到基层锻炼成长。采取放宽报考资格条件，降低开考比例、单独划定合格分数线、定向招录等措施，着力解决少数民族、艰苦边远地区和紧缺职位招不到人、留不住人的问题。制定出台了《自治区行政机关公务员平时考核办法（试行）》，加强公务员的日常考核管理。组织开展了公安、监狱劳教系统行政执法类和专业技术类公务员管理调查研究。

（二）公务员队伍建设不断加强。

评选推荐2个集体、3名个人入选第八届“人民满意的公务员”和“人民满意的公务员集体”评选表彰对象。举办行政机关新任处科级领导干部任职培训班15期，共2 630人参加培训。对全区少数民族聚居县的50名乡镇主要领导进行专题培训。公务员考录工作进一步规范化、科学化，组织了自治区、市、县、乡镇公务员招录四级联考工作，共计划招录8 232名，报名人数达到了16.3万人，招录计划、报考人数再创历史新高。除特殊职位外，自治区级机关全部录用有两年以上基层工作经历人员。会同自治区党委组织部开展了自治区直属机关公开遴选公务员工作。依法做好事业单位参照管理审核和日常管理工作。

此外，进一步规范评比达标表彰工作，由自治区党委办公厅、政府办公厅印发《进一步清理规范考核检查和评比达标表彰活动工作方案》。会同自治区5个部门、8个系统联合开展了记二等功等表彰活动。完成全国援外医疗工作先进集体和先进个人以及工会、文联等9个系统或行业的全国先进集体、个人、劳模评选推荐上报工作。

（三）事业单位人事制度改革有序推进。

全面落实和规范公开招聘制度，进一步提高事业单位公开招聘的公正性和科学性。组织开展全区事业单位公开招聘统一命题试点工作。做好事业单位岗位设置认定工作，全区共有26 995个事业单位完成了首次岗位设置工作，达到了总数的89.46%。

（四）军转安置任务顺利完成。

创新军转干部安置管理办法，顺利完成861名军转干部安置任务。加强自主择业军转干部管理服务和培训工作，军转干部参训率达99.8%。积极稳妥做好部分企业军转干部解困维稳工作。牵头制定出台了《自治区随军家属

未就业期间生活补助发放管理实施细则》，扎实做好随军家属未就业期间生活补助发放工作。

五、稳步推进机关事业单位工资收入分配制度改革，企业工资管理工作不断加强

（一）公务员工资制度进一步完善。

扎实做好公务员津补贴规范和调整工作。对全区区直、市直、县级机关公务员以及自治区直属机关驻外地单位公务员津贴补贴标准进行了调整。调整后，不同地区、不同部门、不同政府层级公务员之间的收入差距进一步趋向合理。

（二）事业单位实施绩效工资工作进一步推进。

对全区各市、县事业单位基础性绩效工资标准进行了调整，统筹平衡了各市、县事业单位工作人员各层级之间的收入合理差距。自治区直属事业单位的绩效工资实现了属地化，同一地区的义务教育学校绩效工资、公共卫生与基层医疗卫生事业单位绩效工资与其他事业单位绩效工资水平实现了大体平衡。

（三）企业工资分配宏观指导调控工作进一步加强。

牵头制定了《广西城镇居民人均可支配收入倍增计划》。继续以非公有制中小企业为重点，积极稳妥推行工资集体协商制度。企业薪酬试调查工作顺利进行。发布了全区企业工资指导线，调整了最低工资标准，目前全区四个地区类别最低工资标准每月分别达到了 1 200 元、1 045 元、936 元、830 元。

六、着力构建和谐劳动关系，劳动者权益得到切实保障

（一）构建和谐劳动关系工作取得积极进展。

充分发挥自治区协调劳动关系三方机制的作用，推进全区和谐劳动关系构建工作。大力宣传《劳务派遣行政许可实施办法》，全面开展规范劳务派遣专项行动。进一步规范企业劳动用工行为，开展“春暖行动”，着力提高劳动合同和集体合同签订率，全区各类劳动合同签订率达 93.76%，集体合同签订率达 71.41%。

（二）劳动人事争议调解仲裁工作不断加强。

加强基层劳动人事争议调解组织建设和仲裁院实体化建设。全区 14 个地级市全部成立了劳动人事争议仲裁院，地级市建院率达到 100%。全区共有 86 个县（市、区）设立了劳动人事争议仲裁院，覆盖率为 90.53%（全区设立仲裁委的县、市、区为 95 个）。南宁、柳州等 11 个地级市实现了辖区内仲裁院设立全覆盖。加大劳动人事争议案件办理力度。全区各级劳动人事争议调解仲裁机构和各类调解组织共受理劳动人事争议调解仲裁案件 16 301 件，涉及人数 19 013 人，涉案金额 25 088.4 万元，结案率 95.44%。

（三）劳动保障监察执法工作得到加强。

组织开展农民工工资支付情况专项检查，实施了全区清理整顿人力资源市场秩序专项行动，有效维护了广大劳动者的合法权益。全区共办结欠薪案件 5 076 件，处理欠薪群体突发事件 467 件，追发劳动者工资待遇 5.8 亿元，涉及劳动者 7.3 万人，其中追发农民工工资 5.2 亿元，涉及农民工 6.7 万人。劳动保障监察网格化、网络化管理已覆盖 64%的地级城市。

（四）农民工工作稳步推进。

制定了全区农民工工作领导小组组成方案、办公室职责等，发挥农民工工作牵头部门作用。会同自治区总工会举办了首届广西农民工技能大赛。推进南宁、柳州、桂林、梧州四市农民工综合服务中心试点建设。农民工在城镇落户、平等享受城镇基本公共服务工作取得新进展。大力推动城市家庭服务体系建设，制定家庭服务标准，积极推广“中国家庭服务”标识。

广西壮族自治区人力资源和社会保障厅

海　南　省

2013年，是全面贯彻落实党的十八大精神的第一年。在国内外形势复杂多变、经济下行压力加大的情况下，海南省坚决贯彻落实党的十八大精神和省委、省政府的决策部署，坚持民生为本、人才优先的工作主线，开拓进取、狠抓落实，各项工作保持了较好的发展势头。

一、就业

2013年，海南省把确保就业局势稳定作为政治责任，实施更加积极的就业政策，全省城镇新增就业9.94万人，农村劳动力转移就业9.5万人，失业人员再就业3.65万名，城镇登记失业率2.17%。

（一）统筹推进高校毕业生等重点群体的就业工作。

一是全面落实高校毕业生就业创业扶持政策，高校毕业生实名登记、困难毕业生求职补贴、就业见习计划和创业引导计划、就业创业培训等工作如期完成。招募80名高校毕业生到基层从事“三支一扶”服务，为1 212名困难毕业生发放求职补贴181.8万元，为5 100名毕业生提供就业见习、创业及信息技术培训，高校毕业生初次就业率90.63%。二是做好用工需求调查、信息发布、政策咨询等就业服务，组织实施“春风行动”、就业援助月、民营企业招聘周等就业服务活动，帮助农村劳动力和就业困难人员实现就业。成立了“广东省海南务工人员服务协会”。三是鼓励企业吸纳各类就业群体，海南英利新能源有限公司获评“全国就业与社会保障先进民营企业”。四是加快就业信息化建设，改善就业管理和服务。7月1日开始，省本级已全面实现就业专项资金网上录入和审核审批，有力地促进了就业工作服务水平和管理水平的提高。

（二）扎实做好职业培训工作。

出台了定点职业培训、创业培训机构认定办法和就业专项资金管理办法的补充通知等政策性文件，调整培训课时、增加补贴工种，逐步规范各类培训机构的管理，订单定向培训取得较好成效。健全创业就业培训机制，6 256名劳动者参加了创业培训。争取失地农民专项培训经费251万元，支持失地农民较多的海口、三亚等7个市县开展技能培训。充分发挥省职业培训协会的作用，组织了技能人才师资培训、培训机构负责人培训和酒店行业礼仪培训，社会效果良好。

（三）加快推动以创业带动就业工作。

抓好创业孵化基地和创业示范点建设，充分发挥创业带动就业的倍增效应。29家企业入驻省青年创业孵化基地。拨付250万元，帮助儋州市、澄迈县和海口经济学院创建创业示范点。出台了创业孵化基地管理办法，加大对创业孵化基地的扶持力度。组织开展创业大赛，努力营造全社会鼓励和支持创业的良好氛围。组建了创业指导专家团队，建立了创业项目库。扩大小额担保贷款规模，省本级、海口市和三亚市全年发放贷款超过5 000万元。

二、社会保障

全省从业人员基本养老、医疗、失业、工伤、生育保险参保人数分别达到231.5万人、

219.98 万人、152.6 万人、123.39 万人、120.24 万人。城乡居民养老保险、城镇居民医疗保险参保人数分别达到 272.1 万人、186.57 万人，领取养老金人数 65.83 万人。

（一）以制度“全覆盖”和人群“广覆盖”为目标，进一步完善城乡社保政策。

出台被征地农民参加社会养老保险办法，取消了单独的被征地农民养老保险制度，通过由政府提供一次性缴费补贴方式，将被征地农民纳入居民养老保险和从业人员养老保险制度管理，实现了制度上的创新。修订《海南省城镇从业人员基本养老保险条例》，降低参保缴费门槛，拓展灵活就业人员缴费基数弹性空间。完善新生儿参加医疗保险规定，全面解决新生儿享受医疗保险待遇问题。调整从业人员医疗保险补缴政策，减轻了群众负担。起草了城镇从业人员基本养老保险条例实施细则修订稿、新农保及城居保两项制度合并实施办法以及渔民参加工伤保险暂行办法。积极推动全省企业年金工作。

（二）拓展社保普惠范围，继续适度提高待遇水平。

连续第 9 年调整全省企业退休人员基本养老金，45.61 万退休（职）人员月人均养老金达到 1 661 元。新农保月人均基础养老金由 85 元提高至 100 元。解决了 4 万余人超龄参保、361 名邮政企业职工补缴社会保险问题。城镇居民医疗保险的财政年度补助标准由 240 元提高到 280 元，急性白血病和肝、肾移植等从业人员重大疾病医保年度最高支付限额提高到 50 万元。工伤伤残津贴人均提高 303 元。失业保险费率由 3%降至 1.5%。修订了《海南省国家公务员医疗补助办法》。

（三）落实《社会保险工作人员纪律规定》，加强社会保险基金监管。

出台《海南省医疗保险定点医疗机构医疗保险服务医师管理暂行办法》，实现医保基金监督关口前移。加大社保基金违纪违规问题的整改回收力度，全省整改回收基金 225.36 万元。市县全部安装社保基金监管软件并实现联网监控，在三亚开展了社保基金社会监督试点。

（四）继续加强经办管理服务，异地就医结算工作取得新进展。

异地就医结算合作区域进一步扩大，目前共与 14 个省 23 个统筹地区签订异地就医结算合作协作，省内跨市县就医联网结算全面铺开，20 个市（区）县经办机构、61 家医疗机构互签了经办及服务协议，更加便利了参保群众。

三、人才队伍建设

（一）加强高层次人才队伍建设。

加强高层次人才引进培养，起草了海南省高层次人才认定办法，新设立 3 个博士后科研工作站。印发《海南省专业技术人才知识更新工程实施方案（2013—2020 年）》，举办 1 期高级研修班，发布了 2013 年度高层次人才需求信息，提供 1 126 个岗位。选拔了 60 名“515 人才工程”人选、选拔推荐 9 名高层次创新人才，2 人入选“百千万人才工程”国家级人选。开展专业技术人才知识更新培训工作，共培训专业技术人员 4.8 万人。完成国家院士专家休假团来琼休假的接待服务工作。

（二）加强技能人才队伍建设。

紧贴产业行业需求培养技能人才，会同省教育厅组织全省职业院校技能大赛。完善技能鉴定工作，首次落实拨付技能鉴定补贴，并实现了补贴资金网上录入审批，进一步明确专项技能考核补贴的标准，5.16 万人参加了职业技能鉴定。支持技工院校建设和发展，三亚高级技工学校获批国家级技能大师工作室，海口市高级技校获评全国高技能人才实训基地并落实项目建设资金 500 万元。

（三）推进职称制度改革。

完善人才评价机制，根据行业和高校发展的需要，首次与通信管理行业和海南大学制定相应的职称评审条件。继续推进中小学教师职称改革试点工作，组织开展中小学教师系列正高级教师和高级教师职称评审，完成原有职称过渡工作，将原有中学教师系列和小学教师系列合并为中小学教师系列，发放中小学高级专业技术资格证书1 675本。

四、人事制度改革

（一）强化公务员队伍建设。

制定了公务员录用面试实施细则、考官管理办法，提高考录科学化水平，新招录1 918个公务员职位。探索平时考核方式方法。开展乡镇公务员轮训，组织和指导市县举办乡镇公务员培训班15期、少数民族和贫困地区公务员培训班2期，培训1 560人。约3.6万名公务员参加了行政机关公务员在线学习。举办了各类公务员培训班370期，累计培训4.85万人次。组织开展评选推荐第八届全国“人民满意的公务员”和“人民满意的公务员集体”活动。进一步规范评比达标表彰活动，对全省评比达标表彰项目进行清理，撤销了8个表彰项目。加强公务员职业道德建设，把公务员职业道德培训和思想政治教育列入公务员培训内容。

（二）加强事业单位人事管理工作。

集中出台事业单位公开招聘规范性文件5个，填补了面试公开招聘、考核招聘、转岗竞聘管理岗位等方面政策空白。对全省公开招聘情况进行专项检查，指导市县和各有关事业单位切实把好人员的“进口关”。核准36家省直事业单位岗位设置方案。

（三）做好军队转业干部工作。

完善军转安置管理服务机制，起草做好随军家属就业安置工作的实施意见，改进计划分配军转干部安置办法，完成529名计划分配军转干部的安置任务。继续做好企业军转干部解困维稳和重点帮扶工作。

五、工资收入分配

完善机关事业单位工资收入分配政策，对全省机关事业单位工作人员因病或非因公死亡遗属生活困难补助等政策进行调整和规范。会同卫生部门对基层医疗卫生事业单位实施绩效工资情况进行调研，健全收入分配激励机制。出台全省用人单位高温津贴政策。制定了2013年海南省企业货币工资增长指导线，增长基准线为14.6%，上线为16%，下线为零增长或负增长，为企业工资集体协商提供依据。合理调整最低工资标准，自2013年12月起在原基础上提高70元，一、二、三类地区调整后分别为1 120元、1 020元、970元。

六、劳动关系

（一）深入推进和谐劳动关系建设。

省委、省政府印发《关于深入发展新时期和谐劳动关系的意见》，首次将构建和谐劳动关系纳入各级领导班子考核范围，着力构建“规范有序、公平合理、互利共赢、和谐稳定”的社会主义新型劳动关系。制定了海南省劳务派遣行政许可相关规定，从管辖分工、监督管理等方面规范劳务派遣行为。实现地级市劳动监察“两网化”管理全覆盖。

（二）强化劳动保障监察效能。

首次开展了打击非法用工等违法犯罪活动社会管理综合治理考评工作。建立建筑市场农民工维权告示制度和按月发放工资制度。开展农民工工资支付情况检查等专项活动，进一步加大对拖欠工资案件的查处力度，重点检查1 568家用人单位，为3.1万名农民工补发工资4亿多元。

（三）加强劳动人事争议仲裁工作。

出台海南省劳动人事争议处理效能建设意见，仲裁机构实体化建设从政策层面取得重要突破。制定劳动人事争议仲裁办案规则和证据规则，与省高院联合出台了《关于建立劳动人事争议案件审判与仲裁互动机制的意见（试行)》，建立各级仲裁机构与同级审判机构工作联系与沟通机制、信息沟通与共享机制，为统一仲裁与审判的尺度和标准、强化裁审衔接奠定了基础。加大劳动人事争议调处力度，全年共受理劳动人事争议案件3 865件，涉及劳动者4 953人，调解和裁决用人单位支付劳动者劳动报酬、经济补偿金、违约金和赔偿金共

8 417.86 万元。

七、基础工作

（一）加强信息化管理。

大力推进社会保障卡建设，实现了社保卡在银行 ATM 机、终端 POS 机、自助一体机等的应用，海口等 4 个市县发放社保卡约 28 万张。完成公务员考试录用网上报名系统、新农保信息系统的优化整改工作。启动 8 个业务系统的安全等级保护测评，提高系统抗风险能力和安全可靠性。

（二）继续推进基层平台建设。

组织申报 2014 年基层就业和社会保障平台服务设施试点项目，做好“十二五”规划中期评估和市县考核数据汇总等综合统计工作。落实“简政放权”要求，对国务院和省政府批准下放的行政审批事项，全部实行省级与市县分级管理。

海南省人力资源和社会保障厅

重　庆　市

2013年，重庆市人社局围绕贯彻落实党的十八大精神和党中央、国务院以及重庆市委、市政府的决策部署，坚持稳中求进的总基调，开拓进取、狠抓落实，圆满完成了全年各项目标任务。

一、就业总体形势好于预期

大力实施就业优先战略和积极就业政策，加大就业资金扶持力度，就业形势好于预期。一是就业主要指标超额完成年度计划。2013年，重庆城镇新增就业68万人、城镇登记失业人员就业26万人、困难人员就业11万人。城镇登记失业率3.5％，比全年控制目标低0.5个百分点，比全国平均水平低0.6个百分点。二是重点群体就业得到切实保障。组织1万多名高校毕业生参加就业见习、1.2万人参加定向就业培训，帮助1.96万名登记失业高校毕业生实现就业，高校毕业生就业率年底达到94.4％，基本实现“不降低、有提高”目标。全市农业富余劳动力转移就业773万人，当年返乡就业创业30.6万人。开发公益性岗位安置人员达到7万人，完成全年计划的125％。95％的社区和81％的行政村达到充分就业标准，城镇“零就业家庭”保持动态为零。三是尽全力保障重点产业用工。协助信息产业重点企业和配套企业招工32万人，完成全年目标任务的160％，为产业结构调整和笔电企业上量达产提供坚强人力资源保障。四是创业带动就业倍增效应明显。启动实施市级创业型城市创建工作。新发放小额担保贷款70亿元，同比增长50％，直接扶持8万人创业，带动21万人就业。大力支持小微企业发展，制定出台微企社保补贴扶持政策，向微企发放小额担保贷款5.5亿元，同比翻一番。强化创业培训，建立了市、区县两级创业项目库。成立了大学生创业指导专家志愿服务团，完成“泛海扬帆——重庆大学生创业活动”二期项目87个，直接资助270万元。成功举办第二届全市创业大赛。五是公共就业服务体系日趋完善。全市就业社保工作机构实现街道（乡镇）、社区（行政村）全覆盖，就业信息系统基本建成。推行就业培训实名制，全年就业培训19.6万人，同比增长21％，就业培训规模和质量稳步提升。就业专项资金使用监管进一步加强，制定就业专项资金管理办法，实施第三方机构专项检查，提高了使用效益。六是劳动者就业能力得到加强。全年开展就业技能、岗位技能提升和创业等各类培训222.5万人次。全面强化职业培训机构审批管理，全年职业技能鉴定颁证37.5万人次。全市55所技工院校当年招生5万人，在校生超12万人，再创新高。

二、社保体系建设提档升级

统筹城乡养老、医疗保险制度实现全覆盖，五大保险市级统筹机制进一步完善，人人享有社会保障的目标基本实现。截至2013年底，全市城乡养老、医疗、失业、工伤和生育保险参保人数分别达1 896万人、3 235万人、390万人、407万人和280万人。全市城乡养老、医疗参保率分别为90％、95％。2013年，社保基金总收入975亿元，同比增长14％，完成全年预算900亿元的108％；基金支出

810 亿元，同比增长 25%。一是完善了政策制度。在不同养老保险制度关系转移接续中，先行解决了领取待遇人员的关系转移问题，制定了因各种原因早期离开用人单位的特殊群体补缴养老保险费的政策。完善医保市级统筹，新增部分诊疗项目、耗材和部分地产药品进医保。出台城乡居民大病保险办法，并从 2013 年 1 月 1 日起施行。工伤保险基金管理体制初显成效，扭转了工伤保险基金收不抵支的局面，工伤认定数量逐年减少。完善劳动能力鉴定工作程序，强化区县在劳动鉴定中的责任。出台机关事业单位参加职工生育保险管理办法。二是提高了待遇水平。通过连续 9 年调待，企业退休人员基本养老金比 2005 年翻了两番以上。职工医保住院政策范围内报销比例由 80%提高到 82%，居民医保在二级及以下医院住院政策范围内报销比例由 70%提高到 75%；居民医保住院报销最高限额一档由 7 万元提高到 8 万元，二档由 11 万元提高到 12 万元。三是解决了一批历史遗留问题。220 万名征地农转非人员、30 万名城镇超龄人员和 30 多万名老工伤人员历史遗留问题得以解决，切实维护了社会稳定。四是加强基金监管。通过开展社保基金专项检查，查出了少报少缴、冒领骗取基金等问题。推进指纹验证系统建设。强化对医疗保险定点服务机构的监管。

三、人事制度改革稳步推进

一是不断提高公务员管理工作水平。深入贯彻实施公务员法，坚持“凡进必考”，完善考试录用制度，全年公开招录公务员 2 630 名。加快公务员录用考试（重庆）测评基地建设，首次开展面试测评系统试点。优化选拔任用机制，拓宽横向交流范围，首次开展处级领导干部跨部门竞争上岗。扩大遴选范围，面向基层公开遴选公务员 427 人。规范评比达标表彰工作，大幅精简评比达标表彰项目，全年开展表彰 15 项次，比上年减少 67%。认真落实《2011—2015 年行政机关公务员培训纲要》，大力开展公务员“四类培训”，制定公务员职业道德“十不准”。二是稳慎推进事业单位人事制度改革。启动岗位结构比例调整工作，探索事业单位职员管理制度，规范特设岗位使用管理，着力化解历史遗留问题惠及 4 万余人。进一步规范事业单位公开招聘制度，探索分级分类公开招聘办法，启动事业单位面试考官库建设，全市公开招聘事业单位工作人员 1.6 万人。三是切实加强军转工作。圆满完成军转干部接收安置任务，建成 6 个自主择业军转干部就业创业实训基地，扎实开展军转干部培训。不断健全企业军转干部解困稳定工作机制，适当提高解困补助标准，突出解困政策培训。四是圆满完成人事考试和人力资源开发培训工作。全年组织各项人事考试 114 项（次），报考考生 50.5 万人次，确保了考试安全。举办人力资源开发培训 402 期，服务能力、培训规模和综合效益持续提高。

四、人才队伍建设不断加强

一是加强高层次人才队伍建设。2 人入选首批“国家特支计划”百千万工程领军人才，9 人入选“百千万人才工程”国家级人选。人社部批准重庆市为 2013 年度高层次留学人才回国资助 6 个试点省市之一。实施重庆市海外留学人员回渝创业启动支持计划，首批资助创业人才 11 人。新增国家级博士后科研工作站 8 家，创建博士后创新实践基地 20 个，新招收博士后研究人员 220 人，争取国家资助及市财政配套经费比上年增长 27%。大力实施知识更新工程，建成“1＋22”继续教育基地，举办 4 期全国高研班和 30 期市级高研班。引进专业技术人才 1 226 名。全年为 89 名新增高层次人才兑现安家资助、岗位津贴、个税奖励等优惠政策 953 万元。二是加大技能人才培养力度。全市技能劳动者总数达到 270 万人，其中高技能人才 78 万人，较上年增长 8.3%。创建 3 个国家级高技能人才培训基地，新增全国技术能手 17 名。我市培养的美发项目选手在第 42 届世界技能大赛中获得了中国代表团的最好奖项（银牌）。成功举办全市第三届职业技能大赛。新增技能专家工作室国家级 3 个、市级 10 个、企业首席 21 个，全市各级技能专家工作室达 72 个，114 家企业开展了岗位练兵比武活动。三是不断深化职称制度改革。按照人社部、教育部统一部署，完成全市深化中小学教师职称制度改革试点。加强专业技术人才诚信体系建设和职称考试监督，进一步规范非公企业职称工作，组织开展特殊人才专业技术资格认定和全市高中级职称申报评审工作，新增高级职称人员 6 779 人。四是激励人才到艰苦边远地区服务。招募“三支一扶”大学生 336 名，顺利完成定向培养大学生就业安置任务，圆满完成 19 名三年期和 47 名半年期援藏专技干部选派任务。五是进一步强化引才引智工作。以服务全市产业发展为重点，大力实施引智项目计划，新入选国家“外专千人计划”8 人。举办“重庆友谊奖”评选，表彰 10 名贡献突出的外国专家，1 名外国专家成功入选中国政府年度“友谊奖”，得到李克强总理的亲切接见。

五、收入分配工作稳步开展

一是做好企业收入分配调节工作。对全市 1.6 万户国有企业开展工资内外收入监督检查。11 万户企业 253 万名职工建立了工资集体协商机制。完成人社部企业薪酬试调查任务。稳步调整最低工资标准，一档从 1 050 元/月调整为 1 250 元/月，二档从 950 元/月调整为 1 150 元/月。二是完善机关事业单位收入分配制度。巩固规范公务员津补贴成果。稳步推进事业单位实施绩效工资政策全覆盖。调整艰苦边远地区津贴标准，惠及 11 个区县 16 万人。加强工资管理信息化建设，探索了工资统发系统人事信息与编制等部门信息数据的有机结合。

六、劳动关系总体和谐稳定

一是大力做好农民工工资清欠工作。提前开展了为期两个月的“农民工工资支付情况专项检查”，制定了责任追究办法，对拒不支付农民工工资的建设项目进行挂牌督办，对各类使用农民工的用人单位进行拉网式检查和全面清理，共查处拖欠工资单位 629 户，为 3.21 万名农民工追讨工资 1.7 亿余元。二是积极构建和谐劳动关系。大力实施劳动合同法和劳动争议调解仲裁法。在西部率先实行劳动关系和谐企业标准化创建、分层级管理，全市和谐企业达 418 户。开展规范劳务派遣专项宣传和整治，全面实行行政许可。加强基层劳动关系三方机制建设，镇街覆盖率达 70%。全市各类企业劳动合同签订率达到 95.6%，集体合同覆盖企业 19.2 万户、职工 400 万人。特殊工时审批更加规范、便捷，预防和减少了因工时引发的劳动争议。劳动关系协调专业队伍建设加速，获得国家职业资格的劳动关系协调员达 1 000 人以上。三是加强劳动人事争议调解仲裁。处理劳动人事争议案件 4.67 万件，结案率 98%。市级及所有区县全部完成劳动人事争议仲裁院设立，提前两年完成全国地级市建院率达 80%的目标。四是加大劳动保障监察执法力度。组织劳动保障专项执法检查 4 次，责令补发劳动者工资 10 亿元。劳动保障监察“两网化”实现区辖街镇全覆盖，新增 50%的县启动实施“两网化”建设。

七、基层基础建设取得突破

一是信息化建设提速。金保一期工程已覆盖全市，社保卡累计持卡人数达 2 900 万人以上，提前两年完成人社部下达我市“十二五”规划目标任务。实现了城乡养老、医疗保险数据大集中管理，与海南省和贵州省遵义市建立了异地就医联网结算，与四川省成都市、广安市医疗机构单点联网结算。实现了与全国 13 个试点省市间养老保险关系跨省的转入转出。正式开通 12333 电话咨询服务，累计接电总量 210 多万个，日均来电量 5 000 个以上。二是产业园项目建设进展顺利。我局承建的中国（重庆）人力资源服务产业园建设进展顺利，2015 年底建成。目前正抓紧编制产业园产业引导发展规划。三是基础工作扎实推进。深化行政审批制度改革，归并调整审批项目 5 项、下放 3 项。清理规范性文件 899 件，废止、失效 158 件。行政复议案件结案率达 100%。召开新闻发布会、通气会 70 余场次，《重庆日报》等主流媒体头版报道 40 余次，中央电视台、新华社、《人民日报》等中央媒体专题报道我市规范评比达标表彰和高校毕业生就业工作。举全系统之力做好信访维稳工作，在面临敏感节点多、热点问题突出、维稳压力大的情况下，稳妥做好突出矛盾化解和政策出台前的政策评估，确保了信访维稳总体可控。反腐倡廉、政务运转、规划财务、机关党建、离退休干部服务、群团等工作取得新进展，营造了事业发展良好氛围。

八、党的群众路线教育实践活动深入开展

以党的群众路线教育实践活动为契机，狠抓作风建设，严格落实中央八项规定和市委七条实施意见，紧密结合本系统工作实际，创新活动载体，突出“强基础、转作风、优服务、促民生”特色主题，通过座谈会、发放调查问卷等方式，收集意见建议 698 条，聚焦“四风”梳理出 12 类突出问题，制定了两个方面、12 大项、33 小项的整改方案。活动开展以来，全局召开会议次数、天数以及会议费、因公出国（境）费用比上年同期下降 50%左右。顺利完成干部推荐选拔、调训、挂职锻炼等工作，采取定向与不定向竞争结合方式，公开公平公正选拔任用处级领导干部 15 名。清理、修订、新建业务工作制度和内部管理制度 445 件，整改落实措施取得初步效果，为民务实清廉的干事创业氛围进一步凝聚。

重庆市人力资源和社会保障局

四　川　省

2013年，在省委、省政府的坚强领导下，在人力资源社会保障部、国家外专局、国家公务员局的悉心指导下，四川省人力资源和社会保障工作坚持“科学发展、加快发展”的工作基调，紧紧围绕中心、服务大局，积极解放思想、开拓进取，突出抓好就业创业、社会保障、人才队伍建设、人事制度改革、收入分配制度改革、构建和谐劳动关系六大工作，圆满完成了全年各项目标任务，为促进四川经济社会发展、维护社会稳定做出了积极贡献。

一、就业局势保持总体稳定

（一）各项就业目标任务超额完成。

全年累计实现城镇新增就业93.5万人，城镇失业人员再就业30.1万人，就业困难人员就业10.2万人，分别完成全年计划的116.8%、150.7%、169.2%；城镇登记失业率4.1%，控制在4.5%的年度目标以内。

（二）统筹城乡就业创业取得新进展。

会同省发改委、财政厅、工商局制定《关于做好2013年统筹城乡就业创业工作的通知》，推动建立完善城乡统一的就业创业制度体系、职业培训体系和就业创业服务体系。会同省财政厅制定统一农民工和城镇职工失业保险参保缴费和待遇计发办法，从2014年起，四川省用人单位招用的农民工统一按照城镇职工的缴费比例缴纳失业保险费，农民工失业后享受与城镇失业人员同等的失业保险待遇。

（三）高校毕业生就业创业工作开创新局面。

报请省政府出台了促进高校毕业生就业创业的政策措施，在全国率先将离校未就业高校毕业生（包括农村户籍和外地户籍）纳入失业登记范围，率先将3.7万名川籍离校未就业毕业生按户籍分解到各地。全年办理失业或求职登记的高校毕业生9万人，帮助8.1万人实现就业，就业比例89.9%，比上年同期提高3个百分点。全年招募1 266名“三支一扶”大学生到基层服务。同时，加强高校毕业生就业见习基地建设，全省已建立就业见习基地1 489个，全年组织8 414人参加就业见习。

（四）灾区藏区等其他重点群体就业促进工作取得新成效。

“4·20”芦山强烈地震发生后，报请省政府出台了《关于支持“4·20”芦山强烈地震灾后恢复重建人力资源社会保障政策措施的意见》，立即在灾区启动实施就业援助和失业救助。截至2013年12月底，开发公益性岗位安置灾区困难群众8 927人，兑现岗位补贴、社保补贴3 446万元；为188户受灾企业降低失业保险费率，惠及职工2.2万人，减收失业保险费844万元，为5 398名受灾企业职工办理失业预登记并发放失业保险金864万元，极大地缓解了灾区就业压力。“7·9”山洪泥石流灾害发生后，及时出台灾区就业和社保特殊政策，给予灾区就业专项资金支持，稳定了灾区就业局势。为促进藏区群众和2010级藏区“9+3”学生就业创业，报请省政府出台相关政策措施，将就业援助范围扩大到牧区无业人员；将在内地就业的“9+3”学生的社保补贴期限延长到3年，并给予岗位补贴。2013年全省藏区实现新增就业1.6万人，城镇登记失业率低于全省平均水平。2010级藏区“9+3”

学生初次就业率达到 98.6%，高于 2012 年水平。在四川省甘孜、阿坝、凉山三州组织实施“千名藏区群众职业培训专项行动”，帮助约 1 500 名藏区群众通过培训实现就业或创业。加大农村转移劳动力就业工作力度，统筹做好城镇就业困难人员、退役军人等群体就业工作，全年转移输出农村劳动力 2 455 万人，实现劳务总收入 2 873.6 亿元。

（五）以创业带动就业迈上新台阶。

报请省政府出台进一步促进创业政策措施，着力培育创业主体，扶持创业新兴业态和项目。在全省 12 个城市开展创业型城市创建活动，其中国家级 3 个、省级 9 个。加强高校毕业生创业园区（孵化基地）建设，截至 2013 年末，全省已建立高校毕业生创业园区（孵化基地）140 个，其中省级 60 个。平稳推进小额担保贷款工作，全年共发放小额担保贷款 32.5 亿元。

（六）就业形势分析研判实现新突破。

大力加强对就业工作理论的研究。形成了《四川省经济增长与就业的关系问题研究》、《四川省产业结构对就业结构的影响》、《就业和社会保障体系改革专题研究》等研究成果，并向省政府提交了有关专题报告。

二、社会保障制度进一步健全

（一）城乡社会保障制度建设进一步完善。

出台《关于企业职工基本养老保险关系转移接续有关问题的通知》和《关于企业职工基本养老保险有关问题的通知》，从省级层面突破户籍和身份限制，打通从城乡居民养老保险向企业职工养老保险制度的转移衔接通道。印发《关于城乡居民大病保险合规医疗费用有关问题的通知》，规范了医保目录外特殊药品、诊疗项目、医疗服务设施费用支付办法，在南充等 7 个市（州）开展城乡居民大病保险试点。积极推进医疗保险城乡统筹，全省有 6 个市（州）和 4 个区（县）实现城乡居民医保制度统一。积极推动落实新修订的工伤保险条例，继续推进生育保险工作，生育保险政策标准进一步完善。

（二）扩面征缴等目标任务全面完成。

四川省参加城镇职工基本养老、城镇基本医疗、失业、工伤和生育保险五项保险参保人数分别达到 1 720.3 万人、2 491 万人、604.4 万人、690.1 万人和 689.1 万人，分别完成全年计划的 102.3%、104.6%、109.9%、100.7% 和 104.4%；城乡居民社会养老保险参保人数达到 3 001.6 万人，比上年增加 173.2 万人。全年五项社会保险基金征缴总收入 1 523.6 亿元，比上年增加 262.9 亿元。

（三）社会保险待遇水平稳步提高。

经过连续 9 次调待，四川省企业退休人员月人均养老金水平达到 1 521 元，较上年增加 133 元；失业保险金月人均发放水平从 2012 年的 675 元提高到 744 元；城镇居民医保补助水平由 2012 年的人均 240 元提高到 280 元；调整提高了工伤人员定期待遇；增加城乡居民养老保险缴费补贴。

（四）基金监督管理进一步强化。

组织开展城乡居民社会养老保险基金专项检查，发现和纠正问题基金 2 000 余万元。专项治理遗留问题清理和审计发现问题整改工作取得积极进展。基金社会监督、基金安全责任制等先行试点工作取得成效，监管制度建设深入推进。在 1.5 万个社保经办窗口单位和社保服务机构公布了基金监督举报电话，受理和立案查处案件 57 件，挽回基金损失 118.3 万元。社会保险基金监管软件联网运用省级平台建设初步完成，联网应用取得积极进展。

（五）社会保险经办管理服务和信息化水平不断提升。

全面推进社会保险网络集中统计报表平台，全省 21 个市（州）全部实现网上直报企业职工基本养老保险统计数据。失业保险基金报表平台已完全实现“金保工程”专网网络化报送，搭建失业保险基金财务集中化管理平台。全面实现就医即时结算目标，在全国率先建设省级医疗保险手机短信平台。2013 年新增发放社会保障卡 1 094.8 万张，累计持卡人数达到2 692.7万人。“金保工程”一期建设成效显著，二期立项工作扎实推进。企业退休人员社区管理服务率达到96.2%。加强基本公共服务体系建设，2013年全省新增国家基层平台建设县16个、乡镇（街道）56个。

三、人才队伍建设大力加强

（一）专业技术人才队伍建设进一步推进。

深入实施《四川省专业技术人才队伍建设中长期规划（2011—2020年）》十大工程，制定《四川省专业技术人才队伍建设专项资金使用和管理试行办法》和《继续教育基地建设管理办法》。积极参与2013年中国科技城（绵阳）科技博览会，首次在人才交流合作大会现场布置四川人才馆，进行人才发展专题研讨、集中发布高层次人才供需信息，开展人才延揽活动，达到预期效果。报请人力资源社会保障部和四川省委、省政府公布百千万人才工程国家级人选、省学术技术带头人等各类专家1 283名；新设立博士后科研工作站和创新实践基地20家、进站博士后243人，分别完成目标任务的100%和135%。深入推动知识更新工程实施，2013年开展《职业道德和创新能力建设》公需科目培训21.6万余人次；举办国家级、省级高研项目40期，培养培训各类高层次、急需紧缺等专业技术骨干人才4.7万余人次。启动实施“藏区双百人才培养工程”，为四川省藏区教育、卫生、畜牧等系统培养高层次专业技术人才100名。全省共建立国家级、省级继续教育基地72家。进一步规范职称证书和印章管理。全年约1.7万名专业技术人员通过高级职称评审。圆满完成攀枝花、泸州两市690所中小学校的3.9万名教师职称制度改革试点工作。通过政策倾斜破解制约四川省建筑企业发展的人才瓶颈，启动实施二级建造师临时执业证书人员资格考核和考试工作。圆满完成61项职称考试，参考人数达39万人。会同有关部门在全国率先印发《四川省专家下基层行动工程实施意见》，组织专家服务团分赴达州、凉山、雅安等市（州）开展了智力援助活动。

（二）技能人才队伍建设进一步加强。

出台《关于加强企业技能人才队伍建设的实施意见》、《四川省技工院校评估细则（试行）》。全年新建高技能人才培训基地11个、技能大师工作室22个，4所技工学院分别进入全国第三批中职示范校建设项目和职业教育实训基地建设项目，全年有8.2万人获得高级以上职业资格证书，完成年度计划的136.5%，高技能人才年培养数量创下历史新高。技工学校招收新生近4万人，选派4名选手参加第42届世界技能大赛，取得1枚银牌和2个优胜奖的成绩，名列全国第二。在全省评选70名技术能手、20个培育突出贡献单位、10名培育突出贡献个人、4个技工教育先进单位、2名技工教育先进个人。全年完成品牌培训4.4万人。

（三）引进国外智力工作取得新进展。

全年共实施引进外国专家项目138项，聘请高层次外国专家600人次。全年派出31个团组共532人出国（境）培训，培训质量和效益进一步提升。实施引智精品工程和成果推广项目，示范推广引智成果34项，共建立省级引智成果示范推广基地和示范单位43家，其中8家被评为国家级引智成果示范推广基地。全年共实施天府高端引智计划项目24项，引进高端外国专家172人次来川工作，评选出5名2013年度“四川金顶奖”获奖外国专家。实现“外国专家来华工作证件管理系统”与“行政审批业务通用软件系统”的无缝对接，引智工作信息化水平进一步提升。

四、人事制度改革扎实深入

（一）公务员制度不断完善。

会同有关部门做好抗震救灾先进集体和先进个人评选表彰有关工作，研究提出地震灾区考录倾斜支持政策。严格控制财政供养人员增长。稳步推进职位管理工作，加大对各地各部门竞争上岗、公开遴选工作的指导力度，稳妥实施监狱劳教机关警员职务套改工作，深化宣汉县职位聘任制试点工作，开通运行省级政府部门职位管理业务平台。考试录用工作有序实施，组织两次省市县乡四级联考，完成从藏区“9+3”毕业生、优秀村干部和服务基层项目人员中招录公务员工作。组织开展第八届全国“人民满意公务员”评选推荐工作。统筹做好各级公务员培训工作，全年除组织职业道德培训外，举办各类培训班26期、培训人员2 255人次。组建省级机关公务员申诉公正委员会，公务员申诉案件办案规则初步形成。基本完成全省公务员信息库建设工作，通过中央公务员主管部门审核。

（二）事业单位人事制度改革有序推进。

全面落实和规范公开招聘制度，进一步完善公开考核招聘相关政策，规范事业单位面试考官管理，探索同步面试工作取得进展，完成25个省政府部门所属事业单位和高校4 100余名工作人员公开招聘工作。会同有关部门起草《关于激励引导教育卫生人才服务基层的意见》，研究出台《关于开展免费师范生培养工作的实施意见》，全年为基层农村义务教育教师定向招收、定向就业培养的2 000名免费师范生已到校学习。出台关于加强卫生事业单位岗位设置和聘用管理的指导意见，岗位管理制度进一步完善。全面加强聘用制管理，严格落实国务院“约法三章”，规范事业单位工作人员“进、管、出”。实施省属事业单位工作人员年度考核结果备案，不断加大年度考核工作指导力度。

（三）军转安置工作全面完成。

顺利完成中央下达四川省2 066名军转干部安置任务，军转安置工作稳步推进。连续3年调整企业军转干部解困补贴标准，企业军转干部解困维稳工作扎实推进，军转干部解困维稳工作机制进一步健全。加强军转培训工作，分5批对1 600余名2013年计划分配的军队转业干部进行安置前适应性培训。积极开展自主择业军转干部管理服务工作，委托成都市军转培训中心对429名自主择业军转干部进行集中培训。

五、收入分配制度改革稳步推进

（一）机关事业单位工资制度进一步完善。

完善事业单位绩效工资政策，健全分配激励机制。调整提高事业单位绩效工资水平和艰苦边远地区津贴标准，落实高海拔地区折算工龄补贴政策。会同有关部门推进规范公务员津补贴工作，逐步缩小地区间工资收入差距，并统一津补贴职级标准。完善特殊岗位津贴政策，年度考核晋升工资水平工作全面完成。

（二）企业工资分配制度改革有序推进。

按照“提低、扩中、限高”思路，研究提出了“十二五”期间企业工资宏观指导和调控目标。适时调整全省最低工资标准，月标准调整为1 000元、1 070元、1 140元、1 200元，小时标准调整为10.4元、11.1元、12.1元、12.6元。发布2013年全省企业工资指导线，基准线为14%、上线为20%、下线为7%。继续扩大劳动力市场指导价位的工种岗位范围，累计发布3 213个工资指导价位。积极稳妥推行企业工资集体协商，实效性进一步增强，全年共签订工资集体协议7.8万余份，覆盖职工1 086.2余万人。在成都等6个城市对13个行业门类、2 547家企业人工成本和劳动者工资报酬情况进行调查，对全省321户国有企业工资内外收入进行监督检查，企业工资收入分配宏观调控指导力度进一步加大。

六、劳动关系总体保持和谐稳定

（一）劳动关系协调工作取得积极进展。

继续开展“构建和谐劳动关系年”活动，全部企业劳动合同签订率89.0%，集体合同覆盖率88.0%。贯彻落实劳动合同法及修正案，开展劳务派遣专项整治，实地清查劳务派遣单位1 274户、用工单位908户，涉及劳务派遣人员22.9万人，依法注销违规派遣单位151户，研究出台四川省劳务派遣行政许可实施意见等配套政策。推荐成都市新都区申报建设“全国构建和谐劳动关系综合试验区”，在成都3个县（市）开展创建省级劳动合同制度实施示范县（市）活动，大力提高小微企业劳动合同签订率，有序推进劳动用工备案工作，备案企业达到21余万户，登记劳动者320余万人。共建立包括园区、街道、乡镇在内的三方机制1 806个，劳动关系协调机制不断向基层延伸。新增16个产业园区、50个街道（乡镇）开展和谐劳动关系创建活动，出台创建活动相关激励支持政策。督促企业落实工时制度和职工带薪年休假制度，加强特殊工时管理，提高高温津贴标准。加大女职工、未成年工劳动保护力度。主动配合做好省属国有企业改制重组和厂办大集体改革、煤矿兼并重组等企业改革中的职工安置工作，维护了社会和谐稳定。

（二）劳动人事争议调解仲裁工作不断加强。

全省已批复成立仲裁院180个，比2012年底增加38个，市、县两级建院率分别达100.0%、86.0%；各级仲裁机构和调解组织现有专（兼）职仲裁员1 792人、调解员3.9万人。积极推动办案“程序规范化、文书标准化、管理制度化”建设，基层调解成功率达95.4%，当期仲裁结案率达97.7%。

（三）劳动保障监察执法工作不断强化。

全年主动监察用人单位6.1万户次，依法查处劳动用工违法案件2.4万件，督促用人单位与18.4万名劳动者补签了劳动合同，为农民工等劳动者追发工资待遇18.7亿元，督促用人单位补缴社会保险费1.9亿元。全年处理涉及农民工劳务纠纷1.7万件，挽回经济损失近12亿元。深入推进网格化网络化管理，积极推进劳动监察转型升级、科学发展。

四川省人力资源和社会保障厅

成　都　市

2013年，成都市人力资源社会保障系统在市委、市政府领导下，学习贯彻落实党的十八大、十八届三中全会精神，以开展党的群众路线教育实践活动为契机，以民生为本、人才优先为工作主线，实施就业优先和人才强市两大战略，推进社会保障体系与和谐劳动关系两大建设，深化干部人事制度与企业和机关事业单位工资制度两项改革，各项工作取得新进步。

一、重点领域关键环节改革创新

（一）劳动就业。

创新举办自主择业军转干部就业推介会，拓展自主择业军转干部就业创业渠道，获人社部、国务院军队转业安置办公室肯定。职业能力建设取得新成效，四川机电高级技工学校获批2013年第三批国家改革发展示范中职建设学校，市技师学院荣获“四川省技能人才培养突出贡献集体”称号，成都市推荐选手胡已雪代表中国参加第42界世界技能大赛获得唯一银牌。

（二）社会保障。

率先在全国建立城乡居民养老保险待遇正常调整机制，实施首次调整，惠及56.97万人，调整后人均月养老金315元。优化特殊工种提前退休审批流程，建立以申报备案制、个人档案真实性承诺制、网络化管理制、公示制为主体的特殊工种提前退休审批机制。完成医保信息服务中心组建和医保实时监控系统、医保智能审核系统开发，医保监管体系初具雏形。

（三）人事人才。

率先在全省出台《公务员公开遴选实施细则》（成人社发［2013］176号），拓宽基层公务员选人用人渠道，规范公务员转任工作，公务员管理工作获国家公务员局肯定。出台事业单位工作人员竞聘上岗暂行办法，全面推行竞聘上岗制度，事业单位实现按岗聘用、竞聘上岗用人机制根本转变。

（四）劳动关系。

成都市被评为全国首批“两网化”管理示范城市。新都区获批“四川省构建和谐劳动关系综合试验区试点”，被省推荐申报“全国和谐劳动关系综合试验区试点”，创建工作受人社部肯定。

（五）基础建设。

成都市12333标识被人社部确定为全国人力资源社会保障电话咨询服务统一标识，在全国推荐使用。创建“成都人社”政务微博矩阵体系，推进新媒体运用工作获人社部肯定，经验做法在全市交流推广。

二、涉及民生福祉各项工作推进

（一）推动实现更高质量就业。

至12月末，全市城镇新增就业24.6万人，城乡失业人员再就业9.2万人，动态消除“零就业”家庭，城镇登记失业率2.55％。一是全域实施《成都市就业促进条例》，促进城乡充分就业政策体系完善。二是抓好青年群体、城镇困难群体、退役军人等重点群体就业，出台促进普通高等学校毕业生就业创业若干政策，提高大学生自主创业补贴和奖励标准，对申请小额担保贷款成功给予贴息支持。建立高校毕业生就业见习基地226个，创建高校毕业生就业见习基地国家级示范单位1家；全市实名登记6 170名未就业高校毕业生就业1 600人；招募服务基层大学生志愿者2 026人；2010级藏区“9＋3”毕业生初次就业率98.2%；筹集公益性岗位8 444个，安置就业困难人员8 140人；认定61家企业为就业援助基地，吸纳就业困难人员6 819人；帮助2.6万名就业困难人员实现就业。三是推进创业带动就业，编发《创享未来》创业培训辅导教材1.13万册，巩固发展传统优势手工项目11个，新增创业培训定点机构12家、创业项目200个，创业培训、实训1万余人，3 792人成功创业，带动新增就业岗位2.3万个。创建省级高校毕业生创业园（孵化基地）17个，帮助1 217名高校毕业生成功创业。四是实施17项培训就业行动计划，培训21.8万人。规范就业培训资金管理，对全市258家定点就业培训机构开展专项审计调查。五是开展就业失业动态监测，组织公共就业服务活动，举办招聘会近1 600场，为33余万人次提供就业服务，实现劳务转移输出224万人，农村劳动力就近就地转移就业9.9万人，为富士康、仁宝、纬创项目输送6万余人。

（二）提高社会保障待遇水平。

至12月末，城乡居民养老、医疗保险参保分别达320.3万人、697.1万人；城镇职工基本养老、基本医疗、失业、工伤、生育保险参保分别达506.8万人、547.8万人、293.2万人、313.2万人、407.4万人；被征地农民参加城镇职工基本养老保险108.5万人。一是适度提高待遇水平。完成全市122.3万人城镇职工基本养老保险待遇调整，调增后人均月养老金1 593.8元。将全市城乡低保对象整体纳入城镇职工养老保险保障范围，4 840人领取养老金，月均约1 100元。提高失业保险金标准，全年为83.9万人次失业人员发放失业保险金8.6亿元。提高基本医疗保险统筹基金最高支付限额，加上大病补充医疗保险，城镇职工和城乡居民参保人员年度最高报销额度分别达62.9万元、56.3万元。二是改革社保业务服务方式。推进社保业务网上经办，用人单位和城镇职工社会保险个体参保人员、城乡居民养老保险参保人员只需一台电脑、一部手机即可在家办理社保业务。三是加强医保预算管理。按照“以收定支”原则，完成2013年基本医疗保险付费总额控制指标下达和协议签订。开展全市协议管理定点医疗机构履行服务协议情况专项检查1 713家次，责令限期整改703家，暂停医保服务资格73家，解除协议3家，取消定点资格2家。建立实际公立医院医保工作联络、定点医疗机构约谈、医保社会监督员、医保经办管理第三方评审等制度。四是强化社保基金监管。《成都市查处骗取社会保险基金规定》（市政府令第180号）经市政府常务会议审议通过，2014年1月正式实施。制定《成都市举报骗取社会保险基金奖励办法》（成人社发〔2013〕229号）。对金堂、双流社保基金进行现场监督检查，全市社保基金现场监督面达79.3%。公布举报投诉电话，制定举报受理流程，主动接受社会监督。

（三）推进干部人事制度改革。

一是会同市委组织部印发规范干部人事工作、面向全社会公开遴选培养优秀人才、关心爱护干部等规范性文件，培训公务员3.7万余人次。二是推进事业单位人事制度改革，制定市属事业单位分类标准、目录、方案，推进事业单位绩效工资。三是完成各类人事考试136次，实现安全无事故；完成2012年军转安置、自主择业军转干部管理服务和企业军转干部解困任务。

（四）建设西部人才核心聚集区。

一是引进海外人才146名，116人来蓉创办企业49家，创建国家级引智示范推广基地1个，建立国际化人才实训基地2个，组织评选首批市级引智成果示范基地17个，获国家批准引智和留学人员项目47个。二是引进高层次、专业紧缺人才142名；全域试行职业（执业）资格与职务任职资格的互认互通，创新“专家＋三农热线＋农户（合作社）”模式，设立全市首家“现代农业人才工作站”，组织完成职称评审2.1万余人。三是启动首批市级高技能人才培训基地建设项目，开展百家城市技能振兴活动，完成国家级和省级技能大师、四川省技术能手推荐工作，技能鉴定16万余人。

（五）巩固发展和谐劳动关系。

把握最低工资标准调整时机和幅度，将成都市月最低工资标准提高至1 200元、1 070元两档。主动监察用人单位17 519户，依法受理举报投诉案件8 185件，结案率97％，处置涉劳群体性突发事件414件，追讨劳动者工资待遇（含工程款）24 725万元。受理各类劳动人事争议4 531件，调解率77.9％；受理各类仲裁案件8 199件，结案率95％。受理群众来信来访9 922人件（次），息诉息访率98％。完成全球财富论坛、世界华商大会、西博会期间信访维稳工作，被市委、市政府评为信访工作先进单位。

（六）夯实基层基础建设。

制定《部市备忘录》第二个五年行动规划，成都市统筹城乡人社事业发展2013—2017年行动纲要被人社部刊发借鉴。乡镇（街道）、村（社区）就业社保公共服务中心（站）建设达标率达70％。

成都市人力资源和社会保障局

贵 州 省

2013年，贵州省人力资源社会保障系统深入贯彻落实中央和省委、省政府的决策部署，以服务“5个100工程”为抓手，以深入开展党的群众路线教育实践活动为契机，坚持民生为本、人才优先工作主线，不断加大改革创新力度，各项主要指标实现提速赶超、增比进位。

一、贯彻落实国发2号文件呈现新气象

一是部省人才合作有新途径。成功举办第一届部省合作的中国贵州人才博览会，将每年3月定为全省人才工作活动月，致力打造“中国贵州人才交流合作网”这一长效平台，现场签订战略合作协议47份，签约海内外高层次人才2 905人。

二是项目资金争取力度不断加大。全年争取到中央各类补助资金88.94亿元，同比增长12%。争取到国家基层就业和社会保障服务设施项目15个。启动了除国家试点项目外的其他乡镇（街道）就业和社会保障服务设施项目全覆盖建设。争取国家对省、市两级社会保障服务中心建设项目的6个申报名额。

二、就业工作实现新突破

一是新增就业势头强劲。全省城镇新增就业55.5万人，为全年工作目标50万人的111%，同比增长31.4%（其中，产业园区新增就业23.57万人，同比增长15.3%），全省城镇登记失业率控制在4.0%以内。

二是高校毕业生就业政策有新举措。省委、省政府办公厅出台《关于促进高等学校毕业生就业的意见》（黔党办发［2013］8号），通过大力开发基层社会管理和服务岗位、实施“两个80%”政策、就业见习计划等新举措，建立完善了鼓励高校毕业生到乡镇或村就业和从乡镇或村选拔使用人才的长效机制。

三是各类重点群体就业稳步推进。4.82万名扶贫生态移民全部实现就业。促进全省农业劳动力转移就业70.43万人，完成年目标任务50万人的141%。全省公益性岗位安置8万人。促进失业人员再就业14.18万人，促进就业困难人员就业7.04万人，分别完成年计划的141.8%和140.8%。

四是创业带动就业取得新进展。加大“3个15万元”政策支持力度，千方百计促进各类群体创业带动就业，大力开展引导和扶持百万农民工创业带动就业活动，全省新增发放小额担保贷款38亿元，新增扶持创业人数6万人，带动就业18万余人。

五是公共就业服务能力不断提高。全年基层就业服务平台建设覆盖率达100%，创建充分就业社区覆盖率59.8%。在有条件的地区探索统筹城乡就业的实名制信息化管理，就业统计制度和城镇新增就业考核办法进一步完善。积极推动家庭服务业发展，大力开展春风行动、就业援助月、民营企业招聘周、高校毕业生就业服务月等公共就业服务专项活动，组织举办全省技工院校青年职业技能大赛、黔菜创新大赛等技能大赛，为促进各类群体就业发挥了重要作用。

六是统一规范灵活的人力资源市场建设加快推进。《贵州省人力资源市场条例》立法通

过，于2014年1月1日正式实施。引进3家国内知名人力资源服务机构，加强人力资源市场监管，深入推进人力资源服务机构诚信体系建设，人力资源市场信息网络系统建设项目顺利推进，公共就业和人才服务体系不断完善。

三、社会保险政策体系更加完善

一是社会保险覆盖面逐步扩大。全省城镇职工基本养老、城乡居民社会养老、城镇医疗、失业、工伤、生育保险参保人数分别达337.24万人、1 487.22万人、671.71万人、185.17万人、260.39万人、238.75万人，同比分别增长9.4%、18.0%、3.6%、6.8%、9.3%、7.7%。五项社会保险基金征缴收入达到286亿元。

二是社会保险制度有新发展。养老保险方面，加大工业园区非公企业职工参加基本养老保险支持力度，解决贵州盘江集团公司近万名农民轮换工补缴养老保险费等历史遗留问题，起草了《贵州省城乡居民社会养老保险办法》报省政府审议。全省88个县（市、区）出台被征地农民就业和社会保障工作实施方案。医疗保险方面，出台《贵州省基本医疗保险省内异地就医即时结算管理办法》，在省本级及4个市（州）开展了省内异地就医即时结算试点。出台城乡居民大病保险政策并顺利开展试点。在全省基本实现城镇居民医保门诊统筹制度，出台规范流动就业人员医保关系转移接续政策。失业保险方面，加强失业预警制度建设，推进全省失业保险动态监测，积极推动落实参保企业提升职工技能培训和转岗培训补贴政策，从失业保险基金结余中一次性提取10%（约4.99亿元）专项用于补充小额担保贷款担保基金，有力强化失业保险促进就业的功能。工伤保险方面，完善工伤保险省级统筹制度，大力推动公务员和参公管理事业单位纳入工伤保险。加强全省职业病工伤管理，全省全年完成劳动能力鉴定1.75万例。生育保险方面，出台新生儿参保有关政策，解决新生儿享受医保待遇问题。

三是社会保险待遇水平进一步提高。连续9年调整企业退休人员基本养老金待遇，人均月增加185元，调整后全省人均月基本养老金达1 792元。将城镇居民基本医疗保险政府补助资金从人均240元提高到280元。将全省失业保险金标准调高140元，达到每人每月721元。

四是资金基金监管实现新突破。加强社会保险基金及大宗资金监管，规范资金基金监督检查行政执法程序，建立资金基金监督检查档案管理办法，在全国首批启动社会保险基金社会监督试点，构建人社惠民资金监管网络系统，推进社保基金非现场监督，确保基金资金安全运行。

五是经办服务水平进一步加强。积极推进企业退休人员社会化管理，社区管理服务率达73.23%。大力推进社会保险信息化建设，开展金保二期工程顶层设计，启动全省统一的社保基金财务管理信息系统建设，全省城乡居民养老保险财务软件与业务系统对接，实现了财务（业务）一体化、财务数据大集中。推动医疗保险智能审核系统建设，继续推进全国统一标准的社会保障卡发行，全省统一的社会保险信息系统已推广应用到4个市（州）。

四、人才队伍建设力度不断加大

一是人才政策体系不断完善。围绕人才强省战略和“5个100工程”建设，出台了《贵州省人力资源市场条例》、《贵州省高层次人才引进绿色通道实施办法》、《贵州省基层专业技术人才队伍建设实施意见》、《贵州省“百千万人才引进计划”实施办法》等加强人才培养引进的一系列政策文件，建立全省全口径人才资源调查统计制度，全省人才政策不断创新完善。

二是积极为“5个100工程”招揽人才。研究制定《贵州省“5个100工程”人才支撑工程实施办法》，创新人才招揽模式，在全省举办了“5个100工程”急需紧缺人才、海外高层次人才专场招聘洽谈活动，首次赴北大、清华开展人才引聘活动，为贵州省引进更多海外高层次人才。

三是专业技术人才队伍建设有新亮点。出台贵州省专业技术人才队伍建设中长期规划（2013—2020年），大力开展“国家特支计划”百千万人才工程建设，全年成功申报博士后科研工作（流动）站12家，首次获批建立国家级专业技术人员继续教育基地。深化职称评审制度改革，基本完成现行26个职称评价标准修订工作，把业绩、贡献纳入职称评审中的重要权重指数。在遵义市、黔西南州圆满完成深化中小学教师职称改革试点工作。加大简政放权力度，向符合条件的市（州）、三甲医院和省直高校下放相关专业职称评审权限，在全省民营经济组织大力推进职称评审工作。建立基层工作津贴和基层退休金奖励制度，全省共申报认定基层副高职称8 000余名。大力开展万名专家下基层服务活动，建立贵州省留学人员科技活动项目择优资助政策，开展留学人员创新资助工作，继续抓好专业技术人员继续教育，每年从全省乡镇选拔1 000名左右中青年专业技术人员到省内外进修培训。

四是高技能人才队伍建设有新突破。出台贵州省高技能人才队伍建设中长期规划（2013—2020年），完成职业培训25.5万人，新增高技能人才1.27万人。全力推进技工院校“9+3”工作，制订全省技校“一校一策”和“百校大战”方案，加强对技工院校的指导，确保每年招生不少于3.2万人。本省3所技工院校获批国家级高技能人才培训基地，3家单位获批成立国家级技能大师工作室，2所技校被确定为国家中等职业教育基础能力建设项目单位。

五是引进国外智力工作有新成效。共组织实施各类引智项目77项，引进外国专家141人次，全省已建成国家级引智基地和引智单位5个，省级引智成果示范推广基地8个。实施“5个100人才专题培训工程”，开展各类人才出国（境）培训552人。

六是基层管理人才队伍建设有新变化。推行“两个80%”政策，将新招录的80%的公务员放到乡镇一线工作，每年从乡镇一线遴选80%的公务员到市县机关工作，让基层蓄满“人才活水”，2013年为乡镇机关（含派驻机构）招录公务员4 563人，占全省公务员招录总数的86.7%。在全省首次实施了乡镇事业单位补员专项招聘计划，共为乡镇事业单位招聘各类人才1.5万人。

五、公务员队伍建设和事业单位人事制度改革取得突破性进展

一是公务员制度和队伍建设不断加强。严把公务员入口关，组织实施2013年四级机关公开招考公务员和人民警察工作，全省计划招考5 873人，23万余人报名，实际录用5 262人，未发生一起违纪事件。在贵阳市、遵义市启动公务员聘任制试点，起草《贵州省公务员竞争上岗工作规定（暂行）》。加强公务员培训，遵义行政学院获批成为国家公务员特色实践教育基地，积极开展7项公务员“5个100工程”赴港专题培训项目。全年共组织全省公务员各类培训2 840人。认真做好公务员登记备案、职务设置审批、考核奖惩、参照管理等日常工作。成立贵州省省级公务员主管部门公务员申诉公正委员会。清理减少25个评比表彰项目。

二是事业单位人事制度改革取得突破性进展。事业单位公开招聘制度有较大突破，推进事业单位“简化考试程序招聘聘用、放宽专业限制、取消学校学历限制及户籍条件限制、取消顺延递补”等四项改革，加大基层事业单位人员招聘力度，全省事业单位共招聘各类人员3.36万人。圆满完成各项人事考试120余次，报名参考人员达85万人次。事业单位专业技术岗位结构比例调整有较大突破，提高事业单位高级和中级专业技术岗位比例；加大基层岗位设置倾斜力度，在县、乡两级事业单位分别设置正高级和副高级岗位；对县级正高级、乡镇副高级专业技术岗位，突破岗位结构比例限制，“即评即聘”。同时，根据贵州省对人才培养、引进、使用的特殊需要，设置了特设岗位，不占单位结构比例。这些制度有效解决了基层事业单位人员发展瓶颈。事业单位岗位管理和聘用制度实施步入正轨，平稳推进第二轮岗位聘用及聘用合同签订工作。对省属科研院校党政负责人及基层事业单位放宽“双肩挑”限制。对事业单位实行“空岗补缺”和“竞聘上岗”制度，全省事业单位补岗晋级人员达7.23万人，有效推进事业单位工作人员职务晋升的良性发展。

三是机关事业单位工资福利制度改革进一步深化。积极推进省直机关规范公务员津补贴工作，不断提高事业单位绩效工资水平。将省直事业单位不同职务层次退休人员补贴标准提高430元。进一步规范和指导全省机关事业单位带薪年休假工作。

四是军转安置和维稳解困工作切实开展。如期完成国务院军转办下达321人的任务。积极帮助和引导自主择业军转干部就业创业，解困维稳工作扎实有效推进。

六、劳动关系建设更加和谐稳定

一是劳动关系建设不断加强。草拟《关于贯彻落实〈劳务派遣行政许可实施办法〉的意见》和《贵州省工资集体协商条例（初稿）》，不断加强劳动关系三方协调机制建设，2013年劳动合同签订率达到93%左右。调高最低工资标准，一、二、三类地区最低工资标准分别提高到每月1 030元、950元、850元，平均调增13%。制定《贵州省用人单位发放高温天气津贴的规定》。

二是仲裁机构实体化建设取得重大突破。全省仲裁机构实现了全覆盖。共建立企业调解组织1 719个，行业调解组织154个，机关事业单位调解组织919个，全省基层调解组织和企业调解组织网络基本建成。全年劳动人事争议调解仲裁案件结案率为97.42%。

三是劳动保障维权行动深入开展。修订出台《贵州省劳动保障监察条例》、《贵州省建设工程务工人员工资支付保障金实施办法》等全省性基础制度。积极推进“两网化”建设，覆盖率达80%以上。建立劳动保障监察跨省区域合作机制，与周边省份建立跨省劳动保障合作关系。加大执法力度，维护劳动者合法权益，劳动保障监察案件结案率达到了95%以上，追发劳动者工资待遇21.9亿元。积极开展农民工工资支付、清理整顿人力资源市场秩序等专项检查活动。

七、党的群众路线教育实践活动深入开展

作为全省第一批教育实践活动开展单位，省人社厅严格按照中央和省委的统一部署安排，认真组织开展教育实践活动，全厅干部职工不断加强学习教育，广泛听取意见建议，重点围绕“四风”开展自查，共整理出18个方面34条意见建议，重点在“改进作风、改善民生、服务基层、服务群众、服务发展”5个方面扎实整改，在医疗保险异地就医即时结算、基层人力资源社会保障服务平台建设、基层人才激励导向机制、两支人才队伍建设、改变机关作风、实现人民群众更加充分和高质量的就业、维护劳动者合法权益、确保民生资金基金安全等八项重点工作上取得了实实在在的效果，机关精神风貌焕然一新，广大群众得到了实惠。

（本文所指国发2号文件是指2012年《国务院关于进一步促进贵州经济社会又好又快发展的若干意见》）

贵州省人力资源和社会保障厅

云 南 省

刚刚过去的一年，是云南省人力资源和社会保障系统在困难中前行，压力下拼搏，转作风、增后劲、求突破的关键之年。在省委、省政府的正确领导下，云南人社工作者坚持稳中求进的工作总基调，深入开展党的群众路线教育实践活动，以活动促提高，以活动促改革，以活动促落实，各项目标任务圆满完成。

一、就业目标任务全面完成，全省就业形势保持总体稳定

2013 年，是云南省就业形势比较严峻的一年，就业工作任务十分艰巨。省人社厅充分依靠国家和省把就业工作放在经济社会发展优先位置的工作优势，确定了全年实现城镇新增就业 30 万人，城镇登记失业率控制在 4.5%以内，力争扶持 12 万人自主创业的就业工作总目标。通过在完善落实积极的就业政策、引导面向基层就业、鼓励自主创业、强化公共就业服务等方面加大工作力度，全省实现城镇新增就业 31.56 万人，完成目标任务的 105%，城镇登记失业率控制在 3.98%以内，创历史新低。全省扶持 12 万人创业，发放创业贷款 84.19 亿元，带动就业 35.5 万人，帮助城镇失业人员再就业 9.3 万人，就业困难人员就业 6.7 万人。开发公益性岗位 4.46 万个，帮助 2 757 户城镇“零就业家庭”实现至少 1 人就业。大学生就业创业工作取得新突破，全省创建大学生创业园区 55 个，入驻项目 600 多个。通过“贷免扶补”政策扶持 4 926 名大学生创业，占该政策扶持创业人数的 8.2%，增长 2.5%，增幅达 40%。全面开展了大学生实名制登记和“一对一”就业援助工作。实施万名大学生走出云南计划，引导大学生到基层就业。大学生年终就业率达 96.8%，为近年来最好水平。组织外出转移农村劳动力 34 万人，完成转移培训 35 万人。各项就业目标任务圆满完成。

二、社会保险覆盖面不断扩大，服务能力和待遇水平稳步提高

2013 年，全省各级社会保险经办机构认真贯彻落实党的十八大精神，以全面建成覆盖城乡居民的社会保障体系为主线，稳量提质，狠抓落实，各项业务工作成效显著，有效推动了全省社会保险事业持续健康发展。全省各类社会保险参保人数累加达 4 490 万人次，完成年度目标任务的 107%。其中，城镇职工养老保险参保 384.55 万人，城乡居民养老保险参保 2 149.2 万人，城镇基本医疗保险参保 1 118.75 万人，工伤保险参保 333.85 万人，生育保险参保 271.13 万人，失业保险参保 232.52 万人。105 万名机关事业单位人员纳入工伤保险。实现了新老农保政策衔接的新突破，全省近 140 万名老农保参保人员平稳过渡到新农保。全省全年社保基金收入 574.9 亿元，支出 444.3 亿元，基金收支总体平衡。内控制度进一步完善，基金监管得到进一步加强。养老、医疗、工伤、生育、失业等各项保险待遇进一步提高。全省企业退休人员待遇水平达到月人均 1 792 元，增长幅度超过 10%。城镇职工医保政策范围内住院费用支付比例达到 82%，居民医保政策范围内住院费用支付

比例达到70%。全省15个州市比国家要求提前2年实施城镇居民医保大病保险制度。社会保障体制机制进一步优化，城乡居民养老保险金融服务网点基本全覆盖，实现了430多万名领保人员领取待遇不出村。医保付费方式改革稳步推进，12个州市实行了复合型医保付费制度。对困难企业实施社会保险缓缴政策，共缓缴各类社会保险费2.9亿元。

三、人才体制机制建设实现创新突破，人才工作更上新水平

《关于创新体制机制加强人才工作的意见》的出台和实施，实现了人才体制机制新突破。高层次人才总量进一步扩大，全省约1.3万名专业技术人员晋升高级职称，5名高层次人才入选国家“百千万人才工程”，并获“国突”称号。新增10个博士后工作站，评审认定23名引进高层次人才享受政府购房补贴和工作经费资助。中小学教师职称制度改革试点工作全面完成。外专引智取得新成果，下达并完成引进国外技术、管理人才项目计划56项。出国（境）培训成果的跟踪、收集和推广应用工作得到加强。技能人才培养取得新进步，实施了省级高技能人才振兴计划，启动云南省首批2个省级高技能人才培训基地和20个省级技能大师工作室建设项目。在全国率先启动民办职业技能教育项目。新增高技能人才5.46万人。100名优秀拔尖农村乡土人才受到表彰奖励。全省技工院校在校生规模达9.4万人，毕业生2.57万人，初次就业率98%以上。人才培训得到加强，全年培训公务员、专技人才和企业管理人员66.5万人次，完成职业培训56万人次，取得职业资格证书49万人次。

四、收入分配秩序得到进一步完善，城镇职工收入水平稳步提高

圆满完成机关事业单位调整津补贴标准和绩效工资标准工作。开展了对省直56家事业单位实施绩效工资的清理检查工作，解决了部分单位实施工作中存在的资金保障困难等突出问题。完成了高海拔地区折算工龄补贴工作。根据人社部、财政部印发的《关于建立高海拔地区折算工龄补贴的通知》，开展了地理信息数据收集、人员数据汇总工作，并草拟了实施意见。迪庆州和省直驻迪庆州单位已完成兑现。积极稳妥调整最低工资标准。云南省一、二、三类地区的月最低工资标准自5月1日起，从1 100元、980元、830元调整到1 265元、1 130元、955元，分别增长15.00%、15.31%、15.06%，有效推动了低收入劳动者工资增长。完成了2013年企业工资指导线的拟定发布工作。经人社部批准，企业货币平均工资增长基准线为14%，增长上线为20%，增长下线为3%。指导全省16个州市发布了本地区企业工资指导线。劳动定额标准化工作得到推进，为切实保护高温作业、高温天气作业劳动者安全和身体健康，经报省人民政府同意，于5月23日首次发布了云南省企业高温津贴标准，具体标准为每人每工作日10元。在昆明、玉溪、楚雄、保山、临沧5州市开展了企业薪酬试调查工作。企业工资集体协商制度覆盖面不断扩大，各级人力资源社会保障部门审核的工资专项集体合同达4 800多份，增长72.48%。

五、公务员管理水平得到提升，人事管理和服务不断优化

通过考录政策倾斜、强化面向基层公开选调等政策措施，公务员队伍建设基层导向进一步确立。省级机关除特殊职位外，招录具有2年以上基层工作经历人员的比例达到100%；州市拿出部分岗位，县及县以下单位拿出20%的计划用于定向招录“四项目人员”（选聘高校毕业生到村任职、农村义务教育阶段学校教师特设岗位计划、三支一扶、大学生志愿服务西部计划），鼓励应届高校毕业生到基层工作。录用公务员凡进必考制度进一步完善。2013年考试录用公务员工作坚持省、地、县、乡“四级联考”的模式，严格按照程序开展工作。全省共计划招录7 920个职位（含党群、法检），10 041 名公职人员，政府系统共录用 8 409 人。此外，还协助省委组织部完成“选调高校优秀毕业生到基层工作”的报名、考试等相关工作，协助云南省国税局、昆明海关、国家统计局云南调查总队、昆明铁路公安等中央机关直属驻滇单位完成公务员录用面试工作。公务员分类管理改革继续推进，在工商系统部分单位开展了行政执法类公务员管理试点。在全省范围内开展了评比达标表彰活动的清理规范工作，精简各类评比达标表彰项目 13 项，减少 12.7%。全省事业单位岗位设置方案核准和岗位聘用工作基本结束，岗位管理制度在事业单位全面建立，事业单位公开招聘工作不断规范。以公务员考试和专业技术资格考试为重点的各项人事考试更加科学化、标准化和规范化，实现了各项考试安全无事故。第 20 年在全国率先完成计划分配军转干部安置任务，新安置接收军转干部 1 070 名，自主择业军转干部管理服务能力进一步提高。企业军转干部保持总体稳定。

六、劳动关系矛盾源头预防治理工作得到加强，劳动者权益得到保障

结合 2013 年开展党的群众路线教育实践活动，在 2012 年开展“规范依法用工、全面签订合同”主题活动的基础上，省人社厅对活动开展进行了升华，突出以非公、小、微企业为重点，组织召开劳动关系征求群众意见座谈会，利用实地调研、主动上门服务等方式，不断督促用工单位与职工依法签订劳动合同，并在企业用工管理方面给予面对面指导。2013 年，全省企业劳动合同签订率达 88.2%，上升 2%，共涉及职工 360 余万人。其中，农民工劳动合同签订率 80.6%，小企业劳动合同签订率达 79%，规模以上企业、国有企业、外资企业劳动合同签订率保持在 99%以上。劳务派遣行政许可制度全面实施。结合新修订《劳动合同法》实施契机，多次对使用劳务派遣人数多、情况复杂的企业及劳务派遣单位进行调研，并在全省范围内组织开展专项检查，有效掌握全省劳务派遣具体情况。截至 2013 年 8 月，全省注册劳务派遣业务的企业共 1 375 户，涉及劳务派遣职工 20 余万人。按照新修订《劳动合同法》及《劳务派遣行政许可实施办法》，提前对劳务派遣行政许可工作进行部署，对州市提出要求，并在相关网站公布。自 7 月 1 日起劳务派遣行政许可工作正式开展后，多次召开培训会议，对下级人社部门及部分劳务派遣企业开展行政许可工作进行培训。截至 2013 年 11 月，全省已有 85 户企业办理完劳务派遣行政许可。全省成立 141 个劳动人事争议仲裁院，建院率达 93%。仲裁机构受理案件 6 607 件，涉及劳动者 8 610 人，结案 6 771 件（含上期未结 255 件），结案率 98.67%。调解组织受理争议 2 625 件，涉及劳动者 6 394 人，结案 2 394 件，结案率 91.2%。以“三金五制”为核心内容的农民工工资支付保障机制更加完善。全省农民工工资保证金、工资准备金及政府应急周转金账户余额分别达 25.93 亿元、4.31 亿元、5 100 万元，因拖欠工资引发的群体性事件呈下降趋势，涉及人数较上年同期减少 24.17%。对农民工的服务水平进一步提高，与相关部门一起举办了云南省第二届农民工文化艺术节。开展了农民工工资支付、清理整顿人力资源市场秩序以及劳动用工和社会保险 3 项专项执法检查。全省共主动监察用人单位 5 万个，涉及劳动者 156 万人。接受举报投诉 11 404 件，立案 9 853 件，结案 9 831 件，结案率 99.78%。督促补签劳动合同 13.62 万份，督促用人单位参保和缴费 8 147.95 万元，清退风险抵押金 47 万元，清退童工 63 名，为劳动者追回工资等待遇 14.18 亿元。

七、作风建设不断改进，服务能力得到提升

在党的群众路线教育实践活动中，全省人社系统深入开展了学习型、效能型、节约型机关建设。省人社厅连续下发了关于进一步精简文件和简报、加强行政成本控制进一步规范会议管理、进一步改进机关作风的3个文件，出台了35条具体措施，并组织开展了专项整顿活动。春节期间，在全省人社系统实施“六个不准”，厉行勤俭节约，反对铺张浪费，并组成3个巡视组加强监督检查，确保落实到位。中央“八项规定”及省委、省政府关于作风建设的相关规定出台之后，省人社厅制定下发了《联系群众改进作风厉行节约规定》，出台了进一步改进调查研究、改进文风会风等10个方面30条具体规定。制定下发了《关于学习型效能型节约型机关的意见》，包括15条内容和措施，在全厅范围内开展学习型、效能型、节约型“三型”建设活动。按照为民便民的原则，规范统一了厅内办公区、服务大厅、服务窗口的服务标识。取消厅内简报12种，对外发文减少262件，同比减少21%，会议数量和规模得到有效缩减。全年，“三公”经费预算同比减少410万元，其中公务接待费减少250万元、公务用车购置及运行维护费减少110万元、因公出国（境）费减少50万元。此外，还对政策制度和服务事项进行了全面梳理，对群体性诉求、反复信访事件和廉政风险点进行了全面排查，对存在的问题更加心中有数。全系统上下深入查找“四风”问题，不断加强作风建设，从规范工作秩序、优化办事流程、规范权力运行、深化政务公开、精简行政审批、改进窗口服务入手，全面提升服务能力和水平，就业和社会保障基层服务平台体系建设进一步推进，社会保障卡“一卡通”建设取得实质突破，一批信访疑难问题得到解决。

云南省人力资源和社会保障厅

西藏自治区

2013年，西藏各级人力资源社会保障部门高举中国特色社会主义伟大旗帜，以邓小平理论、“三个代表”重要思想、科学发展观为指导，深入学习贯彻落实党的十八大和十八届二中、三中全会精神，坚持“民生为本、人才优先”工作主线，以开展党的群众路线教育实践活动为契机，深入实施更加积极的就业政策，加快健全覆盖城乡居民的社会保障体系，切实加强人才队伍建设，继续深化人事制度改革，稳步推进工资收入分配制度改革，努力构建和谐劳动关系，各项工作取得了新进展。

一、就业形势保持总体稳定

（一）就业目标任务圆满完成。

继续实施就业优先战略，坚持劳动者自主就业、市场调节就业、政府促进就业和鼓励创业的方针，全面落实促进就业的各项优惠政策。2013年，西藏城镇新增就业2.8万人，城镇登记失业率控制在2.5%以内。农牧区劳动力转移就业45万人、90万人次，劳务创收突破19亿元。

（二）高校毕业生就业力度加大。

西藏自治区继续加大公开考录力度，为高校毕业生提供公职岗位1.4万余个。各对口支援省市、中央企业提供就业岗位5 239个，1 500多名高校毕业生实现区外就业。认真做好职业介绍、档案管理、就业推荐等基础性工作。组织开展民营企业招聘周、网络招聘周、援藏省市及企业招聘会、中央企业就业援藏座谈会等就业服务活动。兑现高校毕业生奖励资金、见习生活补贴、区外就业补贴1 401.6万元。2013年，全区15 260名高校毕业生实现就业，实现西藏自治区党委、政府提出的“西藏籍应届高校毕业生全就业、往届毕业生基本就业”目标。

（三）农牧区劳动力转移就业质量不断提升。

2013年，西藏投入103.85万元对6个区直劳务品牌从业人员进行培训，提高劳务品牌建设能力。全年品牌劳务输出1.5万人、2.2万人次，实现劳务收入1亿余元。开发农牧民技能培训信息管理系统，对农牧民技能培训实行实名制登记和实时监控管理。

（四）就业援助工作扎实推进。

深入实施以送政策、送服务、送岗位、送技能为主题的“四送工程”，健全就业困难人员认定帮扶机制，完善登记认定程序，掌握就业困难人员的基本情况。高度重视中职班毕业生就业工作，1 650名内地中职班毕业生实现就业。发挥公益性岗位托底安置作用，确保公益性岗位优先安置就业困难人员。2013年，通过公益性岗位共安置“九类”就业困难人员7 000人，70户零就业家庭实现动态消零。

（五）培训和就业服务工作继续加强。

积极推进培训项目招投标，提高培训的针对性，2013年共开办各类培训班600多期，培训劳动者3.7万人，其中有2.5万人实现技能就业，培训就业率达80%。举办创业培训班29期，培训创业学员860人，培训后创业成功率为16%。扎实开展创建充分就业社区工作。进一步加强职业中介监管，对14家民营职业介绍机构进行检查。组织开展春风春暖行动等专项活动和每月定期召开的人力资源洽谈会。2013 年，职业指导 4 万余人次，职业介绍 3.9 万人次，职业介绍成功 2.5 万人。1 469 家用人单位进行了劳动用工备案。为 1 485 人办理失业登记、2 031 人办理就业登记。

二、社会保障政策进一步完善

（一）参保人数创历史新高。

到 2013 年底，西藏各项社会保险参保总人数达到 248.89 万人次。其中，企业职工基本养老保险 13.83 万人、城镇居民社会养老保险 7.44 万人、城镇职工基本医疗保险 28.3 万人、城镇居民基本医疗保险 24.07 万人、失业保险 11.7 万人、工伤保险 14.55 万人、生育保险 18.46 万人、新农保 130.54 万人。

（二）社会保险待遇水平稳步提高。

在确保企业退休人员基本养老金按时足额发放的同时，根据国家统一部署，连续第 9 次调整企业退休职工基本养老金，调整后月人均达 3 018 元。新农保月基础养老金由 90 元调整到 105 元。城镇居民社会养老保险月基础养老金标准达到 120 元。城镇居民基本医疗保险财政补助标准提高到年人均 300 元，政策范围内住院费用支付比例达到 75%以上。城镇职工和城镇居民基本医疗保险年度最高支付限额分别提高到 30 万元、20 万元（其中，含大额医疗费商业补充保险最高支付的 22 万元和 14 万元）。首次对工伤职工的长期待遇进行调整，调整后月人均伤残津贴达 2 149.56 元，月人均供养亲属抚恤金达 1 036.27 元。调整提高失业保险金标准，月人均达 704 元。2013 年，共兑现各项社会保险待遇 30.49 亿元。

（三）基金征缴和监管力度不断加大。

2013 年，共征缴社保基金 31.31 亿元。扎实开展稽核工作，清理回收历年欠缴各项社会保险费 1 065 万元，确保社保基金应收尽收。研究制定社保基金收支结算财务内部管理办法等多项制度，健全基金管理制度。加强专项检查，规范基金收支流程，强化基金安全教育，确保了社保基金安全平稳运行。

三、人才队伍建设进一步加强

（一）符合西藏实际的人才政策基本形成。

研究制定《西藏自治区正高级工程系列专业技术职务任职资格评审办法（试行）》、《西藏自治区基层专业技术人员专业技术职务评聘办法（试行）》、《西藏自治区引智项目资助经费管理办法（试行）》，西藏人才政策进一步完善。

（二）西藏少数民族专业技术人才特殊培养工作进展顺利。

加强西藏特培学员的选派、跟踪管理和服务等工作，为学员创造良好学习条件。组织开展 2013 年西藏特培工作回访暨专家赴藏服务活动。第一批西藏特培工作圆满完成，共培养业务骨干 600 人。积极启动实施第二批西藏特培各项工作。

（三）专业技术人才队伍建设显著加强。

向人力资源社会保障部上报 12 名百千万人才工程国家级候选人及 2 名“国家特支计划”百千万人才工程领军人才候选人。完成 100 名自治区学术技术带头人选拔认定工作。6 个留学人员科技活动择优资助项目获得人力资源社会保障部批准。西藏大学被人力资源社会保障部批准为国家级专业技术人员继续教育基地并获得 300 万元资助经费。向自治区财政厅申报“西藏自治区专业技术人才知识更新工程”并获得 270 余万元资助经费。实施完成“青稞新品种选育与大面积示范推广服务活动专家服务基层行动计划项目”、“西藏现代农业产业技术支撑体系”、“海外赤子为国服务行动计划——西藏企业行”等 16 个培训项目，完成对 2 500 余名专业技术人员的培训。

（四）职称制度改革稳步推进。

完成西藏 2013 年度晋升高级专业技术职务人员资格审核、开具委托评审函、资格确认等工作，确认 776 人高级专业技术职务任职资格。修订完成水利等 5 个工程系列高级专业技术职务任职资格评审细则。

（五）技能人才队伍建设进一步加强。

举办创业培训师资研修班，提高西藏创业培训师资质量。做好技术能手表彰、技能人才评选推荐工作。进一步规范职业资格证书的审核发放。加强职业技能鉴定所、民办职业技能培训机构、劳务派遣机构的监督检查。2013年，首次开展西藏机关事业单位工人技师等级考试工作，共组织1万人参加职业技能鉴定、国家职业资格统一鉴定。积极申报拉萨市城关区古艺建筑美术公司为国家级技能大师工作室并获批准。

（六）人事考务工作不断加强。

加强人事考试机构建设。规范考务工作流程，加强人事考试工作重点领域和关键环节的管理，确保各类考试安全平稳运行。完成全国职称外语等40多项、3.5万余科次的专业技术人员资格考试，监督指导区有关部门完成二级建造师、卫生等多个领域的考试工作。

（七）人才引进和引智工作扎实开展。

向国家外专局申报4个出国（境）培训项目，并获得批准及95万元资助经费。向国家外专局申报实施3项引进外国专家项目和2项示范推广项目，共引进5名外国专家并获得资助经费35万元。

四、人事制度改革扎实推进

（一）公务员队伍建设的基础性工作不断加强。

扎实做好覆盖区、地、县三级的公务员管理信息系统建设基础性工作。扎实开展公务员年度考核工作，考核率为99.6%。对考核为基本称职、不称职的47人做出处理。培训各类公务员1.6万人次。评选推荐省部级以上先进集体30个，先进个人35名。西藏自治区公务员局被中组部、人社部和国家公务员局评为“公务员统计全优报表单位”。

（二）公务员考试录用工作有序开展。

进一步完善公务员考试录用制度，严格实行“凡进必考”和公开、平等、竞争、择优原则开展考录工作。2013年，先后圆满完成了2批高校毕业生公开考录、中央和区直机关公开考录、基层政法机关定向考录、从驻藏部队拟退役士兵中考录乡镇公务员和基层公安机关人民警察工作。据统计，6次考试参考人数达3万多人次，计划录用1.5万余人，实际录用近1.4万人。

（三）事业单位人事制度改革稳步推进。

到2013年底，西藏共有506家事业单位推行聘用制度，约占全区事业单位总数的11.47%，2.65万人签订了聘用合同，约占事业单位工作人员总数的31.26%。事业单位岗位设置管理工作平稳推进，进一步强化事业单位人事管理信息数据库的实名制管理。做好部分事业单位公开招聘和选调工作。加强事业单位工作人员年度考核，考核率为99.59%。

（四）军转管理服务工作顺利推进。

顺利完成19名计划分配军转干部和750名自主择业军转干部培训、安置工作，按时足额发放自主择业军转干部退役金。积极推进自主择业军转干部适应性培训和管理服务工作。切实做好企业军转干部走访慰问、解困维稳工作，发放维稳解困金63.40万元。

五、工资收入分配制度进一步健全

（一）工资福利政策落实力度加大。

及时完成西藏机关事业单位折算工龄补贴增资兑现工作，月人均增资440元。调整西藏特殊津贴补贴标准，月人均增资428元。

（二）企业工资收入分配工作得到加强。

深入推进“彩虹计划”，积极稳妥扩大工资集体协商覆盖范围。按照“两低于”原则加强企业调资审核。发布劳动力市场工资指导价位，引导劳动力合理有序流动。调整最低工资标准，2013年，除日喀则地区月最低工资标准为1 150元、小时最低工资标准为10.5元外，其余6地（市）月最低工资标准为1 200元、小时最低工资标准为11元。督促企业严格执行西藏现行最低工资标准，切实发挥最低工资保障低收入群体基本生活的作用。

六、劳动者权益得到有效保障

（一）劳动关系三方协调机制更加健全。

积极开展《劳动法》、《劳动合同法》等法律法规宣传，增强用人单位和劳动者签订劳动合同的自觉性。以劳动密集型企业和中小企业、民营企业为重点，着力推进农牧民工劳动合同签订工作。2013 年，西藏新签订劳动合同 27 763 人，24 家企业、669 人签订了集体协商合同，企业农牧民工劳动合同签订率达到 93.7%。

（二）劳动监察力度进一步加大。

综合运用日常巡查、专项检查和接受举报投诉三种基本执法方式，及时查处和纠正劳动用工违法违规行为。2013 年，西藏共检查用人单位 1.3 万户，依法处理举报投诉、违法案件 600 件，结案率 98%以上，为劳动者追讨工资、赔偿金等共计 1 500 万余元。监督建设领域设立劳动者维权公告牌 900 多块，100 多户建设企业累计交存工资保证金 6 000 多万元。妥善处置集体劳务纠纷 33 起，涉及劳动者 797 人，涉及金额 1 000 多万元。

（三）劳动人事争议调解仲裁工作成效明显。

制定《西藏自治区劳动人事争议仲裁委员会工作制度》、《西藏自治区劳动人事争议仲裁庭审纪律》等规章，出台当日立案制度、风险告知制度等 9 项便民措施，有效提高办案效率。扎实开展劳动人事争议仲裁员、调解员业务培训。出台《关于西藏自治区劳动人事争议仲裁机构实体化建设的意见》，劳动人事争议仲裁机构实体化建设迈出新步伐。2013 年，共受理劳动人事争议案件 1 000 件，涉及人数 8 099 多人，涉及金额 6 100 多万元，结案 982 件，结案率达 98%以上。督促 200 余家企业建立劳动争议调解委员会。

西藏自治区人力资源和社会保障厅

陕西省

一、就业

2013年，陕西省实施就业优先战略和更加积极的就业政策，把高校毕业生为重点的青年群体就业放在首位，实施离校未就业高校毕业生就业促进计划，大力促进创业带动就业，就业目标任务全面完成。全省城镇新增就业43.6万人，城镇登记失业率3.32%，低于控制指标1.18个百分点。实现农村劳动力转移就业695万人。2013年争取中央转移就业资金21.6亿元，直接享受各项补贴人数66.3万人。全省离校未就业高校毕业生实现就业8.6万人，登记就业率为91.7%。共帮助4.76万名就业困难人员实现就业，消除零就业家庭964户。

（一）全面落实更加积极的就业政策。

按照推进实现更高质量就业的要求，调整完善就业政策，着力推动政策落实，细化工作目标，强化工作措施，加强工作调度和督促检查，建立全省就业形势定期分析制度，统筹推进就业工作深入开展。

（二）以高校毕业生为代表的重点群体就业。

坚持把高校毕业生就业工作放在首位，全力推动新出台高校毕业生就业创业扶持政策，实施就业促进计划，组织开展高校毕业生就业专项活动、厅局长进校园、离校未就业高校毕业生实名制登记等各类就业服务，基本实现了应届高校毕业生就业水平不降低、有提高的目标。继续实施“农村基层人才队伍振兴计划”，全年招录1 463人。统筹做好困难就业人员等群体就业，大力开展就业援助月和农民工回乡创业观摩交流活动，重点群体就业保持基本稳定。

（三）创业带动就业。

以高校毕业生创业引领计划、省级创业型城市建设和农民工创业示范县建设为抓手，全省新增小额担保贷款80.45亿元，直接扶持7.7万人成功创业，带动24.6万人实现就业。下发《关于推进陕西省创业孵化基地建设的指导意见》（陕人社发［2013］59号），加强创业孵化基地建设，健全创业服务体系，提高创业服务质量，进一步优化创业环境。

（四）职业技能培训。

开展全省各种职业技能竞赛活动26次。开展全国百家职业培训示范城市创建和职业技能公共实训基地建设工作，开展就业技能、岗位技能提升和创业培训，提升劳动者就业创业能力。全年共计完成就业培训17.2万人，创业培训5.4万人。

（五）公共就业服务。

会同有关部门组织开展春风行动、民营企业招聘周、高校毕业生就业服务月及季度网络招聘等公共就业和人才服务专项行动，集中为各类群体和用人单位提供政策支持和就业服务。建立健全公共就业服务经费保障机制。完善就业失业监测统计制度。建立全省统一的就业信息监测指标体系，建设陕西招聘信息公共服务网。

（六）人力资源市场建设。

全省市级及县区在服务场所、资源信息共享及业务开展方面实现了人力资源服务功能的初步整合。加强人力资源市场监管，推进人力资源服务机构诚信体系建设，开展诚信服务月主题活动，促进人力资源服务业发展。

二、社会保障

（一）进一步完善社会保障制度。

加强民生托底政策的系统性研究，建立了农村“八大员”、原志愿军老战士等四大类15个特殊群体养老金待遇随企业退休人员同步调整机制。出台企业参保人员因病或非因公死亡一次性抚恤金、企业退休部分专家生活补贴、曾担任企业厅局级厂长经理退休人员生活补助金等20项社保惠民政策。将环卫工人、出租车司机等群体纳入养老保险范围。调整提高了部分企业退休人员、“文化大革命”前参加工作的国有企业退休人员最低基本养老金，解决了部分矿山企业患尘肺病人员有关待遇问题。

（二）全面完成社会保险各项目标任务。

2013年全省城镇职工基本养老、医疗、失业、工伤、生育保险参保人数分别为684.5万人、1 244.3万人、339.7万人、378.1万人、240.3万人；城乡居民社会养老保险参保人数1 704.9万人。各项社会保险基金总收入810.5亿元，总支出645.5亿元，累计结余842.4亿元。

（三）稳步提高社会保险待遇水平。

连续9年提高企业退休人员基本养老金，涉及退休人员165.5万人，全省人均每月达1 929元，平均水平位居全国第9位。提高全省城乡居民社会养老保险基础养老金，由最低55元提高到60元，覆盖全省60岁以上城乡居民388万人。提高城镇居民医保财政补助标准，由人均250元提高到300元，覆盖城镇居民677.1万人。调整全省工伤保险待遇标准，工伤保险辅助器具配置项目扩大到86种且最高支付限额增幅21.6%。失业保险待遇水平稳步提高。按照物价补贴联动机制，对全省失业人员和企业退休（退职）人员发放3个月基本生活费用物价补贴，每人每月30元。

（四）基金监管。

开展城乡居民社会养老保险基金检查，推进社会保险基金监管软件使用，实施非现场监督。跟踪做好审计发现问题的整改工作。开展企业年金理事会培训，提高规范化服务水平。

（五）社会保险经办管理服务。

推进养老保险网上经办服务工作，开展退休人员社区管理服务工作，全省养老保险经办机构80%以上实现网上业务经办服务，企业离退休人员社区管理率达到79%。连续13年兑现“三不承诺”，为173.3万离退休职工发放基本养老金395.9亿元，办理跨省流动人员养老保险关系转移接续3.5万人。省内异地就医即时结算全部实现联网对接，实现与青海、海南跨省异地结算。社会保障卡持卡人数突破1 200万人。

三、工资收入分配

（一）机关事业单位工资收入分配制度改革。

深入开展收入分配制度改革实施意见调研工作，积极开展公务员和企业相当人员工资试调查工作。完善了事业单位绩效工资分配政策，加强了绩效工资总量管理，妥善解决省直事业单位退休人员生活待遇问题。

（二）企业工资管理工作。

调整提高了最低工资标准，平均涨幅13.2%。大力推行工资集体协商制度，覆盖面进一步扩大。颁布了年度企业工资指导线，增长基准为13%，保障了一线职工的工资得到正常增长。开展了国有企业工资收入监督检查和企业薪酬调查工作。研究提出了提高水利、批发零售行业职工工资水平的意见。

四、人事制度改革

（一）不断完善公务员制度。

出台了陕西省公务员平时考核办法、党政机关竞争上岗工作办法，印发了加强职位设置管理工作的通知。首次从优秀工人农民中考试录用公务员457名，首次在全省统一组织公开遴选省级机关公务员 87 名。全省考试录用公务员 3 528 名。开展了第八届全国“人民满意的公务员”评选推荐工作，严格加强评比达标表彰管理工作，全面实施公务员“四类培训”，举办了十八大精神、法律法规专题培训。

（二）事业单位人事制度改革。

认真贯彻《事业单位工作人员处分暂行规定》（人社部第 18 号令）。出台了《陕西省事业单位公开招聘工作人员实施办法》（陕人社发［2012］105 号），下发了《关于进一步规范省直事业单位公开招聘工作有关问题的通知》（陕人社发［2012］106 号），从 2013 年 1 月 1 日起开始实施。2013 年陕西省中小学、幼儿园新任教师统一公开招聘工作全面完成。事业单位专业技术二级岗位实施工作有序推进，52 名申报人员通过了专家评议。开展了农村寄宿制学校后勤保障人员配备情况调研。

（三）军转安置。

坚持“阳光安置”，优化工作流程，完善安置办法和程序，改进随调配偶安置办法，破解安置工作难点，顺利完成 1 634 名军转干部安置任务。全面落实《关于加强和改进军队专业干部教育培训工作教育培训的通知》（国转联［2008］5 号），完善军转干部教育培训内容。举办全省自主择业军转干部专场推介招聘会，举办创业与创新管理高级研修班，积极搭建平台，促进就业创业。调整提高了全省 2.4 万余名企业退休军转干部生活困难补贴。坚持大下访、部门联动与应急处置相结合，进一步健全企业军转干部解困维稳工作机制。

五、人才队伍建设

（一）专业技术人才队伍建设。

全面推进全省中小学教师和乡镇卫生人员职称改革试点工作，大力实施专业技术人才知识更新等人才工程。完善博士后创新基地和项目资助资金管理，新增博士后科研工作站 22 个、博士后创新基地 15 个，推荐选拔领军人才 10 人、百千万人才工程国家级人选 15 人、省重点领域顶尖人才 205 人，完成了 8 824 人的高级职称审批工作。

（二）高技能人才队伍建设。

全面落实国家高技能人才振兴计划，积极推进高技能人才培养工程实施，培养技师、高级技师 4 980 人，新增 3 个国家级技能大师工作室和 3 个国家级高技能人才培养基地。加强技工院校师资队伍建设和教学管理，首次在陕西省技工院校中开展“享受国务院政府特殊津贴”人员选拔推荐工作，出台了《陕西省技工院校教学督导评估细则》（陕技指发［2013］15 号）。积极推进职业技能鉴定工作，全年共鉴定考核 68.5 万人。

（三）引进国外智力工作。

大力实施“外专千人计划”和高端外国专家项目，引进外国专家项目 120 个，引进高层次外国专家 32 人次，全年引进外国专家 3 363 人次。启动实施了“陕西省留学人员企业经理人扶持计划”和外国专家陕西行活动，进一步细化完善了陕西省留学人员突出贡献奖评审办法。认真落实中央和省委关于规范出国（境）培训工作新要求，进一步加强归口管理工作，执行出国（境）培训项目 16 项，培训人员 273 人次。精心组织表彰“三秦友谊奖”，举办了第 20 届杨凌农高会系列国际交流活动。

六、劳动关系和劳动者权益维护

（一）劳动关系协调工作。

以实施新修订的劳动合同法为重点，制定出台了陕西省《劳务派遣行政许可实施细则》，规范了劳务派遣单位日常监管和定期报告制度。推进劳动用工备案工作。全省共有 4 个市 32 个县（区）开展了劳动用工备案工作，占全省县区的 30%。全面推进小企业劳动合同制度实施专项计划，提高劳动合同签订率，重点提高建筑、煤矿、餐饮服务业的农民工劳动合同签订率。合同签订率达到 93.8%。积极吸纳工商联参与协调劳动关系三方会议工作，推进劳动关系和谐企业创建工作。经省政府批准，发布了当年陕西省企业职工工资指导线。2013 年货币平均工资增长基准线为 13%，上线和下线分别是19%和6%。从1月1日起再次提高全省最低工资标准，分别提高至1 150元/月、1 050元/月、950元/月、870元/月，平均涨幅为13.2%。开展企业薪酬调查，发布部分市劳动力市场工资指导价位信息。开展了国有企业工资内外收入监督检查工作。省属154户国有企业上报了工资内外收入自查报告，委托会计师事务所对5户企业进行了抽查审计，对审计中存在问题的企业责令其及时进行整改，坚决予以纠正。对全省水利行业、批发零售业和住宿餐饮业企业职工收入水平进行摸底。通过分析比较、深入调研，提出了提高水利、批发零售行业职工工资水平的意见。加强收入分配制度改革调研工作，撰写了《促进中低收入职工工资合理增长的政策措施》和《加强国有企业高管薪酬管理的政策措施》的调研报告。对符合实施特殊工时制度的企业加强指导，并审批实行综合计算工时工作制和不定时工作制企业46户。完成了2013年度省部属企业军转干部生活困难补助审核工作。建立了60年代精减职工生活补助费自然增长机制，60年代精减职工生活补助费今后按照当期国家调整提高企业退休人员基本养老金的比例，以本人上一年度生活补助费标准为基数，同步同比例进行调整。完成了2013年度省属困难企业60年代精减职工生活补助费核拨工作。

（二）劳动人事争议调解仲裁工作。

下发了《关于进一步贯彻落实加强劳动人事争议处理效能建设意见的通知》（陕人社办发［2013］49号），推进仲裁机构实体化和仲裁员队伍专业化建设，省本级和5个市、25个区县成立仲裁院（中心）。加快劳动和人事争议仲裁委员会整合，省本级和6个市、65个县区完成仲裁委整合。对3家公有制企业劳动争议调解示范工作进行检查总结，在2家非公有制企业（商会）开展劳动争议调解示范工作试点工作。积极推进调解仲裁办案系统基础建设工作，落实调解仲裁信息统计工作责任制。全年处理劳动人事争议案件6 229件，涉及劳动者6 755人，涉案金额1.9亿元，结案率为93%。

（三）劳动保障监察执法工作。

2013年初开展的农民工工资支付专项检查期间，陕西省政府办公厅下发了《关于切实做好2013年春节期间农民工工资支付工作的紧急通知》（陕政办发明电［2013］5号），全省共检查用人单位1万多户，涉及农民工52万人，给7万多名农民工追讨工资3.3亿元。开展清理整顿人力资源市场专项行动，全省共检查人力资源服务机构750多户，查处未经人社部门许可擅自从事职业中介活动的组织56户，违法案件185件。开展用人单位遵守劳动用工和社会保险法律法规情况的专项检查，共检查用人单位8 015户，涉及劳动者50万人，责令用人单位与4.1万名劳动者签订劳动合同，补缴社会保险费164万元。对用人单位贯彻落实国务院《职工带薪年休假条例》的情况进行了专项检查。2013年全省各级劳动监察机构共办结各类案件5 496件，处理群体性事件421起，为6.8万多名劳动者追讨工资等待遇4.58亿元，督促用人单位为4.5万多人补缴999.7万多元社会保险费。制定下发了《关于进一步加强对农民工工资支付情况常态化监察的通知》（陕人社办发［2013］20号），建立并完善了上下级监察机构应急处置和联动机制。下发了《关于规范拒不支付劳动报酬罪案件查处衔接工作的通知》（陕人社发［2013］71号），进一步明确了拒不支付劳动报酬罪的犯罪构成、犯罪主体、立案侦查的公安机关、移送案件的条件和程序等问题。全省网格划分完毕，共划分各级网格3 091个，形成了上下贯通、三级联动的监察管理格局。举办了全国首期中日合作劳动监察员任职资格培训班和监察员岗位培训班。对本省各级工会劳动法律监督员130余名进行了培训。

（四）农民工工作。

积极推进农民工市民化，协调落实涉及农民工的各项公共服务政策，会同有关部门印发《进城务工人员随迁子女在陕参加普通高校招生考试实施细则》（陕教考［2013］3号）。落实完善农民工享受保障性住房政策，推动农民工参加社会保险工作。认真贯彻落实关于发展家庭服务业相关政策，配合省质监局积极参与本省标准化战略建设工作，促进家庭服务业行业规范标准化制定和推广。开展进城落户工作督查活动，全省办理农村居民进城落户115万人，完成全年目标任务的127.8%。

陕西省人力资源和社会保障厅

西　安　市

2013年，西安市人社系统认真贯彻落实中央和省、市的决策部署，坚持稳中求进的总基调，开拓进取，狠抓落实，圆满完成了各项工作目标任务。

一、就业目标任务全面完成，就业局势保持基本稳定

（一）各项就业目标任务超额完成。

截至2013年底，西安市城镇新增就业12.6万人，农村劳动力转移就业100.5万人，全市城镇登记失业率为3.4%，新增小额担保贷款15.7亿元。

（二）更加积极的就业政策全面落实。

进一步加大积极就业政策的实施力度，畅通政策落实渠道，加强工作调度和督促检查，推动就业工作开展和就业政策落实，确保目标任务按期完成。进一步完善各类帮扶政策，出台了《西安市做好2013年普通高校毕业生就业工作的实施意见》，实施高校毕业生就业促进行动计划，出台了就业困难人员就业援助办法。西安市享受就业政策资金扶持人数达16.1万人。

（三）公共就业服务不断加强。

相继开展了春风行动、就业援助月、民营企业招聘周及就业服务进校园等专项活动，举办专场招聘会392场，提供就业岗位18.8万个。新增大学生就业见习基地66家，开发就业见习岗位8 300余个，将就业见习补贴标准由每人每月700元提高到800元。加强输出地和输入地的对接，大力推进农民工就近就地就业、返乡创业和有序进城务工，缓解“求职难”和“招工难”问题。结合西安市委、市政府确定的五项重点工作，实施重点企业用工对接工程，举办了渭北工业园区企业专场招聘活动。加强对企业的用工指导，鼓励小微企业吸纳高校毕业生就业，努力帮助企业引工稳工，促进企业建立用工长效机制。发挥泛西安用工协作机制作用，城际间的用工协作交流广泛开展。积极开展公共就业服务机构职业供求分析、重点产业企业用工动态监测等就业信息监测，将实施失业动态监测的重点企业增加到60家。

（四）职业技能培训力度进一步加大。

积极开展职业培训年活动，大力开展就业技能培训、岗位技能提升培训、创业培训、家庭服务从业人员培训和特色产业职业技能培训。开展政府补贴性职业培训27.5万人次，其中就业创业培训7.2万人次。进一步健全面向全体劳动者的职业培训制度，完善职业技能培训体系，进一步落实职业培训和职业技能鉴定补贴政策。

（五）创业带动就业工作积极推动。

实施万名大学生创业培训计划，出台了20条放宽大学生创办企业的措施。进一步完善大学生创业贷款政策，将财政贴息由原来的50%调整至全额贴息，2013年共为大学生发放创业贷款2 254笔2.4亿元。以创业培训、创业资金支持为着力点，为创业农民工提供支持，引导农村富余劳动力自主创业。组建20个创业指导（志愿）团队，在市、区县公共就业服务机构和街道、社区平台设立了专门的创业指导服务窗口，建成了31个、总面积达56万平方米的创业孵化基地，实现了小额担保贷款政策对各类创业群体的全覆盖，直接扶持

1.2 万人创业，带动就业 12.4 万人。

二、统筹推进城乡社会保障体系建设，社会保障制度进一步健全

（一）城乡社会保障制度进一步完善。

积极推进西安市城乡居民社会养老保险市级统筹工作，研究草拟了《西安市城乡居民社会养老保险市级统筹实施办法》。稳步推进出租车司机、环卫工人参加社会保险工作，妥善解决律师参加养老保险问题。细化医保定点零售药店管理办法，出台了《定点零售药店管理实施细则》，定点零售药店管理进一步规范。扩大失业保险基金支出范围，对通过内部培训主动扩大就业岗位吸纳人员、转岗培训分流安置富余人员的企业，支付培训补贴和安置补贴。完善工伤保险费率政策，工伤保险缴费实行浮动费率，积极探索建立补充工伤保险制度。

（二）进一步扩大社会保险覆盖面。

截至 2013 年底，西安市参加企业职工基本养老保险、城乡居民社会养老保险、医疗保险、失业保险、工伤保险和生育保险人数分别达到 264.4 万人、248.2 万人、416.6 万人、145.6 万人、138.9 万人和 98.2 万人。城镇基本医疗保险参保率达 98.5%。开展医疗、失业、工伤、生育保险费统一审核征缴，社会保险基金支撑能力显著增强。

（三）社会保险待遇水平稳步提高。

连续第 9 年提高企业退休人员养老保险待遇，西安市 56.5 万名企业退休人员月人均增加养老金 194.4 元，达到 2 040.2 元。城镇居民医保最高支付限额提高至 20 万元，住院医疗费用报销比例提高 5%以上，财政补助标准提高至 300 元。失业保险金由每月 750 元提高到 862.5 元，统一了全市失业保险金待遇标准。因工死亡职工的一次性补助金标准提高至 49.1 万元，伤残津贴、护理费以及供养亲属抚恤金等工伤待遇普遍提高。

（四）基金监督管理进一步加强。

认真做好社会保险基金预决算。在西安市范围内开展民营定点医疗机构专项检查，重点打击个别定点机构出现的套取、骗取医疗保险基金等各种违规行为。开展城乡居民社会养老保险基金专项检查，纠正基金管理使用过程中存在的问题，累计停发 6 453 名不符合领取资格的居民养老待遇，并追缴 9 010 名居民重复领取的养老金 445.9 万元。

（五）圆满完成了 2013 年西安市政府确定的 10 件惠民实事中涉及的 3 项任务。

配合西安市相关部门正式启动了城乡居民大病保险工作，已为 661 人次支付 386.8 万元；119 家定点医疗机构住院医疗费用实现了联网实时结算，其中 38 家三级以上医院全部联网；发放社会保障卡 215 万张。

三、人才队伍建设进一步加强，引智工作取得积极进展

（一）专业技术人才队伍建设稳步推进。

高层次人才选拔培养力度进一步加大，选拔推荐各类有荣誉称号专家候选人 22 人。全面推进中小学职称改革，已审核通过中小学教师职称 60 505 人。启动中小学教师正高级职称评审工作，已评审推荐 16 人。加强博士后工作站建设，申报陕西省博士后创新基地 6 家，申请设立博士后工作站 2 个。积极开展专业技术人员继续教育工作，已建立市级基地 34 家，申请设立省级基地 1 家，上报专业技术人员国家级继续教育高级研修班 1 项。积极推进全市乡镇卫生专业技术人员职称改革扩大试点工作，评审通过中级职称 66 人，副高级职称 52 人。加大水利水务专业技术人员职称评审工作力度。强化专家管理和服务。

（二）技能人才队伍建设进一步加强。

积极推进全国百家城市专项技能振兴活动，规范全市技师社会化考评工作，探索技能竞赛与行业评审相结合的选拔模式，2013 年共组织开展多层次的职业技能竞赛 10 场，1 万多名职工报名参加，涉及工业制造、交通运输等 6 个行业、31 个工种。培养高技能人才 22 345 人，其中技师、高级技师 439 人，选拔推荐陕西省首席技师候选人 11 人，职业

技能鉴定 85 564 人。规范技工院校管理，加大招生宣传力度，全市技工院校招生 8 563 人，保持了在校生规模基本稳定。积极推动西安市就业创业实训基地建设。

（三）引进国外智力工作取得新进展。

“外专千人计划”和高端外国专家项目深入实施，引进国外技术、管理人才项目计划 30 项 197 人，国家高端外国专家项目计划 1 项 1 人。办理外国专家证 368 件，来华工作许可证 160 件。规范开展出国（境）培训，派出培训团组 9 项 130 人，与多家境外培训机构签署了项目合作意向书。加强留学回国人员服务，择优资助留学回国人员创新创业科技项目 8 项，获人社部资助项目 4 项。积极开展海外留学人才合作，建立了西安·澳洲留学人才工作站，与有关公司签订了海外人才需求信息发布合作协议，成功举办西安·澳洲留学人才网络招聘会。成功举办“2013 中国（西安）荷兰国际集成电路技术交流及高端人才研修班”和“2013 欧亚经济论坛教育与人才分会”。深化关中—天水经济区人才开发合作机制，联合举办 2013 年春季大型区域人才网络招聘会。首次赴广州、深圳开展专业技术人才招聘活动。

（四）农村基层人才队伍建设进一步加强。

实施农村基层人才队伍振兴计划，为 8 个涉农区县招聘工作人员 296 人，选派“三支”队员 500 人，资助毕业后到基层工作大学生 112 人，资助 501 名基层工作人员参加学历教育，后续培养培训服务基层高校毕业生 610 人，培训农村实用人才 1.6 万余人。积极开展专家服务基层行动，培训基层专业技术人员和农村实用人才 2 000 余人次，举办“新农村科普知识讲座”广播节目 96 期。

四、积极推进干部人事制度改革，制度建设和队伍管理不断加强

（一）公务员管理更加规范。

进一步完善了公务员日常登记、公开遴选及竞争上岗等管理制度，对公务员法执行情况进行了检查，公务员登记、调任转任、职务任免及职数管理等工作统筹推进，市、区机关职位设置工作基本完成。平稳做好食品药品监督管理体制改革涉及的 1 460 人划转工作。考试录用公务员和参照公务员管理单位工作人员 739 人，首次从优秀工人、农民中考录公务员 68 人。考录面试环节在实行“两封闭”、“三隔离”、“四抽签”制度的基础上，首次实行面试考场工作人员抽签制度、考生自我保管抽签号制度和全程录像、录音制度，确保了面试的公开公正。认真开展“人民满意的公务员”评选活动，1 人获全国“人民满意的公务员”称号。组织开展公务员“四类培训”，举办“公务员大讲堂”及“公务员大讲堂送教下乡”活动，累计培训 2 671 人。

（二）事业单位人事制度改革进一步深化。

事业单位岗位管理制度深入推进，合同管理、竞聘上岗、聘后管理等制度更加完善，管理更加规范，初步建立了岗位设置管理的动态调整机制。公开招聘工作圆满完成，招聘市属事业单位工作人员 531 人，中小学、幼儿园教师 703 人，为县及县以下医疗机构定向招聘医学类本科毕业生 185 人，指导区县完成招聘任务 780 人。制定了规范开发区人事管理工作尤其是公开招聘工作的政策规定。

（三）军转干部安置任务圆满完成。

深入部队营区和院所广泛开展军转安置政策宣讲活动。进一步完善了功绩制分配等军转安置办法，圆满完成了 604 名计划分配军转干部的安置任务。自主择业军转干部管理服务工作水平得到提升，就业创业扶持成效明显。军转干部教育培训工作不断加强，突出实践性培训和个性化培训，提高了培训的针对性和有效性。加大企业军转干部解困政策宣传力度，开展“走基层、大下访，关爱企业军转干部”活动，加强思想教育，确保了企业军转干部总体稳定。

五、机关事业单位工资收入分配制度改革稳步推进，企业工资管理工作不断加强

（一）机关事业单位工资制度进一步完善。

审批市级机关 9 194 人、市属事业单位

18 268 人工资变动。开展了事业单位绩效工资执行情况调研。完成了国有企业职教幼教退休教师待遇落实工作，涉及 125 户企业，落实待遇 5 188 万元。继续做好机关事业单位工资改革配套政策落实和事业单位绩效工资执行情况调研工作。

（二）企业工资宏观调控体系建设进一步加强。

将西安市企业职工最低工资由 1 000 元/月调整至 1 150 元/月。开展国有企业工资内外收入监督检查工作。大力推进工资集体协商工作，西安市已建工会企业签订工资集体协议 2.1 万份，覆盖企业 4.5 万家，覆盖职工 104.3 万人，占建会企业总数的 90.4%。

（三）工资制度改革调研有序开展。

开展了企业薪酬试调查，住宿餐饮、批发零售、水利 3 个行业国有企业工资摸底调查和公务员与企业相当人员工资水平调查。完成了促进中低收入职工工资合理增长、加强国有企业高管薪酬管理调研报告。

（四）积极落实职工带薪年休假制度。

制定出台了《关于进一步落实职工带薪年休假制度的实施意见》以及落实企业职工、机关事业单位工作人员带薪年休假的具体措施，进一步完善了职工带薪年休假制度体系。在西安市范围内开展了 2012 年企业贯彻落实职工带薪年休假规定情况专项检查活动。

六、着力构建和谐劳动关系，劳动者权益得到切实保障

（一）劳动关系协调机制进一步完善。

继续以非公企业和劳动密集型企业为重点，积极稳妥推进集体合同制度，西安市已建工会企业集体合同签订率达 91.1%。贯彻新修订的《劳动合同法》，出台西安市《劳务派遣行政许可实施细则》，启动西安市劳务派遣行政许可工作，已为 53 家单位颁发了劳务派遣许可证。

（二）劳动人事争议调解仲裁工作不断加强。

西安市劳动人事争议仲裁院已获编制部门批准。积极健全调解仲裁组织机构，企业、事业单位和乡镇、街办等基层调解组织达 1 794 家，50%以上的劳动人事争议案件通过基层调解组织处理。2013 年受理劳动人事争议案件 4 017 件，结案率达到 98.9%，案件合格率达 100%，为劳动者挽回经济损失 4 928.8 万元。加强调解仲裁队伍建设，培训力度进一步加大。

（三）劳动保障监察执法工作力度进一步加大。

组织开展人力资源市场秩序清理整顿、用人单位遵守劳动用工和社会保险法律法规、高温气候劳动权益保护、农民工工资支付以及非法使用童工等专项检查活动，共检查用人单位 3 411 户，涉及劳动者 10.8 万人。查处侵害劳动者权益案件 1 066 件，向公安机关移交涉嫌拒不支付劳动报酬罪案件 16 件。全面推进劳动保障监察“两网化”建设，网格已覆盖全市 137 个街道（乡镇）、621 个社区（村）。用人单位劳动用工信息数据库基本建成，对已录入的 2.56 万户用人单位进行诚信等级评价，处理举报投诉案件 1 211 件。

（四）农民工工作稳步推进。

全力保障农民工工资支付，2013 年帮助追讨农民工工资 6 335 万元。坚持执行农民工工资支付保证金制度，已有 1 249 个建筑施工项目纳入工资保证金监管范围，预存保证金 4.9 亿元。连续第 11 年开展保障农民工工资支付“一厅式”办公。积极推进农民工服务中心试点建设，在 7 个区县、48 个街道为农民工提供综合性的一站式服务，举办了“2013 西安市农民文化节展演周”活动。通过创建服务名牌、举办专场招聘、12333 推介以及引导从事社区居家养老等措施，助力西安市家庭服务企业发展。积极做好四川雅安地震期间农民工帮扶、就业服务及维权工作。20.1 万名农村居民进城落户。

七、各项基础工作全面推进，人社服务均等化水平显著提升

（一）人力资源市场建设进一步加强。

积极推进人力资源市场整合和经营性业务

分离改革，统一规范灵活的人力资源市场体系更加健全。开展了西安市人力资源中介服务机构调查统计工作，对249家人力资源中介服务机构进行了年检。进一步加强人力资源服务机构诚信体系建设，开展了诚信服务主题创建活动。

（二）人力资源和社会保障标准化管理工作积极推进。

按照“统一设计、分步实施、重点突破”的原则，启动医疗、工伤、生育保险服务标准化试点工作。截至2013年底，第一批130个标准已确定，第二批86个标准正在整合归并优化中。

（三）信息化建设进一步加强。

强化基层平台信息化建设，西安市662家联网街办社区的平均连通率达到85.7%。12333咨询服务热线功能充分发挥，2013年接听市民咨询来电87.7万人次，总时长约2.3万小时。

（四）各项基础工作全面推进。

政务公开、法制建设、规划统计、新闻宣传、信访维稳、干部教育培训、调查研究等综合性基础性工作得到进一步加强。开展了“十二五”规划中期评估，实现了时间过半、目标任务完成过半。

八、党的群众路线教育实践活动深入开展，人社部门作风形象显著提升

扎实开展党的群众路线教育实践活动，严格执行八项规定，狠抓作风建设，突出“强宗旨、转作风，优服务、惠民生”主题，深入查找和整治“四风”、“三难”方面的突出问题，推出4个方面19项便民利民措施，有效带动了西安市人社系统特别是窗口单位的作风转变。努力践行“聚才惠民、务实创新、敬业奉献、公正廉洁”的人社精神，深入推进“学习创新型”、“务实担当型”、“服务高效型”、“廉洁和谐型”四型机关建设。聘请了22名政风行风监督员，组织开展了优质服务窗口评比、文明处室创建和丰富多彩的机关文化活动，部门作风显著改善，行业形象明显提升。

西安市人力资源和社会保障局

甘 肃 省

2013年，甘肃省人力资源和社会保障厅在甘肃省委、省政府的坚强领导下，在人力资源和社会保障部的正确指导下，认真贯彻党的十八大、十八届三中全会和省委十二届六次全委会议精神，深入落实省委、省政府各项决策部署，围绕中心，服务大局，突出重点，统筹推进，各项工作取得了较好成绩，为全省经济社会又好又快发展做出了积极贡献。

一、就业局势总体稳定

（一）就业目标任务超额完成。

全省城镇新增就业43万人，完成目标任务的122.9%，同比增长19.4%，其中失业人员再就业16.7万人，就业困难人员实现就业5.9万人。全省城镇登记失业率2.35%，低于年控制计划1.65个百分点。公共就业资金支出稳步增长。全省共支出就业专项资金17.8亿元（含小额贷款贴息5.9亿元），其中7.9万人享受社会保险补贴2.7亿元，8.4万人享受岗位补贴7.7亿元，29.2万人享受职业培训补贴1.1亿元，7.8万人享受职业介绍补贴1 569万元，9.7万人享受鉴定补贴2 254万元，2 153人享受见习补贴699万元。企业用工总体平稳。截至12月末，全省失业动态监测企业岗位用工总数为341 185个，与上年同期相比，净减少岗位用工6 523个，流失率1.88%。全民创业行动深入推进。继续开展创业型城市创建活动，对全民创业行动以及创业政策落实情况进行了专项督查。举办了首届全省创业项目博览会。全省新发放小额担保贷款57.57亿元，完成年计划的144%，吸纳带动就业21.97万人，新增担保基金6.57亿元，完成年计划的329%，到期贷款回收率99.3%。全省累计发放贷款410亿元，吸纳带动就业175.4万人。劳务输转成绩显著。全省输转城乡富余劳动力539.8万人，完成目标任务的108%，创劳务收入709亿元，完成目标任务的118%。

（二）扶持高校毕业生就业成效明显。

报请省政府印发了做好普通高校毕业生就业工作的意见，从7个方面提出了20条具体政策措施。继续统筹实施扶持1万名高校毕业生就业民生实事工程和高校毕业生基层就业项目，招录高校毕业生1.9万人。从2013年1月起，将“三支一扶”人员的生活补贴标准由每人每月1 200元提高到每人每月1 800元，并同时办理城镇职工基本养老保险和医疗保险。对当年城乡低保家庭高校毕业生给予一次性1 000元求职补贴，全省共有8 710人符合条件并领取补贴。及时制定出台了离校未就业高校毕业生就业促进计划，为75 890名离校未就业高校毕业生进行实名登记，有62 344名毕业生实现就业。进一步加大资金、贷款、税收、社保补贴等方面的政策扶持力度，引导高校毕业生到各类企业就业，就业人数达50 145人，占51%。积极开展就业见习工作。目前全省共有高校毕业生见习基地253个，其中国家级示范基地5个，省级示范基地21个，近3 000名离校未就业高校毕业生参加就业见习。鼓励高校毕业生自主创业，全省有2 000多名应届离校未就业高校毕业生申请自主创业。积极开展高校毕业生就业服务活动，先后组织开展了网络招聘月、网络联盟招聘周、就业服务月、就业服务周等各类专项服务活动。省人力资源市场共举办人才招聘会 98 场次，累计提供就业岗位 38.93 万个，共有 8.1 万人次通过市场找到工作，其中高校毕业生达成意向性就业协议 4 万人。截至 12 月末，全省共有 101 722 名应届高校毕业生实现就业，平均就业率 88.2%，高于目标任务 3.2 个百分点。

（三）职业技能培训取得新进展。

围绕实施“1236”扶贫攻坚行动，以职业培训为基础、以技能鉴定为支撑、以提高劳务输转质量为目的，积极构建培训、鉴定、输转一体化服务体系。2013 年全省共组织开展各类职业技能培训 106.9 万人，其中就业技能培训 36.6 万人，完成年计划的 183%；创业培训 5.3 万人，完成年计划的 132.5%；劳务输转培训 65 万人，完成年计划的 108.3%。全省累计开展职业技能鉴定 30.91 万人，完成年计划的 140.5%，其中获证 23.39 万人，获证率 75.7%。目前，全省技能人才总量达到 118 万人，增长 5.4%，其中高技能人才达到 28.3 万人，增长 9.7%。深入开展就业创业技能省级示范性培训。省人社厅从压缩的办公经费中拿出 760 万元，在 58 个片区县和 17 个插花型贫困县开展省级农村创业和技能带头人示范性培训，在春节前后农民工集中返乡期间完成 76 期示范培训，同时指导各县完成 5 期培训，使 4.5 万名贫困人口直接受益。深入开展职业技能培训鉴定和劳动维权上门跟踪服务。省人社厅先后 5 次召开党组会和厅长办公会研究，厅主要负责人主抓，分管领导具体抓，并从厅办公经费结余中拿出 140 万元作为 14 个市州补助经费，省、市人社部门分级负责，组建专门工作小组，赴省内外重点企业、行业和产业园区，开展职业技能培训鉴定和维权上门服务。目前，甘肃省已经与天津、内蒙古、上海、江苏、浙江、福建、山东、广东、新疆 9 个劳务输出重点省（市、区）和新疆生产建设兵团建立了省际协作关系。全年累计开展上门培训鉴定 10.74 万人，其中省内上门培训鉴定 9.48 万人，获证率达到 80%以上，省外上门培训鉴定 1.26 万人，获证率 50%以上。同时，跟进组织开展了全省劳务输转人员实名制调查摸底，对长期稳定在省外就业的 142.7 万甘肃籍务工人员建立了台账，为上门培训鉴定和维权服务奠定了基础。跟踪开展职业技能培训鉴定上门服务是全国职业培训鉴定工作的一大创新，受到了国家人社部和合作省市的充分肯定。深入实施全省 58 个贫困县劳动力培训和劳务输转全覆盖工程，共组织实施培训 180 万人，输转劳动力 214 万人，符合条件且有意愿的农村劳动力参训率和输转率均达到 100%，全面实现了“两个全覆盖”。深入推进城乡居民职业培训民生实事工程，2013 年新招录“两后生”10.6 万人，在校继续接受第二年培训 9 万人，共计开展“两后生”学历培训 19.6 万人，完成目标任务的 108.9%；4 万名劳务品牌培训全部完成，培训合格率达到 99%以上，职业技能鉴定合格率在 92%以上。全面加强职业培训基础建设，不断加大高技能人才培训基地和技能大师工作室建设力度，2013 年新争取国家级高技能人才培训基地建设项目 3 个，中央财政补助 1 500 万元，新争取国家级技能大师工作室建设项目 5 个，中央财政补助 50 万元。完成了 10 个省级高技能人才培训基地和 9 个技能大师工作室项目建设任务，省财政先后落实补助和配套资金 920 万元。填补了甘肃省没有省级高技能人才培训基地和技能大师工作室的空白。积极探索推进职业技能培训资源整合工作，力争 2014 年在县一级实现有效整合。

二、社会保障体系进一步健全

（一）覆盖面不断扩大。

截至 12 月底，全省五项基本保险参保 1 376.95 万人次，参保率 93.29%。其中，城镇职工基本养老保险参保 288.4 万人，参保率 97.76%；城镇基本医疗保险参保 622.77 万人，参保率 96.7%；失业保险参保 163 万人，参保率 90.55%；工伤保险参保 167.72 万人，参保率 94.01%；生育保险参保 135.06 万人，参保率 75.7%。城乡居民社会养老保险参保 1 238.49 万人，平均参保率 97.2%；村干部养老保险参保 5.1 万人，参保率 98.27%；被征地农民纳入社会养老保险体系 13.75 万人，其中完全失地的 6.38 万人纳入城镇职工基本养老保险，部分失地的 7.37 万人纳入被征地农民养老保险。

（二）政策体系进一步健全。

积极推进城镇居民基本医疗保险门诊统筹和城乡医保统筹试点工作，深入实施城乡居民大病保险，进一步规范全省企业（行业）内部运行社会保险基金管理工作。继续督促指导各市州做好 2012 年社会保险基金审计发现问题的整改。认真组织开展城乡居民社会养老保险基金专项检查活动。积极推进定点医疗机构医生信用评价试点工作。制定出台了《甘肃省社会保险基金行政执法程序暂行规定》。

（三）待遇水平进一步提高。

调整提高了企业退休人员基本养老金标准，月人均增加 174 元，达到 1 942 元（含“五七工”、“家属工”）。调整了全省企业职工和退休人员因病、非因公死亡一次性丧葬补助费和一次性抚恤费，分别达到 6 407 元和 3 203 元。全省失业保险金发放标准各类区分别上调 20%，高于全国平均水平。工伤人员伤残津贴月人均增加 216 元，达到月人均 1 786 元。城乡居民社会养老保险基础养老金省级财政补助标准每人每月增加 5 元，达到每人每月 60 元。城镇居民基本医疗保险补助标准由每人每年 240 元提高到 280 元。城镇职工和居民医保政策范围内报销比例分别达到 81%和 72%，最高支付限额平均分别达到 24 万元和 9 万元。全年社保基金收入 372.5 亿元，支出 320.3 亿元，累计结余 468 亿元，基金支撑能力进一步增强。

（四）经办服务能力进一步增强。

省级社保业务档案已通过达标验收，获优秀等次。对市、县和部分行业企业社保业务档案进行了达标验收。企业离退休人员纳入社区管理率达到 73%。

三、人事人才工作取得新突破

（一）专业技术人才队伍进一步加强。

对 943 名甘肃省领军人才任期内的德能表现和业绩成就进行了全面考核，其中 30 名考核为优秀等次的领军人才给予 10 万元奖励，对考核为优秀和称职等次人员续聘，推进实施领军人才动态补充调整制度，激励并引导专业技术和技能创新创业、敬业奉献，为甘肃发展提供智力支撑。制定下发《华夏文明传承创新区人才队伍建设方案》，深入开展了全省文化人才资源调查摸底工作。召开了甘肃省专项人才开发配置计划推进会，积极推进专业技术人才支撑体系建设。在西北师范大学成立首个省级专家服务基地——人力支撑发展研究中心。留学人员创业孵化基地建成运行，留学人员产业研发基地项目建设进展顺利，全年新增留学人员孵化企业 20 家，实现营业总收入 3.1 亿元，上缴税收 0.18 亿元。积极协调用人单位落实“千人计划”引进人才特定生活待遇。目前全省共有 15 人入选国家“千人计划”。围绕重点科研开发项目，稳步扩大博士后流动站、工作站设站规模，新增博士后工作站 7 家，累计达到 75 家。实施人社部留学人员和博士后资助项目 29 项，省级择优资助项目 30 项，圆满实施了海外赤子为国服务行动计划。成功举办 4 期国家级专业技术人员高级研修班。围绕推进国家循环经济示范区建设，将循环经济理论与知识培训纳入全省继续教育体系。与有关部门共同研究拟定了甘肃省非公经济人才开发意见和华夏文明传承保护示范区人才队伍建设意见。

（二）引进国外智力项目取得新进展。

完成了 2013 年外国专家“敦煌奖”评选工作，召开了外国专家国庆座谈会。全年新增聘请外国文教专家资格单位 8 家，全省已达到 121 家，共有 360 名外国文教专家长期在甘工作。累计执行引进国外经济技术、管理人才项目 52 项，引进各类外国专家 183 人次。执行出国（境）培训项目31项，派出培训453人。全省共有引智基地30家，其中国家级7家。

（三）公务员管理进一步规范。

依法推进公务员分类管理与职位管理，全省森林公安机关执法勤务机构人民警察警员职务套改工作顺利完成，为981人进行了职务套改。研究制定了《甘肃省省直机关公开遴选公务员实施细则（试行）》。积极开展聘任制公务员试点准备工作。顺利完成了2013年公务员招录工作，共招录公务员2 854人。全省政法干警定向招录和公安、司法系统专项招录工作有序推进。认真开展了全省行政机关公务员培训工作。圆满完成2012年度公务员定期考核工作。完成全国人民满意公务员和公务员集体评选推荐工作。完成定西岷县漳县地震抗震救灾先进表彰前期评选等工作。积极推进公务员管理信息系统建设，受到中组部的肯定。

（四）事业单位人事制度改革深入推进。

全省事业单位岗位核准备案率98.7%，实施岗位管理的单位和实施聘用制的人员分别占到95.2%和96.4%。进一步优化事业单位岗位设置，分阶段调整了省直教育、科研、农林等10个行业（系统）专业技术二、三、五、六级岗位结构比例，全省共下达专业技术高级岗位7 753个。发布省直事业单位招聘公告11期，343家（次）单位参与了招聘工作，计划招聘3 970人，实际聘用2 247人，其中省直事业单位管理岗位首次开展了公开招聘工作，招聘417人。2013年6月，人社部在甘肃省召开了事业单位聘用制度推行总结评估座谈会，推广交流甘肃省经验。坚持开门办公，征求服务对象意见、建议，拟定了改进事业单位管理服务工作的意见。

（五）职称制度改革有序开展。

圆满完成兰州、酒泉两市中小学教师职称制度改革试点工作，2万多名教师资格确认过渡；两市正高级教师资格评审顺利推进，共有9名同志获得中小学教师正高级资格。为助推华夏文明传承创新示范区建设，积极研究拟定了拓展甘肃省社会文化艺术人才评审职称资格的意见和办法。为推进医疗卫生事业改革，与省卫生厅研究拟定了甘肃省全科医生职称评审办法。全年累计审核申报高级职称人员6 991人，审核通过6 800人，累计发放各类职称证书6万余本。

（六）工资制度改革稳步推进。

稳步推进县以下机关公务员职务与职级并行制度试点工作，全面落实艰苦边远地区津贴新标准和高海拔地区折算工龄补贴实施办法。市州其他事业单位实施绩效工资工作全部到位。启动了省属其他事业单位绩效工资总量核定工作。全省机关事业单位工勤技能岗位考核培训工作基本完成。组织完成了37批920名省直机关优秀公务员和事业单位先进工作者参加的健康休养活动。

（七）军转安置任务圆满完成。

中央下达甘肃省的559名军转干部得到妥善安置，其中计划安置350名，自主择业209名。计划安置团职干部占到计划安置总数的三分之一，为历年来最高。其中，省直和中央在甘单位计划安置军转干部8月中旬全部发出报到通知，为全国最早完成安置的省份。调整提高了企业军转干部生活困难补贴标准，平均每人每月增加300元。

四、城镇居民增收稳步推进

广泛开展增收工作专题调研。2013年3月，由甘肃省政府张正锋副秘书长带队，省政府办公厅、省人社厅、省财政厅有关领导和相关人员组成专门调研组，就城镇居民增收工作赴江苏、浙江、江西、湖南、广东、四川6省进行了专题调研。5月，对平凉、庆阳、白银和张掖、武威、金昌6个市城镇居民增收工作进行了督查调研。11月，会同国家统计局甘肃调查总队，选取白银市白银区，就城镇居民收入统计工作开展了“解剖麻雀”式的调研。通过调研进一步深化了对增收工作的认识，拓宽了增收工作的思路，为研究破解城镇居民增收难题、服务领导决策提供了重要的参考。研究制定了2013年城镇居民增收的具体意见，从促进就业创业、提高社会保险待遇、调整最低工资标准和津补贴待遇、增加居民经营性和财产性收入增长等多条渠道，千方百计增加居民收入。对延续执行的政策措施、建议调整标准执行的政策措施和需报请省政府研究或请示国家支持新出台的政策措施进行了梳理和测算，制定了21项政策措施，为推动2013年城镇居民增收发挥了积极作用。进一步加强协调沟通，积极推动增收政策措施的落实。5月，省委常委、副省长咸辉带队赴国家人社部就居民增收工作进行衔接沟通，尹蔚民部长、邱小平副部长和有关司局负责同志专门听取了汇报，帮助研究解决居民增收和收入分配等工作。同时，强化了部门间的协调配合，多次与省财政等部门协调增收政策的资金。与国家统计局甘肃调查总队建立了季度会商和重要信息及时交流研判的工作机制。经过与各部门的共同努力，在经济下行压力增大、各项主要经济指标增速下滑、政策性增收措施日益狭窄等不利因素的综合影响下，甘肃省城镇居民收入增长仍保持了较好势头。2013年全省城镇居民人均可支配收入为18 964.8元，同比增长10.54%。

五、构建和谐劳动关系取得新成效

认真贯彻落实新修订的《劳动合同法》，深入开展“春暖行动”和“彩虹计划”，全省劳动合同签订率达到92%，全省签订集体合同2 731户，涉及职工62万人。全省14个市州和70%的县区开展了劳动用工备案工作，全省建立工会组织的企业工资集体协商建制率达到80%。深入开展了劳务派遣单位管理和劳务派遣用工规范工作，研究拟定了甘肃省规范劳务派遣用工等有关实施细则。2013年4月1日起第七次调整了全省最低工资标准，平均上调20.65%。发布了甘肃省2013年度企业在岗职工工资调控目标，增长上线20%、基准线17%、下线7%。完成了企业薪酬调查工作，严格落实劳动标准管理。继续推进农民工工资保证金制度，工资保证金累计达到3.2亿元。与省高院、省检察院、省公安厅联合制定下发了《关于涉嫌劳动保障犯罪案件移送的规定》。加大劳动监察执法力度，会同省公安厅、省工商局等有关部门，深入开展清欠农民工工资、清理整顿人力资源市场秩序和社会保险法律法规执行情况专项检查。截至12月底，全省共检查用人单位3.48万个，涉及劳动者105.51万人，查结投诉举报案件7 931件，补签劳动合同9.05万人，追发劳动者工资等待遇4.89亿元，督促参保缴费5 017.7万元。不断提高调解仲裁工作水平，全省共受理劳动人事争议案件2 738件，结案2 697件，结案率98.5%。目前，全省14个市州86个县区已全部完成劳动监察网格建设，天水、张掖、金昌、酒泉、嘉峪关已实现网络、网格“两网化”全覆盖。

六、基础建设和自身建设进一步加强

（一）不断强化基础建设。

抢抓国家实施金保二期工程机遇，组织编制了金保二期工程项目方案和投资概算，积极推进基层公共服务平台建设。全省“大就业”信息系统上线试运行，“五险合一”系统建设深入推进。组织开展了城乡居民社会养老保险信息系统验收工作。积极推进社会保障卡初始化中心建设，全省社会保障卡持卡190万张。报请国家发改委批复了12个试点县就业和社会保障服务中心建设项目，每县区建设4个乡镇就业和社会保障服务中心。会同省财政厅向财政部、人社部申报了2个市的人力资源市场信息网络系统建设项目。联合省财政厅启动了市、县两级人力资源市场信息网络系统建设项目，批准了3个市、21个县区的建设项目。进一步完善了全省目标考核体系，专门举办了目标责任考核工作培训班。完成了“十二五”规划中期评估工作。按照国家加快推进人力资源市场整合精神，组织对全省人力资源市场进行了调查摸底。

（二）深入推进自身建设。

深入学习党的十八大和十八届三中全会精

神，举办了处级干部党的十八大精神轮训班，培训干部 143 人次，参加省委党校、行政学院主体班、轮训班和调训班等各类培训 37 人次。严格落实中央“八项规定”和省委“双十条规定”，大力转变机关作风。严格落实党风廉政建设责任制，完善廉政风险防控体系，深入推进效能风暴行动，大力加强重点领域专项治理。按照中央和省委部署，深入开展党的群众路线教育实践活动，突出学习教育、查摆问题、整改落实和建章立制，通过 7 种途径共征求各类意见建议 1 159 条，认真梳理群众关注和反映强烈的突出问题，确定了 17 个方面的重点整改事项和 39 项整改措施。同时，贯彻落实省委常委会和省政府交付的整改任务，制定了专项整改方案，提出了 53 项整改措施，并逐项落实了责任，明确了时限。先后制定出台厅系统内部管理和服务民生的政策制度 36 项，着力健全反对“四风”的长效机制。

（三）以“双联”行动为载体，密切联系群众，进一步转变机关作风。

厅级领导率先进村入户，主要领导进村入户 4 次以上，其他厅级领导都在 3 次以上，时间在 15 天左右，并选派干部长期驻 5 个县的 13 个村蹲点帮扶。结合联系点实际，科学谋划，加大资金和项目帮扶力度，甘肃省人社厅自筹资金 140 余万元，多方协调筹措资金 999 万元，帮助联系村扶持培育富民产业和改善基础条件。同时，积极履行业务职能，结合扶贫攻坚行动，直接举办省级就业创业示范培训，深入开展职业培训和技能鉴定上门服务，全面完成了省委确定的 58 个贫困县农村劳动力培训和输转“两个全覆盖”的目标任务。

甘肃省人力资源和社会保障厅

青　海　省

2013年，青海省人力资源社会保障工作在人社部的大力支持下，根据青海省委、省政府的总体部署，坚持民生为本、人才优先工作主线，深入实施更加积极的就业政策，加快完善城乡社会保障制度，切实加强人才队伍建设，全面深化人事制度改革，稳步推进工资制度改革，积极构建和谐劳动关系，努力推动人力资源和社会保障事业科学发展，各项重点工作有序有力有效推进。

一、就业形势保持持续稳定

进一步完善了更加积极的就业政策体系。在以往政策基础上，围绕做好重点群体就业，制定出台了12个文件和配套措施。认真落实就业工作联席会议制度、督查制度和定期通报制度，加强督促检查，有力促进了城乡劳动力就业。在国内经济下行压力加大、就业环境趋紧的情况下，到12月底，全省城镇新增就业6万人，农牧区劳动力转移就业115万人次，城镇登记失业率3.3%。

全力促进高校毕业生特别是藏区高校毕业生就业。6月份，召开了全省高校毕业生就业工作电视电话会议和全省未就业大中专毕业生专项就业培训部署会，下发了《关于进一步促进高校毕业生就业工作的实施意见》（青政办［2013］149号）和《关于实施未就业大中专毕业生专项就业培训工程暨2013年培训工作的意见》（青政办［2013］146号）及相关配套文件，全面启动了未就业大中专毕业生专项就业培训工程，出台了推进玉树高校毕业生就业试点方案，实施了援青省市对口援助藏区高校毕业生就业工作，开展了中央驻青企业和省属国企面向藏区招聘工作。全年完成未就业高校毕业生能力素质、技能和创业培训2.58万人。高校毕业生登记就业率88%。

加大对创业和就业困难人员的扶持力度。继续推进西宁、格尔木创业型城市创建工作，进一步落实就业援助制度，规范公益性岗位开发管理，实现了零就业家庭动态清零。充分发挥失业保险援企稳岗的作用，全年累计为298户困难和小微企业支付培训补贴、岗位补贴4 898万元，培训在岗职工3.12万人，稳定就业岗位3 500个。全年累计为就业再就业各类人员支付社保、培训、岗位、职介等各项补贴8.09亿元，减免税费418.32万元，向各类创业人员发放小额担保贷款4.08亿元。

统筹推进城乡劳动力技能培训工作。有效整合了全省培训资源，全面实行培训券制度。紧紧围绕全省产业发展需求，组织实施了园区企业用工万人培训计划、三江源地区劳动力技能培训促就业计划、省属国有企业定向招工委托培训计划等重点培训项目。截至年底，完成城乡劳动力就业培训9.2万人，其中培训城镇失业人员18 327人，培训农村牧区劳动力73 854人。

积极开展各类公共就业服务活动。重点组织开展了“就业援助月”、“春风行动”、“重点项目重点企业和民营企业招聘周”等公共就业和人才服务专项活动，继续开展赴新疆“金秋采棉”和海西“枸杞采摘”等季节性劳务输出专项活动。截至年底，全省共组织召开各类专场招聘会300余场，提供岗位近10万个，有3.6万人达成并签订就业意向协议。

二、社会保障水平稳步提高

社会保障制度体系不断完善。启动了全省被征地农民社会养老金保险制度，实现城乡养老、医疗保障制度全覆盖。制定完善了宗教教职人员参加社会保险政策，维护了藏区稳定。在全国率先实施了城镇职工大病保险办法，进一步规范了城乡居民大病医疗保险工作，实现城乡居民大病保险全覆盖。

社会保险待遇水平稳步提高。进一步调整提高了企业退休人员基本养老金待遇，全省26.1万企业退休人员月人均增加养老金210元，较上年增长10.12%。进一步提高了城乡居民医疗保险筹资标准，并统一了医保政策；调整提高了全省工伤职工的伤残津贴、生活护理费和供养亲属抚恤金待遇标准；启动了社会保障标准与物价上涨挂钩联动机制，为领取失业保险人员发放了临时物价补贴，各项保险待遇水平稳步提高。

各项社会保险覆盖面进一步扩大。根据不同险种的扩面重点和难点，运用行政、法律、经济等多种手段，全面完成各项社会保险扩面和征缴任务。截至2013年底，全省城镇职工基本养老、职工医疗、居民医疗、失业、工伤、生育保险参保人数分别达到90.3万人、89.7万人、76.27万人、38.51万人、52万人、41.82万人；全省新农保、城居保参保人数分别达到206.78万人、7.12万人，参保率分别为91.7%、78%；八项社会保险基金收入增长6.4%，支出增长22.7%。

社保经办管理服务水平不断提升。积极推进网上社保，与商业机构合作，新农保缴费、养老金发放全部由金融机构代理，农牧民可就近就地参保缴费。推行了住院医疗费用总额控制和单病程付费方式改革，推进省内和外省就医人员医疗费用及时结算。加强对社保基金的监督管理，确保了基金安全。

三、职工工资收入较快增长

认真落实“收入倍增计划”，在积极争取国家支持的同时，结合我省财力，积极调整完善工资政策，提高机关事业单位工作人员收入水平。会同省财政厅组织实施了高海拔工龄折算补贴政策，调整了艰苦边远地区津贴标准，规范了州县乡津贴补贴，全省机关事业单位职工收入稳步提高。

加强企业工资分配的指导，进一步完善人力资源市场工资指导价位和行业人工成本信息指导制度，发布了2013年青海省企业工资指导线、市场岗位工资指导价位和行业人工成本信息，为劳动者求职和企业合理确定人工成本水平提供了参考。实施了劳动集体合同“彩虹计划”，推行企业工资集体协商制度，引导企业建立职工工资正常增长机制。目前，全省签订集体合同2 522份，涉及企业2 445户，涉及职工33.3万人。

四、各项人事制度改革稳步推进

公务员管理不断加强。在原有各项制度的基础上，会同省委组织部修订完善了《青海省省、州（市、地）党政机关公开遴选公务员办法》、《青海省县（市、区）、乡（镇）两级公务员录用办法》、《青海省录用公务员藏（蒙）语测试办法（试行）》等公务员考录制度。大力推行考务公开，完善面试组织方式，考录工作科学化水平和公信力不断提高。2013年组织开展了主任科员以下职位公务员例行考录、新增基层政法专项编制、基层政法干警定向招录试点和藏区新增行政编制等4个批次的公务员考录工作，计划考录3 021人，实际考录2 671人，是往年考录职位的2倍多，参考人数达6.5万人。同时完成了2012年行政机关遴选公务员工作，共遴选123人，调剂28人。严格按照国家审定75项评比达标表彰保留项目，对评比达标表彰活动进行规范化管理。出台了《青海省公务员申诉案件办案规则》，成立了青海省省级机关公务员申诉公正委员会及其办事机构，并加强对公务员法及配套法规执行情况的监督检查，使公务员管理逐步走上规范化、法制化轨道。以建设高素质、专业化公务员队伍为目标，深化公务员“四类培训”，重点突出了基层公务员和藏区公务员能力培训，年内共举办公务员初任、任职等各类培训 18 期，培训公务员 1 084 名。开展人民满意公务员和人民满意公务员集体评选表彰工作，对 10 名“青海省人民满意的公务员”和 5 个“青海省人民满意的公务员集体”进行了表彰奖励。同时还开展了省部级先进集体和先进个人推荐工作，会同省直有关部门评选推荐省部级先进集体 25 个、先进个人 29 名。

事业单位各项改革稳步推进。组织完成了中小学教师、县级公立医院医务人员、青南三州乡镇事业单位工作人员、省直事业单位空缺职位、特岗教师等 6 个批次的招聘，实际招聘 5 428 人。完成了全省 1 594 名高校毕业生到村任职服务和“三支一扶”选聘工作，年底前已全部到岗服务。配合教育、卫生等部门稳步推进了中小学和公立医院等人事分配制度改革，确保了各项改革的顺利实施。积极推行以人员聘用制和岗位管理制为主要内容的事业单位人事制度改革，全省事业单位岗位设置管理和人员聘用率均达到 99%以上，走在全国前列。根据人社部的统一部署和要求，全面启动了深化中小学教师职称制度改革试点工作。会同有关部门对体育、林业、地勘等工程系列职称评审条件进行了修订完善，制定了金融经济系列高级专业技术职务任职资格评审条件，进一步完善专业技术人才评价体系。

军转安置工作任务全面完成。完成了 124 名计划分配和 241 名自主择业军转干部的安置任务。提高了全省企业退休和失业军转干部解困补助标准，建立了企业退休和失业军转干部收入水平正常增长机制。加强了军转干部经常性教育，军转干部安置及稳定工作继续走在全国前列。

五、人才工作进一步加强

加强专业技术人员队伍建设。年内有 18 名优秀专业技术人员被授予“享受国务院特殊津贴专家”称号。组织实施专业技术人才知识更新工程、高层次专业技术人才 2013 年度计划，培训各类专业技术人员 4.82 万人。

加强高技能人才队伍建设。报请省政府转发了《关于加强企业技能人才队伍建设实施意见的通知》（青政办［2013］145 号），积极争取实施技能大师工作室和高技能人才实训基地建设项目，省冶金工业技工学校被人社部确定为 2013 年度国家级高技能人才实训基地。会同省总工会和有关行业部门，在全省开展各种技能大赛，组织开展了第十二届中华技能大奖、全国技术能手和国家技能人才培育突出贡献候选人和候选单位推荐工作，激发广大职工学技术的热情。年内，新增高技能人才 3 888 人，全省高技能人才达 7.26 万人，占技能劳动者的 25.6%。

加大外专引智力度。认真落实《引智援青工程合作框架协议》，争取实施外专出国（境）培训项目 36 项，引进国外技术、管理人才项目和示范推广项目 48 项，其中国家外专局批复青海高端外国专家项目 5 项，实现了高端外国专家项目零的突破。全年共有 447 人次外国专家来青服务。

六、劳动关系保持和谐稳定

全面规范劳务派遣行为，劳动合同管理不断推进。组织开展了劳务派遣规范专项行动和农民工劳动合同签订“春暖行动”，进一步提高了小企业和农民工劳动合同签订率。全省规模以上企业劳动合同签订率达到 96%以上；企业集体合同签订率达到 81%。加强劳动监察执法，积极推进劳动保障监察“网格化、网络化”管理试点，全省覆盖率达 50%。建立了建设领域农民工工资支付保证金制度，清理拖欠农民工工资工作步入常态化轨道。11 月初，会同省发改委、省公安厅、省住建厅等

10部门启动了为期近两个半月的农民工工资支付情况专项检查，对拖欠农民工工资违法行为依法及时查处，切实维护了广大劳动者的工资报酬权益。截至年底，全省累计清欠农民工工资3.94亿元，涉及农民工3.8万人，清欠率为98%。加大劳动人事争议仲裁办案力度，年内受理各类劳动人事争议仲裁案件1 216件，结案1 156件，年底结案率达到95%。

青海省人力资源和社会保障厅

宁夏回族自治区

2013年，宁夏回族自治区人力资源和社会保障厅认真贯彻落实自治区党委、政府决策部署，坚持稳中求进总基调和民生为本、人才优先工作主线，以开展党的群众路线教育实践活动为契机，锐意进取促发展，凝心聚力抓落实，各项工作取得显著成绩。

一、落实积极就业政策，就业形势保持总体稳定

（一）各项目标任务超额完成。

深入实施积极的就业政策，大力推进全民创业带动就业，千方百计稳定和扩大就业，推动各项目标任务全面完成。全年城镇新增就业7.31万人，完成全年任务的101.5%；城镇登记失业率4.09%，同比下降0.23个百分点；创办小企业3 211个，培养小老板6 678名，创造新岗位4万个，分别完成全年任务的107%、111.3%和133.4%。

（二）重点群体就业扎实推进。

把高校毕业生就业工作放在首位，制定实施促进高校毕业生就业新政策，建立高校毕业生就业工作联动机制，鼓励高校毕业生到城乡基层和中小企业就业、见习、自主创业，高校毕业生总体就业率93.6%，完成全年任务的110.1%。组织实施“三支一扶”计划，选派2 200名高校毕业生到基层服务。完善促进农村劳动力转移就业部门和区域协调机制，推动农村劳动力转移就业70.31万人，实现工资收入48.5亿元，分别完成全年任务的100.4%和107.8%。大力开展就业援助活动，帮助6 500名就业困难人员实现就业，其中开发购买公益性岗位5 041个（自治区购买3 300个，市县区购买1 741个），分别完成全年任务的108.3%和152.8%。自治区充分就业社区创建覆盖率达到88%。

（三）职业技能培训力度进一步加大。

制定出台开展“订单式”职业技能培训和进一步做好农村转移劳动力职业培训的意见，探索开展“宁夏百万农民工职业技能提升培训计划”，职业培训政策体系日益完备。全年培训城乡劳动力4.69万人，创业能力培训1.46万人，分别完成全年任务的117%和162.8%。

（四）公共就业服务不断加强。

深入实施“就业援助月”、“春风行动”、“民营企业招聘周”和高校毕业生就业服务月等公共就业服务专项活动。研究制订加快建立统一规范灵活的人力资源市场的意见，推进公共就业服务和人才交流服务机构、人才市场和劳动力市场整合。加强失业监测体系建设，就业监测网络系统建成运行，动态监测企业168家，覆盖10万多名职工。

二、加强城乡社会保障体系建设，社保待遇水平稳步提高

（一）城乡社保政策进一步完善。

加强养老保险制度顶层设计，完成养老保险制度可持续发展的顶层设计研究课题；调研起草了进一步做好被征地农民养老保险工作的意见。出台了参保人员补缴断保期间养老保险费和困难企业、困难人员补缴养老保险费办法，妥善解决了养老保险费补缴问题。提请自治区政府出台了《宁夏基本医疗保险服务监督

办法》（自治区政府令第55号），严格监控，确保基金安全。会同物价、卫生部门调整了407项医保诊疗项目、医疗服务设施项目价格和报销比例。制定出台了肾透析门诊大病就医支付办法和标准、离休干部遗孀免费参加城居医保、非宁夏户籍宗教教职人员参加城居医保、工伤保险费率浮动、部分行业企业缴纳工伤保险费、区直机关人员工伤待遇支付等政策。在石嘴山和固原两市先行开展城乡居民大病保险试点，结算报销1 435人次，支付报销医疗费用712.7万元。与海南、广州、上海分别签订异地就医结算合作协议，服务人群由职工延伸到居民，扩大了异地就医即时报销范围。

（二）参保扩面任务全面完成。

城镇职工“五险”参保462.8万人，完成全年任务的105%。城乡居民养老、医疗保险参保率分别为84%和95%，均完成全年任务的100.8%。

（三）社会保险待遇水平稳步提高。

企业退休人员基本养老金调增10%，企业退休人员月均养老金由1 785元提高到1 971元。城乡居民基础养老金标准由70元普调到85元，36.2万名老年居民按月足额领取了养老金，发放率100%。城乡居民医保财政补助标准由每人每年300元提高到340元，职工医保单位缴费费率由6%提高到8%。失业保险金一类区由每人每月715元提高到845元，二类区由每人每月660元提高到795元，三类区由每人每月620元提高到750元。

三、人才队伍建设取得新成效，引智工作取得新进展

（一）人才培养工程深入推进。

自治区政府与清华大学签署了人才培养战略合作协议，支持企业引进和培养人才。会同自治区党委组织部首次评选表彰“塞上英才”24人和“国内引才312计划”人选13人，有5名领军人才入选国家第一批“万人计划”。组织200多名专家开展专家服务基层活动。依托中阿博览会成功举办引进海内外高层次人才合作洽谈会，柔性引进“两院”院士28名，知名专家57名，全职引进博士30名，新建院士工作站、专家服务基地13个。

（二）专业技术人才队伍建设进一步加强。

深入实施专业技术人员知识更新工程，培训19.6万人次，继续教育覆盖面达到95%。认真开展专业技术人员职称评审工作，1.44万人取得相应专业技术任职资格。全面推开中小学教师职称制度改革。

（三）技能人才培养工作取得明显成效。

组织职业技能鉴定7.16万人，完成全年任务的179%。新培养高级工5 139人、技师和高级技师1 393人，分别完成全年任务的205%和232%。选派606名农村实用人才到山东寿光、陕西杨凌等地培训，择优选拔20人到宁夏大学研修深造，分别完成全年任务的101%和100%。

（四）引智工作取得新进展。

出台《外国人在宁夏工作暂行办法》，进一步规范和加强了外国人在宁夏工作管理服务工作。争取国家引智项目62项、专项经费703万元，聘请外国专家来宁夏开展技术服务389人次，完成全年任务的139%；组织出国（境）培训297人次，完成全年任务的114%。

四、干部人事制度改革扎实推进，人事管理进一步规范

（一）公务员管理制度不断完善。

探索开展公务员分类管理，会同组织部修订公务员调任实施办法，出台加强公务员平时考核工作的意见，进一步规范了公务员管理。公开招考公务员1 085人，完成全年任务的121%。组织完成第八届全国、第四届自治区“人民满意的公务员”和“人民满意的公务员集体”选拔推荐、评选工作，自治区2名个人和2个集体受到国家表彰。

（二）事业单位人事制度改革有序推进。

继续完善阳光招聘机制，为各级各类事业

单位公开招聘工作人员 4 026 人，其中高层次人才 713 人。首次组织开展了专业技术二级岗位设岗评聘工作，聘任 109 人。采取增加基层中高级专业技术岗位职数、使用特设岗位吸引人才等办法，有效缓解了基层单位专业技术人员职称评聘、中高级岗位职数少和留不住人才等难题。

（三）军转安置任务顺利完成。

完善阳光安置机制，大力推行“十公开”、考核考试安置和廉洁自律承诺制，接收安置军转干部 219 人，其中分配安置 156 人，自主择业安置 63 人。进一步加强解困稳定工作，企业军转干部保持总体稳定。

五、收入分配制度改革稳步推进，工资收入适度提高

（一）企业工资分配宏观指导工作进一步加强。

第十次调整全区最低工资标准，一类区由 1 100 元调整到 1 300 元，二类区由 1 020 元调整到 1 220 元，三类区由 950 元调整到 1 150 元，平均增幅 19.6%。非全日制工作最低小时标准工资一类区由 11 元调整到 12.5 元，二类区由 10 元调整到 11.5 元，三类区由 9 元调整到 10.5 元，平均增幅 15.1%。及时发布企业工资指导线，指导五市发布了 767 个职位（工种）的工资指导价位。有序开展了企业薪酬试调查和国有企业工资内外收入监督检查工作。

（二）机关事业单位工资收入分配制度进一步完善。

会同财政部门研究提出了进一步提高区直机关津贴补贴水平和机关事业单位职工收入水平的意见，及时发放了改革性和奖励性津贴补贴，兑现了艰苦边远地区津贴增资等政策性调资待遇。会同财政、教育、卫生等部门出台义务教育阶段农村学校教师和乡镇卫生院医生补贴政策，进一步提高了农村教师和乡镇卫生院医生待遇。

六、加强和谐劳动关系建设，劳动者权益保障得到新加强

（一）劳动人事争议处理效能全面加强。

在石嘴山市开展了标准化仲裁庭建设试点，仲裁机构实体化建设得到加强。全年处理争议案件 3 187 起，结案 2 933 起，结案率达 92%。扎实推进国有大中型企业劳动争议预防调解工作，确定首批 45 家企业开展预防调解示范工作，调解组织组建率达 79%。全面启动非公有制企业、商会预防调解工作。加快基层调解组织建设，全区组建乡镇（街道）调解组织 135 个，覆盖率达 70%。

（二）劳动保障监察执法维权效果明显。

出台《企业劳动保障守法诚信星级评定办法》，完善建设工程领域欠薪处理责任制，大力推行建筑领域农民工工资银行直接支付制度，进一步加大涉嫌拒不支付劳动报酬犯罪案件移送和查处力度，积极开展农民工工资清欠专项行动，为 2.4 万农民工追回欠薪 2.3 亿元，政府投资类建设项目工资支付率 100%，非政府投资类建设项目工资清欠率达 97.2%，分别完成全年任务的 100%和 100.2%，欠薪投诉举报案件、人数、金额多年来首次出现下降。农民工劳动合同签订率 90.3%，完成全年任务的 100.3%。

七、合作交流进一步加强，公共服务能力显著提升

（一）区部合作、区域合作深入实施。

人力资源社会保障部出台《关于落实部区备忘录促进宁夏内陆开放型经济试验区人力资源社会保障工作的意见》，进一步确定了就业指导、职业培训、人才队伍建设、人才引进、体制机制改革创新等 5 个方面的 30 条支持措施。落实津宁合作协议，与天津市人力资源社会保障部门签订人力资源开发服务合作协议，争取自治区党委、政府支持建设中国（宁夏）人力资源发展促进中心，人力资源开发服务平台建设迈出实质性步伐。

（二）基层公共服务能力稳步提升。

加强基层劳动就业和社会保障服务平台建设，争取国家新增立项4个县，2013年全区共有18个县（区）投入使用或开工建设。建成运行人力资源社会保障12333电话咨询服务热线，搭建了为民高效服务平台。进一步转变职能，将43项行政审批事项压缩精简为14项，压减率67%，提前两年实现自治区党委、政府三年压减50%的目标。累计制作发放社会保障卡561.8万张，完成目标任务的102.1%。村卫生室联网率71.3%，完成目标任务的118.3%。

宁夏回族自治区人力资源和社会保障厅

新疆维吾尔自治区

2013年，新疆维吾尔自治区各级人力资源和社会保障部门，以科学发展观为统领，认真贯彻落实党的十八大精神，紧紧围绕“民生为本、人才优先”工作主线，把践行群众路线同推动事业发展相结合，奋力拼搏，开拓进取，各项目标任务超额完成。

一、就业目标任务全面完成，就业局势保持稳定

大力实施就业优先战略和更加积极的就业政策，突出重点、分类施策，促进充分就业和稳定就业。全年城镇实现新增就业46万人，完成目标任务的115%，城镇登记失业率为3.4%。农业富余劳动力实现转移就业280万人（次），完成目标任务的140%。

一是全面落实就业政策。继续落实鼓励就业创业的各项政策，督促落实政府投资建设项目和国有企业新招用人员中新疆籍员工不低于70%，各类企业招用不低于50%、招用大中专毕业生不低于30%的规定，全力推动高校毕业生就业创业政策的落实。

二是统筹做好重点群体就业工作。把普通高校毕业生作为就业工作的重中之重，全力推动。建立了高校毕业生实名制就业管理与服务系统，将九成以上未就业毕业生纳入实名就业管理。大力推动实施离校未就业高校毕业生就业促进计划，做好未就业毕业生跟踪服务。积极做好困难高校毕业生就业援助工作，及时向3 926名城乡低保家庭毕业生发放了求职补贴。2013年应届普通高校毕业生年底就业率达88.4%，少数民族毕业生就业率达到80%，面向企业就业、基层就业人数稳步增长。完成10 572名赴援疆省市培养高校毕业生的上岗安置工作，解决了其入编定岗、工资待遇等问题。以南疆三地州为重点，强化“两后生”等农业富余劳动力转移就业服务。健全就业援助制度，保持零就业家庭24小时动态清零，全年消除零就业家庭1 047户，实现就业1 114人。进一步规范了公益性岗位的开发使用和管理。

三是加强创业促就业工作。发挥政策扶持、创业培训、创业服务的联动作用，重点促进高校毕业生自主创业和农民工返乡创业。组织开展新疆大学、乌鲁木齐职业大学就业创业实训基地建设试点工作。推进创业型县（市）创建工作。加快创业园区和孵化基地建设，已建成72个创业孵化基地、67个创业园区，帮助1.35万人实现创业，带动5.9万人就业。

四是开展职业培训促进就业计划。全年培训109万人，完成目标任务的109%。以实现农业富余劳动力转移就业为重点，开展技能培训49.3万人，实现向第二产业、第三产业转移稳定就业15.8万人，达到32%，季节性转移就业26.5万人次。以创业促进就业为目的，开展创业培训3.8万人，其中高校毕业生创业培训1.2万人，创业成功率23.5%。在南疆四地州、伊犁州新建国家通用语言培训站36个，开展“两后生”和有转移就业愿望的农村青壮年“语言＋技能”订单、定岗培训。在18个地（州、市）、县（市、区）开展了国家、自治区职业技能振兴示范市创建活动。

五是加强公共就业服务。建成自治区公共

就业服务信息网，启用了新疆公共就业服务系统。推动建立统一规范的人力资源市场，开展了全区公共就业人本服务和诚信服务示范单位评选活动。举办了各种形式的招聘会和就业服务专项活动。重点加强基层公共就业服务平台能力建设，推动就业服务向农村延伸。

二、社会保险制度不断完善，覆盖范围持续扩大

统筹推进城乡社会保障体系建设，以增强公平性、适应流动性、保证可持续性为重点，完善体制机制，创新工作思路，提升经办服务能力，持续满足人民群众的社会保障需求。

一是加大扩面力度。基本养老、基本医疗、失业、工伤和生育保险扩面任务超额完成，基金保障能力进一步增强。全区 92 个县（市）开展新型农村社会养老保险工作，应参保人数 500.57 万人，已参保 496.93 万人，参保率 99%。全区工伤保险参保人数达 238.9 万人，完成全年新增目标任务的 240%，超额完成年初预定目标 7.9 万人，其中农民工参保 44.6 万人，事业单位参保 64.9 万人。全区工伤保险基金收入 7 亿元，基金支出 5.2 亿元，确保统筹内 16 343 人工伤待遇的发放。基金累计结余 13.5 亿元，储备金结存 2.4 亿元。各项社会保险参保人数达到 2 185 万人（次），比 2012 年增加 62 万人（次），增长 2.9%。

二是社会保险制度不断完善，待遇继续提高。按照新医改“全覆盖、保基本、多层次、可持续”的总体要求，充分发挥基本医疗保险的基础性作用，加快建立和完善符合区情、覆盖城乡、持续发展的基本医疗保障体系。对所有统筹地区人社部门相关职能就新医改目标任务完成情况进行了评估验收。积极推进城镇居民大病保险工作，自治区人民政府办公厅下发了《关于印发自治区开展城乡居民大病保险工作的实施方案（试行）的通知》（新政办发［2013］76 号）后，为使城乡居民大病补充医疗保险工作稳步推进，自治区人社厅又配套下发了《关于做好城乡居民大病保险工作的通知》（新人社发［2013］135 号）。进一步提高城镇居民基本医疗保险财政补助标准，各级财政补助由每人每年 250 元提高到每人每年 290 元。提升医保经办服务管理水平，实现了各地州到乌鲁木齐市异地住院、全区范围内异地普通门诊、药店购药“一卡通”。完成了 2013 年企业退休人员基本养老金调整工作，月人均增加 200 元，调整后人均养老金水平为 2 080 元/月，惠及 808 426 名企业退休人员。对超龄乡村教师、乡村医生和部分地州原国有牧场职工反映的参保问题，按照政策规定及时予以解决。在人力资源社会保障部的指导下，驻疆东方地球物理勘探公司职工养老保险关系顺利移交新疆。做好养老保险关系转移接续工作，全年共办理跨省、区内转移养老保险关系 9 592 人次，实现了顺畅转移接续。连续 4 年调整了失业保险待遇。职工医保和居民医保政策范围内待遇支付水平分别达到了 80%和 70%以上，最高支付限额由社会平均工资和人均可支配收入的 4 倍提高到 6 倍。连续 9 年调整工伤保险待遇，1～4 级伤残职工月平均伤残津贴达 2 300 元。生育津贴享受期限由原来的 90 天调整为 98 天。全年有 2 249 万人（次）享受各项社会保险待遇，保障了各族群众的基本生活。

三是严格执行社保基金收支预算，社保经办服务进一步加强。各项社会保险基金收入、支出和累计结余总规模达到 1 658 亿元，比 2012 年增加 159 亿元，增长 10.62%。基金安全监管得到加强，有效保障了社会保险可持续发展。加强社会保险经办管理，积极开展“效率提速、服务提质”、“优质服务窗口、优质服务明星”争创活动，经办能力和群众满意度不断提高。加快社会保障卡的发行和应用环境建设，做好发放和应用工作，提高社会保障卡的覆盖范围，新增持卡人数 283 万人，全区累计持卡人数达 575 万人，基本实现了城镇参保人数持社会保障卡的全覆盖（其中，新农保参保人员社会保障卡发放工作试点完成，伊犁州、昌吉州、哈密地区、阿克苏地区、克州完成新农保农村参保人数发卡共26万张），超额完成了全年的目标任务。完善了社会保障卡异地管理流程，通过发挥社会保障“一卡通”的优势，实现了全区社会保障卡的统一归集、异地领取、异地激活、异地密码重置等经办业务，方便了异地居住的参保人员办理社会保障卡业务。

三、积极落实人才政策，人才队伍建设不断加强

以适应新疆跨越式发展和长治久安为目标，着眼“五化”建设人才需求，落实人才政策，加大人才引进培养力度，推动人才战略深入实施。提高公务员队伍的素质，会同自治区党委组织部开展了公务员法律法规执行情况的监督检查，深入开展了全国第八届和自治区第三届“人民满意的公务员”、“人民满意的公务员集体”评选表彰活动，推荐2名个人和2个集体受到全国表彰。把“提升新疆能力”作为2013年度活动主题，举办了“提升公务员群众工作能力师资培训班”，组织全疆约20万人参加了公务员职业道德理论考试。深入实施东西部对口培训，继续实施“基层人社局长轮训工程”，组织50名各地县人社局长到上海培训，特邀浙江省专家送教上门，举办了200人参加的“开放型经济”培训班。面向社会公开招录公务员7 760名，其中为县乡招录公务员5 190名，为自治区区级机关公开遴选公务员116人。加大“四类培训”和东西部对口培训力度，特别是对南疆乡镇公务员突出“双语”培训。全疆6万余名公务员参加了各类培训，组织近20万人参加了公务员职业理论考试。严格控制评比达标表彰活动，常设项目由128项减少到81项。

落实专业技术人才队伍建设中长期规划，依托国家和自治区重点人才工程，加强高层次人才队伍建设。实施专业技术人员知识更新工程，培训各类高层次专业技术人才3 250人，实施天山英才工程，评选出培养人选556名。实施少数民族骨干人才培养工程，选拔了400名少数民族科技骨干特培学员到疆内外培养，实施少数民族企业经营管理人才培养造就项目、现代农业少数民族人才扶持项目及专家服务团活动，共培养了300多名专业技术人员。以国家实施“万名专家服务基层行动计划”为契机，通过专家服务团、科研项目对接合作等形式，组织1.2万名专家到基层开展服务活动。扩大博士后工作站设站规模，加大博士后科研人员招收力度，提高培养质量，新设12个博士后流动（工作）站和分站，招收67名优秀博士后进站从事科研工作。

大力培养高技能人才，全区各类人员参加高技能培训2.4万人，完成全年目标任务的108.7%，其中和田地区、吐鲁番地区、博州、巴州、塔城地区、阿克苏地区、克拉玛依市、乌鲁木齐市超额完成计划，部分地区（州）未完成或未开展高技能人才培训工作。乌鲁木齐市开展高技能人才培训4 093人，市委、市政府隆重表彰奖励了30名优秀技能人才。在全区建设了2个国家级、4个自治区高技能人才培训基地和3个国家级、20个自治区级技能大师工作室，建立了5个企业高技能人才培训基地。启动第二轮高技能人才培养计划，实施高技能人才培训、企业职工技能提升培训、青年技能就业培训、技师研修等4个培训项目，评选、表彰首届优秀高技能人才20名。

加大引进国外智力工作力度。实施海外智力援疆工程，通过实施75项107人次外国专家项目，引进一批高层次急需紧缺人才和国外先进智力。提升出国（境）培训质量和效益，选派50名专业技术骨干到国（境）外参加为期3个月至1年的培训和留学。加大出国（境）培训管理力度，终止和取消20项393人的出国（境）培训项目。

四、推进收入分配制度改革

推进机关事业单位工资收入分配制度改革。完善公务员工资政策，调整了税务、安监、法检两院等工作人员岗位津贴。按照推进事业单位分类改革的要求，制定自治区《关于强化事业单位工作人员收入分配制度改革的意见》。会同财政部门组织对教育、卫生、农业、水利、科技5个行业有代表性的事业单位进行绩效工资试点工作情况调研，印发了《自治区其他事业单位实施绩效工资指导意见》。继续做好义务教育学校和公共卫生事业单位实施绩效工资工作，完成了绩效工资总量的审核批复工作。进一步完善现行工资政策体系，解决机关事业单位工作人员工资政策处理中的突出问题，转发国家相关部委关于事业单位受处分人员及采取强制措施和受行政刑事处罚人员工资待遇处理的相关政策。完善福利改革，调整了机关事业单位工作人员每个自然年度内死亡的丧葬补助标准。

综合考虑新疆维吾尔自治区经济和社会发展状况，确定了2013年企业工资指导线，经报请人力资源社会保障部批准，确定的基准线为16%，上线为19%，下线为6%。调整了企业最低工资标准，调整后的月最低工资标准分别较原标准增加180元，平均增幅在16.14%左右。积极稳妥推行工资集体协商制度，提高工资集体协商的时效性和签订率。印发了《关于肉孜节、古尔邦节四天节假日加班工资支付有关问题的通知》，明确了肉孜节、古尔邦节加班工资规定，依法保障劳动者的劳动报酬权。

五、继续深化人事制度改革

稳步推进岗位设置实施工作，全年核准（变更）自治区级事业单位岗位设置方案257个，核准岗位聘用实施方案197个，完成自治区级407个事业单位5 029人的首次岗位聘用工作。将全员聘用制与岗位管理制度入轨工作同步推进，凡实施完成首次岗位聘用工作人员全员签订聘用合同，实现由固定用人向合同用人的转变，全区已实行聘用制的各级各类事业单位达2.4万个，占全区事业单位总数的90%；职工总数为60余万人，占全区事业单位总人数的92%，与全国事业单位聘用制推行进展基本同步。积极稳妥做好公开招聘工作，全区事业单位共招聘16 013人（含地州招聘工作人员、特岗教师、农村双语幼儿园教师、普通高中教师等）。

落实深化职称制度改革的总体意见，细化了职称转评、离退休专业技术人员职称评审、证书办理、委托评审等16个方面的政策。修订了职称外（汉）语和计算机应用能力考试相关政策，使之更符合基层一线专业技术人员实际。首批对21名特殊人才认定了相关专业高级职称。全面推行职称网上评审，64个专业近2万人通过网上申报评审高级职称。

做好军转安置工作，不断完善计划分配与自主择业相结合的安置办法，全年实际接收1 438人，计划分配干部429人，随调家属52人。自主择业干部1 009人，符合自主择业条件且选择自主择业的比例为86.3%，低于历年平均水平（2001—2012年的平均比例为91.2%）。计划分配军转干部有89.5%分配到党政机关和参公单位，10.3%分配到事业单位，0.2%自愿到企业工作；70.6%安置到乌鲁木齐地区，26.6%安置到地级市或地州首府（行署）所在地，2.8%安置到其他县市，自主择业转业干部各项待遇得到落实，企业军转干部保持稳定。

六、维护劳动者合法权益，劳动关系保持和谐稳定

以维护劳动者合法权益为目标，完善构建和谐劳动关系机制。

一是推动劳动关系三方机制组织建设和制度建设，促进三方协调工作规范化、制度化、常态化，全力推进构建和谐劳动关系工作。全面落实劳动合同制度，全区劳动合同签订率占被调查职工人数的98%。加强对企业工资收入分配的宏观指导。稳妥推行工资集体协商制度，提高集体合同的时效性和签订率。发布了自治区2013年企业工资指导线和劳动力市场工资指导价位。开展企业薪酬调查。调整自治区最低工资标准，比原标准每月增加180元。

二是全面贯彻落实新修订的劳动合同法，制定下发了实施劳务派遣行政许可办法，加强宣传指导与监管，规范劳务派遣用工。

三是加大争议案件处理力度。建立规范统一的调解仲裁规章制度，完善了自治区调解仲裁机构接待当事人管理规定，劳动人事争议仲裁立案管理、案件处理、监督管理办法以及仲裁适用简易程序办法等制度。全区共受理劳动人事争议案件 9 561 起，结案率 93.4%。仲裁机构实体化建设稳步推进。13 个地州市成立了劳动人事争议仲裁院，组建率 93%。51 个县市区成立仲裁院，组建率 54%。

四是加强劳动保障监察。全区共检查用人单位 7.7 万户。开展了劳动用工、社会保险、拖欠农民工工资等专项检查，查处了一批侵害劳动者权益的案件。

新疆维吾尔自治区人力资源和社会保障厅

新疆生产建设兵团

2013年，新疆生产建设兵团人力资源和社会保障局（以下简称“兵团人社局”）深入贯彻落实党的十八大和十八届三中全会精神，按照兵团党委六届十一次全委（扩大）会议的安排部署，坚持“围绕中心、服务大局”的人社工作准则和“民生为本、人才优先”的人社工作主线，牢牢抓住就业和社会保障两个重点，重点抓好少数民族聚居团场职工和高校毕业生就业，深入研究新形势下职工队伍管理工作；大力加强人才队伍建设，全力推进“双五千”人才计划落实；着力构建和谐劳动关系，努力维护劳动者权益；认真开展党的群众路线教育实践活动，切实解决“四风”问题，全面完成了2013年的各项目标任务。

一、就业目标任务全面完成，就业局势保持基本稳定

（一）各项就业目标任务超额完成。

2013年实现新增就业8.57万人，其中新成长劳动力就业4.84万人，失业人员再就业3.73万人，登记失业率为2.55%。

（二）积极推进少数民族聚居团场就业。

实施“少数民族职工群众技能振兴计划”，组织符合条件的边境团场和困难团场职工子女、家庭困难职工子女1 828人进入技工院校学习技能。全年共帮扶14个重点少数民族团场完成就业培训7 000人次，完成目标任务的126%。

（三）以高校毕业生为重点做好困难群体就业工作。

以落实“十件实事”为抓手，积极开展就业困难人员援助帮扶工作。全年共援助帮扶1.5万名困难人员实现就业，连续7年保持了零就业家庭动态清零。印发《新疆生产建设兵团关于做好高校毕业生就业工作的通知》，实施一系列促进高校毕业生就业的政策，开展春夏秋冬四次高校毕业生网络招聘、人社局长校园行和“就业援助月”、“春风行动”、“民营企业招聘周”等活动，积极鼓励引导高校毕业生到团场、连队工作，基本实现应届高校毕业生就业水平不降低、有提高的目标。

（四）大力推动转移就业多元增收工作。

按照“就地就近、统筹规划、合理引导、有序转移”的原则，积极发挥兵、师、团、连职业培训体系的优势，大力组织实施技能培训和创业培训专项攻坚行动计划。采取多种措施，有效促进了就业向城镇和第二产业、第三产业转移。全年共实现转移2.55万人次，完成目标任务的102%。

（五）培训力度进一步加大。

进一步完善和规范兵团职业培训管理、职业技能鉴定（考核）和就业培训机构管理等有关政策。组织开展就业培训机构申报工作，252名专家进入兵团职业能力建设专家库队伍。全年完成职业技能和素质培训19.2万人次，组织职业技能鉴定13.1万人次。以“青年创业引领计划”为抓手，开展创业培训1.78万人，完成全年目标任务的123%，通过创业带动实现就业0.78万人，创业促进就业倍增效应明显。

（六）公共就业服务质量进一步提升。

加大政策扶持和落实力度，推进家庭服务

业技能培训，引导兵团家庭服务业走规模化、品牌化发展道路。进一步规范兵团职业培训管理、职业技能鉴定（考核）和就业培训机构管理，职业技能鉴定质量进一步提高。为29.86万名拾花工发送专列103列，确保其全部安全返回家乡。制定并实施《兵团人力资源服务机构管理办法（暂行）》，加快了兵团统一规范灵活的人力资源市场建设步伐。

（七）职工队伍管理工作进一步加强。

围绕职工队伍建设、农牧业富余劳动力转移就业劳动关系处理中出现的问题，深入开展调研并形成《关于在兵团组建“青年连”的建议》、《关于加强团场职工队伍管理的专题调研报告》和《关于加强团场职工队伍管理的意见》。

（八）技工院校内涵式发展得到进一步提升。

2013年，兵团各技工院校招生1 500人，当年毕业生就业率100%。全年共发放免学费89.4万元、助学金11.4万元、华育奖助学金7万元，受助学生合计604名。推荐13名教师参加国家一体化师资培训班。开展“全国阳光德育校”、“全国技工院校教师职业道德读书知识竞赛”和技能人才队伍建设暨技工院校招生宣传周活动。11月22日，自治区人民政府批复成立新疆生产建设兵团兴新职业技术学院。

二、社会保障体系建设稳步推进，经办服务水平进一步提高

（一）全面完成各项指标任务。

兵团职工养老保险、职工医疗保险、失业保险、工伤保险、生育保险、居民养老保险、居民医疗保险参保人数分别达到150万人、128.94万人、65万人、69.62万人、65.91万人、13万人、94.54万人，全面完成2013年社会保险各项目标任务。

（二）养老保险制度进一步完善。

在中央财政的大力支持下，兵团连续15年确保企业退休人员基本养老金按时足额发放。连续第9次与全国各省（区、市）同步上调企业退休人员基本养老金，并与新疆维吾尔自治区的调整政策和标准保持一致，共惠及企业退休人员54.7万人，人均增加养老金198元/月，调整后人均月养老金达到2 083元。解决了新中国成立前老工人退休待遇偏低问题，从2014年1月1日起为新中国成立前老工人每人每月发放700元生活补贴，并进一步提高了企业离休人员和新中国成立前老工人的死亡抚恤待遇。科学合理编制收支预算和征缴计划，使参保人数与就业人数逐步接近、人均缴费基数与企业在岗职工平均工资逐步接近，基本做到应收尽收、应保尽保。狠抓养老保险扩面工作，以少数民族聚居团场和城镇居民为扩面工作重点，通过行政推动、扶贫帮困、召开扩面工作现场会、组织养老保险宣传周活动、下发《扩面工作通报》等各种方式，将符合条件的各类未参保人员积极纳入兵团养老保险覆盖范围，当年实现扩面新增5.45万人，扩面成效显著。

（三）医疗保险制度建设稳步推进。

进一步规范、统一政策，出台《兵团职工医保门诊大病、门诊慢性病管理暂行办法》等一系列政策，各统筹区逐步执行统一的病种范围、结算方式、待遇水平、鉴定标准和医疗服务范围。以“提高保障绩效”为目标，开展医保付费方式改革工作。完善各类人员参保政策，加大居民及灵活就业人员参保扩面工作力度，妥善解决脱离原国有单位、城镇未参保集体企业退休人员补费参加职工医保等问题。医保待遇水平逐步提高，职工医保、居民医保最高支付限额分别提高到20万元和9万元，基本达到职均年工资和居民可支配收入的6倍左右，政策范围内基金支付比例逐步提高到75%和70%。围绕“提高全民医保质量”的目标，进一步完善了医疗保险“三二一”管理机制，基本药物医保报销政策得到贯彻落实，“两定”单位联合考核机制实现制度化和常态化，医保信息系统建设和“一卡通”推行步伐明显加快，医疗费用即时结算不断推进，职工医保、居民医保已实现联网即时结算，各统筹区已基本实现在乌鲁木齐地区异地就医联网结算。大病商业保险已做好准备。部分统筹区启

动居民医保门诊统筹。

（四）失业保险制度取得积极进展。

团场失业保险政策得到有效落实，继续深入贯彻落实《关于进一步完善团场失业保险工作的意见》，规范团场失业保险金支付程序。加大失业保险向促进困难人员和少数民族就业方面的支出力度，失业保险预防失业和促进就业的积极作用得到进一步发挥。认真做好失业动态监测工作，按照国家要求，对失业动态监测软件进行了升级，按月及时报送失业动态监测报告和监测数据，对被监测企业实施有效监控。

（五）工伤和生育保险制度逐步完善。

出台《兵团实施〈工伤保险条例〉办法》和《兵团职工生育保险暂行办法》及相关配套政策，继续提高工伤职工“三项”定期待遇，将机关和事业单位纳入工伤、生育保险制度范围。

（六）社会保险经办服务水平进一步提升。

疆外异地居住人员生存认证纳入全国异地退管认证系统。推行参保单位缴费银行托收业务，开通“兵团社保通”信息服务平台。建立兵团定点医疗机构医保医师信息库，社会保险经办精算、统计和数据管理工作进一步加强。

（七）基金监管进一步加强。

制定下发《兵团社会保险基金行政监督程序规定》。认真核查兵团174人重复领取养老金问题，年涉及基金250.68万元。狠抓社会保险基金审计整改工作，召开审计整改工作经验交流会，推动审计整改工作，全年清理回收中国农业银行兵团分行少计利息5 069.65万元。稽核查出少申报社会保险缴费基数594.38万元，追回定点医疗机构违规资金32.8万元。

三、人才队伍建设力度加大，引智工作取得积极成效

（一）高层次人才队伍建设有新进展。

完成2013年“国家特支计划”百千万工程领军人才和“百千万人才工程”国家级人选、自治区有突出贡献优秀专家候选人选拔推荐工作，出台《兵团有突出贡献优秀专家选拔管理办法》并组织实施。

（二）专业技术人才队伍建设得到加强。

新设立2家博士后科研工作站，完成少数民族科技骨干特殊培养项目人选的选拔推荐工作及留学人员科技活动项目择优资助经费的组织申报工作，在上海等地举办7期示范性高级研修班，285人参培。

（三）技能人才队伍建设进一步加强。

实施“高技能人才振兴计划”，培养高技能人才3.7万人，开展师资内培外送工作。启动实施2013年国家级高技能人才培训基地、技能大师工作室项目的立项及建设工作。圆满完成2013年兵团职业技能竞赛，13个师的13个代表队114名选手参加大赛。

（四）引智工作取得新进展。

开展首届兵团“绿洲友谊奖”评选，9名国（境）外专家荣获“绿洲友谊奖”，授奖活动仪式纳入兵团成立60周年庆祝系列活动。组织实施经济技术类国（境）外专家项目27项，实施出国（境）培训项目17项。

四、积极推进干部人事制度改革，制度建设和队伍管理不断加强

（一）公务员管理工作取得新进展。

加强兵团公务员招录、遴选、考核、表彰等制度和队伍建设工作。兵团机关25个部门、13个师机关、兵团政法机关安排提出1 080名主任科员以下非领导职务公务员和参照公务员法管理事业单位工作人员的招录计划，共有28 091人报名，计划招录人数、报名人数均创兵团公务员考试历年新高。集中开展了兵团机关遴选公务员工作，积极推进兵团改革试点团场机关实行公务员制度试点工作，起草并由兵团办公厅下发《关于兵团改革试点团场机关实行公务员制度的意见》。选派兵团机关15个部门的34名年轻干部赴南疆少数民族聚居团场挂职锻炼。六师民警李玉山、三师中级人民法院副院长莫合特·吐逊荣获第八届全国“人民满意的公务员”称号，建工师信访局、五师社保中心荣获第八届全国“人民满意的公务员

集体”称号，受到表彰并得到李克强总理的亲切接见，为兵团赢得了荣誉。

（二）事业单位人事管理工作规范有序。

稳步推进事业单位人事制度改革，下发兵团事业单位分类改革系列文件中的2个配套文件。事业单位岗位管理和全员聘任工作力度进一步加大，完善了考核制度。认真履行事业单位公开招聘综合管理职能，加强对公开招聘工作的监督管理。

（三）职称评定工作稳中有进。

创新评价机制，完善部分系列的评审条件，全面实行《高级专业技术职务任职资格评审量化赋分暂行办法》。深化中小学职称制度改革试点，尝试医疗卫生人员申报专业技术职务任职资格的推荐方法。正高和副高破格答辩已实现网上视频答辩。制定兵团通用航空技术专业技术人员的评审条件。

军转安置任务顺利完成。2013年兵团共安置军转干部39人。

五、机关事业单位工资收入分配制度改革稳步推进，企业工资管理工作不断加强

（一）机关事业单位工资制度进一步完善。

按照国家和自治区统一部署，结合兵团实际，顺利完成2012年机关、事业单位年终一次性奖金、调整艰苦边远地区津贴标准和2013年正常晋升工资等各类增资方案的审批工作。审批享受省部级劳动模范奖励高定工资人员的待遇。随公务员津贴补贴调整，对义务教育学校和公共卫生与基层医疗卫生事业单位的绩效工资总量、事业单位提高津贴补贴水平进行了调控。对深化事业单位收入分配制度改革问题进行了研究。研究起草事业单位分类制度改革的配套文件《关于深化兵团事业单位工作人员收入分配制度改革的意见》。

（二）企业工资分配宏观指导调控工作进一步加强。

及时发布2013年兵团最低工资标准和兵团企业工资指导线，公布2013年度人力资源市场工资指导价位。

（三）福利管理工作进一步规范。

积极与自治区人社厅及兵团卫生局等部门沟通，起草上报了《原兵团国有企业办医疗卫生机构退休人员享受待遇问题的意见》。对福利方面的遗留疑难问题开展了深入研究。对部分机关、事业单位带薪年休假及探亲假制度的落实情况进行了检查。

六、着力构建和谐劳动关系，劳动者权益得到切实保障

（一）劳动用工管理进一步规范。

制定《兵团规范劳动合同管理意见》、《兵团劳务派遣行政许可实施办法》，加强劳动合同的规范管理，举办劳动关系培训班。组织开展农民工劳动合同签订春暖行动。研究制定《兵团规范劳动合同管理意见》，深入开展和谐劳动关系创建活动。组织开展兵团非公经济组织构建和谐劳动关系自评和考评活动。贯彻落实《企业实行综合计算工时和不定时工作制审批管理工作试行办法》，推进劳动标准的落实。

（二）劳动人事争议调解仲裁工作全面推进。

制定《兵团劳动人事争议仲裁办案规则实施细则》，开展调解仲裁员培训，召开案例分析研讨会。开展企业调解组织预防调解工作，在受理劳动争议案件中有50％以上的争议案件通过调解方式解决，将劳动关系矛盾化解在源头。全年处理劳动人事争议案件2 252起，结案率96％。

（三）劳动保障监察维权力度加大。

印发《关于印发用人单位遵守劳动保障法律法规诚信评价暂行办法的通知》，进一步加大日常巡视检查工作力度，全年共处理劳动保障监察案件1 779件，结案率达99％。开展农民工工资支付等专项检查，2013年“两节”期间共清欠农民工工资16 235.46万元，基本实现无拖欠。

（四）信访工作不断加强。

积极落实领导接访日和信访一线顶岗工作制度，认真处理群众来访来信案件，积极开展信访积案的排查化解工作。全年全系统接待上

访 7 675 人。有效开展普法宣传、行政复议及行政应诉工作，全年共受理行政复议案件 42 起，结案率 100%。

七、自身建设不断加强

（一）深入开展党的群众路线教育实践活动。

兵团人社局按照中央及兵团党委的要求，扎实开展党的群众路线教育实践活动，严格落实中央八项规定和兵团党委 26 条规定。认真开展“下基层、听民意、解民忧、转作风”活动，广泛征求意见建议，认真查找局班子及班子成员“四风”方面的突出问题，精心组织召开领导班子专题民主生活会，制定整改方案和专项整改措施，局机关领导作风明显改进，“三公”经费支出明显下降，群众观念明显增强。

（二）对重点工作积极开展前瞻性研究。

围绕中心工作，对全局性、制度性政策问题深入开展重大课题研究。开展加强团场职工队伍管理、试点改革团场机关实行公务员制度、兵团人事和劳动保障系统自身建设、新中国成立前参加革命工作老工人退休待遇等问题的专题研究，起草《关于在兵团组建“青年连”的建议》，形成 5 篇质量较高的调研报告、2 份工作意见。《兵团人才引进问题课题研究》荣获兵团课题研究二等奖。《深入实施就业优先战略，推动实现更高质量就业》荣获兵团课题研究三等奖。

（三）加强了系统干部队伍建设。

加大干部教育培训工作力度，扎实推进系统干部全员培训。不断丰富培训内容，创新培训方式，实现理论教育、党性教育、知识教育和能力培养的相互补充，脱产培训、自主选学、自学考试、网络培训与实践提高的有机结合。在上海开办培训班，提高系统干部的政治和业务素质。

（四）系统能力建设不断加强。

仲裁机构实体化建设进一步推进，启动仲裁庭标准化建设，并列入调解仲裁评查项目，兵团 11 个劳动争议仲裁委员会已设立专门的办案场所。积极推进基层就业和社会保障公共服务平台建设，完成 2013 年 1 个师、16 个团场基层就业和社会保障公共服务平台的立项。

（五）信息化建设进一步发展。

充分利用当前应用软件统一、数据集中式管理、网络三级互联的统一技术支撑平台，在系统业务需求扩展与处理、社会保障卡管理应用、职工医疗保险关系转移和居民医疗保险门诊统筹系统建设等多个方面取得持续进展，窗口服务能力和水平有明显提升，为各统筹区劳动就业社会保障业务开展提供支撑。

（六）对口援疆工作进一步推进。

认真贯彻落实第 4 次全国对口支援新疆工作筹备会议精神，拟定《进一步促进兵团人力资源和社会保障事业发展和改革备忘录》，继续组织实施技能人才培训“两个一千”计划，全年完成对口援疆技能人才培训 2 398 人次。

（七）进一步推进党风廉政建设。

深入学习贯彻党的十八大精神，强化政治理论学习，深化党风廉政教育，把理想信念和思想道德教育贯穿于各项人力资源和社会保障工作的始终，大力开展党风党纪、廉洁从政教育。继续坚持“管行业必须管行风，管业务必须管廉政”的要求，把廉政文化建设与业务工作同部署、同检查、同落实；大力开展创建“优质服务、优良作风、优美环境”的文明窗口活动，全面推动全系统在思想、作风、管理、服务建设方面取得新进展、新突破。加大对重点部位和重点环节的监督检查。进一步健全和完善社会保险基金、就业专项资金以及“金保工程”建设等各项资金的管理监督机制，加大对社会保险基金和就业专项资金的运行及使用情况的监督检查，确保各项资金按计划合理分配、规范使用、管理有效、监督有力、运行安全，廉政风险防控机制得到进一步完善。

新疆生产建设兵团人力资源和社会保障局

统 计 资 料

（一）综　　合

表 1—1　　**历年国内生产总值增长及构成**

年份	国内生产总值	第一产业	第二产业	第三产业
一、绝对数（亿元）				
2000	99 215	14 945	45 556	38 714
2001	109 655	15 781	49 512	44 362
2002	120 333	16 537	53 897	49 899
2003	135 823	17 382	62 436	56 005
2004	159 878	21 413	73 904	64 561
2005	184 937	22 420	87 598	74 919
2006	216 314	24 040	103 720	88 555
2007	265 810	28 627	125 831	111 352
2008	314 045	33 702	149 003	131 340
2009	340 903	35 226	157 639	148 038
2010	401 513	40 534	187 383	173 596
2011	473 104	47 486	220 413	205 205
2012	519 470	52 374	235 162	231 935
2013	568 845	56 957	249 684	262 204
二、比上年增长（%）				
2000	8.4	2.4	9.4	9.7
2001	8.3	2.8	8.4	10.3
2002	9.1	2.9	9.8	10.4
2003	10.0	2.5	12.7	9.5
2004	10.1	6.3	11.1	10.1
2005	11.3	5.2	12.1	12.2
2006	12.7	5.0	13.4	14.1
2007	14.2	3.7	15.1	16.0
2008	9.6	5.4	9.9	10.4
2009	9.2	4.2	9.9	9.6
2010	10.4	4.3	12.3	9.8
2011	9.3	4.3	10.3	9.4
2012	7.7	4.5	7.9	8.1
2013	7.7	4.0	7.8	8.3
三、构成（%）				
2000	100.0	15.1	45.9	39.0
2001	100.0	14.4	45.1	40.5
2002	100.0	13.7	44.8	41.5
2003	100.0	12.8	46.0	41.2
2004	100.0	13.4	46.2	40.4
2005	100.0	12.1	47.4	40.5
2006	100.0	11.1	47.9	40.9
2007	100.0	10.8	47.3	41.9
2008	100.0	10.7	47.4	41.8
2009	100.0	10.3	46.2	43.4
2010	100.0	10.1	46.7	43.2
2011	100.0	10.0	46.6	43.4
2012	100.0	10.1	45.3	44.6
2013	100.0	10.0	43.9	46.1

表 1—2　　历年分城乡就业人员年末人数及构成　　单位：万人

年份	就业人数			构成（%）		
	合计	城镇	乡村	合计	城镇	乡村
1998	70 637	21 616	49 021	100	30.6	69.4
1999	71 394	22 412	48 982	100	31.4	68.6
2000	72 085	23 151	48 934	100	32.1	67.9
2001	72 797	24 123	48 674	100	33.1	66.9
2002	73 280	25 159	48 121	100	34.3	65.7
2003	73 736	26 230	47 506	100	35.6	64.4
2004	74 264	27 293	46 971	100	36.8	63.2
2005	74 647	28 389	46 258	100	38.0	62.0
2006	74 978	29 630	45 348	100	39.5	60.5
2007	75 321	30 953	44 368	100	41.1	58.9
2008	75 564	32 103	43 461	100	42.5	57.5
2009	75 828	33 322	42 506	100	43.9	56.1
2010	76 105	34 687	41 418	100	45.6	54.4
2011	76 420	35 914	40 506	100	47.0	53.0
2012	76 704	37 102	39 602	100	48.4	51.6
2013	76 977	38 240	38 737	100	49.7	50.3

注：1990 年以后从业人员数据根据 2000 年、2010 年人口普查数进行了调整。

表 1—3　　历年分产业就业人员年末人数及构成　　单位：万人

年份	就业人数				构成（%）			
	合计	第一产业	第二产业	第三产业	合计	第一产业	第二产业	第三产业
1998	70 637	35 177	16 600	18 860	100	49.8	23.5	26.7
1999	71 394	35 768	16 421	19 205	100	50.1	23.0	26.9
2000	72 085	36 043	16 219	19 823	100	50.0	22.5	27.5
2001	72 797	36 399	16 234	20 165	100	50.0	22.3	27.7
2002	73 280	36 640	15 682	20 958	100	50.0	21.4	28.6
2003	73 736	36 204	15 927	21 605	100	49.1	21.6	29.3
2004	74 264	34 830	16 709	22 725	100	46.9	22.5	30.6
2005	74 647	33 442	17 766	23 439	100	44.8	23.8	31.4
2006	74 978	31 941	18 894	24 143	100	42.6	25.2	32.2
2007	75 321	30 731	20 186	24 404	100	40.8	26.8	32.4
2008	75 564	29 923	20 553	25 087	100	39.6	27.2	33.2
2009	75 828	28 890	21 080	25 857	100	38.1	27.8	34.1
2010	76 105	27 931	21 842	26 332	100	36.7	28.7	34.6
2011	76 420	26 594	22 544	27 282	100	34.8	29.5	35.7
2012	76 704	25 773	23 241	27 690	100	33.6	30.3	36.1
2013	76 977	24 171	23 170	29 636	100	31.4	30.1	38.5

表 1—4　　历年城镇分经济类型就业人员构成　　单位：万人

年份	合计	国有单位	集体单位	股份合作单位
1998	21 616	9 058	1 963	136
1999	22 412	8 572	1 712	144
2000	23 151	8 102	1 499	155
2001	24 123	7 640	1 291	153
2002	25 159	7 163	1 122	161
2003	26 230	6 876	1 000	173
2004	27 293	6 710	897	192
2005	28 389	6 488	810	188
2006	29 630	6 430	764	178
2007	30 953	6 424	718	170
2008	32 103	6 447	662	164
2009	33 322	6 420	618	160
2010	34 687	6 516	597	156
2011	35 914	6 704	603	149
2012	37 102	6 839	589	149
2013	38 240	6 365	566	108

年份	联营单位	有限责任公司	股份有限公司	私营企业
1998	48	484	410	973
1999	46	603	420	1 053
2000	42	687	457	1 268
2001	45	841	483	1 527
2002	45	1 083	538	1 999
2003	44	1 261	592	2 545
2004	44	1 436	625	2 994
2005	45	1 750	699	3 458
2006	45	1 920	741	3 954
2007	43	2 075	788	4 581
2008	43	2 194	840	5 124
2009	37	2 433	956	5 544
2010	36	2 613	1 024	6 071
2011	37	3 269	1 183	6 912
2012	39	3 787	1 243	7 557
2013	25	6 069	1 721	8 242

续表

年份	港澳台商投资单位	外商投资单位	个体	其他
1998	294	293	2 259	5 698
1999	306	306	2 414	6 817
2000	310	332	2 136	8 134
2001	326	345	2 131	9 299
2002	367	391	2 269	9 907
2003	409	454	2 377	10 338
2004	470	563	2 521	10 680
2005	557	688	2 778	10 749
2006	611	796	3 012	10 950
2007	680	903	3 310	11 038
2008	679	943	3 609	11 177
2009	721	978	4 245	10 960
2010	770	1 053	4 467	11 097
2011	932	1 217	5 227	9 362
2012	969	1 246	5 643	8 666
2013	1 397	1 566	6 142	5 747

表 1—5　　历年分经济类型单位职工人数　　单位：万人

年份	合计	在岗职工	国有单位	在岗职工
1998	14 314	12 337	10 044	8 809
1999	13 928	11 773	9 675	8 336
2000	13 468	11 259	9 260	7 878
2001	12 892	10 792	8 710	7 409
2002	12 517	10 558	8 103	6 924
2003	10 969	10 492	6 875	6 621
2004	12 182	10 576	7 383	6 438
2005	12 193	10 850	6 895	6 232
2006	12 337	11 161	6 829	6 170
2007	12 459	11 427	6 718	6 148
2008	12 369	11 515	6 592	6 126
2009	12 551	11 824	6 471	6 078
2010	12 889	12 251	6 488	6 145
2011	14 413	13 681	6 704	6 362
2012	15 236	14 403	6 839	6 467
2013	18 108	17 057	6 365	6 012

年份	城镇集体单位	在岗职工	其他单位	在岗职工
1998	2 458	1 900	1 812	1 628
1999	2 233	1 652	2 020	1 785
2000	2 008	1 447	2 200	1 935
2001	1 753	1 241	2 429	2 142
2002	1 527	1 071	2 887	2 563
2003	1 356	950	3 244	2 920
2004	1 210	851	3 588	3 287
2005	1 066	769	4 131	3 849
2006	988	726	4 520	4 264
2007	914	684	4 827	4 595
2008	812	623	4 965	4 766
2009	735	578	5 345	5 168
2010	693	558	5 707	5 548
2011	603	562	7 106	6 757
2012	590	549	7 808	7 387
2013	566	522	11 177	10 523

注：本表中职工人数包括在岗职工和离岗职工人数。

表 1—6　　历年分企业、事业、机关职工人数　　单位：万人

年份	企业				事业				机关	
	合计	国有	集体	其他	合计	国有	集体	其他	合计	国有
1998	10 524	6 394	2 320	1 810	2 729	2 595	132	2	1 061	1 055
1999	10 112	5 998	2 095	2 019	2 745	2 611	133	2	1 071	1 066
2000	9 628	5 564	1 867	2 197	2 761	2 622	136	3	1 079	1 075
2001	9 054	5 017	1 612	2 425	2 758	2 617	137	4	1 080	1 075
2002	8 713	4 446	1 388	2 879	2 731	2 588	136	7	1 073	1 069
2003	7 172	3 067	820	2 910	2 724	2 582	132	10	1 072	1 068
2004	8 321	3 660	1 088	3 573	2 753	2 621	117	15	1 107	1 103
2005	8 275	3 209	953	4 113	2 806	2 678	110	19	1 111	1 108
2006	8 377	2 996	881	4 500	2 836	2 711	104	21	1 123	1 121
2007	8 456	2 846	810	4 800	2 864	2 736	102	26	1 138	1 136
2008	8 350	2 693	719	4 938	2 871	2 752	92	27	1 149	1 147
2009	8 482	2 545	649	5 287	2 867	2 759	80	27	1 161	1 159
2010	8 734	2 482	608	5 644	2 921	2 812	80	29	1 192	1 187
2011	9 991	2 466	514	7 011	3 096	2 972	83	41	1 263	1 255
2012	10 673	2 467	499	7 707	3 193	3 067	85	42	1 303	1 296
2013	13 517	1 968	475	11 073	3 184	3 062	84	38	1 316	1 314

年份	机关		民间非营利组织				其他			
	集体	其他	合计	国有	集体	其他	合计	国有	集体	其他
1998	6									
1999	5									
2000	5									
2001	4									
2002	4									
2003	4									
2004	4									
2005	3									
2006	2									
2007	2									
2008	2									
2009	1	1	14	2	1	11	27	5	3	18
2010	2	3	17	2	1	13	25	4	3	18
2011	1	7	25	3	2	21	37	8	3	27
2012	1	6	29	3	2	24	39	7	3	28
2013	1	1	32	3	2	27	59	17	4	38

注：

1. 本表中职工人数包括在岗职工和离岗职工人数。

2. 以前年度民间非营利组织和其他单位按照登记注册情况并入了机关、事业和企业单位，从 2009 年起新增列民间非营利组织和其他两个分类。

表 1—7　　历年分行业在岗职工年末人数　　单位：万人

年份	合计	农、林、牧、渔业	采掘业	制造业	电力、燃气及水的生产和供应业	建筑业	地质勘查业、水利管理业	交通运输、仓储和邮电通信业
1978	9 499	830	652	3 595	107	623	178	669
1980	10 444	788	697	3 947	118	710	188	714
1985	12 358	777	795	4 620	142	900	197	823
1989	13 742	782	842	5 206	180	900	199	874
1990	14 059	780	882	5 304	192	896	197	895
1991	14 508	769	905	5 443	203	940	199	916
1992	14 792	758	898	5 508	215	995	202	921
1993	14 849	708	925	5 469	232	1 153	144	826
1994	14 849	680	904	5 434	244	1 072	137	835
1995	14 908	660	914	5 439	257	1 053	134	824
1996	14 845	617	886	5 293	272	1 035	128	830
1997	14 668	612	851	5 083	282	1 004	128	824
1998	12 337	546	702	3 769	281	846	115	701
1999	11 773	519	650	3 496	283	778	110	682
2000	11 259	494	581	3 240	282	744	109	659
2001	10 792	458	544	3 010	284	733	104	629
2002	10 558	430	537	2 907	285	756	96	613

年份	批发和零售贸易、餐饮业	金融、保险业	房地产业	社会服务业	卫生、体育和社会福利业	教育、文化艺术和广播电影电视业	科学研究和综合技术服务业	国家机关、政党机关和社会团体	其他
1978	1 079	65	31	166	247	736	92	430	
1980	1 239	89	37	218	287	817	105	490	
1985	1 518	126	36	271	342	962	131	718	
1989	1 675	184	43	327	382	1 117	147	885	
1990	1 715	195	44	344	392	1 143	152	929	
1991	1 786	208	48	369	410	1 181	156	974	
1992	1 844	223	54	386	421	1 212	159	996	
1993	1 796	239	66	422	416	1 205	166	1 030	55
1994	1 833	261	72	447	428	1 249	174	1 017	63
1995	1 828	273	77	449	438	1 291	178	1 027	66
1996	1 807	288	82	458	451	1 345	176	1 075	103
1997	1 774	298	84	480	464	1 403	179	1 080	125
1998	1 256	301	89	451	469	1 451	168	1 084	108
1999	1 110	300	90	453	473	1 480	165	1 088	96
2000	977	294	93	457	476	1 500	164	1 091	99
2001	840	292	97	463	481	1 512	154	1 088	104
2002	733	287	107	483	480	1 517	151	1 056	120

续表

年份	合计	农、林、牧、渔业	采矿业	制造业	电力、燃气及水的生产和供应业	建筑业	交通运输、仓储和邮政业	信息传输、软件和信息技术服务业	批发和零售业	住宿和餐饮业
2003	10 492	460	481	2 899	292	774	610	104	592	159
2004	10 576	438	491	2 960	294	778	598	111	551	163
2005	10 850	414	498	3 096	294	854	579	117	508	167
2006	11 161	402	518	3 250	296	910	579	125	486	170
2007	11 427	386	524	3 358	298	962	584	137	479	172
2008	11 515	362	526	3 329	297	971	583	144	487	178
2009	11 824	328	539	3 380	297	1 050	589	158	493	185
2010	12 251	328	546	3 519	299	1 133	582	168	506	191
2011	13 681	311	600	4 022	324	1 519	642	208	622	228
2012	14 334	339	631	4 262	345	2 010	668	223	712	265
2013	17 057	256	622	5 166	389	2 513	816	319	854	282

年份	金融业	房地产业	租赁和商务服务业	科学研究和技术服务	水利、环境和公共设施管理业	居民服务、修理和其他服务业	教育	卫生、社会保障和社会福利业	文化、体育和娱乐业	公共管理、社会保障和社会组织
2003	286	108	168	206	164	47	1 402	472	122	1 146
2004	287	120	176	208	165	47	1 425	477	118	1 170
2005	295	133	199	213	170	47	1 445	491	117	1 213
2006	300	140	215	220	176	50	1 466	506	117	1 235
2007	311	151	223	228	181	51	1 484	522	119	1 260
2008	326	157	247	240	179	50	1 491	536	119	1 292
2009	347	175	263	255	184	55	1 502	564	122	1 337
2010	370	195	281	273	193	56	1 527	595	124	1 365
2011	417	233	273	282	203	57	1 563	644	128	1 406
2012	528	274	292	331	244	62	1 653	719	138	1 542
2013	447	352	399	368	226	69	1 623	727	138	1 491

表 1—8　　历年分经济类型单位在岗职工平均工资及增长情况　　单位：元/年

年份	在岗职工平均工资	国有单位	城镇集体单位	其他单位	比上年增长（%）
1997	6 470	6 747	4 512	8 789	4.2
1998	7 479	7 668	5 331	8 972	15.6
1999	8 346	8 543	5 774	9 829	11.6
2000	9 371	9 552	6 262	10 984	12.3
2001	10 870	11 178	6 867	12 140	16.0
2002	12 422	12 869	7 667	13 212	14.3
2003	14 040	14 577	8 678	14 574	13.0
2004	16 024	16 445	9 723	16 519	14.1
2005	18 364	19 313	11 283	18 244	14.6
2006	21 001	22 112	13 014	20 755	14.4
2007	24 932	26 620	15 595	24 058	18.7
2008	29 229	31 005	18 338	28 387	17.2
2009	32 736	35 053	20 958	31 319	12.0
2010	37 147	39 471	24 430	35 843	13.5
2011	42 452	44 695	29 261	41 449	14.3
2012	47 593	49 750	34 431	46 682	12.1
2013	52 388	54 225	39 669	51 972	10.1

表 1—9　　历年全国企业、事业、机关单位在岗职工平均工资　　单位：元/年

年份	在岗职工平均工资	企业				事业				机关	
		合计	国有	集体	其他	合计	国有	集体	其他	合计	国有
1997	6 470	6 322	6 647	4 443	8 788	6 867	6 925	5 743	9 530	6 990	6 994
1998	7 479	7 405	7 644	5 264	8 970	7 620	7 689	6 206	10 858	7 740	7 746
1999	8 346	8 168	8 350	5 670	9 828	8 665	8 748	6 970	10 913	8 925	8 930
2000	9 371	9 189	9 324	6 144	10 985	9 634	9 749	7 388	10 560	10 020	10 025
2001	10 870	10 453	10 619	6 667	12 136	11 491	11 640	8 518	14 628	12 125	12 136
2002	12 422	11 873	12 109	7 426	13 206	13 246	13 438	9 399	15 568	14 005	14 020
2003	14 040	13 578	14 028	8 401	14 575	14 564	14 770	10 448	15 147	15 736	15 757
2004	16 024	15 559	16 336	9 513	16 255	16 489	16 690	11 773	17 335	17 869	17 887
2005	18 364	17 853	19 069	10 909	18 242	18 720	18 926	13 602	18 621	20 828	20 840
2006	21 001	20 555	22 246	12 547	20 756	21 259	21 466	15 887	20 668	23 360	23 370
2007	24 932	24 046	26 284	14 882	24 053	25 805	26 029	19 828	25 048	28 763	28 773
2008	29 229	28 359	30 780	17 616	28 388	29 758	30 004	22 682	28 205	33 869	33 878
2009	32 736	31 622	34 778	20 041	31 362	34 053	34 276	26 900	31 924	37 397	37 410
2010	37 147	36 256	39 938	23 338	35 891	38 411	38 626	31 260	36 661	40 512	40 561
2011	42 452	42 020	46 288	28 115	41 550	43 254	43 522	36 378	37 218	44 303	44 388
2012	47 593	47 284	51 698	33 274	46 780	48 426	48 683	41 400	43 097	48 513	48 608
2013	52 388	52 270	56 962	38 322	52 032	53 291	53 463	47 439	51 914	51 894	51 905

年份	机关		民间非营利组织				其他			
	集体	其他	合计	国有	集体	其他	合计	国有	集体	其他
1997	6 338									
1998	6 675									
1999	7 827									
2000	8 718									
2001	8 960									
2002	9 302									
2003	9 742									
2004	12 101									
2005	15 365									
2006	17 897									
2007	21 803									
2008	25 298									
2009	30 394	26 434	29 529	49 985	24 868	26 439	24 249	38 003	16 991	21 532
2010	31 338	26 214	33 750	54 207	27 953	30 867	26 264	37 897	18 222	24 708
2011	39 612	30 197	37 015	57 700	29 235	34 741	30 663	42 019	24 550	28 505
2012	39 608	29 971	42 887	67 214	39 755	40 635	35 421	46 635	29 206	33 225
2013	41 020	47 424	46 849	67 401	43 004	44 792	44 167	58 328	35 120	38 828

注：以前年度民间非营利组织和其他单位按照登记注册情况并入了机关、事业和企业单位，从 2009 年起新增列民间非营利组织和其他两个分类。

表 1—10　　历年分行业职工平均工资　　单位：元/年

年份	合计	农、林、牧、渔业	采掘业	制造业	电力、燃气及水的生产和供应业	建筑业	地质勘查业、水利管理业	交通运输、仓储和邮电通信业
1978	615	470	676	597	850	714	708	694
1980	762	616	854	752	1 035	855	895	832
1985	1 148	878	1 324	1 112	1 239	1 362	1 406	1 275
1989	1 935	1 389	2 378	1 900	2 241	2 166	2 199	2 197
1990	2 140	1 541	2 718	2 073	2 656	2 384	2 465	2 426
1991	2 340	1 652	2 942	2 289	2 922	2 649	2 707	2 686
1992	2 711	1 828	3 209	2 635	3 392	3 066	3 222	3 114
1993	3 371	2 042	3 711	3 348	4 319	3 779	3 717	4 273
1994	4 538	2 819	4 679	4 283	6 155	4 894	5 450	5 690
1995	5 500	3 522	5 757	5 169	7 843	5 785	5 962	6 948
1996	6 210	4 050	6 482	5 642	8 816	6 249	6 581	7 870
1997	6 470	4 311	6 833	5 933	9 649	6 655	7 160	8 600
1998	7 479	4 528	7 242	7 064	10 478	7 456	7 951	9 808
1999	8 346	4 832	7 521	7 794	11 513	7 982	8 821	10 991
2000	9 371	5 184	8 340	8 750	12 830	8 735	9 622	12 319
2001	10 870	5 741	9 586	9 774	14 590	9 484	10 957	14 167
2002	12 422	6 398	11 017	11 001	16 440	10 279	12 303	16 044

年份	批发和零售贸易、餐饮业	金融、保险业	房地产业	社会服务业	卫生、体育和社会福利业	教育、文化艺术和广播电影电视业	科学研究和综合技术服务业	国家机关、政党机关和社会团体	其他
1978	551	610	548	392	573	545	669	655	
1980	692	720	694	475	718	700	851	800	
1985	1 007	1 154	1 028	777	1 124	1 166	1 272	1 127	
1989	1 660	1 867	1 925	1 926	1 959	1 883	2 118	1 874	
1990	1 818	2 097	2 243	2 170	2 209	2 117	2 403	2 113	
1991	1 981	2 255	2 507	2 431	2 370	2 243	2 573	2 275	
1992	2 204	2 829	3 106	2 844	2 812	2 715	3 115	2 768	
1993	2 679	3 740	4 320	3 588	3 413	3 278	3 904	3 505	3 371
1994	3 537	6 712	6 288	5 026	5 126	4 923	6 162	4 962	5 213
1995	4 248	7 376	7 330	5 982	5 860	5 435	6 846	5 526	6 295
1996	4 661	8 406	8 337	6 778	6 790	6 144	8 048	6 340	7 184
1997	4 845	9 734	9 190	7 553	7 599	6 759	9 049	6 981	6 838
1998	5 865	10 633	10 302	8 333	8 493	7 474	10 241	7 773	8 481
1999	6 417	12 046	11 505	9 263	9 664	8 510	11 601	8 978	10 068
2000	7 190	13 478	12 616	10 339	10 930	9 482	13 620	10 043	11 098
2001	8 192	16 277	14 096	11 869	12 933	11 452	16 437	12 142	12 590
2002	9 398	19 135	15 501	13 499	14 795	13 290	19 113	13 975	14 215

注：1998 年以后为城镇非私营单位在岗职工口径。

续表

年份	合计	农、林、牧、渔业	采矿业	制造业	电力、燃气及水的生产和供应业	建筑业	交通运输、仓储和邮政业	信息传输、软件和信息技术服务业	批发和零售业	住宿和餐饮业
2003	14 040	6 969	13 682	12 496	18 752	11 478	15 973	32 244	10 939	11 083
2004	16 024	7 611	16 874	14 033	21 805	12 770	18 381	34 988	12 923	12 535
2005	18 364	8 309	20 626	15 757	25 073	14 338	21 352	40 558	15 241	13 857
2006	21 001	9 430	24 335	17 966	28 765	16 406	24 623	44 763	17 736	15 206
2007	24 932	11 086	28 377	20 884	33 809	18 758	28 434	49 225	20 888	17 041
2008	29 229	12 958	34 405	24 192	39 204	21 527	32 796	56 642	25 538	19 481
2009	32 736	14 911	38 224	26 599	42 668	24 625	36 224	59 919	29 031	21 193
2010	37 147	17 345	44 496	30 700	48 323	28 127	41 536	66 598	33 520	23 812
2011	42 452	20 393	52 569	36 494	53 723	32 657	47 646	70 619	40 295	27 847
2012	47 593	23 419	57 471	41 483	59 215	37 284	53 923	80 402	46 165	31 898
2013	52 388	26 557	60 787	46 290	68 552	42 839	58 869	91 404	50 264	34 990

年份	金融业	房地产业	租赁和商务服务业	科学研究和技术服务	水利、环境和公共设施管理业	居民服务、修理和其他服务业	教育	卫生、社会保障和社会福利业	文化、体育和娱乐业	公共管理、社会保障和社会组织
2003	22 457	17 182	16 501	20 636	12 095	12 900	14 399	16 352	17 268	15 533
2004	26 982	18 712	18 131	23 593	13 336	14 152	16 277	18 617	20 730	17 609
2005	32 228	20 581	20 992	27 434	14 753	16 642	18 470	21 048	22 885	20 505
2006	39 280	22 578	23 648	31 909	16 140	18 935	21 134	23 898	26 126	22 883
2007	49 435	26 425	26 965	38 879	19 064	21 550	26 162	28 258	30 662	28 171
2008	61 841	30 327	31 735	46 003	22 182	23 801	30 185	32 714	34 494	32 955
2009	70 265	32 591	34 318	50 866	24 551	25 704	35 042	36 380	38 319	36 268
2010	80 772	36 392	38 502	57 316	27 229	28 665	39 624	41 132	42 245	39 329
2011	91 364	43 345	45 900	65 238	30 750	33 713	43 907	47 258	48 711	43 214
2012	100 690	47 327	52 315	70 441	34 584	35 586	48 566	53 753	54 414	47 471
2013	112 330	51 887	62 260	77 921	38 595	38 888	52 882	59 371	60 486	50 723

表 1—11　　分地区企业、事业、机关单位在岗职工平均工资

（2013 年）　　单位：元/年

地区	合计	企业	事业
	在岗职工平均工资	在岗职工平均工资	在岗职工平均工资
全国	**52 388**	**52 270**	**53 291**
北京	93 997	93 618	106 454
天津	68 864	66 201	82 886
河北	42 532	44 572	40 044
山西	47 417	51 650	38 905
内蒙古	51 388	48 932	54 911
辽宁	46 310	46 507	46 415
吉林	43 821	45 070	41 356
黑龙江	42 744	43 581	40 666
上海	91 477	90 326	100 541
江苏	57 984	55 794	67 901
浙江	57 310	52 197	81 313
安徽	48 929	49 253	48 105
福建	49 328	47 339	58 390
江西	43 582	42 858	47 130
山东	47 652	46 388	52 786
河南	38 804	38 366	40 710
湖北	44 613	45 681	41 725
湖南	43 893	44 930	43 629
广东	53 611	51 904	62 153
广西	42 637	43 195	41 415
海南	45 573	42 617	51 652
重庆	51 017	50 140	55 286
四川	49 018	47 647	53 114
贵州	49 087	49 281	49 003
云南	44 188	43 401	46 307
西藏	64 409	60 203	63 319
陕西	48 853	48 676	50 246
甘肃	44 109	44 058	44 200
青海	52 105	50 995	53 634
宁夏	52 185	53 329	49 530
新疆	49 843	50 225	49 880

续表

地区	机关	民间非营利组织	其他
	在岗职工平均工资	在岗职工平均工资	在岗职工平均工资
全国	**51 894**	**46 849**	**44 167**
北京	82 247	63 767	31 783
天津	80 746	49 891	53 647
河北	36 548	39 872	38 347
山西	38 702	21 543	24 232
内蒙古	57 368	27 815	30 308
辽宁	43 952	35 346	43 656
吉林	41 155	36 618	35 170
黑龙江	40 971		30 603
上海	98 166	76 645	66 623
江苏	78 348	46 968	56 620
浙江	86 627	51 033	51 073
安徽	48 796	35 601	49 059
福建	58 958	41 225	45 826
江西	41 538	28 828	40 934
山东	49 293	40 248	38 615
河南	37 820	35 409	40 932
湖北	41 950	27 124	39 366
湖南	38 711	35 449	35 660
广东	65 388	50 976	62 237
广西	43 257	22 265	41 880
海南	53 374	34 563	29 353
重庆	50 438	34 614	42 629
四川	50 331	33 250	52 499
贵州	49 394	34 124	32 215
云南	44 263	31 886	42 825
西藏	68 169		25 000
陕西	47 304	33 463	43 360
甘肃	44 416	27 120	22 118
青海	54 996	26 358	37 263
宁夏	51 225	30 768	59 020
新疆	47 795	32 092	52 790

表 1—12　　历年居民消费价格指数和商品零售价格指数

（以上年为 100）

年份	全国居民消费价格指数		商品零售价格指数	
		城镇		城镇
1998	99.2	99.4	97.4	97.4
1999	98.6	98.7	97.0	97.0
2000	100.4	100.8	98.5	98.5
2001	100.7	100.7	99.2	98.9
2002	99.2	99.0	98.7	98.5
2003	101.2	100.9	99.9	99.6
2004	103.9	103.3	102.8	102.1
2005	101.8	101.6	100.8	100.5
2006	101.5	101.5	101.0	101.0
2007	104.8	104.5	103.8	103.3
2008	105.9	105.6	105.9	105.5
2009	99.3	99.1	98.8	98.7
2010	103.3	103.2	103.1	102.8
2011	105.4	105.3	104.9	104.7
2012	102.6	102.7	102.0	101.9
2013	102.6	102.6	101.4	101.3

表 1—13　　历年城乡居民收入及增长情况　　单位：元/年

年份	城镇居民人均可支配收入	农村居民人均纯收入	扣除物价因素比上年实际增长（%）	
			城镇居民人均可支配收入	农村居民人均纯收入
1998	5 425	2 162	5.8	4.3
1999	5 854	2 210	9.3	3.9
2000	6 280	2 253	6.4	2.0
2001	6 860	2 366	8.2	4.2
2002	7 703	2 476	13.4	4.8
2003	8 472	2 622	9.0	4.3
2004	9 422	2 936	7.7	6.8
2005	10 493	3 255	9.6	6.2
2006	11 760	3 587	10.4	7.4
2007	13 786	4 140	12.2	9.5
2008	15 781	4 761	8.4	8.0
2009	17 175	5 153	9.8	8.5
2010	19 109	5 919	7.8	10.9
2011	21 810	6 977	8.4	11.4
2012	24 565	7 917	9.6	10.7
2013	26 955	8 896	7.0	9.3

（二）就业与失业

表 2—1　**分地区城镇单位就业人员年末人数**

（2013 年）　单位：万人

地区	合计	企业	事业	机关	民间非营利组织	其他
全国	**18 108**	**13 517**	**3 184**	**1 316**	**32**	**59**
北京	742.3	594.6	98.3	34.1	8.5	6.8
天津	302.4	250.2	37.2	14.0	0.2	0.8
河北	653.4	416.9	164.1	71.5	0.3	0.6
山西	464.0	310.0	105.9	47.3	0.1	0.6
内蒙古	303.8	189.7	77.6	36.2	0.1	0.3
辽宁	689.1	513.8	127.3	46.4	0.9	0.7
吉林	338.4	226.6	82.3	28.3	0.4	0.9
黑龙江	467.8	334.6	95.7	37.4	0.0	0.1
上海	618.8	540.6	59.1	17.3	1.2	0.7
江苏	1 503.3	1 280.2	163.4	57.3	0.3	2.0
浙江	1 071.6	877.3	127.3	54.2	5.9	6.9
安徽	519.7	363.8	110.5	42.7	1.2	1.6
福建	644.0	527.1	80.0	35.3	0.9	0.8
江西	445.0	313.8	87.5	42.2	0.0	1.5
山东	1 290.6	977.6	220.8	86.4	1.1	4.6
河南	1 076.0	780.2	208.5	76.5	3.2	7.5
湖北	696.5	512.3	136.3	45.5	0.1	2.3
湖南	601.0	389.8	147.8	58.6	2.6	2.2
广东	1 967.0	1 668.1	198.4	92.2	1.4	6.9
广西	403.0	243.0	117.9	38.5	0.6	2.9
海南	98.8	64.9	22.6	9.5	1.0	0.7
重庆	402.0	308.8	67.3	24.9	0.3	0.7
四川	846.2	595.2	169.9	78.4	0.6	2.0
贵州	296.7	174.5	81.6	38.3	0.3	2.0
云南	428.1	281.4	98.2	48.0	0.1	0.5
西藏	31.0	8.7	9.0	13.3	0.0	0.0
陕西	505.3	345.5	109.8	47.4	0.6	2.0
甘肃	256.6	151.4	71.2	33.7	0.0	0.4
青海	64.2	38.2	16.7	8.9	0.3	0.0
宁夏	72.2	45.0	18.7	8.4	0.1	0.0
新疆	309.5	192.7	73.2	43.2	0.1	0.2

注：数据不含私营企业。

数据来源：国家统计局。

表 2—2　　分地区企业、事业、机关单位在岗职工年末人数

（2013 年）

单位：万人

地区	合计	企业	事业	机关	民间非营利组织	其他
全国	**17 057**	**12 694**	**3 025**	**1 254**	**29**	**55**
北京	695.5	558.8	92.4	31.9	6.5	5.8
天津	283.8	234.8	34.9	13.1	0.2	0.8
河北	612.9	387.5	155.8	68.8	0.3	0.5
山西	446.6	298.5	101.4	46.0	0.1	0.6
内蒙古	294.4	182.2	76.4	35.4	0.1	0.3
辽宁	648.1	480.9	121.2	45.1	0.4	0.6
吉林	320.6	214.6	78.2	26.6	0.3	0.9
黑龙江	420.2	293.8	91.0	35.4	0.0	0.1
上海	579.1	506.6	54.7	16.5	0.8	0.5
江苏	1 417.9	1 209.0	152.9	53.8	0.3	1.8
浙江	1 020.6	838.7	118.8	51.2	5.5	6.5
安徽	472.1	326.5	103.7	39.3	1.2	1.4
福建	603.5	492.8	75.7	33.4	0.8	0.8
江西	410.0	287.3	81.1	40.1	0.0	1.4
山东	1 237.6	934.6	213.0	84.4	1.1	4.5
河南	1 023.4	734.4	203.1	75.3	3.1	7.4
湖北	643.5	470.5	127.9	43.0	0.1	2.0
湖南	554.3	354.5	139.3	56.1	2.5	2.0
广东	1 905.2	1 613.2	193.4	90.7	1.3	6.5
广西	375.5	227.0	109.8	36.1	0.6	2.0
海南	95.2	62.6	21.9	9.0	1.0	0.7
重庆	375.4	286.5	63.9	24.0	0.3	0.7
四川	794.5	555.9	161.8	74.3	0.6	1.9
贵州	273.3	161.0	75.4	34.7	0.3	1.9
云南	390.1	252.8	91.9	44.9	0.0	0.5
西藏	26.5	7.4	8.1	11.0	0.0	0.0
陕西	470.6	319.4	104.4	44.4	0.6	1.9
甘肃	237.6	137.5	67.8	31.9	0.0	0.4
青海	62.6	36.9	16.5	8.8	0.3	0.0
宁夏	67.3	42.3	17.4	7.4	0.1	0.0
新疆	298.9	185.6	71.7	41.2	0.1	0.2

注：数据不含私营企业。

数据来源：国家统计局。

表 2—3　　分地区城镇私营个体就业人员年末人数

（2013 年）　　单位：万人

地区	合计	城镇私营企业			城镇个体就业人员
		小计	投资者	雇工	
全国	**14 385**	**8 242**	**1 827**	**6 416**	**6 142**
北京	420.5	355.7	89.8	265.9	64.8
天津	132.4	91.8	36.3	55.6	40.5
河北	430.2	109.0	52.8	56.2	321.2
山西	232.1	124.5	25.8	98.7	107.6
内蒙古	341.5	124.8	29.9	94.8	216.7
辽宁	612.7	337.0	60.8	276.2	275.7
吉林	361.1	165.7	30.9	134.8	195.4
黑龙江	392.3	159.8	35.1	124.7	232.5
上海	426.3	395.4	98.8	296.5	30.9
江苏	1 678.6	1 236.1	183.4	1 052.7	442.5
浙江	1 008.5	671.6	128.5	543.1	336.9
安徽	523.9	222.7	55.5	167.1	301.2
福建	485.8	344.1	70.6	273.5	141.7
江西	368.4	164.9	37.9	127.0	203.5
山东	762.0	428.5	106.1	322.3	333.5
河南	459.2	168.5	58.0	110.6	290.7
湖北	623.0	206.1	69.5	136.5	417.0
湖南	652.9	370.4	52.1	318.3	282.5
广东	1 670.1	1 043.0	246.6	796.4	627.1
广西	297.7	129.9	34.6	95.2	167.8
海南	119.1	71.9	24.0	47.9	47.2
重庆	505.7	346.6	50.3	296.3	159.1
四川	514.0	238.4	85.9	152.5	275.6
贵州	170.1	84.5	21.0	63.5	85.6
云南	401.9	268.2	42.2	226.0	133.6
西藏	44.5	22.4	2.7	19.7	22.1
陕西	300.9	149.0	46.0	103.0	151.9
甘肃	166.5	77.5	16.6	60.9	89.0
青海	49.9	12.7	3.2	9.6	37.2
宁夏	56.7	31.9	7.5	24.5	24.8
新疆	176.2	89.9	24.3	65.6	86.3

表 2—4　　历年全国城镇登记失业人数及登记失业率

年份	城镇登记失业人数（万人）	城镇登记失业率（%）
1997	577	3.1
1998	571	3.1
1999	575	3.1
2000	595	3.1
2001	681	3.6
2002	770	4.0
2003	800	4.3
2004	827	4.2
2005	839	4.2
2006	847	4.1
2007	830	4.0
2008	886	4.2
2009	921	4.3
2010	908	4.1
2011	922	4.1
2012	917	4.1
2013	926	4.05

表 2—5　　分地区城镇登记失业情况

（2013 年）

地区	城镇登记失业人数（万人）	城镇登记失业率（%）
北京	8	1.2
天津	22	3.6
河北	37	3.7
山西	21	3.1
内蒙古	24	3.7
辽宁	40	3.4
吉林	23	3.7
黑龙江	41	4.4

续表

地区	城镇登记失业人数（万人）	城镇登记失业率（%）
上海	25	4.0
江苏	38	3.0
浙江	33	3.0
安徽	32	3.4
福建	15	3.6
江西	27	3.2
山东	42	3.2
河南	40	3.1
湖北	40	3.5
湖南	46	4.2
广东	38	2.4
广西	18	3.3
海南	4	2.2
重庆	12	3.4
四川	43	4.1
贵州	14	3.3
云南	18	4.0
西藏	2	2.5
陕西	21	3.3
甘肃	9	2.3
青海	4	3.3
宁夏	5	4.1
新疆	12	3.4
新疆兵团	3	2.6

表 2—6　　分地区城镇登记失业基本情况

（2013 年）

单位：万人

地区	上年末结转登记失业人数	本年新登记失业人数			本年失业人员就业人数
			女性	由就业转失业人数	
北京	8.1	20.2	8.5	14.0	19.1
天津	20.4	9.6	4.6	6.1	8.4
河北	36.8	45.3	17.3	8.0	43.7
山西	21.0	27.8	10.7	6.1	27.2
内蒙古	23.1	24.9	11.0	6.1	24.2
辽宁	38.1	103.7	49.3	78.2	102.2
吉林	22.3	37.2	17.6	12.9	35.4
黑龙江	41.3	74.1	31.6	48.2	68.7
上海	26.7	42.0	15.9	25.0	42.5
江苏	40.5	112.9	53.8	80.3	114.1
浙江	33.4	48.2	23.2	22.8	46.3
安徽	31.3	39.5	17.7	10.2	38.1
福建	14.5	40.7	19.9	14.8	32.8
江西	24.7	41.1	18.5	7.8	39.2
山东	43.4	81.1	39.7	38.1	77.3
河南	37.7	59.8	20.8	15.1	55.2
湖北	42.3	50.3	20.6	9.8	48.7
湖南	44.1	43.8	18.7	14.9	41.7
广东	39.6	64.8	31.4	24.2	64.0
广西	18.9	19.9	9.1	5.3	18.8
海南	3.6	5.0	2.0	1.6	4.3
重庆	12.4	29.3	15.8	11.2	26.1
四川	40.7	73.2	30.0	23.1	64.9
贵州	12.6	15.0	6.6	3.2	13.6
云南	17.4	33.6	15.4	9.3	31.8
西藏	1.6	1.8	0.8	0.3	1.8
陕西	19.5	20.4	8.9	2.3	18.2
甘肃	9.7	29.4	14.4	7.9	29.5
青海	4.1	6.1	2.5	1.8	6.0
宁夏	4.6	10.2	5.3	4.8	10.1
新疆	11.8	48.9	21.0	9.9	46.8
新疆兵团	2.9	5.9	3.1	1.2	5.7

续表

地区	本年末登记失业人数			城镇登记失业率（%）
		女性	长期失业者	
北京	7.5	3.0	0.2	1.2
天津	21.7	11.3	0.1	3.6
河北	37.2	15.9	4.5	3.7
山西	21.1	7.1	3.7	3.1
内蒙古	23.8	10.4	1.8	3.7
辽宁	39.6	18.2	0.8	3.4
吉林	22.6	10.3	0.9	3.7
黑龙江	41.4	18.0	2.7	4.4
上海	25.3	8.2	5.5	4.0
江苏	37.6	16.8	2.4	3.0
浙江	33.4	15.2	3.2	3.0
安徽	32.4	14.3	1.3	3.4
福建	14.7	6.6	4.0	3.6
江西	27.4	8.6	1.0	3.2
山东	42.2	18.1	2.0	3.2
河南	40.2	17.9	1.4	3.1
湖北	40.2	17.4	2.5	3.5
湖南	45.6	16.4	2.4	4.2
广东	38.0	14.1	4.3	2.4
广西	18.0	7.5	0.8	3.3
海南	3.9	1.6	0.4	2.2
重庆	12.1	6.4	0.2	3.4
四川	42.9	19.6	1.4	4.1
贵州	13.7	6.1	0.8	3.3
云南	18.1	8.0	2.4	4.0
西藏	1.6	0.7	0.0	2.5
陕西	21.1	6.8	2.1	3.3
甘肃	9.3	4.0	1.2	2.3
青海	4.2	1.7	0.8	3.3
宁夏	4.7	1.8	0.1	4.1
新疆	11.9	4.7	0.4	3.4
新疆兵团	3.0	1.3	0.2	2.6

（三）职业培训与技能鉴定

表 3—1 **历年技工学校综合情况** 单位：万人

年份	技工学校个数（个）	招生人数	在校学生人数	毕业生人数	在职教职工人数
一、绝对数					
1998	4 362	59.5	181.3	69.5	29.0
1999	4 098	51.5	156.1	66.2	26.9
2000	3 792	50.4	140.1	64.6	24.0
2001	3 470	55.1	134.7	47.7	22.0
2002	3 075	73.3	153.0	45.4	20.3
2003	2 970	91.6	193.1	45.3	20.2
2004	2 884	109.7	234.4	53.5	20.4
2005	2 855	118.4	275.3	69.0	20.4
2006	2 880	134.8	320.8	86.4	21.5
2007	2 995	158.5	367.1	99.7	24.0
2008	3 075	161.4	397.5	109.0	24.7
2009	3 064	156.4	414.3	115.2	25.8
2010	2 998	158.6	421.0	121.3	26.5
2011	2 914	163.5	429.4	118.9	26.5
2012	2 892	156.8	422.8	120.2	26.7
2013	2 882	133.5	386.6	116.9	26.9
二、比上年增长（%）					
1998	−0.8	−19.0	−6.1	−0.7	−6.5
1999	−6.1	−13.3	−13.9	−4.6	−7.1
2000	−7.5	−2.3	−10.2	−2.5	−11.0
2001	−8.5	9.4	−3.8	−26.1	−8.3
2002	−11.4	33.0	13.6	−4.9	−7.4
2003	−3.4	24.9	26.2	−0.2	−0.7
2004	−2.9	19.8	21.4	18.1	1.0
2005	−1.0	7.9	17.4	29.0	0.0
2006	0.9	13.9	16.5	25.2	5.4
2007	4.0	17.6	14.4	15.4	11.6
2008	2.7	1.8	8.3	9.3	2.9
2009	−0.4	−3.1	4.2	5.7	4.6
2010	−2.2	1.4	1.6	5.4	2.6
2011	−2.8	3.1	2.0	−2.0	0.0
2012	−0.8	−4.1	−1.5	1.1	0.8
2013	−0.3	−17.4	−9.4	−2.9	0.9

续表

年份			兼职教师人数	培训社会人员人次数（万人次）	培训社会人员结业人数
	文化技术理论课教师	生产实习指导教师			
一、绝对数					
1998	11.0	3.8	2.7	165.1	
1999	11.2	3.8	2.9	149.1	144.6
2000	10.5	3.5	2.7	158.5	156.7
2001	10.0	3.4	2.6	151.7	163.9
2002	9.5	3.2	2.6	208.6	196.9
2003	9.6	3.4	3.0	226.9	223.7
2004	9.6	3.8	2.9	265.6	257.5
2005	9.7	3.8	3.2	273.3	270.1
2006	10.4	4.2	3.6	337.7	330.2
2007	11.2	5.0	3.8	380.7	369.8
2008	12.2	5.4	4.1	400.0	389.8
2009	12.5	6.0	4.3	484.1	382.9
2010	12.7	6.3	4.4	468.4	371.3
2011	12.9	6.3	4.3	527.5	416.1
2012	13.0	6.6	4.3	551.3	441.6
2013	13.4	6.5	4.1	525.3	397.1
二、比上年增长（%）					
1998	−4.6	−4.0	0.8	20.0	
1999	1.9	−0.1	9.5	−9.7	16.5
2000	−6.9	−6.7	−6.3	6.3	8.4
2001	−4.9	−3.7	−4.1	−4.3	4.6
2002	−5.0	−6.8	−2.4	37.6	20.2
2003	1.5	7.3	17.4	37.6	20.2
2004	0.0	11.8	−3.3	17.1	15.1
2005	1.0	0.0	10.3	2.9	4.9
2006	7.2	10.5	12.5	23.6	22.3
2007	7.7	19.0	5.6	12.7	12.0
2008	8.9	8.0	7.9	5.1	5.4
2009	2.8	11.6	5.2	21.0	−1.8
2010	1.2	4.3	1.0	−3.2	−3.0
2011	1.8	−0.4	−1.7	12.6	12.1
2012	0.3	6.1	0.6	4.5	6.1
2013	3.3	−2.2	−6.0	−4.9	−11.2

表 3—2

分地区技工学校综合情况

（2013 年）

地区	技工学校个数（个）	劳动预备制度定点培训机构数	在职教职工人数（人）	女性	文化技术理论课教师	高级讲师	讲师	助理讲师
全国	**2 882**	**1 145**	**269 443**	**116 194**	**134 130**	**36 258**	**48 384**	**37 283**
北京	31	17	3 671	1 784	1 569	472	624	344
天津	29	7	3 010	1 252	1 176	398	398	336
河北	170	33	13 204	6 485	6 962	2 122	2 483	1 850
山西	99	51	8 486	4 062	4 065	1 055	1 201	1 216
内蒙古	39	26	4 999	2 401	3 238	1 262	1 095	629
辽宁	144	23	10 476	4 865	5 398	1 717	2 083	1 145
吉林	135	39	6 170	3 159	3 605	1 161	1 363	837
黑龙江	134	60	11 671	5 843	5 856	2 250	2 021	1 403
上海								
江苏	126	38	17 816	7 948	8 979	2 474	3 339	2 426
浙江	66	26	8 877	3 836	4 587	1 127	1 735	1 197
安徽	86	28	6 649	2 629	3 371	984	1 232	980
福建	69	22	4 743	2 076	2 511	701	684	634
江西	105	49	10 414	3 843	5 144	1 583	1 920	1 510
山东	207	98	30 860	12 138	17 166	5 033	6 423	4 961
河南	183	76	14 947	6 079	6 764	1 520	2 275	2 197
湖北	131	41	8 778	3 346	4 216	1 244	1 907	872
湖南	129	65	11 820	4 742	5 682	1 575	2 199	1 522
广东	243	57	28 491	11 856	12 400	1 901	4 562	3 995
广西	48	30	6 305	2 408	3 127	601	1 072	1 147
海南	10	2	1 560	623	824	195	242	370
重庆	80	80	5 230	3 029	2 086	530	926	461
四川	87	27	8 354	3 354	4 269	917	1 500	1 249
贵州	66	31	3 867	1 679	2 040	502	787	558
云南	36	17	4 729	1 966	2 745	854	693	902
陕西	204	59	14 693	6 185	6 287	1 400	1 955	1 935
甘肃	80	41	4 560	1 687	2 318	491	926	697
青海	18	18	2 421	1 168	1 235	387	434	311
宁夏	19	5	2 122	975	1 018	357	266	234
新疆	108	79	10 520	4 776	5 492	1 445	2 039	1 365

续表

地区	生产实习指导教师	高级实习指导教师	一级实习指导教师	二级实习指导教师	三级实习指导教师	技师、高级技师	一体化教师人数（人）	兼职教师人数（人）
全国	**65 059**	**7 882**	**13 145**	**12 168**	**6 704**	**18 249**	**67 929**	**40 612**
北京	649	131	138	104	29	176	1 253	1 264
天津	624	139	162	174	37	100	833	222
河北	2 584	348	553	439	140	822	2 687	1 834
山西	1 748	192	345	274	147	651	1 360	1 308
内蒙古	954	177	167	117	92	228	1 061	568
辽宁	1 793	176	296	282	217	488	1 797	1 018
吉林	1 159	142	206	233	118	376	1 488	827
黑龙江	2 131	331	420	282	201	707	2 886	1 934
上海								
江苏	4 226	529	984	777	346	1 108	5 216	2 975
浙江	1 734	233	443	334	118	545	3 160	974
安徽	1 355	169	241	266	133	429	1 763	1 172
福建	1 144	136	219	273	94	192	1 176	851
江西	4 812	857	764	860	780	830	3 748	1 984
山东	6 811	938	1 427	1 124	646	2 043	7 387	3 566
河南	4 238	435	949	969	425	1 124	4 173	2 577
湖北	2 204	323	584	395	187	553	1 837	1 429
湖南	3 415	383	947	790	280	864	3 095	2 028
广东	7 439	398	1 407	1 369	607	2 790	8 286	2 792
广西	1 985	129	426	365	150	745	1 893	915
海南	606	74	110	195	32	195	667	157
重庆	2 487	411	448	489	510	528	941	1 086
四川	2 026	152	353	342	221	522	2 395	1 374
贵州	758	66	113	147	93	194	657	733
云南	1 202	146	162	243	139	367	1 411	1 373
陕西	3 192	388	487	632	487	787	1 852	2 410
甘肃	953	87	241	229	203	156	670	776
青海	503	116	121	68	37	127	556	385
宁夏	303	30	47	76	14	36	549	340
新疆	2 024	246	385	320	221	566	3 132	1 740

表 3—3

分地区技工学校培训情况

(2013 年)

单位：人

地区	招生学校数（个）	招生人数			在校学生人数	
			高级班学生	农业户口学生		女生
全国	**2 069**	**1 334 957**	**370 714**	**993 952**	**3 865 864**	**1 078 372**
北京	19	16 883	5 681	9 593	43 137	12 238
天津	27	8 910	2 653	5 315	20 862	5 067
河北	133	50 126	8 285	41 857	135 468	39 057
山西	68	36 910	11 018	28 185	113 246	31 512
内蒙古	31	7 762	2 211	4 901	18 328	4 414
辽宁	80	26 264	5 699	16 063	82 977	14 550
吉林	71	22 599	3 055	8 326	43 975	7 715
黑龙江	95	44 647	7 069	31 150	144 614	58 771
上海						
江苏	121	99 614	33 622	68 304	260 570	76 443
浙江	64	37 351	14 007	28 679	118 587	31 502
安徽	55	18 570	4 763	12 925	49 126	14 104
福建	50	25 808	4 781	16 257	70 664	22 226
江西	80	43 196	3 908	34 541	139 257	42 066
山东	171	144 165	60 874	125 299	369 922	104 373
河南	120	100 512	18 839	77 827	271 926	71 936
湖北	83	39 055	7 065	23 527	104 384	31 932
湖南	75	40 878	19 596	37 026	160 840	33 925
广东	161	272 962	89 702	193 547	876 154	222 801
广西	43	43 201	3 321	37 675	103 948	31 756
海南	10	8 402	1 855	6 619	21 909	5 204
重庆	55	51 027	8 276	24 795	150 132	46 515
四川	65	39 157	9 560	28 386	113 406	32 211
贵州	34	21 912	5 517	18 187	40 985	10 718
云南	35	39 964	10 321	35 213	101 173	26 343
陕西	174	50 319	21 520	44 112	150 711	47 769
甘肃	46	17 402	4 666	14 366	79 502	28 890
青海	12	6 666	243	5 523	21 665	8 636
宁夏	6	1 929	369	987	5 873	1 963
新疆	85	18 766	2 238	14 767	52 523	13 735

续表

地区	高级班学生	毕业生人数	获得中级职业资格	获得高级职业资格	培训社会人员人次数（人次）
全国	**1 035 139**	**1 168 809**	**698 075**	**268 387**	**5 253 073**
北京	14 017	13 891	7 547	4 937	103 071
天津	7 910	7 312	2 728	3 154	109 754
河北	25 511	48 513	37 734	7 666	166 643
山西	30 005	37 465	25 969	7 568	102 860
内蒙古	4 710	5 795	3 080	861	89 712
辽宁	24 842	24 693	14 859	4 992	140 696
吉林	5 357	18 379	10 623	677	58 578
黑龙江	15 588	91 463	50 093	4 405	261 641
上海					
江苏	88 272	83 605	45 433	31 189	483 628
浙江	40 502	27 273	18 725	6 104	281 160
安徽	13 228	17 668	12 228	2 560	157 593
福建	13 949	55 546	31 809	3 540	131 440
江西	13 040	40 997	18 572	8 916	95 389
山东	154 876	121 782	57 160	41 704	463 983
河南	46 534	87 306	55 870	18 080	434 292
湖北	19 898	35 942	23 338	7 491	153 658
湖南	61 118	40 248	21 156	16 142	274 923
广东	250 283	127 105	86 370	39 186	400 694
广西	9 746	32 097	21 608	3 832	135 952
海南	6 077	5 689	3 806	870	41 181
重庆	22 592	33 402	26 672	5 719	186 825
四川	25 356	30 804	21 013	3 075	180 313
贵州	9 529	6 721	4 038	729	72 377
云南	34 108	27 523	18 582	7 177	149 509
陕西	64 711	80 282	39 775	20 440	132 269
甘肃	23 030	46 847	23 846	14 410	94 906
青海	1 429	6 928	5 705	887	28 217
宁夏	1 386	1 888	159	326	20 222
新疆	7 535	11 645	9 577	1 750	301 587

续表

地区	培训社会人员结业人数	按培训对象分组			
		失业人员	劳动预备制学员	在职职工	农村劳动者
全国	**3 970 809**	**401 200**	**350 568**	**2 685 924**	**1 087 300**
北京	96 526	7 570	2 977	67 656	15 227
天津	90 208	475	19 044	57 995	19 273
河北	105 330	15 302	7 463	89 677	29 691
山西	97 827	5 379	2 875	64 136	11 507
内蒙古	60 588	7 419	1 489	61 745	8 111
辽宁	97 105	39 544	3 901	60 282	20 495
吉林	39 924	16 456	3 826	20 063	12 404
黑龙江	251 451	54 622	10 840	69 621	64 788
上海					
江苏	335 187	29 547	32 946	311 183	58 651
浙江	214 483	18 366	8 764	174 072	44 769
安徽	117 198	11 265	15 221	68 627	34 094
福建	62 475	2 375	2 716	87 319	19 237
江西	40 937	3 198	2 517	56 711	5 412
山东	332 695	39 398	27 398	230 476	112 963
河南	377 014	32 641	49 919	201 004	101 576
湖北	126 523	11 593	10 708	62 770	31 176
湖南	243 286	22 105	44 197	138 440	36 153
广东	286 824	17 267	30 273	217 152	101 602
广西	105 020	9 043	17 543	31 236	39 469
海南	28 310	4 589	1 180	7 907	19 841
重庆	124 839	7 481	5 742	121 296	40 100
四川	119 014	14 542	6 675	101 942	39 216
贵州	40 812	1 767	7 908	46 046	7 827
云南	60 718	1 328	7 271	36 106	50 254
陕西	113 113	4 207	7 296	73 512	39 372
甘肃	71 222	13 496	6 149	34 385	25 627
青海	28 182	270	121	19 478	7 276
宁夏	15 275	1 490	506	10 767	6 384
新疆	288 723	8 465	13 103	164 320	84 805

续表

地区	按获取证书分组				就业人数	
	初级职业资格	中级职业资格	高级职业资格	技师和高级技师职业资格		高级班学生
全国	**1 309 340**	**801 805**	**329 902**	**99 931**	**1 130 011**	**302 147**
北京	24 527	18 959	13 621	5 422	13 708	5 408
天津	32 655	22 452	19 438	6 186	6 801	2 872
河北	29 303	18 284	16 890	6 709	47 204	7 740
山西	38 900	37 707	4 974	1 348	36 342	7 624
内蒙古	22 085	12 827	3 866	2 265	5 488	912
辽宁	35 819	13 023	3 721	3 856	23 738	6 446
吉林	20 189	6 878	2 593	587	17 840	2 971
黑龙江	73 404	36 768	8 666	4 913	89 733	5 277
上海						
江苏	67 107	93 642	45 090	7 592	80 627	30 564
浙江	61 547	28 777	27 882	8 154	26 820	6 128
安徽	33 298	46 813	7 883	1 599	16 687	4 403
福建	26 047	15 101	5 517	1 175	53 756	3 646
江西	13 065	21 540	3 398	873	38 969	14 259
山东	119 434	59 501	34 657	11 584	116 046	48 327
河南	78 201	68 173	21 620	12 543	84 154	18 054
湖北	54 754	17 601	6 210	1 850	34 585	7 677
湖南	93 307	70 141	18 233	4 037	39 201	16 127
广东	118 838	60 358	23 630	5 628	124 575	38 598
广西	57 310	14 061	9 401	2 837	31 302	3 377
海南	1 987	2 668	1 441	289	5 519	1 308
重庆	96 238	23 808	4 389	404	32 743	5 719
四川	31 401	29 389	11 636	4 444	30 067	5 651
贵州	9 570	8 401	3 871	558	6 567	1 094
云南	27 776	8 176	8 763	1 233	26 640	7 133
陕西	37 728	13 593	6 001	979	77 081	31 931
甘肃	19 498	10 694	1 843	317	43 708	16 101
青海	6 064	8 825	597	97	6 884	894
宁夏	10 551	1 086	1 740	638	1 886	655
新疆	68 737	32 559	12 331	1 814	11 340	1 251

表 3—4　　分地区就业训练中心综合情况

（2013 年）　　单位：人

地区	就业训练中心个数（个）	在职教职工总人数	教师	兼职教师人数	培训人数	结业人数	就业人数
全国	**3 001**	**46 087**	**30 284**	**27 559**	**6 450 222**	**5 840 449**	**4 534 446**
北京	16	434	181	361	55 704	55 092	18 075
天津	19	378	123	710	126 638	115 680	100 223
河北	289	5 992	4 132	1 490	281 683	259 641	217 822
山西	61	1 357	772	514	254 025	198 343	122 489
内蒙古	195	1 085	820	947	159 491	152 014	136 611
辽宁	179	1 953	1 313	1 333	121 974	109 775	85 381
吉林	64	804	504	549	130 483	94 881	94 806
黑龙江	85	1 254	868	501	154 232	145 155	116 479
上海							
江苏	106	2 369	1 342	2 359	814 289	747 016	453 362
浙江	50	356	153	817	169 261	153 837	108 493
安徽	117	1 523	1 052	792	261 320	250 605	247 623
福建	77	526	294	723	148 932	145 449	110 171
江西	175	2 929	1 787	1 224	440 406	438 453	388 642
山东	238	5 069	3 707	2 561	522 170	500 521	409 119
河南	160	2 142	1 209	799	375 069	345 372	246 507
湖北	117	1 667	1 184	1 000	462 022	375 913	330 345
湖南	281	4 611	3 845	4 083	422 495	396 114	375 731
广东	135	2 540	1 518	1 971	499 548	376 811	221 923
广西	59	1 002	565	462	48 454	43 446	29 933
海南	12	344	47	84	21 543	20 532	11 097
重庆	39	177	90	155	46 144	45 997	29 208
四川	139	1 569	775	1 197	212 308	186 865	149 372
贵州	46	338	209	404	54 881	53 158	37 266
云南	3	9	7	6	228	228	228
西藏							
陕西	132	2 678	1 784	1 063	237 947	235 362	189 327
甘肃	78	1 341	888	483	173 038	159 179	119 211
青海	27	373	298	254	28 005	27 565	23 293
宁夏	22	145	95	115	23 309	23 284	20 259
新疆	80	1 122	722	602	204 623	184 161	141 450

表 3—5　　分地区民办职业培训机构综合情况

（2013 年）　　单位：人

地区	职业培训机构个数（个）	在职教职工总人数	教师	兼职教师人数	培训人数	结业人数	就业人数
全国	**19 008**	**297 630**	**179 645**	**101 140**	**12 443 451**	**10 513 223**	**7 763 259**
北京	403	6 190	3 517	2 838	310 579	248 138	116 927
天津	338	4 628	2 558	2 113	307 687	265 951	147 378
河北	865	11 417	8 613	3 319	529 549	456 606	414 844
山西	375	5 637	3 519	1 689	225 083	193 177	137 465
内蒙古	289	3 238	2 075	2 044	103 448	85 421	70 392
辽宁	859	8 542	5 573	3 407	212 107	186 501	131 138
吉林	685	4 893	3 122	1 375	148 871	95 660	94 189
黑龙江	672	5 999	3 934	2 239	146 585	143 063	120 807
上海	423	41 103	13 224	3 747	596 679	473 577	520 957
江苏	1 263	19 546	12 665	7 009	802 652	695 034	488 785
浙江	802	7 383	4 379	4 060	536 911	426 361	215 525
安徽	945	11 975	9 162	3 041	299 331	270 975	215 391
福建	336	4 362	2 590	2 184	203 178	131 267	94 065
江西	313	8 744	5 921	2 769	334 740	159 539	107 767
山东	1 389	16 085	9 528	5 756	731 751	668 509	522 465
河南	995	12 792	8 444	4 491	925 764	781 279	654 183
湖北	577	7 792	4 960	2 785	250 382	216 546	160 935
湖南	744	8 542	4 891	4 057	489 468	416 092	379 826
广东	1 280	15 447	9 253	5 475	1 182 034	941 081	417 731
广西	421	9 036	6 151	3 020	261 785	212 026	212 786
海南	156	798	340	930	78 034	75 884	50 823
重庆	650	9 379	4 945	4 458	1 266 738	1 172 072	1 012 603
四川	1 404	18 807	12 830	6 304	573 834	502 633	359 199
贵州	181	3 571	2 491	1 140	110 588	89 911	55 027
云南	764	22 825	15 583	10 439	607 343	561 638	347 776
西藏	68	821	628	238	29 173	27 306	20 160
陕西	602	12 355	7 969	3 513	334 903	278 147	166 423
甘肃	495	3 625	2 506	1 498	209 203	173 041	129 521
青海	124	1 607	1 067	370	64 524	61 004	49 797
宁夏	181	5 013	3 417	1 993	188 912	180 411	135 072
新疆	409	5 478	3 790	2 839	381 615	324 373	213 302

表 3—6 **分地区职业技能鉴定综合情况**

（2013 年）

地区	年末职业技能鉴定机构数（个）			
		鉴定所数	鉴定站数	其他
全国	**9 865**	**5 067**	**4 664**	**134**
行业合计	**2 418**	**16**	**2 402**	
地方合计	**7 428**	**5 051**	**2 262**	**115**
企业试点单位	**19**			**19**
北京	47	33	3	11
天津	125	90	24	11
河北	171	171		
山西	157	127	30	
内蒙古	253	3	249	1
辽宁	143	116	27	
吉林	11	11		
黑龙江	49	36	13	
上海	503	303	200	
江苏	174	137	11	26
浙江	214	87	127	
安徽	414	1	413	
福建	571	560	11	
江西	372	287	85	
山东	162	14	148	
河南	420	266	130	24
湖北	755	755		
湖南	298	291	5	2
广东	48	48		
广西	86	44	3	39
海南	93	87	6	
重庆	87	87		
四川	494	266	228	
贵州	159	159		
云南	728	485	243	
西藏	20	6	14	
陕西	331	190	141	
甘肃	80	80		
青海	65	30	34	1
宁夏	64	63	1	
新疆	281	185	96	
新疆兵团	53	33	20	

续表

地区	年末考评人员人数（人）	本年鉴定考核人数（人）		
			初级	中级
全国	**252 662**	**18 385 729**	**7 752 500**	**6 355 360**
行业合计	**108 333**	**3 375 909**	**1 341 750**	**1 086 891**
地方合计	**132 737**	**14 735 101**	**6 274 214**	**5 184 217**
企业试点单位	**11 592**	**274 719**	**136 536**	**84 252**
北京	294	244 586	54 713	67 755
天津	2 523	252 832	92 856	77 960
河北	1 094	493 341	209 697	144 900
山西	5 963	336 628	114 975	141 102
内蒙古	4 099	206 501	86 390	46 644
辽宁	1 346	276 948	137 341	99 503
吉林	513	145 671	69 915	33 657
黑龙江	759	358 060	175 545	70 171
上海	3 971	458 596	178 130	168 837
江苏	585	1 429 163	466 576	569 921
浙江	2 080	963 513	455 532	306 475
安徽	10 685	644 951	269 065	268 886
福建	1 473	540 892	173 439	221 512
江西	694	236 562	66 117	97 771
山东	1 021	846 677	426 489	202 333
河南	5 337	572 951	198 612	183 126
湖北	6 924	474 656	218 006	138 447
湖南	2 410	614 397	313 320	180 017
广东	39 691	1 583 755	556 597	690 123
广西	1 628	428 456	214 328	144 101
海南	1 652	71 138	29 498	28 651
重庆	9 010	456 222	192 769	211 411
四川	7 363	770 642	269 995	400 744
贵州	4 292	132 206	61 424	57 204
云南	7 925	560 316	271 203	167 880
西藏	211	16 995	5 917	3 524
陕西	5 743	552 737	252 585	205 751
甘肃	427	309 100	173 173	124 221
青海	102	56 332	43 821	7 241
宁夏	982	62 471	41 739	14 200
新疆	406	516 605	413 167	66 983
新疆兵团	1 534	121 201	41 280	43 166

续表

地区				本年获取证书人数（人）	
	高级	技师	高级技师		初级
全国	**3 514 734**	**577 770**	**185 365**	**15 366 664**	**6 766 044**
行业合计	**763 465**	**151 090**	**32 713**	**2 750 425**	**1 119 433**
地方合计	**2 705 976**	**418 804**	**151 890**	**12 439 250**	**5 560 531**
企业试点单位	**45 293**	**7 876**	**762**	**176 989**	**86 080**
北京	69 079	28 170	24 869	181 397	49 715
天津	47 360	23 556	11 100	243 193	89 632
河北	104 743	15 965	18 036	441 239	193 020
山西	70 126	9 119	1 306	286 270	99 426
内蒙古	44 106	21 493	7 868	173 129	80 027
辽宁	27 779	9 915	2 410	236 208	117 475
吉林	37 971	3 337	791	107 593	47 457
黑龙江	85 880	24 333	2 131	340 718	169 835
上海	84 102	23 207	4 320	304 073	133 665
江苏	359 851	29 343	3 472	1 093 607	374 416
浙江	178 366	20 722	2 418	840 028	406 836
安徽	92 770	12 645	1 585	537 215	234 800
福建	123 494	16 453	5 994	446 137	153 208
江西	68 139	4 171	364	228 729	65 905
山东	171 983	36 501	9 371	785 479	409 267
河南	165 870	21 912	3 431	457 072	166 928
湖北	98 526	5 914	13 763	460 458	211 245
湖南	92 997	15 804	12 259	512 476	275 463
广东	283 361	40 729	12 945	1 212 342	471 451
广西	61 615	7 496	916	361 263	195 272
海南	11 726	1 020	243	51 637	23 462
重庆	39 220	10 151	2 671	373 606	155 857
四川	89 389	7 939	2 575	708 847	253 539
贵州	12 212	947	419	123 818	58 477
云南	114 589	5 577	1 067	492 131	256 761
西藏	6 893	661	0	11 202	3 799
陕西	88 396	5 199	806	460 642	206 582
甘肃	10 002	1 431	273	289 330	160 328
青海	4 876	291	103	44 764	35 735
宁夏	5 139	1 226	167	48 609	32 309
新疆	21 974	10 738	3 743	473 668	389 795
新疆兵团	33 442	2 839	474	112 370	38 844

续表

地区				
	中级	高级	技师	高级技师
全国	**5 372 332**	**2 728 517**	**376 144**	**123 627**
行业合计	**893 839**	**614 511**	**99 406**	**23 236**
地方合计	**4 422 960**	**2 083 789**	**272 164**	**99 806**
企业试点单位	**55 533**	**30 217**	**4 574**	**585**
北京	60 881	51 788	8 458	10 555
天津	75 454	46 028	22 708	9 371
河北	132 266	90 430	12 227	13 296
山西	122 751	57 072	6 276	745
内蒙古	41 950	31 360	14 277	5 515
辽宁	87 171	23 667	6 156	1 739
吉林	26 956	30 246	2 371	563
黑龙江	67 565	78 995	22 482	1 841
上海	111 902	48 799	7 759	1 948
江苏	447 740	253 042	16 596	1 813
浙江	268 200	148 417	15 017	1 558
安徽	229 601	65 983	6 262	569
福建	196 635	86 730	7 273	2 291
江西	95 278	63 645	3 550	351
山东	184 554	150 025	33 018	8 615
河南	156 444	116 104	15 008	2 588
湖北	136 322	95 445	5 116	12 330
湖南	150 735	68 689	10 313	7 276
广东	528 801	184 757	19 978	7 355
广西	121 101	38 749	5 401	740
海南	22 124	5 625	348	78
重庆	180 469	28 582	6 602	2 096
四川	373 376	76 524	4 063	1 345
贵州	52 691	11 438	837	375
云南	142 173	87 949	4 338	910
西藏	2 520	4 613	270	0
陕西	172 911	76 282	4 227	640
甘肃	118 113	9 354	1 290	245
青海	5 481	3 320	175	53
宁夏	10 854	4 388	935	123
新疆	59 761	15 060	6 578	2 474
新疆兵团	40 180	30 683	2 255	408

（四）劳动关系与监察

表 4—1 **历年劳动争议处理情况** 单位：件

项目	1998 年	1999 年	2000 年	2001 年	2002 年	2003 年
上期未结案件数	3 475	3 840	6 374	8 739	12 472	16 276
案件受理情况						
当期案件受理数	93 649	120 191	135 206	154 621	184 116	226 391
集体劳动争议案件数	6 767	9 043	8 247	9 847	11 024	10 823
劳动者申诉案件数	84 829	114 152	120 043	146 781	172 253	215 512
劳动者当事人数（人）	358 531	473 957	422 617	467 150	608 396	801 042
集体劳动争议劳动者当事人数（人）	251 268	319 445	259 445	286 680	374 956	514 573
争议原因						
劳动报酬				45 172	59 144	76 774
社会保险				31 158	56 558	76 181
变更劳动合同	2 840	3 469	3 829	4 254	3 765	5 494
解除劳动合同	13 069	18 108	21 149	29 038	30 940	40 017
终止劳动合同	4 752	8 031	10 816	10 298	12 908	12 043
其他	9 515	8 626	12 549			
案件处理情况						
结案数	92 288	121 289	130 688	150 279	178 744	223 503
处理方式						
仲裁调解	31 483	39 550	41 877	42 933	50 925	67 765
仲裁裁决	25 389	34 712	54 142	77 250	77 340	95 774
其他方式	35 155	47 027	34 669	35 096	50 479	59 954
处理结果						
用人单位胜诉	11 937	15 674	13 699	31 544	27 017	34 272
劳动者胜诉	48 650	63 030	70 544	71 739	84 432	109 556
双方部分胜诉及其他	27 365	37 459	37 247	46 996	67 295	79 475
案外调解案件数				63 939	77 342	58 451

续表

项目	2004 年	2005 年	2006 年	2007 年	2008 年	2009 年
上期未结案件数	17 117	17 829	22 165	25 424	33 084	83 709
案件受理情况						
当期案件受理数	260 471	313 773	317 162	350 182	693 465	684 379
集体劳动争议案件数	19 241	16 217	13 977	12 784	21 880	13 779
劳动者申诉案件数	249 335	293 710	301 233	325 590	650 077	627 530
劳动者当事人数（人）	764 981	744 195	679 312	653 472	1 214 328	1 016 922
集体劳动争议劳动者当事人数（人）	477 992	409 819	348 714	271 777	502 713	299 601
争议原因						
劳动报酬	85 132	103 183	103 887	108 953	225 061	247 330
社会保险	88 119	97 519	100 342	97 731		
变更劳动合同	4 465	7 567	3 456	4 695		
解除劳动合同	42 881	54 858	55 502	67 565	139 702	43 876
终止劳动合同	14 140	14 015	12 366	12 696		
案件处理情况						
结案数	258 678	306 027	310 780	340 030	622 719	689 714
处理方式						
仲裁调解	83 400	104 308	104 435	119 436	221 284	251 463
仲裁裁决	110 708	131 745	141 465	149 013	274 543	290 971
其他方式	64 550	69 974	64 880	71 581	126 892	147 280
处理结果						
用人单位胜诉	35 679	39 401	39 251	49 211	80 462	95 470
劳动者胜诉	123 268	145 352	146 028	156 955	276 793	255 119
双方部分胜诉及其他	94 041	121 274	125 501	133 864	265 464	339 125
案外调解案件数	70 840	93 561	130 321	151 902	237 283	185 598

续表

项目	2010年	2011年	2012年	2013年
上期未结案件数	77 926	42 308	36 151	34 478
案件受理情况				
当期案件受理数	600 865	589 244	641 202	665 760
集体劳动争议案件数	9 314	6 592	7 252	6 783
劳动者申诉案件数	558 853	568 768	620 849	641 932
劳动者当事人数（人）	815 121	779 490	882 487	888 430
集体劳动争议劳动者当事人数（人）	211 755	174 785	231 894	218 521
争议原因				
劳动报酬	209 968	200 550	225 981	223 351
社会保险		149 944	159 649	165 665
变更劳动合同				
解除劳动合同	31 915	118 684	129 108	147 977
终止劳动合同				
案件处理情况				
结案数	634 041	592 823	643 292	669 062
处理方式				
仲裁调解	250 131	278 873	302 552	311 806
仲裁裁决	266 506	244 942	268 530	283 341
其他方式	117 404	69 008	72 210	73 915
处理结果				
用人单位胜诉	85 028	74 189	79 187	82 519
劳动者胜诉	229 448	195 680	213 453	217 551
双方部分胜诉及其他	319 565	322 954	350 652	368 992
案外调解案件数	163 997	194 338	212 937	215 595

注：自2011年起，将解除和终止劳动合同两项合并统计，解除劳动合同数为解除、终止劳动合同数之和。

表 4—2

分地区劳动争议处理情况

（2013 年）

单位：件

地区	上期未结案件数	案件受理情况				
		当期案件受理数	集体劳动争议案件	劳动申诉案件	劳动者当事人数（人）	集体劳动争议劳动者当事人数（人）
全国	**34 478**	**665 760**	**6 783**	**641 932**	**888 430**	**218 521**
北京	2 682	65 051	578	64 275	65 051	14 852
天津	2 446	12 352	69	12 299	14 432	1 705
河北	903	14 947	267	14 767	21 646	4 268
山西	325	5 562	44	5 388	8 751	1 197
内蒙古	166	6 551	197	6 350	12 367	5 098
辽宁	424	27 788	231	26 974	32 472	6 672
吉林	411	5 231	66	4 769	7 577	1 703
黑龙江	440	7 088	44	6 904	8 675	1 207
上海	3 742	68 106	54	66 339	70 471	1 580
江苏	1 686	62 577	570	59 438	87 031	21 815
浙江	2 889	50 374	785	49 050	85 286	34 635
安徽	288	13 882	141	13 839	18 037	3 334
福建	902	14 830	361	14 662	29 321	13 029
江西	214	8 009	41	7 729	10 083	1 575
山东	2 299	34 488	302	33 631	50 058	13 040
河南	815	21 689	254	20 497	27 369	3 494
湖北	1 307	20 639	134	18 197	25 657	3 073
湖南	652	14 741	311	13 653	21 693	4 270
广东	8 531	91 965	1 658	89 145	150 513	64 522
广西	584	11 729	23	11 471	12 294	425
海南	454	3 865	47	3 823	4 953	805
重庆	469	30 566	49	30 278	31 133	1 346
四川	521	29 511	214	27 283	38 390	5 831
贵州	335	12 627	37	11 493	14 094	997
云南	255	6 607	87	6 437	8 610	1 711
西藏	17	265	21	264	1 137	664
陕西	117	8 262	20	7 724	9 367	776
甘肃	39	2 805	66	2 301	4 559	1 740
青海	10	1 130	5	1 083	1 383	69
宁夏	296	2 891	28	2 830	4 008	670
新疆	237	8 864	79	8 280	11 199	2 418
新疆兵团	22	768		759	813	

续表

地区	案件受理情况			
	按争议类型分			
	劳动报酬	社会保险待遇	其中：工伤保险	解除、终止劳动合同
全国	**223 351**	**165 665**	**94 941**	**147 977**
北京	34 711	5 436	590	170
天津	5 701	974	753	2 525
河北	3 768	5 288	3 647	2 159
山西	1 582	2 093	1 451	715
内蒙古	2 232	1 800	1 190	1 534
辽宁	13 318	6 316	2 907	3 875
吉林	1 373	1 541	850	1 126
黑龙江	2 059	3 478	2 143	419
上海	21 955	12 125	3 747	22 119
江苏	21 019	15 961	12 595	16 038
浙江	18 463	16 862	11 381	8 954
安徽	3 693	5 716	2 191	1 977
福建	4 940	4 597	3 699	3 217
江西	2 081	2 878	1 573	1 834
山东	13 537	6 161	5 077	8 590
河南	5 499	7 968	2 496	4 317
湖北	4 101	8 083	2 549	5 156
湖南	3 485	4 615	2 549	3 831
广东	31 039	10 335	8 625	38 057
广西	3 534	3 479	662	2 713
海南	831	262	65	1 007
重庆	6 958	10 598	7 570	5 580
四川	6 299	10 620	5 811	5 853
贵州	2 023	6 137	4 663	1 938
云南	915	3 391	2 381	684
西藏	155	54	34	10
陕西	2 025	3 083	1 023	2 041
甘肃	875	690	475	241
青海	485	407	288	124
宁夏	703	1 141	381	494
新疆	3 716	3 334	1 404	532
新疆兵团	276	242	171	147

续表

地区	案件处理情况							案外调解案件数
	结案数	处理方式			处理结果			
		仲裁调解	仲裁裁决	其他方式	用人单位胜诉	劳动者胜诉	双方部分胜诉及其他	
全国	**669 062**	**311 806**	**283 341**	**73 915**	**82 519**	**217 551**	**368 992**	**215 595**
北京	65 233	32 474	27 346	5 413	10 906	4 800	49 527	6 630
天津	13 415	6 913	6 502		2 027	5 012	6 376	3 739
河北	14 612	6 061	7 530	1 021	1 429	7 854	5 329	5 543
山西	5 331	2 517	2 406	408	275	3 035	2 021	1 384
内蒙古	6 400	2 873	2 831	696	479	3 447	2 474	884
辽宁	27 889	10 822	13 154	3 913	3 746	12 304	11 839	4 772
吉林	5 573	2 836	2 085	652	257	3 349	1 967	3 882
黑龙江	7 164	2 977	3 756	431	626	4 837	1 701	1 028
上海	68 257	19 270	31 007	17 980	17 811	9 525	40 921	5 145
江苏	62 683	39 789	13 232	9 662	5 791	21 908	34 984	29 699
浙江	50 065	33 324	12 033	4 708	4 861	15 595	29 609	4 449
安徽	13 502	5 901	6 557	1 044	861	7 020	5 621	7 504
福建	14 835	6 919	5 647	2 269	907	5 806	8 122	7 111
江西	7 904	3 291	4 028	585	730	4 198	2 976	3 172
山东	35 237	18 788	13 634	2 815	3 453	12 997	18 787	9 685
河南	21 083	11 381	9 118	584	3 375	9 505	8 203	6 822
湖北	20 920	9 969	8 763	2 188	1 519	6 367	13 034	5 893
湖南	14 698	8 236	5 233	1 229	961	8 682	5 055	13 744
广东	94 364	32 887	54 613	6 864	11 794	19 262	63 308	56 375
广西	11 751	4 839	6 083	829	1 866	4 108	5 777	3 313
海南	3 934	824	2 311	799	447	1 417	2 070	121
重庆	30 457	15 329	10 823	4 305	3 205	10 925	16 327	9 257
四川	29 339	13 331	13 425	2 583	2 368	14 309	12 662	13 284
贵州	12 656	7 139	5 129	388	599	5 664	6 393	3 636
云南	6 771	3 230	3 071	470	333	4 189	2 249	1 956
西藏	254	160	75	19	14	142	98	578
陕西	8 321	2 851	4 659	811	716	4 449	3 156	429
甘肃	2 759	1 015	1 484	260	196	1 579	984	990
青海	1 097	491	474	132	52	656	389	125
宁夏	2 933	1 405	1 274	254	334	1 553	1 046	299
新疆	8 855	3 704	4 638	513	534	2 819	5 502	3 472
新疆兵团	770	260	420	90	47	238	485	674

表 4—3　　劳动保障监察情况

监察案件情况（件）	2013 年	监察执法效果情况	2013 年
结案数	418 634	**主动监察**	
案件分类		检查单位数（万户）	202.0
内部劳动保障规章制度	8 990	涉及劳动者人数（万人）	9 361.1
订立和解除劳动合同	58 276	投诉结案数（件）	329 465
女职工特殊劳动保护	883	举报结案数（件）	52 042
未成年工特殊劳动保护	1 020	审查用人单位报送的书面材料涉及用人单位数（万户）	235.7
工作时间和休息休假	27 148	补签劳动合同（万人）	511.7
支付工资和最低工资标准	247 600	**追发劳动者工资等待遇**	
参加社会保险和缴纳社会保险费	77 160	涉及劳动者人数（万人）	471.2
职业介绍	4 121	金额（亿元）	268.5
职业技能培训和职业技能考核	2 488	**督促缴费**	
其他	30 892	单位数（万户）	9.4
案件处理情况		金额（万元）	347 563.2
责令限期改正	262 447	督促登记单位数（户）	94 127
行政处理决定	10 499	取缔非法职业中介机构（户）	3 543
行政处罚决定	21 363	清退风险抵押金金额（万元）	3 180.3
警告	6 862	审查用人单位规章数（万件）	109.2
罚款	14 423	纠正用人单位违法规章数（万件）	21.3
其他行政处罚	865	向社会公布重大违法行为数（件）	543

（五）社会保障

表 5—1　　历年全国社会保险基金收支及累计结余　　单位：亿元

年份	合计	基本养老保险	失业保险	基本医疗保险	工伤保险	生育保险
基金收入						
1995	1 006.0	950.1	35.3	9.7	8.1	2.9
2000	2 644.9	2 278.5	160.4	170.0	24.8	11.2
2001	3 101.9	2 489.0	187.3	383.6	28.3	13.7
2002	4 048.7	3 171.5	215.6	607.8	32.0	21.8
2003	4 882.9	3 680.0	249.5	890.0	37.6	25.8
2004	5 780.3	4 258.4	290.8	1 140.5	58.3	32.1
2005	6 975.2	5 093.3	340.3	1 405.3	92.5	43.8
2006	8 643.2	6 309.8	402.4	1 747.1	121.8	62.1
2007	10 812.3	7 834.2	471.7	2 257.2	165.6	83.6
2008	13 696.1	9 740.2	585.1	3 040.4	216.7	113.7
2009	16 115.6	11 490.8	580.4	3 671.9	240.1	132.4
2010	18 822.8	13 872.9	649.8	4 308.9	284.9	159.6
2011	24 043.2	18 004.8	923.1	5 539.2	466.4	219.8
2012	28 909.5	21 830.2	1 138.9	6 938.7	526.7	304.2
2013	35 252.9	24 732.6	1 288.9	8 248.3	614.8	368.4
基金支出						
1995	877.1	847.6	18.9	7.3	1.8	1.6
2000	2 385.6	2 115.5	123.4	124.5	13.8	8.3
2001	2 748.0	2 321.3	156.6	244.1	16.5	9.6
2002	3 471.5	2 842.9	186.6	409.4	19.9	12.8
2003	4 016.4	3 122.1	199.8	653.9	27.1	13.5
2004	4 627.4	3 502.1	211.3	862.2	33.3	18.8
2005	5 400.8	4 040.3	206.9	1 078.7	47.5	27.4

续表

年份	合计	基本养老保险	失业保险	基本医疗保险	工伤保险	生育保险
2006	6 477.4	4 896.7	198.0	1 276.7	68.5	37.5
2007	7 887.9	5 964.9	217.7	1 561.8	87.9	55.6
2008	9 925.1	7 389.6	253.5	2 083.6	126.9	71.5
2009	12 302.6	8 894.4	366.8	2 797.4	155.7	88.3
2010	14 818.5	10 755.3	423.3	3 538.1	192.4	109.9
2011	18 054.6	13 363.2	432.8	4 431.4	286.4	139.2
2012	22 181.6	16 182.0	450.6	5 543.6	406.3	219.3
2013	27 916.3	19 818.7	531.6	6 801.0	482.1	282.8
累计结余						
1995	516.8	429.8	68.4	3.1	12.7	2.7
2000	1 327.5	947.1	195.9	109.8	57.9	16.8
2001	1 622.8	1 054.1	226.2	253.0	68.9	20.6
2002	2 423.4	1 608.0	253.8	450.7	81.1	29.7
2003	3 313.8	2 206.5	303.5	670.6	91.2	42.0
2004	4 493.4	2 975.0	385.8	957.9	118.6	55.9
2005	6 073.7	4 041.0	519.0	1 278.1	163.5	72.1
2006	8 255.9	5 488.9	724.8	1 752.4	192.9	96.9
2007	11 236.6	7 391.4	979.1	2 476.9	262.6	126.6
2008	15 225.6	9 931.0	1 310.1	3 431.7	384.6	168.2
2009	18 941.5	12 526.1	1 523.6	4 275.9	468.8	212.1
2010	22 902.7	15 787.8	1 749.8	5 047.1	561.4	261.4
2011	30 132.5	20 727.8	2 240.2	6 180.0	642.0	342.5
2012	35 679.2	26 243.5	2 929.0	7 644.5	736.7	427.6
2013	45 420.4	31 274.8	3 685.9	9 116.5	828.5	514.7

注：

1. 从 2010 年起，基本养老保险中含城乡居民社会养老保险。
2. 工伤保险累计结存不包括储备金。

表 5—2　　历年全国基本养老保险基金收支及累计结余　　单位：亿元

指标	1995 年	2000 年	2001 年	2002 年	2003 年	2004 年	2005 年	2006 年
一、基金收入	950.1	2 278.1	2 489.0	3 171.5	3 680.0	4 258.4	5 093.3	6 309.7
（一）城镇职工	950.1	2 278.1	2 489.0	3 171.5	3 680.0	4 258.4	5 093.3	6 309.7
1. 企业	950.1	2 088.3	2 235.1	2 783.6	3 209.4	3 728.5	4 491.7	5 632.5
2. 事业、机关		189.8	253.0	387.8	470.6	529.9	601.6	677.2
（二）城乡居民								
二、基金支出	847.6	2 115.5	2 321.3	2 842.9	3 122.1	3 502.1	4 040.3	4 896.7
（一）城镇职工	847.6	2 115.5	2 321.3	2 842.9	3 122.1	3 502.1	4 040.3	4 896.7
1. 企业	847.6	1 970.0	2 116.5	2 502.8	2 716.2	3 031.2	3 495.3	4 287.3
2. 事业、机关		145.4	204.4	340.1	405.9	470.9	545.0	609.4
（二）城乡居民								
三、累计结余	429.8	947.1	1 054.1	1 608.0	2 206.5	2 975.0	4 041.0	5 488.9
（一）城镇职工	429.8	947.1	1 054.1	1 608.0	2 206.5	2 975.0	4 041.0	5 488.9
1. 企业	429.8	761.0	818.6	1 243.5	1 764.8	2 499.3	3 506.7	4 869.1
2. 事业、机关		186.1	233.2	364.5	441.7	475.7	534.3	619.8
（二）城乡居民								

指标	2007 年	2008 年	2009 年	2010 年	2011 年	2012 年	2013 年
一、基金收入	7 834.2	9 740.2	11 490.8	13 872.9	18 004.8	21 830.2	24 732.6
（一）城镇职工	7 834.2	9 740.2	11 490.8	13 419.5	16 894.7	20 001.0	22 680.4
1. 企业	7 010.6	8 800.1	10 420.6	12 218.4	15 484.8	18 363.0	20 848.7
2. 事业、机关	823.6	940.1	1 070.3	1 201.1	1 409.9	1 638.0	1 831.7
（二）城乡居民				453.4	1 110.1	1 829.2	2 052.3
二、基金支出	5 964.9	7 389.6	8 894.4	10 755.3	13 363.2	16 182.0	19 818.7
（一）城镇职工	5 964.9	7 389.6	8 894.4	10 554.9	12 764.9	15 032.3	18 470.4
1. 企业	5 153.6	6 507.6	7 886.6	9 409.9	11 425.7	14 008.5	16 741.5
2. 事业、机关	811.3	882.0	1 007.8	1 145.0	1 339.3	1 023.8	1 729.0
（二）城乡居民				200.4	598.3	1 149.7	1 348.3
三、累计结余	7 391.4	9 931.0	12 526.1	15 787.8	20 727.8	26 243.5	31 274.8
（一）城镇职工	7 391.4	9 931.0	12 526.1	15 365.3	19 496.6	23 941.3	28 269.2
1. 企业	6 758.2	9 241.0	11 774.3	14 547.2	18 608.1	22 968.0	27 192.3
2. 事业、机关	633.2	690.0	751.8	818.1	888.5	973.3	1 076.9
（二）城乡居民				422.5	1 231.2	2 302.2	3 005.7

注：从 2010 年起，基本养老保险中含城乡居民社会养老保险。

表 5—3　　历年全国参加城镇职工基本养老保险职工及离退休人员人数

单位：万人

年份	职工		离退休人员	
	合计	企业	合计	企业
1990	5 200.7	5 200.7	965.3	965.3
1991	5 653.7	5 653.7	1 086.6	1 086.6
1992	7 774.7	7 774.7	1 681.5	1 681.5
1993	8 008.2	8 008.2	1 839.4	1 839.4
1994	8 494.1	8 494.1	2 079.4	2 079.4
1995	8 737.8	8 737.8	2 241.2	2 241.2
1996	8 758.4	8 758.4	2 358.3	2 358.3
1997	8 670.9	8 670.9	2 533.0	2 533.0
1998	8 475.8	8 475.8	2 727.3	2 727.3
1999	9 501.8	8 859.2	2 983.6	2 863.8
2000	10 447.5	9 469.9	3 169.9	3 016.5
2001	10 801.9	9 733.0	3 380.6	3 171.3
2002	11 128.8	9 929.4	3 607.8	3 349.2
2003	11 646.5	10 324.5	3 860.2	3 556.9
2004	12 250.3	10 903.9	4 102.6	3 775.0
2005	13 120.4	11 710.6	4 367.5	4 005.2
2006	14 130.9	12 618.0	4 635.4	4 238.6
2007	15 183.2	13 690.6	4 953.7	4 544.0
2008	16 587.5	15 083.4	5 303.6	4 868.0
2009	17 743.0	16 219.0	5 806.9	5 348.0
2010	19 402.3	17 822.7	6 305.0	5 811.6
2011	21 565.0	19 970.0	6 826.2	6 314.0
2012	22 981.1	21 360.9	7 445.7	6 910.9
2013	24 177.3	22 564.7	8 041.0	7 484.8

表 5—4　　历年全国基本养老保险待遇水平　　单位：元/月

年份	平均离退休费							
	全部离退休人员				统筹范围内离退休人员			
	合计	企业	机关	事业	合计	企业	机关	事业
1998	495	455	656	624	413	413	—	—
1999	548	495	746	723	503	494	721	725
2000	595	526	835	827	559	544	947	871
2001	643	548	1 018	944	576	556	940	894
2002	734	636	1 147	1 068	648	618	1 077	1 031
2003	784	663	1 277	1 173	674	640	1 124	1 091
2004	810	673	1 378	1 243	705	667	1 223	1 154
2005	889	734	1 534	1 369	758	716	1 257	1 208
2006	—	—	—	—	873	832	1 364	1 290
2007	—	—	—	—	1 002	947	1 711	1 576
2008	—	—	—	—	1 168	1 121	1 822	1 663
2009	—	—	—	—	1 294	1 246	1 959	1 816
2010	—	—	—	—	1 426	1 380	2 055	1 929
2011	—	—	—	—	1 574	1 528	2 241	2 105
2012	—	—	—	—	1 750	1 700	2 352	2 380
2013	—	—	—	—	1 917	1 869	2 587	2 544

年份	平均退休费							
	全部退休人员				统筹范围内退休人员			
	合计	企业	机关	事业	合计	企业	机关	事业
1998	528	442	606	603	—	—	—	—
1999	606	481	707	702	—	—	—	—
2000	655	512	788	805	—	—	—	—
2001	689	531	964	921	—	—	—	—
2002	706	615	1 095	1 014	627	599	1 022	1 009
2003	757	644	1 221	1 151	654	621	1 069	1 069
2004	782	653	1 328	1 220	683	647	1 162	1 129
2005	861	714	1 469	1 346	737	700	1 196	1 180
2006	—	—	—	—	853	818	1 294	1 262
2007	—	—	—	—	977	925	1 639	1 543
2008	—	—	—	—	1 145	1 100	1 740	1 628
2009	—	—	—	—	1 270	1 225	1 876	1 778
2010	—	—	—	—	1 405	1 362	1 982	1 895
2011	—	—	—	—	1 555	1 511	2 167	2 073
2012	—	—	—	—	1 733	1 686	2 271	2 347
2013	—	—	—	—	1 902	1 856	2 514	2 514

表 5—5　　历年分地区城镇职工基本养老保险参保人数　　单位：万人

地区	2001年		2002年		2003年		2004年		2005年	
	合计	离退休人员	合计	离退休人员	合计	离退休人员	合计	离退休人员	合计	离退休人员
全国	**14 182.5**	**3 380.6**	**14 736.6**	**3 607.8**	**15 506.7**	**3 860.2**	**16 352.9**	**4 102.6**	**17 487.9**	**4 367.5**
北京	425.9	124.3	436.2	133.2	448.5	141.5	459.7	148.6	520.0	155.2
天津	281.4	85.2	296.0	91.4	283.3	97.6	298.1	102.9	308.3	107.7
河北	641.4	145.3	643.5	154.0	665.5	163.6	683.4	172.0	707.9	184.2
山西	365.6	81.8	361.8	85.4	364.4	88.1	376.7	93.3	383.4	98.2
内蒙古	290.6	65.3	292.9	70.8	300.9	72.6	318.8	82.0	338.9	86.1
辽宁	1 022.7	288.9	1 039.2	302.2	1 070.4	315.5	1 101.0	333.8	1 193.6	360.8
吉林	389.1	99.6	397.7	104.9	427.0	115.5	439.0	123.1	455.9	131.0
黑龙江	692.5	178.5	689.8	187.4	714.3	196.0	738.1	207.3	768.9	223.2
上海	683.5	239.9	699.8	246.9	715.6	254.6	770.9	265.3	830.0	290.7
江苏	888.1	212.7	1 063.5	252.9	1 135.2	271.4	1 214.1	288.8	1 345.6	307.9
浙江	610.4	125.1	701.1	132.6	801.2	144.2	888.0	152.4	962.3	160.9
安徽	432.7	98.5	432.3	102.8	456.6	113.6	463.9	118.8	471.7	124.8
福建	242.0	58.4	285.1	61.6	364.2	79.4	377.5	83.7	409.6	88.9
江西	328.8	78.2	339.8	82.6	355.9	93.4	371.8	99.9	387.4	105.5
山东	1 022.6	191.3	1 043.0	205.3	1 135.9	219.3	1 218.7	232.2	1 302.4	248.6
河南	736.6	141.9	757.8	161.5	751.1	171.0	781.1	181.1	814.0	194.2
湖北	612.1	137.7	628.8	147.2	732.4	177.9	780.5	195.4	804.0	206.4
湖南	603.4	148.0	616.5	157.7	636.2	167.5	691.7	185.4	718.6	195.2
广东	1 370.3	187.0	1 405.4	193.5	1 482.2	203.8	1 588.8	220.4	1 796.1	231.2
广西	248.9	58.7	257.2	63.5	264.8	66.3	279.3	70.2	288.6	73.3
海南	108.2	30.5	111.2	31.9	116.7	33.6	120.0	35.2	120.9	36.5
重庆	270.3	82.3	280.3	87.8	280.0	92.4	283.9	96.8	290.2	100.5
四川	578.9	169.4	589.2	178.1	605.5	187.5	668.0	202.7	793.4	230.7
贵州	159.0	42.4	168.9	44.9	168.0	48.0	174.9	50.0	183.7	51.7
云南	243.1	69.6	252.1	74.1	257.3	77.8	255.3	79.4	258.7	81.9
西藏	7.1	2.6	7.0	2.6	7.3	2.8	7.6	3.0	7.7	3.1
陕西	345.4	83.4	352.0	90.8	362.4	97.4	369.3	102.5	376.1	107.8
甘肃	188.4	45.3	188.0	48.1	192.0	51.2	194.5	53.5	197.3	55.1
青海	51.9	14.9	54.2	15.0	56.4	15.9	58.5	16.5	60.0	16.9
宁夏	57.9	13.2	59.0	13.7	60.7	14.3	62.5	15.2	67.5	16.1
新疆	258.4	77.6	262.1	79.6	269.3	83.0	294.8	87.3	302.1	89.0
中国人民银行	19.8	3.1	19.8	3.3	19.8	3.4	17.1	3.5	17.1	3.7
中国农业发展银行	5.4	0.2	5.5	0.3	5.6	0.4	5.8	0.4	5.7	0.5

续表

地区	2006年		2007年		2008年		2009年		2010年	
	合计	离退休人员	合计	离退休人员	合计	离退休人员	合计	离退休人员	合计	离退休人员
全国	**18 766.3**	**4 635.4**	**20 136.9**	**4 953.7**	**21 891.1**	**5 303.6**	**23 549.9**	**5 806.9**	**25 707.3**	**6 305.0**
北京	603.6	160.9	671.0	171.2	757.2	180.1	826.7	188.2	981.3	195.5
天津	328.2	112.7	344.8	119.2	376.5	129.3	401.5	136.5	431.5	143.6
河北	747.5	196.0	795.6	210.2	862.5	222.7	919.5	238.0	988.4	259.5
山西	486.9	112.7	506.7	120.2	539.4	128.0	563.8	136.6	591.0	147.3
内蒙古	356.6	91.1	370.9	96.6	389.5	102.9	410.8	112.8	430.7	119.2
辽宁	1 248.8	383.0	1 299.7	408.1	1 406.2	429.9	1 457.4	449.4	1 496.9	472.7
吉林	480.2	138.9	501.7	147.8	525.3	155.4	554.3	171.1	599.5	206.6
黑龙江	801.0	236.5	826.8	253.0	857.8	276.0	920.3	333.7	952.2	363.0
上海	891.7	314.4	932.4	340.5	967.7	357.8	1 001.1	376.0	1 049.5	392.2
江苏	1 469.8	328.1	1 602.3	353.3	1 751.6	378.6	1 883.1	415.4	2 033.0	449.1
浙江	1 052.6	170.9	1 167.1	182.3	1 386.9	194.8	1 527.4	209.6	1 702.2	223.6
安徽	495.2	133.8	530.3	144.8	578.4	158.1	628.2	169.5	669.5	177.5
福建	456.1	93.6	512.8	98.1	557.2	102.6	585.9	108.1	635.5	113.5
江西	415.0	111.6	475.0	118.5	550.3	128.5	581.9	135.9	607.6	145.5
山东	1 368.0	261.7	1 457.1	282.2	1 565.9	305.0	1 661.0	326.0	1 773.0	345.1
河南	863.8	208.2	912.9	224.7	972.0	239.1	1 019.1	254.5	1 079.3	270.3
湖北	850.8	220.5	886.8	235.3	932.3	252.0	982.0	273.6	1 039.8	301.6
湖南	751.6	209.9	784.0	227.3	829.1	235.3	879.1	246.1	938.9	265.4
广东	1 972.3	243.5	2 226.8	257.2	2 444.3	273.0	2 716.4	294.2	3 215.2	339.6
广西	302.7	77.1	325.5	82.2	368.1	95.0	411.3	118.0	449.3	138.1
海南	132.0	38.0	141.7	39.7	156.2	42.0	168.1	43.2	180.8	45.4
重庆	317.3	107.9	344.8	112.7	406.1	130.7	492.8	176.5	584.4	192.5
四川	842.7	244.9	917.4	269.4	1 017.9	306.7	1 176.2	393.5	1 300.9	439.0
贵州	193.2	54.1	205.9	56.5	215.9	59.3	235.6	63.5	257.3	67.0
云南	267.4	83.8	279.4	87.6	293.7	89.3	306.5	90.2	317.4	92.3
西藏	7.6	3.1	8.1	3.0	8.5	3.1	9.2	3.1	9.9	3.2
陕西	391.5	111.4	408.1	117.4	433.4	124.4	458.8	131.0	550.4	150.3
甘肃	201.2	57.7	208.4	60.6	221.0	64.0	230.9	67.5	242.5	71.3
青海	62.5	17.4	65.2	18.0	68.3	18.6	71.3	19.3	74.4	20.0
宁夏	72.3	16.7	77.0	17.7	82.6	18.8	89.4	20.0	107.8	30.5
新疆	313.3	90.9	327.7	93.7	346.3	97.6	356.9	100.6	393.8	119.2
中国人民银行	17.2	3.9	17.3	4.1	17.5	4.2	17.5	4.4	17.7	4.6
中国农业发展银行	5.6	0.5	5.6	0.6	5.6	0.7	5.6	0.7	5.7	0.8

续表

地区	2011年		2012年		2013年	
	合计	离退休人员	合计	离退休人员	合计	离退休人员
全国	**28 391.3**	**6 826.2**	**30 426.8**	**7 445.7**	**32 218.4**	**8 041.0**
北京	1 089.4	201.2	1 206.4	210.7	1 311.3	220.0
天津	458.7	148.8	490.3	156.9	520.7	168.4
河北	1 059.8	285.3	1 125.6	312.3	1 194.7	335.1
山西	623.8	158.9	648.7	168.9	672.4	180.5
内蒙古	452.4	136.6	471.9	153.0	496.5	172.7
辽宁	1 556.6	486.5	1 609.2	510.4	1 729.5	557.8
吉林	617.5	221.1	632.2	234.6	655.2	248.4
黑龙江	981.0	380.0	1 013.0	401.6	1 062.1	422.2
上海	1 382.7	406.5	1 416.9	423.8	1 429.9	437.5
江苏	2 223.9	483.1	2 427.5	547.0	2 582.1	594.3
浙江	1 919.2	253.4	2 183.3	347.8	2 375.4	398.9
安徽	729.3	191.5	783.8	205.4	811.3	219.1
福建	695.1	118.2	756.5	125.5	812.8	133.2
江西	653.0	168.7	707.4	189.1	754.2	207.0
山东	1 907.1	373.1	2 063.2	416.3	2 259.6	459.2
河南	1 168.4	287.9	1 270.6	306.0	1 350.0	325.6
湖北	1 113.4	341.7	1 171.4	367.3	1 219.4	395.9
湖南	988.2	277.9	1 048.0	300.4	1 091.7	329.5
广东	3 800.7	372.6	4 034.1	390.2	4 183.0	421.3
广西	483.8	151.5	512.7	163.6	538.4	172.6
海南	199.9	47.8	214.2	52.5	231.5	57.1
重庆	647.6	220.1	716.9	247.0	773.1	275.4
四川	1 494.2	495.4	1 615.4	541.7	1 720.3	596.2
贵州	282.1	71.3	309.4	77.7	337.3	82.6
云南	342.8	104.2	364.5	110.7	384.3	115.7
西藏	11.2	3.2	13.3	3.5	14.0	3.5
陕西	588.6	155.5	643.5	177.1	685.0	191.9
甘肃	263.0	85.1	277.4	93.7	288.4	99.9
青海	81.5	25.2	86.0	26.2	90.3	27.6
宁夏	121.4	36.4	131.2	39.9	143.8	41.9
新疆	431.5	131.9	458.8	139.0	476.3	143.8
中国人民银行	17.8	4.8	17.9	5.0	18.0	5.2
中国农业发展银行	5.8	1.0	5.9	1.0	6.0	1.1

表 5—6

分地区城镇职工基本养老保险情况

（2013 年）

地区	参保职工年末人数（万人）		参保离退休人员年末人数（万人）	基金收支情况（亿元）		
		企业		基金收入	基金支出	累计结余
全国	**24 177.3**	**22 564.7**	**8 041.0**	**22 680.4**	**18 470.4**	**28 269.2**
北京	1 091.3	1 091.3	220.0	1 181.3	734.8	1 671.3
天津	352.3	346.0	168.4	466.0	426.3	318.9
河北	859.6	724.1	335.1	891.1	833.1	813.1
山西	491.9	408.8	180.5	639.0	477.8	1 124.8
内蒙古	323.8	315.5	172.7	461.4	411.3	456.0
辽宁	1 171.7	1 109.5	557.8	1 422.2	1 251.1	1 226.6
吉林	406.8	406.8	248.4	462.8	448.2	421.6
黑龙江	639.9	584.1	422.2	845.6	886.0	429.5
上海	992.4	931.1	437.5	1 563.5	1 308.0	1 077.0
江苏	1 987.8	1 901.8	594.3	1 742.7	1 372.4	2 516.1
浙江	1 976.5	1 901.1	398.9	1 278.0	944.9	2 297.0
安徽	592.2	581.3	219.1	605.2	449.1	745.4
福建	679.6	623.1	133.2	412.3	338.7	415.9
江西	547.1	530.7	207.0	405.0	352.2	385.0
山东	1 800.4	1 560.6	459.2	1 489.0	1 270.5	1 857.9
河南	1 024.4	917.8	325.6	833.8	711.5	840.0
湖北	823.5	779.6	395.9	860.5	798.0	817.1
湖南	762.2	605.7	329.5	733.7	622.1	797.5
广东	3 761.7	3 606.7	421.3	1 842.5	1 050.0	4 673.1
广西	365.8	365.8	172.6	367.8	364.2	446.6
海南	174.4	143.8	57.1	127.3	120.0	101.4
重庆	497.8	488.1	275.4	607.2	508.0	557.3
四川	1 124.1	1 000.4	596.2	1 392.9	1 107.6	1 749.7
贵州	254.7	248.9	82.6	240.2	178.5	355.2
云南	268.6	260.5	115.7	333.8	253.8	503.1
西藏	10.5	8.0	3.5	21.0	13.5	32.0
陕西	493.0	448.8	191.9	536.2	465.0	414.9
甘肃	188.5	188.2	99.9	258.0	224.7	321.6
青海	62.8	62.8	27.6	80.7	77.4	82.0
宁夏	101.8	101.8	41.9	107.6	99.8	166.3
新疆	332.5	322.1	143.8	464.8	367.0	644.8
中国人民银行	12.7		5.2			
中国农业发展银行	4.9		1.1	7.5	5.1	10.7

表 5—7 **分地区养老金社会化发放人数**

（2013 年）

单位：万人

地区	社会化发放人数	纳入社区管理的企业退休人数	纳入社区管理的企业退休人员比例（%）
全国	**7 201.0**	**5 620**	**79.1**
北京	212.6	176	88.0
天津	15.8	134	90.0
河北	286.8	235	90.2
山西	159.5	120	82.5
内蒙古	168.7	125	83.8
辽宁	524.6	425	90.9
吉林	242.9	216	96.5
黑龙江	397.7	293	81.1
上海	388.1	263	88.1
江苏	557.0	481	95.3
浙江	328.9	290	88.7
安徽	204.8	168	87.1
福建	102.7	80	85.1
江西	202.4	162	89.9
山东	363.9	251	98.8
河南	295.8	221	82.7
湖北	373.7	287	83.2
湖南	259.9	184	75.0
广东	383.4	272	80.0
广西	170.2	124	79.1
海南	47.7	35	79.8
重庆	270.3	108	82.1
四川	561.8	491	96.2
贵州	81.3	54	73.2
云南	112.6	81	79.8
西藏	3.4		
陕西	174.7	125	79.1
甘肃	100.0	72	81.4
青海	27.6	15	63.0
宁夏	40.7	33	90.3
新疆	84.9	62	87.8
新疆兵团	56.4	35	68.0

注：社会化发放人数是指企业、企业化管理的事业单位及其他参保人员中的离退休人员。

表 5—8　　历年分地区城镇基本医疗保险参保人数　　单位：万人

地区	2001年		2002年		2003年		2004年		2005年	
	合计	退休人员	合计	退休人员	合计	退休人员	合计	退休人员	合计	退休人员
全国	**7 285.9**	**1 815.2**	**9 401.2**	**2 475.4**	**10 901.7**	**2 926.8**	**12 403.6**	**3 359.2**	**13 782.9**	**3 761.2**
北京	240.7	89.4	321.1	113.2	436.1	134.7	483.9	141.7	574.8	155.1
天津	139.6	46.8	250.2	103.8	254.7	108.5	263.0	104.8	299.1	118.3
河北	282.5	61.5	330.4	73.0	383.2	84.7	472.5	108.9	562.1	139.6
山西	157.3	34.4	216.7	49.5	245.5	51.3	295.5	63.9	324.9	73.0
内蒙古	196.9	45.5	221.7	54.2	252.3	66.1	274.2	78.1	292.0	86.0
辽宁	313.6	90.4	619.0	188.7	697.7	217.2	783.7	247.3	864.2	280.0
吉林	124.2	27.8	176.9	39.8	230.8	55.3	270.0	67.5	283.0	73.9
黑龙江	308.3	89.2	392.8	108.2	435.2	122.1	544.1	151.7	602.9	170.4
上海	680.5	238.9	694.8	245.9	709.6	250.6	714.1	260.9	728.6	275.9
江苏	456.0	113.5	690.9	183.2	815.0	227.6	976.7	261.6	1 124.1	303.0
浙江	352.7	100.0	423.4	117.0	510.3	139.5	569.2	150.3	639.6	163.1
安徽	232.8	53.6	273.4	65.6	318.2	79.8	362.2	97.7	387.1	112.7
福建	171.0	38.3	230.0	54.7	247.8	61.8	285.9	69.5	333.0	77.2
江西	71.6	12.2	106.6	22.7	188.2	45.7	250.4	65.8	276.7	75.0
山东	490.2	86.0	625.6	119.5	691.1	138.0	771.9	153.5	861.5	176.7
河南	460.3	94.8	537.4	115.2	567.9	126.9	590.0	136.8	641.5	154.1
湖北	255.4	54.5	338.1	80.6	416.6	110.1	466.8	132.5	502.0	147.2
湖南	351.6	83.7	398.1	108.3	423.5	116.1	477.0	133.9	503.4	146.6
广东	544.8	84.4	717.7	118.8	877.0	146.4	1 034.2	168.9	1 235.3	180.3
广西	150.1	33.4	201.8	54.1	235.0	66.1	272.2	77.8	285.9	82.3
海南	40.9	8.5	52.6	11.5	63.1	15.4	78.6	22.3	87.2	24.5
重庆	36.8	9.7	58.7	18.0	121.8	41.7	206.3	76.2	237.7	91.9
四川	437.6	128.3	480.6	150.1	531.2	173.8	587.6	196.5	647.0	220.2
贵州	31.1	6.9	94.6	26.6	134.1	38.2	152.6	44.0	180.5	51.5
云南	185.7	45.6	238.4	65.0	281.5	81.4	302.3	89.6	320.7	95.5
西藏					6.0	1.8	7.1	2.8	15.2	4.8
陕西	231.4	49.4	261.8	65.1	301.0	77.4	325.6	86.8	348.8	101.3
甘肃	109.9	23.6	124.1	26.0	146.0	32.8	165.8	40.6	176.6	46.2
青海	38.3	12.6	51.1	16.3	56.4	17.8	60.2	19.5	62.0	20.4
宁夏	17.2	4.0	36.8	10.1	48.1	12.7	55.6	14.6	64.5	17.2
新疆	177.0	48.1	235.7	70.6	276.7	85.3	304.4	93.2	321.1	97.5

续表

地区	2006年		2007年		2008年		2009年		2010年	
	合计	退休人员	合计	退休人员	合计	退休人员	合计	退休人员	合计	退休人员
全国	**15 731.9**	**4 151.5**	**22 311.4**	**4 600.0**	**31 821.7**	**5 007.9**	**40 147.0**	**5 526.9**	**43 262.9**	**5 943.5**
北京	679.5	163.9	929.4	172.9	1 017.1	182.4	1 083.9	191.8	1 207.3	215.1
天津	344.2	126.0	403.8	133.2	484.5	141.8	605.3	150.6	960.9	157.5
河北	615.9	158.6	746.3	183.9	1 083.1	199.5	1 421.1	219.7	1 518.1	238.0
山西	353.8	82.2	460.6	98.3	593.9	108.8	879.0	128.5	923.5	140.0
内蒙古	316.2	93.1	451.6	103.8	612.5	108.6	805.3	117.8	886.4	124.7
辽宁	959.3	307.4	1 200.2	346.5	1 507.5	386.5	1 895.6	444.5	2 056.2	464.1
吉林	376.3	101.2	767.2	118.2	937.4	131.8	1 242.8	147.4	1 333.8	179.9
黑龙江	708.2	192.9	826.7	202.3	1 056.3	216.0	1 544.3	256.5	1 560.8	278.4
上海	1 023.3	291.0	1 096.8	306.4	1 355.2	320.9	1 583.8	372.5	1 665.2	388.8
江苏	1 274.3	338.5	2 136.6	365.4	2 837.6	390.3	3 031.0	418.6	3 249.4	443.2
浙江	730.6	172.9	946.2	185.5	1 322.6	198.3	1 784.4	211.8	1 963.8	226.8
安徽	441.2	124.7	953.3	137.1	1 323.8	148.1	1 435.8	160.4	1 529.3	169.3
福建	370.1	85.2	477.4	91.0	796.5	101.4	1 137.2	114.7	1 200.6	120.7
江西	313.3	86.5	784.7	121.6	1 207.1	149.4	1 300.4	151.6	1 326.4	166.5
山东	996.1	199.9	1 292.3	227.8	1 847.0	256.2	2 540.2	287.8	2 770.6	316.7
河南	704.1	173.3	897.7	197.4	1 549.4	220.8	1 970.1	243.7	2 043.7	258.7
湖北	565.3	166.6	870.5	196.3	1 435.7	210.9	1 811.7	236.2	1 860.0	239.8
湖南	560.5	162.4	724.5	181.9	1 321.6	206.5	1 831.9	225.6	1 894.5	236.9
广东	1 421.1	197.9	2 281.6	218.0	3 551.8	240.3	4 568.5	259.4	5 043.2	314.5
广西	302.0	88.7	361.4	99.2	568.2	103.8	850.0	110.6	935.2	123.0
海南	91.0	25.6	155.3	29.9	249.7	34.0	283.8	41.5	323.3	43.2
重庆	257.5	97.4	327.5	104.7	550.6	115.1	769.5	120.8	830.8	125.6
四川	734.5	247.8	1 020.0	270.6	1 413.8	296.7	1 912.7	317.3	2 063.1	348.3
贵州	199.2	57.8	293.8	66.1	404.3	73.0	567.0	85.1	602.5	88.2
云南	331.5	98.8	400.3	101.8	618.2	103.6	762.5	118.3	820.5	121.4
西藏	16.5	5.0	19.2	5.8	32.4	5.3	36.0	6.4	38.6	6.6
陕西	377.1	111.4	459.3	123.2	717.3	132.8	890.0	145.2	947.2	151.2
甘肃	195.8	51.7	449.5	61.6	522.2	68.8	557.4	77.7	588.8	85.9
青海	64.5	22.0	95.8	23.0	93.6	24.5	104.8	24.6	140.3	25.2
宁夏	73.1	19.9	114.0	21.4	158.7	22.7	186.0	23.8	188.3	26.4
新疆	335.8	101.2	367.9	105.1	652.1	109.0	755.0	114.7	790.5	119.0

续表

地区	2011年		2012年		2013年	
	合计	退休人员	合计	退休人员	合计	退休人员
全国	**47 343.2**	**6 278.6**	**53 641.3**	**6 624.2**	**57 072.6**	**6 941.8**
北京	1 347.8	232.8	1 431.6	239.1	1 514.9	249.8
天津	972.8	162.5	981.3	168.9	1 001.5	177.3
河北	1 562.2	248.2	1 644.4	261.5	1 674.5	275.6
山西	1 005.1	150.8	1 055.9	157.2	1 086.3	166.9
内蒙古	907.3	124.3	967.7	132.4	986.2	134.5
辽宁	2 120.1	494.1	2 251.9	524.8	2 333.3	546.9
吉林	1 350.6	188.2	1 370.0	194.0	1 378.6	197.5
黑龙江	1 578.0	293.6	1 580.3	309.6	1 580.4	311.6
上海	1 591.8	404.1	1 638.6	421.5	1 650.5	438.4
江苏	3 500.5	470.9	3 608.8	508.9	3 427.6	543.6
浙江	2 244.1	243.3	2 806.8	277.1	4 121.1	299.5
安徽	1 612.9	181.9	1 660.0	191.5	1 660.8	203.3
福建	1 217.2	126.2	1 262.9	130.2	1 283.8	136.4
江西	1 329.7	170.9	1 438.6	180.4	1 476.6	189.8
山东	2 947.8	337.5	3 101.2	365.6	3 647.9	391.7
河南	2 122.3	272.2	2 222.2	293.2	2 297.2	313.4
湖北	1 932.5	254.6	1 960.3	264.7	1 960.6	280.7
湖南	1 941.2	242.9	2 341.9	248.8	2 316.2	257.5
广东	6 767.1	340.5	8 421.8	362.8	9 179.8	383.8
广西	981.3	128.8	1 011.5	133.6	1 031.0	137.8
海南	352.4	45.3	378.5	47.5	406.5	50.6
重庆	1 324.8	133.1	3 219.1	147.9	3 234.8	158.9
四川	2 248.4	366.0	2 383.8	381.8	2 486.0	394.5
贵州	629.0	93.3	648.3	96.3	672.1	98.1
云南	865.8	126.6	882.4	129.5	1 118.8	133.3
西藏	43.7	6.6	50.1	7.1	54.8	7.2
陕西	1 090.4	172.8	1 118.8	175.8	1 244.3	181.7
甘肃	590.8	88.2	616.5	87.7	622.8	90.2
青海	151.6	25.9	172.3	26.7	181.3	27.6
宁夏	188.8	27.1	561.8	28.5	565.5	29.5
新疆	825.2	125.2	851.9	129.6	877.1	134.3

表 5—9　　分地区城镇基本医疗保险基本情况

（2013 年）

地区	年末参保人数（万人）	基金收支情况（亿元）		
		基金收入	基金支出	累计结余
全国	**57 072.6**	**8 248.3**	**6 801.0**	**9 116.5**
北京	1 514.9	614.5	611.3	201.6
天津	1 001.5	185.7	177.1	86.3
河北	1 674.5	268.1	213.2	349.8
山西	1 086.3	174.9	138.3	217.4
内蒙古	986.2	150.4	128.7	143.9
辽宁	2 333.3	348.3	312.2	347.0
吉林	1 378.6	127.3	105.6	178.0
黑龙江	1 580.4	212.0	190.6	273.7
上海	1 650.5	624.8	414.9	685.7
江苏	3 427.6	675.0	550.4	795.8
浙江	4 121.1	628.8	508.4	758.8
安徽	1 660.8	191.7	152.3	215.5
福建	1 283.8	206.2	147.6	304.7
江西	1 476.6	125.4	95.4	155.5
山东	3 647.9	500.3	412.8	506.3
河南	2 297.2	247.0	193.6	310.8
湖北	1 960.6	232.3	209.8	242.6
湖南	2 316.2	216.3	189.5	222.4
广东	9 179.8	908.4	685.2	1 329.9
广西	1 031.0	125.7	107.3	187.8
海南	406.5	46.6	38.6	54.6
重庆	3 234.8	238.3	208.0	203.9
四川	2 486.0	404.2	344.0	487.1
贵州	672.1	84.3	80.1	82.8
云南	1 118.8	166.2	145.7	175.3
西藏	54.8	14.9	11.9	25.9
陕西	1 244.3	161.9	123.2	201.3
甘肃	622.8	90.1	85.3	85.5
青海	181.3	40.3	37.5	49.0
宁夏	565.5	53.6	43.5	53.0
新疆	877.1	184.6	139.0	184.4

表 5—10　分地区城镇职工基本医疗保险基本情况

（2013 年）

地区	年末参保人数（万人）			基金收支情况（亿元）			
	合计	职工	退休人员	基金收入	基金支出	累计结余	统筹基金
全国	**27 443**	**20 501**	**6 942**	**7 061.6**	**5 829.9**	**8 129.3**	**4 806.5**
北京	1 355	1 105	250	601.7	598.4	192.7	191.9
天津	493	316	177	159.1	156.9	75.7	13.6
河北	926	651	276	242.6	196.5	315.5	191.1
山西	647	480	167	160.9	128.2	198.1	86.3
内蒙古	464	330	134	132.8	114.4	126.9	73.8
辽宁	1 625	1 078	547	326.8	296.4	322.8	201.1
吉林	575	377	198	102.7	89.7	141.8	100.0
黑龙江	868	556	312	187.4	170.0	239.2	147.9
上海	1 394	956	438	600.6	394.1	679.4	163.4
江苏	2 275	1 731	544	610.3	495.4	751.4	433.6
浙江	1 791	1 492	299	491.6	373.1	716.5	514.4
安徽	716	513	203	156.7	125.6	175.3	106.9
福建	703	567	136	190.0	133.0	294.4	136.5
江西	570	380	190	94.5	76.4	111.1	67.3
山东	1 810	1 418	392	443.3	366.3	456.1	357.3
河南	1 140	827	313	211.7	167.7	265.8	140.4
湖北	923	642	281	195.1	183.8	189.2	91.3
湖南	799	542	258	169.5	149.6	180.8	74.0
广东	3 473	3 089	384	679.0	510.5	1 142.3	840.5
广西	467	329	138	108.8	97.5	158.8	77.2
海南	220	169	51	39.6	33.5	45.8	41.0
重庆	540	381	159	143.6	131.0	152.9	69.6
四川	1 282	888	394	323.1	271.4	430.6	288.0
贵州	345	247	98	76.3	74.1	71.5	27.7
云南	458	325	133	142.0	122.5	160.8	78.6
西藏	31	23	7	14.0	10.5	25.9	18.5
陕西	572	390	182	137.8	103.0	175.7	94.5
甘肃	297	207	90	80.2	76.2	75.2	51.4
青海	90	62	28	35.9	32.0	47.5	17.6
宁夏	109	79	30	33.2	24.9	38.3	22.8
新疆	488	354	134	170.7	127.2	171.2	88.4

表 5—11　　分地区城镇居民基本医疗保险基本情况

（2013 年）

地区	年末参保居民人数（万人）	基金收支情况（亿元）		
		基金收入	基金支出	累计结余
全国	**29 629**	**1 186.6**	**971.1**	**987.1**
北京	160	12.8	13.0	8.8
天津	508	26.6	20.1	10.6
河北	748	25.5	16.8	34.3
山西	440	14.0	10.1	19.3
内蒙古	522	17.6	14.3	17.0
辽宁	708	21.5	15.8	24.2
吉林	804	24.6	15.9	36.2
黑龙江	712	24.6	20.6	34.5
上海	256	24.3	20.8	6.3
江苏	1 153	64.7	55.0	44.4
浙江	2 330	137.3	135.2	42.3
安徽	945	35.0	26.7	40.3
福建	581	16.1	14.7	10.3
江西	907	30.9	19.0	44.3
山东	1 838	57.0	46.5	50.2
河南	1 157	35.3	25.9	45.0
湖北	1 038	37.2	26.0	53.4
湖南	1 517	46.8	39.8	41.6
广东	5 707	229.4	174.7	187.6
广西	564	16.9	9.9	29.0
海南	187	7.0	5.1	8.8
重庆	2 695	94.7	77.0	51.0
四川	1 204	81.1	72.6	56.5
贵州	327	8.0	6.0	11.4
云南	661	24.2	23.2	14.5
西藏	24	0.9	1.4	0.0
陕西	673	24.1	20.2	25.6
甘肃	326	9.9	9.1	10.3
青海	92	4.4	5.4	1.5
宁夏	457	20.4	18.7	14.7
新疆	389	13.9	11.8	13.2

表 5—12　　历年分地区失业保险参保人数　　单位：万人

地区	2001年		2002年		2003年		2004年		2005年	
	年末参保人数	年末领取失业保险金人数	年末参保人数	年末领取失业保险金人数	年末参保人数	年末领取失业保险金人数	年末参保人数	年末领取失业保险金人数	年末参保人数	年末领取失业保险金人数
全国	**10 355**	**312**	**10 182**	**440**	**10 373**	**415**	**10 584**	**419**	**10 648**	**362**
北京	287.2	5.5	299.6	4.8	306.6	5.2	308.2	3.8	357.5	3.5
天津	214.3	10.8	196.3	12.4	193.5	9.4	195.1	5.1	197.5	3.8
河北	513.2	7.3	488.6	7.2	484.2	8.3	479.0	11.0	461.2	13.3
山西	286.0	5.9	278.9	4.5	284.1	5.7	286.5	5.4	288.5	4.8
内蒙古	217.7	5.4	219.7	7.1	221.6	5.7	222.3	5.8	222.2	4.9
辽宁	656.7	20.3	591.2	82.2	622.2	67.0	616.2	81.7	607.7	46.5
吉林	283.8	13.2	284.0	15.6	292.9	16.2	282.2	12.2	199.4	7.5
黑龙江	532.6	12.5	466.0	19.6	479.0	12.6	475.8	9.7	459.6	10.3
上海	430.7	13.1	436.0	14.4	441.1	14.0	487.8	15.9	466.1	17.8
江苏	766.5	39.5	735.6	49.7	761.6	48.9	797.1	43.6	838.3	30.2
浙江	391.1	33.0	390.0	27.5	396.8	17.4	428.4	11.3	444.7	7.2
安徽	375.2	11.5	378.8	17.5	380.8	23.4	371.1	26.4	360.3	24.3
福建	239.6	9.6	249.5	11.1	266.4	10.0	266.4	9.5	266.6	8.6
江西	235.9	2.1	226.7	3.9	215.5	5.9	226.6	7.2	230.7	6.0
山东	700.2	20.5	701.2	30.1	719.1	30.1	747.5	30.6	771.1	32.2
河南	676.1	10.0	670.4	16.8	680.0	18.7	681.6	22.3	681.9	29.2
湖北	420.8	26.1	416.1	25.1	390.1	18.7	391.3	17.0	391.5	14.8
湖南	352.0	4.4	326.6	7.9	347.5	10.5	380.5	9.8	382.7	11.3
广东	819.5	21.2	890.2	26.2	954.1	25.9	1 005.8	23.4	1 099.1	20.4
广西	217.7	5.0	215.5	7.6	219.1	8.9	226.4	9.8	219.9	9.4
海南	56.1	0.7	60.2	1.7	57.7	1.8	57.9	2.1	56.7	2.0
重庆	210.0	7.7	205.3	9.1	199.5	8.1	193.4	9.2	188.2	6.4
四川	412.2	11.9	402.9	14.0	400.0	12.6	398.6	12.6	380.5	15.6
贵州	136.4	1.2	132.2	1.6	128.0	1.3	129.9	1.2	129.3	1.3
云南	190.7	3.6	183.2	4.6	183.0	6.6	173.2	10.5	180.3	9.1
西藏	6.3		7.1		7.1		6.7		6.7	
陕西	304.9	3.5	315.7	7.3	323.3	8.2	325.5	7.2	326.7	8.6
甘肃	162.7	1.1	161.0	2.7	162.1	3.8	161.0	4.3	160.0	5.4
青海	35.7	1.4	32.2	1.0	33.2	1.3	33.1	1.2	33.2	1.1
宁夏	34.7	0.7	35.7	0.8	36.3	1.0	36.4	1.2	37.2	1.2
新疆	188.2	3.9	185.2	5.7	186.5	7.4	192.4	7.7	202.4	5.6

续表

地区	2006年		2007年		2008年		2009年		2010年	
	年末参保人数	年末领取失业保险金人数	年末参保人数	年末领取失业保险金人数	年末参保人数	年末领取失业保险金人数	年末参保人数	年末领取失业保险金人数	年末参保人数	年末领取失业保险金人数
全国	**11 187**	**327**	**11 645**	**286**	**12 400**	**261**	**12 715**	**235**	**13 376**	**209**
北京	482.2	3.1	535.3	3.0	614.3	2.6	675.7	1.8	774.2	1.6
天津	216.7	3.6	221.5	3.3	232.5	3.2	239.2	3.1	246.1	3.5
河北	470.8	13.4	473.3	11.6	481.7	9.8	484.4	10.4	493.4	9.0
山西	296.0	5.2	299.0	6.0	312.2	7.3	293.3	6.1	305.7	4.6
内蒙古	223.5	5.0	223.7	4.7	225.5	3.1	229.7	2.5	230.9	2.1
辽宁	614.1	25.9	622.1	19.6	622.7	15.7	625.3	13.4	626.9	11.4
吉林	224.4	10.2	228.7	13.9	233.7	16.5	241.4	14.3	245.1	7.8
黑龙江	457.5	17.8	464.1	15.3	467.6	10.3	471.3	9.3	472.9	8.8
上海	476.4	18.5	491.5	14.9	511.8	14.0	523.5	14.6	556.2	11.6
江苏	901.1	22.7	968.5	21.2	1 052.2	21.5	1 079.1	19.7	1 153.8	19.7
浙江	504.4	6.5	584.7	6.3	731.1	6.3	784.5	5.5	875.0	5.8
安徽	362.6	17.9	364.5	14.1	373.1	12.8	377.8	10.5	384.0	7.8
福建	293.1	6.8	318.2	5.7	338.7	4.6	348.1	3.6	374.2	3.2
江西	241.0	4.9	251.5	5.3	266.3	3.4	275.5	3.4	265.3	8.2
山东	789.7	30.3	814.9	27.8	864.1	24.9	899.5	23.0	931.2	20.7
河南	682.8	28.0	682.9	21.6	683.4	18.4	690.2	16.7	696.7	14.7
湖北	395.5	12.0	405.7	8.9	422.9	7.4	440.3	7.0	469.7	6.4
湖南	386.3	10.2	389.0	8.6	390.1	8.3	392.0	8.3	399.5	6.9
广东	1 208.2	16.7	1 295.5	14.3	1 471.9	13.7	1 470.7	12.8	1 627.3	10.6
广西	222.3	8.1	223.8	7.2	234.6	8.0	237.0	7.6	238.4	6.2
海南	59.1	2.3	66.2	2.5	84.7	3.3	97.5	2.8	112.5	1.6
重庆	193.0	4.8	196.7	4.1	210.1	4.4	215.9	4.7	237.4	3.7
四川	400.0	16.3	418.2	11.3	436.9	12.2	463.5	10.0	464.7	9.1
贵州	131.1	1.5	134.5	1.4	141.4	1.3	144.6	1.1	152.5	1.2
云南	183.0	6.4	185.8	4.3	191.9	3.7	198.7	3.5	209.6	3.2
西藏	7.5		7.2	0.0	7.8	0.0	8.8	0.0	9.3	0.0
陕西	326.5	14.1	327.2	13.6	329.3	9.1	331.0	9.3	331.6	7.5
甘肃	160.5	7.5	161.8	7.1	162.6	5.6	164.1	3.7	164.2	2.4
青海	34.0	1.0	34.7	2.1	35.4	2.3	36.0	1.0	36.6	0.4
宁夏	38.3	1.2	40.1	1.5	44.4	1.4	44.9	1.1	47.6	1.0
新疆	205.4	4.8	213.6	4.7	224.8	6.1	231.8	4.9	242.9	8.3

续表

地区	2011年		2012年		2013年	
	年末参保人数	年末领取失业保险金人数	年末参保人数	年末领取失业保险金人数	年末参保人数	年末领取失业保险金人数
全国	**14 317**	**197**	**15 225**	**204**	**16 417**	**197**
北京	881.0	2.0	1 006.7	2.3	1 025.1	2.4
天津	258.8	2.8	268.7	2.0	278.7	2.0
河北	498.7	8.4	501.7	7.9	505.0	7.1
山西	309.4	4.3	391.0	3.8	400.7	3.1
内蒙古	232.5	2.5	232.8	2.5	233.4	2.3
辽宁	632.3	9.7	660.7	7.4	663.2	7.6
吉林	247.2	5.1	251.5	4.6	258.8	6.0
黑龙江	474.5	7.1	476.2	7.7	477.4	7.1
上海	604.2	11.2	617.4	10.9	625.7	9.9
江苏	1 238.2	29.9	1 332.2	32.7	1 389.3	29.9
浙江	980.6	7.4	1 065.6	7.0	1 144.3	7.8
安徽	397.7	6.7	402.2	6.1	409.0	6.1
福建	430.9	3.6	459.1	4.6	496.7	4.2
江西	263.5	5.4	272.2	3.3	271.1	1.5
山东	964.9	19.8	1 009.8	19.1	1 089.6	17.8
河南	701.2	13.3	724.2	11.4	741.3	10.5
湖北	498.2	5.1	508.6	4.8	511.3	5.2
湖南	415.6	7.0	449.9	6.0	461.7	6.1
广东	1 875.4	10.5	2 008.7	9.8	2 702.2	8.8
广西	240.8	5.2	243.4	5.5	253.4	5.6
海南	126.0	1.8	139.5	1.8	150.8	2.1
重庆	268.6	2.9	323.5	2.8	389.7	3.4
四川	536.8	8.1	585.5	24.5	613.5	24.1
贵州	160.5	1.1	173.5	1.0	185.2	1.3
云南	216.8	3.3	224.7	3.8	232.5	4.5
西藏	9.6	0.0	10.6		11.0	0.0
陕西	332.2	4.5	339.1	3.5	339.7	3.2
甘肃	163.8	1.5	163.6	1.2	163.1	1.0
青海	37.3	0.6	37.9	0.7	38.5	0.5
宁夏	60.0	1.2	70.5	1.1	71.3	1.1
新疆	260.2	5.0	273.7	4.2	283.9	4.8

表 5—13 **分地区失业保险基金情况**

（2013 年） 单位：亿元

地区	基金收入	基金支出	累计结余
全国	**1 288.9**	**531.6**	**3 685.9**
北京	56.5	32.1	137.0
天津	34.1	13.3	98.4
河北	46.6	19.4	123.2
山西	34.1	5.2	109.0
内蒙古	24.3	6.3	71.1
辽宁	64.6	15.9	192.2
吉林	24.2	10.4	71.0
黑龙江	30.7	8.0	118.9
上海	99.5	77.9	150.9
江苏	134.2	62.8	338.7
浙江	93.3	43.5	283.8
安徽	32.8	19.0	71.5
福建	30.0	9.7	103.2
江西	11.1	3.2	44.3
山东	57.3	46.3	241.7
河南	41.2	16.2	101.1
湖北	38.8	9.3	120.3
湖南	26.2	8.8	78.8
广东	127.7	24.3	407.8
广西	24.7	7.7	87.5
海南	5.4	3.4	28.1
重庆	22.9	4.1	71.4
四川	81.6	29.4	214.0
贵州	18.0	13.1	54.8
云南	24.9	4.5	87.6
西藏	2.0	0.2	9.0
陕西	41.5	16.4	105.1
甘肃	14.8	2.6	46.8
青海	5.0	0.9	19.6
宁夏	7.0	1.5	22.7
新疆	33.9	16.2	76.4

表 5—14　　历年分地区工伤保险基本情况　　单位：万人

地区	2001 年		2002 年		2003 年		2004 年		2005 年	
	参保人数	享受待遇人数	参保人数	享受待遇人数	参保人数	享受待遇人数	参保人数	享受待遇人数	参保人数	享受待遇人数
全国	**4 345**	**19**	**4 406**	**27**	**4 575**	**33**	**6 845**	**52**	**8 478**	**65**
北京	204.7	0.1	221.1	0.7	242.9	1.2	258.9	2.5	303.9	3.0
天津							147.2	0.1	162.9	0.9
河北	163.1	0.8	146.7	0.4	145.7	0.4	273.9	0.9	361.4	1.3
山西	71.8	0.0	46.3	0.1	48.4	0.0	104.0	0.1	151.4	0.5
内蒙古	26.7	0.5	23.8	0.2	31.8	0.3	85.0	0.5	110.2	0.7
辽宁	390.6	5.0	390.5	6.0	345.8	7.3	404.2	8.2	474.6	9.1
吉林	30.7	1.1	36.6	1.5	37.1	1.2	114.3	3.1	136.7	2.2
黑龙江	104.4	0.1	119.0	0.9	130.9	1.1	202.7	4.3	257.5	3.8
上海							488.3	0.1	523.7	0.5
江苏	473.9	0.7	480.0	1.3	503.0	1.7	577.2	2.7	680.2	3.7
浙江	219.7	0.6	226.0	1.0	287.7	1.4	360.4	2.7	453.1	4.8
安徽	73.4	0.2	69.8	0.3	68.0	0.4	102.0	0.5	148.2	1.7
福建	159.0	0.2	170.7	0.3	172.3	0.6	205.4	0.8	239.1	1.3
江西	137.8	0.2	129.3	0.2	129.7	0.3	134.7	0.4	153.6	0.8
山东	285.5	0.6	277.7	1.1	281.8	1.5	476.7	4.7	578.7	5.7
河南	196.0	0.5	218.8	0.7	210.6	0.5	324.7	1.1	404.0	1.5
湖北	182.3	1.3	183.2	1.7	189.2	1.4	187.2	1.8	230.3	1.1
湖南					8.6	0.0	203.3	0.3	228.2	0.7
广东	990.1	5.2	1 049.9	8.0	1 120.0	9.7	1 215.1	11.3	1 605.1	12.9
广西	124.1	0.1	117.3	0.2	120.3	0.3	133.5	0.7	144.4	0.8
海南	69.5	0.0	68.9	0.1	68.2	0.1	64.5	0.1	68.9	0.1
重庆	25.0	0.1	29.7	0.1	26.5	0.2	122.6	0.4	154.1	1.2
四川	179.3	0.5	167.4	0.6	161.4	1.2	195.6	1.6	270.5	2.0
贵州	1.7	0.0	1.3	0.0	1.3	0.0	1.2	0.0	65.8	0.1
云南	97.3	0.6	89.0	0.9	84.1	1.2	150.9	1.1	166.9	1.2
西藏									1.9	
陕西	24.5	0.1	25.6	0.0	35.1	0.1	115.1	0.7	149.2	1.8
甘肃	9.5	0.0	8.7	0.0	8.0	0.0	42.0	0.1	70.1	0.4
青海	7.1	0.0	6.6	0.0	6.6	0.0	15.7	0.1	20.5	0.3
宁夏	11.4	0.0	16.0	0.0	15.2	0.1	19.1	0.3	23.5	0.3
新疆	86.3	0.1	86.0	0.1	94.6	0.5	119.5	0.7	139.1	0.9

续表

地区	2006年		2007年		2008年		2009年		2010年	
	参保人数	享受待遇人数	参保人数	享受待遇人数	参保人数	享受待遇人数	参保人数	享受待遇人数	参保人数	享受待遇人数
全国	**10 268**	**78**	**12 173**	**96**	**13 787**	**118**	**14 896**	**130**	**16 161**	**147**
北京	465.3	1.5	609.2	1.6	666.5	1.8	747.1	4.1	823.8	4.4
天津	209.7	1.7	257.2	2.3	274.9	2.7	292.2	3.1	304.5	4.1
河北	402.4	2.4	481.3	6.0	520.8	5.3	559.3	6.0	594.4	7.5
山西	201.4	3.3	229.1	3.9	261.0	4.6	280.7	4.3	292.4	4.9
内蒙古	131.6	0.8	163.6	1.3	185.4	1.4	199.1	1.6	207.5	1.8
辽宁	510.0	8.5	572.3	9.1	659.6	8.5	695.8	9.0	730.0	10.0
吉林	174.7	3.0	206.8	2.6	234.9	4.1	272.2	3.0	300.5	3.7
黑龙江	303.0	3.9	351.7	4.9	390.9	4.5	401.8	5.6	415.1	6.2
上海	817.7	0.7	884.4	0.9	950.4	1.2	934.0	1.3	961.0	1.7
江苏	812.7	5.6	921.0	6.6	1 056.6	8.4	1 118.1	9.3	1 205.5	9.8
浙江	603.9	7.4	1 002.9	11.2	1 261.8	16.9	1 331.1	18.0	1 475.1	20.2
安徽	200.2	2.0	248.7	2.2	292.9	2.9	320.6	3.9	351.1	4.4
福建	261.0	1.5	294.8	1.9	346.1	2.2	379.3	2.3	417.7	2.4
江西	207.9	1.5	251.3	1.7	313.6	2.0	340.2	1.9	371.7	2.7
山东	647.3	5.8	745.0	7.0	865.0	8.8	1 064.6	9.2	1 211.2	10.2
河南	421.0	1.7	448.3	2.6	500.2	3.1	521.0	3.2	551.7	3.0
湖北	275.5	1.5	327.5	2.0	360.9	2.4	410.7	2.7	444.0	3.1
湖南	280.1	2.0	342.4	2.6	403.5	3.9	472.1	5.3	516.0	7.4
广东	1 868.2	13.5	2 113.9	13.8	2 302.3	15.2	2 435.5	15.0	2 657.8	14.7
广西	161.1	0.8	182.4	0.9	204.9	1.1	221.7	1.2	235.7	1.4
海南	71.5	0.2	78.4	0.2	86.1	0.2	90.1	0.3	95.8	0.3
重庆	165.4	1.8	181.1	1.6	208.2	4.2	226.5	4.7	266.0	5.6
四川	304.9	2.3	397.3	3.2	464.6	4.6	515.8	6.1	583.8	6.0
贵州	90.5	0.6	110.5	0.9	129.0	1.1	143.3	1.4	162.2	1.9
云南	173.8	1.1	188.5	1.6	202.5	2.3	215.1	2.4	227.4	4.6
西藏	2.3	0.0	3.7	0.0	5.9	0.0	8.3		8.8	0.0
陕西	210.3	0.7	232.0	1.0	247.6	1.4	264.9	1.4	278.6	1.6
甘肃	86.3	0.3	98.2	0.4	108.9	0.8	119.7	0.8	130.1	1.1
青海	23.1	0.4	25.3	0.4	29.9	0.5	40.1	0.5	43.2	0.5
宁夏	24.2	0.3	30.5	0.1	37.5	0.2	42.4	0.2	48.9	0.3
新疆	161.3	1.2	194.1	1.4	214.5	1.6	232.3	1.9	249.3	2.0

续表

地区	2011年		2012年		2013年	
	参保人数	享受待遇人数	参保人数	享受待遇人数	参保人数	享受待遇人数
全国	**17 696**	**163**	**19 010**	**191**	**19 917**	**195**
北京	862.4	4.7	897.2	4.8	920.3	4.8
天津	320.4	3.8	330.1	3.4	335.1	3.3
河北	640.4	8.6	694.8	9.1	737.0	10.5
山西	337.6	5.5	529.6	8.4	550.0	9.7
内蒙古	225.3	3.2	248.9	2.5	277.4	2.2
辽宁	779.1	11.3	819.1	14.0	856.7	13.2
吉林	331.6	3.3	359.4	4.2	392.1	5.3
黑龙江	450.0	8.2	470.6	6.8	493.1	7.2
上海	939.5	2.5	898.9	6.1	904.1	6.6
江苏	1 327.0	10.7	1 420.7	12.3	1 487.3	13.6
浙江	1 610.8	22.2	1 731.7	23.8	1 826.1	22.6
安徽	422.0	5.6	457.9	8.8	473.2	8.1
福建	496.9	2.8	540.9	3.4	607.5	3.5
江西	387.9	3.0	410.9	5.5	431.5	4.5
山东	1 276.1	10.8	1 339.6	11.9	1 371.9	11.2
河南	655.5	3.5	720.6	4.8	773.1	4.6
湖北	481.0	4.5	522.6	4.0	556.9	5.7
湖南	635.5	7.0	693.8	7.8	731.2	8.3
广东	2 847.8	15.4	2 962.8	16.7	3 057.3	16.7
广西	272.5	1.5	312.4	1.8	325.6	1.9
海南	104.0	0.3	119.5	0.4	123.4	0.3
重庆	337.1	6.2	374.9	8.0	406.8	8.0
四川	650.8	6.5	689.4	8.0	690.1	8.3
贵州	194.0	2.2	238.2	2.7	260.4	2.3
云南	243.4	3.6	295.3	4.0	334.3	4.4
西藏	11.8	0.0	14.2	0.1	14.8	0.0
陕西	326.8	1.9	350.4	2.2	378.1	3.0
甘肃	150.2	1.4	158.5	1.8	167.7	1.8
青海	45.6	0.5	49.2	0.6	52.3	0.6
宁夏	58.3	0.3	63.9	0.4	72.7	0.5
新疆	274.6	2.0	294.1	2.4	309.5	2.5

表 5—15　　分地区工伤保险基金情况

（2013 年）　　单位：亿元

地区	基金收入	基金支出	累计结余	储备金结存
全国	**614.8**	**482.1**	**828.5**	**167.7**
北京	25.6	18.3		29.3
天津	9.5	8.2	13.1	0.7
河北	28.2	30.3	13.3	6.4
山西	28.3	22.1	39.1	5.7
内蒙古	12.6	7.8	22.5	2.7
辽宁	25.4	25.3	32.4	8.9
吉林	11.6	8.6	11.3	3.6
黑龙江	21.1	18.8	25.2	4.9
上海	26.9	26.1	41.6	6.4
江苏	57.0	48.1	43.9	13.5
浙江	41.9	34.6	50.7	6.5
安徽	19.1	12.6	23.7	3.4
福建	15.8	8.3	32.3	7.8
江西	13.4	8.4	18.3	1.0
山东	40.0	31.3	42.9	7.6
河南	21.1	14.2	36.6	5.4
湖北	13.0	8.8	23.1	1.2
湖南	27.2	20.4	32.3	3.4
广东	58.8	36.5	168.6	25.9
广西	6.9	4.0	19.8	1.1
海南	2.4	1.1	7.0	0.7
重庆	17.5	16.7	7.4	
四川	27.5	20.2	37.2	4.1
贵州	13.1	11.5	10.1	4.5
云南	13.6	11.4	18.7	2.0
西藏	0.7	0.3	1.6	
陕西	12.6	7.9	22.8	3.8
甘肃	7.0	5.9	10.6	0.5
青海	2.5	2.2	1.6	2.8
宁夏	3.1	3.2	7.8	0.8
新疆	11.3	8.8	12.9	3.1

表 5—16 **分地区工伤认定情况**

（2013 年）

单位：人

地区	认定工伤数	视同工伤数	不予认定工伤数	当期不予受理申请人数
全国	**1 175 724**	**7 654**	**11 412**	**6 188**
北京	23 875	318	94	52
天津	19 868	126	85	50
河北	52 256	489	262	78
山西	15 631	354	110	72
内蒙古	9 335	198	89	74
辽宁	28 840	424	86	56
吉林	11 666	218	83	136
黑龙江	16 190	191	88	107
上海	56 688	254	264	11
江苏	107 134	381	1 208	389
浙江	217 402	312	667	1 141
安徽	28 986	170	231	178
福建	28 753	120	278	254
江西	17 622	68	301	98
山东	67 947	534	490	333
河南	21 543	452	192	80
湖北	23 790	191	301	205
湖南	50 223	297	666	178
广东	187 330	826	3 077	1 197
广西	11 180	164	210	96
海南	2 575	36	107	47
重庆	55 205	144	757	390
四川	44 940	287	658	469
贵州	19 199	124	206	160
云南	21 119	260	338	52
西藏	310	11	5	3
陕西	11 698	249	62	35
甘肃	4 690	91	70	65
青海	2 748	36	39	24
宁夏	3 440	91	76	48
新疆	11 151	180	253	99
新疆兵团	2 390	58	59	11

表 5—17 **分地区劳动能力鉴定情况**

（2013 年） 单位：人

地区	申请鉴定人数						评定伤残等级人数				存在生活自理障碍人数
	小计	初次申请	再次申请	改变结论	复查申请	改变结论	小计	一至四级	五至六级	七至十级	
全国	**604 189**	**577 586**	**15 926**	**4 908**	**10 677**	**2 482**	**511 635**	**21 134**	**25 811**	**464 690**	**9 505**
北京	14 389	13 774	70	8	545	505	12 345	982	1 607	9 756	221
天津	7 778	7 235	173	57	370	144	7 312	351	649	6 312	155
河北	21 322	20 919	216	62	187	119	20 025	1 113	1 245	17 667	462
山西	10 956	10 722	126	33	108	59	10 333	1 645	962	7 726	724
内蒙古	5 680	5 355	160	57	165	88	5 075	468	464	4 143	192
辽宁	20 201	18 624	266	67	1 311	301	18 613	1 200	1 322	16 091	648
吉林	9 474	8 535	422	190	517	91	7 282	263	355	6 664	125
黑龙江	16 311	15 709	411	89	191	48	13 381	700	1 298	11 383	462
上海	45 114	40 207	1 153	296	3 754	0	41 268	328	673	40 267	209
江苏	65 921	63 954	1 102	83	865	186	53 928	813	1 666	51 449	527
浙江	69 248	67 322	1 905	557	21	12	64 114	723	1 858	61 533	582
安徽	14 591	13 928	590	190	73	39	11 212	424	488	10 300	210
福建	12 773	11 964	778	236	31	8	9 892	603	594	8 695	263
江西	13 215	12 535	610	217	70	21	12 717	99	721	11 897	47
山东	31 562	30 428	714	210	420	130	27 404	1 023	1 708	24 673	508
河南	14 618	13 760	599	200	259	61	10 771	720	802	9 249	430
湖北	12 078	11 529	453	154	96	36	10 748	597	661	9 490	296
湖南	22 048	21 370	594	158	84	14	19 356	754	814	17 788	422
广东	75 461	73 961	1 414	244	86	38	53 683	976	1 643	51 064	353
广西	6 518	6 419	82	28	17	8	3 880	424	305	3 151	69
海南	695	682	7	5	6	1	492	89	61	342	49
重庆	28 157	26 631	1 258	461	268	87	25 258	1 500	857	22 901	387
四川	34 285	32 772	1 198	612	315	98	26 959	1 659	1 846	23 454	470
贵州	14 549	13 895	540	190	114	48	14 839	755	876	13 208	224
云南	9 825	9 561	246	107	18	10	7 086	746	391	5 949	305
西藏	698	690	8	3	0	0	472	21	52	399	11
陕西	8 175	7 349	385	149	441	267	7 208	514	621	6 073	594
甘肃	3 968	3 689	95	35	184	20	3 308	449	342	2 517	113
青海	1 220	1 196	16	6	8	4	1 187	138	134	915	37
宁夏	3 352	3 268	15	8	69	13	2 999	698	295	2 006	214
新疆	8 121	7 756	304	187	61	17	6 846	301	401	6 144	150
新疆兵团	1 886	1 847	16	9	23	9	1 642	58	100	1 484	46

表 5—18 **历年分地区生育保险基本情况** 单位：万人

地区	2001 年		2002 年		2003 年		2004 年		2005 年	
	参保人数	享受待遇人次	参保人数	享受待遇人次	参保人数	享受待遇人次	参保人数	享受待遇人次	参保人数	享受待遇人次
全国	**3 455**	**24**	**3 488**	**28**	**3 655**	**36**	**4 384**	**46**	**5 408**	**62**
北京									226.1	1.1
天津									157.4	0.6
河北	131.5	0.8	95.4	0.7	94.1	0.4	114.1	0.4	215.9	0.8
山西	108.0	0.3	84.3	0.3	84.3	0.2	93.2	0.2	95.6	0.3
内蒙古	27.9	0.3	23.4	0.1	40.3	0.2	66.7	0.4	105.8	1.5
辽宁	227.8	1.2	216.1	1.2	199.1	1.5	215.9	2.1	220.1	2.7
吉林	24.0	0.1	32.7	0.1	34.0	0.1	35.1	0.2	35.3	0.8
黑龙江	68.2	0.2	153.2	1.2	167.5	2.7	187.3	3.5	156.6	2.9
上海	443.7	0.1	452.9	3.7	461.1	4.1	505.6	4.9	539.3	5.8
江苏	483.5	4.6	486.1	4.1	504.1	7.2	552.7	9.2	630.9	11.2
浙江	187.6	1.7	193.7	1.9	215.0	2.1	239.8	3.0	284.9	3.7
安徽	23.4	0.1	23.6	0.2	23.9	0.2	37.6	0.2	53.5	0.5
福建	118.2	0.9	123.7	1.0	139.4	1.4	146.5	1.7	161.8	2.1
江西	120.2	0.8	109.4	0.7	108.7	0.6	107.6	0.5	117.8	0.8
山东	331.8	3.4	322.8	3.8	336.5	4.1	390.8	4.7	461.2	5.5
河南	196.4	1.1	205.9	1.1	199.2	1.1	201.2	1.5	228.4	1.5
湖北	182.1	1.1	182.7	0.8	182.1	0.6	179.9	0.6	175.9	0.6
湖南	3.7	0.0	3.4	0.0	3.3	0.0	212.9	0.5	250.2	3.2
广东	250.1	2.4	258.7	2.5	330.8	3.0	376.7	3.6	419.4	4.2
广西	113.5	1.2	106.8	1.1	111.1	1.2	134.8	1.6	141.4	1.9
海南	10.8	0.1	23.2	0.2	28.4	0.2	31.7	0.4	34.9	0.5
重庆	23.6	0.2	19.9	0.1	16.5	0.1	12.9	0.0		
四川	178.1	1.6	166.4	1.2	165.1	1.3	187.4	1.4	212.5	1.4
贵州	1.1	0.0	0.9	0.0	0.9	0.0	2.3	0.0	52.1	0.0
云南	96.1	1.2	86.9	1.0	82.8	1.4	142.3	2.3	156.1	2.5
西藏										
陕西	4.6	0.1	5.4	0.1	14.6	0.1	36.2	0.2	43.1	0.8
甘肃	5.0	0.0	5.1	0.0	6.8	0.0	31.0	0.1	40.0	0.3
青海	6.6	0.1	4.3	0.0	5.2	0.1	5.8	0.1	6.5	0.1
宁夏	8.7	0.1	15.0	0.2	15.1	0.2	18.4	0.2	21.6	0.2
新疆	78.9	1.0	86.4	1.0	85.7	2.0	117.4	2.5	164.1	4.7

续表

地区	2006年		2007年		2008年		2009年		2010年	
	参保人数	享受待遇人次	参保人数	享受待遇人次	参保人数	享受待遇人次	参保人数	享受待遇人次	参保人数	享受待遇人次
全国	**6 459**	**108**	**7 775**	**113**	**9 254**	**140**	**10 876**	**174**	**12 336**	**211**
北京	263.3	6.7	290.6	9.8	324.1	11.8	346.8	12.8	372.2	12.6
天津	180.1	7.7	194.0	3.9	196.5	4.7	204.6	4.8	212.0	5.6
河北	264.2	1.7	338.5	2.5	408.5	5.2	489.9	6.7	561.5	5.2
山西	98.1	0.4	104.4	0.3	148.3	0.7	185.8	0.9	211.6	1.7
内蒙古	122.1	2.1	139.1	1.7	154.6	1.6	182.9	2.0	233.9	2.2
辽宁	378.7	4.9	423.0	13.2	460.2	11.7	531.2	13.5	593.0	13.5
吉林	117.7	0.6	173.6	1.6	227.9	2.5	289.9	4.6	310.5	5.6
黑龙江	172.7	3.1	216.8	3.1	241.9	3.2	270.0	3.3	290.1	3.4
上海	555.1	16.8	592.0	7.3	609.9	7.1	625.1	6.5	657.3	7.7
江苏	711.5	12.8	794.1	14.5	907.2	19.5	962.5	23.3	1 086.4	24.4
浙江	382.7	6.9	505.0	6.1	690.0	8.1	750.7	10.4	863.7	12.4
安徽	78.6	1.0	175.6	1.9	231.0	3.5	303.6	4.6	346.9	5.0
福建	173.5	2.0	250.4	2.7	273.9	3.2	317.8	4.5	374.4	4.9
江西	123.2	1.1	137.8	0.8	156.6	0.6	163.0	0.7	170.0	1.0
山东	488.8	10.0	563.3	8.2	638.0	10.3	703.0	14.4	774.1	18.0
河南	238.4	2.0	279.1	2.2	313.4	2.8	379.8	4.0	412.9	5.3
湖北	194.5	0.8	224.6	1.1	278.0	2.9	357.1	6.5	381.8	11.0
湖南	308.5	5.2	369.3	5.6	431.5	6.2	502.4	9.0	527.1	12.1
广东	464.8	4.8	659.1	6.6	1 011.2	9.7	1 586.3	12.5	2 038.5	24.3
广西	145.2	1.9	163.5	2.3	176.5	3.0	199.0	3.2	218.5	3.6
海南	40.6	0.7	66.7	0.8	79.8	1.1	85.0	1.2	92.6	1.5
重庆	96.8	0.6	116.9	2.2	141.6	2.6	155.5	3.7	175.7	4.9
四川	274.1	1.9	323.3	3.6	373.0	4.4	426.4	5.8	484.2	5.9
贵州	72.1	0.7	89.1	1.2	135.9	1.8	152.5	1.9	164.3	2.3
云南	159.5	2.6	165.1	2.2	168.4	2.6	181.1	2.8	210.2	4.0
西藏			9.4	0.0	12.4	0.1	14.2	0.2	14.8	0.3
陕西	86.3	0.5	120.9	0.9	147.6	1.6	164.4	2.1	180.1	2.4
甘肃	47.0	0.4	53.3	0.7	59.1	0.6	71.2	0.7	82.0	1.0
青海	7.2	0.2	6.2	0.2	6.3	0.1	6.3	0.1	6.4	0.1
宁夏	18.1	0.4	19.2	0.4	25.1	0.4	30.7	0.5	39.8	0.6
新疆	195.6	7.5	211.6	5.6	225.4	6.4	236.8	6.6	249.4	8.4

续表

地区	2011年		2012年		2013年	
	参保人数	享受待遇人次	参保人数	享受待遇人次	参保人数	享受待遇人次
全国	**13 892**	**265**	**15 429**	**353**	**16 392**	**522**
北京	395.3	14.9	844.7	27.9	883.2	41.1
天津	234.6	6.6	242.7	8.0	249.1	24.8
河北	593.1	5.5	634.8	9.7	667.6	15.7
山西	253.7	2.1	407.6	3.1	445.6	5.2
内蒙古	263.3	4.8	274.8	4.3	285.0	6.5
辽宁	664.7	15.1	713.9	19.4	752.3	25.9
吉林	335.9	6.7	350.4	9.4	365.9	11.2
黑龙江	350.1	3.6	353.1	4.2	355.1	6.9
上海	703.1	8.8	711.5	11.7	713.9	22.0
江苏	1 199.2	44.2	1 276.2	55.5	1 355.6	78.7
浙江	979.8	14.9	1 084.8	19.4	1 173.2	39.9
安徽	400.1	6.3	430.1	9.0	458.5	10.6
福建	451.9	5.7	484.3	8.2	539.6	12.1
江西	200.1	0.8	204.2	2.0	217.8	2.5
山东	857.8	19.7	919.0	19.9	974.4	47.1
河南	460.7	6.3	520.3	12.0	569.6	13.6
湖北	420.9	13.6	452.9	18.8	465.3	18.5
湖南	538.8	15.3	546.0	14.8	536.0	14.8
广东	2 339.7	32.6	2 484.9	40.1	2 711.6	45.0
广西	243.8	3.9	254.7	5.1	270.2	7.7
海南	100.7	2.2	116.0	3.2	120.2	4.0
重庆	216.6	5.4	253.5	8.2	280.4	10.2
四川	601.7	6.8	654.4	12.5	689.1	18.0
贵州	198.1	2.6	221.6	3.1	238.7	4.4
云南	216.5	3.5	239.2	4.6	270.9	11.2
西藏	16.1	0.3	18.2	0.4	20.7	0.5
陕西	211.6	2.8	223.7	3.1	240.3	4.3
甘肃	110.1	1.7	129.5	2.5	135.1	3.2
青海	6.7	0.2	33.8	0.3	42.8	1.7
宁夏	59.3	1.0	66.4	1.9	68.4	3.7
新疆	268.1	7.0	281.6	10.3	296.1	11.1

表 5—19　　分地区生育保险基本情况

（2013 年）

地区	年末参保人数（万人）	基金收支情况（亿元）		
		基金收入	基金支出	累计结余
全国	**16 392**	**368.4**	**282.8**	**514.7**
北京	883.2	37.5	34.5	36.5
天津	249.1	9.7	7.5	17.8
河北	667.6	11.2	7.5	16.6
山西	445.6	7.8	3.5	13.7
内蒙古	285.0	6.3	4.3	9.5
辽宁	752.3	12.4	13.2	13.3
吉林	365.9	4.8	3.1	9.4
黑龙江	355.1	5.7	4.0	11.3
上海	713.9	33.5	32.6	1.1
江苏	1 355.6	36.3	26.9	69.1
浙江	1 173.2	25.2	21.3	26.6
安徽	458.5	8.0	5.8	11.0
福建	539.6	12.6	8.2	18.5
江西	217.8	2.4	1.0	5.8
山东	974.4	28.1	22.3	36.8
河南	569.6	11.5	6.3	21.8
湖北	465.3	8.1	5.0	16.7
湖南	536.0	8.6	5.6	16.8
广东	2 711.6	38.5	27.6	59.9
广西	270.2	5.8	3.9	11.1
海南	120.2	2.1	1.5	3.8
重庆	280.4	6.5	4.9	8.1
四川	689.1	13.8	9.9	21.8
贵州	238.7	3.5	2.1	6.4
云南	270.9	7.4	7.1	12.3
西藏	20.7	0.6	0.4	1.0
陕西	240.3	5.3	2.6	10.9
甘肃	135.1	3.5	2.4	5.3
青海	42.8	1.6	0.7	2.2
宁夏	68.4	1.9	1.4	2.1
新疆	296.1	8.1	5.5	17.4

表 5—20

各地区城乡居民基本养老保险情况

（2013 年）

地区	参保人数（万人）	达到领取待遇年龄参保人数（万人次）		基金收支情况（亿元）		
			实际领取待遇人数	基金收入	基金支出	累计结余
全国	**49 750.1**	**14 122.3**	**13 768.4**	**2 052.3**	**1 348.3**	**3 005.7**
北京	180.1	31.6	31.2	29.9	17.1	101.4
天津	95.5	71.0	68.7	50.0	16.7	106.4
河北	3 354.2	840.2	834.9	99.9	60.6	133.2
山西	1 533.7	345.6	343.5	53.9	29.8	76.9
内蒙古	780.3	192.8	189.6	44.1	27.3	58.1
辽宁	1 046.9	360.4	354.4	42.8	31.1	42.0
吉林	643.1	218.8	209.0	24.4	15.0	30.1
黑龙江	815.8	244.6	230.6	30.4	17.9	44.1
上海	80.0	46.7	46.5	34.1	34.4	72.0
江苏	2 384.0	942.1	942.1	190.4	148.5	340.3
浙江	1 355.8	577.1	577.1	121.1	105.3	129.5
安徽	3 308.7	842.8	840.1	109.9	63.7	132.8
福建	1 467.2	375.4	367.5	48.9	29.6	63.9
江西	1 772.5	416.6	408.5	17.9	28.2	39.7
山东	4 512.8	1 315.2	1 300.4	209.3	138.6	357.8
河南	4 797.0	1 229.5	1 193.5	146.2	95.7	189.8
湖北	2 236.3	610.1	605.1	78.3	48.3	107.7
湖南	3 316.0	888.1	862.3	99.1	58.9	110.7
广东	2 346.8	791.3	699.3	141.7	90.9	219.5
广西	1 664.0	514.1	502.9	7.3	5.8	5.1
海南	272.1	68.1	67.0	12.0	7.6	15.2
重庆	1 122.9	377.1	350.8	64.8	38.4	66.9
四川	3 001.6	1 090.2	1 046.5	145.2	93.9	215.5
贵州	1 487.2	425.5	406.4	45.2	30.2	44.0
云南	2 152.7	431.5	431.5	63.9	33.5	94.4
西藏	140.4	22.7	22.7	4.4	2.8	6.7
陕西	1 704.9	398.8	392.8	65.9	39.8	90.7
甘肃	1 238.5	278.3	271.4	37.4	21.1	53.0
青海	216.1	40.3	39.2	7.7	4.6	12.0
宁夏	179.5	36.3	34.3	8.0	4.2	12.5
新疆	543.6	99.5	98.7	18.0	9.0	33.9

（六）人才队伍建设

表 6—1　　公有经济企事业单位专业技术人才分职务情况

（2013 年）　　单位：万人

地区	专业技术人才总数	高级	中级	初级
全国	**3 026.0**	**365.3**	**1 134.1**	**1 244.5**
中央	712.0	88.2	205.7	254.2
北京	49.1	6.3	16.7	18.5
天津	32.1	5.9	13.0	10.6
河北	118.2	14.0	46.7	54.1
山西	90.0	7.6	32.8	45.3
内蒙古	55.3	9.3	20.7	23.8
辽宁	78.5	16.1	37.7	22.4
吉林	57.1	7.6	23.3	25.5
黑龙江	75.2	14.3	32.4	27.1
上海	65.0	5.9	20.4	20.9
江苏	117.1	19.8	54.7	37.6
浙江	94.2	13.6	38.0	36.6
安徽	84.6	9.2	35.1	37.0
福建	64.9	7.6	24.5	28.1
江西	72.1	8.6	27.0	33.8
山东	180.5	21.2	71.8	80.1
河南	136.3	15.8	57.7	59.5
湖北	82.4	10.8	40.9	28.8
湖南	101.2	10.7	46.2	40.2
广东	145.6	13.7	67.5	57.4
广西	80.6	5.4	36.3	34.3
海南	14.7	1.3	4.9	8.0
重庆	47.0	5.1	17.0	21.7
四川	112.8	12.6	42.6	53.3
贵州	61.9	4.7	20.3	31.7
云南	80.9	8.5	32.0	36.9
西藏	6.6	0.4	1.8	4.2
陕西	80.4	7.5	25.1	43.3
甘肃	55.2	4.5	17.7	30.4
青海	13.0	1.8	4.8	6.1
宁夏	12.0	1.9	4.5	5.1
新疆	49.2	5.3	14.4	27.9

注：专业技术人才数据中包括具有专业技术和管理双重身份的 418.7 万人。

表 6—2　　公有经济企事业单位专业技术人才分学历情况

（2013 年）　　单位：万人

地区	合计	研究生	大学本科	大学专科	中专	高中及以下
全国	**3 026.0**	**204.0**	**1 462.3**	**957.1**	**309.9**	**92.7**
中央	712.0	89.1	357.4	190.2	44.2	31.2
北京	49.1	6.4	28.5	10.2	2.8	1.2
天津	32.1	2.8	17.3	7.8	3.1	0.9
河北	118.2	4.4	55.2	42.4	14.0	2.1
山西	90.0	3.4	39.3	32.3	12.2	2.7
内蒙古	55.3	2.3	26.3	19.0	5.9	1.8
辽宁	78.5	5.8	39.0	23.4	7.5	2.8
吉林	57.1	2.4	26.3	18.0	8.6	1.7
黑龙江	75.2	3.4	36.3	24.6	9.6	1.3
上海	65.0	7.2	35.1	16.2	4.2	2.3
江苏	117.1	8.6	68.9	27.1	9.7	2.8
浙江	94.2	6.2	59.1	21.1	5.1	2.7
安徽	84.6	3.6	36.6	30.0	13.0	1.3
福建	64.9	3.2	31.0	20.5	8.7	1.5
江西	72.1	2.6	27.7	27.9	11.7	2.2
山东	180.5	9.2	96.5	48.7	20.5	5.6
河南	136.3	6.0	59.5	50.3	18.5	2.0
湖北	82.4	3.6	35.4	28.5	12.1	2.9
湖南	101.2	3.3	40.8	38.5	14.8	3.8
广东	145.6	7.6	76.3	45.1	13.2	3.4
广西	80.6	3.5	33.0	30.7	11.6	1.7
海南	14.7	0.5	5.1	5.7	2.8	0.6
重庆	47.0	2.5	23.6	16.0	3.5	1.4
四川	112.8	3.8	48.1	44.7	12.8	3.3
贵州	61.9	1.6	26.3	26.1	6.6	1.3
云南	80.9	2.9	37.6	30.3	8.1	2.0
西藏	6.6	0.2	2.9	2.8	0.6	0.1
陕西	80.4	4.0	34.6	30.1	8.7	2.9
甘肃	55.2	1.7	25.7	20.0	6.1	1.7
青海	13.0	0.3	6.3	4.8	1.1	0.5
宁夏	12.0	0.4	6.2	4.1	1.1	0.2
新疆	49.2	1.3	20.2	19.9	7.1	0.7

注：专业技术人才数据中包括具有专业技术和管理双重身份的 418.7 万人。

表 6—3　　事业单位管理人员分学历情况

（2013 年）　　单位：万人

地区	合计	研究生	大学本科	大学专科	中专	高中及以下
全国	**382.8**	**22.6**	**172.8**	**130.8**	**33.8**	**22.8**
中央	30.2	7.0	15.2	5.6	0.8	1.5
北京	8.4	0.9	5.2	1.7	0.3	0.4
天津	4.6	0.3	2.4	1.2	0.4	0.3
河北	18.5	0.6	7.4	7.1	2.5	1.0
山西	12.2	0.4	5.5	4.6	1.2	0.4
内蒙古	11.4	0.4	4.8	4.2	0.9	1.0
辽宁	14.6	0.8	7.2	5.1	1.0	0.6
吉林	11.9	0.4	5.0	3.9	1.8	0.8
黑龙江	11.4	0.5	5.0	4.0	1.4	0.4
上海	6.2	0.5	3.5	1.5	0.3	0.4
江苏	17.3	1.2	8.5	4.9	1.0	1.6
浙江	12.0	0.8	6.4	3.1	0.5	1.2
安徽	10.0	0.5	4.2	3.9	1.0	0.4
福建	6.2	0.3	3.3	1.7	0.6	0.3
江西	11.8	0.3	4.1	4.8	1.5	1.1
山东	32.6	1.6	16.3	9.7	3.1	1.9
河南	29.0	0.8	11.2	12.1	3.9	0.9
湖北	17.0	0.6	5.9	6.8	1.9	1.8
湖南	15.5	0.5	6.1	6.1	2.0	0.9
广东	19.7	0.9	9.4	6.4	1.5	1.5
广西	6.4	0.5	2.4	2.4	0.6	0.6
海南	2.2	0.08	0.8	0.8	0.2	0.3
重庆	6.2	0.3	2.8	2.5	0.3	0.3
四川	13.5	0.5	5.7	5.4	1.0	0.9
贵州	11.2	0.3	4.8	4.9	0.8	0.5
云南	4.7	0.3	2.3	1.6	0.3	0.2
西藏	0.7	0.067	0.3	0.3	0.087	0.038
陕西	14.2	0.6	6.2	5.3	1.4	0.6
甘肃	13.3	0.3	6.4	5.2	0.9	0.5
青海	1.2	0.036	0.6	0.4	0.1	0.07
宁夏	2.0	0.08	0.9	0.7	0.1	0.09
新疆	6.7	0.28	3.0	2.7	0.5	0.19

注：2013 年事业单位统计口径不含参公管理事业单位。

表 6—4　　公有经济企业经营管理人才分学历情况

（2013 年）　　单位：万人

地区	合计	研究生	大学本科	大学专科	中专	高中及以下
全国	**585.4**	**34.4**	**261.7**	**187.0**	**48.7**	**53.7**
中央	343.5	23.8	171.7	103.5	21.0	23.4
北京	15.7	1.4	7.7	4.3	1.0	1.3
天津	4.4	0.2	1.8	1.4	0.5	0.6
河北	6.1	0.3	2.2	2.1	0.8	0.7
山西	22.5	0.5	7.2	8.4	3.1	3.3
内蒙古	3.4	0.1	1.0	1.2	0.4	0.6
辽宁	9.2	0.4	3.5	3.5	0.9	1.0
吉林	2.4	0.1	0.8	0.8	0.4	0.3
黑龙江	11.0	0.2	3.8	4.3	1.8	0.8
上海	16.6	1.2	7.1	5.0	1.3	2.0
江苏	8.3	0.5	3.4	2.7	0.7	1.0
浙江	6.4	0.3	2.7	2.1	0.4	0.8
安徽	7.0	0.2	2.1	2.2	1.3	1.2
福建	7.3	0.3	3.3	2.2	0.7	0.8
江西	5.2	0.1	1.6	1.7	0.7	1.0
山东	16.5	0.7	6.7	5.1	2.2	1.8
河南	8.8	0.2	2.9	3.5	1.1	1.1
湖北	4.6	0.2	1.5	1.7	0.6	0.7
湖南	6.9	0.1	2.0	2.7	0.8	1.2
广东	17.3	1.2	7.1	4.9	1.6	2.5
广西	10.8	0.5	4.2	4.2	1.3	0.6
海南	3.0	0.04	0.5	0.9	0.7	0.9
重庆	7.3	0.3	2.7	2.8	0.6	0.9
四川	9.0	0.3	3.1	3.5	1.0	1.1
贵州	5.1	0.1	1.7	2.0	0.8	0.6
云南	5.2	0.2	1.94	1.8	0.6	0.6
西藏	0.1	0.005	0.02	0.03	0.018	0.04
陕西	12.0	0.6	4.2	4.4	1.2	1.7
甘肃	6.2	0.1	2.1	2.5	0.7	0.7
青海	0.9	0.03	0.3	0.4	0.1	0.1
宁夏	0.9	0.03	0.30	0.4	0.1	0.1
新疆	1.6	0.045	0.43	0.6	0.207	0.256